매스   제5판
커뮤니케이션
이론

나남
nanam

역 자

양 승 찬

서울대학교 신문학과 졸업
미국 펜실베이니아 대학교 커뮤니케이션학 석사
미국 위스콘신 대학교 언론학 박사
한국언론재단 선임연구위원
현재 숙명여자대학교 미디어학부 교수

이 강 형

경북대학교 신문방송학과 졸업
서울대학교 신문학과 석사
미국 펜실베이니아 대학교 커뮤니케이션학 석사, 박사, 박사후 연구원
대구대학교 신문방송학과 교수
현재 경북대학교 신문방송학과 교수

나남신서 1350

제 5 판
매스 커뮤니케이션 이론

2008년 10월 5일 발행
2013년 3월 5일 3쇄

저자_ 데니스 맥퀘일
역자_ 양승찬 · 이강형
발행자_ 趙相浩
발행처_ (주) 나남
주소_ 413-756 경기도 파주시
　　　 회동길 193
전화_ 031) 955-4601 (代)
FAX_ 031) 955-4555
등록_ 제 1-71호(1979. 5. 12)
홈페이지_ www.nanam.net
전자우편_ post@nanam.net

ISBN 978-89-300-8350-8
ISBN 978-89-300-8001-9 (세트)
책값은 뒤표지에 있습니다.

매스   제5판
커뮤니케이션
이론

데니스 맥퀘일 저 l 양승찬 · 이강형 공역

나남
nanam

McQuail's MASS COMMUNICATION THEORY, 5th edition

English language edition published by Sage Publications of London, Thousand
Oaks and New Delhi, ⓒ Denis McQuail, 2005

Korean translation edition ⓒ 2007 by NANAM Publishing House, Seoul,
Korea, arrangement with Sage Publications of London, Thousand Oaks and
New Delhi.

데니스 맥퀘일의 《매스 커뮤니케이션 이론》은 전 세계적으로 언론학 교육과정에서 가장 많이 이용되는 교재이다. 역자들도 대학원 재학시절 이 책으로 공부했기 때문에 새로운 개정판이 나올 때마다 기대가 컸다. 무엇보다도 이러한 좋은 책을 번역할 기회를 가지게 된 것만도 역자들에게는 영광일지 모른다.

지난 제 4판 (2000년)과 비교해 볼 때 이번 제 5판 (2005년)에서는 그 내용에 많은 변화가 있었다. 무엇보다도 저자인 맥퀘일은 제 5판에서 특히 인터넷시대의 '뉴미디어'가 출현하고 성장하는 과정 속에서 기존의 매스미디어 이론과 연구결과를 토대로 이야기했던 것을 수정·보완하는 데 주력한 것이 두드러진다. 또한 저자는 변화하는 미디어 환경 속에서 기존 매스 커뮤니케이션이 어떻게 변화할지에 관심을 두고 각 장의 내용을 전개했다. 새롭게 등장한 이론적 접근에 대한 소개가 추가되었고, 각 장에서의 이슈는 뉴미디어 현상과 연관하여 다루어진 특징이 있다.

이 책은 매스 커뮤니케이션 전반에 대하여 매우 방대한 내용을 다루기 때문에 역자들이 가장 주안점을 둔 부분은 일관성 있는 번역을 하는 것이었다. 공동작업의 장점인 전체 내용에 대한 토론의 값진 경험이 새삼스럽기도 하지만, 제 1장에서 제 7장, 제 17장에서 제

20장은 양승찬이, 제 8장에서 제 16장까지는 이강형이 책임을 맡았다. 저자의 문체가 화려하여 때로 번역에 어려운 점이 있기도 했지만 역자들은 번역과정에서 되도록 문장과 문단이 전달하려는 핵심적 의미가 무엇인지를 충실하게 전달하는 데 초점을 맞추었다. 용어사용 역시 통일을 꾀하고 필요한 부분에는 역자주를 붙이기도 했으나, 일부 용어는 학계에서도 아직까지 통일되지 않고 다양한 번역용어가 사용되기 때문에 더 좋은 표현이 있다면 독자들이 제안해 주기를 바란다.

역자들은 이번 개정판을 읽으면서 새롭게 공부할 기회를 가질 수 있었던 것을 기쁘게 생각한다. 충분한 시간을 투자하여 번역할 수 있게 배려해 주신 나남출판 조상호 사장님께 이 기회를 통해 감사의 인사를 드린다. 책의 기획과 편집을 맡아 주신 나남출판 편집국 방순영 부장님과 양정우 대리께 감사드린다. 번역한 내용의 교정을 맡아 준 숙명여대 정보방송학과 대학원 김효진 조교와 경북대학교 신문방송학과 박지은 조교에게도 감사의 인사를 보낸다. 마지막으로 번역의 긴 과정을 이해해 준 가족들에게 감사의 마음을 전하고 싶다.

2008년 9월

양승찬 · 이강형

　지난 4판은 20세기를 마감하면서 발간되었다. 당시 저자는 뉴미디어의 출현과 경제적, 사회적 삶의 변화 속에서 매스 커뮤니케이션이 21세기에 들어서서도 지속될 수 있는지에 의문을 제기했다. 우리가 이러한 이슈에 명확한 해답을 내릴 수는 없겠지만, 이는 더 이상 매스 커뮤니케이션 연구영역에서 가장 중요한 이슈는 아닌 듯하다. 매스 커뮤니케이션이 쇠퇴하거나 공중의 태도나 집합적 행동에 영향을 미치는 등 다양한 사회적 목적을 실현하는 데 그 중요성이 감소할 것이라고 기대할 특별한 이유는 없는 것 같다. 세계에서 일어나는 사건에 대한 뉴스 보도 분야에서도 마찬가지이다. 뉴미디어의 등장으로 예전 같지는 않지만 매스 커뮤니케이션은 여전히 매우 폭 넓은 영역에서 작동하고 있다. 매스미디어 또한 양식과 소유권의 측면에서 볼 때 과거보다 더 다양화되고 있으며, 이념적 측면이 약화된 가운데 특정한 수용자를 대상으로 잠재적 영향력을 행사하고 있다. 뉴미디어와 올드미디어 간의 경쟁과 상호 적응과정의 결과로 공적, 사적 커뮤니케이션 채널이 중첩되는 경향이 증가하고 있으며, 중심-주변부로 흐르는 위계적 커뮤니케이션이 상대적으로 감소하고 있다. 이러한 변화는 새로운 이론정립과 연구에 수용되고 있고, 개정판에서 저자 역시 기존의 내용에 새로운 변화를 반영하였다.

이 책은 장기간에 걸친 프로젝트의 일환으로 계속 수정되고 있기 때문에 저자는 여러 연구자들의 도움을 받았다. 또한 수많은 연구와 이론적 작업을 참조하여 이 책을 개정할 수 있었다. 이러한 작업을 하는 데 동료 연구자들과 학생들의 도움을 받을 수 있었던 것은 행운이었던 것 같다. 저자는 이 책의 집필을 위해 유로미디어 연구그룹(Euromedia Research Group)과 〈유로피언 저널 오브 커뮤니케이션〉(European Journal of Communication)의 편집진, 암스테르담 커뮤니케이션 스쿨(Amsterdam School of Communication Research)과 라드바우드 대학(Radboud University)의 동료들과 지속적인 접촉을 가졌다. 또한 겐트 대학(University of Gent) 커뮤니케이션 도서관의 자료에서 많은 도움을 받았다. 최근 저자가 강의를 할 수 있었던 조지아 대학, 모스크바 대학, 미노 대학, 포르투갈 가톨릭 대학, 아테네 대학, 코임브로 대학 등에도 이 기회를 빌려 감사하고 싶다. 비록 이 책에서 다루는 내용이 너무 다양하기 때문에 스승인 조셉 트레나만(Joseph Trenaman) 선생님 외에 저자에게 지적 영향을 준 학자 한 사람만을 꼽기가 쉽지는 않지만, 저자는 매스 커뮤니케이션 이론과 연구 정립의 선구자로서 미디어 정책과 사회적 관심에 대한 현실적 이슈를 비판적이고 경험적으로 다루는 데 기여한 학자인 조지 거브너(George Gerbner)에게 이 책을 헌정하고 싶다. 조지 거브너 교수는 저자가 연구자의 길을 걷기 시작할 무렵 앤넨버그 커뮤니케이션 스쿨(Annenberg School for Communication)에서 연구할 기회를 주었을 뿐만 아니라, 미국 미디어 시스템과 관련한 많은 이슈를 소개해 주었다.

새로운 개정판이 나올 수 있기까지 세이지 출판사(Sage Publication Inc.)의 줄리아 홀(Julia Hall)의 도움이 컸다. 마지막으로 저술작업의 어려움을 이해해 준 부인 로즈마리(Rosemary)와 가족들에게 감사의 마음을 전하고 싶다.

2006년 1월 영국의 사우스햄턴에서
데니스 맥퀘일

나남신서 1350

매스 <small>제5판</small>
커뮤니케이션
이론

차 례

제 1 부

서 론

01 이 책의 소개

제 2 부

이   론

04 미디어이론과 사회이론

05 매스 커뮤니케이션과 문화

제 4 부

조 직

11 미디어조직: 압력과 요구

*14

12 미디어문화의 생산

제 5 부

콘 텐 츠

13 미디어 콘텐츠: 이슈, 개념, 분석방법

제 6 부

수 용 자

15 수용자 이론과 연구전통

16 수용자 형성과 경험

19 뉴스, 여론, 정치 커뮤니케이션

제 8 부

에필로그

20 매스 커뮤니케이션의 미래

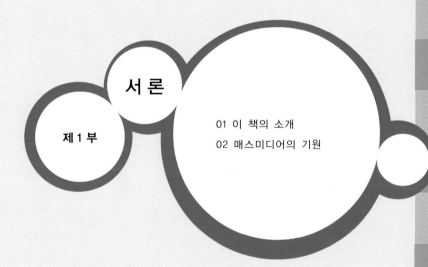

제 1 부

서 론

1 우리의 연구대상

'매스 커뮤니케이션'은 '매스미디어'가 등장한 20세기 초 그 당시의 새로운 사회현상, 그리고 산업화와 대중 민주주의에 기초하여 새롭게 형성된 현대 사회의 양태를 설명하기 위해 만들어진 용어이다. 20세기 초반부는 도시로 그리고 새로운 개척지로 인구가 급속히 유입된 시기였다. 또한 변화를 모색하는 세력과 이를 억누르려는 세력 간의 다툼, 권력을 지키려는 제국과 신흥국가 세력 간의 갈등이 있었던 시기이기도 했다. 매스미디어(복수의 의미로)는 광범위하게 펼쳐있는 다수의 사람들에게 빠른 시간 안에 커뮤니케이션을 공개적으로 할 수 있는 수단을 의미했다. 매스미디어는 사회가 변화하는 과정에서 탄생했고 사회와 문화의 변화에 지속적으로 연결되어 있다. 그리고 이러한 변화는 개인적 차원뿐만 아니라 사회적 차원 또는 전 세계적 시스템 차원에서 우리가 경험하고 있는 것이다.

신문, 잡지, 음반, 영화, 라디오 등 초기 매스미디어는 오늘날 우리가 알고 있는 양식으로 매우 빠른 속도로 발전했다. 20세기 중반 들어 텔레비전이 등장하면서 초기 매스미디어의 규모와 다양성에서 변화가 나타났는데, 이 역시 오늘날에도 우리가 볼 수 있는 부분이다. 70여 년 전에 중요한 특성이라고 여겼던 것 역시 여전히 오늘날에도 우리가 매스 커뮤니케이션을 떠올릴 때 다시 이야기하곤 한다. 예를 들어 동일한 정보와 의견, 오락물을 신속하게 전국민에게 전달하거나, 보편적 환상을 심어준다든지, 희망과 두려움을 자극한다든지 그리고 강력한 영향력을 행사한다든지 하는 매스 커뮤니케이션의 특성은 오늘날에도 이야기된다. 하지만 동시에 우리는 미디어의 유형이나, 내용과 형식에서 지속적인 변화가 있다는 것을 경험한다. 이 책의 목적 중 하나는 미디어가 변화하는 모습을 그려내고 변화를 평가하는 데 있다.

어떠한 변화가 진행되든지 간에 우리가 살고 있는 지금 이 시점의 정치, 문화, 사회, 경제영역에서 매스미디어가 매우 중요하다는 것은 부인하기 힘든 사실이다. 정치영역에서 매스미디어는 토론공간을 제공하고 정책결정과 후보자 선택을 위해 적합한 사실과 아이디어를 얻기 위한 채널로 이용된다. 또한 정치인들과 이익집단, 정부기관에는 홍보수단이나 영향력을 행사할 수단으로 활용되기도 한다. 문화분야에서 매스미디어는 문화적 표현의 중심채널이며 사회적 정체성을 형성하고 유지하기 위한 사회현실 이미지에 대한 일차적 정보원이다. 매일매일의 사회생활 역시 일상적인 미디어 이용에 따라 정형화되며 여가생활의 일부로 사람들은 미디어 내용을 활용하고 있다. 매스미디어에 의해 생활양식 자체가 영향받고 있으며 우리의 대화주제, 행동의 모델이 미디어를 통해 제공되기도 한다. 최근 들어 점차적으로 미디어의 경제적 가치가 높아졌다. 국제적인 거대 미디어그룹이 시장을 장악하는 현상이 나타나고 텔레커뮤니케이션과 정보에 기반한 경제영역의 상호연결 속에서 미디어의 영향력은 스포츠, 여행, 여가, 음식, 의류산업 등으로 확산되고 있다.

이와 같은 변화와 발전 속에서 매스미디어는 비록 규제의 양식은 아니더라도 점점 더 공중의 관심 대상이 되고 공적 차원의 논의대상이 되고 있는 것이다. 매스미디어는 무시 못 할 너무나 많은 이해관계에 얽혀 있다. 이러한 변화 속에 학문적 영역에서도 탐구의 대상, 교육적인 프로그램의 대상, 연구와 이론화 작업의 대상으로 매스미디어가 더욱더 중요하게 자리매김하고 있다. 이 책은 매스미디어와 관련한 다양한 측면을 조망하면서 다음에 밝힐 특별한 주제와 이슈영역을 집중적으로 소개할 것이다.

2 이 책의 구성

이 책은 전체 8개 영역 속에서 20개의 장으로 구성되어 있다. 서문 다음의 본격적인 첫 부문은 '이론' 영역으로 미디어와 사회, 문화생활 속에 존재할 수 있는 수많은 관계를 토대로 매우 기초적이고 일반적인 매스 커뮤니케이션과 관련한 아이디어를 제공한다. 매스미디어 태동과 관련한 간략한 역사적 소개를 시작으로 매스미디어와 사회의 관계에 대한 다양한 이론적 접근을 설명한다. 각 이론적 접근의 차이는 미디어에 대한 관점이 다르기 때문에 나타난다고 할 수 있다. 이 책에서는 연구자들이 비중을 두는 가치에 따라 이슈와 문제를 제기하는 것이 다를 수 있고 연구주제의 다양성이 존재한다는 것을 인정하고 단순한 하나의 방법으로 이와 같은 문제들을 '객관적'으로 다루기가 어렵다는 것을 전제한다.

이 장의 후반부에서 다루겠지만 이론에는 매우 다양한 유형이 존재한다. 그러나 기본적으로 이론은 일반적인 명제로 그 자체가 관찰과, 관찰하려는 현상들 간의 관계를 설명하고 예측하고자 하는 논리적 주장에 기초한다. 이론의 가장 중요한 목적은 관찰된 현실을 이해하고 근거를 수집하고 평가하는 데 지침을 주는 데 있다. 개념은(제 3장 참조) 이론에서의 핵심용어로 탐구하는 문제의 중요한 측면을 요약하고, 근거를 수집하고 해석하는 데 활용된다. 개념을 전달하는 데는 세심한 정의가 필요하다. 모델은 매스 커뮤니케이션의 역동적 과정의 여러 단면을 보여 주기 위한 언어적 또는 기호적 양식을 이용한 표현방식이다. 모델을 통해 매스 커뮤니케이션 과정에 포함된 중요 요소간의 공간적, 시간적 관계를 묘사하기도 한다.

제 2부 '이론'영역에서는 사실 구분하는 것이 쉽지 않지만 '사회'와 '문화'를 따로 나누어 이론적 논의를 다룬다. '사회'영역은 전통적으로 권력과 권위, 친구관계, 가족관계, 삶의 물질적 측면 등 다양한 유형의 사회적 관계를 포괄하고 있다. '문화'영역에서는 아이디어, 신념, 정체성의 문제와 함께 언어와 예술, 정보, 오락, 관습 등을 포함하는 상징적 표현을 다룬다.

또한 이론영역에서는 두 가지 요소를 다룬다. 하나는 미디어 조직의 활동에 적용할 수 있는 규범과 가치와 관련이 있다. 이론영역에서는 미디어가 해야 할 일과 해서는 안 될 일에 대해 논의할 것이다. 특히 이 분야와 관련해서는 다양한 관점이 존재한다. 표현의 자유라는 논리에 기초하여 미디어가 규제나 통제로부터 자유로워야 한다는 입장에서부터 미디어의 책임과 공공성을 강조하는 입장 등을 소개한다. 이론에서 다루는 두 번째 분야는 미디어의 변화가 결과적으로 이론에는 어떤 영향을 미치는지에 대한 것이다. 인터넷과 같은 상호작용적인 새로운 미디어의 등장은 기존에 정립된 매스 커뮤니케이션에 대한 정의에 변화를 가져오고 있다. 새로운 미디어가 과연 매스 커뮤니케이션 이론영역에서도 또 다른 논의를 가져오는지에 대한 이슈 역시 다루어질 것이다.

'구조'의 문제를 다루는 제3부에서는 세 가지 중요한 문제를 소개한다. 첫 번째는 국가적 차원에서 조직된 전형적인 미디어 시스템을 다룬다. 여기서 중요한 개념은 '기관'으로서의 미디어로, 경제법의 적용대상이 되는 산업으로서의 미디어, 사회의 요구를 반영하는 공공정책과 법률에 규제를 받는 사회적 기관으로서의 미디어가 논의대상이다. 미디어는 어떤 측면에서 볼 때 매우 자유로운 기업일 수 있지만 동시에 공익측면에서 공적인 면이 강조되는 독특한 기관이라는 점에 대해 이야기한다. 두 번째 중요한 문제는 공중, 정부, 수용자가 미디어에 기대하는 규범적인 기능부분으로 미디어 수행을 평가할 수 있는 특정한 원칙과 표준을 다룬다. 어떤 기준을 가지고 미디어의 수행을 평가하고 나아가 미디어가 책무를 다할 수 있도록 하는지의 문제가 여기에 속한다. 세 번째로 구조 영역에서 다루어질 문제는 미디어의 글로벌화이다. 글로벌화를 만들어낸 컴퓨터를 기반으로 한 새로운 미디어 생산물의 유통현상을 다룰 것이다.

제4부는 미디어 '조직'에 초점을 맞춘다. 미디어 생산물을 만들어 내는 기관 또는 회사 내 조직의 이슈를 다루면서 생산물에 영향을 주는 조직문제를 소개한다. 여기서는 뉴스나 문화를 만들어 내는 미디어 조직내부의 전문직의 요인뿐만 아니라 미디어 조직 밖의 수요나 다른 압력 등의 문제 역시 언급할 것이다. 미디어 조직의 콘텐츠의 선정과 제작과정 속에서 발견할 수 있는 규칙성에 초점 맞추는 이론과 모델을 제4부에서 찾아볼 수 있다.

'콘텐츠' 영역을 조망하는 제5부는 두 장으로 구성된다. 첫 장은 주로 콘텐츠에 대한 이론적 접근과 분석방법론을 소개한다. 두 번째 장은 이론과 경험적 근거를 연결시키면서 콘텐츠에서 발견할 수 있는 규칙성이나 뉴스 장르 등 특별한 유형을 제시한다. 사실 이 영역은 '메시지'에 담긴 텍스트 그 자체의 '진정한 의미'를 발견하는 데 생산자와 수용자 간에 특별하게 합의된 부분이 많지 않기 때문에 '콘텐츠' 자체에 대한 접근은 쉽지 않다는 점을 전제해 둔다.

제6부에서는 '수용자' 문제를 다루면서 미디어 콘텐츠의 전달대상인 독자, 청취자, 시청자의 이슈를 소개한다. 매스 커뮤니케이션 과정에서 미디어의 효과와 흐름을 이야기하는 데 수용자는 매우 역동적인 역할을 하고 있다. 수용자 분석은 다양한 방법으로 또한 다양한 목적으로 실시되고 있음을 보여준다. 수용자에 대한 논의는 미디어 산업의 입장에서 단순하게 수용자를 측정하는 것 이상으로 광범위한 이론적 배경을 갖고 있다. 수용자 이론은 수용자가 왜 미디어를 이용하는가 라는 문제뿐만 아니라 사회적, 문화적 삶 속에서 수용자의 미디어 이용과 관련한 요인들을 다룬다. 미디어 이용은 우리 삶 속에서 사람들의 일상의 다른 활동과 연결되어 있음을 전제로 하여 설명한다. 이 영역에서는 우리가 수동적인 수용자를 전제로 했던 매스 커뮤니케이션 초기단계에서 현재 얼마만큼 변화를 보이고 있는가에 주목한다.

미디어 '효과'를 다루는 제7부는 매스미디어와 관련한 사회적, 문화적 차원의 관심사 중 여전히 가장 중심적인 위치를 차지하고 있다고 볼 수 있다. 미디어 효과와 관련해서는 그동안 많은 이론이 주창되었고 그 효과에 대한 이견도 매우 많았다. 이 영역에서는 미디어 효과를 평가하기 위한 대안적 접근도 소개할 것이다. 다양한 유형의 효과에 대한 설명과 함께 특별히 의도적/비의도적, 단기적이고 개인적인/장기적이고 문화, 사회적인 미디어 효과에 대한 논의가 전개된다. 또한 사회적, 문화적으로 해악이 될 수 있는 영역, 예를 들어 성적 표현이나 폭력물에 대한 소개와 함께 공중의 지식과 의견에 미치는 분야도 함께 다룬다.

이 책은 커뮤니케이션의 사회적인 근원과, 중요성, 그리고 효과에 대한 논의와 관련하여 다양한 주제를 개인적, 사회적 차원에서 논의한다. 중요한 주제영역은 다음과 같다.

시간 커뮤니케이션은 시간의 축에서 발생하며 언제 일어나는가, 얼마나 지속되는가의 문제와 관련 있다. 주어진 양의 정보가 한 지점에서 다른 지점으로 전달될 수 있도록 전달속도를 빠르게 하면서 커뮤니케이션 기술이 지속적으로 발전했다. 또한 다른 시점에서 정보를 꺼내 보거나 구현할 수 있도록 정보를 저장하는 부분 역시 이와 관련 있다. 매스미디어 콘텐츠는 특정 집단이나 사회에 대해 연상하거나 기억할 수 있도록 그리고 선택적으로 회상할 수 있고 잊을 수 있도록 저장되었다.

공간 커뮤니케이션은 주어진 물리적 공간에서 발생하며 그 공간의 맥락적 특성을 반영한다. 커뮤니케이션은 주어진 장소에 사는 사람들을 특정지을 수 있으며 정체성을 확립시킨다. 또한 물리적으로 떨어진 공간을 연결시켜 개인과 국가, 문화 간의 거리를 좁힐 수 있다. 지협적 측면의 효과를 줄이고 새롭게 글로벌한 공간을 만들어 내는 것이 최근의 매스 커뮤니케이션 경향이다.

권력 사회적 관계는 권력에 의해 구조화되고 변화한다. 그것이 합법적이건 그렇지 않건 한편의 의지가 다른 편에 영향을 미치는 것 등의 문제도 관련 있다. 커뮤니케이션은 효과적인 권력행사를 위해 매우 중요한 요소 또는 수단 중 하나이다. 비록 매스미디어의 이용 자체는 자발적 속성을 가졌지만 미디어 권력이 수용자에 행사되는 문제는 여전히 중요한 이슈이다.

사회적 현실 우리는 물질적 환경과 사건에 둘러싸인 현실세계에 살고 있고 미디어가 우리에게 이러한 현실을 보고하거나 현실을 반영한 내용을 제공한다는 점을 대부분의 매스 커뮤니케이션 관련이론이 가정하고 있다. 물론 이러한 과정에 정확성과 완성도는 차이가 있을 수 있다. '진실'이라는 개념은 비록 정의내리고 평가하기는 쉽지 않지만 뉴스나 가상의 콘텐츠를 평가하는 표준으로 이용된다.

의미 매스미디어의 메시지를 해석하는 데 관련된 주제이다. 송신자, 수신자, 혹은 중립적 관찰자 입장에서 볼 때, 미디어를 통해 전달되는 의미는 만들어지고 있다는 가정에 대부분의 매스미디어 이론은 기초하고 있다. 의미를 만들어내는 데 다양한 요인이 개입되며 따라서 전달되는 내용이 무엇을 의미하는지 확정하여 이야기하기가 어렵다. 의미와 관련해서는 논쟁 가능성과 불확실성이 끊임없이 개입한다.

인과관계와 결정론 원인과 결과의 문제를 풀어내려는 노력은 이론의 본질적 성격이라 할 수 있다. 특히 하나의 요인이 다른 요인의 원인이라는 것을 밝히기 위해 관찰을 토대로 전반적인 설명을 제시하는 것도 이와 관련 있다. 미디어 메시지가 사람들에게 미치는 영향력 문제뿐만 아니라 역사적으로 볼 때 기관으로서의 미디어가 왜 특정한 유형의 콘텐츠를 생산해내게 되었는지에 대한 관심도 원인과 결과 차원에서 이해할 수 있다. 미디어는 사회에서 효과를 발생시키는 원인인가? 또는 미디어가 그 자체로 다른 사회적 요인에 더 영향을 받는 결과물이나 반영물인가? 이러한 문제가 여기서 관심사이다.

매개 인과관계 공식에 대한 대안으로 미디어가 정보와 아이디어를 제공하기 위해 연결고리, 채널, 플랫폼의 역할을 한다고 볼 수도 있다. 미디어를 통해 의미가 형성되고 사회적, 문화적 요인이 다양한 논리를 기초로 자유롭게 작동할 수 있다.

정체성 문화, 사회, 또는 사회집단에 속해 있다는 공유감을 의미한다. 여기에는 국적, 사용언어, 직업, 민족분류, 종교, 신념, 생활방식 등의 요인이 관련 있다. 매스미디어는 서로 다른 다양한 정체성의 형성과 유지, 소멸과 관련 있다.

문화적 차이 미디어 관련이슈를 다룬 연구결과를 보면, 매스 커뮤니케이션의 과정과 미디어 기관이 전세계적으로 볼 때 분명한 유사성이 있음에도 불구하고 개인, 집단, 국가적 차원에서 나타나는 문화적 차이에 의해 영향받고 있음을 알 수 있다. 매스미디어를 통한 생산과 그 이용은 기술적 동질화와 대량생산되는 콘텐츠에서 나타나는 동질화 경향에 저항하는 문화적 실천의 차원에서 이해할 수 있다.

이 책에서 다루는 이슈는 매스미디어와 관련한 공적 논의과정에서 발견할 수 있는 문제점과 논쟁점을 대상으로 한다. 특히 여론형성 대상이 되거나 정부정책 대상이 되는 문제 또는 미디어가 한 사회에서 부여받은 책임과 관련한 문제를 다룰 것이다. 이슈라고 해서 부정적 성격을 갖는 문제만을 다루는 것은 아니다. 현재 또는 미래의 변화에 중요한 의미를 갖는 문제 역시 소개할 것이다. 미디어와 관련한 모든 이슈를 망라하기는 어렵겠지만 다음에 제시하는 이슈는 이 책에서 미디어와 관련하여 중요하다고 파악한 사항으로 이해하면 좋겠다. 영역별 이슈를 정리하면 다음과 같다.

정치와 국가와의 관계
- 정치 캠페인과 선전
- 시민의 참여와 민주주의
- 전쟁, 평화, 테러리즘
- 외교정책의 수립
- 국가의 압제, 해방, 혁명

문화적 이슈
- 문화적, 경제적 영역에서의 글로벌화 현상
- 문화생활의 질적 수준 문제와 문화산물의 생산
- 정체성의 문제

사회적 관심사
- 사회적 경험의 규정, 사회적 경험의 매개
- 범죄, 폭력, 포르노그래피, 일탈
- 시민사회의 평화, 질서와 혼란
- 정보화 사회
- 정보 불평등의 문제
- 소비자 보호운동과 상업주의
- 여가시간의 활용과 그 질적 수준의 문제

규범적 차원의 관심사

- 언론의 자유, 표현의 자유
- 사회적, 문화적 불평등: 계급, 민족집단, 성별
- 미디어 규범, 윤리, 전문성
- 미디어 정책과 규제
- 미디어 집중과 다양성

영향력과 효과

- 효율적인 커뮤니케이션
- 패션과 인기 유명인사의 창출
- 여론의 형성과 변화

▮ 이 책에서 다루는 범위와 관점의 제약점

이 책은 일반적인 매스 커뮤니케이션 현상에 적용할 수 있게 기획되고, 다루는 범위 역시 포괄적으로 특정국가에 국한되지 않도록 구성했다. 하지만 제약점이 있다는 것을 밝혀야겠다. 첫째로 저자의 경험과 지식, 견해에 저자가 살아온 나라의 문화적 배경이 영향을 미쳤음을 부인하기 힘들다. 객관적이어야 하는 부분에도 주관적 판단이 개입될 수 있다는 점을 지적해야 하겠다. 둘째로 '매스 커뮤니케이션 현상'은 그 자체로 관찰되는 문화적 맥락에서 독립적일 수 없다는 점이다. 비록 활용되는 기술적 측면이 비슷하고 미디어 조직의 구성방식, 활동과 콘텐츠에 유사성이 있지만 관찰자 입장에서 개입되는 문화적 영향력을 고려해야 할 것이다. 서구에서 발명된 미디어 기술이 미국이나 유럽에서 나머지 국가들에게 이전되면서 미디어 역사를 '현대화' 과정의 일부라고 보편적으로 이야기한다. 하지만 이렇게 단순하게 일방향적으로, 결정론적인 과정으로서 미디어 역사를 설명하기 어려운 대안적 사례도 있다. 한마디로 말해 이 책에서 다루는 이론은 '서구' 편향적 측면이 있다는 점을 지적하고 싶다. 이 책에서 소개하거나 배경으로 한 자료는 특히 유럽이나 북미권에서 영어로 작성된 연구들에 주로 기초한다. 그렇다고 소개하는 내용이 다른 문화권에서 전적으로 적합하지 않다는 것은 아니다. 다만 결론을 대할 때, 그것이 잠정적일 수 있다는 것과 대안적 아이디어가 연구과정을 통해 개념화되고 검증될 필요가 있다는 것을 지적하고자 한다.

미디어와 사회의 관계는 시간과 공간의 상황에 따라 영향을 받는다. 위에서 지적했듯이 이 책은 현대사회의 선진국가에서 발견할 수 있는 매스미디어와 매스 커뮤니케이션에 대해 다뤘다. 주로 국제적인 경제상황과 정치관계와 연결되어 존재하는 선거를 통한 민주주의와 자유 시장경제체제를 유지하는 국가들의 경험을 다룬다. 분명 '비서구적인' 형태의 사회, 예를 들어 특히 개인주의적이기보다는 집단적인 사회, 세속적이기보다는 종교적인 사회에서는 매스미디어가 다른 방식으로 자리하고 있을 개연성이 높다. 비록 서구의 미디어 이론이 세계적으로 볼 때 주류를 이루고 있기는 하지만, 다른 유형의 미디어 이론이 있을 수 있고 미디어를 이용하는 관습도 다를 수 있다. 이 차이는 단순히 경제적 발전정도의 차이에서 오는 것이 아니라 문화와 역사적 경험의 차이에서 온다. 이 책에서 다루는 내용의 제약은 저자의 특성에 기인한 것 이상의 문제도 있을 수 있다. 왜냐하면 주류 사회과학 전통은 서구적 사상을 그 근원으로 하고 있기 때문이다. 이러한 측면에서 볼 때 상대적으로 서구적인 성격이 강조되지 않는 문화연구에서 제공되는 시각은 주류 사회과학에서 이야기하는 것의 대안으로 활용될 수도 있다.

이론과 근거를 제시하는 데 가능한 한 '객관적' 입장을 추구하는 것이 이 책의 목적이기는 하지만, 매스 커뮤니케이션에 관한 연구에서 가치의 문제와 정치적 사회적 갈등의 문제를 다룰 수밖에 없다. 모든 사회에서 우리는 종종 국제적 영역에까지 확장되기도 하는 잠재적 혹은 공개된 긴장과 대립을 발견할 수 있다. 미디어는 사건과 사회적 삶의 맥락에 관한 의미를 생산하고 배포하는 주체로서 이러한 갈등에 불가피하게 관여하게 된다. 이러한 이유 때문에, 매스 커뮤니케이션 연구를 통해 이론적으로 중립적이고 과학적으로 검증된 '효과'에 관한 정보를 얻기가 힘들다는 지적을 접하게 된다. 특정 이슈의 중요성을 논의할 때도 그것이 매우 복잡하게 얽혀있고 상호주관적 성격을 가질 수밖에 없다는 점을 인정해야 하는데, 왜냐하면 이러한 논의에 가치와 관련한 문제가 개입되기 때문이다. 매스 커뮤니케이션 이론을 경험적 검증을 통해서 정립하는 것 역시 가치문제가 개입될 때 쉽지 않은 작업이다.

미디어 이론 분야는 매우 다양한 이론적 접근방식에 기초한다. 접근방식의 차이는 좌파(진보적 혹은 자유주의)와 우파(보수적) 성향에 따라 구분되기도 한다. 예를 들어 좌파이론은 거대 글로벌 기업이 소유한 미디어가 행사하는 권력에 비판적이고, 반면 보수적 이론가들은 뉴스의 '자유주의적 편견'이나 미디어가 전통적 가치에 미치는 해악을 지적한다. 또한 정치적 성향과 관련 없이 비판적 접근과 보다 응용적 접근법의 차이도 발견할 수 있다. 라자스펠드(Lazarsfeld, 1941)는 이를 두고 비판적 접근과 정책적 접근으로 구분하기도 했다. 비판적 이론은 미디어의 실행과정에 내재한 문제와 오류를 찾아내고자 하며 특정한 가치에 기초하여 이를 사회적 이슈와 연결하려고 한다. 한편 응용적 이론은 커뮤니케이션과정에 대한 이해를 통해 매스 커뮤니케이션을 보다 효율적으로 활용하기 위한 문제를 해결하는 데 초점을 맞춘다(Windahl & Signitzer, 1991). 이러한 구분에 덧붙여 우리는 이론적 다양성을 반영하는 또 다른 두 가지 축을 구분할 수 있다.

이 중 하나의 축을 통해 '미디어중심' 접근과 '사회중심' 접근을 나누어 볼 수 있다. '미디어중심' 접근은 커뮤니케이션의 자율성과 영향력에 중점을 두고, 미디어의 활동 자체에 주목한다. 미디어중심 이론은 커뮤니케이션 기술발전에 기반을 둔 매스미디어를 사회변동의 중요한 원동력으로 본다. 아울러 이러한 이론은 미디어의 특정 콘텐츠에 주목하면서 인쇄, 영상, 상호작용 미디어 등 다양한 유형의 미디어의 잠재적 영향력에 초점을 맞춘다. 반면 사회중심 이론은 주로 미디어를 정치와 경제적 영향력의 반영물로 본다. 따라서 미디어와 관련한 이론은 더 포괄적인 사회이론의 특별한 적용사례로 보는 경향이 있다(Golding & Murdock, 1978). 사회가 미디어에 의해서 움직이는가의 문제와는 별도로, 매스 커뮤니케이션 이론 자체는 미디어 기술과 조직의 주요 변화에 반응하면서 등장한 것은 분명한 사실이라고 본다.

두 번째 축을 통해서는 문화와 아이디어의 영역에 관심을 갖는 이론과 물질적 권력, 물질적 요인을 강조하는 이론을 구분할 수 있다. 이러한 구분은 대략적으로 볼 때 인문학적/과학적, 질적/양적, 주관적/객관적 차원의 분류와 유사한 성격을 갖고 있다. 이와 같은 구분은 미디어 연구의 학제적 성격을 반영하며 또한 미디어와 관련한 연구를 진행함에 서로 경쟁하거나 상반되는 견해를 보여주는 것과 연관된다. 이러한 두 가지 상호독립적인 축을 통해 미디어와 사회에 대한 네 가지 다른 시각을 구분해 볼 수 있다.

네 가지 유형의 시각은 〈그림 1. 1〉과 같이 요약할 수 있다.

1. 미디어-문화주의적 접근은 주로 미디어 콘텐츠와 형식에 주목하며 개인의 주변환경에 영향을 받아 미디어 메시지를 주관적으로 수용하는 영역에 초점을 맞춘다.

2. 미디어-물질주의적 접근은 미디어 조직과 재정, 기술적 측면을 강조한다.

3. 사회-문화주의적 접근은 사회적 요인이 미디어 생산과 수용에 미치는 영향력과 미디어의 사회적 기능을 강조한다.

4. 사회-물질주의적 접근은 미디어와 미디어 콘텐츠를 한 사회의 정치-경제적, 물질적 영향력과 조건의 반영으로 본다.

그림 1.1 미디어 이론의 차원과 유형

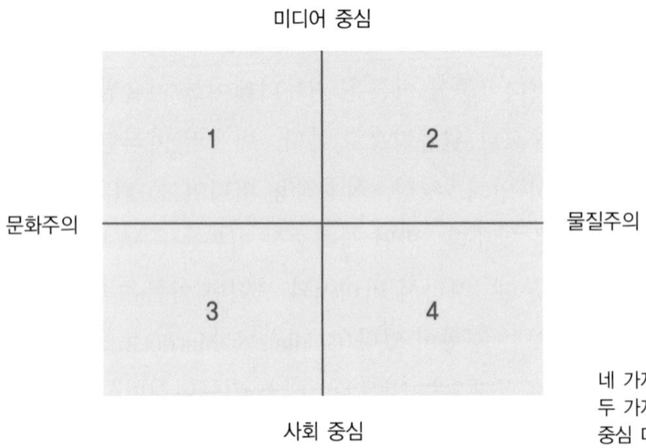

미디어 중심

1	2
3	4

문화주의 · · · 물질주의

사회 중심

네 가지 주요 접근은 두 가지 차원(미디어 중심 대 사회 중심, 문화주의 대 물질주의)을 기준으로 분류한다.

5 다양한 유형의 이론

만약 우리가 이론을 법과 같은 명제의 체계뿐만 아니라 현상의 이해를 돕고 행위에 방향을 제시하며 결과를 예측할 수 있도록 도와주는 체계적인 아이디어의 집합으로 본다면, 매스 커뮤니케이션 현상과 관련하여 최소한 다섯 가지 정도의 이론을 구분할 수 있다. 이 이론들은 ① 사회과학적 이론, ② 문화이론, ③ 규범적 이론, ④ 운용(operational) 이론, ⑤ 일상의 상식적 이론으로 나눌 수 있다.

  사회과학적 이론은 미디어와 미디어 관련요인들에 대한 체계적이고 객관적인 관찰을 토대로 매스 커뮤니케이션의 본질, 작동과정, 효과에 관한 일반화를 목적으로 하는 진술을 제공한다. 또한 이를 토대로 과학적 방법으로 현상을 검증한다. 미디어와 관련한 사회과학적 이론의 폭은 매우 넓으며 이 책에서 다루는 많은 이론적 논의가 사회과학적 이론에 기초하고 있다. 하지만 사회과학적 이론의 경우 종종 명백하게 구성되지 않는 경우도 있고 때로 일관되지 않은 결과를 이야기하기도 한다. 사회과학적 이론이 대상으로 하는 영역의 폭은 매우 넓어 좁게는 인간의 정보 송수신과 관련한 세부적 사항부터 사회전반의 문제를 포괄적으로 다룬다. 또한 다양한 학문적 배경에 기초하는데 미디어와 관련하여 사회학, 심리학, 정치학의 영역으로부터 이론이 형성되기도 한다. 과학적 이론이 탐구하려는 대상 역시 다양하여 현재 진행되는 현상에 대한 이해뿐만 아니라 이에 대한 비판, 그리고 공적 정보처리나 설득과정에 적용할 수 있는 실제적 문제 등 여러 가지 이슈에 관심을 두고 있다.

  문화이론은 그 성격상 훨씬 더 다양하다. 어떤 이론은 특정한 질적 기준에 기초하여 문화적 산물을 구분해 보려는 평가적 속성이 있다. 때로 정반대로 문화이론은 기존의 위계질서에 따른 분류가 문화의 본질을 평가하기에 적합하지 않다며 기존 가치에 도전하기도 한다. 문화적 생산물에 대해서도 심미적으로, 윤리적 차원으로 또는 사회-비판적 측면에서 접근하는 다양성도 보인다. 문화이론은 영화, 문학작품, 텔레비전, 시각예술 등 다양한 미디어 양식을 연구대상으로 한다. 문화이론은 현상에 대한 분명한 주장을 통해 통일성과 일관성을 추구하지만 종종 핵심적인 내용 자체가 관념적이고 상상력에 기초하기도 한다. 문화이론은 관찰을 통한 검증이나 타당성 진단이 필요하다는 요구에 대해 반대입장을 견지하고 있다. 그럼에도 불

＊35

구하고 문화이론과 사회과학적 접근의 연결 가능성이 있으며 미디어의 문제를 다루는 데는 이 두 가지가 다 필요하다.

세 번째 유형의 이론은 '규범적' 이론이다. 규범적 이론은 한 사회에서 중요시하는 가치가 보존되기 위해서는 미디어가 어떤 방식으로 작동해야 하는가의 문제에 초점을 맞춘다. 이와 같은 부류의 이론은 대체로 폭 넓은 철학적 논의나 한 사회의 이데올로기에 뿌리를 두고 있다. 규범적 이론은 미디어 조직의 구성이나 정당성 부여에 중요한 역할을 담당하며, 한편으로 다른 사회기관이나 미디어 수용자가 미디어에 대해 기대하는 바에 영향을 미칠 수 있기 때문에 중요한 의미를 갖는다. 매스미디어 연구의 다수가 사회규범이나 문화규범을 매스미디어에 적용해 보려는 시도였다. 미디어에 관한 규범적 이론은 법, 규제, 미디어 정책, 윤리 법규, 그리고 공적 토론의 영역에서 주로 발견할 수 있다. 규범적인 미디어 이론 그 자체는 '객관적'인 것이 아닐 수 있지만, 사회과학의 '객관적' 방법을 활용하여 규범적 측면을 연구해 볼 수 있다(McQuail, 1992).

미디어에 대한 지식을 얻는 방법의 네 번째는 운용(operational) 이론이라고 할 수 있다. 운용이라는 용어를 사용한 것은 미디어 종사자들의 활동과정에서 나타나거나 적용되는 실제적인 아이디어에 의존하여 현상을 설명하고 있기 때문이다. 이러한 유형의 이론은 어떻게 뉴스를 선택하는지, 어떻게 수용자를 즐겁게 할 것인지, 효과적인 광고는 어떻게 설계할 것인지, 사회가 허용하는 제한 내에서 어떻게 콘텐츠를 만들어 내는지, 그리고 수용자와 정보원을 어떻게 효과적으로 연결할 것인지 등에 관한 현실적 문제를 해결하는 데 도움을 준다. 저널리스트의 윤리, 규범과 같은 영역의 경우 운용이론과 규범적 이론이 겹치는 부분이 있기도 하다. 운용이론이 의미를 갖는 것은 대개 지속적으로 정형화된 현상을 다루고 특히 행위의 측면을 다루는 데 적절할 수 있기 때문이다. 커뮤니케이터와 미디어 조직에 대한 연구에 좋은 기초가 되기도 한다(예를 들어, Elliott, 1972; Tuchman, 1978; Tunstall, 1993). 음악가와 과학자의 역할과 상관없이 음악이론가와 과학철학자가 규칙성을 발견하려고 하는 것처럼 미디어 연구자 역시 미디어 생산분야에서의 규칙성을 살펴보려고 한다(Katz, 1977).

마지막으로 미디어 이용과 관련한 일상적이고 상식적인 수준의 이론이 있다. 이는 미디어와 관련한 우리의 개인적 경험에서 비롯되는 것이기도 하다. 이와 같은 이론은 미디어에서 무엇이 일어나고 있는지 이해하는 데 도움을 주며, 일상생활에서 특정한 미디어에 적응할 수 있도록 해 준다. 또한 다양한 유형의 콘텐츠가 어떻게 '읽혀야' 하는지, 우리는 어떻게 읽는 것을 선호하는지, 서로 다른 미디어와 장르의 차이점은 무엇인지를 이해하도록 도와준다. 상식적 이론은 우리의 일관된 선택이나 취향, 생활방식, 미디어 소비자로의 정체성 등에 기초한다. 이를 통해 비판적인 평가를 할 수 있도록 도와주기도 한다.

미디어가 실제로 수용자들에게 무엇을 제공하는지 이해할 수 있게 하고, 미디어의 영향력의 방향성과 한계를 알 수 있게 해주는 것이 일상의 상식적 이론이다. 예를 들어, 우리는 상식적 이론을 토대로 '현실'과 '픽션'을 구별하고, '기사의 행간을 읽으며', 광고나 선전의 설득목적을 이해하면서 사물을 볼 수 있고 잠재적으로 해악이 되는 내용물에 저항할 수 있는 것이다. 일상의 상식적 이론은 많은 사람들이 인식하고 따르는 미디어 이용을 위한 규범에서 발견할 수 있다(제 16장 참조). 매스미디어에 대한 사회적 정의는 미디어 이론가, 정책입안자, 미디어 제작자들에 의해서라기보다는 수용자의 미디어 이용경험으로부터 확립된다고 볼 수 있다. 미디어의 역사나 미래의 변화는 다른 설명보다 이와 같이 조금은 불확실한 일상의 상식적 이론에 의존하는 경향이 있다고 본다.

 ## 커뮤니케이션 과학과 매스 커뮤니케이션 연구

매스 커뮤니케이션은 사회과학의 한 분야이며 인간 커뮤니케이션이라는 보다 넓은 탐구영역의 일부분이다. '커뮤니케이션 과학'은 버거와 채피(Berger & Chaffee, 1987)가 정의한 대로 '미디어 생산, 상징체계의 과정과 효과와 관련한 현상을 이해하기 위해 검증 가능한 이론을 발전시키고 현상에 대한 일반화를 꾀하는 과학이다. 이 정의가 매스 커뮤니케이션 연구에 적용되는 '주류'의 대표적 정의로 인정되었지만, 실제 이것은 특정한 탐구모델에 적용하는 데 적합하도록 편향되었다. 즉 이 정의는 커뮤니케이션 행동의 원인과 효과를 '양적'으로 진단하는 연구에 초점이 맞춰져 있다. 따라서 이를 통해서는 '상징체계'의 본질이나 의미화의 과정, 특히 다양한 사회적 문화적 맥락 속에서 의미가 형성되는 과정을 다루기에는 부적절한 면이 있다. 매스 커뮤니케이션 연구에서 대안적 접근은 이 장의 뒷부분에서 다룰 것이다.

최근에는 기술발달에 따라 공적-사적 커뮤니케이션의 경계나 매스 커뮤니케이션과 대인 커뮤니케이션의 경계가 희미해지면서 매스 커뮤니케이션 영역 자체에 대한 정의를 내리는 것이 더욱 힘들어졌다. 우리가 관심을 두는 현상과 관점의 다양성을 모두 포용할 한 가지 정의를 내린다는 것은 매우 어려운 일이다. 초기 커뮤니케이션 연구가 여러 분야에 기초하여 시작되었고, 다루는 현상과 이슈 자체가 경제, 법률, 정치, 윤리, 문화 등 여러 분야를 포함하고 있기 때문에, 커뮤니케이션 현상을 다루는 어떠한 유형의 과학도 그 자체로 독립적이고 자기충족적이라고 말하기는 힘들다. 따라서 커뮤니케이션 연구는 학제적 성격을 띠며 다양한 접근과 방법론을 이용하여 수행되어야 한다(McQuail, 2003b).

매스 커뮤니케이션을 보다 넓은 커뮤니케이션 연구영역의 일부로 다루면서 커뮤니케이션이 발생하는 사회적 조직의 수준에 따라 정리해 보는 작업이 중요할 수 있다. 이러한 기준에 따르면, 매스 커뮤니케이션은 사회전반에 걸쳐서 나타나는 다양한 유형의 커뮤니케이션 과정의 일부이고, 커뮤니케이션 과정을 〈그림 1.2〉의 피라미드 방식의 모형으로 이해할 때 그 정점에 해당한다.

피라미드 아래로 내려가면서 더 많은 사례가 발견되고, 각 수준별로 연구와 이론화의 특정한 대상이 있다. 현대사회에는 종종 하나의 큰 공적인 커뮤니케이션 네트워크가 존재한다. 이 네트워크는 보통 매스미디어에 의존하는데, 이는 차이가 있겠지만 주로 모든 시민을 대상으로 하며 모든 시민에게 도달할 수 있다. 한편 이러한 미디어 시스템은 지역적, 사회 인구학적 요인에 따라서 더욱 분화될 수 있다.

커뮤니케이션 네트워크로 작동하기 위해서는 전송수단이 있어야 하고, 대상집단의 구성원간의 교환이 일어나야 하며, 메시지의 흐름이 적극적으로 발생해야 한다. 사회전반에 걸친 네트워크를 만들어주는 대안적인(매스미디어를 통하지 않은) 기술도 존재한다(물리적 교통 네트워크나 텔레커뮤니케이션 인프라구조, 우편 시스템 등이 여기에 해당한다). 그러나 이러한 시스템은 대개 매스 커뮤니케이션이 가진 것과 같은 사회전반에 걸친 사회적 요소나 공적 역할이 결여되어 있다. 과거에는(어떤 곳에서는 현재에도 여전히) 사회전반에 걸친 공적 네트워크가 위계적 구조 속에서 공유된 신념을 통해 교회, 정치조직 등에 의해 제공되었다. 공식적인 출판물이나 개인적

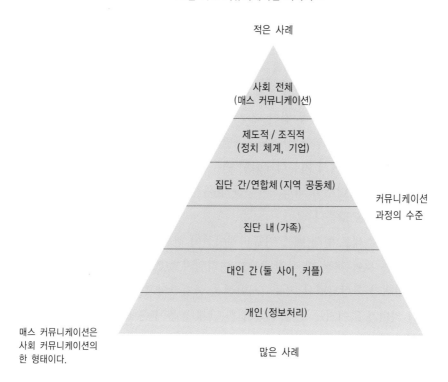

그림 1.2 커뮤니케이션 피라미드

적은 사례

사회 전체
(매스 커뮤니케이션)

제도적 / 조직적
(정치 체계, 기업)

집단 간/연합체(지역 공동체)

집단 내 (가족)

커뮤니케이션
과정의 수준

대인 간 (둘 사이, 커플)

개인 (정보처리)

매스 커뮤니케이션은
사회 커뮤니케이션의
한 형태이다.

많은 사례

접촉을 통해 상명하달식의 커뮤니케이션이 전개되기도 했다.

  피라미드의 제일 위쪽의 전체 사회 바로 아래 단계에서는 여러 가지 다른 유형의 커뮤니케이션 네트워크가 존재한다. 여기서 발견할 수 있는 하나의 유형은 전체 사회에서 볼 수 있는 사회관계를 축소하여 지역사회나 마을에 적용시킬 수 있는 것으로 지역 언론사와 같은 미디어를 가진 것을 예로 들 수 있다. 두 번째 유형은 기업이나 업무조직에서 발견할 수 있는데, 커뮤니케이션은 주로 조직의 경계 안에서 발생한다. 세 번째 커뮤니케이션 네트워크는 '기관'에서 발견할 수 있다. 예를 들어 정부, 교육, 사법, 종교, 사회보장제도 등이 있다. 사회기관의 활동은 언제나 다양하고 활발한 커뮤니케이션을 필요로 하며 정형화된 형식과 절차를 따르고 있다. 사회전반에 걸친 네트워크와는 달리 조직과 사회기관들은 각각 담당하는 특정한 역할에 따라 네트워크를 형성한다. 이러한 조직과 기관은 또한 (관료주의에서 볼 수 있는 것이나 기업이 고객들과 커뮤니케이션하는 것과 같이) 상대적으로 폐쇄적 커뮤니케이션 네트워크를 형성하고 있다.

이 수준 아래 단계에서는 더욱 다양한 유형의 커뮤니케이션 네트워크가 존재한다. 이들 네트워크는 일상생활에서 공유하는 특징이나 동네와 같은 환경, 음악 같은 취미, 어린아이 돌보기와 같은 욕구, 혹은 스포츠와 같은 활동에 기초하고 있다. 이 수준에서는 상호간의 유대와 정체성, 협동, 규범형성 등이 중요한 관심사가 될 수 있다. 예를 들어 가족처럼 집단 내부나 대인적 수준에서는 대화형식이나 상호작용 방식, 영향력 구현, 일체감 정도, 규범적 통제 등에 주목한다. 인간 개인의 내적 문제를 다루는 수준에서 커뮤니케이션 연구는 정보 처리과정이(주목, 지각, 이해, 회상, 학습 등)나 의미부여 과정, 가능한 효과(지식, 의견, 자아 정체성, 태도 등에 대한 효과)에 초점을 맞춘다.

한편 '글로벌화' 추세로 인해 매스 커뮤니케이션이 한 역할을 담당하고 있는 위와 같은 구분을 하는 것이 점점 더 복잡해지고 어려워지고 있다. 경제적, 정치적, 오락적 활동의 범위가 확장되면서 커뮤니케이션은 국가간의 경계를 넘어서고 한편으로 그 경계가 의미가 없어지는 경향이 있어 한 단계 높은 수준에서의 상호작용도 고려할 필요가 있게 되었다. 조직과 기관의 활동은 국가간 경계라는 제한을 벗어났으며, 개인의 경우에도 자신이 직접 속한 사회나 환경 외부에서 커뮤니케이션 욕구를 충족시킬 수가 있다. 따라서 공유된 시공간에서의 개인의 사회적 상호작용의 방식과 커뮤니케이션 시스템 간의 관계가 약화되고 상대적으로 우리의 문화적, 정보적 차원의 선택의 폭이 넓어지는 결과를 가져왔다.

새롭게 출현한 '네트워크 사회'라는 개념이 여기서 중요하게 다루어진다(Castell, 1996; van Dijk, 1999; 6장 참조). 이 개념은 〈그림 1.2〉에서 설명한 사회의 수준에 점차적으로 네트워크가 제약을 받지 않는다는 점에 기초한다. 새로운 유형의 커뮤니케이션 수단(공적, 사적 모두의 경우에)을 통한 네트워크는 공유된 현실적 공간 혹은 개인적 접촉이라는 일반적 조건이 없는 경우에도 쉽게 형성될 수 있다. 과거에는 특정한 커뮤니케이션 기술을 특정한 수준의 사회조직에 조응하여 연결시킬 수 있었다. 텔레비전의 경우 사회전반 수준에서, 신문이나 라디오는 지역이나 특정 도시 수준에서, 전화나 우편은 사회기관 수준에서 주로 활용되는 것으로 파악할 수 있었다. 커뮤니케이션 기술의 발전과 광범위한 확산으로 이제 이러한 구분이 어렵게 되었다. 예를 들어 인터넷은 이제 모든 수준에서 커뮤니케이션이 가능하게 만들

표 1.1	커뮤니케이션 이론과 연구의 관심사
	• 누가 누구에게 커뮤니케이션 하는가? (정보원과 수용자)
	• 왜 커뮤니케이션 하는가? (기능과 목적)
	• 어떻게 커뮤니케이션이 발생하는가? (채널, 언어, 코드)
	• 어떤 내용이 커뮤니케이션되는가? (콘텐츠, 정보의 유형)
	• 의도된 혹은 의도되지 않은 커뮤니케이션의 결과는 무엇인가? (아이디어, 이해, 행동)

었다. 인터넷은 수평적, 수직적 연결뿐만 아니라 다양한 방식으로 연결이 가능한 네트워크 체인을 형성하고 있다. 그렇지만 지금까지 볼 때 사회전반의 커뮤니케이션 기능을 담당한 신문, 텔레비전, 라디오와 같은 전통적 핵심 매스미디어는 비록 공적 커뮤니케이션 기관으로 독점적 지위에 도전을 받고 있기는 하지만 그 자체로 획기적으로 변화하지는 않고 있는 것으로 보인다.

네트워크 사회의 복잡성이 강화되고 있지만, 위에서 설명한 각 수준에서 커뮤니케이션 이론과 연구는 〈표 1.1〉에서 제시된 영역의 관심사를 공유하고 있다.

 대안적 분석 전통 : 구조적, 행동적, 문화적 접근

일반적으로 볼 때 서로 다른 수준에서 제기된 연구문제는 유사할 수 있지만, 현실적으로 볼 때 매우 다른 개념이 개입되고 있으며 커뮤니케이션 자체 역시 수준에 따라 현실에서는 매우 다르다(예를 들어 가족이 대화를 나누는 것, 방송 뉴스나 TV 퀴즈 쇼가 시청자들에게 전달되는 것, 직장 조직에서 명령체계가 전달되는 것은 각기 다른 '규칙'에 의존하여 발생한다). 이런 측면에서 볼 때 '커뮤니케이션 과학'이 왜 필연적으로 다양한 학문적 배경(초기에는 특히 사회학과 심리학에, 현재는 경제학, 역사학, 문학, 영화연구 등)을 토대로 한 이론과 근거에 기초하여 발전했는지를 이해할 수 있다. 특별히 기존 연구를 분류해 보면 대인 커뮤니케이션과 매스 커뮤니케이션의 차이, 문화에 대한 관심과 행동에 대한 관심의 차이, 그리고 역사적 시각과 문화적 혹은 행동적 시각 등의 차이를 발견할 수 있다. 이를 여기서 단순화해서 보면 구조적, 행동적, 문화적인 세 가지 주요한 대안적 접근방법으로 구분해 볼 수 있다.

구조적 접근은 주로 사회학에서 그 뿌리를 찾을 수 있지만 역사학, 정치학, 법학, 경제학의 시각도 포함하고 있다. 이 접근의 문제제기는 '미디어중심'적이라기보다는 '사회중심'적 측면에 기초하고, 주로 미디어 시스템과 조직과 이들의 사회와의 관계에 주목한다. 콘텐츠의 문제와 관련해서는 사회구조와 미디어 시스템이 콘텐츠의 양식에 미치는 효과에 초점을 맞추고 있다. 한편 미디어 이용과 미디어효과 분야에서 이 접근방법은 사회기관과 제도에 미치는 매스 커뮤니케이션의 영향력을 강조한다. 예를 들어, 정치 마케팅이 선거에 미치는 영향, 뉴스관리나 PR이 정부정책에 미치는 영향 등을 이 접근에서 다룬다. 또한 경제영역과 기술의 사회분야 적용에서 권력이 행사되는 미디어 현상의 역동성에 관심을 두고 있다.

행동적 접근은 심리학과 사회심리학에 기본 뿌리를 두었으며 일부 사회학의 영역에서 영향을 받았다. 일반적으로, 주된 관심사는 인간 개인의 행동이고, 특히 커뮤니케이션 메시지에 반응하여 이를 선택하고 처리하는 과정의 문제를 다룬다. 매스미디어 이용은 일반적으로 개인에게 특정한 기능을 하고 목표한 결과를 가져오는, 합리적이고 동기가 부여된 행동으로 간주된다. 심리학적 접근은 개인을 대상으로 한 실험 연구방법을 주로 사용한다. 사회학 영역에서는 사회 안에서 정의된 집단 구성원들의 행동에 초점을 맞추며, 실험 상황이 아닌 일상에서 추출한 대표성을 지닌 서베이 데이터를 이용해서 다변인 분석을 하는 것을 선호한다. 개인은 각자의 사회적 지위, 성향, 행동 등 분석에 적합한 변인에 의해서 분류되며, 이런 변인들은 통계적으로 통제하기도 한다. 조직을 연구하는 경우, 참여관찰법이 일반적으로 이용된다. 내용분석 역시 행동적 접근의 틀 안에서 미디어 텍스트를 표본 추출하고 통계적 변인분석을 통해 수행되기도 한다.

문화적 접근은 인류학이나 언어학 같은 인문학에 토대를 두었다. 잠재적으로 매우 광범위한 분야를 다룰 수 있지만, 이 접근은 주로 의미나 언어, 사회적 맥락 속의 특정한 부분이나 문화적 경험 등의 문제를 다루는 데 주로 적용된다. 미디어 연구는 광범위한 문화연구 분야의 일부이다. 이 접근은 '미디어중심'적 성향을 가지고 있으며, 미디어간의 차이와 미디어 전달과 수용환경 차이를 중요하게 본다. 또한 현상을 일반화하는 것보다는 특정 콘텐츠나 상황에 대해 심도 있는 이해를 추구하는 데 더 많은 관심을 가진다. 방법론적으로는 질적 연구방법을 이용하며 사회와 인간의 의미화 실천에 대한 심층적 분석과 '텍스트'에 대한 해석이 주로 활용된다. 문화적 접근은 페미니스트 이론, 철학, 기호학, 정신분석학과 영화, 문학이론 등에 기초하고 있다.

02 매스미디어의 기원

이 장에서는 오늘날의 매스미디어가 있기까지의 발전단계를 연대기적으로 살펴본다. 또한 특정 사회에 새롭게 등장한 다양한 미디어가 사회 안에서의 역할이나 유용성을 인정받으며 공식적인 기능을 부여받기 시작한 중요한 전환점이 된 시점과 공간을 짚어보고자 한다. 각 미디어의 역할에 대한 정의는 특정 미디어가 등장한 초기에 형성된 경향이 있지만 새로운 미디어가 등장하고 사회조건이 변화하면서 이에 적응하여 달라지기도 했다. 어떻게 보면 미디어는 계속 변화하는 과정을 거치고 있다. 이 장의 뒷부분에서는 미디어의 자유와 관련한 문제와 미디어 이용조건과 관련한 문제도 다룰 것이다.

1 초기 단계의 미디어에서 매스미디어로의 진화

이미 이 책 앞부분에서 우리는 매스 커뮤니케이션의 '과정'과 그 과정을 가능하게 하는 실제 미디어를 구분하여 설명해 보았다. 시공간을 초월한 인간 커뮤니케이션은 지금 이용되는 매스미디어가 등장하기 오래전에 이미 존재했다. 커뮤니케이션 과정은 사회가 형성되는 데 중요한 역할을 했고, 종교, 정치, 교육제도 안에서 수행되었다. '매스'라고 부를 수 있는 규모의 정보배포 역시 정치적 선전이나 종교적 메시지를 전달하는 방식 등에서 찾아 볼 수 있듯이 역사 속에서 오래전에 등장했다. 중세 초기까지는 교회가 모든 사람들에게 정보를 전달하는 중요하고 효율적인 통로였다. 이는 현대적 의미에서 '미디어'와는 무관한 일이기는 하지만, 매스 커뮤니케이션이라고 부를 수 있다. 인쇄술의 발전으로 인해 독립적인 미디어가 등장하기 시작하면서 교회와 국가의 권위는 잠재적인 통제력 상실로 위협받기 시작했으며 새롭게 다른 아이디어가 유포될 수 있는 기회가 주어졌다. 16세기 유럽사회의 종교개혁 과정에서 발생한 선전싸움과 갈등 속에서 우리는 위와 같은 현상을 발견할 수 있다. 이 시점은 또한 매스 커뮤니케이션을 가능하게 한 테크놀로지에 대해서 사회적, 문화적 의미가 부여된 역사적 시점이기도 하다.

매스미디어의 역사를 돌이켜보면서 이 책에서는 미디어의 등장과정과 미디어가 사회에서 중요하게 자리잡는 과정에서 부각되는 네 가지 요소를 다루고자 한다.

① 특정한 커뮤니케이션의 목적, 필요성, 이용
② 공적으로 광범위한 영역의 많은 사람들에게 커뮤니케이션할 수 있는 테크놀로지
③ 제작과 배급을 위해 기술을 제공하는 사회적 조직의 양태
④ '공익'을 위한 조직화된 통치행위

이와 같은 요소는 상호간에 고정된 관계를 가지고 있지 않다. 따라서 시공간의 환경적 측면에 의존하는 경향이 있다. 때로 커뮤니케이션 기술은 인쇄술이 필사본을 대치한 것 같이 미리 존재하는 욕구나 이용을 위해 적용되기도 한다. 하지만 영화, 라디오 방송 등의 기술의 경우 이를 이용하기 위한 명백한 사회적 욕구가 선행되지 않았다. 세 번째 요소인 사회적 조직 역시 기술출현 전에 만들어질 수 있고 그 이후에 등장할 수 있다. 위의 요소들은 물질적 요인과 사실 명확하게 뽑아내기 쉽지는 않은 사회적, 문화적 환경의 분위기 모두에 의존하면서 발생하게 되는 것이다. 한편, 비록 초기발명 그 자체와는 관련이 없을 수 있지만, 사상, 표현, 행동의 자유는 인쇄 미디어나 그 밖의 미디어가 발전하기 위한 필수조건인 것 같다. 인쇄기술, 특히 낱낱으로 독립된 가동활자의 경우 15세기 중반 유럽사회에서 구텐베르크가 발명품으로 내놓기 훨씬 이전 한국과 중국에서 이미 이용되었다는 점은 이와

관련해서 생각해 볼 부분이다.

일반적으로, 더 개방적 사회일수록 커뮤니케이션 테크놀로지의 가능성을 최대한 으로 활용하여 발전시키려고 하는 경향이 있었다. 폐쇄적이거나 억압적인 사회에서 는 테크놀로지가 활용될 수 있는 방식에도 제약이 많았다. 인쇄술은 17세기 초반까 지 러시아에 도입되지 않았으며 오토만 제국에는 1726년이 되어서야 인쇄술이 소개 되었다. 다음에서 다양한 미디어의 특징이나 발전역사를 설명하는 데 '서구'의 시각 과 가치를 배경으로 한다는 점을 부인하기 힘들다. 왜냐하면 매스미디어의 초기 제 도적인 틀이 서구(유럽과 북미)에서 마련되었으며, 이러한 틀에 의거하여 세계 다른 국가들이 미디어 기술을 받아들였기 때문이다. 하지만, 앞으로 발전될 매스미디어 가 반드시 서구모델을 따라갈 것이라고 말할 필연적 이유는 없다. 여러 가지 다양 한 가능성이 존재하고, 문화적 차이가 오히려 기술적 측면의 필수조건보다 더 중요 하게 작동할 가능성도 있다.

앞으로 설명할 개별 미디어들은 기본적으로 미디어의 기술적, 물질적 양식과 전 형적인 포맷과 장르, 우리가 인식하고 있는 이용방식, 제도적 상황에 의해서 구분 되어 제시될 것이다.

 인쇄 미디어 : 책과 도서관

현대 미디어의 역사는 책이 인쇄되면서 시작된다고 볼 수 있다. 책의 인쇄는 가히 혁명적인 것으로, 필사되던 텍스트가 기술적으로 대량으로 똑같이 또는 유사하게 재생산될 수 있다는 점에서 그러하다. 인쇄한 콘텐츠의 차원에서 볼 때는 점진적 변화가 있었다. 세속적이고, 실용적이고, 대중적인 콘텐츠가 특히 각국의 자국 언 어로 인쇄되기 시작했고, 정치적이거나 종교적인 팸플릿이나 소책자가 발간되기 시 작했다. 이는 중세세계의 변혁을 가져오는 데 중요한 역할을 했다. 인쇄술이 이용 된 초기에는 법이나 선언문 등이 왕실이나 권위 있는 기관에 의해서만 인쇄된 것에 비하면 이는 큰 변화였다. 사회의 혁명적 변화의 기저에는 인쇄술의 역할이 있었다 (Eisenstein, 1978).

인쇄된 책이 출현하기에 앞서 고전문학이 픽션과 논픽션의 양식으로 다양한 저자들의 활동으로 존재했으며, 이는 손으로 복사되어 독서나 구전에 의해 유포되었다. 비록 교육과 종교적인 이유로 몇몇 주요 저작은 보존되기는 했지만 서구사회의 경우 로마제국이 멸망한 후 책 문화는 대부분 사라졌다가 수도회의 활동으로 점차 부활하기 시작했다.

중세시대 초기에는 책이 커뮤니케이션의 주요 수단으로 간주되지는 않았다. 책은 지혜를 보존하고 신성한 문건이나 종교적 텍스트를 훼손되지 않은 형태로 보존하기 위해 사용되었다. 종교와 철학 관련 텍스트가 중심적 내용이었지만 차츰 그 밖의 과학이나 실용적 정보도 축적되기 시작했다. 이 시기의 책은 각각의 페이지를 두꺼운 커버로 묶어(코덱스라고 알려진 책의 원형) 안전하게 보관하는 것이 주목적이었고, 대중 앞에서 소리 내어 읽거나 가지고 다닐 때 훼손되지 않도록 만들어졌다. 이때까지 책은 매우 한정된 사람들 사이에서만 통용되었다. 현대의 책도 이런 모델을 이어받았다고 할 수 있고 비슷한 방식으로 특정 독자들 사이에서 이용되는 경향이 있다. 한편 두루마리나 양피지를 이용하던 방식은 인쇄술이 필사본을 대치하면서 사라지고 낱장의 종이에 인쇄하는 방식이 등장하게 되었다. 이를 통해 중세의 필사 책 양식에 큰 변화를 가져왔다.

또한 인쇄술이 나타나기 이전과 이후를 구분하는 중요한 요소는 책을 수집하여 보관하는 도서관이다. 적어도 최근 디지털 도서관이 나타나기 전까지는 책을 물리적으로 저장하고 배열한다는 측면에서 도서관의 역할에는 큰 변화가 없었다. 도서관은 책이 기록과 작업의 영구적 결과물이라는 개념을 반영하여 존재했다. 인쇄술을 통해 사설 도서관이 많이 등장하게 되기는 했지만 인쇄술 자체가 도서관의 성격을 변화시키지는 않았다. 하지만 도서관의 발전을 놓고 혹자는 도서관이 미디어로서, 또는 매스미디어로서 역할할 가능성이 있다는 주장하기도 한다. 19세기 중반부터 도서관이 대중계몽의 중요한 수단으로 이용되면서 공적 정보제공 수단으로 조직된 것은 사실이다.

15세기 중반 손으로 쓰는 필사본을 대신하여 인쇄술을 이용한 텍스트의 재생산이 시작되면서 이는 '미디어 제도'가 형성되는 데 중요한 첫걸음이 되었다. 인쇄는 기술을 요하는 새로운 직업으로 발전되었으며 상업부문에서도 중요한 위치를 차지하게 되었다(Febvre & Martin, 1984). 인쇄업자들은 상업인에서 출판인의 역할까지 담당하게 되었고 후에 이 두 역할은 점차 뚜렷하게 구별되었다. 한편 이전의 원고들과 달리 새로운 내용은 당대의 개인에 의해 작성되기 시작하면서 새로운 아이디어나 '저자'의 역할이 중요하게 여겨지기 시작했다.

16세기 말부터는 부유한 후원자의 도움을 받은 전문저자들도 등장했다. 책이 하나의 상품으로 변

표 2.1

미디어로서의 책
- 활자 인쇄 기술의 발달
- 페이지로 묶어짐
- 다수 복사가 가능
- 상품의 형태
- 다양한 (세속적인) 콘텐츠
- 개인적 이용
- 출판의 자유 주장에 이용
- 개인 저자의 역할

모하기 시작했고, 유통을 위한 시장이 형성된 것 역시 이러한 변화와 관련이 있다. 비록 오늘날의 기준으로 보면 규모가 작을 수도 있겠지만, 당시 책 유통규모는 작지 않았다. 페브르와 마틴(Febvre & Martin, 1984)은 16세기에 1,500에서 15,000편의 책이 출간되었고, 루터가 번역한 성경은 100만부 이상 인쇄되었다고 추정한다. 특히 프랑스, 영국, 독일, 이탈리아 등 인쇄산업이 발전한 국가들 간에는 서적의 수출입이 활발하게 전개되었다. 실제로 현대 미디어의 기본 특징 중 많은 부분은 초기 독자공중을 형성한 16세기 말 책 출판에서도 발견할 수 있다. 또한 특정 텍스트에 출판인이 갖는 특권이 존재하면서 저작권에 대한 문제도 인식되기 시작했다. 검열을 위해 유용하기도 했지만 영국의 경우 특정 회사가 저자 보호와 저작의 표준을 유지하는 데 독점적 지위를 누리기도 했다(Johns, 1998).

이후 책의 발전역사는 양적인 확대와 함께 언론의 자유와 저작권을 위한 투쟁 속에서 전개된다. 16세기 초반 이후 거의 모든 서구사회에서 정부와 교회는 출판물에 대한 검열을 실시했다. 정부의 허가로부터 자유를 주장한 가장 유명한 초기 주장은 1644년 영국시인 존 밀턴의 《아레오파지티카》(Areopagitica)에서 발견할 수 있다. 언론의 자유는 민주적 정치의 자유와 함께 요구되었으며 민주주의가 승리하는 곳에서 언론의 자유가 성취될 수 있었다. 이러한 둘 간의 밀접한 관계는 오늘날에도 이어지고 있다.

3 인쇄 미디어 : 신문

16세기 말과 17세기 초에 나타난 전단지, 팸플릿이나 뉴스레터와 구분될 수 있는 오늘날 우리가 알고 있는 신문의 전형이 나타난 것은 인쇄술이 발명된 지 약 200년이 지나서였다. 신문보다 앞선 비슷한 성격의 인쇄물은 사실 책이라기보다는 뉴스레터라고 할 수 있다. 뉴스레터는 국가간의 무역이나 상업에 관련된 뉴스를 전달하기 위해서 우편으로 배포되었다(Raymond, 1999). 뉴스레터는 정부의 활동이나 외교적, 상업적 목적을 위한 활동이 공공영역으로 확장된 것으로 이해할 수 있다. 한편 초기의 신문은 정기적으로 발간되었다는 점, 판매를 위해서 상업적 기반을 가지고 있었다는 점, 그리고 공적 성격을 띠며 다양한 목적을 위해서 발간되었다는 점 등의 특징이 있다. 신문은 정보, 기록, 광고를 위해, 기분 전환을 위해, 또한 세상 이야기를 접하기 위해서 이용되었다.

17세기의 상업적 신문은 인쇄업자와 발행인, 이 두 주체의 역할을 통해 등장했다. 왕실과 정부 등 공식기관에 의해 발간된 것에서 비슷한 성격을 발견할 수 있지만 이는 권위의 전달, 국가의 수단으로 쓰였다는 측면에서 차이가 있다. 상업적 신문은 오늘날의 신문이라는 미디어가 사회에 자리 잡는 방식에 가장 큰 영향력을 행사했다. 선전도구나 권력가의 도구로 사용되지 않는 가운데 익명의 독자를 위해서 처음으로 서비스를 제공하기 시작했다는 점에서 상업적 신문의 발전은 커뮤니케이션 역사에서 중요한 분기점이 된다.

처음 발간될 당시에는 그렇게 인식되지 않았을지 모르지만, 신문은 새로운 문학적, 사회적, 문화적 양식의 발명물로서 인쇄된 책보다도 훨씬 더 혁신적인 것이었다. 다른 유형의 문화적인 커뮤니케이션과 비교해 볼 때 신문은 개인적인 독자들에게 소구하고 현실에 기반을 두며, 사용하기 편하며, 도시기반의 기업인이나 전문직 사람들을 기초로 한 새로운 계급의 세속적인 요구의 적합성에 초점을 맞추었다는 특징이 있었다. 특히 신문에서 발견할 수 있는 새로운 점은 그 기술적 속성이나 배포 방식에서라기보다 정치·사회영역에서의 자유주의 물결 속에서 변화를

표 2.2

신문
- 정기적 발간
- 상품의 형태
- 현재의 사건에 초점
- 공적 영역으로서의 기능
- 도시의 세속적인 수용자를 대상
- 상대적으로 자유로움

이끈 특정한 계급을 위해 기능했다는 데서 찾을 수 있다.

이후의 신문역사는 자유를 위한 투쟁과 진보와 후퇴과정으로 말할 수도 있으며, 경제적·기술적 발전의 역사 틀에서 설명할 수도 있다. 다음에서는 현대적 의미의 신문으로 전환하는 가장 중요한 단계의 신문의 역사를 다룰 것이다. 국가별로 역사적 배경이 달라 일반화하기 어렵지만 다양한 요인들이 상호작용을 하면서 언론기관의 발전에 중요한 역할을 했다.

사회에 등장한 초기부터 신문은 기존 권력에 대해 실제로 혹은 잠재적으로 반대자 입장에 섰으며 스스로의 역할에 대해 그렇게 인식하고 있었다. 신문의 역사를 살펴보면 인쇄업자나 편집인, 저널리스트에 대한 폭력을 쉽게 찾아볼 수 있다. 자유롭게 출판할 권리를 위한 투쟁이 자유 민주주의와 시민권리를 위한 투쟁이라는 큰 틀 안에서 강조되었다. 독재 치하나 외국의 침략 밑에서 지하신문의 활동은 칭송되었다. 기존 권력은 신문의 대항을 못마땅하게 여겼고 불편하게 생각했다. 하지만 초기 신문이 일반적으로 모두 권위에 대항한 것은 아니었다. 때로 기존 권력의 유지를 위해 발간되는 신문도 있었다(Schroeder, 2001). 지금도 그렇지만 초기 신문의 경우에도 의도한 독자층을 따로 구분한 경우가 있었다고 할 수 있다.

때로 굴곡이 있기는 했지만 언론자유를 얻기 위한 진보를 역사 속에서 발견할 수 있다. 하지만 이러한 진보과정 속에서 신문에 대한 통제는 보다 정교한 방식으로 나타나기도 했다. 폭력보다는 법적 규제나 경제적 부담을 주는 것으로 통제하려는 움직임이 나타났다. 신문이 시장 시스템에 의해서 제도화된 것은 통제의 한 형태라고 볼 수 있으며, 대기업으로서의 현대 신문은 이전의 신문보다 다양한 유형의 압력과 간섭에 취약함을 보이고 있다. 신문은 20세기에 들어서야 정기적으로 다수의 독자에 직접적으로 전달되었다는 측면에서 진정한 의미의 매스미디어가 되었다. 하지만 아직까지 신문구독 정도를 보면 국가간의 차이가 발견된다(〈표 2. 3〉 참조). 비록 모든 시기와 국가의 신문을 나누어 볼 단순한 분류법이 있는 것은 아니지만 신문(또는 저널리즘)의 유형이나 장르를 구분하는 것은 신문의 역사를 이해하는 데 도움이 된다. 다음에서 특징적인 중요한 유형을 구분해 보았다.

표 2.3	2000년 특정 국가의 성인 인구 1,000명당 신문 판매			
	• 노르웨이 720	• 스위스 454	• 영국 408	• 독일 375
	• 미국 263	• 캐나다 206	• 프랑스 190	• 스페인 129
	• 이탈리아 121	• 그리스 76		

출처: World Association of Newspapers, World Press Trends

정당-정치 신문

초기에 흔히 발견할 수 있는 신문은 대중적 활성화와 정보전달, 조직화의 역할을 담당했던 정당-정치 신문이다. 정당신문(정당에 의해 발간되거나 또는 정당을 위해 발간되는 신문)은 현재 아이디어나 사업적 측면에서 모두 상업적 신문에 자리를 내주었다. 하지만 정당신문이라는 아이디어는 민주적 정치과정의 한 부분으로 오늘날에도 여전히 자리하고 있다. 유럽에는 이와 같은 정치적 신문이 여전히 남아 있는데 이러한 신문은 비록 정부로부터 보조를 받기는 하지만 정부로부터 독립적이고, 전문적으로 제작되고 있으며, 진지한 논의를 통해 여론을 형성하는 것을 목적으로 한다. 이러한 신문의 독자들은 공유된 정당 일체감이라는 틀로 묶여 있고, 신문은 정당의 목적을 위해서 대중을 동원하는 독특한 성격을 가지고 있다. 러시아 혁명운동기의 '전위신문'(*vanguard press*)이나, 사회 민주주의 체제의 스칸디나비아 국가의 여러 신문, 이전 공산정권 치하의 정당신문들에서 사례를 찾아 볼 수 있다.

권위지

19세기 말 부르주아 신문은 신문 역사상 중요한 위치를 차지하는데 특히 오늘날 우리가 신문이 무엇이고 신문은 무엇을 해야 하는지를 이해하는 데 영향을 미쳤다. 1850년경부터 19세기 말까지 있었던 '상류 부르주아' 신문은 여러 사건과 상황의 산물이었다. 자유주의의 승리, 직접적 검열의 폐지, 재정적 제약의 탈피, 기업-전문직의 확립, 그리고 높은 질적 수준의 정보를 제공하는 전국적, 지역적 신문을 가능하게 한 사회적, 기술적 변화 등이 신문의 모습에 영향을 미쳤다. 이 새로운 권위지 또는 '엘리트' 신문들은 국가와 기득권의 이해관계로부터 독립적이었고 의견의 자발적 형성자로서, 국익을 대변하는 조직으로서 정치적, 사회적으로 중요한 기관으로 인식되었다. 권위지들은 사회적으로나 윤리적으로 책임감을 지녔고 사건에 대한 객관보도를 해야 한다는 전문직으로서의 저널리즘 정신을 조성했다. 많은 국가에서 이러한 전통을 유지하려는 신문을 여전히 발견할 수 있다. 오늘날 '고급지'가 어떤 것인가에 대한 기대 역시 이 시기의 권위지가 추구했던 전문직업으로서의 언론을 추구했던 점을 반영한 부분이 많다. 또한 이러한 기대는 지나치게 정당 편향성이 있거나 선정적 신문에 대한 비판의 토대가 되고 있다.

대중지

마지막 유형의 신문은 오늘날에도 쉽게 발견할 수 있는 신문으로 예전과 비교해서 특별한 변화가 없다고 할 수 있다. 신문이 산업사회 도시의 대중들에게 판매를 목적으로, 거의 모든 사람들에게 읽힐 목적으로 만들어졌다는 측면에서 이를 '대중지'라고 부를 수 있다. 대중지는 정치적 목적이나 전문직의 가치를 추구하기보다는 기본적으로 상업적 이윤을 추구했으며, 기술의 발전, 인구의 집중, 식자층의 확대, 낮은 보급가격, 광고를 통한 막대한 이윤의 창출이라는 배경 속에서 가능하게 되었다. 일반적으로 대중지는 '인간적 관심사'에 초점을 맞추고(Hughes, 1940) 범죄, 재난, 위기, 스캔들, 전쟁, 유명인에 관한 이야기를 극적이고 선정적인 보도양식으로 전달했다. 한편 정치에 주로 초점을 맞추지는 않지만 국가적으로 중대한 순간에는 정치적 역할을 담당하기도 했다. 전형적 양식인 '타블로이드'라는 용어가 이와 같은 대중지를 이야기할 때 대표적으로 사용되고 있으며, 선정적이고 하찮고 무책임한 언론을 이야기할 때 '타블로이드화'(Connell, 1998)라는 개념도 이용되고 있다. 많은 국가에서 신문산업 부문에서는 지역/지방 언론이 가장 중요한 위치를 차지하고 있다. 신문의 유형은 매우 다양하여, 전문적/대중적, 주간/일간, 도시/농촌, 부수의 규모 등의 분류로 신문을 나누어 볼 수 있다. 지역을 대상으로 하는 신문들은 지역

독자들에 적합한 뉴스가치를 마련하고 정당의 구조에 조응하며 지역 광고주에 의존하여 운영된다.

4 기타 인쇄 미디어

인쇄술의 발전은 전통적 의미의 책과 신문의 출현뿐만 아니라 다른 유형의 출판물을 등장시켰다. 희곡대본, 노래, 논설집, 연재물, 시, 팸플릿, 만화, 견본, 지도, 포스터, 악보, 광고전단, 벽보 등이 이에 해당한다. 아마 가장 중요한 유형은 주간 또는 월간으로 발행되는 정기적 잡지로 이는 매우 다양한 주제를 가지고 18세기 초반 이후 지금까지 광범위하게 보급되고 있다. 초기에는 국내 귀족계급의 문화적 취향을 충족시킬 목적으로 만들어졌으나 점차적으로 상업적 가치를 가진 시장을 대상으로 많은 독자들을 위해 간행되게 되었다. 정기적인 잡지는 지금도 여전히 국내의 독자들을 대상으로 하는 경향이 있으며 다양한 취향과 활동을 위해 제작되고 있다. 오늘날과 비교해 볼 때 20세기 초반에는 매스미디어의 성격이 더 강했으나 커뮤니케이션 연구영역에서 잡지를 많이 다루지는 않았다.

위에서 다룬 상업적 잡지 외에 여러 국가에서 여론형성에 중요한 역할을 하는, 부수와 상관없이 영향력 있는 정기간행물도 발견할 수 있다. 특정 사회에서는 잡지가 사회, 문화, 정치적으로 중요한 역할을 하기도 한다. 정치적으로 억압적인 사회나 상업 미디어의 독점적 환경 속에서 대안적인 잡지는 소수집단의 저항의 표현수단으로 이용된다(Downing, 2000; Huesca, 2003; Gumucio-Dagron, 2004).

5 매스미디어로서의 영화

영화는 19세기 말 기술적 혁신으로 등장했지만, 영화가 제공한 내용이나 담당한 기능은 그다지 새로운 것이 아니었다. 이전의 오락물이었던, 이야기, 볼거리, 음악, 드라마, 유머, 기예 등 대중적 취향에 맞는 내용들을 영화를 통해 새로운 방식으로 보여주고 보급하게 되었다. 또한 영화는 짧은 기간 안에 농촌지역에까지 보급되면서 많은 사람들이 관람하게 되었다는 점에서 진정한 의미의 매스미디어로 자리잡게 되었다. 매스미디어로서 영화는 여가를 보내기 위해 적절한 발명품으로 등장했지만 한편으로 가족 전체가 즐길 수 있는 비용 면에서도 적절한 그 무엇을 원하던 사람들의 욕구가 있었기에 발전할 수 있었다. 영화는 사회적으로 상류층들이 누리던 문화적 혜택을 노동계급에게도 제공하게 되었다. 영화의 발전과정을 놓고 보면 사회에서 영화에 대한 잠재적 수요가 엄청나게 컸다는 것을 발견할 수 있다. 특히 영화에 대한 사람들의 욕구가 기술적 측면이나 사회적 분위기보다 더 중요하게 영화의 성장에 영향을 미쳤다.

확장된 시장을 위한 '쇼 비즈니스'의 새로운 양식으로만 영화의 특징을 설명하기에는 제약이 있다. 영화의 역사를 보면 또 다른 중요한 면이 세 가지로 지적될 수 있다. 첫째, 영화를 선전도구로 이용한 것에 주목해야 한다. 특히 도달범위가 넓다는 점, 현실적이라는 점, 정서적 영향력을 행사하고 인기가 있었다는 점에 기반하여 국가적 차원에서 사회적 목적을 가지고 영화가 이용되기도 했다. 또 다른 두 가지 중요한 부분은 영화예술 학파가 생겨났다는 점과(Huaco, 1963) 사회 다큐멘터리 영화운동이 시작되었다는 점이다. 이들은 주류영화와는 달리 소수집단에 소구하면서 현실주의 요소가 매우 강하다는 면에서 차이가 있었다. 또한 이 두 부류의 영화는 우연적 측면이 있기는 하지만, 사회적 위기상황에서 선전수단으로 이용되면서 발전한 경향도 있었다.

정치적으로 자유로운 사회에서도 많은 대중적 오락영화의 기저에는 암묵적 방식으로 이데올로기적이고 선전도구적인 요소들이 숨겨져 있다는 점이 지속적으로 발견되었다. 이러한 경향을 만든 데는 여러 가지 복합적인 힘이 개입하게 된다. 즉, 사회적 통제를 위한 의도적 활동, 인기 있거나 혹은 보수적 가치의 무비판적 수용,

*55

오락물에 대한 다양한 마케팅과 PR의 영향력, 그리고 대중적 소구를 위한 노력 등이 그것이다. 영화 역사에서 오락적 기능이 가장 부각되기는 했지만, 영화는 때로 교훈적이기도 했고 선전의 성격을 띠기도 했다. 영화는 다른 미디어보다 외부의 영향력에 대해 취약한 측면이 있고, 막대한 자본이 개입되기 때문에 체제 순응적인 면이 있다. 미국 월드트레이드 센터에 대한 9·11 테러 이후 미국정부의 지도자들이 영화가 '테러와의 전쟁'에 기여할 수 있는 부분에 대해 영화산업 관계자들과 논의한 것은 이러한 상황을 반영하고 있다.

영화 역사에서 세 가지 전환점은 ① 제1차 세계대전 이후의 영화산업과 영화문화의 '미국화'(Tunstall, 1977), ② 텔레비전의 출현, ③ 시네마로부터 영화의 분리를 들 수 있다. 제2차 세계대전을 전후한 유럽영화의 상대적 쇠락은 영화문화의 동질화를 가져왔고, 미디어로서의 영화에 대한 다양한 아이디어를 한 방향으로 수렴시키게 되었다. 텔레비전은 영화관객의 큰 부분을 잠식했고, 특히 가족단위의 관객을 감소시키면서 영화관객층을 소수의 젊은층으로 만들어버렸다. 또한 사회 다큐멘터리 제작을 목적으로 한 영화의 흐름도 쇠퇴하였고 텔레비전에 더 적합한 제작이 많아졌다. 그러나 예술영화나 영화미학의 영역에서는 같은 경향이 나타나지 않았다. 예술영화의 경우 '반대중화'나 영화의 세분화 경향으로부터 혜택을 받은 측면이 있었다. 영화가 등장한 이후 두 세대에 걸친 영화관객의 경우, 이들에게 영화관람은 저녁시간 집 밖에 나가 친구들과 즐기는 중요한 활동이었다. 또한, 어두운 영화관은 프라이버시의 공간과 사회적 공간을 동시에 제공해 주었고, 이는 영화관람 경험이 갖는 독특한 요소였다. '영화를 보러 가는 것'은 특정한 영화를 보는 것 못지않게 중요한 부분이 되었다.

영화와 영화관에서의 관람을 의미하는 시네마를 구분하게 된 것은 극장에서 상영된 후 다양한 방식으로 수용자들이 영화를 접하게 될 수 있는 기회가 마련되었기 때문이다. 텔레비전 방송, 케이블, 비디오, DVD, 위성방송, 인터넷 등을 통해 영화를 볼 수 있게 된 것이다. 이러한 변화는 영화관람을 공적 경험에서 사적 경험으로 바꾸어 버렸다. 또한 특정 영화가 처음 영화관에서 개봉되어 대중에게 미치는 영향력은 상대적으로 줄어들게 되었다. 수용자들이 영화 선택의 통제권을 쥐는 방향으로 변화가 나타났고, 영화는 다시 볼 수 있는 것으로 또는 소장할 수 있는 것으로 그 성격이 바뀌어 버렸다. 이와 같은 변화 속에서 특정한 장르의 영화에 대한 시장이 확장되었고 폭력물, 공포물, 포르노그래프 등에 대한 수요에 맞추어 영화가 만들어지게 되었다. 상대적으로 특정한 수용자를 대상으로 하는 변화 속에서도 영화는 정치적, 미적 표현에 있어 자유롭지 못한 경향이 있어 왔고 대부분의 국가에서 허가제나 검열제 등 통제와 규제의 수단을 유지하고 있다.

표 2.4

영화
- 시청각 기술
- 공적 공연에서 사적 경험으로 전환
- 많은 사람들에게 보편적인 소구
- 대부분 이야기체 구조의 픽션
- 국내보다 국제적인 맥락에서 유통
- 사회적 통제에 좌우되는 경향
- 일반 대중을 상대로 한 영화에서 특정 수용자를 상대로 한 영화로의 변화

비록 영화관에서의 영화 관람이 텔레비전에게 자리를 빼앗기고 종속되는 측면이 있기는 하지만 영화는 서적출간, 음반, 텔레비전과 점점 융합하면서 변화하고 있다. 개봉작을 보는 수용자의 수는 감소했지만 영화는 다른 미디어를 위한 쇼 케이스로, 문화적 정보원으로서 책, 만화, 가요, 텔레비전 스타의 인기에 영향을 주는 중심적 위치로 변모했다(Jowett & Linton, 1980). 영화는 대중문화의 생산지로 중요한 위치를 차지하고 있는 것이다. 비록 영화관에서의 관람객은 감소한 면이 있지만 영화는 텔레비전, 비디오, 케이블, 위성을 통해 여전히 많은 수용자들이 보고 있다.

6 방 송

라디오는 80년 이상, 텔레비전은 50년 이상의 역사가 있으며, 이 두 미디어는 이미 존재했던 전화나 전신, 사진, 녹음기술 등을 바탕으로 발전했다. 이 두 미디어는 다루는 콘텐츠와 이용방식에 명백한 차이짐이 있지만 새로운 서비스나 콘텐츠에 대한 수용자의 수요에 반응했다기보다는 새로운 기술의 이용을 위해 등장한 미디어라는 점에서 공통점이 있다. 윌리엄스(Williams, 1975)는, '이전의 커뮤니케이션 기술과는 달리, 라디오와 텔레비전의 경우 다루는 콘텐츠에 대한 합의 없이 전송과 수신이라는 과정을 위해 마련된 시스템'이라고 지적했다. 두 미디어 모두 기존 미디어 양식을 따라가게 되었고 특히 대중적 콘텐츠 대부분은 영화, 음악, 이야기, 뉴스, 스포츠 영역에서 차용했다고 할 수 있다.

표 2.5	텔레비전 시청 시간의 국가별 차이 (1998)						
국가	하루 시청 시간(분)						
미국	238	영국	235	이탈리아	217	프랑스	193
네덜란드	157	노르웨이	144	체코	130		

라디오와 텔레비전은 공적 권위에 의한 통제, 허가 등 규제가 심하다는 특징이 있다. 처음에는 이러한 규제가 주로 기술적 필요에 의해 시작되었지만 점차 민주적 선택, 국가적 차원의 이해관계, 경제적 편이성 또는 단순한 제도적 관습에 의해 규제가 적용되었다. 라디오와 텔레비전의 두번째 특징은 이 두 미디어가 중심-주변이라는 틀 속에서 배급망을 형성한다는 점이다. 또한 전국을 대상으로 하는 텔레비전의 경우 정치나 사회의 중심권력과 연결되어 있고 따라서 대중적으로나 정치적으로 중요한 기관으로 자리하게 되었다는 점을 들 수 있다. 정치권력과 밀접한 관계가 있기는 하지만, 아마도 이 때문에 신문이 누리는 표현의 자유나 정치적 독립성을 라디오와 텔레비전은 상대적으로 획득하지 못한 한계가 있다.

텔레비전은 지속적으로 진화했기 때문에 텔레비전의 특징을 커뮤니케이션의 목적과 효과라는 측면에서 단순히 요약하는 것은 쉽지 않다. 처음 등장했을 때 텔레비전은 생생한 화면과 소리를 실시간으로 전송하는 기술 그 자체가 혁신이었고 이를 통해 '세상을 향한 창문'의 역할을 했다. 비디오 녹화가 효율적으로 진행되기 이전에는 스튜디오에서의 제작 역시 생방송으로 실시되었다. 동시성을 구현할 수 있는 기술을 통해 스포츠 경기, 뉴스, 쇼 등의 콘텐츠의 실시간 방송이 가능했다. 데이얀과 카츠(Dayan & Katz, 1992)가 '미디어 이벤트'라고 규정한 것을 보면 종종 생방송이라는 요소가 중요하게 지적되고 있다. 비록 대부분의 TV 콘텐츠가 생방송으로 제작되지는 않지만 대부분 지금 현재 진행되는 현실이라는 환상을 만들고 있기도 하다. 한편 텔레비전의 또 다른 중요한 특징은 친숙함과 개인적인 관여의 느낌을 형성한다는 것이다. 이러한 관계는 보는 사람과 전달자 또는 배우 사이에서 특히 발전되기 쉽다.

표 2.6

텔레비전
- 대규모로 생산되고 도달범위가 넓음
- 시청각 콘텐츠
- 복잡한 기술과 조직
- 공적인 속성과 규제가 개입
- 전국적 네트워크, 국제적 성격
- 다양한 콘텐츠 양식

도달범위, 이용시간, 인기 차원에서 볼 때 텔레비전은 지난 30여 년간 가장 '대중적인' 미디어였고 현재는 글로벌화 추세로 국제적 영역으로 시청자를 확대하고 있다. 그렇지만 개별 국가를 볼 때 텔레비전이 여가시간에서 차지하는 비중은 〈표 2.5〉에서 볼 수 있듯이 차이가 있다.

텔레비전이 공식적으로는 정치적 역할 담당보다는 주로 오락매체로 여겨졌지만, 현대의 정치과정에서 현실적으로는 중요한 역할을 담당했다. 텔레비전은 뉴스와 정보를 제공하는 핵심적 미디어로 특히 선거시기에 정치인과 시민을 연결하는 중요한 커뮤니케이션 채널역할을 하고 있다. 공중에게 정보를 제공하는 측면에서 텔레비전은 여전히 신뢰할 만한 미디어로 여겨지고 있다. 또한 대부분의 국가에서 가장 큰 광고채널이며, 이를 바탕으로 텔레비전이 대중을 위한 오락기능을 공고히 하고 있다. 케이블과 위성채널의 다양화에도 불구하고, 다수 대중을 상대로 하는 텔레비전이 파편화되거나 잡지처럼 특화된 다수의 채널로 변할 것이라는 예측은 부분적으로 실현되고 있다. 디지털화의 진행으로 이러한 추세는 가속화될 전망이다. 이런 변화 속에서도 텔레비전은 개인화된 사회와 가정에서 사람들이 여전히 같은 경험을 공유할 수 있게 하는 미디어로서 여전히 역할을 수행하고 있다.

라디오는 텔레비전 등장 이후 차별화 전략으로 지금까지 건재하다. 국가 통제로부터 벗어난 이후 라디오는 새로운 아이디어, 소수의 목소리나 때로 사회 주류에 반하는 음악이나 견해를 전달하는 통로로 발전했다. 다수의 채널을 제공할 수 있는 기술적 특성을 이용하여 다양한 이용과 접근을 만들어 내고 있다. 텔레비전과 비교할 때 콘텐츠 제작비용이 저렴하고 제작과정이 상대적으로 용이하며 이용측면에서도 비용과 활용에서 효율적이라고 할 수 있다. 어떤 활동을 하면서도 라디오를 들을 수 있기 때문에 언제 어디서 라디오를 수신할 수 있는지에 대한 시공간 제약이 이제는 사라졌다. 전화를 통해 청취자와 상호작용도 할 수 있으며 다양한 장르의 콘텐츠를 실험하기도 쉽다. 1940년대의 전성기와 같지는 않지만 텔레비전의 등장 이후에도 라디오는 지금까지 지속적으로 제 위치를 찾으며 발전하고 있다.

표 2.7

라디오
- 경제적인 제작, 제작의 용이성
- 이용하기 쉬운 미디어
- 다양한 유형의 콘텐츠
- 상대적으로 다른 영향력으로부터 자유로움
- 개인적인 이용
- 수용자의 참여 가능성이 높음

7 포노그램

매스미디어 이론과 연구분야에서 음반은 상대적으로 주목받지 못한 경향이 있는데 이는 아마도 음악영역이 사회에서 갖는 함의가 명백하지 않은 점과 녹음과 재생, 전송 사이의 연속적 기술에 분명한 경계가 있지 않은 점에 기인한 것으로 보인다. 녹음되어 재생되는 음악을 설명하기 위해 '포노그램'(phonogram) 이라는 용어가 쓰이기는 했지만, 이러한 음반이 갖는 다양한 미디어 기능을 담기 위해 더 적절한 명칭을 찾지는 못했다. '포노그램'이라는 용어는 레코드, 테이프 플레이어나 콤팩트디스크 플레이어, VCR, 방송과 케이블 등을 통해서 접할 수 있는 음악을 지칭한다 (Burnett, 1990, 1996).

　음악을 녹음하고 재생하는 것은 1880년경부터 시작되었고, 유행가를 만들면서 상당히 빠른 속도로 확산되어 갔다. 음반이 인기를 얻고 확산된 것은 이미 가정에 피아노나 다른 악기가 보급되었기 때문에 가능할 수 있었다. 초기부터 라디오 콘텐츠는 음악으로 구성되었고, 텔레비전 도래 이후로는 더욱더 음악이 라디오에서 부각되게 되었다. '포노그램'이 개인의 사적 음악활동을 대치하는 경향이 있었지만, 대중들에게 매개되는 음악이 실제 직접적인 음악감상(콘서트, 합창단, 밴드, 댄스 등)을 전적으로 대치한 것은 아니었다. 포노그램은 다양한 유형의 음악을 더 많은 장소에서 언제든지 더 많은 사람들이 즐길 수 있도록 한 것은 사실이지만 사람들이 일상적으로 대중적인 음악을 접하는 경험 전반을 획기적으로 바꾸지는 않았다.

　그렇지만 포노그램의 이용과정에는 큰 변화가 있었다. 첫 번째 변화는 라디오 방송에서 음반이 이용되기 시작한 것이다. 축음기나 주크박스를 이용하여 음악을 듣던 것과 비교할 때 라디오에서 음반을 활용하면서 보다 더 많은 사람들이 다양한 음악을 즐길 수 있게 되었다. 세계 대전 이후 '트랜지스터' 혁명을 통해 라디오가 가족 미디어에서 개인 미디어로 변화한 것 역시 포노그램과 관련한 두 번째 중요한 변화였다. 이를 통해 상대적으로 젊은층을 중심으로 한 새로운 시장이 형성되면서 레코드 산업 붐을 가져왔다. 들고 다닐 수 있는 테이프 플레이어, 소니 워크맨, 콤팩트디스크와 뮤직 비디오 등이 출현하며 발전을 이어 갔는데 이 과정에서도 역시 주로 젊은층을 대상으로 확산되었다. 이러한 일련의 변화를 기초로 결과적으로 소유권이 중앙집중적이고 상호 연결되어 있으면서 국제화된 매스미디어 산업이 출현하게 된 것이다 (Negus, 1992). 하지만 상업화가 심화되었음에도 불구하고, 음악 미디어는 급진적이고 창조적인 면을 유지하며 발전한 측면이 있다(Frith, 1981). 최근 인터넷을 통해 음악을 다운로드하고 공유하면서 배포영역이 확산되고 있는데 이는 한편으로 음악 저작권자에게 심각한 위협이 되고 있다.

<table>
<tr><td></td><td>표 2.8</td></tr>
<tr><td colspan="2">레코드음악 (포노그램) 미디어</td></tr>
<tr><td colspan="2">• 녹음과 수용자의 재생을 위한 다양한 기술의 활용
• 규제 수준이 낮음
• 국제적 유통이 활발
• 젊은 수용자층에 소구
• 잠재적 파괴력이 있음
• 생산하는 조직이 다양하고 나뉘어 있는 경향
• 수용 가능성의 다양성</td></tr>
</table>

음악의 문화적 중요성은 간헐적으로 주목을 끌기는 하지만, 음악의 사회적, 정치적 이벤트와의 관련성은 늘 중요하게 인식되었다. 1960년대 청소년 소비자를 기반으로 한 산업이 발전한 이후, 대량으로 유통된 대중음악은 젊은층의 이상주의와 정치적 관심과 연결되었다. 이는 특히 세대간의 해체나 쾌락주의, 약물복용, 폭력, 반사회적 태도와도 연관이 있었다. 음악은 또한 다양한 민족 독립운동에서도 중요한 역할을 했다(예: 아일랜드와 에스토니아). 음악 콘텐츠는 규제하기가 쉽지 않았지만 음반배급은 기득권층이 장악하였기 때문에 음악에 담긴 일탈적 경향은 제재 대상이 되었다. 이 밖에, 대부분의 대중음악은 관습적 가치나 인간욕구를 표현하는 경향을 보였다.

8 커뮤니케이션 혁명 : 뉴미디어 대 올드미디어

'뉴미디어'라는 표현은 1960년대부터 등장했고 활용되는 커뮤니케이션 기술이 확장되고 다양화되는 것을 포괄적으로 지칭하는 데 사용되었다. *Handbook of New Media*(Lievrouw & Livingstone, 2002)의 편집자들은 무엇이 '뉴미디어'를 구성하는지 단적으로 말하기가 어렵다는 점을 지적하고 있다. 이들은 뉴미디어를 정의할 때 다음과 같은 점을 고려하여 복합적으로 살펴보아야 한다고 주장한다. ① 정보 커뮤니케이션 기술(ICT: *Information Communication Technologies*)을 사회적 맥락과 연결시키는 문제, ② 기술적 수단, 행위·실행·이용, ③ 사회적 제도와 조직 등의 세 가지 문제를 모두 고려해야 한다고 보았다. 사실 이러한 기준은 '올드미디어'를 평가하는 데도 적용가능하다. '뉴미디어'의 가장 핵심적인 성격을 고려한다면 아마도 상호연결성, 송/수신자로서의 개인에게 접근가능성, 상호작용성, 이용의 다양성, 개방성, 편재성, 공간초월성 등을 들 수 있겠다(제6장 참조).

이 책에서 다루는 매스 커뮤니케이션은 올드미디어와 밀접한 연관이 있기 때문에 아마도 뉴미디어의 출현에 따라 진부한 것이 될지도 모르겠다. 현재도 진행되는 '커뮤니케이션 혁명'은 비판이론에서 다루는 것처럼 매스 커뮤니케이션에는 반항적 현상으로 볼 수도 있다(Enzensberger, 1970 참조). 이러한 혁명적 변화를 가져온 것 중 하나는 위성을 통한 커뮤니케이션이고, 또 다른 하나는 컴퓨터를 통한 커뮤니케이션이다. 모든 양식의 정보를 효율적으로 전달할 수 있게 만든 디지털 기술은 컴퓨터를 강력한 커뮤니케이션 수단으로 만들었다. 컴퓨터를 이용한 네트워크를 통해 송수신이 가능한 상황에서 기술적으로 보면 지금까지의 다양한 미디어가 더 이상 독립적으로 필요하지 않을 수도 있는 상황이 되었다. 하지만 실제로 이러한 상황은 현재 발생하지는 않았다. 컴퓨터를 기반으로 한 기술과 함께 매스 커뮤니케이션의 양상을 변화시킨 또 다른 혁신적인 기술도 있다(Carey, 2003). 케이블, 위성 등 새로운 방식은 전송할 수 있는 수용량의 폭을 크게 넓혔다. 비디오 레코더, CD-ROM, 콤팩트디스크, DVD 등 새로운 저장, 재생 수단은 다양한 가능성을 실현하였고 리모트 콘트롤조차도 이 변화 속에 새로운 기능을 수행하게 되었다. 매스 커뮤니케이션과는 직접적으로 연관성이 없을 수도 있지만 개인적인 '미디어 작업'(디지털 방식의 캠코더, PC, 프린터, 카메라 등)이 활성화되면서 공적, 사적 커뮤니케이션과 전문가와 아마추어의 작업을 연결시키게 되었다. 준미디어급인 컴퓨터 게임과 가상현실을 제공하는 컴퓨터 프로그램은 기존의 미디어가 만들어 내는 문화와 이용의 만족이라는 측면에서 중첩되는 부분이 있기도 하다.

비록 '전통적' 미디어가 뉴미디어의 혁신으로부터 도움을 받고 동시에 새로운 경쟁자를 맞이한 것은 사실이지만, 이러한 추세가 매스미디어 현상과 관련하여 갖는 함의는 아직 분명하지는 않다. 수용자가 선택할 수 있는 폭이 넓어지고 적극적으로 이용할 수 있는 미디어가 많아지면서, 커뮤니케이션 혁명은 '힘의 균형' 측면에서 미디어로부터 수용자로 그 중심을 옮겨가게 만들었다. 전통적 매스 커뮤니케이션이 일방향적이라면 새로운 양식의 커뮤니케이션은 본질적으로 상호작용적이다. 매스 커뮤니케이션은 여러 측면에서 볼 때 그 범위가 축소되고 중앙집중적 성격이 감소하고 있다. 향상된 전송이 우리에게 주는 함의와 특정 뉴미디어의 출현은 구분해서 살펴볼 필요성이 있다.

전송 측면에서는 네트워크의 용량, 늘어난 전송량, 비용절감 등이 중요한 변화이다. 이 가운데 주목해야 할 부분은 모바일 전화에 기반한 새로운 대인 커뮤니케이션 네트워크의 출현이다. 전통적 미디어의 경우 아직까지 콘텐츠의 유형이나 이용의 범위 차원에서 획기적인 변화는 보이지 않고 있다.

인터넷

다양한 뉴미디어 가운데 인터넷(그리고 World Wide Web)은 그 토대와 최근의 급속한 확장을 놓고 볼 때 다른 미디어와 따로 구분해서 볼 필요가 있다. 인터넷은 원래 비상업적 조직 내의 커뮤니케이션 수단으로 전문가들의 데이터 교환으로 시작되었다. 하지만 최근 재화와 서비스를 확산시킬 수 있는 가능성과 함께 대인 커뮤니케이션의 대안적 수단으로 여겨지면서 급속도로 발전하게 되었다(Castells, 2001). 인터넷은 미디어로서 진화중이어서 단적으로 그 자체를 정의내리기는 쉽지 않지만 현재 '온라인 상호작용 수단'으로 이보다 더 적합한 것은 없다고 볼 수 있다(Lievrouw, 2004). 인터넷은 북미지역과 북유럽 지역에서 활발히 확산되고 있다. 미국의 경우 2001년에 이미 전 영역에 확산되었고 인구의 60~70%에 도달할 수 있는 것으로 보고되고 있다(Rainie & Bell, 2004). 현재도 지속적으로 이용인구가 늘어나고 있다. 인터넷은 텔레비전과 전화가 보급된 것과 같이 매우 급속하게 인구 전역에 보급되고 있는 것이다. 실제로 인터넷 이용시간과 유형은 사람들마다 다르다. 인터넷 이용은 종종 매스 커뮤니케이션이라고 보기에 적합하지 않은 부분도 있다. 하지만 신문 저널리즘의 연장선에서 온라인 뉴스가 제공되며, 온라인 뉴스는 내용과 양식에서 또한 새로운 방향으로 진화하고 있다(Boczkowski, 2004).

독자적으로 특이한 기술, 이용양식, 콘텐츠와 서비스의 제공 범위, 사람들이 갖고 있는 이미지 등 여러 가지 측면에서 인터넷은 새로운 미디어로 독특한 특성을 지

표 2. 9

미디어로서의 인터넷
• 컴퓨터에 기초한 기술
• 다양한 미디어의 특징이 혼합된,
  활용에 유연한 특징
• 상호작용적인 가능성
• 사적인 동시에 공적인 기능
• 규제의 수준이 낮음
• 상호연결성   • 유비쿼터스
• 커뮤니케이터로 개인이 활동 가능

넜다. 인터넷은 특정한 하나의 기관에 의해 소유되거나 조직되거나 또는 통제되지 않으며 오직 서로 동의한 프로토콜에 기반하여 컴퓨터를 통해 국제적으로 상호연결된 네트워크라는 특징이 있다. 서비스 제공자, 텔레커뮤니케이션 회사 등 많은 조직들이 인터넷의 작동에 기여하고 있다(Braman & Roberts, 2003). 인터넷은 법적 주체로 존재하는 것도 아니며, 특정 국가의 법이나 규제에 의해서

제재를 받지도 않는다(Lessig, 1999). 하지만, 인터넷을 이용하는 사람들은 그들이 거주하는 국가의 규제와 법률이나 또는 국제법을 따라야 한다(Gringras, 1997). 이 책의 제 6장에서 인터넷 문제를 자세히 다루겠지만, 일단 여기서는 미디어로서 인터넷의 중요한 특징을 정리해 보았다.

다양한 미디어의 차이점

다양한 미디어의 특징을 구분해 내는 것은 이전보다 그리 쉽지 않게 되었다. 특정 미디어에서만 볼 수 있던 것이 이제는 다른 채널에서도 전송되고 있어 이용과 형식에 있어 개별 미디어가 가지는 독특함이 감소되었기 때문이다. 디지털화를 통한 기술의 융합 역시 이러한 경향을 강화시키고 있다. 신문의 텍스트는 이미 인터넷을 통해 접근 가능하며 전화 시스템을 통해 미디어 콘텐츠가 전송되기도 한다. 미디어간 규제의 선을 확실히 그어 놓았던 것이 이제 불명확해졌으며 서로 다른 미디어들이 서로 유사해지는 경향도 발견할 수 있다. 글로벌화로 인해 특정 국가의 미디어가 보여주었던 독특함도 감소하고 있다. 한 국가의 미디어가 국제적인 미디어 그룹으로 통합되면서 다양한 미디어가 또 다른 방식으로 융합되는 경향도 나타나고 있다.

　이와 같은 변화에도 불구하고 특정한 영역에서는 여전히 명백한 차이도 존재한다. 특히 전형적인 콘텐츠가 무엇인지를 놓고 볼 때 분명한 차이가 있다. 또한 물리적 차원에서, 사회심리학적 측면에서 볼 때 개별 미디어가 이용자에게 달리 인식된

다는 근거도 발견되었다. 국가별로 다르기는 하지만 사람들에게 지각된 신뢰도는 미디어별로 매우 다르다. 여기서는 두 가지 문제를 지적하려 한다. 첫 번째는 한 사회에서 특정 미디어가 얼마나 자유로운가의 문제이고 두 번째는 특정 미디어가 어떤 기능에 더 적합하고 수용자는 그 기능을 어떻게 인식하고 있는가의 문제이다.

자유 대 통제

미디어와 사회의 관계는 물질적, 정치적, 규범적 또는 사회 문화적 측면을 함께 지녔다. 정치적 영역에서 주로 논의되는 부분은 자유와 통제의 문제이다. 규범적 차원에서는 미디어가 누려야 하는 자유를 어떻게 이용해야 하는가가 이슈이기도 하다. 위에서 언급했듯이, 책의 경우 거의 완전한 자유가 보장되었다고 할 수 있다. 상대적으로 주변화 과정(미디어 이용이라는 측면에서는 독서는 그리 중요하지 않은 행위이다)을 거치면서 이제는 주도적 역할을 하지는 않지만 책 발간의 자유는 자유사회라면 보장되는 것이 현실이다. 책은 여전히 사회적으로 꽤 영향력을 발휘하고 있는데 대부분의 경우 이러한 영향력은 다른 미디어나 제도(교육이나 정치 등)에 의해 매개되어 행사된다.

신문의 경우 의견의 표현이나 정치, 경제정보를 자유롭게 전달할 수 있는 정치적 기능에 기초하여 자유롭게 운영되어야 한다는 주장을 역사 속에서 발견할 수 있다. 신문은 이윤을 추구하는 기업활동의 일환으로 발간되기 때문에, 정보라는 주요 상품을 제작하고 공급하는 자유를 누리는 것은 기업의 성공적 운영을 위해 필요한 조건이 된다. 한편 텔레비전과 라디오는 여전히 허가제로 운영되며 정치적 자유에 제약이 있다. 이는 전파의 희소성(현재는 희소성 개념이 타당하지 않다는 주장이 있지만)과 잠재적 효과, 설득 미디어로서의 영향력 때문에 그렇다. 이 두 미디어에 대해서는 정보적 기능을 수행하고 민주주의 과정에 도움을 주면서 공적 측면을 위해 봉사해야 한다는 사회적 기대도 있다. 하지만 현재는 정치적 통제나 미디어의 자발적인 사회적 책임수행이라는 부분보다는 시장의 압력이 방송 미디어 활동에 더 큰 영향력을 행사한다.

케이블, 위성, 텔레커뮤니케이션 네트워크 등을 이용하는 다양한 '뉴 미디어'의 경우, 이들 미디어에 적절한 정치적 자유에 대해 명백하게 정의 내리기까지 시간이 걸릴 것으로 보인다. 여기서 가장 중요한 뉴미디어는 역시 인터넷이다. 사생활 보호라는 관점에서, 또는 이 미디어가 특정 이용자를 지향한다는 측면에서 통제로부터 자유로워야 한다는 주장이 제기될 수 있다. 인터넷은 유포되는 콘텐츠에 통제력이 없는 공중망으로 볼 수도 있다. 또한 한편으로는 편집의 자율성을 누리는 미디어와 유사한 활동도 인터넷상에서 펼쳐지고 있다. 기술적 이유에서, 그리고 독점권력 남용을 방지하기 위한 이유에서 인터넷 규제의 필요성과 관련한 논란이 계속되고 있다.

정치적 통제정도의 미디어간 차이는 매스미디어의 특성을 얼마나 지녔는지에 따라 조금씩 다르다. 즉 대중에게 미치는 영향력이 크다고 인식될수록 그 미디어는 정부규제 대상이 된다. 일반적으로 픽션, 판타지 등 오락영역은 규제가 적고 직접적으로 현재 진행되는 현상이나 사건을 다룰 경우 규제가 더 많은 경향이 있다.

공공 커뮤니케이션을 담당하는 거의 모든 미디어는 잠재적으로 급진적 성향을 가졌으며 사회통제를 담당하는 지배적 시스템에 저항하려는 성격이 있다. 기존 질서에 대항하는 새로운 목소리나 관점을 소개하는 창구로서 기능하면서 새로운 미디어 조직이 소외계층을 대변할 수도 있다. 그렇지만 성공적으로 사회에 안착한 미디어의 발전을 보면 급진적 성향을 배제하는 경향을 발견할 수 있는데 이는 일변 상업화의 추세와 관련이 있고 또 한편으로는 사회에 문제가 있는 것을 꺼리는 권력이 작동했기 때문이다(Winston, 1986). 베니거(Beniger, 1986)는 새로운 커뮤니케이션 기술이 등장하면서 점차적으로 이에 대한 통제가 강화되었다는 점을 지적하는데 오늘날 인터넷의 경우 이러한 경향이 발견된다.

미디어에 대한 통제가 때로 특정 미디어의 경우에는 다른 결과를 가져오기는 하지만 이러한 통제는 일반적으로 유사한 '규범적' 논의를 바탕으로 하고 있다. 예를 들어 정치적으로 직접적 통제를 받지 않는 영화의 경우 종종 젊은층의 도덕성에 미칠 잠재적 영향력과 폭력, 범죄, 섹스의 문제에 미칠 파장 때문에 자기검열 대상이 되기도 하며 콘텐츠 자체가 감시대상이 되기도 한다. 문화적, 도덕적 문제로 텔레비전에 부과되는 많은 제약은 위와 같은 암묵적 가정에 기초한다. 인기 있고 많은 사람들의 정서에 큰 영향력을 미치는 미디어의 경우 '공익'이라는 측면에서 감시가 필요하게 되었다.

한편, 커뮤니케이션과 관련된 활동이 교육적이거나 진지한 목적을 지닐수록, 혹은 예술적이고 창조적일수록 규범적인 제약으로부터 자유로울 수 있다. 여기에는 복잡한 이유가 있지만 예술이나 도덕성이 높은 콘텐츠의 경우 대개 많은 사람들이 접하지 않으며 권력관계 차원에서 별로 중요하지 않은 데서 그 이유를 찾을 수 있다.

미디어에 대한 정부나 사회의 통제강도는 현실적으로 통제가 얼마나 가능한지와도 관련이 있다. 가장 많은 규제를 받는 미디어는 보통 미디어의 배포를 쉽게 감독할 수 있는, 예를 들면, 전국적인 라디오나 텔레비전 방송, 영화관 영화 등이다. 서적이나 기타 인쇄매체를 감독하거나 통제하기는 상대적으로 쉽지 않다. 또한 지역 라디오 방송이나 데스크 탑 출판, 복사, 소리와 이미지를 재생하는 새로운 방식들은 직접적으로 검열하기가 매우 어려운 매체들이다. 새로운 기술발전으로 자국이 원하지 않는 외국의 미디어 콘텐츠에 대한 방어도 이제는 어렵게 되었다. 새로운 기술이 등장하면서 커뮤니케이션의 자유는 향상된 경향이 있기는 하지만 현실에서는 여전히 실재 콘텐츠의 흐름과 수용에 대한 시장의 압력 등 제도적 통제가 작동함을 간과해서는 안 될 것이다.

표 2.10   미디어에 대한 사회적 통제

통제유형
- 정치적 이유에 의한 콘텐츠 통제
- 문화적/도덕적 이유에 의한 콘텐츠 통제
- 기술적 이유에 의한 인프라구조 통제
- 경제적 이유에 의한 인프라구조 통제

통제와 관련된 조건들
- 정치적으로 체제를 전복시킬 수 있는 잠재력이 클수록
- 도덕적, 문화적, 정서적 영향이 클수록
- 통제가 현실적으로 용이할수록
- 규제하고자 하는 경제적 동기가 클수록

미디어 채널을 채널 속에 담긴 콘텐츠와 채널의 기능이라는 측면으로 분류하는 작업이 점점 더 어려워지면서 특정 미디어에 대한 불변의 사회적 정의를 내리기가 쉽지 않아 지고 있다. 현재 신문은 오락을 위한 미디어이기도 하고, 정치나 사회현상에 대한 정보를 주는 정보원이기도 하다. 케이블과 위성으로 전송되는 텔레비전 시스템은 모든 사람들을 대상으로 일반적인 편성을 통해 프로그램을 제공하는 미디어가 더 이상 아니다. 그렇지만 특정 미디어가 '무엇을 위해 가장 최선인가'와 관련해서는 아직도 강력하게 남아 있는 인상이 있다.

예를 들어, 텔레비전은 제작, 전송, 수용 분야에서 많은 변화와 확장이 있었고 가족이 모여 함께 시청하는 일이 별로 없지만(제 16장 참조), 여전히 가족의 가장 중요한 오락 미디어로 인식된다(Morley, 1986). 공익의 가치와 경험의 공유라는 부분은 여전히 대부분의 사회에서 텔레비전과 관련하여 중요하다. 또한 집안에서 많은 사람이 텔레비전을 보고 있다는 점은 여전히 유효한 것 같다. 기술적 발전으로 이용의 개인화와 콘텐츠 특화가 이루어졌지만 시공간과 상황을 공유하는 가족의 삶의 조건이 위와 같은 인상을 만들어 내는 것으로 보인다. 디지털 라디오와 텔레비전 보급의 확산은 독신문화와 핵가족화의 조류 속에서 텔레비전의 이용을 점차 개인화할 가능성이 높다.

〈표 2. 11〉에서는 미디어 수용과 관련한 네 가지 차원의 문제를 지적하고 있다. ① 가정에서 사용되는지 아니면 가정 밖에서 사용되는지, ② 개인적 경험인지 공유된 경험인지, ③ 공적인지 사적인지, ④ 상호작용적인지 아닌지의 차원을 생각해 볼 수 있다. 텔레비전의 수용은 보통 공유되면서 공적이고, 집 안에서 이루어지는 경험이다. 다루는 콘텐츠가 변화하고 있기는 하지만 신문은 이에 비해 조금 다르다. 신문은 특성상 분명히 공적이다. 하지만 집 안에서만 읽는 것은 아니고 읽는 행위는 매우 개인적이다. 라디오는 보통 사적으로 이용된다. 하지만 집 안에서만 듣는 것은 아니고, 텔레비전보다 그 이용이 더 개인적이라고 할 수 있다. 서적과 음반 역시 이와 비슷한 패턴을 따른다. 하지만 일반적으로 기술발전을 통해 수용양식이 융합됨에 따라서 위와 같이 명확히 구분하기가 어려워졌다.

*68

새로운 디지털 미디어가 등장하면서 특정한 목적을 위해 어떤 미디어가 좋은지 판단하기가 쉽지 않다. 하지만 새로운 미디어가 출현하면서 미디어를 구분할 새로운 기준이 마련되었는데, 이는 바로 상호작용성의 정도이다. 상호작용적인 미디어일수록 수용자의 선택과 반응을 더 잘 수용하게 된다. 비디오 게임, CD-ROM, 인터넷 전화 채팅 등은 상호작

용이 중요한 기준이 되는 미디어이다. 또한 다채널 케이블, 위성 텔레비전 등도 상호작용성을 구현할 수 있는 잠재력을 지녔으며 콘텐츠 녹화와 재생을 위해 가정에서 사용되는 VCR도 잠재력이 있다. 비록 상호작용에 대한 이용자의 수요를 찾고 있기는 하지만, 명백한 기능이 있거나 보상이 있는 경우를 제외하고는 정말 수용자가 상호작용을 원하고 있는지에 대해서는 아직까지 의문의 여지가 남아있다(van Dijk, 2001).

> 표 2.11
> 미디어 이용의 차별성과 관련한 질문
> - 가정 내에서 혹은 밖에서 이용되는가?
> - 미디어 이용이 개인적 혹은 공유된 경험인가?
> - 미디어 이용이 공적인가 아니면 사적인가?
> - 이용이 상호작용적인가, 아닌가?

10 소 결

이 장에서는 중세 초기 인쇄술부터 현대의 정보사회와 새로운 커뮤니케이션 기술에 이르기까지 매스미디어의 역사를 정리해 보려 했다. 특정한 사건에 대한 기술을 이야기체로 풀어가기보다는 연대기적 순서에 기초하여 특정 미디어의 성격과 주요 양식을 간략히 기술하려 했다. 커뮤니케이션할 수 있는 정도, 수용자의 이용, 사회적 인식 등에 기반하여 중요한 성격을 다루었다. 미디어를 구분하는 데 기술유형이 중요한 분류기준으로 사용되기는 하지만, 사회적, 문화적, 정치적 요인 역시 중요하다. 어떤 기술은 진화를 거듭하며 현재까지 남아 있지만 또 다른 기술은 살아남지 못하기도 했다. 미디어 이용 역시 진화과정을 보여주었다. 이러한 변화과정에 영향을 미치는 결정론적 논리는 없다. 주목할 부분은 이 장에서 다룬 미디어 대부분을 여전히 우리가 이용하며 이들은 적자생존의 논리를 극복하면서 각자의 방식으로 변화하고 있다는 점이다. 많은 미디어가 변화하는 상황과 새로운 경쟁자에 적응하고 있다.

03 매스 커뮤니케이션의 개념과 모델

이 장에서는 매스 커뮤니케이션 연구에서 활용된 기초 개념을 다루면서 매스미디어와 사회와의 관계 속에서 발전한 개념들의 배경을 함께 설명하려 한다. 뉴미디어가 등장하고 사회적, 경제적 환경은 많이 변화했지만 초기 미디어 이론가와 연구자들이 직면했던 많은 이슈들은 여전히 지속적으로 문제가 되고 있다. 여기서는 제1장에서 열거했던 이슈들에 적용할 수 있는 틀을 제공할 수 있도록 다양한 개념을 소개할 것이다. 또한 비판이론과 응용연구, 양적인 인과모델과 질적인 문화적 접근 등의 차이를 비교하면서 지금까지 다루어진 이론적 접근들에 초점 맞추려고 한다. 마지막 부분에서는 매스 커뮤니케이션 과정을 탐구하기 위해 발전되어 온 네 가지 유형의 모델을 소개할 것이다. 네 가지 모델은 각각의 장점과 편향이 있기는 하지만 서로 대안적이라기보다는 보완적 성격을 지녔다고 이해하는 것이 좋을 것이다.

1 미디어와 사회에 대한 초기의 관점

20세기는 아마도 '매스미디어의 첫 번째 시대'라고 이야기할 수 있을 것이다. 지난 세기 동안 우리는 매스미디어의 영향력에 대해 궁금해 하고 또한 이에 대해 경종을 울리기도 했다. 그동안 미디어 제도나 기술, 사회 전반에 엄청난 변화가 있었고,

'커뮤니케이션 과학'이 발전했음에도 불구하고 '미디어'에 잠재한 사회적 중요성에 대한 논의는 별로 변한 것이 없다. 20세기 초반 이삼십 년 동안 떠오른 쟁점은 단순히 역사적 중요성 차원을 넘어서 우리가 현재의 미디어를 이해하는 데 중요한 기준점이 된다. 여기서 세 가지 유형의 아이디어가 특별히 중요하다. 하나는 새로운 커뮤니케이션 수단의 '영향력'에 관한 것이고 두 번째는 사회적 '통합' 또는 '분열'에 관한 것이며, 세 번째는 공중에 대한 '계몽'을 증진시키거나 이를 어렵게 하는 것에 관한 것이다.

매스미디어의 영향력

새로운 대중적 신문의 등장으로 미디어의 도달력과 새 미디어의 명백한 효과를 관찰하게 되면서 사람들은 매스미디어의 영향력이 크다고 믿기 시작했다. 드플루어와 볼로키치(DeFleur & Ball-Rokeach, 1989)는 미국에서 신문구독이 1910년에 정점에 달했으며 유럽이나 다른 지역에서는 이보다 조금 후에 신문구독이 정점에 달했다고 지적한다. 대중적 신문은 주로 상업적 광고를 통해 이윤을 창출했고, 콘텐츠는 선정적 뉴스기사로 채워졌다. 또한 강력한 신문재벌들에 소유가 집중되었다. 제 1차 세계대전 과정 중 유럽과 미국에서는 국가 간의 전쟁과정에서 신문과 영화를 동원하기도 했다. 이와 같은 일련의 변화 속에서 미디어가 '대중'에 미치는 영향력의 잠재성에 대한 인식이 있었고 미디어의 영향력을 효율적으로 사용하려는 시도가 있었다.

이러한 인식은 후에 소비에트 연방이나 나치 독일에서의 경우처럼 미디어가 집권정당 엘리트의 선전도구로 사용되면서부터 더 확실하게 강화되었다. 제 2차 세계대전 기간 중에는 뉴스와 오락 미디어가 선전도구로서의 가치가 매우 크다는 점을 보여주기도 했다. 20세기 중반 이전에 이미 사람들은 의견이나 행동에 미치는 매스미디어의 영향력이 크다는 것을 믿기 시작했다. 또한 매스미디어는 외교관계나 동맹관계에도 영향을 끼쳤다. 공산주의의 몰락이나 발칸반도의 전쟁, 두 차례의 걸프전쟁 등과 같은 최근 사건들을 통해서도 미디어가 국제적인 권력다툼에서 여론을 형성하는 데 얼마나 중요하고 역동적인 요소인가를 발견할 수 있다. 미디어가 효과적으로 영향력을 발휘하기 위해서는 일반적으로 다음과 같은 조건들이 필요하다. 한 **74

국가의 대부분의 국민들에게 도달할 수 있는 미디어 산업이 있어야 하고, 전달되는 메시지에 대한 수용자의 합의 정도가 높아야 하며, 미디어에 대한 수용자의 신뢰도와 믿음이 높아야 한다.

커뮤니케이션과 사회통합

19세기 말과 20세기 초에 사회 이론가들은 이 당시 발생한 엄청난 사회적 변화에 주목했다. 정체 속에 더디게 진화하던 전통적 방식이 보다 빠른 속도로 진행되는 세속적이고 도시적인 생활양식과 대규모의 사회적 활동에 자리를 내주는 변화였다. 유럽과 북미의 사회학에서 [가령, 퇴니스(Tönnies), 스펜서(Spencer), 베버(Weber), 뒤르켐(Durkheim), 파크(Park)의 연구에서] 는 소규모에서 대규모로의 전이나 농촌사회에서 도시사회로의 변화 등에서 발생하는 문제를 주로 다루었다. 이 당시 사회이론은 산업화와 도시화로 인해 야기된 문제에 직면하여 새로운 양식의 통합 필요성을 제기했다. 특히 범죄, 매춘, 가난, 종속 등의 문제는 현대적 삶에서 발견할 수 있는 익명성, 고립, 불확실성과 연관이 있다고 보았다.

　기본적인 변화는 사회적이고 경제적인 요인에 기인했지만, 한편으로 신문, 영화나 대중문화를 창조하는 다양한 양식(예를 들어 음악, 책, 잡지, 만화 등)이 범죄나 도덕적 기준의 하향, 사회적 불안전성, 비인간성, 공동체에 대한 유대감 결여 등에 일조하는 것으로 여겨졌다. 커뮤니케이션 과정에 주목한 미국에서는 20세기 초 20년 동안에 걸친 유럽사회로부터의 대규모 이민이 미국사회의 사회적 응집력과 통합에 미친 문제를 주로 다루었다. 시카고학파의 사회학 연구나 파크(Robert Park), 미드(G. H. Mead), 듀이(Thomas Dewey) 등 연구자들의 저작에서 이러한 부분을 찾을 수 있다(Rogers, 1993). 하노 하르트(Hanno Hardt, 1979; 1991)는 유럽과 북미에서 커뮤니케이션과 사회통합에 대한 초기 주요 이론적 논의를 재구성한 바 있다.

　대중적 매스미디어와 사회통합의 관계는 주로 부정적 측면(범죄와 부도덕성의 증가), 개인화의 문제(외로움, 집단에 대한 신념의 상실) 차원에서 다루어졌다. 하지만 현대적인 커뮤니케이션이 사회 응집력을 높이고 공동체의 유대감을 형성했다는 면에서 긍정적 역할을 한 측면도 살펴볼 수 있다. 매스미디어는 여기저기 흩어져 있는 개인이 국가와 도시, 지역사회와 관련한 경험을 공유할 수 있게 해줌으로써 잠재적으로 사회통합에 영향력을 행사할 수 있었다. 또한 매스미디어는 새로운 민주적 정치발전과 사회개혁 운동에도 일조했다. 힘든 삶에 위안을 주는 역할은 크게 중요하게 여겨지지는 않았지만 영화와 같은 미디어가 담당하기도 했다.

미디어의 영향력에 대한 평가는 이를 관찰하는 연구자가 현대사회를 어떻게 보는지에 대한 개인적 태도와 사회현상을 긍정적 또는 부정적으로 보는지의 정도에 따라 달라질 수 있다. 20세기 초와 민족주의, 혁명, 사회갈등이 정점에 달했던 시기는 진보적 시각이 팽배했고 민주주의의 발전과 과학기술의 진보가 있었다는 점을 고려하면서 미디어와 관련한 논의를 이해해야 할 것 같다.

현재는 상황이 많이 변했는데 그래도 사회통합과 미디어와 관련하여 논의된 주요 주제는 여전히 중요하게 여겨지는 것으로 보인다. 사회구성원들이 사회에 대한 연계감이 약해지는 것이나, 공유하는 가치가 부재한 것, 사회적, 시민적 참여가 약해지는 것, '사회적 자본'으로서 사람들 간의 관계가 약해지는 것 등은 아직도 문제로 다루어지고 있다(Putnam, 2000). 직종별 노동조합, 정치, 종교, 가족 등 모든 집단에서 구성원간의 연계는 점차 약해지고 있다. 통합과 관련한 문제는 새로운 민족집단이나 농업지역, 다양한 문화적 배경을 갖는 사회에서 산업국가로 옮겨 온 이민자들과 관련하여 중요하게 다루어진다. 미디어가 사회의 조화를 이루어 내고 소수집단이 정체감을 공유하고 표현할 수 있는 장을 제공해야 한다는 새로운 커뮤니케이션 목표도 제기되고 있다.

매스 커뮤니케이션의 교육적 기능

매스 커뮤니케이션과 관련하여 중요한 세 번째 부분은 미디어가 공적인 계몽을 수행하고, 보편적 교육기관, 도서관, 대중교육에 보완적 역할을 할 수 있다는 측면이다. 정치·사회분야의 개혁자들은 미디어에서 이와 같은 역할의 긍정적 가능성을 보았다. 미디어 스스로도 실제로 정보와 아이디어를 제공하고 정치적 부패를 폭로하기도 하며 한편으로 사람들에게 즐거움을 주면서 교육적 기능에 기여한다고 보았다. 많은 국가에서 저널리스트들은 보다 더 전문성을 띠게 되었고 행동윤리강령을 채택하면서 이와 같은 역할을 수행하기 시작했다.

새로 떠오른 대중계층에 정보를 제공하는 미디어의 민주적 역할은 점차 부각되었다. 특히 1920년대와 30년대에 유럽에서 등장한 라디오는 문화적, 교육적, 정보적 측면에서 공적 기능을 수행하면서 한편으로 국가정체성을 높이고 통합을 촉진하는데도 큰 역할을 했다. 뉴미디어가 새롭게 등장할 때마다 그 미디어가 수행할 수 있는 교육적, 문화적 장점에 대한 기대가 있었는데, 이와 함께 한편으로 이러한 긍정적 역할을 가로막는 요인에 대한 우려도 있었다. 최근 컴퓨터와 텔레커뮤니케이션 기술의 발전을 통해 등장한 뉴미디어의 공중계몽 가능성 역시 주목받고 있다 (Neuman, 1991). 하지만 상업주의와 치열한 시장경쟁 속에서 교육과 예술분야보다 오락분야가 시장가치를 더 인정받기 시작하면서 매스미디어의 교육기능에 대한 기대보다는 우려의 목소리가 더 높다.

문제 발생 근원 또는 희생양으로서의 미디어

미디어에 대한 기대와 우려가 혼재했지만 지난 수십 년 동안 미디어와 관련한 여론은 주로 미디어의 수행에 대한 비난이나(Drotner, 1992), 미디어가 사회문제 해결을 위해 조금 더 역할을 해야 된다는 비판적 측면에서 형성되었다. 해결하거나 설명하기 어려운 사회문제가 등장할 때마다 미디어와 관련한 도덕적 공황현상을 보여주는 사례가 지속적으로 나타나기도 한다. 범죄, 섹스, 폭력에 대한 미디어의 묘사와 사회에서의 도덕적 문제의 증가를 연결시키면서 미디어에 대한 부정적 인식이 팽배하게 되었다.

또한 폭력적 정치 저항이나 데모, 외국인에 대한 증오, 민주주의의 쇠퇴와 정치적 무관심과 냉소주의의 증대 역시 미디어에 의해 야기된 새로운 문제로 논의되고 있다. 미디어가 사람들에게 미치는 부정적 영향은 이제 우울증, 비만, 자신감의 상실과 관련해서도 이야기되고 있다. 최근에는 특히 인터넷의 부정적 측면이 부각되었는데, 인터넷이 어린이를 대상으로 하는 성도착증이나, 폭력, 증오의 문제를 일으킬 뿐만 아니라 테러리스트 조직과 국제범죄에 이용되고 있다는 점도 지적된다. 역설적인 것은 이러한 문제점을 미디어 자신이 부각시키고 있다는 점이다. 이는 아

마도 미디어의 영향력이 크다는 점을 확신시키기 위해서인 것 같고 한편으로 대중
들에게 더 자극적인 것을 보여주며 상업적 목적을 달성하기 위해서 나타난 현상인
것 같다.

2 대중(*mass*)이라는 개념

미디어 연구는 미디어에 대한 일반적 편견과 이론화 작업 노력을 배경으로 수행되
었다. 연구자들은 가설을 설정하고 이를 검증하기 시작했고 매스 커뮤니케이션에
대한 더욱 정교한 이론을 발전시켰다. 매스미디어의 영향력이 긍정적인지, 부정적
인지에 대해서는 다양한 해석이 있기는 하지만 사람들은 미디어가 강력한 영향력을
행사한다고 지속적으로 믿었다. 이러한 인식은 '대중'이라는 개념의 성격을 살펴보
면서 이해할 수 있다. 비록 '대중사회'라는 개념은 제 2차 세계대전 후에 정교화되기
시작했지만 이와 관련한 기본적 아이디어는 19세기 말 이전에 이미 이야기되었다.
'대중'이라는 용어에는 매스 커뮤니케이션의 과정을 이해하는 데 중요한 개념들이
담겨있다.

초기에 이 용어는 주로 부정적 의미를 보여주는 데 사용되었다. 처음에는 다수의
서민 또는 '보통의 사람들'이라는 의미로 쓰이면서, 주로 교육을 제대로 받지 못하
고, 무지하고 비이성적이며, 제멋대로이고 폭력적이기까지 한 집단의 사람들을 가
리키는데 이용되었다(Bramson, 1961). 하지만 이 용어는 긍정적 의미로도 사용되
기도 했다. 특히 사회주의 전통을 가진 사회에서는 집단목표를 위해 조직화할 때,
'대중의 지지', '대중운동'이나 '대중행동' 등과 같은 용어는 다수의 많은 사람들이 함
께 하는 것을 긍정적으로 평가할 때 활용되는 사례일 수 있다. 레이먼드 윌리엄스
(Raymond Williams, 1961)는 "대중이라는 존재는 없고 단지 사람들을 '대중'으로 보
는 시각만이 있을 뿐이다"라고 지적하기도 했다.

정치적 의미와는 별개로 '매스'라는 단어가 사람들에게 적용될 때는 노골적으로
부정적 암시를 지녔으며 개인성이 없는 무정형한 개인들의 집합체로 여겨진다. 사
전적 정의를 볼 때도 이 단어는 '개인성이 상실된 집합체'로 제시된다(Shorter

Oxford English Dictionary). 이는 초기 사회학자들이 미디어 수용자를 설명한 것과 비슷하다. 불특정 다수의 미디어 수용자 집단을 지칭할 때 이와 같은 개념이 이용되었다.

3 매스 커뮤니케이션 과정

'매스 커뮤니케이션'이라는 용어는 1930년대 후반에 사용되기 시작했지만 이 용어가 의미하는 본질적 특성은 미디어 자체가 다수의 대중을 대상으로 하지 않는 방향으로 변화하는 과정에서도 그렇게 달라지지 않았다. 초기 매스미디어는 그 규모나 수용조건이 매우 다양하기는 했지만(영화를 마을에서 텐트를 치고 볼 수도 있었고 도시의 메트로폴리탄 영화관에서도 볼 수 있었던 것처럼), 우리는 매스 커뮤니케이션의 전형적 양식을 특정한 성격에 따라 구분해 볼 수 있다.

매스미디어의 가장 분명한 특징은 '다수'의 사람들에 도달할 수 있도록 만들어졌다는 점이다. 잠재적 수용자는 익명의 소비자로 이루어진 거대한 집단이며, 송신자와 수신자와의 관계는 이러한 수용자의 성격에 영향을 받는다. '송신자'는 미디어 조직 그 자체이거나 전문적인 커뮤니케이터(저널리스트, 뉴스캐스터, 엔터테이너 등)가 된다. 또는 미디어 채널을 부여받거나 접근권 구매를 통해서 사회에 목소리를 내는 사람들이 될 수 있다(광고주, 정치가, 목사, 특정 견해의 주창자 등). 송신자와 수신자와의 관계는 불가피하게 일방향적이고 일방적이며 비개인적이다. 그리고 송신자와 수신자 사이에는 사회적 간격뿐만 아니라 물리적 거리가 분명히 존재한다. 송신자는 보통 수신자보다 권위나 명성이 높고, 더 전문성을 지녔다. 이 관계는 비대칭적이고 종종 계획되거나 의도적으로 조작되기도 한다. 계약된 서비스나 상호간에 의무가 없는 문서화되지 않은 요구에 기초한 둘 간의 관계는 본질적으로 도덕적 측면과는 거리가 있다.

매스 커뮤니케이션의 상징적 콘텐츠나 메시지는 전형적으로 표준화된 방식을 통해 대량생산되며 이는 동일한 양식으로 반복된다. 재생산과 과잉반복을 통해 콘텐츠나 메시지의 독특함과 독창성은 사라지게 된다. 미디어의 메시지는 수용자, 즉 미디어 소비자에게는 사용가치가 있고, 미디어 시장에서는 교환가치를 지닌 생산물이다. 본질적으로 미디어 메시지는 상품이며, 이러한 측면에서 바로 인간 커뮤니케이션 관계에서 볼 수 있는 다른 상징적 콘텐츠와는 차이가 있다.

　매스 커뮤니케이션을 설명한 초기 정의 중 다음과 같은 내용을 발견할 수 있다 (Janowitz, 1968). 매스 커뮤니케이션은 전문적 집단이 기술적 장치나 방식(신문, 라디오, 영화 등)을 이용해서 상징적인 콘텐츠를 광범위하게 흩어진 다수의 이질적 수용자들에게 전달하는 제도나 기술을 의미한다. 이 정의에서나 이와 유사한 정의에서, '커뮤니케이션'이라는 단어는 '전송'(transmission)이라는 단어와 동일하게 쓰였다. 이는 메시지를 보내는 송신자 입장에서 본 것으로, 수용자의 반응이나, 공유, 상호작용 등 매스 커뮤니케이션에 포함된 다양한 의미를 포괄하지 못했다. '매스 커뮤니케이션' 과정은 '매스미디어'(매스 커뮤니케이션을 가능하게 하는 조직화된 기술)와 동의어로 취급될 수 없다. 같은 테크놀로지도 쓰이는 방식이 다를 수 있고, 한 네트워크를 통해서 매개되는 관계 역시 다양할 수 있다. 예를 들어, 지역신문이나 라디오, 또는 교육에 이용되는 매스 커뮤니케이션의 기본양식이나 기술적 속성은 같을 수 있다. 또한 매스미디어는 개인이 사적으로 이용할 수 있으며 조직의 목적을 위해 이용될 수도 있다. 동일한 미디어가 공적 목적을 위해 다수 공중들에게 공적 메시지를 전달할 수 있고 동시에 사적 안내나, 자선요청, 광고 등 다양한 정보와 문화를 제공할 수 있는 것이다. 사적, 공적인 구분과 개인적, 대규모의 커뮤니케이션 네트워크의 구분이 점차 어려워지는 커뮤니케이션 기술융합 현상이 나타나는 현재 이러한 부분은 우리가 더욱더 잘 목격할 수 있다.

　매스 커뮤니케이션이라는 것은 초기부터 실제적 현실로서보다는 아이디어로서 다루어졌다. 이 용어는 이론적으로 가능하지만 실제 순수한 형태로 찾기는 어려운 상황이나 과정을 뜻한다. 이는 사회학자 막스 베버가 지칭한 '이상적 유형', 즉 경험적으로 발생하는 현실의 가장 두드러진 주요 요소를 강조하는 개념의 사례일 수 있다. 따라서 하나의 완성된 예로 설명하기 어려운 부분이 있다. 현실에서 매스 커뮤니케이션 현상을 보면 표면적으로 그럴 것이라고 예견되는 것

표 3.2
매스 커뮤니케이션 과정
- 대규모의 배포와 수용
- 일방향적 흐름
- 비대칭적인 관계
- 비개인적이고 익명적인 관계
- 계산적 관계나 시장에서 형성된 관계
- 표준화된 콘텐츠

보다 대상으로 하는 규모가 작을 수도 있고 기술적으로 결정되는 부분도 적은 측면이 나타나기도 한다.

4 대중으로서의 수용자

허버트 블러머(Herbert Blumer, 1939)는 현대사회의 새로운 사회적 형태의 유형으로 '대중'을 공식적으로 처음 정의한 학자였다. 그는 '대중'을 '집단', '군중', '공중', 세 가지의 다른 집합체와 구분했다. 소규모 '집단'은 모든 구성원들이 서로를 알고 공통의 소속감을 의식하며, 같은 가치관을 공유하면서 지속적으로 안정된 관계구조를 유지하고 특정 목적을 달성하기 위해 상호작용한다. '군중'은 상대적으로 더 규모가 크지만 눈에 보이는 경계 안의 특정한 공간에 한정된다. '군중'은 일시적으로 형성되며 똑같은 형태로 다시 구성되지는 않는다. 참여하는 데 따른 정체성이 높고, 비슷한 느낌과 분위기를 공유하기는 하지만 도덕적, 사회적 측면에서 질서나 구조를 공유하지는 않는다. 집합적 행동이 가능하지만 군중의 행동은 감정적이고, 비이성적인 특성이 있는 것으로 지적되었다.

블러머가 언급한 세 번째 집합체는 '공중'이다. 공중을 구성하는 다수의 사람들은 사회에 널리 퍼져 있으며, 이들의 구성은 오래 지속된다. 공적인 면에서 이슈나 대의목적을 중심으로 형성되며 이들의 일차적 목적은 특정한 이익을 대변하고 의견을 제기하며 정치적 변화를 이루는 데 있다. 공중은 민주주의 정치과정에서 필수적 요소이고, 공개적 정치시스템 안에서 이성적 담론을 한다는 이상에 기반하여, 한 사회 내에서 식견 있는 집단으로 자리 잡았다. '공중'의 출현은 현대 자유 민주주의의 특징이며 앞서 언급한 '부르주아' 신문이나 정당신문의 등장과도 연결된다.

'대중'이라는 용어는 앞서 지적한 세 개념으로 설명할 수 없는 영화와 라디오(일부 대중적 신문의 경우도 해당)의 새로운 수용자의 특징을 설명하는 데 적합하다. 이 새로운 수용자층은 규모로 볼 때 집단, 군중, 공중보다 더 많은 사람들로 구성된다. '대중'은 사회 전반에 매우 넓게 퍼져 있으며, 보통 그 구성원들은 서로를 모른다. 스스로에 대한 자각도 결여되고 자기 정체성도 희박하다. 그리고 특정한 목적을 달

표 3.3

대중 수용자
- 많은 수의 사람들
- 사회 전반에 널리 퍼져있음
- 익명적이며 상호작용 결여됨
- 구성원이 이질적
- 조직적이지 못하고 스스로 행동할 수 없음
- 조작의 대상

성하기 위해 조직적으로 함께 행동하지도 못한다. 그 경계도 변화하며 따라서 구성원도 달라진다. 대중은 모든 사회계층, 다양한 인구학적 집단을 포함한 이질적인 많은 사람들로 구성된다. 하지만 이들이 특정한 이해관계나 목적을 선택하는 면을 볼 때나, 대중을 특정 방향으로 조작하려는 사람의 입장에서 보면 한편으로 동질적 성격도 있다.

대중이라는 개념을 통해 설명할 수 있는 것은 매스미디어 수용자뿐만이 아니다. 이 단어는 '대중시장'(mass market)이라는 표현에서처럼 소비자에게도 적용되고, 선거과정에서는 유권자 집단에도 적용된다. 하지만 이러한 집합체의 경우에도 그 성격이 미디어 수용자와 유사한 부분이 있으며 매스미디어는 소비자나 유권자의 정치행동에 영향을 미치거나 통제하기도 한다.

이러한 개념적인 틀 안에서 볼 때 미디어 이용은 '대중적 행동'으로 파악할 수 있다. 미디어 이용과 관련하여 대중에 대한 연구방법을 적용하게 되었고 대규모의 서베이나 이용범위와 수용자의 반응을 살펴볼 수 있는 연구방법이 활용되게 되었다. 또한 상업적이고 조직적인 '수용자 연구'의 이론적 토대로도 대중과 관련한 논의가 활용되었다. 이런 점에서 본다면 미디어 수용자를 단순히 '양적' 관점에서 거론하는 것은 사실 실용적일 수 있다. 실제로 이와 같은 연구방법이 이용되면서 수용자들을 하나의 거대한 시장으로 보는 편향된 관점이 부각되고 있다. 텔레비전 시청률 연구나 신문구독률 연구 등은 수용자를 대중시장의 소비자로 보는 시각에 기반한다. 한편 이에 대해 반대되는 이론적 관점이 제기되며 점차 기반을 잡아가고 있는데(제15장 참조), 이러한 관점은 수용자 경험의 본질에 대한 시각을 재정립하는 기초가 된다(Ang, 1991). 수용자를 '대중'으로 보는 시각마저도 미디어 변화에 따라 바뀌고 있다. 특화된 소규모의 수용자를 대상으로 하는 미디어가 등장하고, 인터넷 이용자의 경우 대중개념으로 설명하기 어려운 면이 발견되었다.

5 매스미디어 제도

기술변화에도 불구하고, 매스 커뮤니케이션 현상은 매스미디어 제도라는 큰 틀 안에서 지속되었다. 매스미디어 제도는 미디어 조직이나 활동의 배치뿐만 아니라 미디어가 작동하는 공식적, 비공식적 규칙과 사회에 의해 정해진 법적, 정책적 조건을 광범위하게 일컫는다. 미디어 제도는 공중이나 정치, 정부, 법률, 종교, 경제 등 다른 사회적 제도의 기대를 반영하여 형성된다. 역사적으로는 출판활동과 정보와 문화의 광범위한 확산을 토대로 발전하게 되었다. 점차적으로 미디어의 공적 커뮤니케이션 활동이 확대되면서 다른 제도와도 연계되는 부분이 생겨났다. 매스미디어 제도는 기술유형(인쇄, 영화, 텔레비전 등)에 따라서 내부적으로 분화될 수 있고 때로 동일한 기술유형안에서도 대상범위에 따라 전국적/지역적 차원으로 구분되기도 한다. 또한 이러한 제도는 시간에 따라서 변하며 국가별로 다르다(제 9장 참조). 그렇지만 미디어 제도에는 몇 가지 전형적인 특징이 있다. 개인과 집단의 요구에 반응하여 커뮤니케이션하려는 주체에게 '지식'(정보, 아이디어, 문화 등)을 생산하여 배포하는 것이 주된 활동이다. 주요한 특징은 〈표 3. 4〉에 정리되어 있다.

표 3. 4	매스미디어 제도
	• 주요 활동은 상징적인 콘텐츠를 생산하고 배포하는 일
	• 미디어는 적절하게 규제되는 '공공영역' 안에서 작동함
	• 송신자나 수신자로서의 참여는 자발적임
	• 조직은 형태 면에서 전문적이고 관료적임
	• 미디어는 자유롭지만 큰 권력을 갖지는 못함

새로운 채널을 통해 대중들에게 전달된 전형적인 콘텐츠는 처음부터 매우 다양한 이야기와 이미지, 정보, 아이디어, 오락과 볼거리의 혼합체로 구성되었다. 이러한 다양한 콘텐츠가 전달되었음에도 불구하고, '대중문화'(*mass culture*)라는 단일개념이 이런 모든 것을 지칭하는 데 이용되었다(Rosenberg & White, 1957 참조). 대중문화는 대중들의 폭넓은 취향과 선호, 습성이나 스타일을 지칭했다. 또한 이 용어는 경멸적 의미를 담아 쓰이기도 하는데, 이는 교양 없고, 분별없는 일부 하층계급의 수용자들이 보여주는 저급한 문화적 취향에 연결되었기 때문이다.

이러한 설명은 이제 시대에 뒤떨어진 것이 된 것 같다. 왜냐하면 계급의 차이를 확실하게 구분하기가 어려워졌고, 다수의 교육받지 못한 노동자 계급 사람들과 교육받은 소수의 전문가 집단을 가르는 경계가 이제는 덜 분명해졌기 때문이다. 또한 '문화적 취향'의 서열화가 더 이상 인정되지 않기 때문이기도 하다. 패션분야만 보더라도 대중문화가 하층계급에서만 볼 수 있는 현상이 아니라는 것을 경험에서 알 수 있다. 이제는 거의 대부분의 사람들에게 발견할 수 있는 정상적인 문화적 경험을 의미하기 때문이다. '대중적 문화'(*popular culture*)라는 표현이 많은 사람들이 좋아하는 문화라는 뜻을 가지고 있기 때문에 최근에는 더 선호한다. 또한 이러한 용어는 젊은층에서 인기 있는 것이라는 의미도 내포한다. 최근의 미디어 연구, 문화 연구는 대중적인 문화현상의 조금 더 긍정적 측면을 살펴보며 발전하고 있다. 일부 미디어 이론가들(예를 들어 Fiske, 1987)은 대중성이 정치적으로나 문화적 의미에서 가치를 지니는 것이라고 본다.

정의와 대비

전통적인 (상징) 문화양식과 대비시켜 대중문화를 조금 부정적으로 보면서 대중문화에 대한 정의를 내리는 경향이 있다. 예를 들어 윌렌스키(Wilensky)는 대중문화를 '고급문화'와 대비시켜서 두 가지 특징을 말하고 있다.

(1) 고급문화는 미적, 문학적, 과학적 전통을 가진 문화 엘리트에 의해서 생산되고 이들의 관리 하에 있다 … (2) 문화산물의 소비자들과 무관한 비판적 잣대가 체계적으로 고급문화의 생산에 적용된다 … '대중문화'는 오로지 대중시장을 겨냥하여 생산된 문화적 산물을 일컫는다. 생산물의 표준화와 대중적 행동으로 그 이용행태가 나타난다는 점을 대중문화의 특성으로 볼 수 있다(1964).

표 3.5
대중문화
• 비 전통적
• 비 엘리트적
• 대량생산
• 인기와 대중성
• 상업적
• 획일적

한편 대중문화는 매스미디어나 대량생산 현상보다 앞서 사회에서 형성된 민속문화나 전통문화와 대비되어 정의되기도 한다. 민속문화는 (주로 의상, 관습, 노래, 이야기, 춤 등으로 표현되는) 유럽에서 19세기 동안에 널리 재발견되었다. 민속문화는 종종 민족주의의 발현이나 예술운동과 연결되면서 산업주의에 대한 낭만적인 반응으로 주목받았다. 중산층에 의해 민속문화가 재발견되었을 때, 이 당시 노동자나 농민계층에서는 이러한 민속문화가 사회변화 속에서 빠르게 사라지고 있었다. 민속문화는 원래 전통적 방식이나, 주제와 소재, 표현수단을 통해 자연스럽게 형성된 것으로 일상적인 삶과 관련이 있었다. 대중문화 비평가들은 민속예술의 본연의 모습과 간결함이 상실되고 있는 점을 안타까워한다. 그리고 이와 관련한 이슈는 대중적으로 생산된 문화가 전적으로 지배적이지 못한 사회에서 지속적으로 문제로 제기된다. 서유럽과 북미의 도시 노동자 계층은 민속문화의 뿌리로부터 단절된 후 대중문화의 소비자가 되었다. 매스미디어는 산업화로 인한 문화적 공백을 채우고 도시 삶의 조건에 적응해 나가면서 대중적인 문화조류를 끌어냈다고 할 수 있다. 지식인 비평가들은 이러한 경향을 문화적 손실로 본다.

대중문화 등장과 관련해서는 여러 가지 해석이 있었다. 바우만(Bauman, 1972)은 매스미디어가 대중문화를 낳았다는 이슈와 관련하여 미디어가 한 국가 사회의 문화적 동질성을 증진시키는 데 중요한 역할을 했다고 주장한다. '대중문화'로 지칭되는 것을 이전보다 더 보편적이고 또는 표준화된 문화로 보는 것이 적절하다는 것이 그의 관점이다. 표준화 과정에 매스 커뮤니케이션의 여러 가지 특징이 기여했는데, 특히 시장에 대한 의존, 대규모의 조직과 새로운 기술을 문화 생산물에 적용한 것을 이와 관련하여 들 수 있다. 이러한 보다 객관적 접근방식은 대중문화와 관련한 논쟁의 갈등적 성격을 완화시키는 데 도움이 된다. 어떻게 보면 '대중문화의 문제'라는 것은 기존에 확립된 예술개념에 도전하는 상징적 재생산을 위한 새로운 기술적 가능성의 필요를 반영하는 것이다(Benjamin, 1977). 대중문화의 문제는 미적 부분과는 관계없이 사회적이고 정치적인 용어로 논쟁거리가 된 경향이 있었다.

대중문화에 대한 가치중립적 개념을 찾으려는 노력이 있었지만 여전히 대중문화와 관련한 이슈는 개념적으로 또한 이념적으로 문제로 남아있다. 부르디외(Bourdieu, 1986)와 다른 학자들이 설명했듯이, 문화적 이득에 대한 서로 다른 평가는 사회계급의 차이와도 연관된다. 경제적 자본을 소유하는 것은 곧 '문화적 자본'을 소유하는 것과 연결되고 계급사회에서는 현실적으로 물질적 이득과도 연결되게 된다. 계급에 기초한 가치체계는 매스미디어에 의해 형성되는 전형적인 대중적 문화보다 '고급' 전통적 문화가 우월하다는 전제를 유지하고 있다. 비록 문화정책, 미디어정책의 논의에서 문화의 질적 수준의 차이에 대한 이슈는 현재로 지속되고 있지만, 위와 같은 계급에 기반한 가치체계에 대한 지지는 약화되었다.

최근 '대중적 문화'는 사회이론가와 문화이론가들로 부터 재평가받고 있다. 더 이상 독창성, 창의성이 결여된 것으로 평가되지 않으며 한편으로 대중적 문화의 의미와, 문화적 중요성, 표현적 가치가 긍정적으로 지적되기도 한다.

대중 개념에 대한 재평가

대중이나 대중사회와 관련한 아이디어는 늘 추상적 측면이 있다. 전제국가가 무너진 후 대중이나 대중문화는 평소의 우리 일상에 특별히 방해가 되지 않았다. 오늘날 대중문화와 관련해서는 사회에 대한 위협과 관련한 논란보다는 대중문화의 이론화에 더 관심이 있는 것 같다. 하지만 여전히 이전에 지적되었던 대중문화의 폐해와 대중문화에 대한 불만은 여전히 현재도 조금은 다른 명칭으로 존재한다. ① 고독과 고립감, ② 경제적, 정치적, 환경적 문제에 직면한 무기력함, ③ 정보기술에 의해 발생한 현대사회의 비개인성, ④ 연대감의 쇠퇴, ⑤ 안전에 대한 위협 등이 바로 그것이다.

여기서 분명한 것은 매스미디어가 문제의 근원이기도 하지만 문제를 해결할 수 있는 방안 중 하나라는 점이다. 우리가 어떤 상황에 있는지에 따라 다를 수 있기는 하지만 매스미디어는 대규모 사회의 문제점에 대처하는 방안을 제시하고, 상황을 이해하게 하며 사회의 거대 영향력과 우리의 관계를 매개해 준다. 전반적으로 볼 때 현재의 미디어는 아마도 이전보다 수용대상 규모도 줄어들고, 덜 일방향적이며, 수용자의 반응에 더 민감하여 수용자의 참여를 촉진시킨다고 할 수 있다.

하지만 매스미디어가 언제나 긍정적 측면으로 작동하지는 않는다. 책무성이 결여된 채 권력을 행사하기도 하고 개인의 삶을 파탄으로 몰고 가기도 한다. 매스미디어가 동의하는 이슈에 대해서는 다른 목소리를 낼 여지를 주지 않으며, 매스미디어가 사회적 권위를 지지하기로 했을 때는 다른 소수의 호소나 항의를 듣기 어렵다. 매스미디어는 민주적 정치과정에 도움을 줄 수 있고 동시에 이 과정에 피해를 줄 수 있는 것이다. 마치 자비로운 전제군주와 같이 사람의 마음을 끌기도 하고, 변덕스럽기도 하고, 사납게 잔인하기도 하며 또한 비이성적이기도 한 특성을 보이고 있다. 이러한 특성이 있기 때문에 오래 전부터 지적되어 온 매스미디어의 문제를 늘 상기하는 것이 필요하다.

위에서 언급한 미디어와 사회에 대한 아이디어나 '대중'이라는 용어에 함축된 다양한 세부개념은 매스 커뮤니케이션 연구모델을 정립하는 데 도움을 주었다. '지배적 패러다임'은 대중사회에서의 매스미디어의 강력한 영향력에 대한 관점을 기초로 서베이를 통한 사회조사, 사회심리학에 기반한 실험, 통계분석 등 전형적인 사회과학 연구방법론을 이용하는 연구접근이라고 할 수 있다. 지배적 패러다임에 깔린 사회에 대한 관점은 본질적으로 규범적 성격을 지닌다. 이러한 관점은 바람직한 사회에서 정상적으로 기능하는 가운데 추구해야 할 가치를 전제한다. 이러한 규범적 가치는 민주성(선거, 보편적 투표권, 대표성), 자유(세속적, 자유로운 시장조건, 개인주의, 표현의 자유), 다원성(정당이나 이익집단 사이의 제도화된 경쟁), 질서(평화, 사회통합, 공정성, 적법성) 등이다.

　매스미디어의 잠재적 또는 실제적 혜택이나 해악은 주로 이 모델에 기초하여 평가되는데, 이와 같은 모델은 서구사회에 대한 이상적 관점과도 일치한다. 하지만 사회에 대한 이런 관점과 사회현실에서 발견할 수 있는 괴리 간의 모순들은 종종 무시되는 경향이 있다. 개발도상국이나 제 3세계 국가에서 미디어와 관련해 실시된 대부분의 초기연구는 이들 국가가 서구적 모델로 변화하게 될 것이라는 가정 하에 실시되었다. 초기 커뮤니케이션 연구는 자유주의, 다원주의 모델에 영향을 받았는데 이러한 연구에서는 매스미디어가 민주주의를 억압하는 도구로 사용되는 전체주의나 공산주의 체제에서는 사회의 위협이 될 수 있다고 보았다. 이러한 위협에 대한 인식을 통해 위에서 언급한 규범적 가치는 더 중요한 것으로 여겨졌다. 한편 미디어는 스스로 서구의 생활양식에서 발견할 수 있는 가치를 지지하고 표현하는 역할을 하는 것으로 보았다. 공산주의가 붕괴된 이후에는 국제 테러나 종교적 근본주의, 또는 다른 극단의 혁명적인 운동이 미디어가 다룰 새로운 문제로 등장했다.

기능주의와 정보과학의 기원

지배적 패러다임의 이론적 부분은 단순히 매스미디어 자체만을 연구하면서 새로 제
안된 것은 아니었고 대부분 사회학, 사회심리학, 정보과학에서 기초했다. 특히 제
2차 세계대전 이후 사회과학이나 매스미디어 분야에서 북미의 헤게모니가 도전을
받지 않았던 시기에 지배적 패러다임이 형성되었다고 할 수 있다(Tunstall, 1977).
사회학이 이론적으로 성숙되면서 미디어 분석을 할 때 사회학의 기능주의 틀이 이
용되기 시작했다. 라스웰(Lasswell, 1948)은 커뮤니케이션의 사회적 기능에 대해 처
음으로 명백하게 정의를 내렸는데, 여기서 기능이란 사회유지를 위해 기본적으로
수행되어야 할 임무를 말한다(제4장 참조). 일반적으로 기능주의 관점에서는 비록
매스 커뮤니케이션이 잠재적으로 사회에 해로울 수 있는 역기능을 할 수 있기는 하
지만 사회 전반의 커뮤니케이션은 사회의 통합, 연속성, 질서유지를 위해 행해진다
고 가정한다. 비록 최근에는 이에 대한 학문적 관심이 예전 같지는 않지만 미디어
와 사회에 대한 논의에서 기능과 관련한 부분은 여전히 지속되고 있다.

지배적 패러다임에 영향을 미친 또 다른 중요한 이론적 접근은 섀넌과 위버
(Shannon & Weaver, 1949)의 정보이론이다. 정보이론은 정보를 전달하는 커뮤니
케이션 채널의 기술적 효율성에 초점을 맞춘다. 섀넌과 위버는 커뮤니케이션을 일
련의 연속적 과정으로 보고 정보전송을 분석하기 위한 모델을 발전시켰다. 이러한
과정은 '정보원'이 '메시지'를 선택하고, '신호'의 형태로 이 메시지가 '커뮤니케이션
채널'을 통해 '목적지'인 '수신자'에게 '전송'되는 일련의 단계를 거친다. 이 모델은
전송된 메시지와 수신된 메시지의 차이를 설명하기 위해 고안되었고, 이 둘의 차이
는 채널에 영향을 미치는 '잡음'이나 '간섭' 때문인 것으로 여겨졌다. 이와 같은 '전
송'모델은 직접적으로 매스 커뮤니케이션 현상을 고려한 것은 아니었지만 다양한
인간 커뮤니케이션 과정을 설명할 수 있으며 특히 전송되는 메시지의 효과를 이야
기하는 데 적합할 수 있어 주목을 받았다.

지배적 패러다임에 영향을 미친 세 번째 분야는 20세기 중반의 방법론적 발전에
서 찾을 수 있다. 인간의 '정신적' 측면에 대한 측정(특히 개인의 태도와 속성)과 통계
분석 분야가 동시에 발전하기 시작하면서, 이전에 발견하지 못했던 숨겨진 과정과

상태에 대한 일반화가 가능하고, 신뢰할 만한 지식을 축적할 수 있는 새롭고 강력한 방법론이 이용되었다. 매스미디어의 영향력과 설득과 태도변화에서 매스미디어의 효율성에 대한 문제를 접근하는 데 이러한 방법이 적절하게 활용되었다. 또한자극-반응 이론 등에 기초한 심리학의 '행동주의'와 실험방법 역시 주도적 패러다임의 형성에 기여한 부분이 있다. 이러한 이론적 발전은 전송모델에서 다루는 문제해결에 도움을 주었다고 볼 수 있다.

미디어 효과와 사회문제를 연구하는데 있어 패러다임의 편견

전송모델의 등장은 '커뮤니케이션 과학의 역사에서 가장 중요한 전환점'이 되었고이를 통해 '커뮤니케이션 연구자들이 1949년 이후 수세기 동안 인간 커뮤니케이션에 대해 선형적인, 효과중심의 접근을 하게 되었다'는 점을 로저스(Rogers, 1986)가지적한 바 있다. 로저스는 이러한 결과로 '커뮤니케이션 연구자들이 커뮤니케이션, 특히 매스 커뮤니케이션의 **효과**에 초점을 맞추는 지적인 고착상태에 빠지게 되었다'는 점을 언급했다(1986). 로저스와 여러 학자들은 오랫동안 전송모델의 단점을 지적했으며 최근 커뮤니케이션 연구에서도 이 모델에 대한 문제점이 제기되었다. 하지만 선형적인 틀에서 인과관계를 살펴보는 것은 많은 커뮤니케이션 연구자들이 여전히 원하는 방식이다. 특히 광고, 정치선전, 공중 정보제공 분야에서 커뮤니케이션을 주로 다수의 사람들에게 메시지를 전달하는 효율적 수단으로 파악하는 사람들은 이러한 모델을 선호한다.

　수신자 관점에서 커뮤니케이션 과정을 이해하려는 시도가 주목받는 데는 시간이조금 걸렸다고 볼 수 있다. 전송모델과는 다른 시각으로 커뮤니케이션 모델을 설정한 이론적 논의는 사실 상대적으로 꽤 오래전에 북미의 사회과학자들, 특히 미드(G. H. Mead), 쿨리(C. H. Cooley), 파크(Robert Park)와 같은 학자들의 저작에서발견할 수 있다. 이들의 저작에서 발견할 수 있는 '모델'은 커뮤니케이션을 본질적으로 사회적이고, 상호작용적인 것으로 보고, 효과보다는 의미의 공유에 초점을 맞추었다(Hardt, 1991 참조).

　하지만 '주류'를 형성한 매스미디어 연구는 주로 의도되거나, 의도되지 않은 매스

미디어의 효과측정에 초점을 맞추었다. 지배적 패러다임 안에서 실시된 연구의 주된 목적은 커뮤니케이션의 (광고나 공중에게 정보제공) 효율성에 대한 진단과 매스미디어가 사회적 문제(범죄, 폭력이나 다른 일탈 행위)의 원인인지를 평가하는 데 집중되었다. 하지만 이러한 선형적 인과모델에 기초한 연구가 지속되었지만 연구결과는 매스미디어의 효과를 보여주는 데 실패한 경우가 많았다.

> 표 3.6
> 커뮤니케이션 연구의 지배적인 패러다임
> * 사회에 대한 자유주의, 다원주의의 이상에 기초
> * 기능주의적 관점
> * 미디어 효과를 선형적 전송모델로 파악
> * 강력한 미디어 영향력에 대한 시각은 집단관계라는 변인을 기초로 조정됨
> * 양적 연구와 변인 분석
> * 미디어를 사회의 문제 발생원인으로 파악
> * 행동주의 방법, 개인을 분석대상으로 하는 연구방법

매스미디어의 직접적 효과를 발견하기 어려웠던 가장 중요한 이유는 사회집단과 개인적 관계가 중재역할을 하기 때문인 것으로 지적되었다. 미디어 효과를 발견하지 못한 연구결과는 오히려 현상(*status quo*)에 대한 견제와 균형이 건전하게 잘 진행되고 있다는 측면으로 활용되었고, 이러한 평가가 경험적 연구전통의 제약에 대한 변명으로 이용되었다고 기틀린(Gitlin, 1978)은 비판한 바 있다.

█ 대안적인, 비판적 패러다임

지배적 패러다임에 대한 비판적 목소리는 매우 다양해서 강조하는 측면에 따라 차이가 있다. 한편에서는 이론적, 방법론적 차원의 비판이 있는데 이는 규범적 차원에서 지배적 패러다임의 문제를 지적한 것과 다르다. 실용적 관점으로 볼 때 단순한 전송모델은 연구결과 제대로 커뮤니케이션을 설명하지 못한 것으로 나타나기도 했다. 이러한 데는 신호가 단순하게 수신자에게 전달되지 않는 문제와 송신자의 의도대로 전달되지 않는 문제가 있기 때문이다. 또한 메시지를 왜곡시키는 채널 내의 여러 가지 '잡음' 요소도 전송모델이 작동하지 않는 이유로 지적되었다. 매스미디어가 다른 채널요소에 의해 걸러지고 혹은 개인적 접촉을 통해 중재되는 문제도 있었다(이 부분은 후에 다룰 '개인적 영향력'과 '2단계 유통'에 대한 논의를 참조). 이러한 문제는 미디어의 강력한 영향력을 이야기하기에도 제약으로 작용했다. 미디어의 영향

력을 '피하주사'나 '마법의 탄환'으로 본 초기시각이 적합하지 않다는 결과도 나타났다(Chaffee & Hochheimer, 1982; DeFleur & Ball-Rokeach, 1989). 매스미디어는 수용자에게 직접적인 효과를 미치지 못한다는 점을 수세기 동안의 연구가 보여준다(Klapper, 1960). 사실 매스미디어의 본질적 효과를 증명한다는 것은 매우 어려운 작업으로 여겨진다.

사회와 미디어에 대한 다른 견해

'대안적 패러다임'은 사회를 매우 다르게 보는 시각에 기초한다. 자유주의-자본주의 질서를 그대로 받아들이지 않으며 불가피하거나 인류의 상황을 개선하기 위한 최상의 것이라고 인정하지 않는다. 이성적이고 계산적이며, 실용적인 사회적 삶에 대한 모델 역시 적합하거나 바람직하다고 보지 않는다. 또한 상업주의 모델을 미디어가 운영되는 유일한 최상의 방식으로 인정하지 않고 있다. 이러한 대안적 시각은 이상주의적이며 때로는 이상향을 추구하는 이데올로기에 기반하고 있어 사회체계에 대한 가시적 모델은 보여주지 못하고 있다. 그럼에도 불구하고, 다원주의나 보수적 기능주의 속에 숨겨진 이데올로기를 거부한다는 측면을 공유한다.

20세기 초반부터 지속적으로 미디어 자체에 대한 비판의 목소리가 있었다. 이는 특히 상업주의, 진실과 품격이라는 측면에서의 낮은 질적 수준, 비도덕적 독점자본에 의한 통제 등과 관련 있었다. 한편, 대안적 시각의 근원은 주로 사회주의나 맑스주의에서 찾을 수 있다. 새로운 시각이 부각될 수 있었던 첫 번째 중요한 계기는 프랑크푸르트 학파의 학자들이 1930년대 미국으로 건너온 것으로, 이들은 지배적 상업주의 대중문화에 대해 대안적 시각을 갖는 데 기여했다(Jay, 1973; Hardt, 1991). 특히 이들은 매스 커뮤니케이션의 과정을 궁극적으로는 조작적이고 압제적인 것으로 보는 지적 기반을 마련했으며(제5장 참조), 이들의 비판은 정치적 측면과 문화적 측면을 동시에 다루었다. 대중사회에 대한 밀스의 아이디어는 북미의 급진적 전통에 의존하여 다원적 통제에 입각한 자유주의의 오류를 설명함으로써 미디어와 관련한 대안적 관점을 정교화하는 데 도움을 주었다.

반전운동, 자유운동, 네오맑스주의 등을 엮어 '1968년의 아이디어'라고 불리는 조 *92

류에 영향을 받으면서 대안적 패러다임은 1960년대와 70년대 체계를 갖추어 갔다. 이 당시 학생들의 민주화 운동, 페미니즘, 반제국주의 운동이 사회적 이슈이기도 했다. 대안적 패러다임을 형성한 중요한 요인들은 다음과 같다. 첫째는 미디어 콘텐츠에 내재된 이데올로기에 대해 보다 정교한 개념 정의를 내리게 되었다는 것이다. 이를 통해 연구자들은 오락이나 뉴스(기존의 권력구조를 정당화하고 반대 목소리를 제거하는 방향으로 만들어지는) 메시지에 담긴 이데올로기적 성격을 설명할 수 있었다. 미디어 콘텐츠에 부여된 고정적 의미에 대한 개념이나 이러한 메시지의 효과를 예측하거나 측정할 수 있다는 전제는 이러한 시각에서는 부정되었다. 반면 의미는 구성되는 것으로 파악되었고 사회적 상황이나 수용자의 기호에 따라 메시지가 해석될 수 있다는 시각이 부각되었다.

두 번째는 매스미디어 조직과 구조의 경제적, 정치적 성격이 재검토되기 시작되었다는 점이다. 매스미디어 기관은 중립적이거나 이념적으로 자유롭게 존재하는 것이 아니기 때문에 이들이 작동하는 전략에 기초하여 평가해야 한다고 보았다. 비판적 패러다임이 발전하기 시작하면서 노동자 계급의 종속문제뿐만 아니라 청소년이나 다른 대안적인 하위문화, 성별과 인종문제 등 다양한 문제를 다루게 되었다.

세 번째는 이러한 변화와 더불어 문화, 담론, 매스미디어 이용을 다루는 민족지학 등을 다룰 '질적' 연구방법이 발전한 것을 들 수 있다. 이는 위에서 제시한 숨겨진 이데올로기적 의미를 찾으려는 시도와도 관련이 있다. 이러한 질적 방법론은 지식을 발견하는 대안적 수단을 제공하게 되었고 상징적 상호작용이나 현상학 등 그동안 간과된 분야와의 연계를 가능하게 했다(Jensen & Jankowski, 1991 참조). 문화연구의 일반적 발전도 이와 연결되며, 이러한 틀 속에서 매스 커뮤니케이션을 새로운 시각으로 볼 수 있게 되었다. 달그린(Dahlgren, 1995)은 문화연구 전통이 지배적 패러다임의 과학적 자가당착에 맞서고 있다고 지적하였는데, 여전히 텍스트 분석과 사회제도에 대한 분석 사이에는 피할 수 없는 갈등이 있다.

변화하는 기술문제와 관련해서, 제 1세계와 제 3세계 사이의 커뮤니케이션 관계는 매스 커뮤니케이션 현상을 다루는 데 새로운

표 3.7

대안적 패러다임

• 사회에 대한 비판적 시각을 견지하고 미디어가 가치중립적이라는 것에 반대
• 커뮤니케이션 현상을 전송모델로 설명하는 것을 거부
• 미디어 기술과 메시지에 대한 결정론적 시각에 반대하는 입장
• 해석적, 구성주의적 관점
• 질적 방법론을 이용
• 문화 이론 또는 정치-경제이론에 대한 선호
• 불평등과 사회 내의 반대세력에 대한 관심

사고가 필요하다는 점을 상기시켜주었다. 이들 국가간의 관계는 더 이상 개발을 위한 기술과 민주주의를 후발 국가들에게 일방적으로 전달하는 계몽의 문제가 아니라는 것이다. 최근에 들어서는 경제적, 문화적 지배의 문제가 새로 부각되고 있다. 한편, 꼭 '비판적' 시각에 기초하지 않더라도 '뉴미디어'의 등장은 미디어 효과에 대해 제기한 초기 입장을 재평가하게 만들고 있다. 일방향적 매스 커뮤니케이션 모델이 더 이상 적합하지 않은 환경으로 사회가 변화하고 있기 때문이다. 대안적 관점의 중요한 사항은 〈표 3. 7〉에 요약되어 있다.

패러다임의 비교

대안적 패러다임을 지배적 패러다임의 입장에 대한 단순한 반대입장으로 보거나 커뮤니케이션의 기술적이고 실용적인 측면을 다루는 시각에 반대하는 것으로 보는 것은 적절하지 않을 수도 있다. 대안적 패러다임은 커뮤니케이션을 단지 '전송'차원에서 보는 것을 넘어 의미공유나 의례화된 측면을 강조함으로써 커뮤니케이션을 보다 더 폭 넓게 이해하려 한다. 따라서 새로운 패러다임은 대안적인 동시에 보완적인 성격을 가진다.. 한편 대안적 패러다임은 독자적 문제의식을 가지고 있으며 차별화된 연구주제를 추구한다. 특히 대중문화와 관련한 영역에서 다양한 연구방법과 접근방식을 확장시켰다는 점에서 가치가 있다. 미디어를 이용하는 경험과 사회-문화적 경험 간의 상호작용과 관여를 살펴보는 것이 이 패러다임의 중심적 부분이다.

여기에서는 지배적, 대안적 패러다임 두 가지에 초점 맞추어 설명했지만, 이 두 접근은 모두 또 다른 두 가지 요인이 중요하다는 점을 보여주었다. 하나는 '비판적' 측면이고 또 하나는 '해석적' 또는 '질적' 측면이다. 한편 로젠그린(Rosengren, 1983)은 '객관적', '주관적' 접근, '급진적 변화'와 '규제', 이와 같은 두 가지 대비되는 개념을 축으로 하여 중요한 미디어 이론을 분류하였다. 이러한 두 가지 축을 이용하여 커뮤니케이션 과학을 위한 네 가지 패러다임을 도출해 낼 수 있다. 포터와 동료 연구자(Potter et al., 1993) 역시 유사하게 연구가 기초하는 패러다임을 '사회과학' 전통, '해석적' 전통, '비판적 분석' 전통 세 가지로 나누기도 했다. 일부 연구자들은 이러한 분류틀이 특히 내용분석 연구의 전통을 구분하는 데 적합하다는 점을 지적 **＊94**

했다(Fink & Gantz, 1996).

대안적 패러다임은 이론의 변화와 미디어에 대한 사회적 관심사의 변화에 힘입어 계속 진화하고 있다. 비록 포스트모던 이론에서는 이념적 조작이나, 상업주의, 사회문제에 대한 관심이 상대적으로 줄어들기는 하지만, 환경문제나 개인적, 집합적 정체성의 문제, 건강과 위험, 신뢰문제 등이 새로운 관심사로 떠오르고 있다. 인종차별, 전쟁중 선전, 불평등 등의 이슈는 여전히 중요한 연구 관심사이다.

문화연구와 인문학적 연구에 기반한 대안적 접근이 미디어 연구에서 활발하게 진행되었지만 이것이 지배적 패러다임을 무너뜨린 것은 아니었다. 지배적 패러다임 역시 캠페인 과정에서 미디어를 이용하고 미디어 테크놀로지의 경제적·산업적 중요성이 커지면서 새로운 동력을 얻어 변화했다. 이러한 과정에서 두 접근의 겹치는 부분이 등장하고 서로 장점을 채택하는 사례도 발견되었다(Curran, 1990; Schroder, 1999). 특히, 이 두 패러다임을 분명히 구분하게 했던 이데올로기적 차이는 예전과 달리 크게 부각되지 않는 경향이 있다.

지배적 패러다임과 대안적 패러다임 간에 뿌리 깊은 차이가 존재하기는 한다. 이러한 차이로 인해 단일한 '커뮤니케이션 과학'을 추구하는 것이 어려운 것이 사실이다. 또한 이데올로기, 가치, 아이디어 등을 매스 커뮤니케이션이 다루어야 하고 이데올로기 틀 안에서 현상이 해석될 수밖에 없는 제약이 있기 때문에 이러한 차이는 발생할 수밖에 없다. 이 책의 독자가 이 두 가지 패러다임 중에 하나를 선택해야 되는 것은 아니다. 이러한 상반된 접근을 접하게 됨으로써 이론의 다양성을 이해하고, 매스미디어와 관련한 '사실'을 해석하는 과정에서 나타나는 불일치를 이해하는 데 도움이 될 것이다.

커뮤니케이션을 다루는 네 가지 모델

매스 커뮤니케이션을 과정으로 보고 연구자들이 이에 대해 초기에 내린 정의는 대량생산, 재생산, 배급 등 다양한 미디어에서 공통적으로 나타나는 객관적 특징에 초점을 맞추었다. 이러한 정의는 기술적이고 조직적인 측면을 부각시킨 것으로 과정에 참여하는 인간에 대한 고려가 미흡했다. 매스 커뮤니케이션에 대한 초기 정의의 타당성은 앞에서 살펴 본 다양한 접근의 갈등 속에서, 그리고 대량생산, 대형조직의 중요성이 감소해 가는 사회변화와 기술변화 속에서 오랫동안 논쟁대상이 되었다. 따라서 공적 커뮤니케이션 과정을 설명하는 데 다양한 대안적 모델을 고려할 필요가 있다. '뉴미디어'의 개념을 어떻게 정의할 것인가의 문제와는 별개로 적어도 네 가지 정도의 모델을 구분해 볼 수 있다.

전송모델

지배적 패러다임의 핵심은 정해진 양의 정보를 전송하는 과정으로 커뮤니케이션을 이해하는 특별한 시각에서 발견할 수 있다. 여기서 정보는 송신자(또는 정보원)에 의해 결정된 메시지를 의미한다. 매스 커뮤니케이션에 대한 단순한 정의는 매스 커뮤니케이션 현상을 "누가 무엇을 누구에게, 어떤 채널을 통해서, 어떤 효과를 가지고 전달하는가?"라는 라스웰(Lasswell, 1948)의 모델을 통해 탐구하는 것과 연결된다. 라스웰의 모델은 매스 커뮤니케이션 양식의 특성에 입각한 정의에서 발견할 수 있듯이 선형적 연속과정을 보여준다. 매스 커뮤니케이션 현상에 관한 초기의 이론 화 작업 중 많은 부분이(McQuail & Windahl, 1993) 이러한 커뮤니케이션의 과정에 대한 단순한 정의를 확장하고 보완하는 데 초점을 맞추었다. 지배적 패러다임에서 살펴본 특성과 가장 일치하면서 상대적으로 완성도가 높은 초기 매스 커뮤니케이션 모델은 웨스틀리와 맥클린(Westley & MacLean, 1957)의 작업에서 발견할 수 있다.
　이들의 업적은 매스 커뮤니케이션 과정을 이해하는 데 '사회'와 '수용자' 사이에서 '커뮤니케이터 역할'(공식적 미디어 조직의 전문 저널리스트의 역할)을 새롭게 제시했다는 점이다. 따라서 이들의 지적에 따르면 커뮤니케이션 과정은 단순히 ① 송신자, ② 메시지, ③ 채널, ④ 다수의 잠재적 수신자의 순서로 볼 것이 아니라, ① 사건과 사회의 의견, ② 채널/커뮤니케이터 역할, ③ 메시지, ④ 수신자의 순서로 이해할 수 있다는 것이다. 이와 같이 수정된 모델은 일반적으로 볼 때 매스 커뮤니케이터가 메시지의 근원으로 독창적 메시지를 만들어내고 있지 않다는 점을 고려하고 있다. 즉 매스 커뮤니케이터들은 환경 안에서 발생하는 사건을 선택하고 설명하면서(뉴스) 이를 잠재적 수용자들에게 '중계'하고 있으며, 또한 다수의 공중에게 도달하려 하는 사람들(특정한 견해의 주창자나, 광고주, 작가 등)의 관점과 견해에 접근권을 부여하고 있다는 것이다. 웨스틀리와 맥클린(Westley & MacLean, 1957)의 모델은 세 가지 차원에서 중요한 부분이 있다. 첫 번째는 이들이 매스 커뮤니케이터들의 '선택적' 역할을 강조했다는 점이다. 두 번째로, 이러한 선택은 수용자가 흥미를 갖는 것이 무엇인지에 대한 평가에 기초하여 이루어진다는 점이다. 세 번째로, 커뮤니케이션은 단순하게 목적지향적으로 이루어지는 것이 아니라는 것이다. 따라서 일반적으로 볼 때 미디어 자체는 사람들을 설득하거나 교육하는 것을, 때로는 정보를 주는 것도 목표로 삼지 않고 있다는 점을 지적하고 있다.

이 모델에 따르면, 매스 커뮤니케이션은 수용자들의 관심사와 요구(제공된 것에 대한 선택과 반응을 통해서만 알 수 있는)에 의해서 결정되는 자기조정적 과정이다. 이런 과정은 미디어와 최초의 커뮤니케이터에 대한 수용자들의 '피드백'에 의해 영향을 받기 때문에 더 이상 단순히 선형적으로 볼 수 없다. 이 모델은 상대적으로 매스미디어를 중립적이고 개방된 조직으로 파악하고 있으며 매스미디어가 다른 사회 제도의 작동에 기여하는 것으로 보고 있다. 하지만 초기모델보다는 커뮤니케이션을 기계적으로 보는 정도는 덜 하지만, 이 모델 역시 본질적으로는 송신자로부터 수신자로의 연결을 살펴보는 전송모델의 성격을 가지고 있다. 수용자의 만족 역시 전달된 정보가 얼마나 효율적인지에 대한 평가를 통해 이루어진다. 또한 이 모델은 미디어 산업의 자유시장을 강조하는 미국적 시스템에 기초하고 있다. 따라서 국가 주도의 미디어 시스템이나 유럽사회의 공영방송 제도에 적용하기에 어려운 점이 있다. 자유로운 미디어 시장이 필연적으로 수용자의 관심사를 반영하지 못할 수도 있고 미디어 자체가 목적을 지닌 선전도 수행할 가능성이 있기 때문에 이 모델이 제시하는 아이디어는 현실에 적합하지 않은 부분이 있다.

관습 또는 표현모델

전송모델은 일반적인 미디어가 특정한 기능(뉴스나 광고의 제공 등)을 하는 기본적 이유나 원리를 나타내는 데 여전히 유용하다. 하지만 수많은 미디어 활동과 커뮤니케이션의 다양성을 담아내기에는 불완전하고 때로는 이를 설명하는 데 오해의 여지도 있다. 특히 커뮤니케이션을 '전송'문제로 제한한 것은 문제가 있다. 제임스 캐리 (James Carey, 1975)에 의하면, 이러한 커뮤니케이션 모델은

> 송신, 전송, 타인에게 정보제공 등과 같은 용어에 의해서 정의된다. 이 모델은 지리학이나 교통의 은유에 기초한다. 커뮤니케이션과 관련한 가장 중심적인 아이디어는 통제하기 위한 목적으로 지속적으로 신호와 메시지를 전송하는 것이다.

이 모델은 수단, 인과관계, 일방향적 흐름을 암시한다. 또한 캐리는 커뮤니케이션에 대한 대안적 시각은 이를 '관습'으로 보는 것이라고 지적한다. 그의 지적에 따르면

> 커뮤니케이션은 공유, 참여, 융화, 연대감 그리고 공동의 믿음을 소유하는 것과 같은 용어들과 연결된다. 커뮤니케이션을 관습으로 보는 시각은 공간에서 메시지를 확장시키는 것을 지향하지 않으며 동시대의 사회유지를 지향한다. 또한 정보분배보다는 공유된 신념의 표출에 초점을 맞춘다.

이와 같은 대안적 시각은 커뮤니케이션의 '표현'모델이라고도 할 수 있다. 수단적인 목적보다는 송신자(혹은 수신자)에 내재된 만족을 강조하기 때문이다. 관습적 또는 표현적 커뮤니케이션은 공유된 이해와 감정에 의존한다. 이러한 모델에서는 실용적 목적보다는 커뮤니케이션이 실현되기 위한 '퍼포먼스'(*performance*) 요소가 중요하여 축제와 같은 성격, 완성이 요구되는 목표, 꾸며야 할 장식 등이 필요하게 된다. 커뮤니케이션은 실용적인 목적뿐만 아니라 무엇인가 수용하면서 얻게 되는 즐거움을 위해 수행된다. 관습적 커뮤니케이션에서의 메시지는 대개 숨겨져 있거나

애매모호하며, 참여하는 사람들에 의해 선택된 것이라기보다는 문화 안에서 형성된 상징에 의존한다. 보통 이러한 상황에서는 미디어와 메시지를 분리하기가 어렵다. 또한 관습적 커뮤니케이션은 상대적으로 시간제약을 받지 않으며 변하지 않는 속성이 있다.

비록 자연스러운 상황에서 관습적 커뮤니케이션이 도구적이지는 않지만 사회관계에서 사회통합과 같은 결과를 가져올 수 있다. 정치과정이나 광고 등에서 볼 수 있는 계획된 커뮤니케이션 캠페인에서도 관습적 커뮤니케이션 원칙이 종종 사용된다(가능한 상징의 이용, 문화적 가치에 대한 소구, 동질감, 신화, 전통 등). 관습과 의례는 감성과 행동을 통일시키고 움직이는 데 중요한 역할을 한다. 이런 모델의 사례는 예술, 종교, 공공의식이나 축제 등의 영역에서 찾아볼 수 있다.

전시와 주목을 집중시키는 관점에서의 커뮤니케이션 : 공시모델

전송모델과 관습모델 이외에, 매스 커뮤니케이션의 다른 중요한 부분을 강조하는 세 번째 관점이 있다. 이를 요약하면 간단하게 '공시'(publicity) 모델이라고 이름붙일 수 있다. 매스미디어의 가장 중요한 목적은 때로 특정한 정보를 전송하거나 문화, 신념, 가치를 표현하여 공중을 결속시키는 것이 아닌 단순하게 시각적으로, 청각적으로 주의를 끄는 것인 경우가 있다. 미디어는 수용자의 관심을 끌게(현실에서 수용자의 주목도 그 자체가 소비와 동일시되는 경우가 많다) 됨으로써 직접적으로 경제적 목적을 달성하거나, 광고주에게 수용자의 주목 가능성을 팔게 됨으로써 간접적으로 경제적 이득을 취한다. 엘리엇(Elliott, 1972)은 (그는 암묵적으로 전송모델을 규범으로 받아들이고 있다), '매스 커뮤니케이션이 의미를 체계적으로 전달하는 것에 국한된 것은 아니다'라고 지적한 바 있다. 이러한 측면에서 보면 매스 커뮤니케이션은 '관람'의 개념에 가깝고, 미디어 수용자들은 참여자나 정보수신자보다는 다수의 관람자 집단에 가깝다. 즉 여기서는 주목하고 있다는 사실이 주목의 '질'적 수준보다 더 중요한 것이다(질적 수준은 사실 정확히 측정하기 힘들기도 하다).

나름대로의 목적을 위해 매스미디어를 활용하는 사람들은 단순한 주목과 공시의 차원을 넘어서 설득이나 판매와 같은 효과를 기대한다. 하지만 대개 주목을 끄는가

＊99

3장 매스 커뮤니케이션의 개념과 모델

의 여부가 성패를 가늠하는 잣대로 이용된다. 많은 미디어 효과연구가 이미지와 인식문제를 다루었다. 유명인사의 경우, 알려져 있다는 사실 자체가 무엇에 대해 알려져 있는 지보다 더 중요하며, 이것이 유명인사가 되기 위한 단순한 필요조건이 되기도 한다. 이와 유사하게, 정치적이거나 다른 유형의 '의제'를 설정하는 미디어의 영향력에 대한 논의 역시 주목을 획득하는 과정을 다루는 한 사례이다. 대부분의 미디어 생산은 수용자의 눈길을 끌고, 감성을 자극시키며, 흥미를 유발하기 위한 장치를 만드는 데 집중된다. 이는 제시를 위한 수단에 메시지의 '실체'가 종속되어 가는 것으로 후에 제시할 '미디어 논리'의 단면이기도 하다(Altheide & Snow, 1979, 1991).

주목을 끌기 위한 목표는 매스미디어를 도피나 시간보내기를 위해 이용하는 수용자들이 미디어에 대해 가진 인식과도 일치한다. 이러한 수용자들은 일상의 현실에서 도피하기 위해 '미디어와 함께' 시간을 보낸다. 전시-주목 모델 입장에서 볼 때 송신자와 수신자와의 관계는 필연적으로 수동적이거나 무관여적일 필요가 없다. 이들의 관계는 도덕적 차원에서 볼 때 중립적 속성이 있으며 의미전달이나 창조 같은 것이 개입되지 않는다.

커뮤니케이션을 '전시'와 '주목'의 과정으로 보는 시각에는 전송모델이나 관습모델에서 발견할 수 없는 여러 가지 부가적 특징이 있다. 이러한 다음의 세 가지 특징은 상업적인 미디어 제도에서 볼 수 있는 경쟁, 현실성, 객관성이라는 매스 커뮤니케이션의 특성과도 각각 연결된다.

- 주목획득은 제로섬 과정이다. 한 미디어의 내용에 주목한 시간은 다른 것을 위해 쓰일 수 없다. 수용자가 이용가능한 시간은 한정된다. 하지만 대조적으로, 관습적 커뮤니케이션 과정에서 참여자가 얻게 되는 만족이나 전달되는 '의미'의 양에는 제한이 없다.
- 전시-주목 모델에서 커뮤니케이션은 오직 현재 시점에만 존재한다. 과거는 중요한 것이 아니며, 미래 역시 현재의 상황이 지속되거나 증폭될 때 중요하다. 수신자와 관련된 원인과 결과에 대한 문제 역시 제기되지 않는다.
- 주목획득은 그 자체로 목적이고 가치중립적이며 본질적으로 의미와 관련이 없다. 메시지에 담긴 콘텐츠보다 형식과 기술이 더 중요하다.

미디어 담론의 기호화와 해독 : 수용모델

매스 커뮤니케이션 과정에 대한 또 다른 해석은 전송모델을 비판한 앞의 두 모델보다 더 급진적이다. 이 모델의 많은 부분은 비판적 접근에 의존하며, 메시지를 '보내진 것' 또는 '표현된 것'에 따라 인식하거나 이해하지 않는 다수의 수신자 입장에서 매스 커뮤니케이션을 바라본 것으로 이해할 수 있다. 이 모델은 비판이론, 기호학, 담론 분석에 뿌리를 두고 있다. 사회과학보다는 문화연구 영역에 자리잡은 특징이 있으며, '수용분석'(reception analysis)의 출현과 직접적 연관성이 있다(Holub, 1984; Jensen & Rosengren, 1990). 또한 이 모델은 경험적인 사회과학 수용자 연구 방법론과 인문학적 내용분석 연구에 도전하고 있는데, 특히 이 두 연구전통에서 메시지에 의미를 부여하는 '수용자의 영향력'을 고려하지 않은 것에 대해 문제를 제기한다.

'수용모델'의 본질은 수용자들에 의해 구성된 의미를 살펴보는 것이다. 미디어 메시지는 항상 여러 가지 다양한 복수의 의미를 지니며 맥락이나 수용자의 문화에 따라 달리 해석될 수 있다. 이러한 수용분석의 선두주자는 비판이론의 변형에 근간을 둔 스튜어트 홀(Stuart Hall, 1974/1980)인데, 그는 미디어 메시지가 처음 만들어지고 후에 수용되고 해석되는 과정에서 나타나는 변형단계를 강조했다. 의미 있는 '메시지'는 외연적, 내포적 의미를 가진 기호를 통해 구성되며 기호화를 하는 사람들의 선택에 의존하게 된다는 것이 구조주의와 기호학의 기본 원칙인데, 홀은 이러한 원칙을 기초로 하면서 동시에 이에 도전하고 있다.

기호학은 기호화된 텍스트의 영향력을 강조하며, 의미가 그 속에 포함된 것으로 본다. 홀(Hall)은 이러한 접근의 일부는 받아들이지만 두 가지 이유에서 기본적 가정에 이의를 제기한다. 첫째, 커뮤니케이터들은 이데올로기적이거나 제도적인 목적을 위해 메시지 기호화를 선택할 수 있고 언어와 미디어를 이런 목적을 위해 조작한다는 것이다(미디어 메시지는 특정방식으로 선호되어 해석되게 할 수 있는데, 이러한 것을 '스핀'(spin)이라고 부른다). 두 번째로, 수신자(해독자)들은 보내진 그대로 메시지를 받아들일 이유가 없으며, 그들의 경험과 예측에 따라 달리 해석함으로써 이데올로기적 영향력에 저항하고 또한 저항할 능력이 있다.

홀(Hall, 1980)의 기호화(encoding)와 해독(decoding) 과정 모델에서는 텔레비전 프로그램(다른 미디어 텍스트와 마찬가지로)을 의미 있는 담론으로 본다. 즉 매스미디어 생산조직의 의미구조에 따라 기호화되지만, 상이한 상황에 있는 수용자의 다양한 의미구조와 지식틀에 따라 해독된다는 것이다. 이 모델이 단계적으로 제시하는 과정은 원칙적 측면에서 볼 때는 단순하다. 전형적 의미의 틀이 지배적 권력구조에 동조하는 미디어 기관 내부에서부터 커뮤니케이션은 시작된다. 특정한 메시지는 대개 이미 확립된 콘텐츠 장르의 형식을 띠며 기호화된다(뉴스, 팝 뮤직, 스포츠 보도, 드라마, 경찰 시리즈 등). 이들은 표면적 의미를 지녔으며 수용자의 해석을 위해 내재된 가이드라인을 제공한다. 수용자는 그들의 아이디어와 경험으로부터 형성한 '의미구조'를 가지고 미디어에 접근하는 것이다.

해독된 의미가 기호화된 의미와 반드시 상응하지 않을 수 있는데 (전통적 장르나 공유된 언어체계의 매개에도 불구하고), 여기서 가장 중요한 점은 해독작업이 실제 보낸 사람의 의도와는 다른 과정을 거칠 수 있다는 것이다. 수신자들은 행간을 읽을 수 있고, 원래 의도된 메시지와 정반대로 이해할 수도 있다. 이 모델과, 연관된 이론은 몇 가지 중요한 원칙을 지닌다. ① 미디어 콘텐츠가 지니는 의미의 다양성을 인정하고, ② 다양한 해석적 공동체의 존재를 인정하며, ③ 의미를 결정하는 데 수용자의 중요성을 강조한다는 점이다. 초기 미디어 효과 연구에서 선택적 지각을 발견하기는 했지만 이와 같은 다른 시각으로 보지 않고 전송모델의 한계나 조건으로 파악했다는 차이가 있다.

비교

이러한 다양한 모델을 놓고 볼 때 대량생산과 배급의 기술적 측면에 내재한 특성이나 편견에 기초한 한 가지의 개념이나 정의로 매스 커뮤니케이션을 파악하는 것이 어렵다는 것을 알 수 있다. 또한 인간이 기술을 이용하는 양상은 과거보다 매우 다양하다. 〈그림 3.1〉에 정리된 네 가지 모델 중에서 전송모델은 도구적이고 정보전달이나 선전을 목적으로 하는 미디어 활동에 적합하며, 이는 대체로 교육, 종교, 정부와 같은 기존의 제도적 맥락에서 활용되고 있다. 표현 또는 관습모델은 예술, 드라마, 오락, 커뮤니케이션 과정에서 발견할 수 있는 상징의 이용과 관련된 요소

그림 3.1 매스 커뮤니케이션 과정을 다룬 네 가지 모델의 비교

	지향점	
	송신자	수신자
전송모델	의미의 전달	인지적 처리
표현 또는 관습모델	퍼포먼스	성취 / 경험의 공유
공시모델	경쟁적인 전시	주목과 관람
수용모델	선호하는 기호화	다른 해독 / 의미의 구축

각 모델은 송신자와 수신자가 지향하는 점에 차이가 있다.

를 설명하는 데 적합하다. 공시모델 혹은 전시-주목 모델은 명성획득이나 경제적 수입을 위해서 높은 시청률과 높은 도달률을 달성하여 수용자의 관심을 끌려하는 미디어의 목적을 반영한다. 광고나 홍보영역에서 볼 수 있는 미디어 활동도 이 모델과 관련이 있다. 수용모델은 미디어의 영향력이 부분적으로 환상일 수 있으며, 수용자가 마지막에 어떻게 해석하는 것이 중요하다는 점을 일깨워 준다.

10 소 결

매스 커뮤니케이션 연구에서 제시된 기본 개념과 모델들은 20세기 고도로 조직되고 중앙집중화된 산업사회로 변환되는 과정에서 나타난 특징들을 기반으로 발전되었다. 오늘날 모든 것이 다 변한 것은 아니지만, 현재 우리는 대중화나 중앙집중화에서 벗어나고 거대 다수를 향한 일방향적 커뮤니케이션을 탈피할 수 있는 새로운 커뮤니케이션 기술의 가능성에 직면했다.

변화를 예측하는 데 조심스럽기도 하고 이전에 제기된 매스 커뮤니케이션과 관련한 개념이 여전히 적합한 부분이 있지만, 매스 커뮤니케이션 현상에 대한 이론화 작업에서도 이러한 변화를 이미 감지하고 있다. 우리는 아직까지 대중정치, 대규모

시장, 대량소비 세상에 살고 있다. 또한 미디어는 글로벌한 차원으로 규모를 확장해 가고 있다. 경제적, 정치적 권력을 지닌 사람들은 여전히 공시나, 홍보, 선전의 영향력을 믿고 있다. 초기 커뮤니케이션 연구에서 등장한 '지배적 패러다임'은 오늘날의 미디어 운용 조건을 설명하는 데 적합한 부분이 있고 미디어 산업, 광고주, 홍보전문가들의 욕구와도 맞아 떨어지기 때문에 아직까지 건재하다. 미디어를 통해 선전을 하려고 하는 사람들은 미디어의 조작적 능력과 '대중'의 순응성에 대해 확신하고 있다. 정보전달의 개념은 여전히 살아있다.

어떤 모델을 선택해야 하는가의 문제를 놓고 볼 때 우리는 하나를 선택하고 단순히 다른 것을 무시할 수는 없다. 연구목적에 따라 적합한 부분이 다를 수 있다. 전송모델이나 주목모델은 여전히 미디어 산업과 설득을 하려는 사람들에게 선호되는 관점이다. 반면 관습모델이나 해독모델은 미디어 지배력에 저항하고 커뮤니케이션의 내재된 과정에 초점을 맞춘 사람들에게 선호된다. 네 가지 모델이 커뮤니케이션 과정의 특정 단면을 각기 반영하기 때문에 매스 커뮤니케이션을 설명하는 데 도움이 될 수 있다.

04 미디어 이론과 사회 이론

이 장에서는 매스미디어와 사회의 관계에 대해서 살펴본다. 사회와 문화는 불가분의 관계이지만, 매스미디어와 문화와 관련된 함의는 제5장에서 별도로 살펴볼 것이다. 미디어와 미디어의 생산은 '문화'의 한 부분으로 여겨질 수 있기 때문에 여기서 먼저 사회와의 관계를 다루는 것이 사회가 더 중요하다는 것을 단순하게 의미하지는 않는다. 사실 대부분의 미디어 이론은 '사회'와 '문화'에 모두 연결되어 있으며 이 둘을 모두 염두에 두고 설명할 필요가 있다. 이 책에서 다루는 '사회'영역은 물질적 토대(경제적, 정치적 자원과 권력), 사회적 관계(국가, 공동체, 가족 등의 내부에서 발생하는), 사회적으로 규제되는 사회적 역할과 직업(공식적이거나 비공식적으로 형성된)을 포함한다. 반면 '문화'영역은 상징적 표현이나 의미, 실천(사회적 관습, 행위와 관련된 제도적 방식, 개인적 습관 등)을 포함하는 사회적 삶의 본질적 측면을 다룬다.

이 장에서는 미디어가 작동하는 방식의 이해를 도모하고 미디어의 전형적인 문화적 생산을 설명하기 위해 발전된 주요 이론과 이론적 접근을 다룬다. 이와 관련한 대부분의 이론은 물질적 측면과 사회적 환경을 중요한 결정요인으로 가정한다. 하지만 일부는 사회의 '반응성'과 함께, 아이디어와 문화가 물질적 조건에 미칠 수 있는 독립적 영향력도 고려하고 있다. 미디어와 사회에 관한 주요 이론에 대한 제시에 앞서 먼저 매스 커뮤니케이션 연구의 핵심이슈와 주제를 살펴볼 것이다. 또한 미디어와 사회의 연계성을 살펴보기 위한 일반적 틀을 제시하려 한다. 먼저 문화와 사회와의 관계 속에 발견할 수 있는 오래된 퍼즐에 대해 알아보겠다.

1 미디어, 사회, 그리고 문화 : 연계성과 갈등

사회와 문화의 관계에 대한 퍼즐은 다른 어떤 맥락에서보다 미디어의 관점에서 풀기가 쉽지 않다. 실제로 우리가 생각하는 것보다 더 어려울 수가 있는데, 이는 매스커뮤니케이션을 '사회적'이면서 동시에 '문화적' 현상으로 파악할 수 있기 때문이다. 매스미디어 제도는 사회구조의 일부분이고, 그 기술적 하부구조는 경제적 토대나 권력구조의 일부분이다. 반면, 미디어에 의해서 배포되는 아이디어, 이미지, 정보는 명백하게 우리 문화의 중요한 단면이다.

로젠그린(Rosengren, 1981b)은 '사회적 구조가 문화에 영향을 미친다'와 '문화가 사회적 구조에 영향을 미친다'라는 두 가지 상반된 명제를 토대로 매스미디어와 사회의 관계를 설명하는 네 가지 틀을 제공한다(〈그림 4. 1〉참고).

우리가 사회의 토대나 구조 측면에서 매스미디어를 고려한다면 '물질주의'로 분류할 수 있다. 이와 관련한 많은 이론들이 문화를 사회의 경제나 권력구조에 의존하는 것으로 본다. 또한 미디어를 소유하고 통제하는 사람이 미디어 활동에 대해 선택하거나 제약을 가할 수 있다고 가정한다. 이는 맑스 이론의 본질이기도 하다.

그림 4.1 문화(미디어 콘텐츠)와 사회관계의 네 가지 유형

사회구조가 문화에 영향을 미침

	예	아니오
예	상호의존 (양방이 영향 미침)	이상주의 (미디어의 영향력이 강함)
아니오	물질주의 (미디어는 의존적)	자율적 (인과관계가 없음)

문화가 사회구조에 영향을 미침

우리가 미디어를 콘텐츠 측면(주로 문화의 측면)에서 고려한다면, 이 유형 중에서 '이상주의'로 분류할 수 있다. '이상주의'에서 미디어는 중요한 영향을 행사할 가능성이 있는 것으로 전제된다. 하지만 누가 미디어를 소유하고 통제하는가는 중요하지 않으며 사회변화의 가장 중요한 원인은 미디어의 콘텐츠에 담긴 특정한 아이디어나 가치이다. 특히 영향력은 개인의 동기와 행위를 통하여 작동하는 것으로 간주된다. 이러한 관점은 다양한 미디어의 잠재적인 효과가 있다는 일련의 연구와도 연결되어 있다. 예를 들어 국제평화와 이해를 미디어를 통해 촉진시킨다거나(혹은 반대효과), 미디어가 사회적/반사회적 가치와 행동에 영향을 미친다거나, 전통적인 사회의 현대화와 계몽을 미디어가 가져온다는 등의 주장이 여기에 포함된다. 이상주의나 '정신주의'에 입각하여 미디어를 살펴보는 것은 한편으로 미디어 양식이나 기술변화가 우리의 경험이나 관계도 변화시킬 수 있다는 관점(맥루한의 이론에서처럼)에 기초하고 있기도 하다.

남은 두 가지 유형인 상호의존과 자율은 상식적 차원에서는 이해가 가는 면이 있고 경험적 근거도 있을 수 있지만 이론적으로는 크게 부각되어 발전하지는 못한 것으로 보인다. '상호의존'(interdependence)은 사회와 문화 간의 관계와 유사하게 매스미디어와 사회가 지속적으로 상호작용하면서 서로에게 영향을 미친다는 것을 의미한다. 미디어(문화적 산업)는 정보와 오락과 같은 사회수요에 반응하고, 동시에 혁신과 사회-문화적 환경에 변화를 줌으로써 새로운 커뮤니케이션 수요를 창출하기도 한다. 1900년대를 관찰한 프랑스 사회학자 가브리엘 타드(Gabriel Tarde)는 이와 같은 상호 교직된 영향력의 과정을 다음과 같이 지적한 바 있다. 즉 '기술적 발전은 신문발행을 가능하게 했고, 신문은 광범위한 공중이 형성될 수 있게 했으며, 공중은 소속된 구성원의 충성도를 높이면서 다양한 집단의 네트워크를 확장했다'(Clark, 1969)는 것이다. 오늘날, 다양한 영향력이 행사되는 방식은 함께 묶여 있기 때문에 매스 커뮤니케이션이나 현대사회는 서로의 존재 없이 생각할 수가 없다. 적어도 이 둘은 서로에 대해서 충분조건은 아니더라도 필요조건이 된다. 이러한 관점에서 볼 때 미디어는 사회의 변화를 가져오기도 하고 또한, 거울처럼 사회를 반영할 수도 있다고 이야기할 수 있다.

문화와 사회의 관계에서 '자율'(autonomy)의 측면은 앞서 설명한 시각과 전적으로 상치되는 것은 아니다. 적어도 어느 정도까지는 사회와 매스미디어 모두가 독립적일 수 있다. 문화적으로 매우 유사한 사회라 하더라도 매우 다른 미디어 시스템을 갖출 수 있다. 동조성을 촉진시킨다든지, 근대성을 자극시킨다든지, 저개발 국가의 문화적 정체성에 악영향을 미친다든지 하는 문제 등 아이디어나 가치, 행동에 미치는 미디어의 영향력에 회의적인 사람들이 주로 이와 같은 자율의 시각을 견지하고 있다. 그렇지만 사회와 관련하여 미디어가 얼마만큼의 자율을 가질 수 있는지에 대해서는 학자마다 견해가 다르다. 이 논쟁은 미디어에 의해 발생하는 융합화와 문화의 동질화를 의미하는 '국제화', '글로벌화'의 문제와 밀접하게 연관된다. 자율적 측면을 옹호하는 입장에서는 외국의 미디어 문화는 피상적이고, 지역문화에 큰 영향을 미치지 않는 것으로 본다. 이는 문화적으로 식민지화된 지역사회의 협조 없이 단순히 우연하게 '문화제국주의'(imperialism)가 발생하기 어렵다는 주장과도 연결되어 있다(제 10장 참조).

앞으로 논의될 많은 이슈와 마찬가지로 여기서 논의된 문제를 경험적 연구를 통해 모두 다루기에는 너무나 광범위할 수 있다. 로젠그린(Rosengren, 1981b)은 지금까지 수행된 연구결과를 놓고 볼 때 '사회구조, 미디어를 통해 매개되는 사회적 가치, 공중들의 견해 간의 관계에 대해서는 결정적인 설명하기 어려우며 때로 부분적으로 상치되는 연구결과도 있다'는 점을 지적한 바 있다. 서로 다른 상황과 상이한 분석수준에서 특별히 적절할 수 있는 다양한 이론이 있을 가능성도 매우 높다.

미디어는 한 사회를 억압할 수도 있고, 자유롭게 할 수도 있고, 한편으로 사회를 통합시킬 수도 있고, 조각낼 수도 있으며, 또한 변화를 촉진할 수도 있고 변화를 막을 수도 있는 것 같다. 하지만 앞으로 논의될 많은 이론들에서 무엇보다 놀라운 점은 미디어에게 주어진 역할이 애매모호하다는 사실이다. 이는 지배적(다원적) 혹은 대안적인(비판적, 급진적) 시각에 따라서 달라진다. 이러한 불확실성이 존재하기는 하지만 미디어가 사회를 변형시키는지 반영하는지에 상관없이 확실한 사실은 미디어가 사회에 관한 주요 메신저라는 점이다. 이와 같은 사실을 중심으로 대안적인 이론적 관점이 형성되는 것이 가장 적절할 수 있다.

2 사회 전반에 걸친 과정으로서 매스 커뮤니케이션 : 사회관계와 경험의 매개

사회와 문화 모두와 관련하여 중요한 전제는 넓은 의미의 '지식'을 생산하고 배포하는 데 미디어 제도가 본질적으로 관심을 두고 있다는 점이다. 비록 의미창출은 상대적으로 자율적이고 매우 다양한 방식으로 이루어지고 있기는 하지만, 우리는 이러한 지식을 통해 사회에서의 우리의 경험에 대해 이해할 수 있게 되는 것이다. 미디어에 의해 이용가능해진 정보, 이미지, 아이디어 등은 대부분의 사람들에게 지난 세월 속에서 공유한 역사나 현재의 사회적 위치를 인식하게 하는 중요한 정보원이다. 이런 지식은 추억을 보존하고 우리가 어디에 있는지 우리가 누구인지(정체성)에 대한 정보와 함께 미래의 지향점을 위한 자료를 제공하기도 한다. 미디어는 공중이 공유된 사회적 삶을 영위할 수 있도록 사회현실과 정상적인 상태에 대한 우리의 지각과 정의를 형성하는 데 중요한 역할을 하며, 사회적 표준과 모델, 규범을 알려주는 중요한 정보원이 된다.

여기서 강조해야 할 중요한 점은 우리의 직접적인 관찰과 주위의 개인적 환경을 넘어서는 세계에 대한 경험을 다양한 미디어가 어떻게 우리에게 전달하는가의 문제이다. 미디어는 우리가 살고 있는 사회의 가장 중요한 기관과 지속적으로 접촉할 기회를 마련해 준다. 가치나 아이디어가 개입하는 문제와 관련하여 오늘날의 세속적인 사회에서 매스미디어는 기존의 학교, 부모, 종교, 형제, 동료들이 행사하는 영향력을 대체하는 경향이 있다. 비록 개인적으로 나름대로 우리 주위에 대해 생각해 보는 데는 차이가 있을 수 있지만, 결과적으로 우리의 '상징적 환경'(우리 머릿속의 그림들)을 그리는 데 미디어에 크게 의존하고 있다. 같은 미디어 정보원과 '미디어 문화'를 공유하기 때문에, 미디어는 우리가 다른 사람들과 똑같이 가질 수 있는 요소를 만들어 낸다고 할 수 있다. 그것이 어디서부터 나온 것인지의 문제와는 별개로, 공유된 현실에 대한 지각 없이는 조직적인 사회적 삶은 존재하기가 힘든 것이 사실이다.

위에서 제시한 것은 사회적 현실과의 접촉을 매개한다는 개념으로 요약할 수 있다. 매개는 몇 가지 상이한 과정을 포함하는 개념이다. 이미 언급했듯이, 매개라는 것은 우리 스스로 직접 관찰할 수 없는 사건과 상황에 대해 간접적(제 3자의) 관점을 연결시키는 것을 지칭한다. 두 번째로, 매개는 사회 내의 여러 기관이나 주체들이 그들의 목적을 달성하기 위해 우리와 접촉하려는 시도를 의미하기도 한다. 정치인, 정부, 광고주, 교육자, 전문가와 다른 유형의 권위에 이러한 개념이 모두 적용된다. 세 번째로 매개는 우리가 속하지 않은 집단이나 문화에 대한 우리의 지각을 형성하는 간접적 방식을 의미한다. 여기서 정의한 매개개념의 본질적 요소는 우리의 감각과 외부의 사물 간에 기술적 장치가 개입한다는 점이다.

한편 매개는 '관계'의 양식을 암시한다. 매스미디어에 의해서 매개된 관계는 좀더 거리감이 있고, 더욱더 비개인적이며 직접적인 개인적 유대관계보다는 약하다. 매스미디어가 우리가 수신하는 정보흐름을 독점하고 있는 것도 아니고, 우리의 모든 사회관계에 개입하는 것은 아니다. 하지만 매스미디어는 우리 주위에서 피할 수 없게 도처에 자리한 것이 현실이다. '현실의 매개'라는 아이디어가 처음 등장한 시기에는 공적 영역과 개인적 영역을 분리하여 이야기하는 경향이 있었다. 공적 영역에서는 매스미디어 메시지를 통해서 공유되는 현실이 구성되는 것으로 보았고, 반면 개인적 영역에서는 개인이 자유롭고 직접적인 커뮤니케이션을 한다고 본 것이다. 하지만 최근에는 테크놀로지 발전에 따라 이러한 단순한 구분이 쉽지 않게 되었다. 왜냐하면 테크놀로지(전화, 컴퓨터, 팩스, 이메일 등)를 이용하여 사적 커뮤니케이션을 하는 것이 우리가 다른 사람들과 우리의 환경과 접촉하는 데 아주 많은 부분을 차지하기 때문이다.

톰슨(Thomson, 1993; 1995)은 동일한 장소에서 공유하던 사회적 상호작용과 상징적 교환을 변화시킨 새로운 커뮤니케이션 테크놀로지의 파급효과를 구분하여 상호작용과 관련한 유형을 제시한 바 있다. 그는 새로운 기술을 통해 '더욱 더 많은 사람들이 매개된 양식을 통해 상호작용하면서 정보와 상징적 콘텐츠를 습득하게 되었다'는 점을 지적한다(1993). 톰슨은 면대면 상호작용 외에 두 가지 유형의 상호작용을 구분하고 있다. 하나는 그가 '매개된 상호작용'(mediated interaction)이라고 명명한 것으로 이것은 종이, 전선 등 기술적 장치를 통해 시공간상 떨어져 있는 다른 사람들에게 정보나 상징적 콘텐츠 전송을 가능하게 하는 것을 의미한다. 매개된 상호작용에 참여하는 사람들은 동일한 시공간에 있을 필요가 없지만, 면대면 접촉상황과 비교해 볼 때 맥락적 정보를 찾아야 할 필요가 있고 상대적으로 많지 않은 상징적 단서를 이용해야 하는 제약이 있다.

또 하나의 유형은 '매개된 의사(擬似)-상호작용'(mediated quasi-interaction)이다. 이는 매스 커뮤니케이션 과정에 관여하는 미디어에 의해 확립된 관계를 의미한다. 이러한 관계에는 두 가지 특징적 면이 있다. 먼저 상호작용에 참여하는 사람들은 특정한 다른 사람들을 염두에 두지 않으며, 상징적인 양식은 잠재적으로 무한한 수용자를 대상으로 만들어진다는 점이다. 두 번째로 매개된 의사-상호작용은 커뮤니케이션의 흐름이 일방향이라는 측면에서 대화방식과는 다르게 혼자 경험하는 성격의 것이다. 수신자의 측면에서 직접적이거나 즉각적인 반응을 기대할 수 없다. 톰슨은 '미디어가 탈공간적이고 비대화적인 성격의 새로운 유형의 공공영역을 만들었다'고 주장한 바 있는데(1993) 이러한 공간은 규모의 측면에서 전지구적으로 확대될 수 있다.

매개의 은유

일반적으로 볼 때, 미디어가 우리와 '현실' 사이에 개입한다는 의미에서 매개의 개념은 단지 은유적일 수 있다. 비록 이 개념이 우리와 우리의 경험을 연결시키는 데 미디어가 담당하는 여러 가지 역할을 지적하고 있기는 하지만 말이다. 이와 같은 역할을 설명하기 위해 이용되는 용어들은 목적성, 상호작용성, 효율성과 같은 다양한 속성들을 반영한다. 매개는 중립적으로 정보를 제공하는 것, 현상하는 것, 조작과 통제를 가하는 것에 이르기까지 다양한 것을 의미한다. 미디어가 우리와 현실을 연결시켜 주는 여러 가지 다른 방식은 〈표 4.1〉과 같이 요약할 수 있다.

이러한 이미지 중 몇 가지는 미디어가 그 스스로를 정의하는 방식에서 발견할 수 있다. 특히 세상에 대한 우리의 시각을 확장하는 긍정적 역할이나, 사람들을 상호

간에 연결하고 이들에게 통합과 연속성을 제공한다는 것 등이 그렇다. 정보여과라는 개념조차도 종종 통제가 어렵고 무질서한 정보공급 과정에서 선택과 해석을 제공한다는 차원에서 긍정적으로 받아들여지고 있다. 매개과정에 대한 이와 같은 관점은 사회적 과정에서 미디어의 역할에 대한 해석차이가 있다는 점을 반영한다. 미디어는 개방적 방식으로 세계에 대한 우리의 관점을 확장시킬 수 있기도 하고 반면 우리의 인식을 제한하거나 통제할 수 있다. 또한 미디어는 중립적이고 수동적인 역할을 선택할 수도 있고 반대로 적극적인 참여자의 역할을 택할 수도 있다. 이와 같은 관점은 두 가지 차원에서 구분된다. 첫 번째는 개방성과 통제의 문제이고 두 번째는 중립성과 적극적인 참여자로서의 역할에 대한 문제이다. 하지만 여기서 살펴본 매개와 관련한 다양한 이미지에는 수신자가 송신자가 될 수도 있는 새로운 미디어의 상호작용적 가능성에 대한 부분은 빠져 있다. 새로운 테크놀로지는 혁명적인 변화를 가져 올 수 있으며, 매개의 과정을 대치하여 '상호매개'라는 새로운 현상을 만들어 낼 수 있다는 점도 생각해 볼 문제이다(제6장 참조).

표 4.1   매개역할에 대한 인식

- 사건과 경험에 대한 창문으로서 우리의 비전을 확장하고 우리로 하여금 다른 사람들의 방해 없이 무엇이 일어나고 있는지를 볼 수 있게 한다.
- 비록 이미지의 왜곡이 가능할 수도 있고, 세상을 보는 시각이 다른 사람에 의해 결정될 수도 있으며 우리가 원하는 것을 보는 데 자유롭지 않을 수도 있겠지만, 미디어는 사회와 세상에 대한 사건의 거울로서 매개를 통해 우리가 믿을 수 있는 세상의 모습을 전달한다.
- 의도적이든 아니든 상관없이 여과장치나 게이트키퍼로서 특별한 주목을 해야 할 경험을 선택하고 다른 관점이나 목소리는 배제한다.
- 길잡이 안내자 또는 해설자로서 애매하거나 파편화된 것에 대해 해석의 방식과 의미를 부여한다.
- 정보와 아이디어를 수용자에게 제시하는 포럼과 플랫폼 기능을 하며 때로는 수용자의 반응과 피드백을 제시하기도 한다.
- 정보의 배급자로서 사람들에게 정보를 전달한다.
- 의사-상호작용에서 질문에 답하는 식견 있는 대화의 상대자 기능을 한다.

미디어를 사회와 연결하는 기준 틀

일반적으로 매스 커뮤니케이션은 '현실'과 이에 대한 우리의 지각 및 지식을 연결시킨다. 이러한 개념으로 볼 때 상이한 분석수준에서 다루어져야 할 특정한 과정이 있다는 점을 알 수 있다. 웨스틀리와 맥클린(Westley & MacLean, 1957)의 모델은 조금 더 자세한 기준 틀로 몇 가지 부가적 요소가 고려되어야 함을 지적한다. 가장 중요한 점은 기관이나 주창자들이 일반 공중(혹은 선택된 집단)에게 사건과 상황에 대한 그들의 시각을 전달하기 위해 미디어를 채널로 이용한다는 점이다. 이러한 부분은 정치인, 정부, 광고주, 종교 지도자, 사상가, 작가, 예술가 등이 미디어를 이용하는 것에 적용할 수 있다. 여기서 생각해 볼 부분은 경험이라는 것이 항상 사회제도와 기관(가족을 포함해서)에 의해서 매개되었으며, 새롭게 등장한 매개자(매스 커뮤니케이션)는 기존의 사회제도와 수행한 기능을 대체하거나 기존 제도와 경쟁하고 있다는 점이다.

현실과의 매개된 접촉의 '2단계'(혹은 다단계) 과정은 매스미디어가 사회의 다른 분야로부터 완전히 자유로울 수 없는 주체라는 사실 때문에 복잡해진다. 매스미디어는 현실에 대한 공중의 지각과 관련하여 그들이 관심을 가지고 전달하는 바로 그 제도와 기관에 의해 공식적으로 또는 비공식적으로 통제를 받는다. 현실과 관련한 객관적인 '진실'을 중계하는 것이 반드시 미디어의 목적이라고 할 수는 없다. 이와 같은 점과 웨슬리와 맥클린의 모델에 기반하여 '현실의 매개'과정을 〈그림 4. 2〉처럼 요약해 볼 수 있다. 미디어는 정보, 이미지, 이야기, 인상 등을 수용자에게 제공한다. 이 과정에서 때로는 수요를 예측하기도 하고, 미디어 스스로의 목적을 추구하기도 하고(수입을 얻거나 영향력을 행사하는 것), 어떤 때는 다른 사회조직의 동기를 따라가기도 한다(광고, 선전, 좋은 이미지 투영, 정보전달 등). 이처럼 '현실의 이미지'를 선택하고 유통시키는 데 관련된 다양한 동기를 고려할 때, 우리는 매개가 순수하게 중립적 과정을 통해 발생하는 것이 아니라는 것을 알 수 있다. '현실'은 어느 정도 선택되어 구성되며, 따라서 지속적으로 발견되는 특정한 편향이 존재한다. 특히 이러한 편향은 미디어에 대한 접근권을 얻는 데서 오는 차이와 현실을 구성하는 '미디어 논리'의 영향력에서 발견될 수 있다.

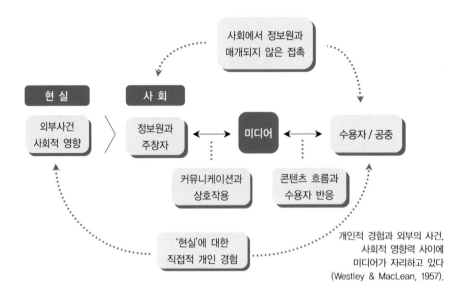

그림 4.2 미디어와 사회에 대한 이론형성의 기본 틀

사회에서 정보원과
매개되지 않은 접촉

현 실 / 외부사건 사회적 영향

사 회 / 정보원과 주창자

미디어

수용자 / 공중

커뮤니케이션과 상호작용

콘텐츠 흐름과 수용자 반응

'현실'에 대한 직접적 개인 경험

개인적 경험과 외부의 사건,
사회적 영향력 사이에
미디어가 자리하고 있다
(Westley & MacLean, 1957).

〈그림 4. 2〉는 경험이 항상 완전하게 매스미디어에 의해서만 매개되는 것은 아니라는 것을 보여준다. 사회기관(정치정당, 노동조직, 교회 등)과의 접촉을 위한 직접적 채널 역시 여전히 존재한다. 또한 미디어에 의해 보도되는 외부사건들(범죄, 가난, 질병, 전쟁, 갈등 등)을 직접 개인적으로 경험할 가능성도 있다. 잠재적으로 다양한 정보원들(개인적 접촉, 인터넷의 이용 등을 포함하는) 역시 상호간에 독립적이지 않을 수 있으며, '매개된 의사−상호작용'의 적합성과 신뢰성에 대한 정보를 이들로부터 얻을 수 있다.

이러한 틀 안에서 볼 때 미디어와 사회를 다루는 다양한 이론은 다음과 같다. 먼저 미디어와 다른 사회제도와의 관계를 다루는 '거시이론'이 있다. 이러한 이론에서는 미디어가 얼마나 자율적인지에 초점을 맞추면서 미디어가 지배적 권력과 영향력에 대해 대안적 시각을 제시하는지 아니면 단순히 이를 강화하는지의 문제를 다룬다. 두 번째로는 미디어 제도와 조직을 더욱더 직접적으로 다루는 이론이 있다. 여기서는 미디어가 기술변화와 경쟁 속에서 주어진 또는 선택한 역할을 얼마나 잘 수행하는지에 초점을 맞춘다. 세 번째로는 수용자의 시각이나 수요에 초점을 맞추면서 수용자가 미디어를 통해 사회적 경험을 하는 결과에 주목하는 이론이 있다. 여기서는 일상에서의 수용자들의 경험과 미디어 수용의 사회적 맥락과 관련한 문제를 다룬다.

이 장에서 다루는 이론들은 파편화되어 있기도 하고 선별적이고 때로는 서로 중복되어 있으며 일관성이 결여된 측면도 있다. 사회가 어떠한지에 대한 가정, 이데올로기 차원에서 볼 때 갈등적 요소가 존재하기도 한다. 이론형성 자체를 놓고 보면 체계적이거나 논리적인 패턴을 따르기보다는 현실문제와 역사적 상황에 반응하여 이론이 제기된 경향이 있다. 각각의 이론을 소개하기 이전에 먼저 '매스 커뮤니케이션이 등장한 첫 세대'에서 논의된 주요 사안을 살펴보겠다.

미디어이론 형성에서의 주요 사안 I : 권력과 불평등

미디어는 정치, 경제권력 구조와 어떤 방식으로든 연관된다. 무엇보다도 미디어는 경제적 가치가 있고 운영에 경제적 비용이 발생하며, 미디어 자체가 규제나 접근을 위한 경쟁대상이다. 두 번째로 미디어는 정치적, 경제적, 법적 규제대상이다. 세 번째로 매스미디어는 보편적으로 권력의 효율적 수단이라고 여겨지며, 다양한 방식을 통해 영향력을 행사할 잠재적 능력이 있는 것으로 간주된다. 네 번째로 매스미디어의 권력은 정치적, 경제적 권력이 있는 자들에게 더 쉽게 활용될 수 있다.

〈표 4. 2〉에 제시된 미디어 권력에 관한 명제들에서부터 다음과 같은 질문을 제기할 수 있다.

- 미디어는 통제를 받고 있는가?
- 만약 그렇다면 누가 누구의 이익을 위해서 미디어를 통제하는가?
- 누가 정의한 사회적 현실이 제시되는가?
- 선택한 목적을 달성하는 데 미디어는 얼마나 효율적인가?
- 매스미디어는 사회 내에서 평등의 실현을 촉진하는가?
- 미디어에 대한 접근은 어떻게 이루어지는가?
- 미디어는 영향력을 행사하기 위해 그들의 권력을 어떻게 사용하고 있는가?

표 4. 2	매스미디어 권력의 여러 측면들
	• 공중의 주목을 끌고 공중에 방향 제시
	• 의견과 신념이 개입된 문제에 대해 공중을 설득
	• 의도적이거나 그렇지 않거나 간에 사람들의 행동에 영향을 줌
	• 현실에 대한 정의
	• 지위와 정당성을 부여
	• 선택적으로 정보를 빠르게 광범위한 영역에 전달
	• 정치적, 경제적 권력을 가진 사람들이 매스미디어 권력을 더욱 쉽게 이용 가능함

미디어 권력과 관련한 논의에서는 두 가지 상반된 모델을 발견할 수 있다. 하나는 지배적 미디어 모델이고, 다른 하나는 다원적 미디어 모델이다(〈그림 4. 3〉 참조). 지배적 미디어 모델에서는 미디어가 다른 권력기관을 위하여 권력을 행사한다고 본다. 이러한 관점에서는 다음과 같은 특징을 이야기한다. 미디어 조직은 소수의 권력에 의해 소유되거나 통제되기 쉬우며, 유형과 목적에서 유사한 성격을 보인다. 미디어는 지배계급의 입장에서 만들어진 제한적이고 차별화되지 않은 관점을 확산시킨다. 한편 수용자들은 이렇게 제공된 시각에 제약을 받으며, 이러한 시각을 받아들이도록 요구받는다. 수용자들의 비판적 반응은 거의 없다. 결과적으로 미디어가 이미 존재하는 권력구조를 강화하고 정당화하게 되며, 대안적 목소리를 걸러 내면서 변화를 막게 된다는 것이다.

반면 대안적 모델은 거의 모든 면에서 위와 같은 지적에 반대하며 다양성과 예측 불가능성을 수용한다. 통일된 지배적 엘리트란 없으며, 변화와 민주적 통제가 모두 가능한 것으로 본다. 차별화된 수용자들이 미디어에 먼저 요구사항을 말하고 설득에 저항할 수 있으며 미디어가 제공하는 것에 독자적으로 반응할 수 있다는 것이다. 일반적으로 '지배'모델은 혁명이 발생하지 않은 데 실망한 자본주의 체제에 대한 비판자들이나 '대중의 출현'에 대해 비관적 보수주의자들에 의해 전개되었다. 이는 미디어를 '문화제국주의'의 도구나 정치선전 수단으로 보는 관점과도 일치하는 부분이 있다. 반대로 다원주의 시각은 자유주의와 자유로운 시장이 만들어 내는 결과에 대한 이상적인 전망이라고 할 수 있다. 이 두 모델이 완전히 상반되는 것이라고 기술하기는 했지만, 두 가지가 혼합된 시각도 있을 수 있다. 즉 대중장악과 경제적 독점

그림 4.3 미디어 권력의 두 가지 상반된 모델

	지배적	다원적
사회 정보원	통치계급 또는 지배 엘리트	정치적·사회적·문화적으로 서로 다른 이해관계를 갖는 집단이 경쟁함
미디어	소유권 집중과 통일된 유형	다양한 다수의 미디어가 상호 독립적임
생 산	표준화, 일상화, 통제	창조적이고 자유롭고 독창적
콘텐츠와 세계관	'위'로부터 선택되고 결정됨	다양하고 경쟁적인 관점, 수용자의 요구에 반응
수용자	의존적, 수동적, 대규모로 조직	파편적, 선택적, 반응적, 적극적
효 과	강력한 영향력, 기존의 사회 질서에 부합	다양한 효과, 하지만 효과의 방향이 불일치하거나 예측하기 힘든 경우가 있으며, 때로 효과가 없기도 함

의 경향은 대항세력에 제약을 가할 수도 있지만 또한 수용자에 의해 '저항받을' 수도 있다는 것이다. 자유로운 사회라면 소수파나 반대집단도 그들의 대안적 미디어를 발전시키고 유지해 나갈 수 있어야 한다.

이와 같은 모델과 관련한 논의에서 빠진 것은 미디어가 그들 자신의 이해관계를 위해 권력을 행사하는 부분이다. 이러한 가능성은 존재하고 미디어 제국에 대한 다양한 묘사에서 발견할 수 있다. 문화, 정치 엘리트들과 여론이 미디어의 권력남용을 이야기하는 데서도 이런 문제가 등장한다. 이윤을 추구하는 미디어 때문에 민주적 정치과정이 훼손되고, 문화적·도덕적 수준이 악화되고 개인들에게는 피해를 주게 된다는 주장도 미디어의 권력행사와 관련이 있다. 특히 미디어가 책임 없이 권력을 행사하고 언론의 자유를 책무성을 회피하기 위한 방패막으로 이용하는 것이 문제로 지적된다.

미디어에 관한 두 가지 시각

매스 커뮤니케이션 이론가들은 종종 사회학자들과 비슷한 문제에 관심을 갖는다. 어떻게 사회질서가 유지되며, 다양한 유형의 사회적인 구성에 사람들을 어떻게 연결시킬 것인가의 문제들이 바로 그것이다. 미디어가 등장한 초기에 급속한 도시화, 사회 이동, 전통적인 공동체의 쇠퇴 등의 문제에 미디어가 관련된다고 여겨졌다. 또한 미디어는 사회의 혼란이나 사람들의 부도덕한 행위, 범죄, 무질서의 증가와 관련이 있는 것으로 지적되었다. 사실 초기 미디어 이론과 많은 연구는 통합문제에 초점 맞추었다. 예를 들어 하노 하르트(Hardt, 1979)는 19세기와 20세기 초반 독일 연구자들이 언론의 사회통합 기능에 대해 관심을 보였음을 지적하고 있다. 그가 지적했던 언론의 기능은 다음과 같다.

- 사회를 결속시키는 것
- 공중에게 리더십을 부여하는 것
- '공공영역'의 확립에 도움을 주는 것
- 지도자와 대중들 간에 아이디어를 교환할 수 있게 하는 것
- 정보욕구를 만족시키는 것
- 사회의 모습을 제공하는 것
- 사회의 양심으로 행동하는 것

과정으로서의 매스 커뮤니케이션은 종종 개인주의적이고, 속성상 비개인적 성격을 띠며, 아노미 상태여서 결과적으로 사회적 통제와 연대를 감소시키는 것으로 간주되었다. 텔레비전 중독 때문에 사회참여가 낮아지고 이는 '사회적 자본'의 쇠퇴를 발생시킨다는 주장도 대두되었다(Putnam, 2000). 미디어는 상품, 아이디어, 기술, 가치 등과 관련하여 새롭거나 유행에 민감한 메시지를 사회중심에서 아래로 하향전

달하고 있다는 것이다. 또한 미디어가 대안적 가치체계를 보여줌으로써 잠재적으로 전통적 가치를 약화시켰다는 점도 지적되었다.

　하지만 매스미디어와 사회통합 사이의 관계에 대한 대안적 시각은 매스 커뮤니케이션의 특징에 기초하여 제기되었다. 매스 커뮤니케이션을 통해 흩어져 있는 개인을 수용자 집단 안에서 하나로 통합할 수 있고, 도시 공동체에 처음 들어온 사람들이나 이민자들에게 공통된 가치관과 아이디어, 정보를 제공함으로써 이들이 정체성을 확보하고 사회에 통합할 수 있도록 도움을 줄 수 있다(Janowitz, 1952; Clark, 1969; Stamm, 1985; Rogers, 1993). 이 과정은 종교, 가족, 집단의 통제와 같은 기존의 메커니즘보다 더 효율적으로 대규모의 분화된 현대사회를 효율적으로 통합하는 데 도움을 준다. 달리 말해 매스미디어는 원칙적으로 볼 때 사회결집을 높일 수도 있고 이를 와해시킬 수도 있는 것이다. 이 두 가지 시각은 매우 상반된 것처럼 보인다. 하나는 원심적 경향, 다른 하나는 구심적 경향을 나타내기 때문이다. 하지만 복잡하고 끊임없이 변화하는 사회 안에서는 일반적으로 두 가지 유형의 힘이 함께 작용하며, 상호 간에 보완적으로 작동하는 경우가 많다.

사회통합의 양면성

권력문제와 유사하게 통합을 다루는 이론과 연구에서 제기하는 문제를 두 가지 차원을 교차하여 분류해 볼 수 있다. 첫 번째 차원은 효과의 방향으로 이는 원심적인가 구심적인가에 따라 나누어진다. 원심적 효과는 사회변화, 자유, 개인주의 파편화와 관련한 자극을 지칭한다. 구심적 효과는 사회적 통일성, 질서, 응집, 통합의 형태로 나타나는 효과를 말한다. 사회적 통합과 분산은 사람들의 기호나 관점에 따라 그 가치가 상이하게 다루어질 수 있다. 한 사람이 바람직하게 생각하는 사회통제는 다른 사람이 볼 때 자유에 대한 제한이 된다. 반면, 한 사람의 개인주의는 다른 사람이 볼 때 고립이나 비동조성이 될 수 있다. 따라서 매스미디어의 상반된 두 가지 경향을 평가해야 한다는 측면에서 두 번째 차원은 규범적이라고 할 수 있다. 문제는 이와 같은 효과를 낙관적으로 볼 것인가 아니면 비관적으로 볼 것인가 하는 관점의 차이이다(McCormack, 1961; Carey, 1969).

그림 4.4 사회통합과 관련한 매스 커뮤니케이션 결과에 대한 4가지 표상

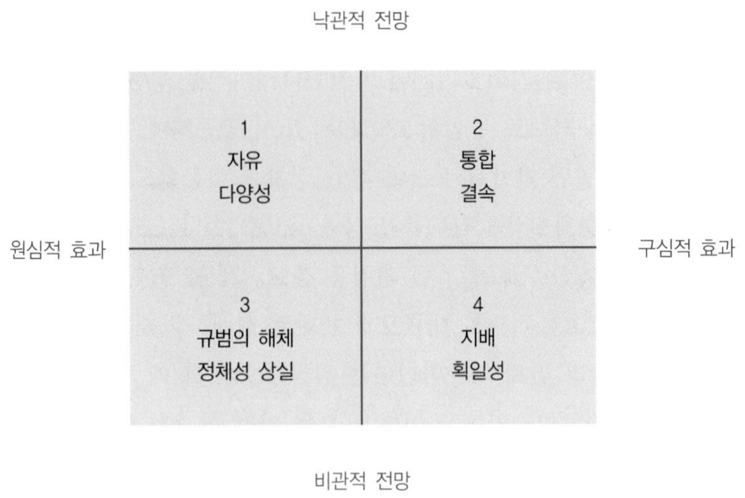

낙관적 전망

1 자유 다양성	2 통합 결속
3 규범의 해체 정체성 상실	4 지배 획일성

원심적 효과   구심적 효과

비관적 전망

이 복잡한 상황을 이해하기 위해서 두 가지 유형의 미디어 이론, 즉 원심적인 것과 구심적인 것을 각각의 낙관적, 비관적 측면에서 평가하여 분류해 볼 수 있다. 사회통합과 관련하여 네 가지 유형의 이론적 입장이 있다(〈그림 4. 4〉 참조).

1. 자유, 다양성
원심적 효과에 대한 낙관적인 시각은 자유, 이동성, 현대화를 강조한다.

2. 통합, 결속
구심적 효과에 대한 낙관적인 시각은 통합, 응집을 가져오는 미디어의 기능을 강조한다.

3. 규범의 해체, 정체성 상실
변화와 개인주의에 비관적인 시각은 개인의 고립과 사회 응집력의 상실을 지적한다.

4. 지배, 획일성
사회가 과하게 통합되고 규제될 때 중앙집중적 통제와 지나친 동조성을 가져온다.

표 4. 3　　　미디어와 통합과 관련한 문제

- 매스미디어는 사회통제와 동조성을 증가시키는가 감소시키는가?
- 미디어는 가족, 정당, 지역 공동체, 교회, 노동조합과 같은 사회적 기관의 역할을 강화시키는가 약화시키는가?
- 미디어는 다양한 집단의 형성과 하위문화, 의견, 사회적 경험, 사회행동 등에 기초한 이들 집단의 정체성 형성을 돕는가 아니면 방해하는가?
- 매스미디어는 개인의 자유와 정체성의 선택을 촉진시키는가?

 미디어이론 형성에서의 주요 사안 III : 사회변화와 발전

매스 커뮤니케이션과 사회에서 발생하는 다른 변화와의 연계성의 방향과 강도와 관련하여 가장 중요한 이슈는 간단히 말해 미디어가 사회적 변화의 원인인가 아니면 결과인가의 문제이다. 앞에서 다룬 권력, 통합, 근대화와 관련해서도 변화의 문제가 제기된 바 있다. 미디어가 영향력을 행사하는 곳에서는 미디어가 변화의 원인이 된다. 사회 중앙집중화나 분산은 이러한 변화의 중요한 유형이기도 하다. 이미 살펴본 것과 같이, 미디어와 사회변화와 관련하여 간단한 해결책을 기대하기는 어려우며 다양한 이론적 접근에서 이러한 관계의 대안적 시각을 제시하고 있음을 알 수 있다. 이러한 관계를 설명하는 데 세 가지 기본요소를 고려하는 것이 필요하다. ① 커뮤니케이션 테크놀로지와 미디어 콘텐츠와 형식, ② 사회의 변화(사회구조와 제도적 배치), ③ 의견, 신념, 가치, 관습 등의 분포이다. 매스미디어가 발생시키는 결과는 잠재적으로 사회변화의 문제와 직결되지만, 이론을 위해 가장 적합한 이슈는 '기술결정론'과 미디어를 사회발전을 위해 활용하는 부분이다. 기술결정론은 변화하는 커뮤니케이션 미디어가 사회에 미치는 효과를 다룬다. 발전의 부분은 보다 현실적인 질문을 다루고 있는데 매스미디어가 '변화의 원동력' 또는 '근대화의 촉진제'로서 경제적, 사회적 발전을 가져올 수 있는지를 다루고 있다. 변화와 발전과 관련한 문제를 정리하면 〈표 4. 4〉와 같다.

- 중요한 사회변화의 어떤 부분에서 미디어가 역할을 하고 있고 또한 할 수 있는가?
- 전형적인 미디어의 활동은 변화를 이끌 만큼 진보적인가 아니면 사회 반응적인가?
- 사회발전이라는 면에서 볼 때 미디어는 '변화의 원동력'으로 작동할 수 있는가?
- 미디어가 야기한 변화 중 어느 정도가 전형적인 콘텐츠에 의해서라기보다 테크놀로지에 의해 발생한 것인가?
- 미디어는 효율적으로 혁신을 확산시키는가?

　　미디어의 등장 역사를 다룬 제2장에서는 민주주의와 표현의 자유, 미디어와 공개된 자유시장 등과의 연결성을 다루면서 일반적으로 미디어 변화를 가져오는 진보적 영향요인으로 묘사한 경향이 있었다. 하지만 다른 해석도 고려하는 것이 필요하다. 예를 들어 비판이론은 현대사회의 매스미디어를 기존 사회에 동조하는 또한 사회에 반응적인 것으로 보고 있다. 나치 독일이나 소비에트 공산주의가 등장한 20세기 초 미디어는 변화를 위한 수단으로 사용되었다. '근대화'나 제3세계의 발전과정에서도 유사하다. 서구사회의 자유로운 라이프스타일을 암묵적으로 강조하는 미디어의 역할 역시 이와 연결해서 생각해 보아야 할 문제이다. 1985년 이후 유럽의 공산주의 사회 붕괴 속에서 나타난 중요한 정치, 경제적 변화도 중요한 사례이다. 이러한 사건들에서 미디어가 어떤 역할을 담당했는지의 문제는 여전히 논쟁대상이다.

 미디어이론 형성에서의 주요 사안 Ⅳ : 공간과 시간

커뮤니케이션은 공간과 시간 차원에서 관찰될 수 있다. 또한 거리와 시간의 제약으로 발생하는 우리 경험의 단절을 연결시키는 다리역할을 하는 것으로 파악할 수 있다. 이 두 가지와 관련해서 다양한 측면을 살펴볼 수 있다. 커뮤니케이션은 인간행위와 지각의 공간적 확장을 가능하게 했다. 가장 명백한 예는 교통으로 우리의 접촉, 경험이 이곳에서 저곳으로 확장되었다. 상징적 커뮤니케이션 영역 역시 물리적 이동 없이 이와 비슷한 효과를 발생시켰다. 실제 공간에서의 장소와 길을 표시하기

표 4.5   공간과 시간과 관련한 사항
- 거리의 개념이 더 이상 문제가 되지 않는가?
- 현실공간의 확장으로서 가상공간의 출현
- 집합적 기억의 보존장소로서의 미디어
- 전송기술의 발전과 인간의 수신능력 사이에 존재하는 간극이 넓어짐
- 미디어 활용의 탈지역화, 미디어 활용의 시간적 한정으로부터의 탈피

위해 우리는 지도와 표지판을 이용하기도 한다. 우리가 행동하는 물리적 장소는 커뮤니케이션 망에 의해서, 공유되는 담론양식에 의해서 그리고 언어와 다른 방식을 통해 표현되는 것에 의해 정의된다. 거의 모든 양식의 상징적 커뮤니케이션(서적, 예술, 음악, 신문, 영화 등)은 특정한 장소에 따라 구별될 수 있으며 지리적으로 '전송'범위에 차이가 있다. 매스 커뮤니케이션 과정은 특정한 미디어 시장이나, 보급률, 수신지역, 수용자 도달률 등 공간적 개념으로 기술되고 정리된다. 동시에 전송에서의 비용과 용량 제약이 없어지면서 커뮤니케이션은 더 이상 어느 한 지역에만 국한되어 발생하지 않으며 원칙적으로는 탈지역화를 이룰 수 있게 되었다.

정치적, 사회적 단위 역시 지역적 구분에 따라 이루어지고 특정한 지역을 기준으로 커뮤니케이션 수단을 활용하고 있다. 커뮤니케이션이란 항상 어느 한 곳에서 시작되어 다른 한 곳이나 수많은 다른 장소에서 이를 수신하는 것으로 볼 수 있다. 커뮤니케이션 송수신이 용이해짐에 따라 물리적 거리 때문에 발생했던 장애를 극복할 수 있게 되었다. 인터넷은 사실상 수많은 '가상공간'을 만들어 내고 있다. 새로운 테크놀로지는 원거리에서도 메시지를 활용할 수 있도록 변화를 가져왔다. 미디어와 관련한 공간 문제는 앞으로도 지속적으로 논의되어야 할 부분이다.

또한 위와 유사한 경향을 시간의 차원에서도 이야기할 수 있다. 전송과 교환을 위한 채널확장을 통해 우리는 매일 수많은 정보원들과 즉각적으로 접촉한다. 뉴스를 기다릴 필요가 없어졌고 뉴스를 보내기 위해 기다릴 필요도 없어졌다. 보내는 정보의 양에 따라 문제가 되었던 시간제약도 이제 문제가 되지 않는다. 언제 우리가 원하는 것을 수신할 것인가 역시 점차적으로 문제가 되지 않고 있다. 저장과 접근기술의 발전으로 우리의 커뮤니케이션 행위에 제약을 두었던 시간의 변수는 이제 더 이상 문제가 되지 않고 있다. 현재 문제는 우리가 원하는 것을 다 하기에 그저

시간이 부족할 뿐이라는 것이다. 하지만 새로운 기술이 우리의 기억과 우리가 원하는 정보를 저장하기 쉽게 만들었지만 역설적인 것은 정보와 문화는 점차 더 빨리 쓸모없게 되고 사라져 버리고 있다는 점이다. 인간의 정보처리 능력에 따른 제약이 오히려 더 심각하고 더 빠르게 문제가 되고 있다. 일상생활에서 정보과잉의 문제가 도래한 것이다. 적어도 선진국에서는 지난 한 세대 동안 이와 같은 혁명적인 변화가 진행되었다는 것을 부인할 수 없다.

미디어-사회이론 1 : 대중사회이론

이제부터는 위에서 논의한 사안들을 다루는 몇 가지 특징적인 이론적 접근들을 다루려고 한다. 개별 이론적 접근은 제기된 시기에 따라 연대기순으로 소개되는데, 여기서 다루는 이론들은 낙관적인 것에서부터 비관적인 것, 비판적인 것부터 중립적인 것에 이르기까지 그 성격이 매우 다양하다. 첫 번째로 소개하는 이론은 대중사회 이론인데 이는 제3장에서 논의한 '대중'이라는 개념을 중심으로 형성되었다. 이 이론은 권력을 행사하는 사회적 기관의 상호의존성과 사회권력과 권위를 가진 정보원에 미디어가 통합되는 측면을 강조한다. 미디어 콘텐츠는 정치적, 경제적 권력을 가진 이들의 이익을 위해 마련되는 것으로 본다. 또한 이 이론에서는 미디어가 세상에 대한 비판적, 대안적 시각을 제공하지 못한다고 보며, 결과적으로 공중을 의존적으로 만드는 경향이 있다고 주장한다.

앞서 설명한 '지배적 미디어' 모델은 대중사회 이론의 시각을 반영한다. 대중사회 이론에서는 미디어를 중요한 원인요소로 본다. 특히 이 이론은 미디어가 세상에 대한 시각, 의사-환경을 제공하며, 이는 사람들을 조작할 수 있는 수단으로 사용될 수 있지만 동시에 어려운 상황에서 심리적으로 생존하는 데 도움을 준다는 아이디어에 기초한다. 밀스(Mills, 1951)는 '의식과 존재 사이에 커뮤니케이션이 있으며, 커뮤니케이션은 사람들이 그들의 존재를 의식하는 데 영향을 미친다'라고 지적한 바 있다.

대중사회는 '원자화'된 동시에 중앙집중적인 통제가 있는 사회라는 점에서 역설적

측면이 있다. 미디어는 대규모, 조직의 원격성, 개인

의 고립, 집단통합 결여 등의 특징이 있는 대중사회에서 통제기제로 작동하는 것으로 여겨진다. 밀스(Mills, 1951; 1956) 역시 고전적 민주주의 이론에서 언급한 진정한 의미의 공중이 쇠퇴했다고 지적하면서, 이러한 공중이 정치적 행위의 목표를 설정하거나 실현시키지 못하는 거대한 사람들의 집단으로 대치되었다고 주장한 바 있다. 이러한 비관적인 지적은 최근에 들어서는 대규모 상업화된 매스미디어로 인해 민주적 토론의 장으로서의 '공공영역'이 쇠퇴하고 있다는 주장과도 맞물린다(Elliott, 1982; Garnham, 1986; Dahlgren, 1995).

비록 '대중사회'라는 표현은 현재 유행하는 용어는 아니지만, 우리가 '대중사회'에 살고 있다는 아이디어는 여전히 유효한 것 같다. 여기에는 현재의 개인주의적 시대에서 보다 '공동체적' 대안을 추구하는 향수나 희망이 연관된다. 또한 한편으로 공허함과 외로움, 스트레스, 자유시장 사회에서의 소비주의에 대한 비판적 태도도 관련된다. 민주적 정치에 대한 일반 공중의 무관심 확대, 참여 부재 등이 문제로 부각되고 있으며, 이는 정치가와 정당이 매스미디어를 냉소적이고 조작적인 용도로 쓰는 데서 비롯되었다고 비판받는다.

현재 사회를 '포스트모던'한 것으로 보는 시각은 본질적으로 근대화의 관점에 의존하는 대중사회 이론의 주장과 충돌하는 부분이 있다. 매스미디어를 대중사회를 만드는 중요한 요인으로 보는 대중사회 이론은 오늘날 존재하는 수많은 유형의 신구 미디어의 다양성으로 인해 그 타당성에 문제가 있는 것처럼 보인다. 특히 새로운 전자 미디어는 사회가 나아갈 바에 대해 새로운 유토피아적 시각을 등장시키고 있으며 이는 대중사회 이론의 중심논제와는 반대되는 경향을 보이고 있다.

칼 맑스(Karl Marx)는 신문이 효율적 매스미디어가 되기 전에 신문을 접했다. 맑스주의는 사회적 변화를 만들어 내는 데 실패한 것으로 여겨지나, 자본주의 사회의 미디어를 진단하는데 맑스주의의 분석전통은 여전히 적합한 부분이 있다. 물론 공산주의 사회에서 미디어가 어떻게 운영되는가를 볼 때 문제가 있기는 하지만 말이다. 현대 미디어를 맑스주의에 입각하여 분석한 시도는 여러 가지가 있는데, 이는 오늘날 '비판적 정치경제학'으로 통합된다(Golding & Murdock, 1996).

맑스주의에 입각한 매스미디어 해석에서 가장 중심이 되는 것은 권력문제이다. 약간의 차이는 있지만, 맑스 해석은 늘 미디어가 지배계급을 위한, 지배계급의 통제수단으로 이용된다고 강조했다. 《독일 이데올로기》(German Ideology)에서 맑스는 다음과 같이 지적한 바 있다.

> 물질적 생산수단을 가진 계급은 정신적 생산의 도구까지도 동시에 통제한다. 일반적으로, 정신적 생산수단을 가지지 못한 계급의 아이디어는 물질적 생산수단을 가진 자들에 의해 좌우된다 (Murdock & Golding, 1977에서 인용).

맑스이론은 계급사회의 정당성과 가치를 강조하는 측면으로 경제적 소유권과 메시지 배포 사이에 직접적 관계가 있다고 전제한다. 현대에 와서도 자본주의 기업가들의 미디어 소유독점이 심화되는 현상은 이러한 관점의 근거로 이야기된다(Bagdikian, 1988; McChesney, 2000). 또한 이러한 방식으로 조직된 미디어의 콘텐츠는 보수적 경향을 띤다는 것 역시 위의 관점을 지지하는 근거로 제시된다(Herman & Chomsky, 1988).

20세기 들어 맑스주의 미디어 이론에 기반하여 발전한 이론적 접근은 물질적 구조보다는 아이디어에 더 초점을 맞추었다. 이러한 이론적 접근에서는 미디어의 이데올로기적 영향을 통해서 발생하는 억압적 관계와 조작, 자본주의 지배의 정당화, 노동자 계급의 종속을 강조한다. 루이 알튀세르(Louis Althusser, 1971)는 이와 같은 과정을 '이데올로기적 국가기구'라는 개념으로 설명했는데(모든 유형의 사회화를 포함) **＊126**

이는 '억압적인(repressive) 국가기구'와 대조
되는 개념이다(군대나 경찰 등). 즉 자본주의
국가는 이데올로기적 국가기구를 통해 직접
적 폭력과 억압을 사용하지 않고도 존속하게
되었다는 것이다. 그람시(Gramsci, 1971)의
헤게모니 개념은 또한 이러한 경향과 연결된
다. 마르쿠제(Marcuse, 1964)는 다른 대량생
산 시스템과 마찬가지로 바람직할 수도 있고
또한 동시에 억압적일 수도 있는 전체 사회시
스템을 '파는' 시스템으로 미디어를 해석하고 있다.

> 표 4.7
>
> 자본주의 미디어에 대한 맑스주의 이론
> - 매스미디어는 부르주아 계급에 의해
>   소유된다.
> - 미디어는 이들의 계급적 이익을 위해서
>   운영된다.
> - 미디어는 노동자 계급의 허위의식을
>   촉진시킨다.
> - 미디어는 기존 질서를 유지하는 이데올로기를
>   확산시킨다.
> - 정치적 반대파의 미디어 접근은 효과적으로
>   차단된다.

　맑스주의 이론이 전달하려는 메시지는 간단한 것처럼 보이지만 아직까지 여전히
풀리지 않은 질문들은 많이 남아 있다. 미디어 권력은 어떤 방식으로 도전이나 저
항을 받을 수 있는가? 자본주의 방식의 소유나 정부권력 밑에 있지 않은 미디어의
지위는 어떻게 보아야 할 것인가?(독립신문이나 공공방송) 맑스주의 전통에 기초하
여 매스미디어를 비판하는 연구자들은 선전이나 조작수단으로 이용되는 부분에 초
점을 맞추거나(예를 들어 Herman & Chomsky, 1988) 또는 집단적 소유구조나 대안
미디어를 통해 자본계급의 미디어권력에 저항하는 것에 희망을 걸고 있다. 맑스주
의 이론 전통을 이어 받은 현재의 중추적 이론은 정치경제학적 미디어 이론이라 할
수 있다.

10　미디어-사회이론 3 : 기능주의 이론

기능주의 이론은 사회적 실천과 제도를 사회와 개인의 '필요'라는 측면으로 설명한
다(Merton, 1957). 이 이론은 사회가 다양한 하위 시스템이 서로 연결되어 있으며
각각의 하위 시스템은 사회의 연속성과 질서를 위해 중요한 기여를 하는 것으로 보
고 있다. 매스미디어는 이와 같은 하위 시스템 중 하나로 파악된다. 우리가 체계화
된 사회를 만들기 위해서는 사회의 작동과 사회환경에 대해 명확하고 일관성 있으

며 완전한 모습을 지속적으로 유지하는 것이 필요하다. 이를 위해 미디어는 개인과 제도의 요구에 일관성 있는 방식으로 응답함으로써 사회 전체에 혜택을 준다는 것이다.

이 이론은 미디어가 본질적으로 자기교정이 가능한 것으로 본다. 기능주의는 그 형성과정을 놓고 볼 때 정치적으로 무관심한 것으로 보이지만, 사회적 삶의 본질적 메커니즘에 대해 다원주의, 자발성 등의 개념과 연결된다. 또한 사회변화의 원천이라기보다는 사회유지 수단으로 미디어를 보는 경향이 있다는 측면에서 보수적 편향을 가지고 있다.

비록 초기 기능주의 이론의 내용은 사회학에서 더 이상 다루어지지는 않지만 미디어와 관련한 접근으로는(예를 들어 Luhmann, 2000) 아직까지 유용하게 활용되며 특히 미디어와 관련한 연구주제를 설정하는 틀을 제공하는 데 기여하고 있다. 현상을 묘사하는 데 여전히 유용한 측면도 있으며 미디어와 사회와의 관계를 다루는 데도 적합하다. 매스미디어를 운영하는 자들과 수용자 역시 기능주의 이론에 입각하여 사용되는 용어를 공유할 수 있다는 데 장점이 있기도 하다.

미디어의 사회적 기능

라스웰(Lasswell, 1948)은 환경의 감시, 상관조정, 문화유산 전수 등을 사회에서 커뮤니케이션이 담당하는 주요 기능으로 보았다. 라이트(Wright, 1960)는 다양한 미디어 효과를 기술하는 데 이러한 기본적 틀을 활용했으며 여기에 '오락'을 네 번째 미디어의 주요 기능으로 첨가했다. 이 기능은 문화전수 기능의 일부분이 될 수도 있지만 또 다른 측면이 있다. 개인적 보상, 휴식, 긴장 감소 등을 제공함으로써 사람들로 하여금 실제 생활에서 일어나는 문제들에 대처하게 하고 사회전체로 볼 때는 붕괴와 와해를 피할 수 있게 해주는 것이다(Mendelsohn, 1966). 여기에 다섯 번째 기능인 동원(mobilization)을 첨가할 수 있는데 이는 정치적, 상업적 선전에 적용되는 매스 커뮤니케이션의 역할을 다루는 것이다. 사회에서 미디어가 담당하는 기본적 기능을 다음과 같이 정리해 볼 수 있다.

정보
- 사회와 세계의 사건과 상태 등에 관한 정보를 제공함
- 권력관계를 알려줌
- 혁신, 적응, 발전을 용이하게 함

상관조정
- 사건과 정보의 의미에 대해 설명하고 해석하며 논평함
- 기존의 권위와 규범을 지지함
- 사회화의 역할을 담당함
- 개별적 행위를 서로 연결시켜 줌
- 합의의 여론을 구축하려 함
- 시급한 사안의 우선순위를 정하고 상대적인 중요성을 알림

연속성
- 지도적 문화를 표현하고 하위문화를 인식하며, 새로운 문화를 발전시킴
- 공통된 가치를 유지하고 전수함

오락
- 즐거움, 기분전환, 휴식의 수단을 제공함
- 사회적 긴장감을 감소시킴

동원
- 정치, 전쟁, 경제발전, 노동, 종교영역에서 사회적 목적을 위한 캠페인을 수행함

이와 같은 기능의 상대적 중요성에 대해서 일반적으로 순위를 매길 수는 없고 또한 미디어가 어떤 기능을 상대적으로 더 수행하고 있는지 이야기하기는 어렵다. 다양한 기능이 서로간에 중복될 수 있고 동일한 콘텐츠가 다른 기능을 수행할 수도 있기 때문에 특정 콘텐츠와 특정 기능을 정확히 대응시키는 쉽지 않다. 사회를 위한 이러한 기능은 미디어가 수행하는 업무의 관점이나 혹은 '이용과 충족' 접근에서 다

루듯이 수용자 관점에서 재구성될 필요가 있다(제 16장 참조). 미디어 기능은 미디어가 수행할 객관적 업무(뉴스제작이나 편집)와 미디어 이용자의 동기나 이들이 인식하는 미디어 이용을 통한 이익이라는 측면(정보획득이나 오락)에서 다루어질 수 있다.

사회를 위한 미디어의 일반적 기능 중 우리가 동의하는 부분은 미디어가 사회통합의 원동력으로 작동한다는 부분이다. 미디어 콘텐츠를 분석한 연구결과를 보면 주류 매스미디어가 지배적 가치에 대해 비판적이기보다는 지지하는 입장을 보였다는 점을 발견할 수 있다. 지배적 가치에 대한 매스미디어의 지지는 여러 가지 형태로 나타난다. 예를 들어 기업활동, 사법제도, 민주정치 과정과 같은 사회의 기본적 제도에 대해서 본질적 비판을 피한다든지, 사회적으로 상위계층에 있는 사람들에게 차별적 접근권을 허용한다든지, 사회에서 인정하는 절차를 따라 성공한 사람들에게 상징적 보상을 제공하고 반면에 실패하거나 일탈을 보인 사람들에게 상징적 응징을 하는 것들을 이와 관련해 지적할 수 있다(제 18장 참조). 데이얀과 카츠(Dayan & Katz, 1992)는 중요한 사회적 이벤트가 텔레비전에 방송되어(공공 또는 국가의식이나 주요 스포츠경기 등) 수많은 수용자들에게 전달되는 과정이 사람들의 사회적 연대감 형성에 도움을 준다고 주장한다. '미디어 이벤트'는 사회지도층의 지위를 부여하고 사회이슈의 중요성을 부각시킨다는 것이다. 한편 이러한 미디어 이벤트는 사회적 관계에도 영향을 미치는데, 미디어가 보여주는 '거의 모든 이벤트를 통해서 평소에는 원자화되고 나뉘어져 있던 사회가 하나의 공동체로 다시 묶이는 것을 볼 수 있다'고 이들 연구자들은 지적하고 있다(1992).

이와 같은 기능적 관점에서 볼 때, 매스미디어가 범죄, 센세이션, 폭력과 일탈행위에 초점을 맞춤으로써 사회적으로 범죄와 와해를 가져오는 원인이 된다는 주장을 미디어 효과연구에서 제대로 밝히지 못한 것은 놀라운 일이 아닐 수도 있을 것이다. 기능주의 관점에서 미디어를 다루면서 사회적 와해나 붕괴를 야기하는 미디어 효과를 기대하는 것은 논리적이지 않을 수 있다.

표 4.8

미디어 기능주의 이론
매스미디어는 다음과 같은 기능을
위해 사회에 필수적이다.
· 사회의 통합과 협력
· 질서의 유지, 통제, 안정
· 변화에 대한 적응
· 동원
· 긴장의 해소
· 문화와 가치의 계승

정치-경제학적 이론은 경제적 구조와 미디어 산업의 역동성, 미디어 콘텐츠의 이데올로기 속성 간의 관계에 초점을 맞추는 비판적 이론이다. 이 이론을 토대로 한 연구는 주로 미디어의 소유구조와 통제, 미디어 시장이 운영되는 방식 등에 대한 경험적 분석에 주목한다. 이 이론은 미디어 조직을 경제시스템의 한 부분으로 인식하며, 정치 시스템과도 밀접한 연결된 것으로 본다.

이 이론은 위와 같은 관계 속에 발생하는 문제, 특히 독립적인 미디어의 감소, 거대시장으로의 집중, 위험요소를 회피하려는 경영전략, 수익창출이 힘든 미디어 생산부분(탐사보도나 다큐멘터리 영화제작 등)에 대한 투자감소 등의 문제에 주목한다. 미디어가 소수, 빈곤층의 잠재적 수용자들에 대해 배려하지 않는 문제나 뉴스 미디어가 정치적으로 균형을 유지하지 못하는 문제 역시 정치-경제학적 미디어 이론에서 다루어지고 있다(Murdock & Golding, 1977).

이 이론적 접근은 시장이 결정되는 것과 관련하여 경험적으로 검증가능한 명제를 제공한다는 측면에서 강점이 있다. 하지만 이러한 경험적 검증 자체는 복잡하여 쉽지 않은 과제이기는 하다. 이 접근은 미디어 활동을 미디어 콘텐츠와 같은 상품을 만들어 내는 경제과정으로 파악하지만 이 전통에 영향을 받은 일부 변형된 접근은 미디어의 가장 중요한 생산물은 결과적으로 '수용자'라고 보기도 한다. 즉 광고주를 위해 미디어가 수용자의 주목을 얻으려 노력하고 특정한 방향으로 미디어를 이용하는 공중의 행위를 만들어 낸다는 주장이 이와 관련된다(Smythe, 1977). 상업적인 미디어가 그들의 고객에게 파는 것은 시장의 성격에 맞는 잠재적 수용자들이라는 것이다.

정치-경제학 이론은 미디어 기업활동과 테크놀로지가 변화하면서 그 적합성이 높아지고 있다(아마도 엄격한 맑스주의적 분석의 적용에서 벗어나면서 이러한 경향이 더 커지고 있다). 이는 다음과 같은 몇 가지 변화와 관련된다. 첫째, 세계적으로 미디어 집중현상이 발생하면서 소유권이 소수의 사람들에 집중되고, 하드웨어와 소프트웨어 산업이 합병되는 경향이 증가하고 있다(Murdock, 1990; McChesney, 2000; Wasko, 2004). 둘째, 텔레커뮤니케이션과 방송이 융합되는 가운데 글로벌 '정보경

표 4.9	비판적 정치-경제학적 이론
	• 경제적 통제와 경제 논리가 현상의 결정요인
	• 미디어 구조는 집중되는 경향으로 파악
	• 글로벌한 차원으로 미디어의 통합 현상이 발전하는 것에 주목
	• 콘텐츠와 수용자는 상품화되는 것으로 간주
	• 다양성의 감소를 지적
	• 반대와 대안적인 목소리가 주변화되는 것으로 파악
	• 커뮤니케이션의 공익적 측면은 사적 이해관계에 종속되는 것으로 파악

제'가 활성화되고 있다(Melody, 1990; Sussman, 1997). 셋째, '탈규제', '민영화', '자유화'의 바람 속에서 공영 매스미디어 영역이 줄어들고 텔레커뮤니케이션에 대한 직접적인 공적 통제도 약화되고 있다 (특히 서구유럽의 경우) (McQuail & Siune, 1998; van Cuilenburg & McQuail, 2003). 넷째, 정보 불평등의 문제는 감소되지 않고 오히려 더 증가하는 경향이 있다. '디지털 디바이드'는 발전된 커뮤니케이션 수단에 대한 접근과 이용에서 나타나는 불평등을 지적하는 용어로 등장하기 시작했다 (Norris, 2002). 정치-경제학적 이론의 본질적 명제는 초기와 비교해 볼 때 달라진 것이 없지만 그 적용 범주는 더 넓어졌다고 할 수 있다(Mansell, 2004).

12 미디어-사회이론 5 : 사회 구성주의

사회 구성주의는 사회과학 안에서 사용되는 매우 폭 넓은 경향을 지칭하는 추상적 용어로 특히 버거와 루크만(Berger & Luckman, 1967)의 《현실의 사회적 구성》(*The Social Construction of Reality*)이라는 저서에서 강조되었다. 사회 구성주의는 블루머 (Blumer, 1969)의 상징적 상호작용이나 알프레드 슈츠(Alfred Schutz, 1972)의 현상학적 사회학 등에 기초하여 태동했다고 할 수 있다. 이러한 연구에서는 개인에 영향을 주는 객관적 실체로서의 사회라는 개념은 대안적 시각에 도전받는 것으로 본다. 즉 사회의 구조, 영향력, 아이디어는 인간에 의해 만들어지며 지속적으로 재창조 또는 재생산되고 도전과 변화에 열려있다고 본다. '현실'을 이해하기 위한 인간 *132

표 4.10　　사회 구성주의의 전제
- 사회는 고정된 현실이라기보다는 구성되는 것
- 미디어는 현실구성을 위한 자료를 제공
- 의미는 미디어에 의해 부여되나 교섭을 통해 변화하거나 또는 거부될 수 있음
- 미디어는 특정한 의미를 선별적으로 재생산함
- 미디어는 사회적 현실을 객관적으로 보도할 수 없음 (모든 사실 전달에는 해석이 개입됨)

행위와 선택에는 다양한 가능성이 있다는 점을 강조한다. 사회적 현실은 만들어지는 것이고, 어떤 것에 주어진 의미라는 것 역시 인간에 의해 해석되는 것으로 여겨진다. 이와 같은 일반적인 아이디어는 수많은 이론적 배경에 따라 다양한 방식으로 체계화되었으며 20세기 후반 인간을 이해하는 과학적 접근에서 가장 중요한 패러다임 변화를 보여줬다.

　이와 같은 사회 구성주의는 매스 커뮤니케이션 연구에도 영향을 주었으며 미디어의 영향과정에 대한 논의의 중심을 차지했다고 할 수 있다. 대다수 사람들이 현실이라고 믿는 것에 매스미디어가 영향력을 행사한다는 아이디어는 오래 전에 제시되었으며 선전이나 이데올로기를 다루는 이론에서 다루어진 바 있다(예를 들어 '허위의식'을 생산해내는 미디어의 역할 등). 사려 없이 미디어에 의해 조장되는 민족주의, 애국심, 사회적 동조성, 종교문제 등이 모두 사회적 구성의 사례로 해석될 수 있다. 비판이론 역시 이러한 이데올로기적 강제에 대해 저항할 가능성과 헤게모니적 성격을 띤 메시지를 재해석할 가능성 등을 주장한다. 그렇지만 비판이론은 미디어가 현실에 대한 선별적이고 편향된 관점을 재생산한다는 점을 강조한다.

　이데올로기 문제 외에 매스미디어의 뉴스, 오락물, 대중문화 현상과 여론형성 과정과 관련하여 현재 사회적 구성문제가 주목받고 있다. 뉴스의 경우, 뉴스에서 제공되는 '현실'의 모습은 파편화된 사실정보와 관찰에 기초한 선별적 구성이 이루어질 수밖에 없고 이러한 것이 함께 묶여 특정한 틀이나 시각에 의해 의미가 부여된다는 점에 미디어 학자들은 대부분 동의한다. 사회적 구성은 사건, 인물, 가치, 아이디어가 특정한 방식이나 주어진 가치와 선호에 따라 정의되거나 해석되는 과정을 의미한다. 이는 대부분 매스미디어에 의해 수행되며 수용자가 현실의 모습을 구성하도록 영향을 행사하게 된다. '틀 짓기'나 '스키마' 개념이 이와 관련 있다 (제 14장 참조).

앞부분에서 논의한 모든 주제를 염두에 두면서 한 시대의 지배적인 커뮤니케이션 테크놀로지와 사회의 중요한 특성을 연결시키려는 연구전통은 오랜 역사를 가지고 있으며 오늘날에도 여전히 발견된다. 이러한 시도에는 다양한 차이가 있어 단순히 '결정론'적 접근이라 이름붙이기가 쉽지는 않지만 일반적으로 미디어 중심적 요소가 개입되어 있다. 또한 이런 이론적 접근은 특정한 커뮤니케이션 테크놀로지가 이끌어내는 사회변화의 잠재력에 중점을 두는 경향이 있으며 다른 변인을 커뮤니케이션 테크놀로지에 종속되는 것으로 파악한다. 하지만 이러한 경향을 띠는 다양한 이론적 접근 간에는 차이점이 있다.

특정한 커뮤니케이션 테크놀로지의 역사를 보면 새로운 발명물의 진화속도나 물질적 잠재력을 묘사하며, 이를 기초로 이론가들은 특징적 단계를 구분하려는 경향이 있다. 예를 들어 로저스(Rogers, 1986)는 필사의 등장, 15세기 인쇄술의 발명, 19세기 중반의 텔레커뮤니케이션의 출현, 1946년 메인프레임 컴퓨터가 등장한 후 상호작용적 커뮤니케이션의 출현 등을 중요한 전환점으로 본다. 쉬멘트와 커티스 (Schement & Curtis, 1995) 역시 이와 같은 커뮤니케이션 테크놀로지의 발명에 따른 연대를 구분을 한다. 이들은 '개념적/제도적'(문자나 필사 등장) 차원, '지식습득이나 저장'(종이 발명, 인쇄술 발명) 차원, '정보처리와 배포'(컴퓨터와 위성 등장) 차원 등을 기초로 시점을 구분했다. 역사적으로 볼 때 커뮤니케이션 테크놀로지는 정보를 더 빠르고 폭 넓게 확산시키고 정보처리에 유연성을 가져오는 방향으로 진화하고 있다. 시간과 공간의 장벽을 극복하는 방향으로 커뮤니케이션은 발전하고 있다고 하겠다.

토론토 학파

커뮤니케이션 기술 결정론적 전통에서 가장 중요한 초기 이론가는 캐나다의 경제 역사학자로서 제 2차 세계대전 이후 미디어의 이해에 영향을 미친 '토론토 학파'를 창시한 이니스(H. M. Innis)이다(Heyer, 2003). 이니스(1950, 1951)는 고대문명에서 현재의 지배적 커뮤니케이션 양식의 등장에 이르기까지 특정 시기 커뮤니케이션의 특성은 사회적 형태로 각각 '편향성'을 지녔다고 보았다. 예를 들어, 이니스는 돌에 그림과 문자를 새기던 것에서 파피루스를 이용하게 된 변화를 통해 왕권에서 교회의 교권으로 권력이 이동하게 되었다고 주장했다. 고대 그리스에서는 구전의 전통과 유연한 알파벳을 이용하여 독창성과 다양성을 선호했고, 교권이 교육적 기능을 독점하는 것을 막았다. 로마제국의 법과 관료제도, 먼 거리에 있는 지역을 통치할 수 있는 행정력은 필사와 서류문화를 통해 유지될 수 있었다. 인쇄술은 관료주의의 권력 독점에 도전할 수 있는 터전을 마련했고, 개인주의와 민족주의를 동시에 촉진시켰다는 것이다.

이니스의 주장에는 두 가지 중요한 원칙이 있다. 첫째, 경제적 영역 안에서 볼 때 지식의 생산과 배포수단을 가진 집단에 의해 점차적으로 커뮤니케이션이 독점된다는 것이다. 이러한 현상은 변화를 늦추는 불균형을 야기하거나, 균형을 되찾기 위해 다른 형태의 경쟁적 커뮤니케이션 방식이 출현하는 결과를 낳게 된다. 이는 새로운 커뮤니케이션 테크놀로지가 기존의 사회적 권력토대를 잠식하게 된다는 것을 의미한다. 두 번째 원칙은 제국의 가장 중요한 요소는 시간과 공간이며 특정한 커뮤니케이션 수단은 시간과 공간의 두 차원 중 한 쪽에 더 적절할 수 있다는 점이다(이는 '커뮤니케이션의 편향성'이라고 할 수 있다). 따라서 특정한 제국은 어떤 방식의 커뮤니케이션이 지배적인가에 의존하여, 시간을 통해서나(고대 이집트처럼) 공간을 통해서(로마처럼) 지속할 수 있었다고 본다.

비록 인간의 경험에 영향을 미치는 전자 미디어의 중요성을 설명하려는 중요한 목적을 완전히 달성하지는 못했지만(McLuhan, 1964), 맥루한(McLuhan, 1962)에 의해 발전된 이론은 인쇄미디어 발전의 결과를 이해하는 데 새로운 시각을 제공했다(Eisenstein, 1978). 인쇄술의 발전에 대해서 맥루한은 다음과 같이 지적한 바 있다. "활자를 통한 인간경험의 확장은 민족주의, 산업주의, 그리고 대중시장의 형성과 더불어 문맹퇴치와 보편적 교육을 가져오게 되었다."

테크놀로지와 이데올로기

사회학자 골드너(Gouldner, 1976)는 현대 정치사의 중요한 변화를 커뮤니케이션 테크놀로지 관점에서 해석했다. 그는 이성적 담론의 특정한 형식으로 '이데올로기'를 정의내리면서 이데올로기의 출현을 해석과 아이디어의 공급을 촉진시켰다는 측면에서 18세기, 19세기의 인쇄술, 신문과 연결시켰다. 또한 골드너는 이후에 등장한 라디오, 영화, 텔레비전 같은 미디어로 인해 이데올로기가 쇠퇴했다고 보았다. 이러한 미디어의 출현은 '개념적 상징주의에서 아이콘으로서의 상징주의'로 변화를 가져왔으며, 이데올로기를 생산하던 '문화적 기구'와 새롭게 출현한 대중을 통제하는 '의식산업'의 분화를 가져왔기 때문이다. 이와 같은 관점에서는 새로 등장한 정보생산의 컴퓨터 네트워크 역시 이러한 이데올로기의 쇠퇴를 이끌고 있다고 본다.

상호작용적 대안

커뮤니케이션 현상을 진단하는 대부분의 연구자들은 사회변화를 단 한 가지 요인으로 설명하는 것이 무리라고 보며, 새로운 테크놀로지가 직접적으로 기계적 효과를 발생시킨다는 점을 믿지 않는다. 새로운 발명물이 등장하면 이것이 발전되고 수용되면서 처음에는 기존에 이용되던 것에 영향을 미치고 그 후에 새로운 테크놀로지의 가능성이나 사회의 요구에 따라 특정한 효과라는 것이 발생할 수 있다. 기술적 발전은 항상 사회적이고 문화적인 맥락 안에서 이루어진다. 따라서 하나의 지배적인 미디어의 독특한 특성으로 사회발전 단계를 이야기하는 것은 어려운 문제이다. 이러한 시각은 책이 출현했을 당시나 전신이나 전화가 등장했을 때에는 어떤 면에서 적절할 수 있었을지 모른다. 하지만 현재 매우 다양한 새로운 미디어가 기존의 '올드' 미디어와 공존하며 그 어느 것도 단순히

표 4. 11

미디어 기술결정론
(뉴 테크놀로지의 출현 이전의 시각)
• 커뮤니케이션 테크놀로지는 사회변화의 근본
• 각각의 테크놀로지는 특정한 커뮤니케이션양식, 콘텐츠, 이용 차원에서 편향성을 가짐
• 커뮤니케이션 테크놀로지의 발명과 적용과정은 사회변화에 영향을 미침
• 커뮤니케이션 혁명은 사회혁명으로 연결됨

사라지지 않았다. 또한 동시에 미디어가 융합되는 현상이 발생하고 다양한 미디어가 모든 것을 아우르는 네트워크로 연결되는 현상 역시 고려해야 할 부분이고 이러한 현상에 대한 함의를 생각해 보아야 한다(Neuman, 1991). 새로운 미디어 양식이 특정한 효과를 발생시킬 가능성이 높은 특별한 사회적, 문화적 '편향성'을 지녔다는 점 역시 사실이다. 이러한 가능성은 다음 부분에서 다루어질 것이다.

14 미디어-사회이론 7 : 정보사회

새로운 커뮤니케이션 테크놀로지의 출현결과로 혁명적 사회변화가 온다는 가정은 많은 비판이 제기되었지만 꽤 오랫동안 지속되었다(Leiss, 1989; Ferguson, 1992; Webster, 1995, 2002). 퍼거슨(Ferguson)은 이와 같은 '신 기술결정론'을 자기충족적 예언처럼 작동하는 경향이 있는 '신념체계'로 파악했다. '커뮤니케이션 혁명'이나 '정보사회'라는 용어는 우리가 살고 있는 사회를 객관적으로 기술한 것으로 여겨지며 새롭게 출현하는 사회를 묘사하는 것으로 인식된다.

　'정보사회'라는 용어는 사회학자인 다니엘 벨(Daniel Bell, 1973)이 처음 제안한 '후기 산업사회'의 개념에서 그 근원을 찾을 수 있지만 1960년대 일본에서 처음 사용되기 시작된 것으로 보인다(Ito, 1981). 경제학자들이 '정보경제'라는 개념을 사용한 데서도 그 근원을 찾아볼 수 있다(Schement & Curtis, 1995). 벨은 경제, 사회발전의 단계에 따라 사회유형을 분류하는 전통을 따른다. 후기 산업사회의 가장 중요한 특징은 제조업이나 농업분야보다 경제의 서비스 분야가 우선시되는 것이고 또한 '정보기반'의 노동이 부각되는 것이라 할 수 있다. 과학적이고, 전문적이며, 데이터에 의존하는 이론적 지식이 경제활동에서 가장 중요한 요소가 되면서 부의 기초가 되는 공장이나 토지보다 더 중요하게 여겨진다. 이러한 상황에서 '새로운 계급'이 지식습득과 대인관계의 기술을 기초로 출현하게 되는 것이다. 후기 산업사회의 경향은 20세기 후반 25년 동안 집중적으로 나타났다. 특히 컴퓨터 테크놀로지에 기반한 다양한 유형의 정보생산과 배포는 경제의 가장 중요한 분야로 떠올랐다.

　현대의 경제와 사회에서 정보의 중요성에 대한 축적된 자료들을 제외하고 '정보사회' 개념에 대해서는 아직까지 학자들 간의 개념정의가 명백하거나 일치하지 않는 경향이 있다. 멜로디(Melody, 1990)는 단순하게 복잡한 전자정보 네트워크에 의존하고 재원의 많은 부분을 정보활동과 커뮤니케이션 활동에 배분하는 사회를 정보사회라고 기술한다. 반 쿠이렌버그(Van Cuilenburg, 1987)는 소형화와 컴퓨터화를 통한 비용간소의 결과로 다양한 유형의 정보생산과 유통이 기하급수적으로 증가하는 것을 정보사회의 가장 큰 특징으로 보았다. 하지만 그는 또한 정보공급의 증가 속에서 우리가 정보를 처리, 이용, 수용하는 과정에서 상대적으로 무능력할 수 있다는 점도 주목해야 함을 지적한다. 이러한 지적이 제기된 후 정보생산과 수용에서의 불균형은 점점 커지는 것이 현실이다. 송신비용의 절감을 통해 정보의 확산은 급격히 성장했다. 비용과 공간상 거리의 문제는 극복되었으며 더 빠르게 많은 양의 정보를 보내면서 커뮤니케이션을 위한 상호작용 가능성도 더 커졌다.

이러한 변화의 중요성에도 불구하고, 자본주의 발전의 다음 단계 등에 대항하는 사회 안에서의 특정한 혁명적인 변형은 아직까지 확립되지 않고 있다(Schement & Curtis, 1995). 여전히 연구를 통해 사회적 관계가 변형되는 근거를 제시할 필요가 있다(Webster, 1995). 몇몇 연구자들은 '정보사회'의 변화 속에서 사회내부의 '상호연결성'이 높아졌음을 강조하고 있다. 뉴만은 이러한 경향이 '새로운 테크놀로지에 내재된 논리'에 따른 것이라고 지적한다(Neuman, 1991).

일련의 연구자들은 '정보사회'라는 용어 대신 '네트워크 사회'라는 용어를 선호하기도 한다(예를 들어, van Dijk, 1993; Castells, 1996). 반 다이크(van Dijk, 1999)는 면대면의 커뮤니케이션을 통한 사회적 네트워크를 미디어 네트워크를 통한 관계가 대치하는 방식으로 현대사회가 네트워크 사회로 옮겨가는 과정에 있다는 점을 지적한다. 이와 같은 사회의 네트워크 구조는 대중사회의 중심-주변관계나 위계질서와 대비되며, 19, 20세기의 산업사회에서 전형적으로 나타났던 전통적 관료조직 모델과도 차이가 있는 것이다. 네트워크 사회는 수직적이고 수평적인 범위로 동시에 펼쳐지고 중첩되는 수많은 커뮤니케이션 망에 의존한다. 이러한 네트워크는 연결과 배제라는 두 가지 상반된 역할을 동시에 고려하게 한다.

상호연결성이라는 아이디어는 현대사회의 다른 단면인 '의존성'과도 관련이 있다. 이는 노동의 분화와 관련한 뒤르켕(Durkheim)의 오래된 사회이론에 기초하기 때문에 새로운 아이디어는 아니다. 하지만 정보기술이 우리 사회의 모든 분야에 유입되는 현대사회에서, 특히 인공지능이 인간의 역할을 대체하는 현실에서 볼 때 뒤르켕이 지적했던 과거와는 질적 측면에 변화가 있는 것은 분명해 보인다. 기든스(Giddens, 1991)는 정상적인 삶을 영위하기 위해 우리가 전문가 시스템을 신뢰했던 정도에 변화가 있다는 점을 지적한다. 또한 우리는 공중에게 유통되는 다양한 정보를 통해 건강, 환경, 경제, 군사 등의 분야에서 우리 주변의 위험요소에 대해 그 어느 때보다 많이 알고 있다. 전통적 의미에서 볼 때 정신적이고 상징적인 것에 대한 추구였고, 관습적으로 여가시간을 보내던 '문화'생활이 이제 현대사회에서는 다양한 정보 서비스에 의해 지배되는 것 같다. 매스미디어가 이러한 정보제공에서는 여전히 지배적일 수 있지만 정보제공과 상호작용의 제공이라는 측면에서 또 다른 대안이 계속 늘고 있는 것이 사실이다.

'정보사회' 개념의 이해에서 중요한 부분은 이 개념이 현재 사회에 대한 우리 스스로의 인식으로부터 형성되었고 그 자체가 새로운 세계관에 기초한 것이라는 부분이다. 뮤(de Mue, 1999)는 17~18세기 기계의 발전으로 나타난 변화와 비교하여 다음과 같이 적었다.

> 기계에 기반을 둔 세계관은 분석가능성, 정당성, 통제가능성 등의 전제에 기초하는 반면, 정보에 기반을 둔 세계관은 종합성, 프로그램 가능성, 조작 가능성 등의 전제에 기초한 것으로 그 특성을 구분할 수 있다. … 이러한 세계관은 인간의 경험을 근본적으로 바꾸고 현실에 대한 평가나 현실을 연결시키는 문제에 변화를 가져온다.

다른 학자들은 정보화가 모든 분야의 진보에 새로운 비전을 제공하며 무한한 지평을 확장시킬 수 있다고 파악한다. 새로운 역할을 할 수 있는 미디어에 대한 유토피안적 시각을 확산시키는 데 기존의 매스미디어 역시 기여했다(Rössler, 2001). 이와 같은 관점은 사회문제에 대한 해결책으로 과학과 첨단기술에 대한 신뢰를 정당화하고, 계급과 불평등과 관련한 이데올로기적 정치와 같은 것을 중요하게 다루지 않는 특성을 보여준다. 커뮤니케이션 수단과 과정, 변화의 양적 측면을 강조함으로써 정보사회를 다루는 새로운 시각에서는 콘텐츠의 정확성이나 목적은 별로 중요하게 다루지 않는다. 이러한 점에서 볼 때 포스트모더니즘과의 연관성도 발견할 수 있다.

표 4.12	정보사회 이론	
뉴미디어 테크놀로지는 다음과 같은 특성을 지닌 정보사회 도래를 가져왔다.		
• 정보의 생산과 분배와 관련한 작업이 지배적임	• 유통되는 정보의 양이 증가함	
• 정보과잉의 문제가 발생	• 다양한 활동의 통합과 융합	
• 네트워크의 성장, 네트워크의 연결	• 글로벌화의 경향	
• 복잡한 시스템에 의존	• 사생활 침해	
• 시공간적 제약의 감소	• 탈정치화	

정보사회와 관련한 개념은 주로 경제적, 사회적, 지리적, 기술적 측면에서 다루어졌다. '문화적' 차원은 상대적으로 소홀하게 다루어진 경향이 있는데 일부 상징적 생산의 부분에서와 포스트모더니즘에 영향을 받은 연구에서 정보사회의 문제를 살펴 볼 수 있다. 일상의 모든 측면을 포괄하려는 '정보문화' 개념은 정보사회를 다루는 이론적 논의에서 이야기하는 현실에 대한 설명보다 더 설명력이 높을 수 있다.

'정보경제'는 매스미디어 그 자체보다 더 큰 범위를 포괄하며, 출판물이나 방송처럼 대량생산과 배포를 목적으로 하는 것과는 조금 차이가 있는 정보기술을 다루고 있다. '정보시대'의 출현은 매스 커뮤니케이션에 의해 유도되었지만 역사적으로 볼 때 새로운 분절된 과정을 걷고 있다. 정보 '혁명'이 일어나기 전 매스미디어는 사회에 정착되어 있었고 매스미디어는 아마도 산업사회의 시대의 일부분이라고 볼 수 있을 것이다. 정보사회 초기 연구자들은 새로운 정보 테크놀로지의 등장으로 매스미디어가 쓸모없이 될 것이라는 점을 예언하기도 했었다(Maisel, 1973).

아직까지 정보사회에 대한 개념이 현상을 분석하는 데 보편적으로 받아들여지지는 않는다. 가장 큰 문제점은 이 개념이 명백하게 정치적 차원을 결여하고, 단순히 기술적 논리를 주로 앞세우고 있다는 점이다(van Dijk, 1999). 이러한 부분은 현재 서구의 지배적 지적 전통과 적어도 일맥상통하는 바가 있다고 본다. 정보사회 개념은 국가나 지역의 기술적 목적을 달성하려는 공공정책 분야에서 이용되기도 한다(Mattelart, 2003). 커뮤니케이션 테크놀로지가 가져온 중요한 변화와 사회적 결과에 대해 아직까지 합의된 바는 많지 않다. 이와 관련한 이슈는 뉴미디어의 발전을 다루는 제6장에서 다시 논의할 것이다.

15 소 결

미디어와 사회 간의 관례를 살펴본 다양한 관점들은 변화유형과 원인측면에서 서로 다른 입장을 가지며 미래에 대해서도 다른 제안을 한다. 다양한 시각은 서로 다른 철학적 입장과 방법론에 기초하기 때문에 이 이론들이 합치되는 점을 찾기란 쉽지 않다. 하지만 중요한 차원으로 이들 이론들을 정리해 볼 수 있다.

첫째로 발전과 관련한 이슈에서 비판적 시각과 긍정적 시각을 구분해 볼 수 있다. 과학적 접근은 객관성과 중립성을 추구하지만 이것만으로 이론에서 제시된 내용을 수용할 것인지 부정할 것인지는 결정할 수 없다. 맑시즘, 정치-경제학적 이론, 대중사회 이론에는 그 안에 비판적 요소가 내재되어 있다. 반대로 기능주의는 미디어의 작동만을 고려해서 볼 때 긍정적 시각에 치우쳐 있다. 정보사회 이론은 비판적, 긍정적 시각 모두에 열려 있다. 반면 사회적 구성주의나 기술결정론은 이 두 가지 시각을 어떻게 수용할지 미지수다.

둘째로 사회-중심적 시각과 미디어-중심적 시각의 차이를 발견할 수 있다. 미디어를 사회에 종속되거나 의존적인 것으로 볼 수 있고, 한편으로 사회변화를 이끄는 동인으로도 볼 수 있다. 미디어-중심적인 이론은 커뮤니케이션 테크놀로지를 다루는 이론과 정보사회 이론이다. 물론 다른 변인들이 고려되어야 하겠지만 이러한 이론은 전통적인 과학적 연구방법보다 주로 인문주의적, 질적 방법을 이용하여 탐구되는 경향이 있다.

물론 이러한 논의는 제 5장에서 제시하는 문화의 문제를 다룬 이론들과의 연계성 없이는 부족하다. 이 장에서는 소개한 이론은 매스미디어와 사회와 관련한 일반적인 문제를 이해하는 데 기초적 아이디어를 제공할 수 있다고 본다.

05 매스 커뮤니케이션과 문화

1 문화주의적 접근

이 장에서는 제4장에서 이미 논의된 이론의 '문화적' 차원에 집중하여 살펴보면서 몇 가지 새로운 시각을 소개하고자 한다. 앞서 제시한 '매개'(*mediation*)라는 개념의 일반적인 틀이 적절하게 활용될 수 있는데, 여기서는 특히 '무엇'이 매개되는지(특정한 의미)와 의미가 부여되는 과정('의미화'라고도 불리는 것)에 초점 맞출 것이다. 매스 커뮤니케이션 연구가 시작된 초기단계부터 매스미디어에 대한 특유의 '문화주의적' 접근이 발전되었다. 이러한 접근은 주로 인문학(문학, 언어학, 철학)의 영향을 받았고, '주류' 커뮤니케이션 과학에서 사회과학적 전통을 강조하는 것과는 다소 거리가 있었다. 비록 고민하는 바와 방법론에는 본질적 차이가 존재하기는 하지만 상황과 이슈에 따라 이 두 연구전통은 통합되기도 했다. 이 책과 이 장은 주로 사회과학적 관점에 기초하지만, '문화주의자'들의 통찰과 아이디어로부터 많은 것을 얻을 수 있다는 것을 전제한다.

문화주의적 접근은 텍스트의 생산, 형식, 수용 등의 문제와 함께 이를 둘러싼 담론을 다룬다. 매스미디어라는 것이 필연적으로 문화연구 범위 안에 있지만 문화연구는 조금 더 포괄적으로 현상을 다루기 때문에 문화주의적 접근에서 다루는 이슈와 이론에 겹치는 부분이 제한적이라 할 수 있다. 후에 자세히 설명하겠지만 문화는 단순히 텍스트 차원에서만 정의될 수 있는 것이 아니고 잠재적으로 인간행위나 사고, 삶의 양식과 연결된다. '미디어-문화' 이론은 매스미디어의 콘텐츠뿐만 아니라 이와 관련한 생산과 수용의 맥락을 모두 다룬다.

2 커뮤니케이션과 문화

제임스 캐리(James Carey, 1975)는 커뮤니케이션을 설명하면서 '전송'을 강조하는 지배적 시각에 대안적인 의례화된 '관습'모델을 제안했다. 특히 캐리는 커뮤니케이션과 사회문제를 다루면서 문화가 더 중심적 역할을 하는 접근방식을 주창했다. 그는 '사회적 삶은 권력이나 교환 이상의 것이며… 그것은 미적 경험, 종교적 아이디어, 개인적 가치나 정서, 지적 개념을 공유하는 것을 포함한다'고 지적했다(Carey, 1988). 또한 그는 커뮤니케이션을 '현실이 생산, 유지, 보완, 변형되는 상징적 과정'이라고 정의했다(1988).

매스 커뮤니케이션과 문화의 관계에 대한 문제와 질문을 다루기 위해서, 우리는 우선 이 영역의 연구대상이 무엇인지를 명확히 할 필요가 있다. 사실 '문화'라는 용어는 여러 가지 의미로 사용되고 그 자체가 현상의 복잡성을 반영하기 때문에 연구대상을 확실히 하기가 어렵다. 캐리가 하나의 '과정'으로 정의하는 문화는 한편으로 인간집단의 '공유하는 속성'이라고도 볼 수 있다(예를 들어 물리적 환경, 도구, 종교, 관습, 삶의 수행, 또는 삶의 총체적 방식 등). 문화는 또한 특정한 문화정체성을 가진 사람들에 의해(또는 사람들을 위해) 특별한 의미가 부여된 '텍스트와 상징적 산물'이라고도 할 수 있다.

문화라는 개념의 정의 문제

이러한 다양한 설명 속에서 중요한 요인을 찾아본다면 문화는 다음과 같은 특징을 갖고 있다고 볼 수 있다. 문화는 집합적인 그 무엇이며, 다른 사람들과의 사이에서 ✱144

공유된다(순수하게 개인 혼자의 문화란 없다). 문화
는 의도되었든 의도되지 않았든 간에 상징적 양식
으로 표현된다. 문화는 어느 정도의 정형성과 질
서 또는 규칙성이 있으며 따라서 평가할 수 있는
차원을 지녔다(단지 문화적으로 이미 인정된 형식에
부합하는가의 정도). 또한 문화에는 역동적인 연속
성이 있고 지금까지 있어 왔다(문화는 살아있고 변

표 5.1

문화의 성격
• 집합적으로 형성되고 유지됨
• 상징적 표현으로 보여짐
• 질서가 있으면서 차별적으로 가치를
  인정받음
• 체계적으로 정형화됨
• 역동적이고 변화함
• 특정한 공간에 자리함
• 시간과 공간을 넘어 커뮤니케이션됨

화하며, 역사가 있고 미래가 있다). 아마도 문화가 지닌 가장 일반적이고 본질적인 속
성은 커뮤니케이션일 것이다. 왜냐하면 문화는 커뮤니케이션 없이는 발전할 수도,
생존할 수도, 확장되거나 전수될 수 없기 때문이다. 마지막으로, 문화를 연구하기
위해서는 세 부분을 구분하여 살펴 볼 필요가 있다. ① 인간, ② 사물(텍스트, 가공
품), ③ 인간의 관습(사회적으로 정형화된 행위들) 세 영역이다.

매스미디어의 생산과 이용에 관련된 모든 부분이 문화적 차원의 속성을 가졌기
때문에 매스 커뮤니케이션 연구에도 중요한 시사점이 있다. 우리는 문화적으로 의
미 있는 미디어 텍스트를 생산하는 '사람들'에게 초점을 맞출 수도 있고, 문화적 의
미를 해독해내는 '텍스트 수용자'로서 사람들에게 다른 사회적 삶에 미치는 시사점
에 초점을 맞출 수도 있다. 또한 텍스트와 문화적 산물 자체(영화, 책, 신문기사)나
상징적 양식이나 의미 등에 초점 맞출 수 있다. 한편으로 미디어 생산물을 만들어
내는 제작자들의 관습이나 미디어 이용자를 연구할 수도 있다. 미디어 수용자의 구
성과 행동(미디어를 선택하고 이용하는 관습)은 미디어 경험을 하기 이전이나 하는 동
안, 그리고 사후에 문화적으로 규정된다.

미디어-문화이론의 주제

문화와 관련한 폭 넓은 영역은 몇 가지 중요한 문제와 이론적 이슈를 찾아냄으로써
좁혀질 수 있다. 역사적으로 볼 때, 미디어 이론에서 첫 번째 등장한 '문화적' 질문
은 매스 커뮤니케이션에 의해서 가능하게 된 '대중문화'의 성격에 관한 것이었다.
이는 주로 콘텐츠(문화적 텍스트)와 관련한 것이었지만, 매스미디어 이용문제로 확

장되었다. 특히 대중 — 새로운 형태의 사회집단으로, 고유한 문화를 갖추지 못한 집단으로 인식되었던 사람들 — 으로서의 미디어 이용자와 관련한 문제를 포함하게 되었다.

고유한 '미디어 문화'가 등장한 것 역시 '대중문화'의 속성을 다시 한번 살펴보는 계기가 되었다. '대중문화'는 더 이상 단순하게 대량생산되고 대량소비되는 값싼 문화로만 치부되지 않고, 문화적 창의성과 향유 측면에서 새롭게 인식되기 시작했다 (Schudson, 1991; McGuigan, 1992). 대중문화와 관련한 이슈제기를 통해 '비판적 문화 이론'이 활기를 띠게 되었고, 이론적 논의는 매스 커뮤니케이션과 연계된 '젠더'나 '하위문화'의 이슈에까지 확장되었다. 대중문화와 관련한 논쟁에 내재한 본질적 문제는 대중문화의 '질적 수준'과 관련한 것으로 이를 어떻게 정의내리고 평가할지는 지속적인 문제이기도 하다.

두 번째 중요한 주제는 현대사회에서 의미의 공유경험에 미치는 뉴 테크놀로지의 잠재적 영향력과 관련한 것이다. 커뮤니케이션 테크놀로지는 우리가 사회현상과 사회를 이해하는 데 중요한 의미를 지닌다. 시청각 미디어가 등장하기 이전에 문화적 경험은 개인적 접촉, 종교적 의식, 공적 공연이나 인쇄된 텍스트 등에 의해 매개되었다. 매개된 문화적 경험은 그것의 의미와 중요성에 영향을 줄 매우 다양한 방식의 테크놀로지에 의해 거의 모든 사람들에게 현재 전달되고 있다.

세 번째는 매스미디어 산업에 의해서 제공되는 조직화된 문화생산과 관련한 정치-경제적 부분이다. 미디어는 문화적 변화뿐만 아니라 경제적 논리에 의해 움직이는 '의식산업'이라고 생각할 수 있다. 여기에서 중요한 부분은, 커뮤니케이션 '하드웨어'에 의해 (또는 이를 위해) 생산되는 '소프트웨어' 형태로의 문화가 '상품화'되고 있으며, 하드웨어와 소프트웨어 모두 거대시장에서 매매되고 교환된다는 점이다. 이와 같은 기술적 변화와 '시장화'는 점차 문화적 생산과 배포의 국제화 현상을 가져왔다(이런 현상을 '미국화'라고 부르기도 한다). '글로벌화'(globalization) 현상과 관련해서 이미 존재하는 문화적 콘텐츠와 양식에 미치는 영향이나 문화적 생산비용과 이득 등에 대한 논의가 지속되고 있다. 글로벌화는 문화의 동질화, 다양화, 이종교배를 가져오는가? 소수문화가 살아남고 새로운 문화가 발전할 가능성이 있는가? 이와 같은 질문이 글로벌화 현상과 관련해서 제기된다.

글로벌화의 문제는 미디어-문화이론의 또 하나의 주제인 문화적 정체성과도 연

결된다. 문화적 정체성은 국가, 민족, 지역, 언어
등 다양한 차원에서 정의될 수 있다. 주요 미디어
산업이 생산해 내는 전형적인 문화(미디어 텍스트)는
그 양식이 세계적으로 확산되고 지역, 언어권에 맞
게 변형되어 나타나기도 한다. 커뮤니케이션은 정
체성의 확립을 위해 필수적이다. 그리고 매스미디
어(인터넷을 포함한)는 정체성과 관련한 단서와 정체
성에 위협요인이 되는 콘텐츠를 동시에 제공한다.

표 5.2
미디어-문화 이론의 주제
• 문화의 질적 수준의 문제
• 커뮤니케이션 테크놀로지의 효과
• 문화의 상품화
• 글로벌화
• 문화적 다양성을 위한 정책
• 문화적 정체성
• 젠더 이슈와 하위문화
• 이데올로기와 헤게모니

일부 국가에서는 공공정책을 통해서 중요한 문화적 다양성을 담보하려는 수단을 강
구하고 있기도 하다. 문화적 정체성의 이슈는 지역, 종교, 민족뿐만 아니라 특정한
소수집단에서도 제기된다. 젠더 또는 성적 취향에 기초한 하위문화가 이와 관련되
는데 이와 같은 소수집단의 문화적 정체성 문제는 잠재적으로 매우 다양할 수 있다.
마지막으로 또한 중요한 질문은 문화적 생산물에 이데올로기적 속성이 어떻게 개입
되며 미디어 텍스트 안의 이와 같은 속성이 수용자들에게 어떻게 해독되어 궁극적
으로 특정한 효과를 발생시키는가에 있다.

 ## 초기 : 프랑크푸르트 학파와 비판적 문화이론

대중문화의 출현에 대한 비판적 관심은 19세기 중반의 문헌에서도 찾을 수 있지만,
20세기 중반 영국에서 등장한 조금은 급진적인 리처드 호가트(Richard Hoggart), 레
이먼드 윌리엄스(Raymond Williams), 스튜어트 홀(Stuart Hall)의 비판이론에서도
발견할 수 있다. 이들은 상업적 이득에 기반한 문화적인 '저급함'을 문제 삼았으며
노동자 계층을 대중문화를 소비하는 저급한 사람들로 취급할 것이 아니라 오히려
대중문화의 피해자라고 주장했다. 노동자 계층의 저급한 취향이 대중문화의 저속함
을 가져왔다는 비난에 대항하려는 시도를 이들의 연구에서 발견할 수 있다. 비슷한
시기 북미권에서도 대중문화에 대한 비난에 대항하는 비슷한 주장이 제기되기도 했
다(Rosenberg & White, 1957). 이 시기를 전후해서 '대중문화'는 그 자체가 단순히

저급하다는 오명에서 벗어나기 시작했다.

국제적인 맥락 속에서 매스 커뮤니케이션과 '미디어 문화'의 특성과 관련한 아이디어는 네오 맑스주의 사상에 영향을 받은 부분이 많고 세계대전 이후 발전되고 확산되었다. '비판이론'이라는 용어는 오랜 전통을 갖고 있는데 특히 1933년 이후 서방세계로 이주한 프랑크푸르트에 기반을 둔 응용사회연구 맑스주의 학파의 연구자들의 작업에서 그 기원을 찾을 수 있다. 이 그룹의 가장 중요한 연구자에는 호르크하이머(Max Horkheimer), 아도르노(Theodor Adorno), 뢰벤탈(Leo Lowenthal), 마르쿠제(Herbert Marcuse), 벤야민(Walter Benjamin) 등이 있다(Jay, 1973; Hardt, 1991).

이 학파는 원래 맑스에 의해서 예견된 혁명적 사회변화가 실패한 이유를 살펴보기 위해서 확립되었다. 이들은 실패원인으로 경제변화(또한 계몽)의 물질적, 역사적 영향력을 전복시킨 '상부구조'(특히 매스미디어에 의해 표현되는 아이디어나 이데올로기)의 역할을 지적했다. 이 학파의 연구자들에게 맑스에 의해서 해석된 역사는 잘못된 방향으로 가는 것처럼 보였다. 왜냐하면 노동자 대중들에게 '허위의식'을 조장함으로써 지배계급의 이데올로기가 경제적 하부구조를 조건화시켰기 때문이다. 이 과정에서 상품화는 중요한 수단이었다. 상품화 이론은 맑스의 저작 《강요》(綱要, *Grundrisse*)에서 발견할 수 있는데, 맑스는 사물이 내재된 사용가치보다는 교환가치를 얻음으로써 상품화된다고 보았다. 같은 방식으로 문화적 산물(이미지, 아이디어, 상징)도 미디어 시장에서 상품으로 생산되고 팔린다는 것이다. 이런 상품들은 소비자에게 심리적 만족감, 오락, 우리의 것이라는 가상의 개념 등을 주면서 유통되며, 이를 통해 문화상품은 우리가 살고 있는 사회의 실제구조를 모호하게 만들고 사회 안에서 우리가 종속되도록 허위의식을 만들어낸다고 본다.

마르쿠제(Marcuse, 1964)는 상업, 광고, 가짜 평등주의에 기초한 대중 소비사회를 '일차원적' 사회라고 기술한 바 있다. 이러한 비판에는 미디어와 '문화산업'의 역할이 암시되어 있다. 또한 이와 같은 비판적 아이디어는 대부분 1940년대에 아도르노와 호르크하이머(1972)에 의해서 시작되었는데, 이들은 주로 대중문화에 대한 날카로운 공격과 함께 비관적 시각을 제시했다. 획일성, 기술에 대한 숭배, 단조로움, 현실도피, 허위욕망 등을 발생시키고, 또한 사람들을 단순한 소비자로 전락시키면서 이데올로기적 선택을 제거한다는 측면에서 대중문화를 비판했다(Hardt,

1991). 편견을 지닌 프랑크푸르트 학파의 대중문화에 대한 시각은 반자본주의적이었을 뿐만 아니라 반미국적이었으며, 주로 현대적 매스미디어가 그 등장 초기에 서방으로 넘어온 유럽 지식인에 미친 영향력을 반영하는 것이라고 쉴즈(Shils, 1957)는 지적한 바 있다. 여러 측면에서 볼 때 위에서 지적한 대중문화에 대한 비판은 대중사회 이론에서 제기하는 것과 유사한 바가 있다.

이데올로기와 저항

비록 미디어 문화를 다루는 데 이데올로기에 대한 연구가 여전히 중심적이기는 하지만, 비판적 문화이론은 이제 초기 이데올로기적 지배에 초점을 맞춘 것을 넘어 관심영역을 확장하고 있다. 특히 청소년, 노동자 계층, 소수민족, 그리고 다른 주변부 계층의 경험을 미디어 문화를 살펴보는 데 있어 중요하게 다루고 있다. 이와 관련한 주제에 대한 이론정립과 연구는 1970년대에 버밍햄 대학의 현대문화 연구센터에서 선구적으로 실시되었다. 버밍햄 학파의 연구자 중 스튜어트 홀(Stuart Hall)은 문화연구 접근방식과 관련하여 다음과 같이 지적한 바 있다.

> 문화연구 접근은 단순히 토대가 '경제적' 측면에 의해 정의되는 가운데 정신적, 물질적 관계를 토대-상부구조로 정형화하는 것에 반대한다 … 문화연구는 '문화'를 고유한 사회집단과 계급 안에서 발생하는 수단과 가치로 파악하며, 사람들은 자신의 존재조건을 통제하거나 존재조건에 반응한다고 본다(Gurevitch et al., 1982 재인용).

버밍햄 학파의 비판적 접근은 미디어 텍스트에 내재한 이데올로기 문제로부터 수용자가 이러한 이데올로기를 어떻게 '해독'하는가의 문제로 연구관심을 전환시키는 데 기여했다. 스튜어트 홀(Stuart Hall, 1974/1980)은 '미디어 담론의 기호화-해독'(*encoding-decoding media discourse*) 모델을 제시했다. 이 모델은 미디어 텍스트의 의미를 특별한 방식으로 틀 지우는 생산자와, 이 의미를 각각 다른 사회적 상황과 해석의 틀에 따라 '해독'하는 수용자와의 관계를 보여준다.

이러한 아이디어의 제시는 이데올로기 이론이나 허위의식에 대해서 다시 한번 연구자들이 생각하도록 만드는 계기가 되었고, '차별적 해독'(Morley, 1980 참조)의 가능성에 대한 연구로 이어졌다. 또한 노동자 계급이 지배적 미디어 메시지에 저항하는 근거를 찾아보려는 연구로 이어졌다. 이 이론은 연구자들이 수용자 역할을 다시 생각해 보고, 미디어와 문화관계를 연구하는 데 조금 더 낙관적 시각을 갖도록 간접적으로 영향을 미쳤다. 한편 문화연구 접근은 인종, 젠더, 그리고 '일상생활' 영역에서 미디어 경험을 매개하는 사회적, 문화적 영향력에 대해 더 폭 넓은 시각을 갖게 해주었다고 볼 수 있다(Morley, 1986/1992).

4 대중적인 것에 대한 재평가

매스미디어는 우리가 '대중문화' 또는 '대중적 문화'라고 부르는 것의 많은 부분을 형성한다. 매스미디어는 이 과정에서 다른 문화적 양식을 '식민지화'했다. 우리 시대에 가장 널리 확산되어 향유된 상징문화는 영화, 텔레비전, 신문, 음반, 비디오 등에 의해 유통되는 것들이다. 우리가 이러한 추세를 단지 경멸하거나, 과거의 순수했던 그 무엇으로 돌아가기를 기대하거나, 우리 시대의 지배적 문화를 단순하게 상업화의 일그러진 산물이라고 보기는 어렵다.

대중적인 미디어 문화의 다양한 요소는 거의 모든 사람들의 관심을 끌고 있기 때문에, 현실적으로 엘리트 취향과 대중의 취향을 구분하기도 쉽지 않다. 취향은 늘 달라지며, 이를 평가하기 위한 기준 역시 변화하기는 하지만 우리는 이 시대의 미디어 문화를 우리가 만든 사실로 받아들여야 하고 그 자체로 인정할 필요가 있다. '대중(mass) 문화'라는 용어가 계속 통용되리라 보지만, '대중적(popular) 문화'(특히 많은 사람들에게 향유되는 인기 있는 대중적 속성의 문화를 의미) 라는 대안적 용어가 선호되는 듯하고 더 이상 여기에 경멸의 뜻을 담지도 않는 것 같다. 대중적 문화는 이러한 의미에서 사람들에게 전달되고 시장을 장악하는 것을 목적으로 하는 현재의 개성적 표현을 위한 혼성산물이며, 피스크(Fiske, 1987) 가 '의미와 쾌감'이라고 칭한 사람들의 적극적인 욕구에 의해 나온 것이라 하겠다.

사람들이 이용하는 기호의 힘

대중적인 것에 대한 재평가는 앞에서 소개한 홀의 해독이론과 관련 있다. 이 이론에 따르면 동일한 문화적 산물도 그 안에 지배적 의미가 있다하더라도 다른 방식으로 그 의미가 '읽힐 수(해독될 수)' 있다. 피스크(Fiske, 1987) 는 미디어 텍스트를 수용자가 읽고 즐긴 '결과물'이라고 정의한다. 또한 그는 텍스트의 의미가 지닌 다원성을 '다의'(polysemy) 라고 정의한다. 이와 관련된 용어인 '텍스트 상호성'(intertextuality) 은 다른 미디어 생산물 간에 의미가 상호연결성이 있다는 것을 지칭하기도 하고, 미디어를 통한 경험과 다른 문화경험이 서로 연결되어 있다는 것을 지칭하기도 한다. 두 용어는 어린 소녀들과 〈플레이보이〉 잡지의 나이든 남성독자들에게 팝 가수 마돈나가 다른 의미로 어필한다는 사례를 통해서 이해할 수 있다 (Schwichtenberg, 1992).

다른 차원의 하위문화에서는 인기 있는 미디어 콘텐츠가 완전히 다르게 해석될 수 있고 이러한 사실은 잠재적인 사회적 통제로부터 자유로울 수 있다는 주장과도 연계된다. 피스크는 다음과 같이 지적한다.

텔레비전에서 선호되는 의미는 일반적으로 지배계급의 이익에 부합하는 것들이다. 다른 의미들은 지배-종속 관계에 의해 구성된다.… 종속된 계급의 그들 자신의 고유한 의미를 만들기 위한 기호의 힘은 그들이 사회적 권력을 회피하고 저항하며 타협하는 능력과 맞먹는다(1987).

피스크가 볼 때, 대중적 문화의 가장 중요한 미덕은 문자 그대로 '사람들에게' 인기가 있고, '사람들의 힘'에 의존한다는 점이었다. 그는 또한 다음과 같이 주장한다.

> 대중적 인기도는 문화적 양식이 고객의 욕구를 충족시키는 능력을 가늠하는 척도라고 볼 수 있다 … 문화적 상품이 인기를 끌기 위해서는 생산자의 이해관계뿐만 아니라 다양한 사람들의 관심을 만족시킬 수 있어야 한다(1987).

대중적 문화는 일반대중의 수요에 적절한 것이어야 하고, 이에 반응해야 하며 그렇지 않으면 실패한다. 피스크는 문화자본의 분화흐름이 경제자본의 분화흐름을 따라간다는 주장에 반대한다(Bourdieu, 1986). 그 대신에, 그는 두 가지의 상대적 자율성을 갖는 경제가 존재한다고 본다. 하나는 문화적인 것이고 다른 하나는 사회적인 것이다. 계급사회에서 대부분의 사람들이 종속되어 있다고 하더라도 사람들은 문화적 경제의 영역에서 기호를 이용하는 힘을 가지며 이는 그들 자신의 욕구에 맞추어 의미를 만들어 내는 힘을 의미한다.

해답을 찾기 힘든 질문들

대중적 문화에 대한 재평가와 포스트모더니즘이 출현했음에도 불구하고, 프랑크푸르트학파 비평가들이 지적한 여러 가지 문제는 여전히 이슈로 남아 있다. 미디어가 만들어 내는 인기 있고 상업적으로 성공적인 많은 콘텐츠는 여전히 엘리트 계층에 의해서 비판받았던 과거처럼 유사한 거부감을 받고 있다. 미디어 문화는 때로 다음과 같은 한계를 보인다. 즉 미디어 문화는 반복적이고, 노력이 결여되어 있고, 테마가 제한되고 체제순응적이다. 이데올로기적으로 편향되어 있고, 외설적이며, 반지성적인 수많은 사례를 대중적 콘텐츠에서 찾아 볼 수 있다.

대중적 콘텐츠는 사람들의 문화적 삶을 풍요롭게 하는 목적보다는 이윤추구를 우선시하는 대기업에 의해 생산되기 때문에 대부분 상업적 논리에 좌지우지 된다. 수용자 역시 조작되고 관리되는 시장 소비자로 파악된다. 인기 있는 형식과 생산물은 식상할 때까지 계속 사용되고, 수용자들이 '문화적 경제' 영역에서 무엇을 원하든 상관없이 이윤을 창출해 내지 못할 때가 되면 버려진다. 한편 미디어 텍스트가 의도한 바와 달리 반대 방향으로 해독된다는 이론을 확실히 지지해 줄 경험적 근거 역시 많지 않다(Morley, 1997).

새로운 '문화적 포퓰리즘'에 대한 반론도 제기되었다 (McGuigan, 1992; Ferguson & Golding, 1997). 기틀린(Gitlin, 1997)은 새로운 문화연구를 문화가치의 기존 위계를 단순하게 바꾼 대중주의자들의 작업이라고 보았다. 그는 새로운 문화연구가 비록 의도하지 않았지만 문화의 정치적 측면에 반대하는 방향으로 간다고 보았다. 특히 자본주의에 대항하기보다는 '자본주의 논리에 공명'하는 측면이 있음을 지적했다 (1997).

대중적인 것에 대한 재평가와 관련한 주장은 대부분 지속적으로 발생하는 기호 이용에서의 불평등 현상을 간과하고 있다. 즉 교육수준이 높은 부유한 소수만이 대중적 문화와 비대중적 문화(클래식 음악, 명작문학, 전위예술 등)를 동시에 접근할 수 있다는 것이다. 대다수는 단지 대중적 문화만을 제한적으로 접하게 되고 상업적 미디어 시장에 전적으로 의존할 수밖에 없다는 점이 지적된다(Gripsrud, 1989).

'대중적 문화'에 대한 새로운 사고방식과 관련한 논쟁적 주장들에 대항하여 반박하는 데도 역시 위험요소가 있기도 하다. 과거의 논쟁으로 돌아가지 않고 이와 같은 문제를 극복하기 위한 하나의 방법으로 '라이프스타일'이라는 개념을 채용해 볼 수 있다. 이는 교육제도의 발전으로 문화적 자본이 폭 넓게 균등하게 배분되는 상황에서 현대 사회적 삶의 흐름과 다양성을 반영하는 개념이다. 예를 들어 앤더슨과 잰슨 (Andersson & Jansson, 1998)은 스웨덴 사람들의 미디어 이용을 연구하면서, 대중적이고 전통적인 문화 모두에 대한 관심을 조합한 '진보적 문화 라이프스타일'을 현상을 지적한 바 있다. 스웨덴의 사회집단들은 제한된 경제적 자본 속에서 높은 수준의 문화적 자본을 유지하고 있었으며, 라이프스타일은 선호하는 미디어나 미디어 이용방식에 따라 구분되었다. 이러한 라이프스타일은 설충적이고, 파편화되고 동시에 느슨한 경향을 보였다. 이러한 사례가 일반화될 수 있는지는 확실하지 않지만, 이는 새로운 시대가 새로운 문화 패러다임을 만들어 낸다는 것을 시사한다.

그럼에도 불구하고 매스미디어가 제공하는 문화의 '질적 수준' 문제는 여전히 미디어 이론영역의 논제로 남아 있다. 비록 그 의미가 변화하기는 했지만, 아직도 대중적 문화의 질적 수준은 정책의 이슈이고 공공의 관심사이기도 하다. 질적 수준이

표 5.4

대중적 문화에 대한 논쟁점

- 대중적 문화는 일반인들의 힘을 보여줌
- 대중적인 것에도 질적 수준을
  논의할 수 있음
- 대중적 문화는 보편적 소구를 추구함
- 대중적 문화는 다양한 하위집단의
  정체성 형성과 관련해 중요함
- 여전히 질적 수준의 문제는 남아 있음

라는 것은 더 이상 전통적인 문화적 규범에 부응하는 정도만을 의미하지 않는다. 이는 문화적 정체성과 관련한 창조성, 독창성, 다양성 등의 차원과 함께 어떤 관점이 채택되는가에 따라 다양한 윤리적, 도덕적 기준에 따라 정의될 수 있다 (Schrøder, 1992). 물론 대중적 문화를 옹호하는 사람들의 주장처럼 질적 수준은 대중적 문화가 제공하는 쾌감과 만족, 그리고 시장에서의 성공 여부에 따라 평가될 수도 있다. 사람들에게 가장 큰 어필을 하는 문화가 질적 수준이 낮다고 단순히 가정하기 어렵다. 하지만 문화적 생산물의 물질적, 경제적 과정을 '기호'의 성격을 띤 문화경제와 구분하는 것은 쉽지 않은 작업이다. '문화의 질적 수준'에 대한 의미와 이에 대한 측정과 관련한 논의에서 볼 수 있듯이 이에 대한 한 가지의 객관적 정의를 찾아보기는 힘들다. 매우 다른 기준을 적용할 수 있고 전문적인 미디어 생산자, 수용자, 사회, 문화 비평가, 미디어 경영자들의 시각에 따라 매우 다른 기준을 적용할 수 있다(Ishikawa, 1996) (제 14장 참조).

5 젠더와 매스미디어

미디어 텍스트를 차별적으로 해독하는 이론이 중요한 발전을 보인 분야는 젠더와 관련한 페미니스트 연구에서이다. 급진적이고 비판적인 경향을 띤 연구에서도 많이 찾기 힘들 정도로 지금까지 커뮤니케이션 연구에서 젠더 문제가 부각되게 다루어지지 않았음을 볼 때, '문화적 페미니스트 미디어 연구 프로젝트'(van Zoonen, 1991, 1994; Gallagher, 2003)는 중요한 의미를 가진다고 할 수 있다. 이 프로젝트에서는 미디어에서 여성들이 상대적으로 덜 등장한다거나 미디어 콘텐츠가 여성에 대한 정형관념이나 성 역할을 고정시키는 사회화를 가져온다는 초기의 의제보다 더 폭 넓고 심도 있는 문제를 다룬다. 현재의 관심도 페미니스트들이 주로 지적했던 것을 넘어서고 있다. 즉 미디어가 보여주는 포르노가 불쾌감을 주고 여성을 상징적으로 비하할 뿐만 아니라 실제 강간과 폭력으로 이어진다는 주장을 넘어 다양한 분야로 확산되었다. 젠더관련 미디어 연구는 사회적 계급이나 인종문제를 다루는 이론의 일부를 따르지만 매우 다양한 차원의 문제를 폭 넓게 다루고 있다. 특히 프로이트 정신분석 이론이나 자크 라캉(Jacques Lacan)이나 낸시 초도로우(Nancy Chodorow)의 아이디어에 기반한 논의가 제기되고 있다. 이 분야에서는 주로 남성과 여성의 이미지(영화, 텔레비전, 사진)를 수용하는 과정에서 젠더문제에 초점을 맞추고 있다. 한편으로 사회에서 여성의 지위에 관련하여 미디어가 가부장적 이데올로기를 전달하는 데 어떤 역할을 하는지에도 연구의 관심이 모아지고 있다. 젠더이슈는 현재 페미니스트 연구의 다양한 분야와 연계된다(Long, 1991; Kaplan, 1992).

반 주넨(van Zoonen, 1994)은 정신분석 이론을 포함한 초기 젠더관련 미디어 연구가 메시지 자극에 수용자가 직접적으로 반응하는 전송모델을 따른 부분이 있다고 지적한 바 있다. 그녀는 최근 들어 새로운 패러다임이 등장했다고 제안했는데, 이러한 새로운 패러다임은 미디어와 젠더문제가 어떻게 관련되는지를 이해하는 데 더 도움을 줄 수 있는 문화주의 연구속성을 갖고 있다. 먼저 '담론으로서의 젠더, 성별차이에 대한 문화적 설명과 처방'(1994)에 대한 아이디어가 새로운 접근방식의 중심에 있다. 두 번째 중요한 측면은 미디어 텍스트의 '독자'에 의해 적극적으로 의미와 정체성이 '구성'되는 부분에 대한 강조이다. 반 주넨(van Zoonen, 1994)은 페미니스트 미디어 연구에서의 새로운 접근이 일반적으로 다음과 같은 질문을 중요하게 다룬다고 지적한다.

미디어 텍스트에 젠더와 관련된 담론이 어떻게 부호화되는가? 수용자들은 젠더와 관련된 미디어 텍스트를 어떻게 이용하고 해석하는가? 수용자의 수용방식은 젠더와 관련한 개인 정체성을 구성하는 데 어떤 영향을 미치는가?

젠더와 관련한 질문은 미디어-문화관계의 거의 모든 분야에서 발견할 수 있다. 젠더문제에서 가장 중심이 되는 질문은 젠더에 대한 정의이다. 반 주넨(van Zoonen, 1991)은 젠더란 '주어진 것이 아니라 특정한 문화와 역사적 환경에 따라 변화하는 것이며… 지속적인 논증적 투쟁과 협상을 통해 형성되는 것'이라고 정의한다. 또한 중요한 이슈는 성별차이와 독특함이 어떠한 방식으로 기호화되는가의 문제이다(Goffman, 1976). 투쟁적 요소가 개입되는 또 다른 부분은 남성성과 여성성에 부과된 차별적 가치의 문제이다. 매스 커뮤니케이션 연구에서의 페미니스트 관점은 과거에 다루지 않았던 다양한 분야의 분석을 이끌어 내고 있다(Rakow, 1986; Dervin, 1987). 기대하는 수용자의 관점에 맞추어 부호화된 미디어 텍스트에서 남녀가 어떤 모습으로 그려지는지에 대해 특히 관심이 모아지고 있다.

젠더문제와 관련한 콘텐츠의 성별화는 생산측면에서 연구될 수 있는데, 이는 대부분의 미디어 선택과 생산작업이 남성에 의해서 이루어지기 때문이다(제11장 참조). 이런 점에서 연구관심은 '뉴스'생산에 맞춰진다. 뉴스는 오랫동안 남성 지배적 영역이었고, 지배적 양식과 콘텐츠(정치, 경제, 스포츠) 역시 남성 수용자를 대상으로 형성되었다. 페미니스트 미디어 비평가는 지속적으로 뉴스에서 여성이 상대적으로 덜 등장하고, 특정한 주제에만 여성문제가 다루어지는 데 문제를 제기했다. 갤러거(Gallagher, 2003)는 국제 연구결과를 인용하여(Media Watch, 1995) 정치, 기업 관련 뉴스에 비해 크게 낮은 비율인 17%의 뉴스만이 여성을 다루고 있음을 지적하기도 했다. 보다 최근에는 변화가 나타나기 시작했는데, 사소하고, 개인적이며, 선정적인 뉴스가 등장하면서 이러한 경향을 '여성화'와 동일시하는 비평도 발견할 수 있다. 신문이나 방송 등 뉴스 미디어는 여성 수용자의 관심을 적극적으로 따라가고 있으며 정의하기 어려운 대중 수용자를 잡기 위해 극한의 경쟁을 벌이고 있는 것이 사실이다.

미디어 텍스트에서 성별차이를 어떻게 구성하는지에 대한 문제는 젠더와 관련한 커뮤니케이션 이론의 일부분을 차지할 뿐이다. 미디어를 이용하고 이를 통해 의미를 추출해내는 방식에 성별에 따라 상대적으로 큰 차이가 있음을 미디어 수용자, 미디어 콘텐츠 수용연구에서 찾아 볼 수 있다. 사회적 역할, 전형적인 일상의 경험과 관심에서 남녀 간에 차이가 있으며, 성별에 따라 미디어 이용가능성이나 이용시간에 차이가 있다는 근거는 여러 연구에서 발견된다. 또한 이러한 차이는 가족 안에서의 권력역할과 일반적인 사회생활 상황에서 남성과 여성의 관계에서도 찾아볼 수 있다(Morley, 1986).

다양한 유형의 미디어 콘텐츠(그리고 생산과 이용) 역시 성별에 기초한 공통의 정체성 표현과 연관되며(Ferguson, 1983; Radway, 1984), 성별에 따라 쾌감이나 획득하는 의미 또한 다르다는 연구결과도 발표되었다(Ang, 1985). 한편 남성과 여성은 심리적 측면에서도 큰 차이가 있을 수 있다(Williamson, 1978). 이러한 점을 고려할 때, 미디어 이용의 맥락이 끊임없이 변화하고 '여성성의 기호에 의미를 부여하는 코드가 문화적, 역사적으로 독특하면서 앞으로도 획일적이거나 일정하지는 않을 것'이라고 한 반 주넨(van Zoonen, 1994)의 분석은 중요하다.

젠더이슈를 다루는 연구는 여전히 불평등한 사회상황 속에서 미디어 선택과 해석이 여성들에게 저항과 변화의 요소를 제공하는지에 대한 질문을 던진다. 대항적 의미해석이나 저항의 가능성은 왜 여성들이 가부장적 메시지를 담은 미디어 콘텐츠(연애소설 등)에 끌리는지를 설명하거나 이러한 매력의 표면적 의미를 재평가하는 데 도움을 줄 수 있다는 것이다(Radway, 1984). 요약하면, 다른 방식으로 성별화된 미디어 문화는 다른 방식의 반응을 이끌어내고, 성별차이는 미디어로부터 의미를 끌어내는 대안적 방식을 가져오게 된다고 연구자들은 지적한다. 또한 문화적, 사회적 의미가 있는 선택과 이용맥락에도 차이가 있다는 점도 제기된 바 있다(Morley, 1986). 젠더이슈가 주목받고 있지만, 모든 것을 성별차이로 해석하고 본질적인 성 정체성의 존재와 영향력을 가정하려는 시도에 대해서 일부 학자들은 경고하기도 한다(Ang & Hermes, 1991).

페미니즘은 문화적일 뿐만 아니라 정치적 프로젝트이며, 페미니스트 미디어 연구는 필연적으로 보다 정치적 의미를 고려하는 넓은 문화연구 논쟁의 틀 안에 있다. 그동안 연구자들은 여성 수용자들을 겨냥한 연속극이나 토크쇼 같은 인기 있는 장르에 많은 관심을 가졌다. 특히 초기 연구자들은 대중적 콘텐츠(연애소설, 아동들의 이야기, 여성잡지)에서 보여진 정형화된 여성의 모습과 가부장적이고 보수적인 이데올로기, 남성의 성적 대상으로의 여성 등의 이슈에 관심을 가졌다. 여성에 의해, 여성을 위해서 콘텐츠가 많아지고 여성의 성에 대한 금기가 없어지면서, 미디어 영역에서 많은 부분이 변했다(McRobbie, 1996). 또한 미디어 연구에서도 대중적 장르에 대한 재평가가 진행되면서 미디어 연구 안에서도 젠더와 관련한 많은 변화가 일어났다(Radway, 1984; Ang, 1991).

하지만 페미니스트 이론과 연구가 나가는 방향과 페미니스트 운동의 정치적 목적 사이에는 간격이 있다. 미디어의 변화와 새로운 대중문화 이론의 적합성에 대해서 모든 사람이 확신하는 것은 아니었다. 예를 들어 반 주넨(van Zoonen)은 뉴스와 오락영역을 구분해야 할 필요성을 강조했다. 그녀는 뉴스의 경우 '뉴스 미디어 안에서 페미니스트 정치와 페미니스트 정치인에 대해 적절하고, 윤리적이며 꽤 정확한 표현을 기대하는 것이 정당화된다'고 보았다(1994). 하지만 '집단적인 꿈, 환상, 공포'

표 5.5

젠더와 미디어

- 미디어는 여성을 공공영역에서 주변화 시킴
- 미디어는 성별 역할에 대한 정형관념을 전달함
- 미디어 생산과 미디어 콘텐츠는 성별화되어 있음
- 미디어 수용 역시 성별화되어 있음
- 여성을 위한 대안은 질적 수준의 대안적 기준을 제공함

영역과 관련한 대중적 문화의 경우 이와 같은 동일한 잣대를 적용하지 않았다. 반면 헤르메스(Hermes)의 경우, 대중적 문화에 대해 보다 긍정적 입장을 취하고 '문화적 시민권' 개념을 주장하면서 다음과 같이 지적한다(1997).

공공영역 이론에서 가장 중요한 요소는 이성이다… 대중적 문화에 대한 연구(포스트모더니즘과 페미니스트 이론에 영향을 받은 연구)는 우리의 일상생활에 정서와 감정이 중요하다고 주장한다. 민주주의라는 것이 여러 가지 가능한 것 중에서 가장 좋은 삶을 얻고자 하는 숙의(deliberation)라고 한다면, 우리가 이론화하는 것을 이성적인 주장에만 배타적으로 의존하는 것은 사리에 맞지 않는 것 같다. 우리는 시민권을 문화적 시민권으로 다시 생각해야 할 필요가 있고, 대중 민주주의체제 안에 살고 있는 사람들이 그들의 삶을 형성하기 위해 수많은 다른 논리를 가지고 있다는 점을 받아들여야 한다.

이런 측면에서 볼 때, 반 주넨(van Zoonen, 2004)이 제시한 '팬(fan) 민주주의'라는 것도 적합한 것일 수 있다.

상업화

초기 대중문화 비판에 포함되었고 현재도 여전히 논의되는 것은(특히 미디어 정책의 맥락에서) '상업주의'(조건)나 '상업화'(과정)의 문제이다. 어떤 면에서 이 용어는 강하지 않은 맑스주의 비판의 한 측면을 보여주기도 하고 '부르주아'적 속성의 경계에 있는 용어이기도 하다. 그렇다하더라도, 이 용어는 현재 미디어산업의 역동성이나 미디어-문화변화와 관련하여 여전히 적합하고 상품화에 대한 비판과도 밀접한 연계성이 있다. 상업주의에 대한 비판은 대중적이고 인기 있는 것에 대한 재평가 부분과 부딪힐 수밖에 없는데, 이는 대중적인 것이 대개 상업적 성공의 조건이기 때문

표 5. 6	신문의 상업화
	오늘날 신문의 주요 콘텐츠는 상업화된 뉴스이고 신문은 광고주가 주목할 만한 다수 수용자에게 소구할 수 있게 그리고 수용자를 즐겁게 하기 위해 가장 비용적으로 효율적인 측면으로 기획된다. 그 결과 대다수 수용자들에게 공격적인 내용은 무시되고 다수가 수용하고 또한 즐거워하는 이야기를 담게 된다. 취재에 비용이 들거나 재정적 부담이 큰 이야기는 다루어지지 않는다. 이에 따라 신문의 콘텐츠는 동질화되고, 다수가 용인하는 이슈만이 다루어지고, 폭 넓은 의견과 아이디어가 제시되지 못하는 한계가 발생한다 (Picard, 2004).

이다.

'상업주의'라는 용어는 어떤 면에서는 객관적인 자유시장체제를 지칭하기도 하지만, 이 용어는 대량생산되고 상품으로 시장에 나온 미디어 콘텐츠가 발생시키는 결과를 의미하기도 하고, 미디어 공급자와 소비자 사이의 관계 속에서 나타나는 결과를 의미하기도 한다. '상업적'이라는 용어가 형용사로 미디어와 관련된 문제에 적용되었을 때는 대규모 시장에서 경쟁하는 것을 말한다(Bogart, 1995). 광고가 많이 등장한다는 것 외에도, 상업적 콘텐츠는 재미와 오락(도피) 지향적이며, 피상적이고 순응적이며, 모방의 속성이 강하고 표준화되었다고 할 수 있다. 피카드(Picard, 2004)는 신문의 상업화 경향과 신문의 질적 수준이 낮아지는 것과 연관성이 있다고 지적한다(〈표 5. 6〉). 맥마너스(McManus, 1994)의 연구에서도 이러한 경향을 발견할 수 있다.

또한 신문이 독자를 두고 경쟁하면서 나타난 '타블로이드화' 경향에 대한 지적도 많다. 텔레비전에서는 이와 비슷한 경향을 다양한 유형의 '인간적 흥미'와 드라마틱한 소재를 다루는 새로운 '리얼리티' 프로그램에서 발견할 수 있다. '타블로이드화'라는 용어는 몇몇 국가에서 작은 지면에 인기에 영합하는 내용을 담은 길거리 신문의 양식에서 유래되었다. 뉴스에서 누가 다루어지고 그들이 어떻게 묘사되는지 역시 타블로이드화와 관련한 문제이다(Langer, 2003). 커넬(Connell, 1998)은 영국에서는 이 용어가 이야기체에 강조를 둔 '선정적' 뉴스담론이 '이성적' 뉴스담론을 대치한 것을 의미하는 것으로 쓰인다고 지적한다. 버드(Bird, 1998)는 미국 텔레비전 뉴스의 '타블로이드화'를 진단하면서, 개인적이고 극적인 면을 강조하는 뉴스는 더 많은 사람들이 볼 수 있게 됐지만 뉴스정보를 통해 배우는 것이 별로 없는 하찮은

표 5.7
미디어 상업주의
• 사소한 것에 치중하고 타블로이드화되는 경향
• 시장 중심의 콘텐츠 선택
• '나약한' 소비자들을 착취
• 소비주의를 선전
• 문화의 상품화, 수용자와의 관계의 상품화
• 문화에 내재된 좋은 특성을 감소시킴
• 지나치게 광고에 의존

뉴스가 더 많이 등장하게 되었다고 지적하기도 했다. '인포테인먼트'라는 용어는 이런 측면과 관련하여 현재 많이 사용된다(Brants, 1998).

시장조정을 통해 매우 다양한 고급문화 생산물이 공급되고 소비되는 것 역시 사실이기는 하나, 상업적 측면에 비판적 연구자들은 커뮤니케이션과 관련된 상업성은 본질적으로 결속력을 강화하는 데 도움이 되지 않고 잠재적으로 착취적 성격이 있다고 주장한다. 커뮤니케이션 과정에서 상업성은 이용자 상호 간의 연계나 공동체라는 공유된 정체성을 확립하는 데 도움을 주지 않는다는 것이다. 상업성은 매우 계산적이고 도구적이기 때문에 커뮤니케이션 모델의 차원에서 볼 때 의례화된 '관습' 모델보다는 '전송'이나 '공시' 모델을 더 반영한다고 할 수 있다. 가장 중요한 문제는 이윤창출이 가장 중요한 생산의 동기라는 점이다.

신문은 500여 년간, 시청각 문화생산은 100년간 지속된 자유시장체제가 본질적으로 문화 측면에서 볼 때 '해로운' 것이라고 주장하는 것은 받아들이기 어렵다. 이 절에서 지적한 '상업적' 측면은 비판적 관점에서 제기된 개념으로 좁게 초점을 맞추어 해석될 필요가 있다.

커뮤니케이션 테크놀로지와 문화

맥루한(McLuhan, 1964)은 이니스(Innis)의 주장을 발전시켜 커뮤니케이션과 사회권력 구조와의 관계뿐만 아니라 다양한 유형의 커뮤니케이션 미디어를 통해서 우리가 세상을 경험하는 과정에 주목했다. 맥루한은 모든 미디어(미디어는 문화적 의미와 어떻게 해독되어야 하는지에 대한 방식이 내재되어 있다고 그는 주장한다)가 '인간의 연장(선)'이고 따라서 감각기관의 연장이라고 주장했다. 다른 연구자들과 마찬가지로, 그는 순수한 '구전' 커뮤니케이션에서 문자언어에 기초한 커뮤니케이션으로의 변화(BC 5천 년경)가 갖는 함의에 주목했다. 대부분의 문화적 경험은 상대적으로 최근에 이르기까지 주로 구전으로 남아 있었다. 맥루한은 또한 우리가 '무엇'을 경험하는지보다(따라서 미디어 콘텐츠가 아니라) '어떻게' 세상을 경험하는지에 초점을 맞췄다. 각각의 새로운 미디어는 그 이전에 존재하던 미디어가 경험하게 해주던 영역을 넘어서게 하고 더 많은 변화를 가져오게 한다는 것이다. 맥루한은 다양한 유형의 미디어가 함께 작용한다고 보았고, 모두가 자유롭게 공유하는 정보와 경험이 가능한 '글로벌 빌리지'를 이루게 될 것이라고 예측했다.

맥루한의 주장 중 부각된 일반적인 명제는, 우리의 감각이 의미생산 과정에 더 많이 관련될수록 [미디어가 하나의 감각에 의존하는 '핫'(hot)한 성격이 아닌 감각기관의 마찰이 없는 '쿨'(cool)한 성격을 가질수록] 우리는 더욱 관여가 높고 참여적 경험을 하게 된다는 것이다. 이러한 관점에 따르면, 인쇄된 텍스트를 읽음으로써 세상을 경험하는 것은 고립되어 경험하는 것이고 비관여적인 것이 된다(이성적이고 개인적인 태도형성을 고무시킨다). 텔레비전 시청은 이를 통한 정보습득이 비록 많지는 않지만 관여도가 높고, 덜 이성적이며 덜 계산적인 태도를 형성하게 만든다. 이런 개념은 맥루한에 의해서만 제기되었고 이에 대한 확실한 근거는 없다. 하지만 그의 주장은 시청각미디어가 인쇄미디어를 여러 부문에서 대치하는 듯한 시대를 살고 있는 우리에게 많은 생각을 하도록 영향을 미쳤다.

커뮤니케이션 테크놀로지와 관련한 대부분의 이론은 특정한 미디어가 메시지의 콘텐츠나 양식에 미치는 영향력과 의미가 형성되는 과정에 초점을 맞추었다. 그럼에도 불구하고, 테크놀로지와 문화, 이 둘 간의 영향관계는 분명하지 않다. 왜냐하면 테크놀로지 자체가 문화적 산물이고, 따라서 이러한 상호연결 관계를 깨뜨릴 수 있는 방법이 없기 때문이다. 우리가 알고 있는 이론이란 테크놀로지뿐만 아니라 다양한 특성에 영향을 받을 수 있는 매스미디어에 의해 제공되는 문화적 의미의 관찰 가능한 패턴을 기술한 것이다. 테크놀로지 변화가 미디어 문화에 영향을 미치는 과정에 대한 일반적인 관점을 소개한 것이 바로 〈그림 5. 1〉의 내용이다. 아마도 여기서 가장 중요한 점은 테크놀로지가 문화에 직접적 영향을 끼치지는 않는다는 점일 것이다. 테크놀로지의 효과는 매스미디어와 같은 적합한 기관에 의해 매개되어 발생한다.

표 5.8
다섯 유형의 미디어 테크놀로지 편향성
• 감각경험
• 형식
• 콘텐츠
• 이용의 맥락
• 송신자-수신자의 관계

그림 5.1 커뮤니케이션과 기술적, 문화적 변화와의 상호작용 과정

테크놀로지가 미디어 문화에 미치는 영향을 설명하기 위해서 이니스에 의해서 도입된 '편향성' 개념을 확장하고, 특정한 미디어 테크놀로지의 특성과 관련한 몇 가지 경향성을 인식할 필요가 있다. 우리는 이에 기초하여 다섯 가지 유형의 미디어 편향성을 구분해 볼 수 있다. 먼저 맥루한이 지적한 '감각경험'의 편향성이 있다. 우리는 세상을 시각적 표상이나(Hartley, 1992), 관여적, 참여적 방식으로 미디어에 따라 차이가 있게 경험한다는 것이다. 두 번째, 형식과 표현에서의 편향성이 있는데, '메시지'가 인쇄물에서처럼 강하게 부호화되거나 사진에서처럼 본질적으로 부호화되지 않는 경우가 있다(Barthes, 1967). 세 번째, 메시지 콘텐츠의 편향성은 현실주의나 다의(polysemy), 개방적이거나 폐쇄적인 포맷 등 의미나 형식상의 차이에서 발견할 수 있다. 네 번째, '이용의 맥락'과 관련한 편향성이 있는데, 어떤 미디어는 보다 사적이고 개인화된 수용으로 이어지고, 어떤 미디어는 보다 집단적이고 공유되는 수용으로 연결되는 차이를 보인다. 다섯 번째로, '관계'의 편향성이 있다. 이는 상호작용적 미디어와 일방향적인 미디어의 차이에서 발견할 수 있다.

편향성이 결정론을 의미하는 것은 아니지만 이는 특정한 유형의 경험과 매개방식이 더 부각될 수 있다는 점을 암시한다. 엘리(Ellis, 1982)는 텔레비전과 영화의 비교를 통해 특정 미디어의 의도되지 않은 편향성이 체계적이고 복합적인 방식으로 콘텐츠, 지각과 수용방식에 어떤 영향을 미치는지 지적한 바 있다.

텔레비전이 등장한 후 많은 사람들에게 인기 있는 미디어가 되면서 많은 연구가 텔레비전 이용이라는 사회적 경험이 발생시킨 결과에 대해 관심을 가지기 시작했다. 연구자들이 지속적으로 관심을 가진 부분은 우리의 경험이 당대의 지배적 미디어의 언어나 이미지를 통해 매개되는 정도에 대한 것이었다. 기든스(Giddens, 1991)는 연구자들이 주목한 현상을 '고도의 현대성'의 주요한 특징으로 보고 강조한 바 있다.

> 현대성의 수준이 높아진 단계에서는 멀리서 일어나는 일들이 우리 주변의 사건과 우리에게 직접적으로 미치는 것이 점점 더 일상화된다. 인쇄, 전자 미디어는 일상에서 매우 중심적인 역할을 한다. 초기 필사본을 통해 이루어졌던 시대부터 오늘날에 이르기까지 매개된 경험은 자아정체성과 사회적 관계의 기본적인 조직화에 오랫동안 영향을 미쳤다(1991).

거브너(Gerbner, 1967)는 매스 커뮤니케이션의 중요성이 '대중'을 대상으로 한다는 개념보다는 '면대면 상황과 대인적으로 매개되는 상호작용의 제약을 뛰어넘어 제도화된 공적인 문화적 적응현상의 확장'을 통해 사회변화를 가져오는 데 있다고 지적한 바 있다. 그는 '출판'(매스미디어의 주요활동)이 개인적인 지식 시스템을 공적 시스템으로 변화시키면서 집합적 사고를 할 수 있는 새로운 기초를 만들었다고 보았다. 맥루한도 이와 유사하게 텔레비전의 '재부족화'(retribalizing) 효과를 지적했다. 이와 같은 시각에서 암시하는 바는 정체성이라는 것이 체계적으로 폭 넓게 공유된 매스미디어의 메시지를 통해서 확립된다는 점이다.

거브너와 동료 연구자들은 텔레비전이 '문화계발'과 '문화적응' 과정을 맡는다고 보았고, 사람들이 텔레비전이 제공하는 사회에 대한 선별적 관점에 체계적으로 노출되면서 이를 통해 신념과 가치를 형성하는 경향이 있다고 보았다. 우리 환경은 텔레비전에 의해 너무나 독점되어 그 안에서 사회를 배우게 된다는 것이다(제 18장 참조). 이러한 주장은 정체성과 사회적 목표의 인식을 위해 매스미디어가 가장 중요한 정보원이 된다는 밀스(C. W. Mills)의 시각과 일치하는 부분이 있다.

맥루한과 고프만(Goffman)의 연구작업에서 영향을 받은 매스미디어와 사회변화 관련 최근 이론은 텔레비전이 문화변화에 지대한 영향을 미친다고 설명한다. 마이로위츠(Meyrowitz, 1985)는 편재하는 전자 미디어가 이전 시대에는 전형적이었던 사회적 공간의 구획화를 깨뜨리면서 사람들의 사회적 경험을 근본적으로 변화시켰다고 주장했다. 그는 인간의 경험이 전통적으로 역할과 사회상황에 따라 분화되어 있었고 사적인 것(무대 뒤)과 공적인 것(무대 위)이 완전히 분리되었다고 보았다. 연령, 성별, 사회계층, 경험영역에 따른 이러한 분화의 벽은 높았다는 것이다. 텔레비전은 이러한 구분 없이 사회적 경험의 모든 단면을 모든 사람들에게 함께 보여주게 되었다. 성인들만의 이야기, 섹스, 죽음, 권력 등의 문제에서 더 이상 특별한 비밀은 없어지게 된 것이다.

　　정체성과 권위를 확인하기 위한 이전의 기반은 이제 약해졌거나 희미해졌고, 매개된 경험과 공간(사회적·물리적) 제약 극복을 통해 이제 새로운 집단 정체성(여성, 동성애자, 급진적 운동가 등)의 확립도 가능하게 되었다. 모든 사람들이 이제 동일한 정보환경 속에 살게 되었지만 이러한 변화는 또 한편으로 사회적 또는 물리적인 특별한 공간이 없는 문화를 만들어 냈다. 이러한 현상과 관련한 이론은 현대사회에서 발생하는 많은 것을 설명하려 하지만 검증된 부분은 많지 않다. 하지만 많은 논의에서 '경험의 매개'라는 의미는 강조되고 있다.

문화의 글로벌화

새로운 커뮤니케이션 테크놀로지 효과와 관련하여 많은 연구자들이 동의하는 부분은 이러한 기술이 매스 커뮤니케이션의 국제화에 미친 효과이다. 이러한 경향이 발생시킬 수 있는 잠재적인 문화적 효과에 대해서는 그동안 많은 논쟁이 있었다. 시간과 공간의 제약을 극복하고 국경을 넘어 전 세계에 소리와 움직이는 이미지를 전송할 수 있는 테크놀로지로 인해 이와 같은 글로벌 미디어 문화에 대한 논의가 활발해졌다. 또한 글로벌 미디어 사업(그리고 미디어 상품을 팔 수 있는 글로벌 시장)의 등장은 글로벌화를 위한 원동력이 되고 있으며 조직적인 틀을 제공한다. 사실 이러한 조건은 갑자기 만들어진 것이 아니고, 국적을 초월한 문화라는 아이디어 자체도 새로운 것은 아니다. 새로운 부분은 영화나 음악과 같은 산물의 문화권을 초월한 커뮤니케이션의 잠재력이 높아진 점이다. 특히 텔레비전과 관련하여 미디어 산업구조와 글로벌 미디어의 흐름의 변화는 중요한 연구대상이 되었다. 하지만 아직까지 문화적 영향력에 대해서는 지속적인 관찰이 필요하고 이와 관련한 논의는 진행 중이다.

현재 발생하는 국적을 초월한 문화과정은 여러 가지 의미를 지녔고 제 10장에서 더 자세히 논의될 것이다. 이러한 현상은 미디어 자체에 영향을 미치고 미디어를 수용하는 사람들에게도 영향을 미칠 수 있다. 이는 또한 전송과 수용을 위한 상호 연결된 인프라구조의 발전과 다국적 소유구조와 운영능력이 성장함에 따라 가능해졌다. 미디어에 미치는 영향 중 하나는 다양한 종류의 미디어-문화 콘텐츠가 등장한 것이다. 비록 원래는 지역시장을 위해 생산되었다고 하더라도, 더 넓은 수용자층에 소구할 수 있다면 이러한 것이 글로벌한 전형적인 콘텐츠로 선택된다. 이러한 과정에서 대개 주제나 상황은 특정 문화의 특수성이 약화되고 보편적 형식과 장르가 선호된다. 미국이 시청각 문화상품과 음악분야 제작에서 가지는 영향력 때문에, 다국적 콘텐츠는 때로 문화적으로 미국적인 것이라고 인식되기도 한다. 하지만 멕시코, 일본, 이집트, 인도 등 다른 지역에서도 이러한 문화상품이 대규모로 생산되고 수출되기도 한다. 일반적으로 글로벌 문화상품을 수용하는 국가의 고유한 문화가 종속되거나 대체되는 문제를 글로벌화의 영향력을 논의할 때 주로 이야기한다. 또한 고유한 문화가 국제적 모델을 따라가게 만드는 영향력에 주목하고 있다. 한편 거대한 미디어시장을 위한 글로벌 미디어 문화의 출현 역시 이러한 영향과정에서 살펴보는 이슈이기도 하다.

10 매스미디어와 포스트모던 문화

'포스트모던 상태'(Harvey, 1989) 라는 개념은 그동안 수많은 사회문화 이론가들의 상상력을 사로잡았고, 포스트모던 이론은 정보사회에 잘 맞는 이론처럼 보였다(제 10장 참조). 널리 통용되기는 하지만, 포스트모던이란 매스미디어에 적용하기 적절한 여러 가지 아이디어를 포함하는 복잡하고 때로는 애매모호한 개념이다. 포스트모던이라는 용어는 정치적으로 볼 때 '계몽 프로젝트'가 역사적으로 막을 내릴 때가 되었으며, 특히 물질적인 발전, 평등주의, 사회개혁, 관료방식으로 사회적 목적을 달성하는 것이 종말에 이르렀음을 의미한다. 우리가 살고 있는 현 시대를 이제 자연스럽게 '포스트모던'한 시대로 보는데, 이는 급속한 사회변화, 산업화, 공장 시스템, 자본주의, 조직의 관료적 형태, 대중적 정치운동 등의 특징이 있는 '모던'한 시대의 마지막 단계를 지칭한다.

이러한 점에서 볼 때 '포스트모던'은 '모더니즘'과는 연대기적으로, 개념적으로 구분된다. 몰리(Morley, 1996)가 지적했듯이, 이러한 구분에는 문제가 있는데 왜냐하면 '모던'이라는 용어가 5세기부터 등장했고, 그때부터 다른 시대를 맞이할 때마다 다른 의미로 사용되었기 때문이다. 현재 이 용어는 분명한 구분선 없이 보통 19세기와 20세기의 전형적인 사회·문화적 특징을 지칭하는 데 이용된다. 또한 몰리는 '현대화' 현상과 관련한 중요한 이론가로 막스 베버(Max Weber)를 꼽고 있다. 베버는 사회적 변화를 분석하는 데 가장 중요한 개념으로 '이성화'를 제시한다. 이런 점에서 우리는 모더니즘이 본질적으로 서구적(유럽의) 개념이라고 생각할 수 있다.

사회-문화적 철학으로서 포스트모더니즘은 문화가 고정되어 있고 위계적이라고 보는 전통적 시각에 반대한다. 포스트모더니즘은 이성보다는 감성에 소구하고, 표피적인 기쁨을 주고, 순간적으로 지나가는 문화형태를 선호한다. 포스트모던 문화는 순간적이고, 비논리적이고, 변화무쌍하며, 쾌락적인 것을 특징으로 한다. 매스미디어 문화는 다양한 감각에 소구하며, 신기한 것과 관련되어 순간적으로 지나간다는 특성을 지녔다. 대중적인 미디어 문화(상업적인)의 많은 특성은 포스트모던 요소를 반영한다. 텔레비전 뮤직비디오는 포스트모던한 텔레비전 서비스의 첫 번째 사례로 꼽을 수 있다(Kaplan, 1987; Grossberg, 1989; Lewis, 1992). 권위적인 것에 근거한 것 외에 예술의 질적 수준이나 메시지의 심각성과 같은 기준은 적합하지 않으며 이러한 것은 '부르주아'적인 것으로 여겨진다.

이러한 특성은 한때 해악이 있는 것으로 여겨진 '대중들의 문화'에 대한 방어논리로 쓰이는 이상으로 새로운 현상을 설명하는 데 이용된다. 대중들의 입장에서 현상을 평가하는 문화 비평가들에게 현상에 대한 새로운 인식을 할 수 있는 수단이 되었다고 할 수 있다. 포스트모더니즘은 실제적인 사회가치의 변화, 대중적 문화에 대한 재평가, 새로운 미학을 향한 매스미디어 안에서의 진정한 문화적 혁명으로부터 힘을 얻었다. 텔레비전과 팝음악은 우리 시대의 지배적 문화양식이 되었고 무한한 독창성과 변화를 이끄는 힘을 보여주었다.

포스트모더니즘의 아이디어는 사회보다는 문화적 측면에서 특징을 짓기가 더 쉽다. 왜냐하면 '모던한' 사회의 특징들이 여전히 발견되고, 글로벌한 금융시장이 불변의 일관된 논리로 움직이는 것처럼 강화되어 나타나기도 하기 때문이다. 포스트모더니즘은 시대의 지배적 감성과 정신, 특정한 미적, 문화적 경향을 일컫는다. 도처티(Docherty, 1993)는 포스트모던 문화와 사회철학을 1968년 이후 자본주의의 종말과 새로운 유토피아의 탄생이라는 명제에 기초한 혁명적 열망의 재평가에서 나온 반응이라고 본다. 이러한 희망은 원래 모던한 사회에 함축되어 있던 물질적 진보, 이성, 계몽 등의 개념에서 나온 것이었다.

이러한 측면에서 볼 때, 포스트모더니즘은 정치적 이데올로기로부터의 후퇴를 상징하며, 또한 이성과 과학에 대한 신념의 상실을 의미한다. 이러한 경향은 우리가 어떤 고정된 신념이나 관여도 공유하지 않으며, 쾌락주의, 개인주의, 현실의 순간을 하루하루 살아간다는 현대의 특별한 시대정신을 만들어 냈다. 이런 점들은 널리 인용되는 포스트모더니즘의 다른 특성과도 맥을 같이 한다. 리오타르(Lyotard, 1986)는 인간을 위해서 더 이상 거대한 신화는 없으며, 조직적이고 설명적인 틀이나 문화적 프로젝트도 없다고 지적한 바 있다. 포스트모더니즘의 문화적 미학은 전통을 거부하고 신기하고 새로운 것, 창안, 순간적인 향유, 향수, 놀이, 비일관성을 찾는 특성을 포함한다. 제임슨(Jameson, 1984)은 비록 찾아 볼 수 있는 논리가 없을지도 모르지만, 포스트모더니즘을 '후기 자본주의의 문화적 논리'라고 일컫는다. 기틀린(Gitlin, 1989)은 포스트모더니즘이 북미대륙의 현상이며 미국문화의 많은 특징을 가지고 있다고 보았다.

그로스버그 등(Grossberg et al., 1998)은 포스트모더니즘을 상업화 과정과 연결시킨다. 포스트모더니즘은 자본주의에 대해 별로 반대하지 않고, 또한 상업은 소비자의 요구에 반응하는 것으로 보기 때문에, 앞에서 소개한 문화적 접근보다는 훨씬 더 상업적 활동에 우호적이다. 하지만, 포스트모던한 사고범위 안에는 사회문화적 낙관주의와 비관주의가 모두 들어 있다. 앵(Ang)은 지적 태도로서의 보수적 포스트모더니즘과 비판적 포스트모더니즘을 구분할 필요가 있다고 보았다. 그녀는 "보

- 이성적–선형적인 모던한 시대가 지나감
- 문화와 사회를 설명하기 위해 신뢰할 만한 조직화된 아이디어가 더 이상 없음
- 고정된 문화적 가치가 존재하지 않음
- 경험과 현실은 실체를 파악하기 힘들며 순식간에 변화함
- 문화를 평가하는 새로운 질적 기준은 신기함, 혼합, 유머, 놀라움 등임

수적 포스트모더니즘은 '무엇이든 적합하다'는 태도에 굴복하는 경향이 있다 … 하지만 비판적 포스트모더니즘은 하버마스가 '끝나지 않은 모더니티 프로젝트'라고 지칭한 것의 한계와 실패에 대한 깊은 이해에서 시작된다(1998)"라고 지적한 바 있다.

텔레비전 광고는 위에서 언급한 문화적 특징의 대부분을 보여주는 것 같다. 보드리야르(Baudrillard, 1983)의 작업, 특히 현실과 이미지 간의 차이는 더 이상 중요하지 않다는 점을 제시한 그의 '환영'(simulacrum) 개념은 우리가 포스트모던 문화의 본질을 이해하는 데 도움을 준다. 매스미디어는 경험의 대치물로 현실 자체와 구분하기 어려운 의사(擬似)-현실의 이미지를 무한히 제공한다. 이러한 현상은 〈트루먼 쇼〉(1997)라는 영화에 잘 나타나있다. 잘 알려졌다시피 이 영화에서 주인공은 가상의 공동체 안에서 장기간 계속되는 연속극의 플롯에 따라서 실제 삶을 살아간다. 이미지와 현실이 융합된다는 점은 현실경험을 대체하는 가상현실을 만들어 내는 기술에서도 발견할 수 있다.

포스트모던 개념이 우리의 관심을 끄는 것은 현재 작동하는 미디어(뉴스 미디어 포함) 경향과 미디어 논리의 본질을 이해하는 데 도움을 주기 때문이다. 또한 포스트모더니즘은 다양한 사회변화(예를 들어 계급 구조의 파편화, 정치 이데올로기의 쇠퇴, 글로벌화)를 연결시켜 주는 개념이기도 하다. 하지만 아직까지 그 자체로 실질적 내용이 부족하고, 이를 이용한 분석결과도 많지 않으며 본질적으로 고정된 의미를 가지지 않는다는 제약이 있다.

11 소 결

이 장에서는 매스미디어와 관련된 광범위한 문화적 이슈를 정리해 보았다. '문화'영역과 미디어 영역을 구분하는 것이 힘들다는 것을 이제 이해할 수 있을 것이다. '문화'라는 용어는 상징적 생산물, 우리가 고안해낸 모든 것, 일상의 사회적 삶, 모든 사회적 관습을 포괄하는 것으로 이용된다. 미디어는 복잡한 과정의 중심에 서 있기 때문에 이제 가장 중요한 이론적 작업 역시 미디어와 관련하여 재정립될 필요가 있다. 20세기 전반 미디어가 등장한 초반부에는 라디오, 텔레비전, 영화 등이 우리가 가치 있는 사물의 집합체, 관습, 관계와 아이디어 등으로 지칭한 '문화'에 미치는 '효과'를 논의하는 것이 가능했다. 이러한 작업은 이제 이 시대에는 적절하지 않은 것 같다. 비록 '뉴미디어'의 등장으로 테크놀로지 발전에 따른 문화적 변동을 관찰할 수는 있지만 말이다. 문화와 관련하여 단순한 '인과모델'은 적합하지 않을 수 있지만 새로운 시각과 방법론을 통해 다양한 문제가 제기될 수 있다. 비판적 접근은 문화현상을 관찰하는 데 적용할 수 있는 하나의 중요한 축을 형성하고 있다. 미디어 시대에 연구되고 논의되어야 할 문화와 관련한 새로운 문제들은 여전히 산재해 있다.

06 뉴미디어 - 새로운 이론?

1 뉴미디어와 매스 커뮤니케이션

매스 커뮤니케이션 현상을 다루는 이론은 뉴 테크놀로지가 등장하고 적용됨에 따라서 끊임없이 재평가되었다. 제 2장에서 우리는 새로운 미디어의 등장이 공적 커뮤니케이션을 위한 사회-기술적 가능성을 확장하고 바꾸어 놓을 수 있다는 점을 살펴보았다. 하지만 아직까지 뉴미디어를 통한 사회적 변형은 크게 일어나지 않았고, 지금 시점에서 변화가 얼마나 멀리 그리고 빠르게 일어날지 예측하는 것은 조금 이른지도 모른다. 그럼에도 불구하고, 이미 제기된 사회와 문화영역의 중요한 이슈의 가능성을 모색해 보고 의미를 검토하는 것은 중요하다. 이 장에서 전제하는 것은 상징적인 콘텐츠를 전송하거나 참여자의 교환을 연결시키기 위해 단순히 기술을 적용시키는 것만이 미디어와 관련한 모든 것이 아니라는 점이다. 미디어는 뉴 테크놀로지의 특징들과 상호작용하는 일련의 사회적 관계를 포함한다. 새로운 이론은 단지 미디어 테크놀로지의 사회적 조직양식에 근본적 변화가 있을 때, 또는 캐리(Carey, 1998) 가 '취향과 감성의 지배적 구조'라고 부른 사회적 관계에 변화가 있을 때 필요하게 된다.

20세기 초반 비차별적 대중을 대상으로 일방향적인 비차별적 메시지를 보냈던 것과 비교해 볼 때 현재의 매스미디어에 변화가 있다는 점을 발견할 수 있다. 이러한 변화에는 기술적 이유도 있지만 사회적, 경제적 이유도 개입되었다. 제4장에서 살펴본 정보사회 이론 역시 대중사회와는 명백히 다른 복잡한 상호작용적 커뮤니케이션 네트워크로 특징지을 수 있는 새로운 사회의 출현을 지적한다. 이러한 상황에서 우리는 미디어 사회-문화이론의 주요 주장을 재평가할 필요가 있다.

이 장에서 논의할 '뉴미디어'는 단순히 새롭다는 차원을 넘어 디지털화를 통해 커뮤니케이션 수단으로 개인적 이용이 폭 넓게 가능해진 특성을 담은 일련의 독특한 커뮤니케이션 테크놀로지를 의미한다. 이 장에서는 특히 매스 커뮤니케이션 영역에서 직접, 간접적으로 기존의 '전통적' 매스미디어에 영향을 미친 새로운 미디어와 그 적용에 초점을 맞춘다. '인터넷'과 관련한 다양한 활동에 주목할 것인데, 여기서는 주로 온라인상의 뉴스, 광고, 방송에의 적용, 월드 와이드 웹, 정보검색, 커뮤니티 형성 등 인터넷의 공적 이용에 초점을 맞출 것이다. 이메일 이용, 게임 등 인터넷을 통한 사적인 서비스는 이 장의 관심영역 밖이다.

또한 이 장에서는 뉴미디어의 특성, 적용, 관련된 커뮤니케이션 경험 등을 살펴볼 것이다. 역사적으로 볼 때 뉴미디어의 장점과 문제점에 대한 연구자들의 견해는 갈린 것 같다. 하지만 일반적으로 뉴미디어의 등장은 지대한 관심과 이 미디어의 가능성과 중요성에 대한 긍정적 기대 속에서 환영받았다(Rössler, 2001). 비록 이러한 낙관론과 문제점에 대해 경종을 울리는 목소리가 동시에 등장하기는 했지만, 우리는 뉴미디어에 대한 규제나 통제의 틀이 부재한 상황에서 여전히 긍정적 기대 속에 살고 있는 것 같다. 뉴미디어의 영향력과 관련한 예측들은 현실과는 조금 거리가 있는데, 이 분야의 연구들은 우리의 기대에 걸맞은 근거가 있는지를 살펴보려 한다. 이 장의 가장 큰 목표는 뉴미디어와 관련한 이슈를 점검하고 이론과 현상을 연결시켜 평가해 보는 것이다. 특별히 뉴미디어가 다른 매스미디어와 매스 커뮤니케이션의 성격에 미친 영향력에 주목할 것이다.

뉴미디어의 어떤 점이 새로운가?

정보와 커뮤니케이션 테크놀로지(ICT)의 가장 본질적인 측면은 모든 텍스트(부호화되고 기록된 모든 양식에 담긴 상징적 의미)가 이진법의 코드로 변환되고 동일한 생산, 배포, 저장과정을 공유하는 과정을 거치는 '디지털화'이다. 디지털화가 미디어 제도에 미칠 수 있는 가장 중요한 잠재적 영향은 현존하는 모든 미디어 양식을 조직, 배포, 수용, 규제 등의 측면에서 '융합'시킬 수 있다는 점이다. 우리가 보아온 것처럼 많은 기존의 매스미디어는 아직까지 생존해 있고, 나름대로 독자적인 정체성을 유지하고 있다. 매스미디어라고 하는 제도 역시 공적인 사회생활을 구성하는 요소로 살아 있다. '새로운 전자 미디어'는 우선은 기존의 미디어를 대체하기보다는 기존 미디어 시스템의 스펙트럼에 추가된 것으로 볼 수 있다. 하지만 다른 한편으로 디지털화와 융합이 앞으로 더 혁명적 결과를 낳을 수도 있다는 것을 인식해야 한다.

앞서 〈표 3. 4〉에서 제시한 미디어 제도의 다섯 가지 중요한 특징을 고려해 볼 때 인터넷은 이 중 세 가지 측면에서 차이가 있다. 첫째 인터넷은 메시지의 생산과 배포뿐만 아니라 메시지의 처리, 교환, 저장과 관련된다. 둘째로 인터넷은 사적이면서 동시에 공적인 커뮤니케이션 제도로 이에 따라 규제받을 수(또는 받지 않을 수) 있다. 셋째, 인터넷은 매스미디어처럼 전문적이거나 관료적으로 운영되지 않는다. 뉴미디어는 배포의 범위, 커뮤니케이션 가능성, 통제로부터의 자유라는 측면에서 기존 매스미디어와 유사한 측면이 있지만 이와 같은 세 가지 점에서는 차이가 있다.

뉴미디어의 특성(특히 인터넷에 내재된 특성)을 이야기하는 것은 뉴미디어가 미래에 어떻게 이용되고 제도화될지에 대한 불확실성으로 쉽지 않은 작업이다. 커뮤니케이션에 컴퓨터가 적용되면서 다양한 가능성을 보여주었지만 그 중 어떤 것도 지배적이지는 않다. 포스트미스 등(Postmes et al., 1998)은 컴퓨터를 '독특하게 특정한 목적을 위해 전용적이지 않은' 커뮤니케이션 테크놀로지라고 했다. 같은 맥락에서 포스터(Poster, 1999)는 미래의 다양한 이용과 불확실성뿐만 아니라 포스트모던한 특성 때문에 인터넷의 본질은 바로 '규정되지 않음' 그 자체라고 했다. 포스터는 방송과 인쇄미디어와 비교한 인터넷의 차이점을 〈표 6. 1〉과 같이 제시한다.

보다 간결하게, 리빙스톤(Livingstone, 1999)은 '인터넷에서 새로운 것은 매스 커

표 6.1 　 올드미디어와 비교할 때 뉴미디어의 차이점

인터넷은 라디오, 영화, 텔레비전을 편입시켜 이들 미디어의 콘텐츠를 사용자가 원하는 경우 제공하는 '푸시' 테크놀로지를 통해 배포한다.

인터넷은 인쇄나 방송모델의 한계를 다음과 같이 극복한다. ① 다수 대 다수의 대화를 가능하게 한다, ② 문화적 산물을 동시에 수용, 변형하고 재배포할 수 있게 한다, ③ 공간적인 관계로 영역화되어 있는 현대사회의 제약을 넘어서게 하고 커뮤니케이션 활동을 국가적 차원을 넘어 가능하게 한다, ④ 글로벌한 차원으로 즉각적이고 동시적인 접촉을 가능하게 한다, ⑤ 네트워크화된 기계적 장치에 현대성/후기 현대성의 가치를 주입시킨다 (Poster, 1999).

뮤니케이션에서 혁신적이었던 특징들 — 무제한적 콘텐츠 제공, 수용자 도달범위, 커뮤니케이션의 글로벌한 성격 — 등에 상호작용성을 결합시켰다는 점'이라는 것을 지적한다. 이러한 시각은 인터넷이 기존 미디어를 대체했다기보다는 확장했다는 점을 의미한다. 이러한 지적이 제기되고 5년이 지난 후 리브로우(Lievrouw, 2004)는 '뉴미디어'가 점진적으로 '주류화', '일상화', 심지어는 '평범화'되었다고 평가한다. 또한 그녀는 인터넷을 특정한 분야에서 독점적으로 이용하는 경향은 나타나지 않았다고 보았다. 허닝(Herning, 2004) 역시 컴퓨터-매개 커뮤니케이션은 이제 평범한 일상이 되었음을 지적한다.

뉴미디어와 기존 미디어 간의 일반적 차이는 전통적인 미디어 제도의 틀 안에서 발견되는 주요한 역할과 관계를 고려함으로써 더 자세하게 평가해 볼 수 있다. 특히 저작권, 출판, 생산, 배포, 수용에 관련된 것들을 살펴볼 수가 있다. 이와 관련해 중요한 사항은 다음과 같다.

'저자'들에게는, 이제 인터넷에 글을 올리거나 데스크톱 출판, 블로그 작성 등을 통해서 기회가 더 많아졌다. 지금까지 저자의 지위나 보상 등은 출판의 중요성이나 장소, 얼마나 많은 사람들의 주목을 끌었는가 등에 의존했다. 하지만 사적 편지나 시를 쓰는 것, 단순한 사진을 찍는 것 등은 저술이 아니다. 사람들의 인지와 존중이 필요하다는 점은 뉴 테크놀로지 시대에도 변하지 않았고, 수많은 수용자와 폭 넓은 인지도를 확보하는 것은 점점 더 어려워지고 있다. 전통적인 매스미디어의 도움 없이 인터넷상에서 유명해지기란 쉽지 않은 일이다.

저자들에게 해당되는 것과 마찬가지로 '출판업자'들의 역할은 지속되지만 점점 더 ***174**

애매모호해지고 있다. 지금까지는 출판업자나 발행자란 전형적으로 회사나 비영리 공공기관을 뜻했다. 뉴미디어는 대안적 형태의 출판을 가능하게 만들었고, 전통적 출판에 새로운 기회와 도전을 제공하고 있다. 전통적 출판, 발행기능인 게이트키핑, 편집자의 조정, 저작권 부여 등은 인터넷 출판의 일부 유형에서 남아 있을 것이지만 특정한 다른 유형에서는 없어질 수도 있다. 하지만 다양한 양식 속에서도 이들의 역할은 지속될 것으로 보인다.

수용자의 역할 측면에는 많은 변화의 가능성이 있다. 특히 정보원과 콘텐츠 제공자와의 관계에서 수용자는 자율성과 평등한 지위를 얻을 수 있다는 점에서 그러하다. 수용자는 이제 대중의 일부가 아니라, 스스로 선택한 네트워크의 구성원이거나, 특화된 공중 혹은 개인 수용자이다. 또한 수용자의 활동은 단순한 메시지 수용에서 더 개인적인 검색, 상담, 상호작용으로 변화했다. 리브로우(Lievrouw, 2004)는 뉴미디어 연구가 그 내부만을 들여다보는 특성이 있다고 보았다. 전형적인 연구가 '뉴미디어 자체의 이용과 의미를 살펴보면서 지역적, 대인적, 자국 내부의 경험에 초점 맞추고 있다'는 점을 지적한다.

하지만, 대중 수용자는 여전히 남아 있고, 이들은 게이트키핑이나 편집자의 가이드를 여전히 요구하고 있다. 라이스는 수용자가 직면한 선택범위가 확장된 상황에는 패러독스가 있다고 보았다.

> 이제 개인은 보다 많은 선택을 해야만 한다. 또한 이를 위해 더 많은 사전지식이 있어야 하고, 커뮤니케이션의 의미를 통합하고 해석하기 위해 더 많은 노력을 기울여야만 한다. 상호작용성과 선택은 모든 사람이 누리는 보편적 혜택이 아니다. 많은 사람들은 이런 과정에 관여할 만한 에너지, 욕구, 필요를 갖고 있지 않으며 또한 훈련 받지도 않았다(Rice, 1999).

서로 다른 역할의 관계 측면에서 보면, 저자와 수용자의 독립성이 조금 더 담보될 수 있다는 점을 생각해 볼 수 있다. 라이스(Rice, 1999)는 '콘텐츠의 발생인, 제작자, 배포자, 소비자, 비평가 사이의 경계가 희미해지고 있다'고 본다. 이런 측면에서 보면 사회조직과 중요 활동, 공유된 규범으로 특징되는 '제도'라는 것이 더 이상 적절할지 의문이 든다. 아마도 우리는 보다 특화된 독립적이고 복잡한 미디어

표 6.2

뉴미디어의 무엇이 새로운가?
• 모든 분야의 디지털화
• 서로 다른 미디어의 융합
• 매스 커뮤니케이션 중심에서
  인터넷으로 분화
• 출판 역할의 적용
• 수용자의 역할이 인터넷 내부에서 중요
• 미디어 제도의 파편화와 경계의 모호함
• 사회적 통제의 감소

활동을 보게 될 것이다. 이러한 활동은 테크놀로지나 특정한 이용, 콘텐츠(예를 들어서 뉴스 저널리즘, 오락영화, 비즈니스, 스포츠, 포르노그래피, 관광, 교육, 등)에 기반하지만 제도적 정체성은 지니지 않을 가능성이 많다. 이런 점에서 볼 때 매스미디어는 쇠퇴하게 될 수도 있다.

3 뉴미디어 이론의 주요 주제

앞서 제4장에서 권력과 불평등, 사회통합과 정체성, 사회변화, 공간과 시간이라는 네 가지 측면에서 매스미디어와 관련한 문제를 살펴보았다. 현재까지 뉴미디어와 관련한 이론적 논의는 동일한 주제를 가지고 진행되는 것 같다. 하지만 이전의 이론에서 다룬 개념은 특정한 이슈의 경우 뉴미디어 상황에서 적절하지 않은 것 같다. 예를 들어, '권력'의 문제의 경우, 권력의 소유나 행사와 관련하여 뉴미디어 문제를 다루는 것은 쉽지 않다. 소유권이나 정보의 흐름이나 콘텐츠가 통제되는 독점적 접근권 등의 개념으로 뉴미디어의 권력문제를 쉽게 파악하기 힘들다. 뉴미디어의 경우 커뮤니케이션은 사회의 '상층' 또는 '중심'으로부터 수직적으로 흐르지 않는다. '올드미디어'에 행한 것처럼 정부와 법률을 통해 인터넷을 통제하거나 규제하기도 어렵다. 그럼에도 불구하고 이용자에 대한 감시를 통해 권력자들이 통제를 가하는 데 인터넷이 일조하는 부분도 있다.

송신자, 수신자, 관찰자 또는 참여자로서 네트워크에 접근 가능성 측면을 보면 평등한 접근기회가 더 많아졌다. 비록 새로운 '채널'이 등장할 수 있는 자유측면에서는 여전히 풀어야 할 이슈가 남아있지만, 더 이상 지배적인 '방향성'과 정보흐름의 영향력과 관련한 편향성(신문, 방송의 뉴스나 논평의 경우)을 이야기하기 어렵다.

'통합과 정체성'과 관련한 문제는 이전과 크게 달라진 것이 없는 것 같다. 뉴미디어가 사회의 파편화를 가져오는가 아니면 사회응집을 가져오는가가 여전히 가장 중요한 이슈이다. 인터넷의 기본적 속성은 사회적 영향력을 분산시키는 데 있는 것으로 보인다. 하지만 다른 한편으로 인터넷은 새롭고 다양한 관계의 가능성을 열었고 어떤 면에서는 관계를 더욱 공고히 하는 방향으로 사람들을 통합시키는 네트워크를 제공하기도 한다(Slevin, 2000). 매스미디어와 관련한 관심은 주로 국가적 차원에 기초하고 있어 매스미디어가 미치는 지역적 차원에서 이슈가 논의되었다. 유사하게 지역, 도시 또는 정치적 행정구역 차원에서 통합과 정체성의 문제가 다루어졌다. 정체성과 통합문제는 대부분 지리적 측면에서 이야기되었다고 할 수 있다. 하지만 이와 관련한 문제는 이미 존재하는 사회적 관계나 정체성에 더 이상 제약을 받지 않는다.

라스무센(Rasmussen, 2000)은 기든스(Giddens, 1991)의 현대화 이론에 기초하여, 현대 네트워크 사회에서 뉴미디어가 사회적 통합에 질적으로 다른 효과를 미쳤다고 주장한다. 뉴미디어가 기여한 부분은 사적 세계와 공적 세계, '일상의 삶'과 체계와 조직의 세계 간에 존재하던 넓은 간극을 연결시켜주었다는 것이다. 이러한 간극은 새로운 전자 미디어에 의해 오히려 벌어질 가능성도 있기는 하다. 텔레비전과는 반대로, 뉴미디어는 개인이 스스로 가진 목표를 수행하는 데 직접적 역할을 할 수 있다는 점을 라스무센은 지적한다(Rasmussen, 2000). 즉 뉴미디어는 현대화 과정에서 배제된 인간개인이 다시 힘을 발휘할 수 있는 데 일조할 수 있다는 것이다.

'사회변화'의 가능성과 관련해서 볼 때, 계획된 경제, 사회변화의 동인으로서 새로운 커뮤니케이션에 대해서는 재평가가 필요하다. 대량의 정보전달과 설득을 활용하여 계획된 발전목표에 체계적으로 적용될 수 있는 매스미디어와, 이용목적이 다양할 수 있고 비의도적인 뉴 테크놀로지는 큰 차이가 있다. 뉴미디어의 경우 정보 생산자가 방향성을 좌지우지할 수 없고 콘텐츠를 통제하지 못한다는 점이 매우 중요하다.

한편 보다 참여적인 미디어가 변화를 만들어내는 데 더 적절할지도 모르는데, 이는 이러한 미디어가 더 유연하고 풍부한 정보를 제공하고 더 높은 관여를 유발하기 때문이다. 이러한 측면은 이미 제기된 변화과정의 모델과도 일치하는 부분이 있다. 하지만 문제는 테크놀로지의 성격에 있는 것이 아니라 접근과 관련한 물질적 측면의 장벽에 있다. 올드미디어가 영향력을 발휘하기 위해서는 수용자가 있어야 했던 것처럼, 뉴미디어의 '발전'과정 역시 뉴 미디어의 확산에 달렸다.

뉴미디어가 공간과 시간의 장벽을 극복하게 한다는 점은 지금까지 다양한 저작에서 지적된 부분이다. 사실 '올드미디어'는 분화된 문화를 연결시키는 데는 효율적이지 못하지만 공간을 연결시키는 데는 중요한 역할을 했다. 교통수단을 이용하거나 직접 가야 했던 것에 비하면 무척 빨리 어떤 것을 전송할 수 있었다. 하지만 이러한 전송기술을 이용하기 위해서는 한 자리에 고정된 건물을 지어야 했고 먼 거리를 연결하는 데 많은 비용이 필요했다. 전송과 수신은 지정된 곳에서 가능했다. 물론 대부분의 커뮤니케이션이 여전히 고정된 장소를 기초로 발생하는 사회·문화적 이유가 있기는 하지만 새로운 기술을 통해 이러한 제약이 극복되고 있다. 인터넷은 새로운 지리적 개념을 등장시키고 있지만(Castells, 2001), 아직도 여전히 국가영토나 언어권에 의해 구조화된다(Halavais, 2000). 커뮤니케이션은 주로 미국과 유럽에 집중되며 국가의 경계를 넘는 커뮤니케이션은 주로 영어를 사용한다. 시간문제가 어떻게 해결될지의 문제는 여전히 불확실하다. 물론 전송속도는 점점 더 빨라지고 있고 고정된 일정이 필요하지 않으며 메시지를 어디에 있는 누구에게나 언제든지 보낼 수 있는(수신 자체와 수신자의 응답을 보장하지는 못하지만) 발전을 우리가 경험하고 있다. 과거와 미래에 대한 접근, 커뮤니케이션을 할 수 있는 더 여유 있는 시간의 문제, 뉴미디어 이용을 통한 시간절약 등은 커뮤니케이션 분야의 새로운 이슈일 수 있다.

▌ 미디어 이론의 뉴 미디어 현상에의 적용

꽤 오래전에 라이스와 동료 연구자들이(Rice et al., 1983) 관찰한 것처럼, '커뮤니케이션 과정에서 정보원, 메시지, 수용자, 피드백에 못지않게 커뮤니케이션 채널이 중요한 변인이라는 점이 간과된 경향이 있다'. 이들은 토론토 학파의 연구를 언급하면서 '기술 결정론자가 아니더라도 커뮤니케이션 과정에서 미디어 자체가 가장 중요한 변인이라는 점을 동의할 수 있을 것'이라고 지적했다. 그럼에도 불구하고, 한 미디어의 가장 '본질적인' 특징을 집어내는 것은 어려운 일이다. 따라서 '뉴' 미디어와 '올드' 미디어를 명확하게 구분하는 것은 그리 쉽지 않다.

문제는 실제경험에서 채널이나 미디어 자체를 콘텐츠, 이용방식, 이용맥락(예를 들어, 가정, 직장, 공공장소에서의 이용)에서 분리해서 구분하는 것이 어렵다는 것이다. 커뮤니케이션 채널로서 다양한 '전통적' 미디어가 가진 상대적인 장점과 능력을 파악하려 한 초기연구에서도 이러한 문제점이 있었다. 하지만, 이러한 점이 올드미디어와 뉴미디어 간에 기본적 차이가 없다거나 불연속성이 나타나지 않는다는 것을 의미하는 것은 아니다. 현재까지 뉴미디어의 차이에 대해서는 몇 가지 사항을 이야기할 수 있다.

라이스(Rice, 1999)는 각각의 미디어를 구체적 속성에 따라 정의하려 하는 것은 별로 의미가 없다고 주장했다. 대신 미디어의 일반적 특징을 살펴보고 뉴미디어가 이러한 특징에 기초하여 어떤 '수행성과'를 보여주는가를 연구하는 것이 중요하다고 지적했다. 우리는 다양한 미디어들을 비교하거나 대조하는 가운데 긍정적, 부정적 영향력에 대한 평가를 간과하면서 한 미디어의 특성을 '이상화'하는 경향이 있다(예를 들어 면 대 면 커뮤니케이션이나 전통적 책의 장점을 강조하는 것과 같은). '뉴미디어'는 다양하고 계속 변화하기 때문에 뉴미디어의 영향력을 평가할 수 있는 이론을 정립하는 데는 제약이 있다. 새로운 기술적 양식이 덧붙여지고 있으며 또한 새로운 기술은 일시적으로 이용되고 사라지기도 한다. 이런 제약이 있지만 우리는 뉴미디어를 채널의 유사성, 이용방식, 콘텐츠, 맥락 등을 고려하여 네 가지 항목을 중심으로 정리해 볼 수 있다.

대인 커뮤니케이션 미디어 전화(휴대전화)나 이메일 등이 속한다. 일반적으로 이런 콘텐츠는 사적이며 보존되기보다는 지워지기 쉽다. 주고받은 정보보다는 이를 통해서 성립되고 강화되는 관계가 더 중요할 수 있다.

상호작용적 오락 미디어 컴퓨터에 기초한 비디오게임, 가상현실 도구 등이 해당한다. 가장 중요한 혁신적 측면은 상호작용성이고 '이용' 자체의 충족보다 이를 이용하는 '과정'이 더 중요할 수 있다.

정보 검색 미디어 여기에 포함시킬 수 있는 범위는 매우 넓지만, 인터넷/월드와이드 웹(WWW)이 가장 중요한 사례이다. 도서관이나 데이터 정보원 역할을 하며 엄청난 정보에 접근하여 활용할 수 있게 한다. 인터넷 외에 휴대전화 역시 정보검색, 방송수신, 데이터 서비스를 위해 활용되고 있다.

표 6.3　　중요한 뉴미디어의 특성
- 상호작용성 : 이용자가 정보원(송신자)에 대해서 반응하거나 커뮤니케이션을 주도할 수 있는 정도
- 사회적 실재감 : 이용자가 미디어를 이용함으로써 다른 사람들과 개인적 접촉을 하고 있다고 느끼는 정도(Short et al., 1976 ; Rice, 1993).
- 미디어 풍부성 : 다양한 준거의 틀을 연결시켜주고, 모호함을 감소시키고, 더 많은 단서를 제공하고 더 개인적으로 더 많은 감각을 느끼게 하는 정도
- 자율성 : 이용자가 정보원으로부터 독립적으로 콘텐츠와 이용에 대해 스스로 통제할 수 있다고 느끼는 정도
- 놀이로서의 가능성 : 유용성과 도구적 측면이 아닌 오락과 여가를 위해 이용되는 정도
- 프라이버시 : 미디어와 콘텐츠의 사적 활용 정도
- 개인화 : 콘텐츠와 이용이 얼마나 개인적이고 독특한가의 정도

집단적 참여 미디어　정보, 아이디어, 경험, 대인적 관계를 공유하고 교환하는 데 인터넷이 활용되는 것이 해당된다. 이용목적은 전적으로 수단적인 것에서부터 감성적이고 정서적인 것까지 광범위하다(Baym, 2002).

　이 분류에서 볼 수 있는 다양성 때문에 뉴 미디어가 가진 매체로서의 공통적 특성을 한 마디로 요약하기가 어렵다. 하지만 개인 '이용자' 관점에서 '올드미디어'와 '뉴 미디어'를 구분하는 데 도움이 될 수 있는 다음과 같은 차원(또는 변인)을 생각해볼 수 있다(〈표 6. 3〉).

상호작용성의 의미와 측정

뉴미디어의 특징을 이야기할 때 상호작용성은 가장 많이 언급되는데, 이 용어는 여러 가지 사항을 의미하기 때문에 많은 학자들이 그 개념에 대해 논의한다(Kiousis, 2002). 키오우시스(Kiousis)는 근접성, 감각기관의 활성화, 속도에 대한 지각, 원격 현장감(telepresence) 이 네 가지 측면에 기초하여 상호작용성에 대한 조작적 정의를 제시한다. 이러한 정의과정을 보면 미디어에 내재한 객관적 성격보다는 이용자의 지각에 더 의존함을 알 수 있다. 다운스와 맥밀란(Downes & McMillan, 2002)은 상

호작용성의 다섯 가지 차원을 다음과 같이 제시한다.

① 커뮤니케이션의 방향성, ② 교환과정에서 시간과 역할의 유연성, ③ 커뮤니케이션 환경의 장소에 대한 인식, ④ 커뮤니케이션 환경에 대한 통제수준, ⑤ 목적에 대한 지각(정보교환이나 설득 등)이 그것이다.

이러한 차원에서 볼 수 있듯이 상호작용성이 구현되는 조건은 단순한 기술적 차원만을 의미하지는 않는다.

퍼스와 던(Perse & Dunn, 1998)은 가정용 컴퓨터와 다른 미디어의 이용을 놓고 볼 때 그동안의 연구에서는 가정용 컴퓨터에 대한 부분이 상대적으로 덜 다루어졌다는 것을 지적했다. 당시 이들은 '컴퓨터가 아직은 미디어와 관련된 욕구를 만족시킬 수 있는 주요 채널은 아니다. 매스 커뮤니케이션의 이용은 주로 시간을 보내는 데 있다'고 결론내렸다. 몇 해가 지났지만, 이러한 지적은 여전히 유효한 것처럼 보인다. 이런 특징은 특정한 콘텐츠를 통한 충족과는 다른 루빈(Rubin, 1984)이 말한 '관습적인' 매스미디어 이용과 관련해서 생각해 볼 수 있다.

모리스와 오간(Morris & Ogan, 1996)은 인터넷을 매스미디어로 개념화하려는 시도를 했는데 이들은 주로 수용자 관점에서 인터넷을 설명하려 했다. 이용과 충족, 관여의 정도와 유형, 의제에 대한 사회적 실재감 정도 등의 개념을 활용했지만 이들 연구자들은 미디어로서 인터넷의 본질적 성격을 규명하지는 못했다. 이러한 상황은 별로 변하지 않은 것으로 보인다. 린드로프와 쉐처(Lindlof & Schatzer, 1998)는 인터넷을 수용자에 대한 민족지학적 관점에서 살펴보면서, 뉴스그룹, 메일링 리스트, 시뮬레이션, 웹 사이트 등 인터넷의 다양한 양식에 대해서 언급했다. 이들의 시각에서 볼 때, 컴퓨터 매개 커뮤니케이션은 다른 미디어 이용과 구분되는데, 일시적이며, 다양한 양식을 동시에 이용할 수 있으며, 이용을 위해 필요한 코드가 많지 않으며, 이용자가 콘텐츠를 조작할 수 있는 가능성이 높다는 측면에서 다르다. 이들은 정보원이 되기 위해 특별한 장소가 필요하지 않다는 점이 시민으로서의 생활에 새로운 가능성을 열었으며 지리적 제약 없이 학습을 공유할 수 있게 했다고 보았다. 하지만 동시에 노골적인 성적 콘텐츠, 악성 게시글, 소문유포, 아동을 대상으로 한 술광고 등 부정적 측면도 있다는 점을 지적한다.

이러한 잠재적 가능성을 통해 뉴미디어의 특성을 설명하고는 있지만 아직까지 모든 가능성이 경험적으로 검증된 것은 아니다. 지금까지는 사교를 위한 잠재성과 상호작용 측면이 검증되었다고 할 수 있다. 컴퓨터가 사람들을 다른 사람들과 연결시켜주지만 동시에 컴퓨터 이용은 혼자서 하는 행위이고, 개인적 선택과 반응이 개입되고, 익명행위인 경우가 많다(Baym, 2002; Turner et al., 2001). 새로운 커뮤니케이션 수단을 통해서 형성되거나 매개되는 관계는 종종 순간적이고, 깊이가 없으며, 관여도가 낮다. 이러한 관계는 현대사회의 개인주의나, 불안정성, 외로움 등에 대한 해결방안이 될 수는 있지만, 사회적 상호작용 방식으로 전개되지는 않는 것 같다. 컴퓨터 매개 커뮤니케이션에 참여하고 이를 즐기는 문화적 경험은 포스트모던한 성격을 지녔다.

5 정보 트래픽의 새로운 유형

한편 이러한 변화는 '정보 트래픽'의 유형에 따라 정리해 볼 수 있다. 네덜란드 텔레커뮤니케이션 연구자인 보드윅과 반 캄(J. L. Bordewijk & van Kaam, 1986)은 뉴미디어 등장으로 나타난 변화를 살펴보는 모델을 발전시켰다. 이들은 네 가지의 기본적 커뮤니케이션 양식을 제시하고 이러한 양식들이 서로 어떻게 연관되는가를 보여준다. 네 가지 유형은 ① '훈시'(allocution), ② '대화'(conversation), ③ '자문'(consultation), ④ '등록'(registration)이다.

훈 시

훈시(로마의 장군이 장병들에게 한 연설의 라틴어에서 나온 단어)라고 분류하는 것은 정보가 중심부로부터 많은 주변부의 수용자들에게 동시에 전달되는 것을 의미하며 이 경우 피드백의 기회는 매우 제한적이다. 이 유형은 강의나 교회예배, 콘서트(방청객 또는 관람객들이 물리적으로 같은 장소에 있는)에서부터 동일한 메시지를 대다수의 흩어져 있는 개인들이 동시에 전달받는 라디오나 텔레비전과 같은 방송 등 우리에게 익숙한 커뮤니케이션 상황에 적용된다. 또 다른 특징은 커뮤니케이션이 발생하는 시간과 공간이 송신자나 '중심부'에 의해서 결정된다는 것이다. 이 개념이 대안적 모델들을 비교하기에는 유용하지만, 다수를 대상으로 하는 개인적 연설과 비개인적 속성을 갖는 매스 커뮤니케이션의 간극은 매우 크기 때문에 이와 같은 단일 개념으로 이 둘을 연결시키는 데는 무리가 있다. '모여 있는 수용자'는 '흩어져 있는 수용자'와는 매우 다르다는 점을 생각해야 한다.

대 화

대화는 개인이 (가능한 커뮤니케이션 네트워크 안에서) 직접 다른 사람들과 상호작용하면서 중심부나 매개체를 우회하여 파트너를 직접 선정하고 또한 시간, 장소, 커뮤니케이션의 주제 역시 직접 선택하는 것을 포함한다. 이 유형은 상호작용이 가능한 다양한 상황에 적용할 수 있는데 예를 들어 개인적인 편지교환이나 이메일을 주고받는 것도 여기에 해당한다. 전자적 장치에 의해 매개된 대화는 커뮤니케이션 과정에서 적극적이고 주도적인 개입을 하는 것은 아니지만 대체로 중심부나 매개체의 역할(전화 교환, 서비스 제공 같은)을 필요로 한다. 대화유형은 참여자들이 메시지 교환과정에서 동등하다는 것이 특징이다. 원칙적으로, 두 사람 이상이 참여할 수도 있다(예를 들어 소규모 회의나 전화 컨퍼런스, 컴퓨터 매개 토론그룹 등). 하지만 참여자가 많아질수록 훈시와 비슷한 특징이 발생하게 된다.

자 문

자문은 주변부에 있는 개인이 정보보관의 중심부 — 데이터 뱅크, 도서관, 참고문헌, 컴퓨터 디스크 등 — 에서 정보를 찾는 광범위한 커뮤니케이션 상황을 지칭한다. 이런 유형은 양적으로 확대되고 양식 역시 다양화되고 있다. 원칙적으로 이러한 유형은 전통적인 인쇄기반의 신문이용에도 적용될 수 있다(신문은 훈시적 매스미디어로도 볼 수 있지만). 왜냐하면 자문의 시간과 장소, 주제가 중심부가 아닌 주변부에 있는 수용자에 의해서 결정되기 때문이다.

등록

'등록'이라고 분류한 정보 트래픽의 유형은 실제로 '자문'의 반대이다. 중심부는 정보를 '요구'하고, 주변부의 참여자로부터 정보를 받는다. 등록은 시스템 안의 개인 정보를 중심부에 기록하는 곳 어디든지에 발생되며, 감시를 하는 시스템에도 적용된다. 예를 들어 전화통화 자동기록이나 전자 경보시스템, 자동등록이나 '피플 미터' 같은 수용자 연구에서의 TV 수신기 등록, 소비자에 수신료를 부가하는 시스템 등이 여기에 포함된다. 또한 전자상거래에서 광고와 마케팅 목적으로 개인 신상정보를 모으는 것도 해당된다. 중심부에서의 정보축적은 종종 개인의 인식 없이 이루어진다. 이러한 유형은 역사적으로 볼 때 새로운 것은 아니지만, 현재에는 컴퓨터화와 텔레커뮤니케이션의 발전으로 그 가능성이 훨씬 더 높아졌다. 이 유형에서 중심부는 주변부의 개인보다 콘텐츠나 커뮤니케이션 트래픽 발생을 결정하는 데 더 많은 통제권을 가진다.

통합된 유형화

이 네 가지 유형은 서로 보완적이며 상호간에 겹치는 부분이 있다. 이 모델을 제안한 연구자들은 이들이 서로 어떻게 관련되는지를 두 가지 주요한 변인을 통해 보여준다. ① 정보통제에서 중심부 대 개인, ② 시간과 주제선택 통제에서 중심부 대 개인(〈그림 6. 1〉). 훈시유형은 전형적인 매스 커뮤니케이션의 '올드미디어'에 해당하고 대체로 제한된 콘텐츠를 대중 수용자에게 제공하는 전송모델에 기초한다고 할 수 있다. 한편 자문유형은 전화와 전자미디어의 발전에 의해서뿐만 아니라 비디오-사운드 기록장치의 확산과 케이블, 위성 등을 통한 채널증가를 통해 성장했다. 뉴미디어는 또한 널리 흩어져 있는 개인들이 '대화'나 상호작용적 커뮤니케이션을 할 수 있는 가능성을 높였다. '등록' 역시 더욱 실용화되고 증가하고 있는데, 이 유형이 다른 유형의 커뮤니케이션 트래픽을 대체하는 것은 아니다. 등록유형이 증가하는 것은 전자시대에 감시의 힘이 확장된 것으로 이해할 수 있다.

그림 6.1 정보 트래픽의 유형화

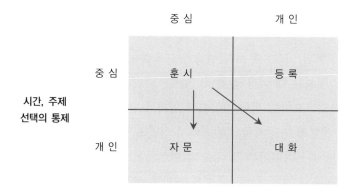

정보저장의 통제

	중 심	개 인
중 심	훈 시	등 록
개 인	자 문	대 화

시간, 주제
선택의 통제

커뮤니케이션 관계는 정보공급과 콘텐츠 선택을 통제할 수 있는 능력에 따라 차별화된다. 현재 훈시 유형으로부터 자문이나 대화의 유형으로 전환하는 경향을 발견할 수 있다.

〈그림 6. 1〉의 화살표는 정보 트래픽이 훈시에서 대화와 자문유형으로 재분배되는 것을 반영한 것이다. 일반적으로, 이것은 커뮤니케이션의 영향력이 송신자에서 수용자로 옮아가는 것을 의미한다. 하지만 이는 매스미디어의 도달과 소구범위가 더욱 넓어지고 등록유형이 많아지면서 상쇄될 수도 있다. 훈시적 유형은 양적 면에서 줄어들지는 않았지만, 관심사나 정보욕구에 기초하여 소규모 수용자(협송, narrowcasting)를 위해 새로운 양식을 취하면서 변하고 있다. 마지막으로 이 그림에서 우리는 정보흐름 유형이 명백하게 구분되지 않고 겹치거나 기술적, 사회적 요인에 의해 서로 융합된다는 점을 지적할 수 있다. 동일한 테크놀로지(예를 들어 텔레커뮤니케이션 인프라 구조)가 네 가지 유형이 모두 가능한 서비스를 제공하기도 한다.

현재도 진행되는 변화를 이러한 방식으로 정리할 때 우리는 '효과'와 관련한 미디어 이론을 재검토할 필요가 있다. 효과이론의 많은 부분은 전송모델에 기초한 훈시유형에 적용될 수 있는 것 같다. 하지만 다른 상황에서는 상호작용적이고 관습적이고 의례화된, 이용자중심 모델이 필요하다. 현재로서는 뉴미디어를 통한 변화를 살펴보는 데 가장 적절한 이론적 패러다임이나 연구의 틀이 없는 상태이다.

컴퓨터를 매개로 한 공동체의 형성

대중이라는 개념에 반대되는 것으로 사회변화의 영향력을 평가하는 수단으로 사회이론에서 '공동체'라는 개념은 중요한 위치를 차지했다. 초기에 공동체는 공간을 공유하고, 정체성, 특정 규범과 가치, 문화적 관습을 공유하며, 서로 상호작용할 수 있는 소규모 집합체를 지칭하는 데 이용된 개념이었다. 이러한 공동체는 대개 구성원의 지위에 의해 차별화되었으며 조직의 비공식적 위계와 양식을 보여주었다.

전통적 매스미디어는 전형적 공동체와의 관계에서 양면적 속성을 지닌 것으로 간주되었다. 어느 한편으로 매스미디어는 그 규모와 외부가치와 문화를 채용하는 것을 볼 때 개인적인 상호작용에 기초하는 공동체의 역할을 잠식하는 것으로 보였다. 다른 한편으로는, 지역사회에 기초한 미디어는 최상의 조건에서 공동체를 강화하고 공동체를 위해 서비스를 제공할 수 있다고 여겨졌다. 대중을 대상으로 배포되는 소규모의 미디어(특화된 출판물이나 지역 라디오)는 '공동체의 이익'을 추구하는 데 도움을 줄 수 있을 것으로 기대되었다. 또한 일반적으로 배포규모가 클수록 지역사회와 공동체에 주는 도움은 적을 것이라고 예견되었다. 하지만 지역사회의 대인적 행위가 지속되었기 때문에 이런 판단이 적절한지에 대한 의문도 제기되었다. 한편 가정, 직장, 낯선 사람들과의 관계 등 일상생활 영역에서 매스미디어가 대화의 주제를 제공하면서 윤활유 역할을 한다는 점은 사람들이 인정하는 부분이었다.

이러한 다양한 평가와 기대 속에서 새로운 미디어가 등장할 때마다 혁신적인 미디어가 가져올 결과에 대해서 끊임없는 논의가 있었다. 1960년대와 70년대에는 케이블 TV의 등장이 지상파 방송의 제약을 극복하고 새로운 공동체를 형성시키는 긍정적 수단으로 이용될 수 있을 것으로 기대되었다. 특히 지역 케이블 시스템은 이웃들과 연결고리가 될 수 있고, 편성 역시 지역사회의 주민들에 의해 선택될 수 있다는 기대가 있었다(Jankowski, 2002). 이러한 시스템을 통해 다양한 부가정보 서비스도 값싸게 제공될 수 있었다. 특히 다양한 집단의 접근이 가능해졌고 개인적 목소리도 이러한 채널을 통해 전달되기도 했다. 지상파 방송의 주파수 영역대의 기술적 제한은 더 이상 문제가 되지 않게 되었고 케이블은 적어도 이론적으로는 인쇄매체처럼 다양하게 제공될 수 있었다.

'유선공동체'나 '유선도시'라는 개념이 주목을 받았고(Dutton et al., 1986 참조) 케이블 TV의 가능성을 진단하기 위한 실험이 많은 국가에서 실시되었다. 케이블 TV는 '올드' 매스미디어의 대안으로 진지하게 다루어진 최초의 '뉴미디어'였다. 결국 이러한 실험은 대부분 중단되고 기대에 못 미치는 실패로 판명되었다. 공동체에 기반한 대규모 전문 미디어의 축소판 미디어를 사람들이 적극적으로 원할 것이라는 잘못된 가정에 기초하여 유토피안적 기대를 한 것이었다. 이와 같은 성격의 미디어는 재정조달과 조직의 한계를 극복할 수 없는 경우가 많았다. 케이블 TV는 기존 매스미디어의 대안이 아니라 또 다른 대중적 배포수단이 되었다. 비록 지역사회의 접근을 보장하는 공간으로 사용되는 곳이 있기는 하지만 말이다. 물리적 '공동체'가 이미 존재하지만 더 나은 상호 간의 커뮤니케이션의 잠재성이 충족되지 않은 곳에서 케이블이 역할을 수행할 가능성이 더 높다고 볼 수 있다.

가상공동체

컴퓨터 매개 커뮤니케이션(CMC)이 등장하면서 사람들은 공동체와 관련해서 새로운 기대를 가졌다. 개인들이 그들 자신의 선택과, 자극에 대한 스스로의 반응을 제시하면서 인터넷을 통해 '가상공동체'를 형성할 수 있다는 기대였다(Rheingold, 1994). 린드로프와 쉐처(Lindlof & Schatzer, 1998)는 가상공동체를 '특정한 텍스트 또는 컴퓨터 매개 커뮤니케이션 밖의 영역에서 차용한 대상(예를 들어 연속극이나 출연배우 등)을 중심으로 비슷한 관심을 공유하는 사람들이 의도적으로 만든 것'이라고 정의한다.

상호작용, 공동목표, 정체성, 소속감, 다양한 규범과 눈에 보이지 않는 규칙(예를 들어 '네티켓' 같은), 배제 또는 거부의 가능성 등 현실공동체에서 발견할 수 있는 특성을 가상공동체에서도 발견할 수 있다. 또한 가상공동체 나름의 관습과 의식, 표현방식이 있다. 현실에서의 공동체에 참여하기는 때로 어려운 경우가 많지만, 이러한 온라인 공동체는 원칙적으로 열려있고 누구나 접근 가능하다. 공동체에 대한 전통적인 개념은 뉴미디어가 가져올 결과에 대해 이론적 논의를 발전시키는 데 유용할 수 있다. 하지만 뉴미디어를 통해 형성되는 사람들의 모임은 조금 다른 부분이 있다. 이러한 공동체는 불확실성이 높고, 유동적이며 지역적이기보다는 전 세계를 대상으로 하는 특성이 있다(Slevin, 2000).

그동안 온라인 '공동체'에 대한 많은 경험적 연구가 진행되었는데, 주로 인기가수 팬덤현상과 같은 공동의 이해관계나 성적취향, 특별한 사회적 상황이나 건강문제 등 공유하는 특성 등에 집중되었다(Jones, 1997, 1998; Lindlof & Schatzer, 1998 참조). 상대적인 소수의 지위에 있는 것, 물리적으로 구성원이 떨어져 있는 것, 높은 관심정도 등이 가상공동체를 형성하게 되는 전형적 조건이다. 매스미디어나 우리 주위의 물리적 환경에서 가능하지 않은 상호작용적이고 동기화된 커뮤니케이션을 CMC는 가능하게 한다. 터너와 동료 연구자들의(Turner et al., 2001) 온라인 건강 지원 공동체 연구는 면대면 접촉과 온라인 접촉이 서로 배타적인 것이 아니고 이 두 가지 역시 함께 상호작용하며 발생한다고 지적한다.

온라인 공동체라는 개념의 주창자들은 이 용어가 실존하는 것에 대해서라기보다는 은유적으로 쓰인다는 것을 인식하고 있다(Watson, 1997). 한편으로 '실존'하는 것으로서의 공동체는 그 실체를 잡기 어렵고 때로 상상의 산물이기도 하다. 베네딕트 앤더슨(Benedict Anderson, 1983)은 '공동체는 진위에 따라 구별되는 것이 아니라 공동체가 상상되는 스타일에 의해서 구별되어야 한다'라고 주장한 바 있다. 이러한 시각을 바탕으로 존스는 다음과 같이 지적한다.

> 인터넷 공동체는 두 가지 측면에서 인간공동체에 해로울 수 있다. 첫째는 중요성을 결여하고 있다는 점이고, 둘째는 목적이 없고 우연히 동시에 일어나는 경험을 연결시키고 있기 때문이다 (Jones, 1997).

베니거(Beniger, 1987)에가 제시한 '의사(擬似)공동체'라는 용어역시 가상공동체의 진정성에 대한 회의를 표현하는 데 이용된다.

기계에 의한 매개는 사람들이 다른 사람들과 접촉하고 있다는 점을 인식하지 못하게 하는 경향이 있다. 라인골드(Rheingold, 1994)와 같이 가상공동체를 옹호하는 연구자들도 온라인 정체성은 때로 진실하지 않으며 잘 드러나지 않는다는 점을 지적한다. 온라인 정체성은 연령과 성별과 같은 정체성 측면을 감추기 위해 고안된 차용된 '배역' 같은 것일 수 있다 (Jones, 1997). 온라인 토론이나 상호작용에의 참여는 본질적으로 익명적 속성을 지니며, 아마도 이러한 점이 사람들에게 매력적 요소가 될 수 있다. 베이엠(Baym, 2002)은 참여자에 대한 정보부족이나 잘못된 정보역시 문제라고 보았다. 또한 참여하지는 않고 다른 사람의 글을 읽기만 하는 사람들인 '러커'(lurker)의 존재 역시 가상공동체 참여의 속성이 애매모호할 수 있다는 점을 보여준다.

컴퓨터 매개 커뮤니케이션을 통해 형성된 집단의 투명성과 신뢰성이 부족하기 때문에 '공동체'라는 용어에 담긴 의미가 훼손될 수 있다. 그중에서도 특히 중요한 부분은 구성원의 관여가 부족하다는 점이다. 포스트맨(Postman, 1993)은 컴퓨터 매개 커뮤니케이션은 본질적인 책무성의 요소와 상호 의무감이 부족하기 때문에 공동체라는 은유를 사용하여 설명하는 것에 비판적이다. 비록 컴퓨터 매개 커뮤니케이션이 사회·문화적 경계를 넘어설 수 있는 새로운 기회를 제공하기는 하지만, 한편으로 간접적으로는 이러한 경계 자체를 강화할 수도 있다. 사이버 공간의 공동체에 속하기를 원하는 사람들은 공동체에서 인식되고 받아들여지기 위해 그 안의 규범과 규칙에 순응해야만 한다.

 정치참여, 뉴미디어, 그리고 민주주의

신문이나 방송과 같은 매스미디어는 민주정치를 수행하는 데 도움을 주고 또한 필요한 것으로 인식되었다. 공공 이벤트와 관련한 정보를 모든 시민들에게 알리고 정치가와 정부가 공중의 감시와 비판을 받을 기회를 제공한다는 점에서 그랬다. 하지만 소수에 의한 채널의 지배, '수직적 정보의 흐름', 미디어 시장의 상업주의 팽배 등으로 인해 매스미디어의 민주적 커뮤니케이션 역할이 간과되는 부정적 측면도 지적되었다. 매스 커뮤니케이션의 전형적 조직과 양식은 시민들의 접근과 활발한 참여와 대화를 이끌기에는 제약이 있다.

공고하게 조직화된 정당이 단면적으로 정책을 만들어 내고, 민중들의 의사와는 상관없이 최소한의 협상을 통해 동원을 이끌어내는 '위에서 아래로'의 일방향적이고 강압적인 정치에서 탈피할 수단을 제공할 수 있다는 측면에서 새로운 전자 미디어는 각광받았다. 새로운 전자 미디어는 차별화된 정치정보와 아이디어를 제공하고 이론적으로 모든 사람들에게 목소리를 낼 수단을 제공하며 지도자들과 국민들 간의 피드백과 협상을 가능하게 한다. 또한 이익집단이 발전하고 여론을 형성할 수 있는 새로운 포럼을 제공한다. 뉴미디어는 정당결의의 중재 없이 적극적인 시민들과 정치인들이 대화할 수 있는 가능성을 열었다. 콜만(Coleman, 1999)이 지적하듯이, 특히 중요한 점은 '커뮤니케이션 수단을 권위적으로 통제하는 상황에서 표현의 자유를 실현할 뉴미디어의 역할' 부분이다. 불가능하지는 않겠지만 정부가 정부와 의견을 달리하는 시민들의 인터넷 접근과 이용을 통제하기란 분명 쉽지 않은 일이다.

'전통적 정치' 역시 즉각적인 전자 여론조사나 새로운 캠페인 도구의 도움을 받아 더욱 민주적으로 구현될 것으로 기대되었다. 제7장에서 다룰 공공영역이나 시민사회라는 아이디어와 관련해서도 뉴미디어가 사적 영역과 국가활동 영역 사이에서 시민사회 영역을 담당할 것이라는 논의가 활성화되었다. 새로운 커뮤니케이션 양식, 특히 인터넷을 통해 시민들이 의견을 표명하고 상호간에 또한 정치 지도자들과 집을 벗어나지 않고서도 커뮤니케이션함으로써 하버마스가 이상적인 공공영역으로 제시한 모델은 실현될 수 있는 것처럼 보였다.

뉴미디어에 기초한 '새로운 정치'에 대한 기대와 주장은 다양한 관점을 가진 학자들로부터 제기되었다. 달버그(Dahlberg, 2001)는 이와 관련하여 세 가지 모델 또는 입장이 있다고 지적한다. 첫째는 소비자 시장모델에 기초하여 정치를 다루는 '사이버-자유주의' 모델이다. 이 모델은 기존 정치과정을 대체할 서베이, 국민투표, 전자투표 등을 강조한다. 둘째는 민중들의 더욱 적극적인 참여와 지역정치 공동체의 강화로부터 변화를 모색하는 '공동체주의' 관점이 있다. 셋째는 상호작용과 공공영역에서의 의견교환을 위해 발전된 테크놀로지에 기반하여 '숙의 민주주의'를 논의하는 관점에서 새로운 정치의 가능성을 이야기하고 있다(Coleman, 1999).

벤티베그나(Bentivegna, 2002)는 인터넷이 정치에 잠재적으로 기여할 수 있는 부분을 여섯 가지 속성을 기초로 〈표 6. 4〉에 나타난 것처럼 정리하고 있다. 또한 한편으로 지금까지 민주적 변화를 가져오는 데 제약요소로 작용한 부분도 적시하고 있다. 벤티베그나는 '정치영역과 시민과의 간극은 사실 좁아지지 않았으며 정치영역의 시민참여는 이전과 비교해 볼 때 여전히 비슷하다'고 주장한 바 있다(2002). 이러한 배경에는 다음과 같은 이유가 있는 것으로 지적된다. ① 효율적인 이용에 오히려

표 6.4 　　　민주정치 과정에의 인터넷 기여
- 일방향적 흐름이 아닌 상호작용성 제공
- 수직적, 수평적 커뮤니케이션을 모두 가능하게 함으로써 평등 촉진
- 시민과 정치인들 간의 관계를 매개한 저널리스트의 역할을 감소시킴
- 송신자와 수신자 모두가 적은 비용으로 이용가능
- 전통적 미디어와 비교할 때 속도가 매우 빠름
- 정치참여 과정에서 경계선을 없앰

제약으로 작용하는 정보의 과잉공급이 일어나고 있는 점, ② 공중에게 정치적 과정에서 가상공동체와 같은 사적 '라이프스타일'의 대안을 제시하는 점, ③ 의견제시가 불협화음을 보여주며 진지한 토론을 방해하고 있다는 점, ④ 아직도 다수가 인터넷을 이용하는 데 어려움이 있다는 점 등이 시민참여의 제약요인으로 언급된다. 또한 이미 정치적으로 관여도가 높고 정치에 관심이 있는 소수집단에 의해 뉴미디어가 주로 활용되고 있다는 점도 한계이다(Davis, 1999; Norris, 2000). 뉴미디어는 적극적인 참여자와 나머지 일반인들의 격차를 더 넓힐 가능성도 있는 것이다.

　　최근 연구를 보면 공공영역에 기여하는 인터넷의 역할을 그렇게 높이 평가하지 않는 경향을 발견할 수 있다(Downey & Fenton, 2003). 쇼이펠레와 니스벳(Scheufele & Nisbet, 2002)은 '정치 효능감을 높이고 지식과 참여수준을 높이는 데 인터넷의 역할은 매우 제한적'이라는 점을 밝힌 바 있다. 한편 기존 정당조직이 인터넷의 잠재력을 실현시키는 데 일반적으로 실패했고 이를 또 하나의 선전도구로 이용한다는 주장도 제기되었다. 예를 들어 스트로머갤리(Stromer-Galley, 2000)는 위험요소와 문제가 있고, 부담스런 상호작용을 캠페인 기획자들이 이용하기를 꺼린다는 점을 보고한다. 캠페인 기획자들은 인터넷을 주로 정보제공성 광고유형인 '인포머셜'(*infor-mercial*)을 전달하는 수단으로 사용하고 있다는 것이다.

이 절의 제목은 솔라 풀(Ithiel de Sola Pool, 1983)의 독창적인 연구에서 따온 것이다. 풀은 그 전까지 라디오나 텔레비전에 가해진 검열과 규제로부터 벗어나게 할수 있다는 점에서 전자 커뮤니케이션을 매우 긍정적으로 평가했다. 그는 미디어에 대한 국가적 통제가 논리적인 경우는 주파수 영역대의 부족이나 반독점적 조건에서 접근기회를 할당할 필요가 있을 때라고 보았다. 새롭게 펼쳐진 뉴미디어 시대는 인쇄 미디어나 통신사업자(전화, 우편, 케이블 등)가 향유했던 자유를 보장할 수 있을 것이라고 예측되었다. 케이블, 전화선, 새로운 라디오 파장이나 위성을 이용한 배포가 가능해 지면서 전파의 희소성에 기초한 규제논리는 사라지게 되었다. 더구나 커뮤니케이션 양식이 '융합'되기 시작하면서 다른 미디어는 규제하지 않으면서 한 미디어만을 규제한다는 것은 논리적으로 맞지 않을 뿐만 아니라 현실적으로도 불가능하게 되었다.

인터넷과 같은 뉴미디어의 특징에 기초하여 주장된 자유는 솔라 풀이 미디어와 관련해 일반적으로 주장했던 자유와는 같은 것이 아니었다. 기본적으로 풀은 시장의 자유와 미국의 수정헌법이 모든 미디어에 적용되는 것과 같은 '소극적 자유'(정부의 무간섭)를 원했다. 인터넷이 자유로워야 한다는 이미지는 인터넷의 가능성, 연구기관이나 공공기관에 의해 보조받아 모든 사람들이 자유롭게 접근 가능했던 초기 시점에 구조, 조직, 운영 측면에서 통제되지 않았던 것 등에 기초하여 형성된 것 같다. 카스텔스(Castells, 2001)는 '인터넷이 제공한 커뮤니케이션은 모든 양식의 표현의 자유와 관련이 있다 … 누구나 정보원이 될 수 있고, 자유롭게 게시할 수 있고, 중앙집중화되지 않은 방송을 할 수 있고, 우연한 상호작용을 할 수 있는 곳이 인터넷이다. 이용자들은 인터넷에서 그들의 표현을 발견할 수 있다'라고 주장한 바 있다. 이와 같은 주장은 인터넷을 만들어낸 사람들과의 이상과도 일맥상통한다. 인터넷 시스템이 처음 만들어진 계기는 전략적이고 군사적인 것이었고, 그 후의 확장은 주로 경제적 동기에 의해 텔레커뮤니케이션 사업자들의 이해관계와 관련해서 이루어졌지만, 인터넷은 모든 사람들이 이용할 수 있도록 현재 존재하고 있다.

인터넷 시스템은 이를 통제하거나 조종하려는 시도에 대해서는 저항하는 내재된 속성이 있었고 이런 속성을 현재도 계속 유지하고 있다. 인터넷은 어느 특정인에 의해서만 소유되거나 조종될 수 없으며, 특정한 영토에 소속되거나 관할권 안에 속한 것도 아니다. 비록 법적 판단을 내릴 관할권이 확립될 수는 있지만 현실적으로 볼 때 인터넷 '콘텐츠'와 이용에 대한 통제나 처벌은 쉽지 않다. 이런 측면에서 볼 때 인터넷은 우편이나 전화와 같은 공공 통신미디어와 비슷한 성격을 지녔다. 자유와 관련한 솔라 풀의 시각과 대조적으로, 또한 초기 비디오텍스 실험과는 다르게, 송신자나 수용자가 접근하는 데 비용이 들지 않는다는 특징도 있다.

다른 미디어와 비교해 볼 때 상대적으로 인터넷은 여전히 자유롭고 규제받지 않는다. 하지만 인터넷이 성장하고 이용이 많아지면서 인터넷의 자유는 제한되어야 한다는 주장이 제기되는 것이 최근의 추세이다(예를 들어 미국의 1996년 커뮤니케이션법, 반-테러 법령인 2001년 패트리어트법). 인터넷 보급률이 높아지고 중요한 소비자 시장이 될 잠재성이 인식되면서 점차 매스미디어와 같이 되어가면서 규제와 운영양식에 대한 필요성이 높아지게 되었다. 레시그(Lessig, 1999)는 '사이버 공간의 구조에서는 이용자를 조정하려는 사람들이 네트워크상 어디에나 존재할 수 있기 때문에, 이들의 행위를 통제하는 것은 어려운 일이다'라고 지적했다. 하지만 인터넷 구조나 코드를 통제할 수 있는 수단은 있다. 인터넷이 상품과 정보 서비스 상거래의 매체로 이용되면서 전자상거래의 보안을 유지하기 위한 수단이 강구되었다. 인터넷 자체가 대규모의 기업활동이 된 것도 사실이다. 비록 한 개인이 네트워크를 소유한 것도 아니고 중앙집중화된 통제가 있는 것은 아니지만 '몇몇 기업이 네트워크 이용과 접근에 필수적인 기술적 수단을 소유한 점'은 중요하다고 하멜링크(Hamelink, 2000)는 지적한다. 그는 조만간 '사이버 공간의 거버넌스와 접근이 몇몇 게이트키퍼의 손에 좌지우지될 것이고 시장의 선두주자인 소수에 의해 통제될 수 있다'고 주장한 바 있다(2000).

인터넷이 사무실이나 대학보다 평범한 가정으로 급속도로 침투하면서, 비록 관할권 문제는 있지만 콘텐츠의 '품위'에 대한 기준이나 법률 적용을 위한 수단이 필요하다는 요구가 커졌다. 초기 미디어와 마찬가지로, 새로운 미디어의 사회적 영향력이 크다는 주장이 제기되면서 통제에 대한 필요성이 높아졌고 통제를 위한 실제적인 장애물 역시 극복된 것으로 보인다. 공공미디어로서 인터넷의 책무성에 대한 주장이 제기된다(예를 들어 지적 소유권, 비방, 사생활 보호 등의 문제에서). 수많은 서비스, 콘텐츠 제공자들이 만들어 놓았던 무정부 상태는 보다 구조화된 시장모습으로 전환되었다. 비록 통제의 형식은 아니지만 서비스 제공자들이 그들의 서비스에 대해 책임지라는 사회적 압력 역시 성공적으로 진행중이다. 아마도 인터넷상에서 무료 콘텐츠는 이제 점점 줄어들 가능성이 있다. 인터넷 시스템 운영 역시 앞으로 더 효율적이고 투명해야 할 필요가 있다.

새로운 통제의 수단?

인터넷상에서 경찰과 정보기관은 감시와 통제의 필요성에 주목하는데 이는 국경을 넘어선 범죄나, 아동을 대상으로 하는 포르노그래피, 테러, 정부에 대한 혐오의 표현, 새로운 유형의 사이버 범죄 가능성이 높아졌기 때문이다. 2001년 '테러와의 전쟁'을 선언한 후 미국 정부가 다른 미디어뿐만 아니라 네트워크상의 자유에 제한을 가하는 것을 상대적으로 쉽게 발견할 수 있다(Foerstal, 2001; Braman, 2004). 이는 다른 미디어 진화과정에서도 나타났듯이 하나의 '정상화' 과정이라고도 볼 수 있지만, 인터넷의 무정부적이고 개방된 이미지에 심각한 변화를 가져오게 되었다. 이러한 변화에 대한 평가를 내리기에는 이른 감이 있고 상황이 정리된 것이 아니지만, 가장 자유로운 커뮤니케이션 수단 역시 사회의 다양한 '법규'적용을 피할 수는 없다는 것은 사실인 것 같다. 참여자가 서로의 의무를 이행하는 커뮤니케이션 자체의 압력과 경제적, 사회적 압력 역시 자유로운 커뮤니케이션 이행과정에서 중요한 요인이 되었다.

미래변화를 예언하는 학자들은 산업사회에서 경험했던 것을 능가하는 사회적 통제가 전자적인 수단을 통해 발생할 가능성을 암시한다. 앞서 지적한 정보 트래픽을 컴퓨터로 '등록'하는 과정을 통해 모니터링, 정보흐름과 대인적 접촉에 대한 추적이 늘고 있다. 젠슨(Jansen)은 가정과 대인관계에서 사생활 침해의 새로운 가능성을 다음과 같이 지적한다. '네트워크망에 한번 연결되면 전자적 장치로 만들어진 새로운 원형감옥은 자동적으로 작동한다. 이제 그저 감시탑 위에서 최소한의 감시만이 필요하게 된 것이다'(1988).

라인골드(Rheingold, 1994)는 '네트워크는 거대하고 보이지 않는 새장이 될 수 있다. 가상 공동체는 실제 공동체의 도피처로 기술적 발전에 기초한 초현실적 환상이다'라고 한다. 미래에 대한 이런 시각은 현실적 가능성에 기초한다. 하지만, 이와 같은 시각이 보편적으로 공유되는 것은 아니며 현실에서 그대로 이를 반영한 현상이 나타난 것도 아니다. 예를 들어 그린(Green, 1999)은 이러한 두려움이 기술결정론적 시각을 반영한 것이고 일방향적이라고 간주한다. 그는 뉴 미디어의 가능성을 지적하면서 권력중심에의 접근을 통해 민주적 열망을 표현하고 감시의 방향을 바꿀 수 있다고 주장한다.

하지만 여전히 인터넷과 관련해서 해결되지 않은 부분은 이런 맥락에서 '자유'가 의미하는 바가 무엇인지의 문제이다(Chalaby, 2001). 감시로부터의 자유와 사생활을 보호받을 권리는 하나의 특별한 유형의 자유이며, 이는 익명성을 보장할 수는 있지만 표현의 자유와는 별개일 수 있다. 다양한 유형의 자유가 실현되기 위한 조건은 역시 인터넷의 다양한 잠재적, 실재적 이용유형과 연결하여 생각해 볼 수 있을 것 같다. 다른 미디어에서 확립된 표현의 자유 개념은 타인의 권리, 사회적 필요성, 사회적 압력의 현실에 기초하여 제약요인이 있음을 고려한다. 사회에서 정당하다고 수용되어 다른 미디어에서는 제한적으로 사용되는 자유를 인터넷만이 완전하게 누릴 수 있다고 기대하는 것은 비현실적일 수 있다.

커뮤니케이션 기술발전에 대한 일반적 평가에 기초해 볼 때, 인터넷이 모든 것을 즉각적으로 해결할 수 있는가의 문제에서 유토피안적 해석보다는 반(反) 유토피안적으로 볼 수밖에 없는 것 같다. 19세기 이후 커뮤니케이션 테크놀로지의 발전역사를 검토한 베니거(Beniger, 1986)는 커뮤니케이션 테크놀로지가 더 많은 자유를 가져오기보다는 조정과 통제를 가하는 데 더 많이 사용되었다는 점을 제시한 바 있다. 그는 '통제혁명'이라는 용어를 커뮤니케이션 혁명과정을 묘사하는 데 사용한다. 새로운 기술의 잠재성이 어떤 것이든지, 상업적 욕구, 산업, 군사, 관료라는 제도가 기술발전을 촉진시키고 새로운 혁신이 어떻게 적용되어야 하는지 영향을 미치고 있다.

커뮤니케이션 혁신의 역사를 정리한 또 다른 학자들은 대부분의 새로운 테크놀로지가 혁신의 잠재성이 있었지만 실재 이것이 구현되는 데는 항상 두 가지 요인이 중요했다고 보았다(Winston, 1986). 첫째는 발명물의 발전양식과 정도를 결정짓는 '사회적 필요'가 있었고, 둘째는 현재 상태를 방어하기 위해 혁신에 제동을 거는 '급진적 가능성을 압박하는 법'이 있었다는 점을 윈스턴(Winston, 1986)은 지적한다. 그는 일반적으로 기술적 결정론보다는 '문화적' 이론의 적합성을 주장한다. 캐리 (Carey, 1998)는 뉴미디어와 관련해서 이와 비슷한 입장을 가지고, 인터넷과 컴퓨터 커뮤니케이션이 만들어 내는 글로벌화가 기술이나 역사에 의해 결정되는 것은 아니라고 주장한다. 이러한 새로운 양식의 마지막 결정은 정치에 의해 만들어진다는 것이다.

새로운 평형장치인가 아니면 새로운 분열의 원인인가?

뉴미디어를 둘러싼 논의 중 자주 언급되는 것 중 하나는, 전자 미디어가 사회를 더 자유롭게 만들 뿐 아니라 보다 평등하게 만들 것이라는 주장이다. 뉴미디어의 가장 큰 장점은 목소리를 내고 싶은 사람은 누구나 접근권을 가질 수 있고, 신문이나 방송의 콘텐츠를 통제하는 강력한 기관의 매개를 필요로 하지 않는다는 점이다. 월드 와이드 웹에서는 부자나 권력가가 아니더라도 한 개인의 존재를 보여 줄 수 있다. 뉴미디어가 기존의 제도화된 채널을 우회함으로써 많은 사람들에게 기회를 제공하고 수용자가 독점적인 정보원에만 의존하지 않도록 만들 수 있다. 만약 모든 가정에 이러한 테크놀로지가 보급되고 위와 같은 경향이 확장된다면, 문화적 생산물과 정보에 보편적 접근이 가능한 '비디오피아'가 성취될 가능성이 있다. 가정, 도서관, 학교, 직장에 '전자 고속도로'를 설치해야 한다고 주장하는 사람들은 이러한 기술적 보급이 경제적 발전을 위한 필요성뿐만 아니라 사람들을 구속에서 해방시킬 수 있다는 점을 강조한다(Mattelart, 2003).

하지만 비평가들은 이러한 전망에 대해서 문제를 제기했다. 정치-경제학파 연구자들은 '전자 고속도로'의 주요 수혜자는 거대 전자회사나 텔레커뮤니케이션 회사가 될 것이라고 보고 새로운 기술이 세상을 바꿀 것이라고 보기에는 무리가 있다고 지적한다(Sussman, 1997; McChesney, 2000; Wasko, 2004). 소유권과 접근의 사회적 계층이라는 측면에서 볼 때 뉴미디어는 올드미디어와 다르지 않다는 것이다. 테크놀로지를 먼저 받아들이고 업그레이드하는 사람들은 상위 부유층이고 이들은 가난한 사람들보다 늘 우위에 있게 된다는 것이다. 이들은 테크놀로지를 통해 힘을 가지게 되고 항상 다른 사람들보다 앞서 나갈 수 있다. 사회격차, 정보격차는 좁혀지기보다는 넓어지며 사회적 빈곤층뿐만 아니라 '정보 빈곤층'이 생겨나게 된다. 텔레비전이 등장의 결과로 제기되었던 '정보격차'의 문제에 이어 현재는 '디지털 디바이드' 현상을 고민하게 되었다(Norris, 2000; Castells, 2001; Hargittai, 2004). 새로운 테크놀로지의 영향력이 발휘되는 데는 역사적 조건이 개입하게 되는데, 이는 개발도상국 뿐만 아니라 러시아와 같은 공산주의 체제로부터 전환한 사회에서도 발견할 수 있다(Rantanen, 2001; Vartanova, 2002).

또한 젠더문제와 관련해서도 많은 논쟁이 있었다. 여성들이 정보화 과정을 통해 고용부분에서 일반적으로 볼 때 혜택을 받기는 했지만, 아직도 컴퓨터 자체는 남성 위주의 편향성이 있다는 주장이 지속되고 있다. 일부 페미니즘 이론가들(예를 들어 Ang & Hermes, 1991)은 컴퓨터 테크놀로지와 친숙한 정도에서 남녀 간에 근본적 차이가 없다고 주장한다. 하지만 터클(Turkle, 1988)은 컴퓨터 자체가 남성 위주의 편향성을 가진 것이 아니라 '컴퓨터가 남성 위주로 사회적으로 구성된 것'이 문제라고 지적한다. 비슷한 논의를 인터넷 확산과 관련해서 발견할 수 있다. 반 주넨(van Zoonen, 2002)은 한 연구에서 인터넷과 관련한 담론을 분석하면서 인터넷이 성별 측면에서 어떻게 구성되어 논의되는지, 새로운 젠더에 대한 시각을 반영하는지를 살펴보았다. 그녀의 연구결과는 젠더와 테크놀로지 두 개념 모두가 다차원으로 형성되어 단순한 평가를 내리기 어렵다는 점을 보여준다. 인터넷 이용과 관련해서 볼 때 여전히 성별차이가 남아 있기는 하지만 초기 여성 이용자가 적었던 불균형은 해소된 것으로 보인다(Singh, 2001; Rainie & Bell, 2004).

텔레커뮤니케이션과 컴퓨터에 기반한 새로운 테크놀로지 이용자들의 네트워크나 연결은 기존의 매스미디어가 보여주었듯이 국가의 경계 안에서만 발생해야 할 이유가 없다. 따라서 매스 커뮤니케이션 현상을 다루면서 주요 뉴스와 오락물의 제공자로서 몇몇 주요 국가와 주변부 국가와의 의존관계를 다루었던 중심-주변부 모델은 별로 적합해 보이지 않는다. 현재 특정 국가의 발전단계와 관계없이 적절한 테크놀로지를 보유한 것 자체가 정보와 상호 커뮤니케이션을 위한 새로운 가능성을 열고 있다. 발전에 걸림돌이 되는 격차와 장애물은 뛰어 넘을 수 있다.

그럼에도 불구하고, 커뮤니케이션할 수 있는 능력 면에서 여전히 심각한 불균형이 존재하고, 특정 목적을 위한 소수집단에만 새로운 기술의 혜택이 돌아가고 있다. 아직까지 글로벌한 차원에서의 불균형의 성격과 정도를 파악할 수 있는 연구는 진행되지 않았다. 하지만 지금까지 축적된 데이터를 보면 새로운 테크놀로지를 통해 가능해진 정보 콘텐츠와 정보교환을 통한 참여비율 등은 상대적으로 부유한 지역이나 국가(특히 '앵글로-색슨'의 영향을 받은 지역)에서 더 활발한 것으로 나타나고 있다. 테크놀로지 이용에 드는 비용측면을 볼 때도 이미 발전된 사회가 더 혜택을 받고 있으며, 인프라나 운영 시스템에 대한 투자도 비슷한 경향이 발견된다. 뉴미디어의 경제적 측면이 부각될수록 이러한 경향은 가속화될 것으로 보인다.

매스미디어가 등장한 초기 시점에는 라디오와 텔레비전이 사회적·경제적 발전과정에서 발생한 격차를 좁히는 데 일조할 수 있을 것이라는 믿음이 있었다. 하지만 현실에서는 그렇지 못했고, 적어도 국제적 측면에서 볼 때 매스미디어는 수혜자이어야 할 제3세계보다는 서구사회에 더 기여했던 것으로 보인다. 현재도 비슷한 경향이 여전히 지속되고 있다(Waisbord, 1998). 비록 뉴미디어 이용자와 수신자의 접근권이 보장되고 문화적 압제에 저항할 수단으로 새로운 미디어를 이용할 수 있는 잠재력이 있지만, 이전과 비교하여 상황이 다른지를 평가하기란 쉽지 않다. 새로운 커뮤니케이션 테크놀로지는 특히 개인주의나 개인의 자유를 중요시하는 서구의 가치와 문화적 양식을 선호하며 발전되었다. 월드 와이드 웹을 통해 집합적인 상호작용을 할 가능성은 기존에 공고하게 유지되어 온 집단적 양식의 쇠퇴를 전제로 하고 있다.

10 소 결

기존이론의 수정이 필요하다는 점을 지적하기는 했지만 이 장에서 살펴본 뉴미디어 현상에 대한 이론적 논의는 확정적으로 받아들이기는 힘들다. 하지만 공적 커뮤니케이션은 이전과 비교하여 활성화되었으며 지속되고 있는 것은 사실이다. 자유주의, 민주주의, 노동, 인권, 커뮤니케이션 윤리와 같은 중요한 가치들은 21세기에 들어서면서 부각되었다. 한편으로 전쟁, 불공평, 불평등, 범죄와 같은 오래된 문제들도 상존한다. 이 장에서 제기된 중심 이슈는 매스 커뮤니케이션 현상을 진단하기 위해 발전된 아이디어나 틀이 여전히 유효한가의 문제였다.

이러한 아이디어와 틀이 적합하지 않을 수도 있다는 이유를 발견할 수 있었다. 올드미디어가 대중 수용자를 대상으로 했던 것과는 달리 '탈대중화' 경향이 확실히 발견되었으며 새로운 미디어는 작지만 더 '특화된' 수용자를 대상으로 한다. 뉴미디어, 특히 인터넷은 개인의 취향과 관심에 따라 콘텐츠를 조합하여 구성하는 '개인신문'의 실현을 가능하게 만들었다(비록 아직까지 이러한 수요는 많지 않지만). 이러한 추세가 더 확산되고 라디오와 텔레비전에도 적용될 경우 기존의 매스미디어가 지식 제공과 사회적 통합에 기여했던 역할은 감소할 것이다. 이러한 추세에 대해 일부 연구자들은 민주적이고 서로 함께 사는 대규모 사회의 손실이라고 비판한 바 있다(Sunstein, 2001). 온라인 뉴스의 경우 지역사회를 타깃으로 하는 경향이 있기는 하지만 동시에 글로벌화 가능성도 더 활발하게 모색되고 있다. 동시에, 적어도 뉴스의 경우, 신뢰성 있는 뉴스에 대한 수용자의 요구가 발견되고 있으며 특정 뉴스 정보원에 대한 신뢰는 쉽게 얻어지거나 버려질 수 없다는 점도 발견되고 있다. 비슷한 상황이 정치인과 정당에도 적용된다. 몇몇 사례를 제외하고 대안적 정치나 정치인의 활동이 엄청나게 늘었다는 근거는 아직까지 발견하기 힘들다. 정치에 대한 관심이 쇠퇴한 것은 사실일지 모르나 이러한 현상의 이유가 뉴미디어의 출현에 있다고 단정 짓기 어렵다.

미디어 제도라는 것을 더 이상 이야기하기 어렵다는 주장은 여전히 논쟁이 진행 중인 이슈이다. 새로운 요인이 중요하고 기존의 개념이나 방식으로는 설명할 수 없는 새로운 경향이 있을 수 있다. 하지만 공적으로 사적으로 미디어가 수행하는 기본역할은 지속되는 것 같다. 뉴미디어는 점진적으로 매스미디어로서 받아들여지고 있다. 특히 뉴미디어의 이용방식은 기존의 올드미디어의 특성을 반영하며, 대중을 상대로 하는 광고를 제공하고 음악과 영화와 같은 콘텐츠를 제공하는 '플랫폼'으로 이용되는 것을 볼 때 그러하다. 웹스터와 린(Webster & Lin, 2002)은 웹 이용행태에는 기존의 익숙한 매스미디어를 이용할 때와 유사한 규칙성이 있으며, 특히 몇몇 소수의 인기 사이트에 수많은 이용자가 몰리는 현상은 이전의 매스미디어 이용과 유사하다고 지적한다.

전반적으로 볼 때 새로운 테크놀로지가 단기간에 결정론적인 효과를 강력하게 발생시킨다고 볼 근거는 지금까지 나타나지 않았다. 또한 무한하게 신뢰할 만한 자유를 보장하지도 않으며 이전에 누렸던 커뮤니케이션의 자유를 감소시키지도 않았다. 그럼에도 불구하고 앞으로 우리가 주목해야 할 변화가 예견되는 분야가 있다. 네 가지 부문에 주목이 필요하다. 첫째는 새로운 네트워크로 연결된 사람들을 통해 만들어지는 사회적, 문화적 경계선이 재정립되는 부분이다. 둘째는 기존의 '훈시적'이었던 수단을 통해 제대로 수행하지 못한 정치 커뮤니케이션 분야의 변화를 위한 뉴미디어의 역할이다. 셋째는 공공영역의 쇠퇴와 관련한 것이다. 측정하기는 어렵지만 정보화 과정, 커뮤니케이션의 발전과정에서 이전에 우리가 공유했던 문화적 양식의 파편화가 진행되는 것에 주목해야 한다. 마지막으로 뉴미디어의 자유가 감소되고 있는 것과 관련한 이슈를 살펴보아야 할 것이다.

07 미디어와 사회에 대한 규범적 이론

매스미디어의 활동은 사회에 특정한 효과를 발생시키고 사회적 목적을 위해 봉사한다는 것을 전제로 한다. 이는 우리가 관찰하는 특정한 효과가 의도적이고 또한 긍정적으로 가치가 있다는 것을 의미한다. 정보를 확산시키고, 다양한 의견과 관점을 표현하고, 이슈에 대한 여론을 형성하고 토론을 용이하게 하는 데 도움을 주는 것이 우리가 기대하는 매스미디어의 효과이다. 미디어의 오락물과 문화적 산물 역시 사회적으로 용인된 목적을 수행하는 것으로 여겨진다. 효과가 의도되었을 경우 우리는 대개 누가 이러한 의도를 가지고 있는가를 파악해 볼 수 있다. 이러한 경우 대부분 미디어를 소유하거나 운영하는 주체나 미디어에 채널을 제공하는 주체 등 정부나 미디어 기관, 커뮤니케이터로서의 개인에 주목하게 된다. 미디어가 무엇을 수행해야 하고 무엇을 해서는 안 되는지, 얼마나 잘 수행해야 하는지에 대해서는 다양한 의견이 존재한다. 하지만 사람들이 많은 것을 기대하고 있다는 점에는 이견이 없다. 우리가 논의하려 하는 규범적 이론은 미디어가 개인과 사회에 기여할 것으로 기대하는 바와 관련한 권리와 책임감을 다룬다.

아마도 미디어와 사회의 '객관적' 관계를 '규범적'인 것인 논의나 이데올로기 차원에서 고려하는 것과 분리해서 생각할 수는 없을 것이다. 이는 미디어를 평가하고 설명하기 위해 사용하는 모든 기준이나 개념에는 어느 정도의 가치판단이 개입되어 있기 때문이기도 하다. 예를 들어 표현의 자유, 정체성, 통합, 다양성의 문제를 논의할 때, 심지어는 정보제공 문제를 다룰 때도 이러한 판단이 개입된다. 이 장에서는 미디어가 어떻게 조직되어야 하고(또는 조직되기를 우리가 기대하고 있고), 공익과 사회 전체의 이익을 위해 어떤 작업을 수행해야 하는지에 대한 다양한 아이디어를 검토할 것이다.

1 규범적 의무를 논의하는 기반

일반적으로 우리는 미디어의 역할에 대한 기대가 있다. 하지만 여기서 가장 큰 문제는 지금까지 언급되었고 당연하게 여겨지는, 긍정적 가치가 있는 목적을 수행해야 할 의무가 자유사회의 미디어에 특별히 없다는 것이다. 미디어는 대부분 정부에 의해 운영되지 않으며 또한 사회를 대표하여 업무를 수행하는 것도 아니다. 미디어의 책임은 시민들과 조직이 사회 내에서 갖는 책임과 유사하며 따라서 대부분 부정적 또는 소극적 측면으로 정의된다. 미디어는 해로운 일을 해서는 안 된다는 것이다. 뿐만 아니라 미디어는 다양한 긍정적인 목적 중에 어떤 것을 자유롭게 선택할 수도 있고 또한 이를 회피할 수도 있다. 또한 미디어는 정부나 이익집단, 개인 수용자, 심지어는 미디어 이론가가 사회에서의 그들의 역할을 규정하려는 시도에 대해 불쾌해하는 경향이 있다. 이런 점을 감안한다고 하더라도, 역사적으로, 헌법상에서, 또한 미디어 제도의 확립과정에서 명백히 문서화되지는 않았지만 다양한 이유로 미디어에 특정한 의무가 있다고 인식되어졌고 이러한 의무가 현실에서 중요하게 존중되었던 것이 사실이다. 한편으로 간과할 수 없는 외적 압력 역시 존재한다. 미디어와 관련한 규범적 이론은 미디어 내부에서 선택된 목표와 미디어가 어떤 역할을 수행해야 하는지에 대한 외부의 주장 모두를 다룬다.

규범적 기대를 이야기하는 토대 중에 가장 기본적인 것은 아마도 미디어 기관의 역할을 만들어 낸 역사적 맥락에서 찾을 수 있다. 대부분의 민주사회에서 민주적 정치기관과 뉴스를 전달하고 의견을 형성하는 미디어의 역할과의 밀접한 연계를 발견할 수 있다. 이러한 연계는 대부분 헌법상으로 확립된 관계가 아니고(독일은 예외이지만), 강제되는 것도 아니다. 그러나 이런 관계를 임의로 선택할 수 있는 것 또한 아니다. 이와 관련한 문제는 주로 사회이론이나 정치이론에서 집중적으로 다룬다. 또한 이런 문제는 국가사회나 국제사회의 공적 영역에서 저널리즘이 지향해야 할 바와 관련한 논의에서도 발견할 수 있다. 특히 전문적 직업으로서의 역할에 대한 주장이나 한 사회의 전통과 관습에서 규범적 기대를 찾을 수 있다.

둘째는 공중에 의해 표현된 여론에 의해, 특정 미디어의 수용자로서 일반인들에 의해 제기된 미디어의 역할에 대한 주장을 들 수 있다. 이 경우 미디어가 무엇을 해야 하는지에 대한 공중의 관점은 조금 더 구속력 있는 특성을 보여준다. 이는 미디어가 소비자와 고객과의 시장관계로 묶였고, 고객인 광고주 역시 미디어 행위에 영향력을 행사할 수 있다는 점을 보여준다. 영향력에는 차이가 있지만 영향력을 행사할 수 있는 주체는 두 가지가 유형이 더 있다. 하나는 국가와 정부기관이다. 보상과 처벌을 할 수 있는 정부가 어떤 관점을 가지고 있는지는 미디어가 얼마나 독립적일 수 있는지를 결정할 수 있는 배경이 될 수 있다. 비록 정부를 비판할 권리는 보장받지만, 정부의 정당한 이해관계(공공질서 유지나 국가적 위기상황의 대처)를 의식하지 않으면서 운영되는 대규모의 미디어를 찾아보기란 쉽지 않다.

또 다른 영향력의 행사는 폭 넓게 퍼져 있지만 어떤 때는 매우 효율적일 수 있는 다양한 이익집단에서 찾을 수 있다. 특히 뉴스와 정보에 영향을 받는 다양한 정치, 문화, 사회영역의 이익집단들이 영향력을 행사할 수 있다. 개인과 조직은 미디어의 뉴스로부터 피해를 받을 수도 있고 동시에 이를 이용하여 그들의 목적을 달성할 수도 있다. 따라서 이들은 자신들을 보호하거나 목적을 달성하는 데 영향력을 행사하기 위해 미디어 활동에 주목하고 있다. 이러한 과정을 통해 미디어에 영향력을 행사할 수 있는 감시와 기대환경이 조성되는 것이다.

미디어와 공익

미디어가 사회에 기여해야 한다는 다양한 압력들을 정리하는 한 가지 방법은 미디어가 '공익'을 위해 작동해야 한다고 보는 것이다. 사회이론, 정치이론에서 '공익'이라는 개념은 단순할 수도 있지만 동시에 매우 논쟁의 여지가 있는 개념이기도 하다. 매스미디어에 공익개념이 적용되었을 때, 이는 미디어가 현대사회에서 중요한 임무를 수행하고 이 임무를 잘 수행하는 것이 공중의 일반적 이익을 위에 좋다는 것을 의미한다. 또한 이는 정의, 공정성, 민주주의, 바람직한 사회, 문화적 가치의 보존 등 사회 내의 동일한 기본 원칙들에 따라 운영되는 미디어 시스템을 우리가 마련해야만 한다는 것을 뜻한다. 미디어는 사회적 문제나 극단적인 위법행위를 만들어서는 안 된다는 것 역시 공익의 테두리 안에서 이야기되는 것이다. 동시에 공익은 긍정적 기대에 기초한 개념이기도 하다.

하지만 이러한 간단한 개념은 현실에 적용하기에는 조금 괴리가 있다. 첫 번째 직면하는 문제는 대부분의 미디어가 스스로 선택한 목표를 달성하기 위해 등장했지 공익을 추구하기 위해 설립된 것이 아니라는 점이다. 미디어 기관의 목표는 때로 문화적, 전문적, 혹은 정치적 차원에서 설정될 수 있지만, 대부분의 경우 사업의 일환으로 이윤을 추구하는 데 있다. 또는 이 두 가지가 동시에 추구될 수 있다. 이제 여기서 '공익'이 무엇이며 누가 그것을 결정해야 하는지의 문제가 대두된다. 사회 전체를 위해서 무엇이 좋은 것인가에 관해서는 항상 다양한 견해가 있었고 이견도 많아 견해의 충돌이 있었다. 심지어는 미디어가 규범적인 목표를 추구하지 않는 것이 더 낫다고 보는 사람들도 있으며, 법이 정한 테두리 안에서 그들이 원하는 것을 할 수 있게 다양한 미디어가 자유롭게 남아 있어야 한다고 주장하는 사람들도 있다. 미디어가 상업적 기반에서 운영되는 곳에서는, 미디어가 생각하는 공익이란 공중이 어떤 것에 관심을 갖고 있는가와 동일시되는 경향을 발견할 수 있다. 이러한 경향은 규범, 윤리, 가치와 관련한 책임을 미디어가 아닌 사회로 돌리게 만든다.

공익이라는 개념을 다루기 어려운 이유는 이 개념이 매우 중요하기 때문이다. 이런 점과 관련하여 블럼러(Blumler, 1998)는 세 가지를 지적한다. 첫째, 정부의 경우와 마찬가지로, 권위와 권력의 문제가 개입되어 있다. '커뮤니케이션 과정에서 미디어는 정부와 비슷한 위치에 있다. 미디어의 자유, 사회, 정치, 문화분야에서의 폭 넓은 역할, 그리고 규제명령을 따라야 하는 것을 정당화하는 데는 궁극적으로 미디어가 이바지해야 할 공익이라는 개념이 필요하다'. 즉, 미디어의 힘은 정부의 힘과 마찬가지로 정당한 방식으로 사용되어야 하며, '책임'이라는 개념과 분리해서 생각할 수 없다. 둘째, 공익개념에는 초월적 성격이 부여되었다고 본다. 공익은 정책문제와 관련해서 볼 때 특정집단의 이익에 우선하는 개념이다. 공익이라는 개념은 지금 현재를 사는 사람들의 요구와 더불어 한 사회의 미래에 살게 될 다음 세대의 요구까지 포함한다는 측면에서 장기적 시각을 반영한다. 세 번째, 공익개념은 불완전하고 순수하지 않은 현실세상에서 실제적으로 작동해야만 한다고 지적한다. 이는 상황에 따라서 피할 수 없는 긴장과 타협, 즉흥적인 선택이 불가피하다는 것을 의미한다.

헬드(Held, 1970)는 공익을 구성하는 두 가지 주요한 측면과, 공익의 내용이 어떻게 이루어져야 하는가를 설명한다. 하나는 '다수결'의 시각으로, 특정 사안은 공중의 투표결과에 의해 해결되어야 한다는 것이다. 이러한 시각을 미디어에 적용할 경우, 공익은 '사람들이 원하는 것을 주는 것'이나, 미디어 시장에서 다수 소비자를 만족시키는 것과 같은 것으로 생각할 수 있다. 여기에 반대되는 시각은 '단일주의' 혹은 '절대주의'라고 할 수 있는데, 여기서는 공익이 특정한 이데올로기나 지배적인 한 가지 가치에 의해 결정된다고 보기 때문이다. 이러한 시각은 무엇이 좋은 것인지에 대한 결정이 전문가에 의해 마련되는 '가부장'적 시스템으로 연결될 수 있다. 공익에 대한 자유시장 접근과 가부장적 모델 사이에 대안이 있을 수 있지만, 아직까지 어떤 접근도 공익에 대하여 명백한 가이드라인을 제시하고 있지는 않다. 공익과 관련한 또 하나의 중요한 접근 중 하나는 토론과 민주적 결정과정을 거치는 방식이고 또 다른 하나는 특정한 사례를 토대로 무엇이 공익이고 무엇이 아닌지를 사후적으로 법적 판단을 통해 선별하는 방식이다. 이 책의 뒷부분에서 더 살펴보겠지만, 공공재로서 사회에 대한 미디어의 책무성을 추구하고 담보하기 위한 방식은 여러 가지

표 7.2

공익과 관련한 기준과 조건
- 출판의 자유
- 미디어 소유의 다원성
- 정보, 의견, 문화의 다양성
- 공적 질서와 국가안전을 지원
- 폭 넓은 범위를 대상으로 도달될 수 있는 서비스
- 공중에게 유용한 정보와 문화의 질적 수준
- 민주적 정치 시스템에 적합한 지원 (공공영역)
- 개인의 권리와 일반적인 인권에 대한 존중
- 사회와 개인에게 해악과 공격이 되는 것을 피함

가 있을 수 있다.

공익개념에 대한 주장이 어떤 것이든 간에, 매스미디어는 법률에 의한 통제나 규제대상이었고, '사회가' 미디어에 원하는 것, 하지 말기를 원하는 것을 관철하기 위한 공식, 비공식적 수단이 존재했다고 할 수 있다. 실제 통제수단이나 통제내용은 각국의 미디어 '시스템'에 따라 매우 다르며, 이는 정치적, 문화적, 경제적 요인에 의해 영향을 받는다. 또한 미디어별로 차이가 있으며 내적으로 일관성을 발견하기가 쉽지 않다.

이론영역 외에도, 현실적인 미디어 정치, 법, 규제영역에서 사회에서 해로운 영향을 주어서는 안 된다는 최소한의 조건에 대한 논의를 넘어서 현실적인 미디어 정치, 법, 규제영역에서도 매스미디어의 공익과 관련한 다양한 논의가 있었다. 공익이 무엇인지 구체화되어야 할 다양한 상황의 판단을 위해 〈표 7. 2〉에서 미디어에 필요한 기준과 조건을 제시하였다. 서구 민주주의 사회에서 미디어의 구조와 활동과 관련한 규범적인 기대를 정리한 것이다.

3 미디어 사회이론에서의 주요 이슈

이제 이 절에서는 미디어와 사회관계에 대한 논의에서 등장한 가장 중요한 문제를 집중적으로 살펴 볼 것이다. 규범적 이론은 미디어 구조와 미디어의 활동 또는 수행과 관련한 이슈에 따라 살펴볼 수 있다. 주요 이슈는 〈표 7. 2〉에서 제시한 사항을 중심으로 설명될 수 있다. 첫 번째로 미디어 시스템이 어떻게 만들어져야 하고, 운영조건은 어떠해야 하는지와 관련한 이슈들이 있다.

미디어 자유 미디어가 정부의 통제나 다른 영향력으로부터 자유로워야 하며, 수용자의 욕구를 만족시킬 수 있도록 자유롭고 독립적으로 보도하고 표현할 수 있게 해야 한다는 점은 일반적으로 사회내부에서 대부분이 동의하는 바이다. 사전검열이나 허가 또는 불법적이지 않을 경우 보도나 출판 이후 사후처벌을 하지 않는 것이 자유와 관련된 사항이다. 일반인들 역시 그들이 선택한 미디어를 자유롭게 수신할 수 있어야 한다.

소유의 다원화 여기서 가장 중요한 규범은 정부나 사기업인 미디어 산업이 소유권을 집중하거나 독점하는 것을 반대하는 것이다. 미디어 시스템은 몇몇 집단의 통제에 의해 독점되어서는 안 되며 송신자와 수신자의 자격으로 시민들은 그들의 아이디어, 이해관계, 필요를 충족시킬 수 있는 미디어에 접근할 수 있어야 한다는 것이 기본 원칙이다. 유형이 다른 미디어(예를 들어 신문과 방송이 다르듯이)에는 각각에 적합한 다른 통제방식이 있어야 한다.

정보, 의견, 문화적 콘텐츠의 다양성 미디어 시스템 전체는 지역, 정치, 종교, 민족, 문화 등의 사회 다양성을 반영하는 내용을 담아내야만 한다. 미디어 채널은 새로운 집단 운동이나 아이디어에 개방되어 있어야 하고 소수자들이 접근할 수 있는 적절한 기회를 제공해야 한다.

두 번째로 '공익'을 추구하는 미디어에 기대하는 서비스와 관련한 이슈들이 있다. 가장 중요한 이슈들은 다음과 같다.

공적 질서와 국가의 안전유지를 지원 미디어가 경찰이나 다른 권력기관이 행하는 일들을 하도록 요구되는 것은 아니지만, 이들의 활동을 비판적으로 감시해야 한다. 민주사회에서 미디어 자유에 대한 적법한 제약을 가할 수 있고, 권력기관에 도움을 주어야 하는 의무가 부과되는 문제도 있다. 사회외부에서의 심각한 위협, 전쟁, 심각한 내부갈등이나, 폭력적인 테러행위 등과 관련한 이슈가 발생했을 경우가 그렇다. 일상적 범죄를 포함하여 사회질서를 유지하는 데 미디어가 기여해야 한다는 주장도 여기에 해당한다. 미디어에 부여된 의무는 일반시민에게도 그대로 적용될 수 있다.

민주적 과정의 지원 매스미디어가 정치적, 사회적 제도의 작동에 긍정적 기여를 해야 한다는 기대가 있다. ① 공적 사안에 대해 공정하고 신뢰할 만한 풍부한 정보를 제공하고, ② 다양한 관점의 표현이 가능하도록 도움을 주고, ③ 다양한 목소리가 전달되도록 접근권을 주고, ④ 정치, 사회문제에 시민들이 참여할 수 있게 도움을 주는 것 등이 이러한 기여에 해당한다.

문화 콘텐츠의 질적 수준의 제고 도덕성, 문화적 산물의 품위, 미적 취향 등 다양한 이슈가 여기에 해당한다. 일반적으로 미디어는 지배적 가치를 꼭 지지해야만 하는 것은 아니지만, 미디어가 자리 잡고 있는 사회의 도덕적 표준을 존중하고 전통적으로 가치를 인정받는 문화양식의 표현에 기회를 주어야 하며 그 국가의 예술이나 언어를 존중해야 한다. 미디어 문화의 질적 수준은 다양한 기준과 시각에 따라 평가될 수 있다. 독창성과 창의성, 소수자의 문화와 예술에 대한 기회제공 여부 등이 평가의 기준이 될 수 있다.

국제적 의무의 준수 미디어는 일반적으로 한 국가의 기관이지만 미디어 콘텐츠는 국제적으로 광범위하게 확산될 수 있고 국제사회에 영향력을 행사할 수 있다. 타국에 대한 보도의 질적 수준, 외국인 혐오를 야기하는 선동의 가능성, 전쟁을 선동하는 선전 등이 국제적으로 관련된 이슈일 수 있다. 하지만 긍정적 차원으로 볼 때 미디어는 저개발 국가의 발전이나, 외국의 재해와 긴급상황, 건강과 환경문제와 같은 글로벌 이슈 등에 대한 보도를 통해 국제사회가 공조하게 할 수 있다.

세 번째 유형의 이슈는 미디어가 야기할 수 있는 의도되지 않은 폐해나 해악들을 피해야 하는 문제와 관련이 있다.

개인의 권리존중 법이나 여론에 의해 개인의 권리가 보호받는 곳에서도 미디어는 종종 이러한 권리를 침해하는 경우가 있다. 개인의 평판(비방이나 명예훼손), 사생활 보호, 인격권, 재산권(예를 들어 저작권), 피의자의 익명성과 관련된 이슈가 여기에 해당한다. 개인의 사적 권리에 대한 침해가 공익이라는 가치에 의해 정당화될 수 있는지는 논쟁적인 사안이다. 특히 정치적 스캔들, 특별한 범죄문제(소아 성애병자의 신원 노출), 공인이 개입되는 사건 등의 사례에서 이러한 문제가 논의된다. 하지만 대부분의 바람직하지 않은 미디어 행위는 정당화될 수 없으며 공익과는 관련이 없다. 때로 미디어는 특정한 개인과 집단에 공격적이거나 충격을 주어 고통을 주기도 한다.

사회에 대한 폐해 의도되지 않았다고 하더라도 미디어가 사회에 미칠 수 있는 일반적인, 장기적인 효과에 대해서는 우려의 목소리가 있다. 아동이나 취약한 집단의 복지문제와 범죄나 폭력, 음주, 마약, 난잡한 성행위 등 반사회적 행동에 미치는 영향력에 대한 우려가 여기에 해당한다.

개인들에 대한 폐해 타인의 행동을 통해 개인에 해악을 미치는 것도 미디어와 관련이 있을 수 있다. 미디어가 범죄와 자살을 자극한다는 부분에 대한 연구결과가 있다. 또한 폭력적인 포르노그래피 같은 특정한 미디어 콘텐츠가 모방을 이끈다는 주장이 제기되었다. 테러리스트를 모방한 범죄를 유발하는 것 역시 문제이다.

▋▋ 초기 이론적 접근 : 권력의 '제4부'로서의 언론

최초의 미디어는 인쇄미디어였고, 많은 부분 언론의 자유는 신문이라는 인쇄미디어에 의해 얻어졌으며 여전히 인쇄미디어에 중요한 것으로 주장되고 있다. 이러한 점에서 신문에 기초한 '언론이론'이라는 용어가 뉴스와 저널리즘 현상과 관련하여 많이 사용되었다. 20세기 서구 민주주의 사회와 같은 곳에서 가장 중요하게 여겨진 언론이론은 '언론의 자유'와 관련한 이론이었다. 다른 논의 역시 공익을 목적으로 한 자유의 조건이나 제한과 관련한 것이었다.

이런 관점에서 우리는 언론에 관한 최초 이론이 원래는 정치과정에서 저널리즘의 역할과 관련한 것이었다고 볼 수 있다. 이는 토마스 페인(Thomas Paine), 존 스튜어트 밀(John Stuart Mill), 알렉시스 드 토크빌(Alexis de Tocqueville)과 같은 자유주의 사상가들에 의해서 주창된 것이었다. '제4부'라는 용어는 18세기 후반 영국에서 그 당시 영국권력의 3부인 군주, 교회, 의회에 덧붙여 언론이 지닌 정치적 권력을 지칭하기 위해 에드먼드 버크(Edmund Burke)에 의해 만들어진 용어이다. 언론의 권력은 정보전달 능력과 정보를 공표하거나 공표하지 않게 보류할 수 있는 힘에서 나온다. 가장 핵심이 되는 자유는 의회나 정부활동 등에 대해서 보도하고 논평할 수 있는 것이었다. 이 자유는 대의 민주주의의 발전과정에서 초석이 되었다. 18세기 이후의 모든 혁명적, 개혁적 운동은 언론자유 획득을 표방하고 있으며 목적을 달성하기 위해 실제적으로 언론의 자유에 의존했다(Hardt, 2003).

특히, 앵글로 아메리칸 사상의 전통을 보면, 언론의 자유는 개인의 자유라는 아이디어와 자유-실용적 정치 철학과도 밀접한 관계가 있다. 철학분야에서 언론의 자유는 검열이나 의견에 대한 억압을 반대하는 주장에서 발견할 수 있다. 존 스튜어

표 7. 3   '언론의 자유'와 관련한 존 스튜어트 밀의 주장(1869/1986)

의견을 표현하지 못하게 침묵시키는 죄악은 현세대와 후손에 걸쳐 의견에 반대하는 사람과 의견을 가진 사람 모두를 포함한 인류권리를 빼앗는다는 데 있다. 만약 의견이 옳은 것이라면, 그 의견을 가진 사람은 오류와의 교환을 통해 진실을 추구할 기회를 박탈당하게 된다. 만약 의견이 틀린 것이라면, 그 의견을 가진 사람은 오류와의 충돌을 통해 진실이 더 분명해지는 과정을 경험할 기회를 놓치게 될 것이다.

밀이 언론의 자유와 관련하여 주장한 유명한 문구는 〈표 7. 3〉의 내용과 같다.

이러한 아이디어는 후에, 의견이 자유롭게 출판될 때 자유롭게 표현된 진실은 오류를 넘어 승리할 것이라는 '자기교정' 메커니즘 개념으로 발전되었다. 이 개념의 핵심 아이디어는 영국에서 언론 허가제에 대항했던 1644년 존 밀턴(John Milton)의 '아레오파지티카'(*Areopagitica*)로 거슬러 올라간다. 이러한 아이디어를 표현하는 또 다른 방식은 '사상의 자유시장'이라는 용어로 설명하는 것으로, 이는 미국 판사에 의해서 1918년에 처음 사용되었다. 은유적으로 쓰이기는 하지만, 이 표현은 언론의 자유를 문자 그대로의 자유시장과 밀접하게 관련시키는 불행한 결과를 초래하고 말았다.

언론자유 쟁취를 위한 갈등을 역사적 맥락에서 보면 이는 출판과 권위 간의 적대감, 특히 처음에는 교회와의 관계 속에서, 후에는 정부와의 관계 속에서 갈등을 발견할 수 있다. 따라서 언론의 자유가 본래 제한과 속박으로부터의 자유라는 의미로 정의되었다는 것은 놀랄 만한 일이 아니다. 미국 수정헌법(1791) 제 1조 '의회는 언론과 표현의 자유를 침해하는 법을 만들지 말아야 하고 …' 라는 문구에서 이러한 의미가 법적 용어를 통해 제시된다. 대조적으로, 다른 많은 나라에서 개정된 헌법은 시민들에게 보장된 권리를 언급한다. 예를 들어 네덜란드의 1848년 헌법 제 7조는 '개인은 법률에 따른 자신의 책임을 져야 하지만, 자신의 생각과 감정을 출판하여 공표하는 데 사전허가를 받을 필요가 없다'고 명시한다.

20세기 초까지 경제적 의미에서 언론의 자유와 정부간섭의 배제를 이야기하는 것만으로는 진정한 표현의 자유를 보장하기 어렵다는 것을 많은 개혁가들이 지적했다. 현실적으로 출판의 수단에 접근할 기회를 주지 못하고 있다는 것이었다. 언론은 자유와 민주주의를 위해 작동하기보다는 돈을 벌기 위한 수단이나 '언론귀족'과 새로운 자본가 계급의 선전도구화 되었다는 점이 지적되었다.

5 언론자유에 관한 1947년 위원회와 사회책임이론

미국신문이 지나치게 선정적이고 상업화되었다는 비판과 미국신문이 정치적으로 불균형성을 갖고 독점화되는 경향에 대한 대응으로 1942년에 민간위원회가 구성되고 1947년에 보고서가 발표되었다(Hutchins, 1947). 위원회 설립자는 발행인인 헨리 루스(Henry Luce)였고 위원장은 시카고대학 총장인 로버트 허친스(Robert Hutchins)였다(Blanchard, 1977). 위원회의 목표는 '미국언론이 성공적이거나 실패하는 영역과 상황을 점검하고, 정부검열의 압력, 독자, 광고주, 소유주, 경영진 등의 압력으로 표현의 자유가 제한되는지 아니면 보장되는지를 살펴보기 위한 것'이었다.

위원회는 여러 가지 의미에서 중요한 이정표를 마련했다. 비록 언론에 대한 문제는 종종 정부가 제기하기는 했지만, 위원회의 보고서는 미디어가 사회의 필요에 부응하는 데 실패했고 개혁이 필요하다는 문제를 제기한 첫 공식보고서였다. 미국에서는 이 시점 이후로 언론에 대해 허친스 위원회와 유사한 공적 조사가 진행되지 못했다. 그 이후 몇몇 위원회가 미디어 활동과 관련 있는 폭력, 포르노그래피, 시민사회의 불안과 관련하여 구체적인 문제를 점검한 적은 있었다.

둘째, 1947년 위원회는 아마도 언론의 자유가 획득된 이후 처음으로 자본주의 논리와는 별개로 언론의 해악을 교정하기 위한 정부개입의 필요성에 대해 심사숙고한 사례라고 할 수 있다. 셋째, 위원회는 제2차 세계대전 이후 개혁과 재건의 시기에 다른 국가에 영향을 줄 수 있는 사례가 되었다. 넷째, 이 보고서가 그 시기의 언론활동을 실제로 향상시켰다는 증거는 없지만, 이 보고서의 조사결과는 이후의 이론화 작업과 언론의 책무성 구현에 공헌을 했다.

조사결과를 토대로 위원회(Hutchins, 1947)는 특권과 권력을 지닌 소수 이외의 다른 집단이 목소리를 낼 수 있는 접근기회를 언론이 제한했다는 점을 비판했다. 보고서는 '사회책임'이라는 개념을 만들었고 언론이 추구해야 할 중요한 저널리즘의 표준을 제시했다. 즉 책임 있는 언론은 다음과 같은 작업을 수행해야 한다고 지적했다. ① '그날 일어난 사건에 대해서 그 사건의 의미를 전달할 수 있는 맥락 속에서 완전하고, 진실되며, 포괄적이고 지적인 설명을 제공해야 한다', ② '논평과 비평을 교환할 수 있는 포럼으로서 봉사해야 하며', '공적인 표현의 전달자'가 되어야 한다, ③ 언론은 '사회를 구성하는 여러 집단의 대표성 있는 모습'을 제공해야 하며, '사회의 목표와 가치'를 명확하게 제시해야 한다. 또한 보고서는 편집자의 의견을 객관적 뉴스에 반영하여 보여주는 방식이나 언론의 센세이셔널리즘을 비판했다.

일반적으로 위원회는 폭력, 범죄, 무질서를 조장하는 것을 방지하기 위해 언론이 다양성, 객관성, 정보성, 독립성 등을 추구해야 한다고 보았다. 사회적 책임은 정부간섭이 아니라 자율적 통제에 의해서 이루어져야 한다고 여겨졌다. 하지만, 정부 간섭이 사회적 책임을 구현하기 위해 완전히 배제되는 것은 아니었다. 시버트와 동료 연구자들은(Siebert et al., 1956) 후에 '무엇으로부터의 자유'가 아니라 '무엇을 위한 자유'라는 측면에서 자유의 긍정적 차원 아래에서 사회적 책임을 해석한 바 있다. 이들은 '사회책임 이론은 정부가 단지 자유를 허용하는 것만으로는 부족하고 적극적으로 이를 촉진해야 한다는 명제에 기초한다 ⋯ 그러므로, 필요하다면 시민의 자유를 보호하기 위해서 정부가 조치를 취해야만 한다'고 주장했다(1956). 또한 이들은 '명백한 남용'을 금지하는 법안을 마련하고, '현존하는 미디어의 한계를 보완하기 위해 커뮤니케이션 영역에 진입하는 것' 등이 정부조치로 가능하다고 보았다.

'사회책임 이론'은 미디어 소유권을 무제한적인 사적 특권으로 보기보다는 공적 위탁이나 재산을 관리할 책무형태로 본다. 위원회의 위원이었던 윌리엄 호킹(William Hocking, 1947)은 다음과 같이 지적했다.

> 언론이 갖는 자유의 권리는 사람들이 자유로운 언론을 가져야 할 권리와 분리할 수 없다. 하지만 여기서 공익이 중요하다. 이제는 사람들이 '적절한 언론'을 가질 권리가 중요하다. 그리고 위의 두 가지 권리 중 공중의 권리가 우선한다.

이러한 주장이 책임을 요구하는 기본적 토대로 여겨졌다. 또한 현대 매스 커뮤니케이션의 소유권(특히 신문과 방송)이 이미 소수에게 매우 집중되었다는 사실에 기반하여 책임이 강조되기도 했다. 이러한 권력은 조심스럽게 사용되어야 하며 다른 사람들을 존중할 책임을 수반한다는 것이다. 이러한 주장은 특히 미국에서의 방송에 대한 규제를 정당화하는 데 영향력을 미쳤고 또한 언론활동에도 영향을 주었다. 1980년대 들어 탈규제의 움직임이 있기 전까지 미국의 연방통신위원회(FCC)는 방

표 7. 4   사회책임 이론

> • 미디어는 사회에 대한 의무가 있으며, 미디어 소유권은 공적인 신탁으로 여겨진다.
> • 뉴스 미디어는 진실성, 정확성, 공정성, 객관성, 적합성을 추구해야 한다.
> • 미디어는 자유로워야 하며, 자기 조정력이 있어야 한다.
> • 미디어는 전문직으로서 직업윤리강령을 따라야만 한다.
> • 아주 특정한 상황에서 공익을 보호하기 위해 정부가 개입할 필요가 있을 수 있다.

송은 공적 위탁형식으로 실시된다는 가정에 기초하여 결정을 내렸고, 방송을 평가하고 면허의 취소여부를 검토할 수 있다고 보았다. 사회책임 이론의 기본원칙은 〈표 7. 4〉에 요약되어 있다.

미국의 1947년 위원회의 보고서에 철학적 기반을 두는 사회책임 전통은 제 2차 세계대전 이후 20~30년 동안 미국보다는 서유럽 국가에 실질적으로 더 많은 영향력을 발휘했다. 특히 전쟁 직후 새로운 출발을 하려는 염원이 있었고, 보다 '진보적'인 정치가 출현한 가운데 언론의 집중과 사기업 미디어의 독점에 대한 우려가 있었기 때문에 사회책임 논의가 현실적으로 추진력을 얻게 되었던 것이다.

피카드(Picard, 1985)는 '언론의 민주적-사회주의 이론'이라는 개념을 통해 이 시기 유럽사회 매스미디어에 대한 '사회복지' 모델을 묘사했다. 많은 나라에서(특히 영국과 스웨덴), 미디어의 활동에 대한 공적 조사가 진행되었다(예를 들어 언론에 대한 왕립위원회, 1977). 언론의 다양성, 집중에 대한 검토가 이어졌고, 소수언론의 출간을 지원하는 방안이나 한 지역사회에서 경쟁하는 언론을 유지할 수 있는 방안에 대한 연구도 있었다. 이러한 위원회 활동의 목표는 건강한 민주주의의 실현에 있었다. 비록 실제 개입은 최소한으로 진행되었지만, 정부가 자유시장에 다양하게 개입하는 것을 정당화하는 데 공익이라는 개념이 사용되었다. 유럽연합은 이러한 전통을 이어받았으며 미디어의 다양성과 소유집중을 점검하고 중요한 민주적 가치를 보호하기 위해 조사를 실시했다. 하지만 실제로 특별한 조치를 취하지는 않고 있다. 미디어 시장과 기존의 영향력 있는 미디어에 대항하여 이들의 사회적 책임을 관철시키려는 정치적 의지가 아직까지는 높지 않은 것으로 보인다.

6 전문 직업의식과 미디어 윤리

상업주의의 팽배와 정치적 독립성의 결여로 인한 대중적 신문의 실패에 대한 대응의 하나로 중요하게 제기된 것은 저널리즘의 영역에서 전문 직업의식을 발전시키는 것이었다. 이러한 움직임은 협회를 만들고, 신문평의회를 구성하고, 적합한 언론활동을 위해 기자 행동윤리강령을 제정하는 것 등으로 다양하게 나타났다. 저널리즘의 역사적 발전과 제도화 과정은 이 절에서 논의하는 내용의 범주 밖이지만, 규범적 이론의 내용과 이행을 이해하는 데 중요한 부분이다. 신문평의회는 주로 자발적으로 형성되며, 비정부 협의체로서 공중과 매스미디어 중간에서 이 둘을 매개한다 (Sonninen & Laitila, 1995; Bertrand, 2003). 이들의 주요 역할은 미디어에 의해서 영향을 받은 쪽의 불평에 대해서 심사평결을 내리는 것인데, 특히 신문매체에 해당하는 것을 다루었다(방송의 경우 독자적 방식을 따로 택했다). 이러한 기능을 수행하는 데는 표준강령이나 준거 틀로서의 원칙이 필요했다. 일반적으로 신문평의회는 언론이 공중에 대한 책임을 인식하고 마련한 자율규제를 위한 장치였다.

언론인의 윤리강령은 언론인들에 의해 채택되고 통제되는 전문인으로서의 행동원칙이다. 저널리즘 활동과 관련한 강령을 마련하기 위한 움직임은 미국에서 1947년 허친스 위원회 보고서가 발표되기 이전에 이미 시작되었다. 첫 번째로 마련된 것은 1923년 미국 신문편집인 협회가 제정한 저널리즘 기준이다. 행동강령은 유럽사회에서도 프랑스, 스웨덴, 핀란드 등에서 거의 비슷한 시기에 등장하기 시작했고, 이후 거의 모든 나라에서 제정되었다(Lailtila, 1995).

이와 같은 현상은 저널리즘의 전문직화 과정을 반영하고 있지만, 이는 동시에 미디어 산업이 비판으로부터 그들 자신을 보호하고 자율에 대한 위협과 외부개입에 대한 위협에 대처하려는 의도가 있었기 때문에 나타난 현상이기도 하다. 자율적으로 마련된 강령에 대한 연구는 저널리즘이 정말 무엇인지에 대해 잘못된 인식을 줄수도 있다. 하지만 강령내용을 통해 우리는 지널리즘이 행해야민 하는 일들에 대해 어떻게 언론인들이 느끼고 있었는지에 대해 이해할 수 있다. 적어도 강령은 미디어가 그들의 업무에 대한 가이드라인으로 공개적으로 천명한 중요한 가치들을 보여준다. 이런 측면에서 볼 때 이와 같은 윤리강령은 규범적 이론의 형식을 취한다고 하겠다. 그럼에도 불구하고, 강령은 미디어의 전반적인 사회적 목적에 대한 특정한 체계적인 아이디어를 제공한다기보다는 상이한 사례에서 현실적 처방을 모아 놓은 성격이 강했다. 보다 큰 사회적 목적을 발견하기 위해서는 해석이 필요하다.

표 7.5
언론활동강령에서 발견할 수 있는 원칙
• 정보의 진실성
• 정보의 명확성
• 공중의 권리를 보호
• 여론형성에서의 책임
• 정보를 수집하고 제시하는 표준 확립
• 정보원의 존엄성을 존중

다양한 강령은 특정국가의 관습과 전통의 차이를 반영하며, 언론활동과 관련한 발행인, 편집자, 일반기자, 외부 규제집단의 상대적 영향력을 또한 반영한다. 대부분의 강령은 신뢰할 수 있는 정보의 제공과 왜곡, 사실의 은폐, 편향성, 센세이셔널리즘, 프라이버시 침해를 방지하는 조항을 포함한다(Harris, 1992). 몇몇 강령은 사회에서 수행해야 할 저널리즘의 역할을 제시하기도 한다.

유럽의 31개 국가의 언론활동 강령을 비교한 연구를 통해 라이틸라(Laitila, 1995)는 수많은 다른 원칙이 있음을 보여 준다. 그녀는 이러한 강령들을 여섯 가지 유형의 책무로 분류한다. ① 공중에 대한 것, ② 정보원과 출처에 대한 것, ③ 국가에 대한 것, ④ 고용주에 대한 것, ⑤ 전문직으로서의 존엄성에 대한 것, ⑥ 언론직업의 지위를 보호하기 위한 것 등이다. 라이틸라는 특정한 분야의 일반원칙에서 각국에서 제시하는 강령의 일치도가 매우 높다는 것을 발견했다. 분석된 31가지의 윤리 강령 속에서 사회 전반과 관련 있는 여섯 가지가 공통적으로 발견되었다. 이는 〈표 7. 5〉에 요약되어 있다.

또한 공통적으로 강령에 포함된 조항은(분석한 강령의 70% 이상에서 발견된), ① 인종, 민족, 종교 등에 의한 차별 금지, ② 사생활 보호, ③ 뇌물수수나 기타 혜택의 금지 등이 있었다.

언론강령은 주로 한 국가 안에서의 활동을 담고 있었지만, 국제문제와 관련한 뉴스의 중요성과 관련한 원칙을 세우려는 노력도 있었다. 유네스코 후원으로 '저널리즘의 전문직으로서의 윤리에 대한 국제적 원칙'이 마련되었으며 여기서는 '정보의 권리'라는 아이디어와 인류의 보편적 가치와 문화적다양성을 존중할 것을 포함한다(Traber & Nordenstreng, 1993). 또한 인권, 평화, 자유, 사회적 진보, 민주주의 보호를 위해 저널리즘이 활동해야 한다는 점도 강조한다(Nordenstreng, 1998 참조).

언론활동강령의 내용은 '서구' 가치체계를 반영하지만 일부 중요한 요소는 문화적 맥락에 따라 다르게 해석되기도 한다. 하페즈(Hafez, 2002)는 유럽사회의 언론강령과 북아프리카, 중동, 아랍문화권 국가의 언론강령을 비교했다. 그는 '진실성, 객관성이 저널리즘의 가장 중요한 가치가 되어야 한다는 데 국제적인 동의가 있다'고 결론 내렸다. 하지만 한편 아랍국가에서는 표현의 자유보다는 사생활 보호에 더 큰 비중을 두고 있음을 하페즈는 지적한다. 저널리즘 활동의 국제적 표준을 찾으려는 연구는 지금도 지속되고 있다(Herrscher, 2002; Perkins, 2002). UN의 국제인권조약과 유럽인권조약은 표현의 자유와 관한 권리에 집중하고 있지만, 미디어 자유의 남용과 구 유고슬라비아나 르완다와 같은 국가에서 발견되는 차별, 증오, 폭력을 조장하는 미디어의 활동에 대해서는 이를 금지하려는 움직임도 있다.

표면적으로 보면, 다양한 국가의 저널리스트들이 적절한 기준이라고 받아들이고 있는 강령들 사이에는 많은 공통점이 있는 것처럼 보인다. 이런 점에서 볼 때 일상의 언론활동에 적용 가능한 공유할 수 있는 규범적 이론과 같은 것이 있다. 하지만 대부분의 강령에서 저널리즘이 사회에 기여하는 더 큰 목적에 대해서는 별로 다루지 않았다. 모든 국가에서 집중적으로 강조하는 점은 객관적이고(중립적이고), 독립적이며, 정확한 정보를 주는 저널리즘의 표준과 관련한 것이었다.

맨시니(Mancini, 1996)는 많은 국가에서 자유주의 저널리즘 이론과 실천 사이에 괴리가 있음을 지적한다. 이론과 실천 사이의 '간극'은 두 가지 점에서 발견된다. 하나는 강령에 잘 명시되지 않은, 저널리스트의 탐사적, 비판적, 주창자적 역할과 관련 있다. 다른 하나는 저널리즘의 독립성과 중립성에 관한 것으로, 많은 경우 저널리즘이 정부, 정당, 힘 있는 경제집단 등과 실제로는 밀접한 관계를 유지하면서 작동하는 문제이다. 이 두 가지 점에서 볼 때 언론행동강령은 이론으로 만들기에 부적절하고 불완전하다는 결론에 이르도록 한다. 아마도 이러한 강령은 특별한 목적을 지닌 특정한 이데올로기의 하나로 이해하는 것이 더 적절할지 모른다.

꽤 많은 미디어 조직이, 특히 텔레비전 방송에서, 편집자와 제작자들을 위한 지침을 제공하는 내부적 실천강령(문서화되어 있기도 하고 아니기도 하고)을 가지고 있다. 이는 주로 내부적 통제와 책무성을 다루기 때문에 전문직으로서의 강령과는 조금 다르다. 내부 실천강령은 때로 시청각 미디어가 직면하는 특수한 상황에 대처하여 잠재적으로 더 큰 영향력을 발휘하기 위한 목적으로 구성되기도 한다. 또한 저널리즘 영역뿐만 아니라 픽션, 드라마 제작분야에서도 외적 규제에 반응할 수 있도

록 마련된다. 서로 다른 구체적인 문제가 발생하는 상황에서도 대부분 동일한 기본
원칙에 의거하여 판단되는데, 이러한 원칙에는 진실성, 공정성, 개방성, 다른 사람
들에 대한 존중, 품위, 공중에게 해로운 일을 피하는 것 등이 포함된다.

　　뉴스 저널리즘 분야 외 영역에서도 잠재적 해악으로부터 공중을 보호하거나, 외
부로부터의 압력에서 언론산업을 보호하기 위해 제정된 자율적 강령을 발견할 수
있는데 이는 미디어의 자율규제의 근거로 이야기된다. 거의 모든 국가에서 광고는
자율적으로 부과한 제한과 가이드라인을 통해 제작된다. 영화는 초기에는 검열대상
이었지만 이제 많은 국가에서 공중의 감시나 자율규제의 대상으로 바뀌었다. 텔레
비전 방송에 대한 제한은 다른 미디어보다 많다. 위에서 살펴 본 강령의 제정은 미
디어의 영향력에 대한 두려움과 공중의 비난에 대한 두려움을 반영한다.

 ## 《언론의 4 이론》과 그 이후

세 명의 미국학자가 공동작업한 《언론의 4 이론》의 출간은 미디어에 관한 이론(주
로 신문과 관련한)을 발전시키는 데 중요한 계기가 되었다(Siebert et al., 1956). 이
책은 그 당시 대안적인 '언론이론'을 내세우면서 언론과 사회의 관계를 조명했다.
많은 부수가 팔린 이 책은 번역되기도 했고 저널리즘 교육에 이용되었으며 발간 후
많은 논쟁을 가져왔다(Nordenstreng, 1997). 아마도 제목 자체가 이목을 끌만한 주
장을 담고 있었고 그동안의 매스미디어에 관한 문헌에서 다루지 않았던 간극을 메
워주었기 때문이었다. 이 책의 내용은 그동안 집중적인 검토와 비판과 논박대상이
되었는데, 이는 특히 4이론 중 하나인 '소비에트 공산주의'가 몰락했기 때문이다
(Nerone, 1995). 이 저서의 가장 중요한 부분은 '언론은 언론이 운영되는 사회 안에
서 정치적, 사회적 구조의 특성을 반영하는 양식을 취하며, 특히 사회통제 시스템
을 반영한다'는 명제였다(Siebert et al., 1956).

　　소비에트 공산주의 이론 외 나머지 세 가지 이론은 '권위주의', '자유주의' 그리고
'사회책임' 이론이다. '권위주의 이론'이라고 명명한 이론은 두 세기 동안 유럽 등에
＊217　서 억압적 정권에 의해 언론이 통제당했던 상황과 미국이 영국의 지배에서 벗어나

게 된 상황을 배경으로 언론의 모습을 기술하고 있다. 권위주의 이론 안에서 사실 '이론적' 측면은 발견하기 힘들고 기본적 원칙정도를 이야기할 수 있다. 권위주의에 관해서 18세기 영국작가 사무엘 존슨(Samuel Johnson) 은 '모든 사회는 공적 평화와 질서를 유지할 권리가 있다. 따라서 위험한 경향을 지닌 의견의 유포를 금지할 자유 역시 가지고 있다'고 말했다(Siebert et al., 1956). 존슨은 이러한 권리는 사법부의 판사가 가진 것이 아니라 사회가 가진 것으로 보았다. 또한 의견을 제한하는 것은 도덕적으로는 잘못되었을지는 모르지만 '정치적으로는 정당한' 것이라고 주장했다. 자유주의 이론에 대해서는 이 장 앞부분에서 제시했기 때문에 자세한 설명을 생략한다.

이 책은 냉전시기에 출판되었고, 당시에는 미디어의 자유를 보장하는 것이 가장 큰 이슈였다. 미국은 자유주의의 이념과 자유 시장경제라는 개념을 세계에 확산시키려고 애썼고, 미국의 언론자유모델은 이런 점에서 중요하다(Blanchard, 1986). 최소한 《언론의 4 이론》이 이러한 미국의 프로그램에는 적절하다고 할 수 있다. 네론(Nerone, 1995) 은 저자들이 '미디어 소유자가 스스로의 존재를 설명하기 위해서 이데올로기적으로 신화화하는 것을 무비판적으로 받아들였다. 자유언론이 사회를 위해 봉사한다는 신화는 미디어 소유자들의 이익에 부합되기 때문에 존재하는 것이다'라고 비판한 바 있다. 네론의 지적처럼, 접근을 막는 경제적 제한이나 독점적 출판을 남용하는 현상을 무시한 채 자유주의 이론은 언론의 자유를 소유권의 자유로 좁혀서 보고 있다.

두 번째로 생각해 볼 부분은 언론의 자유를 정부로부터의 자유로 보는 부정적 개념으로 틀 지운 부분이 많다는 점이다. 하지만 언론의 자유는 사회적 개입을 필요로 할 수도 있는 긍정적 목적이나 혜택의 차원에서 대안적 관점에서도 설명할 수 있다. 글래서(Glasser, 1986) 는 다음과 같이 제시한다.

부정적 측면으로 자유문제에 접근하는 시각에서 보면, 언론은 스스로의 자유나 다른 사람의 자유를 보장하기 위해 아무런 의무도 지지 않는다 … 긍정적 측면에서 보면 대조적으로, 자유와 의무는 병행한다. 개인이 자유의 혜택을 받는 능력은 자유의 조건에 포함되어야 한다.

세 번째, 자유주의 이론은 인쇄매체 외의 미디어에는 잘 적용되지 않으며, 미디어의 역할 중에서도 저널리즘 부분에만 적용될 수 있는 점을 생각해 볼 수 있다. 의견과 신념에 대한 언급은 많지만, 정보나 정보사회에서 발생하는 자유와 관련한 문제들, 예를 들어 접근, 비밀, 사생활, 재산권 등과 관련한 문제에 대한 지적은 없다. 다만 시장이 이러한 자유를 제공할 것이라고 본다.

네 번째, 자유주의 이론에서는 자유라는 권리로부터 누가 혜택을 받는가가 불분명하다. 신문의 소유자가 권리를 갖는다면, 편집인이나 저널리스트, 또한 공중의 권리는 어떻게 되는 것인가? 자유의 한계가 어디인가를 선 긋기 어려운 문제 등 여러 가지 논쟁거리가 있다. 어떤 시점에서 국가가 정당하게 특별한 이익을 보호하기 위해 개입할 수 있는가? 역사적으로 보면 정부는 대개 자신들이 필요하다고 생각할 때, 그리고 그 부분에 대해서 비판을 받지 않을 수 있다고 판단할 때 권위주의적 시각을 채택했음을 알 수 있다. 이는 앞서 존슨이 지적한 정치적으로 정당하다는 개념과도 일맥상통한다.

이러한 제약에도 불구하고, 《언론의 4 이론》은 반론과 논쟁을 촉진시켰을 뿐만 아니라 이 '이론'을 확장시키고 한편으로 새로 정립하려는 시도를 가져왔다. 맥퀘일(McQuail, 1983), 알철(Altschull, 1984), 해튼(Hachten, 1981) 등 다수의 연구자들은 자유주의와 맑스주의의 변형 이론 이외에도 '발전이론'이라는 유형도 필요하다는 점을 지적했다. 이러한 이론은 미개발과 식민 상태에서 독립하여 전환기를 맞은 사회와 관련한 것으로, 이런 사회는 자유-시장 미디어 시스템을 유지하기에는 자본, 인프라 구조, 기술, 적합한 수용자층 모두가 부족한 상황이다. 이러한 사회에서는 자율성과 다른 국가와의 연대뿐만 아니라 국가적 발전목표에 초점을 맞춘 미디어 이론이 필요하다. 이런 상황에서는 정부가 자원을 선택적으로 할당하고 저널리스트들의 자유를 어느 정도 제한하는 것이 정당화될 수도 있다. 사회책임이 미디어의 권리나 자유에 우선하는 것이다. 현실적으로, 많은 개발도상국의 미디어 시스템은 '권위주의'적 속성을 가지고 있다. 일부 연구자들은 구 소련의 미디어 민주화 과정 등 발전의 맥락에서 4이론의 적용 가능성을 검증하기도 했다(De Smaele, 1999).

이러한 언론이론 분류를 발전시키기 위한 연구노력이 있기는 하지만(예를 들어 Ostini & Fung, 2002), 일관성 있는 '언론이론'을 위와 같은 방식으로 정립하는 것은 쉽지 않아 보인다. 이는 이론형성이 미디어보다는 사회에 더 초점을 맞추어 진행될 가능성이 높기 때문이다. 사회변화의 경험을 살펴볼 때(예를 들어 전제적인 정권이 붕괴된 사례를 보면) 미디어는 새로운 환경에 재빨리 적응하는 것 같다(Gunther & Mugham, 2000). 미디어 시스템이 매우 복잡하고 일관성이 없어 언론이론과 특정한 유형의 사회를 대응시켜 살펴보는 것이 어렵기도 하다. 지금까지의 이론적 작업은 미디어의 다양성과 시기별로 달라지는 테크놀로지의 변화를 제대로 담아내지 못했다. 또한 오락, 픽션, 스포츠, 게임과 관련한 음악, 영화, 텔레비전 미디어와 관련해서는 언론이론에서는 특별히 제시한 바가 별로 없었다. 오늘날의 대부분 국가에서 미디어는 명백한 철학이나 목적을 가진 단일한 시스템으로 자리하고 있지 않다. 서로 다른 미디어가 공유하고 있는 바는 미디어별로 특징적인 '미디어 논리'에 기반하고 있다는 점이고, 이러한 미디어 논리는 콘텐츠, 목적, 효과 차원보다는 커뮤니케이션 그 자체와 관련된 것이다. 이러한 상황이 지금까지의 규범적 이론이 탐구해온 바를 전적으로 부정하는 것은 아니지만, 미디어 전반에 적용하기 위해서는 다른 접근이 필요하다는 것을 보여준다. 헬린과 맨시니(Hallin & Mancini, 2004)는 미디어와 정치 간의 관계를 시스템 비교분석을 통해 몇 가지 유형으로 정리하여 제시하기도 한다(제 9장 참조).

 대안으로서의 공공서비스 방송*

이미 지적했지만, 자유주의 이론을 방송에 일반적으로 적용하기에는 어려운 부분이 많다. 특히 공공방송모델의 경우는 이러한 유형이 제한적으로 실행되는 미국에서조차 자유주의 이론으로 설명하기가 힘들다. 이는 방송이 개인의 권리나, 소비자의 자유 또는 시장압력보다는 사회의 필요, 시민들의 집합적 요구에 더 우선순위를 두

---

* 역주: 한국에서는 '공영방송'이라는 용어가 일반적으로 사용되고 있으나 이는 경영이나 소유를 강조한 용어이다. 서구의 '퍼블릭 서비스 브로드캐스팅'(Public Service Broadcasting)을 정확히 번역한다면 '공공서비스 방송'이 더 적합할 수 있다는 점을 강형철(2004)은 지적한 바 있다. 여기서는 일반적으로 우리 사회에 통용되는 용어보다는 원저에서 전달하고자 하는 의미에 초점을 맞추어 '공공서비스 방송'이라는 용어로 번역했다.

기 때문이다. 1920년대 방송 초기에 정부개입의 논리는 주로 제한된 대역폭의 전파 사용에서 규제가 필요하다는 데 있었다. 미국에서는 사적 운영을 허가하는 방식이 채택되었고, 기술적 문제뿐만 아니라 사회·정치적 문제가 포함될 수 있기 때문에 FCC는 방송을 규제할 수 있다고 인식되었다. 여기에는 적절한 정보를 제공하고, 정치적으로 논쟁여지가 있는 사안에 대해서 공평하고 정당한 처리를 하는 것과 다양성을 제공하는 문제 등이 포함되었다. 이와 같은 정책이 실시된 흔적이 여전히 남아 있기는 하다. 하지만, 미국에서 현재 '공공방송'이라는 용어는 주로 특정한 문화적 목적을 달성하기 위해 시청자와 청취자의 자발적 재원 마련을 통해 실시되는 소수 네트워크를 가리킨다.

한편 많은 국가에서 '공공서비스 방송'이란 법률에 의해서 설립되고 공공기금에 의해서 재정유지가 되며(주로 의무적인 수신료), 편집과 운영에서 대부분 독립성이 보장되는 방송 시스템을 가리킨다. 이와 같은 시스템의 운영목적은 사회와 시민들의 커뮤니케이션 필요를 충족시키면서 공익을 위해서 봉사하는 것으로, 이러한 목적은 민주적 정치 시스템을 통해서 검토되고 결정되는 것이다.

공공서비스 방송을 다루는 '이론'의 경우 아직까지 일반적으로 이야기할 이론이 없다. 나라마다 서로 다른 운영의 논리가 존재한다. 최근 시청각 미디어의 발전과 미디어 시장규모의 확대현상으로 인해 그동안 당연하게 여겨졌던 미디어 기관의 작동방식에 대한 재고가 필요한 것으로 보인다. 특히 사회 내에서의 목적과 운영양식에 대한 새로운 평가가 필요하다는 지적이 있다(Blumler, 1992; Hoffmann-Riem, 1996; Atkinson & Raboy, 1997; Harrison & Wood, 2001 참조).

아마 공통된 이론이 존재한다면, 이는 공공적 형태의 소유권과 규제에 의해서 특정한 목적이 적절하게 달성될 수 있다는 점이 유사할 것이다. 서로 다른 시스템에서 지속적으로 나타나는 목표는 〈표 7. 6〉에 열거되어 있다. 일반적으로 이러한 목표는 '공익'을 위해 봉사한다는 점을 바탕으로 하고 있다.

공공방송 이론은 또한 이러한 목표를 달성하기 위해 갖추어야 할 조직에 대해서도 언급하고 있다. 특히 〈표 7. 6〉에서 제시한 목표는 수익창출을 담보하기 어려운 점이 있기 때문에 자유시장만으로는 이러한 목표를 달성하기 어렵다고 본다. 따라서 공공방송 이론은 공익을 위해서 방송시스템이 특정한 구조적 조건을 마련해야 한다고 본다. 공공방송시스템은 다음과 같은 점을 갖추어야 한다고 인식된다.

- 설립 면허장 또는 사회적 특명
- 어느 정도의 공공기금 마련
- 정부로부터의 독립성
- 사회와 일반 공중에 대한 책무성을 담보할 수 있는 장치
- 수용자에 대한 책무성을 담보할 수 있는 장치

　　공공방송 '이론'은 두 가지 사안의 갈등으로 인해 문제점이 있다. 하나는 유지에 필요한 독립성과 재정적 책임 사이의 갈등이다. 다른 하나는 '사회'에서 공익을 위해 세워진 목표달성과 미디어 시장에서의 소비자 요구충족 사이의 갈등이다. 공익이라는 목표 없이는 공공방송을 지속해야 할 이유도 없지만, 수용자 집단이 형성되지 않고는 공공서비스의 목표가 달성될 수 없다. 현실적으로 볼 때 세 번째 갈등도 존재한다. 글로벌 시장에서의 경쟁이 심화되고 모든 공공서비스 제공을 시장에 의존하는 비율이 높아지면서, 방송 역시 시장에서 거대 사기업과 경쟁하게 되고 이 가운데 경쟁력을 상실하고 있는데, 이러한 현실 속에 공공방송을 지지하는 정치적 입지가 좁아지고 있다. 공공서비스 방송은 여전히 미디어 시장실패를 보완하기 위한 다양한 방식 중 하나로 인식되는 경향이 높고 한편으로 미디어 다양성을 보장하기 위한 문화적 정책의 일환으로 인식되는 경향이 있다. 사회적, 교육적, 문화적 목표를 분리하기 어려운 가부장적 시각으로는 공공방송의 문제를 본질적으로 해결하기가 어렵다는 지적이 있다(Tambini, 2003).

┇ 매스미디어, 시민사회, 그리고 공공영역

1989년 하버마스(Habermas, 1962/1989)의 《공공영역의 구조변동》이라는 책이 영어로 번역된 이후, 연구자들은 정치과정에서 미디어의 역할을 논의하면서 '공공영역'이라는 개념을 적극적으로 활용하기 시작했다. 일반적으로 공공영역이란 공적 논쟁을 위한 자율적이고 개방된 포럼을 제공하는 '공간'을 지칭한다. 이 공간에 대한 접근은 자유로우며, 집회, 결사, 표현의 자유가 보장된다. '공간'은 사회의 '상층부'와 '기저' 사이의 중간 부분에 위치하며, 이 둘 간의 매개가 발생하게 된다. '기저'는 개인 시민의 사적 영역이라고 할 수 있고, 중심부나 상층부의 정치적 기관은 공적 사회생활 영역의 일부분이라고 할 수 있다.

개방성과 다원성은 시민사회를 유지하는 조건이고, 여기에는 개인의 안전을 보장하는 국가와 시민 이 둘 사이에 자율적이고 자발적인 기관이 존재한다. 또한 적절한 민주적 정치과정과, 정의를 수호하고 인권을 보호할 장치가 있어야 한다. 왈저(Walzer, 1992)는 시민사회가 '강요되지 않은 인간의 모임공간이며, 가족, 신념, 이해관계와 이데올로기를 위해 형성된 네트워크들이 이 공간을 채우고 있다'고 보았다. 시민사회는 밀스(Mills, 1956)가 진단한 '대중사회'에 반대되는 사회이며, 전체주의적 시스템에 반대되는 개념이다. 적절한 방식으로 조직된 미디어는 개방성, 자유, 다양성을 제공할 때 시민사회의 가장 중요한 기관 중의 하나로 여겨질 수 있다.

하버마스가 진단하는 민주주의의 발전과정을 보면, 역사적으로 공공영역의 첫 번째 유형은 주로 18세기 유럽사회의 커피하우스나 토론공간이라고 볼 수 있다. 여기서 정치사안에 대해 관심 있는 사람들이 참여하고, 토론하고 정치적 사안에 대한 의견을 형성했다는 것이다. 이 공간의 중요한 역할은 영향력을 행사할 수 있는 정보에 입각한 식견 있는 여론형성을 통해 정부를 감시하는 것이었다. 가장 중요한 커뮤니케이션 수단은 직접적이고 사적인 대화와 공적 집회, 그리고 소규모의 인쇄미디어였다. 이러한 공공영역의 형성은 자본주의, 경제적 자유, 개인주의라는 조건에 의거하여 이루어졌고, 공적 공간의 초기형태는 계급적 기반을 반영한 '부르주아' 공공영역으로 묘사되었다. 뒤이어 새로운 기업법인의 이해관계가 등장하게 되

＊223

표 7.7	공공영역과 미디어
	• 시민사회는 자유롭고, 민주적이고, 비억압적이며 합법적으로 존재한다.
	• 시민사회는 발전된 공공영역을 갖고 있다.
	• 공공영역은 국가와 사적 개인 사이에 사회적 형성이나 자발적 행위를 위한 공간을 제공한다.
	• 매스미디어는 공공영역의 기관으로 토론과 논쟁, 정보를 제공한다.
	• 건강한 공공영역을 마련한 시민 사회는 대중 사회나 권위주의 사회와는 정반대의 사회이다.

었고, 엘리트들 간의 대인적 토론을 매스 커뮤니케이션이 대체하게 되는 변화가 나타났다. 하버마스는 일반적으로 현대사회의 민주주의에 나타난 결과에 대해서 다소 비관적 시각을 가졌는데, 이는 공중이 이성적인 방법으로 의견을 형성하는 데 미디어의 도움을 받기보다는 미디어에 의해 조작될 가능성이 높다고 보았기 때문이다.

과거 유럽사회의 엘리트중심 정치를 이상적인 전형으로 보는 것에 대해서 비판이 많았지만(예를 들어 Curran, 1990), 공공영역의 개념은 성숙된 자본주의의 조건 아래서 가치를 지닌다고 지적되었다(Dahlgren, 1995; 2001).

사실, 공공영역으로서 미디어의 긍정적 역할에 대한 기대는 주로 뉴미디어와 관련해서 많이 제기되었다. 또한 한편으로 매스미디어의 저널리즘 기능이 쇠퇴한 것에 대한 비판을 하는 데 공공영역으로서의 역할이 강조되었다. 전통적 저널리즘의 표준인 정보성, 책임성, 공익보호 등이 이러한 비판에서 제기되었다(Patterson, 1994; Blumler & Gurevitch, 1995; Fallows, 1996; Blumler & Kavanagh, 1999). 제임스 캐리(James Carey, 1999)는 현대 저널리즘의 경향에 대한 비평에서, 저널리즘이 민주적 역할을 그만 둔다면 과연 무엇이 저널리즘의 역할인가라는 질문을 던진다. 또한 그는 '민주주의 정신과 민주적 제도가 없다면 저널리스트는 선동가나 기업가로 전락할 수밖에 없다'고 지적한다. '저널리즘의 본질은 전체주의적 국가에 의해서 훼손될 수 있을 뿐만 아니라 오락산업에 의해서도 붕괴될 수 있다'는 점 역시 캐리는 언급한다.

10 공공영역에 관한 불만에 대한 반응

뉴미디어의 가능성에 의존하는 것 외에, 공공영역의 문제를 해결하기 위해 (미국) 언론인들이 스스로 제안한 것 중 하나가 바로 '시민' 또는 '공공'저널리즘이라는 것 이다(Glasser & Craft, 1997; Schudson, 1998; Glasser, 1999). 공공저널리즘 운동은 저널리즘이 '목적'을 가지고 있고, 시민의 삶의 질을 향상시켜야 하며, 참여와 토론 을 촉진시켜야 한다는 점을 기본 전제로 하고 있다. 셧슨(Schudson, 1998)은 이러 한 저널리즘은 시장모델이나 주창모델보다는 '수탁모델'에 기초한다고 보았다. 그 는 '수탁모델의 틀 안에서, 저널리스트들은 전문가 집단으로서 시민들이 알아야 한 다고 믿는 바에 기초하여 뉴스를 제공해야 한다'고 주장했다(1998). 여기에서 우리 는 저널리스트의 역할을 정치이론 속의 주장보다는 저널리스트가 전문직업인으로 서 갖는 정당성에 기초해 이야기하고 있음을 발견할 수 있다.

셧슨은 또한 '저널리스트들은 우리의 신뢰에 기초한 시민권을 가진 전문가'라고 지적했다. 글래서와 크래프트(Glasser & Craft)는 공공저널리즘이 '정보의 저널리 즘'에서 '대화의 저널리즘'으로 변화를 요구한다고 주장한다. 공중은 정보만을 필요 로 하는 것이 아니라 토론과 참여를 유도할 수 있는 일상의 중요한 뉴스에의 관여가 필요하다. 여기서 중요한 점은 공공저널리즘은 중립성과 객관적 보도라는 전통적 저널리즘 가치를 따르고 있으며, 정치색이 짙은 주창저널리즘으로의 회귀를 의미하 는 것이 아니라는 점이다. 어떻게 공공저널리즘의 목표를 달성할지 그 방법에 대해 서는 여전히 논쟁이 진행되고 있다. 왜냐하면 미디어 자체는 구조적으로 변화하지 않았고, 전문인으로서의 부여된 역할이 경쟁적인 미디어시장 시스템을 초월할 수 있을지, 그리고 정치적 무관심과 냉소주의를 발생시키는 근본 원인에 대처할 수 있 는지에 대한 의문이 제기되기 때문이다. 지금까지 공공저널리즘이 성취한 것에 대 해 평가해 볼 때 아직은 별로 고무적인 결과를 발견하기 어렵다. 매시와 하스 (Massey & Haas, 2002)는 공공저널리즘에 대한 아이디어는 여전히 중요하게 고려 되고 있지만 실제로 미친 영향력은 크지 않다고 지적한다. 또한 일부 연구자들은 공공저널리즘이 저널리즘의 본질적인 자율성을 훼손한다고 보았으며(McDevitt, 2003), 특히 자유주의 이론가들이 공공저널리즘에 반대하고 있다. 공공저널리즘 운동은 유럽에서 지속적으로 추진되지는 않은 것으로 보인다. 연구자들의 관심은 주로 공공서비스 미디어와 다른 비상업적 미디어를 어떻게 더 강화시킬 수 있는가의 문제와 민주적 참여를 끌어내는 뉴미디어의 잠재력에 더 집중되는 것 같다(van Dijk, 1996; Brants & Siune, 1998).

11 대안적 관점

기존 미디어에 대한 불만은 현재의 미디어 시스템과는 전적으로 다른 새로운 양식의 미디어 시스템의 출현에 대한 기대로 이어졌다. 대안적 이론으로는 여러 가지가 있을 수 있지만 특히 두 가지 이론적 접근은 미디어의 역할과 관련해서 '주류'언론 이론과는 차이가 있다. 하나는 '해방적 이론'이라고 불릴 수 있고, 다른 하나는 '공동체주의' 이론이라고 볼 수 있다.

해방적 관점의 미디어 이론

이와 같은 비판적 관점의 이론은 뉴미디어의 출현으로 인한 기대 속에서 소규모 민중들을 위한 커뮤니케이션 채널이 지배적인 매스미디어로부터 독립적으로 마련되는 것을 기초로 한다. 1960년대 '대항문화적' 아이디어, 공동적이기보다는 개인적 시각이 이러한 운동의 기반이 되었다. 또한 상호작용적 케이블, CCTV, 복사기, 녹화, 재생기 등 새로운 테크놀로지의 등장 역시 독점적인 발행인들로부터 일반 사람들이 커뮤니케이션을 주도할 수 있는 배경을 마련한 것으로 여겨졌다(Enzensberger, 1970). 새로운 미디어가 추구하는 원칙은 참여, 상호작용, 소규모, 문화적 자율성, 다양성, 해방 등이었다. 특히 이런 미디어에서는 개인이 결정할 수 있는 커뮤니케이션의 과정이 콘텐츠보다 더 중요하다는 점이 강조되었다.

새로운 소규모 미디어는 이미 다양한 미디어가 존재하는 부유한 민주사회에서 가능할 수 있다. 하지만 많은 국가들은 이러한 조건을 구비하지 못한 것이 현실이다. *226 -

여전히 기본적 권리를 쟁취하기 위해 투쟁해야만 하는 조건을 다룰 수 있는 방식으로 이론이 정립될 필요가 있다. 존 다우닝(John Downing, 2000)은 억압상황에서 긍정적인 정치목적을 달성하기 위해 운영되는 미디어를 지칭하기 위해 '반항적 커뮤니케이션'이라는 용어를 사용하기도 했다. 이러한 미디어는 비판 이론적 전통에서 보면 긍정적 방식으로 작동한다. 여성해방, 억압적인 정권의 퇴진 등 정치적 목적을 위한 미디어, 민주주의를 위한 대안적인 출판물, 권위적인 통치나 외국의 지배로부터 벗어나기 위한 개발도상국의 민중의 소규모 미디어 등이 이러한 성격의 미디어라 할 수 있다. 다우닝(Downing, 2000)은 이런 미디어가 두 가지 중요한 목적을 추구하고 있다고 보았다. 첫 번째는 권력구조상 종속된 사람들이 상위권력에 수직적으로 반대의견을 표명하게 하는 것이고, 두 번째는 부당한 정책에 대항하여 사람들이 저항하기 위해 연대를 형성하고 네트워크를 만드는 데 도움을 주는 것이다. 이러한 미디어는 '새로운 사회운동'에 자극을 받거나 또는 이를 도와주는 역할을 하며, 기존의 규칙을 깨뜨린다는 측면에서 공통점이 있다. 초기 인터넷의 중요성과 관련한 이론화 작업은 이러한 해방적인 관점의 연장선에서 추구된 바 있다.

공동체주의 이론과 미디어

위와 비교해 볼 때 '공동체주의'는 상대적으로 새로운 시각이고, 현대의 자유주의와 개인주의와는 반대로 사람들을 연결하는 사회적 연대를 강조한다(Taylor, 1989; Rorty, 1989; Sandel, 1982; MacIntyre, 1981). 사회에 대한 의무와 주장되어야 할 권리가 여기서 강조된다. 미디어와 수용자의 관계는 상호의존적 성격을 지닌 것으로 이해되며 특히 이 둘은 사회적 정체성과 공동체라는 장소를 공유하는 것으로 파악된다. 공동체주의적 관점에서 특히 강조하는 부분은 서비스를 제공하는 공중과의 대화에 미디어가 관여해야 한다는 윤리적 측면이다. 사회 안의 유기적 조직으로서 언론은 통합적이고, 명료하게 표현할 수 있는 역할을 해야 한다고 본다. 미디어의 사익이 아닌 수용자들과의 동반자적 인식이 중요한 것으로 여겨진다. 네론(Nerone, 1995)은 '공동체주의 모델'을 다음과 같이 이야기한다.

보도의 목표는 단순한 정보제공이 아니라 시민사회를 변화시키는 것이다. 언론은 기술적 측면을 개선하고 합리적 작업을 하는 것 이상의 역할을 해야 한다 … 문제는 직업적 규범이다 … 공동체주의 세계관에서 볼 때 뉴스 미디어는 공중들이 동일한 철학을 갖게 해야 한다. 공동체의 규범에 의해 시민의식을 재활성화시키는 것이 언론의 목적이 된다. 뉴스는 공동체를 형성하는 동인이 되어야 한다.

언론에 대한 공동체주의 이론은 어떤 면에서 볼 때 꽤 급진적일 수 있다. 다른 한편에서 보면 비록 그 근본은 자발성을 강조하지만, 반발적 성격을 지니고 자유주의에 반하는 측면이 있다. 윤리적 측면과 사람들과의 활발한 연계성을 강조하기 때문에 보수적이라는 인상을 주기도 한다. 아마도 이러한 공동체주의는 유럽이나 아시아, 아프리카 사회보다는 미국사회의 급진적 성향의 전통을 반영하는 것으로 보인다. 공공 저널리즘과 유사하게 아직까지 이러한 이론적 논의가 활발히 확장되지는 않고 있다.

12 규범적 미디어 이론 : 네 가지 모델

이 장에서 제시한 다양한 이론들을 간략하게 정리하기란 쉽지 않다. 하지만 규범적 이론영역을 개관하는 데 네 가지 다른 모델을 이용해 정리해 볼 수 있을 것이다. 모델들은 상호간에 겹치는 부분도 많기는 하지만 각각 나름대로의 논리를 가지고 있다. 네 가지 모델은 다음과 같다

자유-다원주의 또는 시장모델 이는 전통적인 자유(자유주의) 언론 이론에 기초하며, 언론의 자유를 국가의 허가나 개입 없이 공표수단을 운영하고 소유할 수 있는 자유로 파악한다. 개인의 요구를 강조하며, 공익을 공중이 관심을 갖는 것으로 정의한다. 공공영역은 '사상의 자유시장' 개념이 작동할 때 가장 잘 운영되는 것으로 기대된다. 사회와 개인들에 대한 책무는 미디어 시장과 최소한의 자율 규제, 최소한의 국가의 역할을 통해 달성될 수 있다.

사회책임 또는 공익모델 여기서 출판의 자유를 가질 권리는 사회에 대한 의무를 수반하며, 미디어 스스로의 이해관계를 넘어선다. 사회적 목적과 관련된 '긍정적' 차원의 자유가 중요하다. 책임 있는 미디어는 자율규제를 통해 높은 수준의 표준을 유지해야 하지만, 정부개입이 전적으로 배제되는 것은 아니다. 사회와 공중에 대한 책무성을 담보할 수 있는 기제가 필요하다. 공공서비스 방송은 이 모델 안에 포함된다.

전문직 모델 사회를 위한 역할의 선택이나 미디어 활동의 표준을 설정하는 것은 전문직으로서 '언론'이 스스로 행하는 일이다. 언론은 과거 자유와 민주주의를 쟁취하기 위해 노력한 것을 계승하고 있으며 공중이익을 보호하기에 가장 적합한 기관이다. 왜냐하면 언론의 가장 주된 관심은 정보와 논평에 대한 공중의 욕구를 충족시키고 다양한 관점이 표현되는 플랫폼을 제공하는 것에 있기 때문이다. 권력에 대한 적절한 감시를 위해 저널리즘이 제도적으로 또는 전문직으로 자율성을 유지하는 것은 중요한 조건이다.

대안미디어 모델 다양한 목적과 배경을 가진 수많은 비주류 미디어를 다룬다. 하지만 이들은 소규모 운영, 민중이 중심이 되는 조직, 참여, 공동체, 제작자와 수용자가 공유하는 목표, 국가 권력, 산업권력에 대한 대항 등의 비슷한 가치를 공유한다. 이 모델은 보편적 합리성이나 전문직의 관료적 효율성과 경쟁우위를 거부한다. 하위문화의 특별한 가치를 강조하고 또한 상호주관적인 이해를 촉진시키며 공동체의 실제적 의미를 실현시키는 것을 중요하게 파악한다.

13 소 결

이 장에서는 미디어가 실재 무슨 일을 하고 있는지의 문제보다는 미디어가 사회에서 무엇을 해야 하는지와 관련하여 제기된 주요 이론적 논의를 개괄적으로 살펴보았다. 이러한 이론적 접근은 규범적 이론으로 불리고 있는데, 이는 이론에서 미디어와 관련한 특정한 규범과 표준을 제시하고 이러한 것들을 기초로 미디어의 활동에 적용하기 때문이다. 또한 미디어의 구조, 행위, 수행성과에 대한 다양한 기대를 제시하고 있기 때문이기도 하다. 미디어와 관련된 다양한 행위자들과 여론에 의해 미디어의 역할에 대한 기대가 사회적으로 정립되었다. 규범적 이론은 이러한 기대를 더욱 명백하게 틀 지워 정리하는 방식이라고 할 수 있다.

규범적 이론은 그 성격상 주관적이고 다양한 시각을 가진 사람들이 동의하는 부분은 제한적일 수밖에 없다. 많은 사람들이 동의하는 부분은 부정확한 정보를 제공하거나 범죄와 폭력을 자극하는 것 등 대체로 미디어가 해서는 안 되는 일에 관한 것이다. 규범적 이론은 주로 미디어 외부의 관점을 반영하지만 미디어 내부, 외부의 관점을 모두 반영한다고 보는 것이 적절할 것 같다. 일반적으로 미디어는 그들이 무엇을 해야 한다는 외부의 지적을 듣는 것 자체를 좋아하지 않고, 이와 관련한 이론에 대해 별로 호의적이지 않은 경향이 있다.

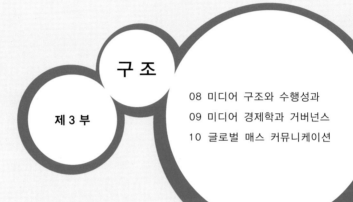

구 조

제 3 부

08 미디어 구조와 수행성과

이 장은 매스미디어 활동에 적용되는 질적 수준의 표준과 기준을 논의한다. 주로 미디어 외적 환경과 공익의 관점에서 그러나 필요한 경우 수용자로서의 공중의 관점과 미디어 제도 그 자체의 내부적 관점에서 질적 수준의 표준과 기준에 대해 논의한다. 한편, 이 장은 시장수행, 특히 콘텐츠의 인기와 조직영리와 관련된 기준들은 논의하지 않는다. 미디어와 사회에 대한 규범적 이론(*normative theory*)(제 7장 참고)은 오랜 시간에 걸쳐 각기 다른 지역에서 발전되었기 때문에 그것의 적용 또한 시간, 장소 및 상황에 따라 다르다. 공익에 봉사하는 유일한 일련의 기준들이 없기 때문에, 우리가 앞에서 살펴본 대로, 공익을 시장에 적용될 수 있는 관점들, 특히 돈에 대한 가치, 소비자 선택, 고용, 효율성 및 영리성의 관점에서 정의내리는 것도 가능하다. 사실 시장기준은 종종 사회-규범적 기준과 중복된다. 예를 들면, 뉴스 수용자가 대안적 정보원과 믿을 만하고 편견 없는 정보를 원하는 경우가 대표적이다.

규범적 이론의 다양성에도 불구하고 공적 커뮤니케이션과 관련된 경우 일반적으로 높이 평가되는 소수의 기본 가치들이 있는데, 이 장 첫 번째 부분에서는 이러한 가치인 ① 자유, ② 평등, ③ 다양성, ④ 진실과 정보의 질, ⑤ 사회 질서와 유대에 대해 주로 논의한다.

이 장의 기본 목표는 왜 이러한 각각의 가치들이 중요한지, 미디어 활동에서 이 가치가 의미하는 바가 무엇인지를 간략하게 서술하는 것이다. 만약 우리가 미디어의 질적 수준을 평가하고, 제 7장에서 기술한 여러 이슈들을 둘러싼 논쟁에 관여하거나, 혹은 미디어가 자신의 행동에 대한 책임을 스스로 지도록 요구하기 위해서는 우선 이러한 가치들을 구체적이거나 관찰 가능한 미디어 '생산물'의 관점에서 정의할 필요가 있다. 이러한 작업은 이 가치들이 서로 다른 미디어 작동 수준에도 적용된다는 점을 감안해 볼 때 꽤나 복잡한 문제이다. 논의목적상 '구조'(structure), '행위'(conduct), '수행성과'(performance)*라는 세 가지의 다른 수준을 구분할 수 있다. '구조'는 조직형태, 재정, 소유, 규제형태, 하부구조, 분배시설 등 미디어 시스템과 관련된 모든 문제들을 말한다. '행위'는 콘텐츠를 선별하고 생산하는 방법, 편집상의 의사결정, 시장정책, 다른 조직들과 확립된 관계, 책임을 위한 절차 등 조직적 수준의 작동 방법을 지칭한다. '수행성과'는 본질적으로 실제로 수용자에게 전달되는 것, 즉 콘텐츠를 지칭한다. 앞에서 언급한 주요 가치들은 각각의 수준에서 다른 지시적 의미를 가지는데, 여기서는 대부분 구조와 수행성과에 초점을 맞추고자 한다.

1 미디어 자유

자유는 공적 커뮤니케이션에 관한 모든 이론의 기본 원칙으로 간주될 만한 명분이 뚜렷하다. 우리가 살펴본 대로 표현과 출판의 자유에 대한 추구는 언론역사에서 중심적 주제였고, 민주주의와 매우 밀접하게 연관되어 왔다. 그럼에도 불구하고 자유에 대한 해석이 매우 다양하고, 자유의 측면들도 다양하기 때문에 단어 그 자체가 어떤 고정적 혹은 절대적 의미를 말해주는 것은 아니다. 자유는 수행성과의 기준이라기보다는 하나의 조건이기 때문에 기본적으로 구조에 적용된다. 일단 자유에 대한 권리가 존재하게 되면, 법에 의해 정해진 한도 내에서 표현의 자유가 자유롭게 사용된 것인지 아닌지를 구분하기란 쉽지 않다.

---

* 역주: 'performance'는 흔히 '수행'으로 번역되는 경우가 많다. 그러나 'performance'는 "어떤 일을 행하는 과정이나 활동"에 대한 의미도 있지만 "이러한 과정을 통해 나타난 성과나 결과물"에 대한 의미도 강하게 내포하고 있기 때문에 '수행성과'라고 번역한다. 또한 'performance'를 단순히 '수행'이라고 번역하게 되면, 두 번째 수준인 '행위'(conduct)와 혼동될 수도 있다. 그러나 논의의 맥락에 따라 '수행'으로 번역되어야 하는 경우도 있기 때문에 필요한 경우 '수행'이라고 번역하기도 했다.

- 권력층에 대한 체계적이고 독립적인 공적 감시와 이들의 활동에 대한 믿을 만한 정보의 적절한 제공 (이것을 언론의 '파수견' 혹은 비판적 역할이라 지칭한다).
- 적극적이고 식견 있는 민주적 시스템과 사회적 활동의 촉진
- 세상에 대한 이념, 신념, 관점을 표현할 기회
- 문화와 사회에 대한 지속적인 부흥과 변화
- 이용가능한 자유의 양과 다양성의 증대

그러나 자유가 개인과 사회에 제공할 수 있는 다양한 잠재적 혜택들은 자유로운 표현에 대한 권리라는 내재적 가치 이외에도 (미디어 활동에 대한) 평가기준을 제공하는 데 도움을 준다. 이러한 혜택들은 〈표 8. 1〉에 요약되어 있다.

구조적 수준

커뮤니케이션 자유는 (다양한 의견제공과 다양한 요구 혹은 수요에 대한 반응이라는) 이중적 측면을 지닌다. 그것이다. 표현과 출판의 자유가 만들어내는 혜택들이 실현되기 위해서는 특정한 조건들이 필요하다. 즉, 표현 채널에 대한 접근과 다양한 종류의 정보를 받을 기회가 확보되어야 한다. 효과적인 미디어 자유를 위한 주요한 구조적 조건들은 다음과 같다.

- 제약 없이 뉴스와 의견을 출판·전파하는 권리와 원하지 않는 내용을 출판해야 할 의무가 없도록 하기 위해 검열, 면허제도 혹은 다른 정부 통제가 없어야 한다.
- 시민들이 수신자로서 채널에 접근할 뿐만 아니라 표현과 출판을 위해 채널에 접근할 수 있는 동등한 권리와 가능성이 보장되어야 한다(의사소통권).
- 소유주와 외부정치, 경제적 이익집단들의 과도한 통제와 간섭으로부터 실질적인 독립이 보장되어야한다.
- 미디어 집중과 교차소유에 대한 제한과 함께 시스템의 경쟁력을 확보해야 한다.
- 뉴스 미디어가 관련 정보원들로부터 정보를 입수할 수 있는 자유가 보장되어

야 한다.

이러한 구조적 조건들과 관련한 많은 이슈들이 아직 해결되지 못하고 있다. 이러한 조건들에는 여러 가지 잠재적 갈등과 모순들이 내재되어 있다. 첫째, 공적 커뮤니케이션의 자유는 결코 절대적일 수 없지만 때로는 타인들의 사적 이익이나 보다 차원이 높은 사회의 공동선에 의해 제한이 가해질 수 있다는 것을 인정해야 한다. 실제로 '상위의 선'은 특히 위기나 전쟁 시에 국가나 다른 권력 소유자들에 의해 규정된다. 둘째, 소유주나 미디어 채널 통제자들과 (송신자 또는 수신자로서) 채널에 대한 접근을 원하지만 그것을 확보할 힘(혹은 법적 권리가)이 없는 사람들 사이에 잠재적인 이익갈등이 있다. 셋째, 이러한 구조적 조건들은 자유의 통제를 미디어를 소유한 사람들의 손에 맡기지만 미디어 내에서 활동하는 사람들(예를 들면, 기자나 프로듀서 등)이 가져야 할 출판의 자유에 대한 권리는 인정하지 않는다. 넷째, 커뮤니케이터가 말하고 싶어 하는 것과 다른 사람들이 듣고 싶어 하는 것 사이에는 불균형이 있을 수 있다. 즉 송신자의 자유가 수신자의 선택의 자유와 일치하지 않을 수 있다. 마지막으로, 정부나 공적 권력이 자유로운 시스템에 의해 실제로는 확보되지 않는 특정한 자유들을 확보하기 위해 미디어에 개입할 필요가 있을 수 있다(예를 들면, 공영 방송국을 만들거나 소유권을 규제함으로써). 여기에서 지적된 수많은 문제들은 의무나 권리의 문제들이 아닌 행위의 규칙과 관습들의 채택을 통해 처리된다.

수행성과의 수준

위에서 지적한 대로, 커뮤니케이션 자유는 상당히 다른 방식으로 사용되거나 심지어 실질적으로 해가되지 않은 경우에는 잘못 사용될 수도 있기 때문에 미디어 콘텐츠의 자유를 평가하기가 쉽지 않다. 그럼에도 불구하고, 〈표 8. 1〉에서 요약한 출판의 자유가 가져다 줄 것으로 기대되는 혜택들은 추가적 기준과 기대들이 필요함을 보여준다. 예를 들면, 뉴스와 정보(저널리즘)의 경우 미디어는 자신의 자유를 이용하여 적극적이고 비판적인 편집정책을 지키고, 또한 믿을 만하고 적절한 정보를 제공할 것으로 기대된다. 자유로운 미디어는 과도한 체제동조자가 되어서는 안 되며 *236

의견과 정보의 다양성을 지녀야 한다. 또한 공중을 위하여 탐사적이어야 하고, 파수견의 역할을 수행해야 한다(Waisbord, 2000 참조). 이러한 역할기대 때문에 미디어가 누구의 편을 들거나 특정 견해를 옹호하지 못하는 것은 아니다. 하지만 미디어가 단순히 선전매체가 되어서는 안 된다. 자유로운 미디어 시스템의 특징은 혁신(innovation)과 독립(independence)이다. 유사한 기준이 문화와 오락영역에 적용된다. 자유의 조건들은 고유성, 창의성 그리고 다양성을 이끌어 내야 한다. 자유로운 미디어는 필요할 때 권력자를 비판하고 논쟁적 견해들을 표현하며 관습과 진부함으로부터 벗어날 준비가 되어 있어야 한다. 이러한 질적 특성들이 콘텐츠에서 빠져있을수록, 그만큼 미디어 자유의 구조적 조건들이 충족되지 않았거나 학자들과 미국 초기 사상가들이 예상한 대로 미디어가 자신의 자유를 활용하지 않는다고 의심할 수 있다.

앞에서 논의되었던 주요 요소들은 서로 논리적으로 연관되어 있다(〈그림 8. 1〉). 〈그림 8. 1〉에 제시된 일부 요소들은 미디어 관련한 다른 가치(특히 다양성의 가치)에 대한 논의에서 다시 등장한다.

그림 8.1 미디어 구조와 수행에서 자유의 기준

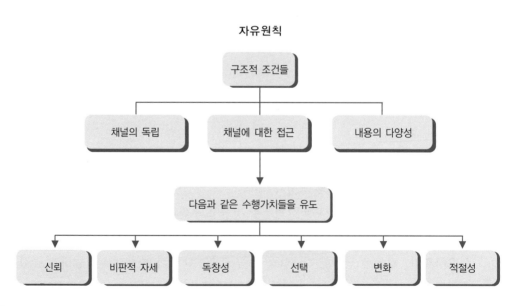

미디어 평등

평등의 원칙은 민주주의 사회에서 중요한 가치를 지닌다. 평등의 원칙이 매스미디어에 적용될 경우에는 그 의미가 보다 더 구체적으로 해석되어야 한다. 평등의 원칙은 앞에서 언급했던 여러 가지 규범적 기대들의 기초가 된다.

구조적 수준

커뮤니케이션과 정치권력과 관련하여 구조적 수준에서의 평등은 사회 내에서 서로 다른 혹은 대립되는 이해관계를 가진 세력들이 매스미디어에 접근할 기회를 동일하게 가지도록 유도해야 한다. 실질적으로 이러한 평등이 실현될 가능성은 적다. 하지만 일부 불평등한 사항들을 바로잡기 위한 공공정책상의 조치가 취해질 수는 있다. 대표적 사례가 공영방송제도이다. 공공정책은 또한 미디어 독점을 제한하고 경쟁 미디어를 지원해 줄 수 있다. 평등은 방송과 텔레커뮤니케이션의 보편적 서비스 제공과 기본 서비스경비 지원정책을 옹호한다. 평등은 또한 자유시장의 일반 원칙이 자유롭고 공정하게 작용해야 한다는 것을 함축한다.

수행성과의 수준

평등은 미디어가 권력집단이나 권력자에게 특혜를 주지 말 것과 기득권자나 기존 의견뿐만 아니라 선거에서의 경쟁자, 대립되는 의견이나 소수의 의견, 관점 혹은 주장에 대해서도 미디어 접근권을 허용할 것을 요구한다. 미디어 사업 고객들과 관련하여 평등은 모든 적법한 광고주들이 동등하게 대우받을 것(동일한 요금과 조건들)을 요구한다. 평등은 적합한 기준들을 충족시키는 대안적 목소리도 대등하게 공정한 접근을 요구하는 것에 대해 지지한다(이러한 주장은 다양성의 원칙과도 유사하다). 요약하자면, 평등은 실행 가능한 한 송신자나 수신자에게 이용가능한 접근의 양과

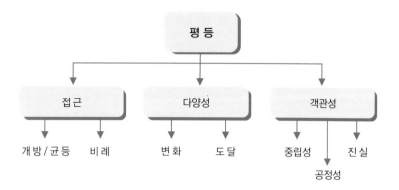

그림 8. 2 미디어 수행성과 원칙으로서의 평등 및 관련 개념들

종류에 차별이나 편견이 없을 것을 요구한다. 평등에 대한 고려는 다양성의 주제뿐만 아니라 다음에 자세하게 논의할 객관성 영역과 맞물려 있다. 미디어 평등이 실현될 가능성은 그 사회의 사회, 경제적 발전 수준과 그 사회가 가진 미디어 시스템의 역량에 달려있다. 그 정도가 어떻든 간에 평등이 실현되기 위해서는 다양하고 상호독립적 채널들이 충분히 존재해야 한다. 평등가치와 관련된 주요 하위원칙들은 〈그림 8. 2〉에 제시되어 있다.

3 미디어 다양성

다양성의 원칙(자유의 주요 혜택으로 간주되고 접근과 평등의 개념과 또한 연관되어 있는)은 정상적 과정을 통한 사회의 점진적 변화를 위한 토대가 되기 때문에 특히 중요하다. 여기에는 지배 엘리트들의 주기적 교체, 권력과 공직의 순환, 다원주의적 민주주의 형태들이 전달하기로 되어 있는 다양한 이해관계들의 상쇄력 등이 포함된다. 다양성은 미디어 이론에 대한 논의에서 주요한 개념인 자유와 매우 밀접하게 연결되어 있다(Glasser, 1984). 다양성은 일반적으로 최대한 다양한 수용자들에게 최대한 다양한 내용을 제공하는 공적 커뮤니케이션 채널이 많으면 많을수록, 그 채널의 성격이 서로 다르면 다를수록 더 좋다는 것을 기본전제로 한다. 달리 표현하

표 8. 2   다양성의 주요한 공적 혜택들
- 새롭고, 힘없는, 혹은 주변적인 목소리들에 대한 접근권을 허용하는 경우 사회, 문화적 변화를 위한 길을 열어준다.
- 자유의 남용(예를 들면, 자유시장이 소유권 집중을 낳은 경우)에 대한 견제기능을 한다.
- 소수집단들이 사회에서 독립적 존재로서 스스로를 유지할 수 있도록 도와준다.
- 잠재적으로 대립되는 집단이나 이익관계들에 대한 이해의 기회를 높임으로써 사회적 갈등을 축소한다.
- 사회, 문화적 삶의 풍부함과 다양성을 제공한다.

면, 다양성은 실제로 '무엇이' 전달되어야 하는가에 대한 가치방향이나 규정이 없는 것처럼 보인다. 이러한 해석은 다양성은 자유와 마찬가지로 콘텐츠와 관련하여 가치중립적이기 때문에 정확하다고 할 수 있다. 다양성은 다양성, 선택, 변화 그 자체에 대한 가치화라고 할 수 있다. 미디어가 제시해야 하는 콘텐츠의 다양성은 또한 수용자에 대한 직접적 혜택이자 표현채널에 대한 다양한 범위의 접근에 대한 반영이다.

다양성이 사회에 제공하는 주요 혜택들은 〈표 8. 2〉에 요약되어 있다.

구조적 수준의 다양성

미디어 시스템의 다양성을 위해 필요한 주요한 구조적 요건들은 평등을 위한 구조적 요건들과 거의 같다. 즉, 사회적 요구에 부합하기 위해 다양하고도 독립적인 미디어 회사나 생산자들이 충분히 있어야 한다는 것이다. '제공'의 다양성을 설명하는 데 실질적 대안들이 제공되는 정도는 여러 가지 대안적 척도들에 따라 측정될 수 있다. 미디어 시스템은 신문, 라디오, 텔레비전 등과 같은 다양한 유형의 미디어들로 구성된다. 미디어 시스템은 전국, 지역, 소지역 주민들을 위한 미디어처럼 지정학적 다양성을 반영해야 한다. 미디어는 또한 언어, 인종, 문화적 정체성, 정치, 종교 및 신념에 따라 적절하게 사회구조를 반영해야 한다.

'균등 대우로서의 다양성' 원칙에 대해서는 두 가지 해석이 있다. 하나는 문자 그 *240

대로 평등하게 제공되어야 한다는 것이다. 다시 말해 모든 사람이 동일한 수준의 서비스를 제공받아야 하고, 송신자와 똑같은 접근기회를 가져야 한다는 것이다. 예를 들면, 선거에서 서로 경쟁하는 정당들이 동일한 시간을 제공받아야 되는 경우나, 캐나다, 스위스, 벨기에와 같이 서로 다른 언어를 사용하는 사람들이 동일한 미디어 서비스를 받아야 하는 경우가 그것이다. 한편, 이보다 더 유용한 대안적 해석은 이 원칙을 접근과 대우의 '공정한' 혹은 적절한 배분으로 간주하는 것이다. 공정함은 일반적으로 비례대표의 원칙에 따라 평가된다. 미디어 서비스 제공은 관련된 것이 무엇이든 간에 (사회집단, 정치적 신념 등) 사회 내에서의 실질적 분포를 '비율적'으로 반영해야 한다. 구조적 수준에서 또 다른 기본 변수는 다양성이 다른 이해관계를 가진 사람 혹은 집단을 위한 개별적 채널(예를 들면, 신문사들)이 존재함으로써(이른바 외적 다양성) 성취되는지, 아니면 동일한 채널 내에서 다양한 목소리를 대변함으로써(내적 다양성) 성취되는지에 대한 여부이다.

수행성과 수준에서의 다양성

미디어 서비스 제공(콘텐츠)의 차이는 정보원이나 최종 수신지에서의 차이와 대략 일치해야 한다. 미디어 시스템이 제공하는 콘텐츠는 본질적으로 전반적인 사회의 정보, 커뮤니케이션 및 문화적 욕구에 부합해야 한다. 수행성과의 다양성은 특정 미디어 조직(신문사, 텔레비전 방송국 등)의 생산물의 관점에서 평가될 수 있다. 미디어 콘텐츠의 다양성은 수많은 차원들에 따라 평가될 수 있다. 이러한 차원들에는 문화와 오락영역의 장르, 스타일 혹은 포맷, 뉴스와 보도되는 정보 주제, 정치적 관점 등이 포함된다. 평가 가능성은 무한하지만 다양성에 관한 대부분의 질문은 ① 사회적, 문화적 차이의 반영, ② 모든 목소리에 대한 동등한 접근, ③ 소비자들을 위한 광범위한 선택 같은 기준들 중 하나 혹은 그 이상을 중심 주제로 한다.

다양성은 표현의 자유처럼 성취할 수 없는 이상이다. 다양성의 규범적 요구사항들에도 모순과 문제가 있다. 다양성의 실현가능한 정도는 미디어 채널 수용력과 어쩔 수 없는 편집상의 선택으로 제한된다. 미디어가 사회를 비율적으로 반영하면 할수록, 소규모 소수집단들이 매스미디어로부터 배제될 가능성이 더 높다. 왜냐하면

표 8.3	다양성 규범의 주요 요구사항들

- 미디어는 구조와 콘텐츠에서 자신이 활동하는 사회 (그리고 공동체)의 다양한 사회, 경제, 문화적 현실들을 다소 비율적으로 반영해야 한다.
- 미디어는 사회를 구성하는 다양한 사회, 문화적 소수집단들의 목소리에 접근할 기회를 동등하게 제공해야 한다.
- 미디어는 사회나 공동체 내에서 서로 다른 이해관계들과 관점들을 위한 토론의 장으로 기능해야 한다.
- 미디어는 수용자의 필요와 이익에 부합하는 콘텐츠를 공시적(어느 한 시점에서), 통시적(특정 기간에 걸쳐)으로 다양하게 제공해야 한다.

접근비율이 낮은데다 접근을 요구하는 집단들은 많기 때문이다. 마찬가지로 매스미디어가 지배적 집단을 위해 서비스를 제공하고 일관된 기대와 취향을 충족시키게 되면 다양한 선택과 폭넓은 변화를 제공할 기회를 제한하게 된다. 한편, 사회에서 수많은 다양한 소수 미디어들이 '전통적' 매스미디어가 가지는 한계를 보충해준다.

🎞 진실과 정보의 질

커뮤니케이션 자유에 대한 초기의 주장은 한두 가지 의미에서는 '진실'의 가치와 강하게 연결되어 있었다. (인쇄물에 의한) 초기 공적 커뮤니케이션 시대에서 가장 중요했던 것은 제도권 교회가 수호하고자 하는 종교적 진실, 개인의 양심에 따른 개인적·종교적 진실, 과학적 진실, 법적 진실, 정부와 기업에 영향을 미치는 역사적 진실(사회, 경제적 현실) 등이었다. 비록 진실의 의미와 그 가치는 그것이 논의되는 맥락이나 주제에 따라 다양하지만, 신뢰받는 정보원으로부터의 신뢰성에 바탕을 두고, 경험할 수 있는 현실과 부합하며, 다양한 상황에 적절하고 유용하게 적용되는 지식(정보)을 가져야 한다는 의견에 대해서는 모두 공감했다. 이러한 공감은 지금도 남아 있다. 미디어가 합리적 품질의 정보를 제공해야 한다는 기대는 철학적이거나 규범적인 토대보다는 실용적 토대에 기반하고 있기는 하지만 미디어 기준에 대한 현대적 사고에서 자유, 평등, 다양성의 원칙들과 마찬가지로 똑같이 중요하다.

신뢰할 수 있는 지식의 제공으로부터 얻는 혜택들은(거짓, 잘못된 정보, 선전, 비방, 미신 혹은 무지 등) 반대의 경우를 고려하면 알 수 있다. 그러나 수준 높은 질을 지닌 정보(그리고 진실)를 생산하는 데 도움이 되는 미디어 구조를 확립하기 위한 다양한 실천들에 대해 주목할 필요가 있다(〈표 8. 4〉).

표 8. 4
정보의 질(미디어 진실)의 혜택들
• 식견 있는 사회와 숙련된 노동력을 보증한다.
• 민주적 의사결정을 위한 기반(유식하고 비판적인 유권자)을 제공한다.
• 선전이나 비이성적인 호소에 대해 경계한다.
• 위험에 대해 경고한다.
• 일상의 필요를 충족한다.

객관성 개념

정보의 질과 관련한 미디어 이론에서 가장 중심적인 개념이 아마 객관성일 것이다. 객관성은 특별히 뉴스정보에 적용된다. 객관성은 미디어의 독특한 실천형태이자 정보수집, 처리 및 보급업무에 대한 특별한 태도를 의미한다. 객관성은 진실의 한 형태이기는 하지만 넓은 의미의 진실개념과 혼동되어서는 안 된다. 객관성의 주된 특징은 우선 취재대상으로부터 거리를 두는 것과 중립성을 취하는 것이다. 두 번째로는 당파성의 결여, 즉 분쟁사안에 대해 편을 들거나 편견을 보여서는 안 된다는 것이다. 세 번째로 객관성은 정확성과 다른 진실기준(관련성이나 완전성)을 엄격히 준수할 것을 요구한다. 또한 제3자에 대한 숨은 동기나 서비스가 있어서도 안 된다. 따라서 취재와 보도과정은 주관성에 의해 오염되어서도 안 되고, 보도되는 현실에 개입해서도 안 된다. 어떤 측면에서 객관성은 하버마스(Habermas, 1962/1989)가 주장하는 합리적이고 '왜곡되지 않은' 커뮤니케이션의 이념과 적어도 이론적으로는 유사하다.

이러한 보도행위의 이상적 기준은 전문적 저널리스트의 역할을 규정하는 지배적 이념이 되었다(Weaver & Wilhoit, 1986). 독립성은 공정함과 진실성의 필요조건이기 때문에 객관성은 '자유'의 원칙과 관련이 있다. 정치적 억압, 위기, 전쟁, 경찰행동과 같은 특수상황에서 보도의 자유는 객관성에 대한 보증의 답례로서만 얻어질 수 있다. 다른 한편으로 자유는 또한 편향을 갖거나 당파적일 수 있는 권리를 포함한다.

객관성은 '평등'의 원칙과도 강하게 연결되어 있다. 객관성은 취재원과 뉴스보도 대상에 대해 공정하고 차별적이지 않은 태도를 유지하며 모든 요소들이 동등하게 취급될 것을 요구한다. 추가적으로 사실들이 서로 충돌하는 논쟁사안의 경우 사안에 대한 다른 관점들에 대해 동일한 비중으로, 그리고 똑같이 관련성이 있는 것으로 다루어야 한다.

객관성은 미디어와 그것의 작동환경 사이에서 나타나는 일련의 규범적인 상호작용에서 중요할 수 있다. 국가기구들과 다양한 이익집단들은 중개자들의 부당한 왜곡이나 간섭 없이, 그리고 채널의 독립성을 손상시키지 않고 미디어를 통해서 자신이 선택한 수용자들에게 직접 이야기할 수 있다. 객관성이라는 확립된 관행 때문에 미디어 채널들은 자신들의 보도내용을 그들이 싣는 광고의 영향력으로부터 거리를 둘 수 있고, 광고주도 보도내용과 관련하여 마찬가지 입장을 가질 수 있다.

일반적으로 미디어 수용자는 객관적 수행원칙을 충분히 잘 이해하고 있는 것처럼 보이기 때문에 객관성의 실천은 미디어가 제공하는 정보와 의견에 대한 공중의 신뢰와 믿음을 증가시키는 데 도움을 준다. 미디어 자신도 객관성이 자신이 만든 뉴스상품에 대해 보다 크고 넓은 시장가치를 부여한다는 것을 안다. 결국 객관성 기준은 상당히 폭넓게 융통되기 때문에, 편향이나 부당한 대우와 관련한 요구나 문제를 해결하는 데 자주 요구된다. 대부분의 현대 뉴스 미디어는 여러 가지 측면에서 객관성에 대한 자신들의 권리를 상당히 중요하게 여긴다. 여러 국가의 방송정책들은 공영방송 시스템에 대해 여러 가지 수단으로 객관성을 요구하며, 때로는 정부로부터 방송이 독립성을 유지하기 위한 조건으로 객관성을 요구하기도 한다.

객관성 연구와 이론을 위한 틀

객관성의 개념을 정의하기란 쉽지 않다. 그러나 객관성의 다양한 구성요소들에 대한 연구는 웨스터슈탈(Westerstahl, 1983)이 스웨덴 방송 시스템의 객관성 정도를 연구하면서 시작되었다. 웨스터슈탈의 설명에 따르면(〈그림 8. 3〉), 객관성은 사실(*facts*)뿐만 아니라 '가치'(*values*)를 다루어야 하고 사실 또한 평가적 의미를 가진다.

이 도식에서 '사실성'(*factuality*)은 무엇보다도 사건이나 진술을 정보원으로부터 **＊244**

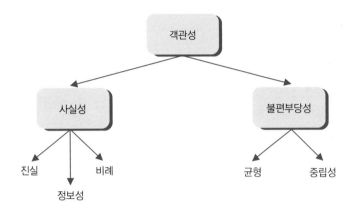

그림 8. 3 객관성의 구성 기준 (Westerstahl, 1983)

객관성

사실성   불편부당성

진실   비례   균형   중립성

정보성

확인할 수 있고, 이를 논평 없이 전달하거나, 적어도 논평을 따로 분리시켜 다루는 보도형태를 의미한다. 사실성은 설명의 완전성, 정확성, 관련되는 것을 오도하거나 감추지 않으려는 의도(선량한 믿음)와 같은 몇 가지 다른 '진실기준'을 포함한다. 사실성의 두 번째 주요한 측면은 '적합성'(relevance)이다. 이것은 객관적으로 정의하기도 어렵고 달성하기도 훨씬 어렵다. 적합성은 표현형식과 관련되기보다는 '선택' 과정과 관련되는데, 의도된 수신자 그리고/혹은 사회에 무엇이 중요한가에 대한 분명하고 일관성 있는 원칙들에 따라 사실을 선택할 것을 요구한다(Nordenstreng, 1974). 공중들이 관심 있다고 여기는 것과 전문가들이 중요하다고 말하는 것 사이에 차이가 있을 수 있지만, 일반적으로 대부분의 사람들에게 상당히 즉각적으로 그리고 강하게 영향을 미치는 것이 가장 적합한 것으로 여겨지는 것처럼 보인다.

웨스터슈탈의 도식에 따르면, 불편부당성(impartiality)은 '중립적 태도'를 전제조건으로 하며, 상반된 해석, 관점, 혹은 사건에 대한 의견들 사이의 균형 있는(동등하거나 비례적인 시간/ 공간/ 강조) 조합과 표현의 중립성을 통해 성취되어야 한다.

〈그림 8. 3〉에 있는 도식에는 객관성이 완전한 의미를 가지기 위해 중요한 추가적 요소, 즉 '정보성'(informativeness)이 하나 더 추가되었다. 정보성이란 정보에 대한 주목, 이해, 기억 등 실질적으로 수용자들이 정보를 획득할 수 있는 기회를 향상시킬 수 있는 정보내용의 질에 관한 것이다. 이는 정보의 실용적 측면을 강조한 것인데, 이 실용적 측면은 규범적 이론에서 가끔 저평가되고 조명받지 못하지만 좋은

정보적 수행의 의미를 보다 완전하게 이해하는 데 필수적 요소이다. 정보의 질을 위해 필요한 주요 조건은 다음과 같다.

- 매스미디어는 사회와 주변세계에서 일어나는 사건들에 대한 타당한 뉴스와 배경 정보를 포괄적으로 제공해야 한다.
- 정보는 정확하고, 정직하며, 충분히 완결적이어야 하고, 현실에 충실해야 한다는 의미에서 객관적이어야 하고, 검증가능하고 의견과 사실을 구분한다는 의미에서 믿을 만해야 한다.
- 정보는 균형적이고 공정 (불편부당) 해야 하며 대안적 관점과 해석들을 가능한 한 선정적이지 않고 편견 없이 보도해야 한다.

객관성의 한계

적절하고 타당한 정보를 제공하기 위해 필요한 구성요소가 무엇인지, 그리고 '객관성'의 본질이 무엇인지가 확실하지 않기 때문에 앞에서 언급한 규범들에는 몇 가지 잠재적 난제들이 내재되어 있다 (Hemanus, 1976; Westerstahl, 1983; Hackett, 1984; Ryan, 2001). 객관성의 규칙들을 따를 경우 다소 불분명하기는 하지만 새로운 형태의 편향을 낳게 된다는 주장이 종종 제기된 바 있다 (제 4 장 참조). 더욱 심각한 것은 객관성이 미디어 자유 (이는 '진실된' 표현과 '거짓' 표현을 구분하지 않는다) 와 다양성 (이는 현실의 다층성과 비일관성을 강조한다) 에 대한 요구와 상충될 가능성이 있다는 점이다. 이러한 기준들이 어느 특정한 채널이나 부문에 적절하기보다는 사회 내에서 미디어 정보의 '총체성'(*totality*) 에 더 적절하다는 주장에도 주목할 필요가 있다. 모든 미디어가 균등하게 자신의 수용자들에게 '진지한' 주제에 대해 충분하고 객관적인 정보를 제공하리라고 기대되는 것은 아니다.

객관성 (그리고 연관된 사실성의 기준들 등) 의 필요성, 가치 및 성취가능성에 대해 모두가 동의하는 것은 아니다. 하지만 '우리가 세계를 이해하고자 한다면 객관성의 가능성과 그 가치 모두를 가정하지 않고는 이해할 수 없다'는 리히텐버그 (Lichtenberg, 1991) 의 주장은 상당히 설득력 있다. 라이언 (Ryan, 2001) 은 객관성의 정의가 사실과 의견 사이의 갈등, 검증과 해석 문제를 안고 있다는 점을 부분적으로 인정하면서, 이를 바탕으로 객관성에 대한 비판을 검토하고 이에 대해 해답을 제시하고 있다. 객관성과 연관된 문제, 특히 뉴스에서 모든 편향을 배제하기가 불가능하다는 점은 이후 '뉴스' 개념과 관련하여 논의된다(제 13장 참조).

5 사회질서와 결속

사회질서와 결속과 관련된 규범적 기준들은 대립적 관점에서 봤을 때 사회통합과 조화와 연관된 것들이다. 한편으로는 일반적으로 정부 당국은 공적 커뮤니케이션 미디어가 질서유지라는 임무를 암묵적으로 지지할 것을 요구한다. 다른 한편으로는 다원주의적 사회는 유지되어야 할 지배적 질서가 단 하나뿐인 것으로 볼 수 없기 때문에 매스미디어는 특히 대안적인 사회집단과 하위문화, 그리고 대부분 사회에서 나타나는 갈등과 불평등의 표현과 관련하여 복합적이고 분화된 책임을 져야 한다. 또한 ('지배층'의 관점에서 봤을 때) 미디어가 잠재적으로 기존 질서를 전복하려는 저항적 행위를 어느 정도까지 지지할 수 있는가 하는 문제가 발생한다. 미디어와 관련된 원칙들은 혼재되고 상호양립할 수 없지만 다음과 같이 표현될 수 있다.

여기서 사용되는 질서개념은 사회적 질서의 형태(공동체, 사회, 기존의 관계구조들) 뿐만 아니라 종교, 예술, 관습과 같은 상징적(문화적) 시스템에 다소 탄력적으로 적용된다. 이러한 대략적인 구분은 또한, 말하자면 '위로부터의 관점'과 '아래로부터의 관점'에 대한 구분과도 교차된다. 이는 본질적으로 한편에 존재하는 이미 확립된 사회적 권위와 다른 한편에 존재하는 개인과 소수집단들 간의 구분을 의미한다. 이는 또한 통제라는 의미에서의 질서와 응집이라는 의미에서의 질서 — '강요된' 질서와 자발적이고 스스로 선택한 질서 — 사이의 구분과 대략 일치한다. 질서에 대한 이러한 개념들은 〈그림 8. 4〉와 같이 정리할 수 있다.

현존하는 모든 복잡한 사회 시스템은 〈그림 8. 4〉에서 제시되는 질서의 모든 하위 측면들을 지니고 있다. 한 사회 내 구성집단들의 회원의식에 의한 자발적 유대뿐만 아니라 사회적 통제의 메커니즘도 존재한다. 정체성과 실제 경험이 다른 만큼

그림 8.4

매스미디어와 질서에
관한 이념은 누구의
질서이며 어떤 종류의
질서인가에 달려있다.

관 점

	'상층'으로부터	'하층'으로부터
사회적	통제 / 순응	결속 / 유대
문화적	동조 / 위계	자율 / 정체성

영 역

경험에 대한 정의와 의미를 공유하는 면도 있다. 문화의 공유와 결속 경험은 상호
보강적 경향이 있다. 미디어와 사회에 관한 규범적 이론들은 매스커뮤니케이션과
이러한 상이한 개념들 사이의 관계를 논리적 일관성 없이 서로 다르게 다루었다(제
4장 참조). 기능주의 이론은 매스미디어가 협력과 사회, 문화적 가치들의 합의를 촉
진함으로써 사회질서의 지속과 통합을 확보하는 잠재적 목적을 수행한다고 한다
(Wright, 1960).

　　비판이론은 보통 매스미디어를 자신들이 내린 상황정의와 가치를 강요하고 저항
세력을 주변화하거나 탈정당화시키고자 하는 지배계층들의 대리자로 해석했다. 미
디어는 또한 상충되는 목표들과 이해들을 대변하거나, 실제 혹은 바람직한 사회질
서의 모습에 대한 대안적 관점들도 제공하는 것으로 간주되었다. '누구의 질서인가'
하는 문제가 가장 먼저 해결되어야 할 문제이다. 관련된 규범이론은 단지 질서의
붕괴(갈등, 범죄, 일탈)만 다룰 수 있을 뿐만 아니라 주변적 혹은 소수의 사회, 문화
적 집단들이 지각하는 기존질서의 실패에 대해서도 다룰 수 있다.

질서와 관련된 기대와 규범

사회통제의 관점에서 볼 때, 폭력, 무질서, 일탈에 대한 (미디어의) 긍정적 묘사를 비난하거나 법, 교회, 학교, 경찰, 군대 등과 같은 기존에 확립된 '질서'제도나 권위들에 대한 특권적 접근을 허용하거나 긍정적 측면에서 상징적으로 후원하는데 종종 질서와 관련된 기대규범들이 동원된다. 두 번째 하위원칙(결속의 원칙)은 사회는 많은 하위집단들, 다양한 정체성 기반과 이해관계들로 구성된다는 점을 인정한다. 이러한 관점에서 볼 때 매스미디어가 행할 수 있다고 판단되는 규범적 기대는 미디어가 대안들을 인정하고, 관련된 소수집단들과 관점들에 대한 미디어 접근과 상징적 지지를 제공해야 한다는 것이다. 일반적으로, 이러한 (규범적인) 이론적 입장은 지배적 사회의 관점에서 보았을 때 주변적이고 일탈적으로 보이는 상황이나 사회적 집단들에 대해 개방적이면서도 감정이입적인 태도를 보인다. 사회질서와 관련된 여러 가지 혼재된 규범적 관점들을 요약하면 다음과 같다.

- 미디어가 서비스를 제공하는 관련 공중(전국 혹은 지역 수준, 또는 집단이나 이해관계에 의해 규정되는)에 대하여, 미디어는 상호 커뮤니케이션과 지원을 위한 채널을 제공해야 한다.
- 미디어는 사회적 약자나 피해를 입은 개인이나 집단들에 대해 특별한 관심을 보임으로써 사회적 통합에 기여할 수 있다.
- 미디어는 범죄나 사회적 무질서를 조장하거나 상징적으로 보상함으로써 법과 질서의 힘을 약화시켜서는 안 된다.
- 전쟁, 전쟁에 대한 위협, 외국의 침입이나 테러리즘과 같은 국가적 안보문제에 대한 미디어 활동의 자유는 국가이익을 고려해서 제한될 수 있다.
- 도덕, 예절, 취향의 문제들에 관해서(특히 성과 폭력에 대한 묘사와 나쁜 언어 사용 문제에서), 미디어는 어느 정도 광범위하게 공적으로 받아들여지는 지배적 규범을 준수하고, 심각한 공적 해악을 야기하지 말아야 한다.

'문화적' 영역은 '사회적' 영역과 분리하기가 쉽지 않지만 여기에서는 주로 매스미디어가 전달하는 상징적 콘텐츠를 지칭한다. 규범적 미디어 이론은 전형적으로 (미디어 콘텐츠의) 문화적 '질'의 문제나 실제적 삶의 경험이라는 차원에서의 '진정성' (*authenticity*)의 문제와 관련된다. 규범적 틀 안에서 문화적 영역의 하위구분은 사회적 영역에서 적용된 구분과 비슷하다. 즉 '지배적', 공식적 혹은 기성문화와 일련의 대안 혹은 하위문화들 간의 구분이 그것이다. 사실상, 전자는 위계적 문화관을 함축한다. 이러한 문화관에 따르면, 문화적 가치나 기존의 문화적 제도들이 '공인' 했던 예술품은 '대안적인' 문화적 가치나 형태들과 비교해 볼 때 상대적으로 특권적 지위가 부여된다.

문화적 질에 대한 규범들

광범위한 문화정책들에서 자주 표현되는 규범이론은 매스미디어에서 나타나는 다양한 종류의 문화적 질을 인정하고 장려한다. 첫째, 규범이론은 국가나 사회의 '공식적'인 문화적 유산, 특히 교육과 과학, 예술, 문학에서의 유산을 보호한다. 둘째, 규범이론은 진정성과, 정체성에 기반하여, 그리고 정치적 이유로 지역, 지방, 혹은 소수집단의 다양한 문화적 표현들을 지지한다. 세 번째로 어떤 이론은 '대중적 문화' (*popular culture*)를 포함하는 모든 문화적 표현과 취향의 동등한 권리들을 인정한다.

매스미디어가 실제적으로 담당해야 할 문화적 책임에 대해 열띤 논의가 있음에도 불구하고 그 책임에 대하여 무엇을 해야 할지에 대해서는 합의점이 거의 없고 이를 위한 활동도 드물다. 문화적 질의 원칙들은 바람직하기는 하지만 이를 강제할 수는 없는 것으로 보인다. 문화적 질을 판단하는 실제적이고 실천적인 기준들이 무엇인지에 대한 충분한 합의가 없기는 하지만 가장 공통적으로 언급되는 원칙들은 다음과 같다.

- 미디어 내용은 미디어가 서비스를 제공하는 사람들(전국적, 지역적, 지방적)의 언어와 현대문화(예술과 삶의 방식)를 반영하고 표현해야 한다. 미디어 내용은 현존하는 그리고 보편적인 사회적 경험과 관련되어야 한다.
- 미디어의 교육적 역할과 국가의 문화적 유산에서 가장 좋은 것에 대한 표현과 존속에 우선순위가 부여되어야 한다.
- 미디어는 문화적 창조성과 독창성, 그리고 (심미적, 도덕적, 지적, 그리고 직업적 기준들에 비추어 볼 때) 질적 수준이 높은 작품의 생산을 장려해야 한다.
- 문화적 제공은 다양해야 하며, '대중적 문화'와 오락에 대한 수요를 포함한 수요를 반영해야 한다.

 책무(*accountability*)*의 의미

'책무'의 완벽한 의미를 규정하기란 쉽지 않다(McQuail, 2003a 참조). 파인턱(Feintuck, 1999)은 두 가지 의미로 책무의 법적 정의를 내린다. 하나는 '자신의 행위를 공중에게 직접 혹은 공적 권위를 통하여 설명해야 할 필요성'을 의미하고, 두 번째는 '권력의 행사에 따른 어떤 요구나 기대를 위반했을 경우 제재 혹은 처벌을 받을 수 있음'을 의미한다. 이러한 정의는 유용하지만, 여기에서 이러한 정의를 언급하는 이유는 미디어 활동의 상당 부분이 공적 권력의 정당한 범위 안에 들어가지 않는다는 점을 고려해 그 적용범위를 넓히고자 하기 위함이다. '책무'라는 용어는 종종 '사회적 책임 혹은 책무'(*answerability*)라는 용어와 서로 교환하여 사용된다. 이는 '사회적 책임'이라는 용어가 '자신의 행위를 설명하거나 정당화해야 한다'는 것을 의미하는 경우에 더욱 그러하다. 그러나 여러 가지 다른 방식으로 이러한 용어

---

* 역주: 'accountability' 개념은 국내 학자들 사이에서 '책임', '답책', 또는 '어카운터빌리티' 등 다양한 용어로 번역된다. 우리는 'accountability'를 "책임과 의무"를 뜻하는 '책무'로 번역한다. 맥퀘일의 원문에서 'accountability'의 의미를 분명히 하기 위해, 이를 'responsibility' 개념과 대비하여 설명하고 있다. 따라서 'accountability'는 단순한 '책임'과는 다른 의미로 사용되고 있고, 이에 적절한 용어가 '책무'라고 판단했다.

호환이 일어날 수 있다. 프리차드(Pritchard, 2000)는 책무의 본질은 지적하고, 비난하고, 요구하는 과정에 있다고 명시한다. 본질적으로 이것은 문제를 확인하고, 미디어 생산물이 책임 있다고 지적하고, 어떤 사과 혹은 보상을 요구한다는 것을 의미한다. 이는 핵심적으로 미디어의 공적 활동(공표 행위)이 사회의 정당한 기대에 직면하게 되는 수단이라고 할 수 있는 공적 감시과정을 의미한다. 후자는 이미 검토된 바 있고 앞에서 설명되었던 기준들의 관점에서 표현될 수 있다. 여기서 우리는 미디어 책무를 임시적으로 다음과 같이 정의하고자 한다.

> 미디어 책무는 미디어가 자신의 생산물의 품질 그리고/혹은 결과에 대해 직접 혹은 간접적으로 자신의 사회에 응답하는 모든 자발적 또는 비자발적 과정이다.

여기서 제기된 이슈들의 복잡성과 민감성 때문에 책무라는 개념이 단순하거나 단일한 방식의 사회적 통제나 규제를 다루기 위한 것은 분명히 아니다. 책무를 구성하는 다양한 요소들은 모든 개방된 사회에 있는 미디어의 정상적인 운영의 한 부분이다. 규범이론의 중심적 기조를 유지하는 데 미디어 책무 과정들은 세 가지 일반적 기준들을 충족시켜야 한다. ① 자유로운 출판에 대한 권리를 존중해야 한다, ② 출판이 사회뿐만 아니라 개인에게 미칠 수 있는 해악을 막거나 제한해야 한다, ③ 단순히 규제하기보다는 출판의 긍정적 측면들을 장려해야 한다.

이러한 세 가지 기준들 가운데 첫 번째는 민주주의에서 자유로운 표현에 대한 요구의 우선성을 반영한다. 두 번째 기준은 '사회'에 대한 의무가 우선적으로 권리, 욕구, 이해관계를 지닌 한 개별인간에 대한 의무라는 것을 함축한다. 세 번째 기준은 미디어와 다른 사회 제도들 간의 대화와 상호작용을 강조한다. 이러한 세 가지 기준들을 근본적으로 충족하기 어려운 이유는 자유와 책무에 대한 불가피한 긴장 때문이다. 왜냐하면 절대적 자유는 정상적인 법의 한계 내에서 타인들에 대한 행위에 대해 책임질 의무가 없음을 인정하는 것이기 때문이다. 전형적으로 민주주의 체제에서 헌법은 '언론의 자유'에 대한 모든 제약을 배제한다. 따라서 책무를 회피할 수 있는 합법적 영역은 매우 넓다(Dennis et al., 1989 참조).

이러한 주장은 앞에서 논의한 것처럼 '공익'이라는 것이 존재한다는 가정에 기반한다. 다음으로 이 주장은, 미디어는 책임성을 요구당할 만큼 사회에서 중요하며,

효과적인 책무는 기본적 자유와 필연적으로 불일치하는 것은 아니라는 것을 가정한다. 자유는 타인에 대한 책임의 일부 요소들을 포함하고 타인의 권리에 따라 제한된다.

여기서 '책무'(accountability)와 '책임'(responsibility)을 개념적으로 구분하는 것이 유용하다. '책임'은 미디어에 대한 의무와 기대를 지칭한다. 반면, '책무'는 우선적으로 미디어에게 책임을 묻는 과정(processes)을 지칭한다. 홋지(Hodges, 1986)는 다음과 같이 설명한다.

책임의 이슈: 저널리스트들이 어떠한 사회적 요구에 반응해야만 하는가?
책무의 이슈: 어떻게 사회가 저널리스트들에게 자신들에게 주어진 책임(혹은 의무)의 수행을 책임지도록 요구할 것인가? 책임은 적절한 행동을 규정하는 것과 관련되고, 책무는 그것을 강제하는 것과 연관된다.

책무과정을 고려할 때, 강제가 관련하는 정도의 관점에서 책임과 구분하는 것이 유용하다. 일부는 완전히 자율적이고 자기 선택적이며, 일부는 미디어와 수용 혹은 고객들 사이의 계약에 의한 것이고, 일부는 법에 의해 요구된다. 책무에 대한 압력은 따라서 법적이라기보다는 도덕적 혹은 사회적일 수 있다. 일반적으로 자발적일수록 책무의 메커니즘이 더 부드럽거나 선택적이고, 그만큼 자유와의 갈등에 덜 연관된다. 부드러운 책무양식은 재정적이거나 다른 벌칙을 포함하지는 않지만 그 대신 보통 구두조사, 설명 혹은 사과를 포함한다. 미디어는 외적 판결이나 처벌을 피하기를 선호한다. 이 때문에 책무의 자율규제 메커니즘이 널리 퍼지게 되었다. 이러한 것들은 또한 물리적이거나 물질적인 피해가 없는 경우에 커뮤니케이션 이슈에 보다 더 적합할 수 있다.

두 가지 대안적인 책무 모델

책무가 일어나기 위해서는 미디어 행위나 생산물에 대한 어떤 반응이 있어야 하고 미디어가 이에 대해 귀를 기울여야 한다. 책무는 '누군가'에게 '무엇인가'에 대해 어떤 기준에 따라 대답하는 것을 의미하며 미디어에 따라 의무의 정도도 다양하다. 이러한 생각들을 합치면 두 가지 대안적 책무모델에 대한 윤곽을 그릴 수 있다. 하나는 법적 책무(liability) 모델이라 불리고 다른 하나는 사회적 책무(answerability) 모델이라 불린다.

'법적 책무모델'은 개인에게든 사회에든(예를 들면, 도덕이나 공공질서에 대한 위험) 미디어 생산물로 인해 발생할 수 있는 잠재적 해악과 위험을 강조한다. 이 모델과 일치하는 조치들은 사법이나 공법에 의해 부과되는 물질적 처벌을 포함할 수 있다.

대조적으로 '사회적 책무모델'은 법적 대립이 없고 미디어와 비판가들 또는 피해를 입은 사람들 사이에서 발생하는 차이를 중재하는 최선의 수단으로 토론, 협상, 자발성, 대화를 강조한다. 책무수단은 공식적 판결이기보다는 언어적인 경우가 지배적이고, 어떠한 처벌 또한 물질적이기보다는 언어적(예를 들면, 사과보도, 정정보도, 답변 등)이다.

사적 피해(예를 들면, 공인의 명성에 대한)와 가능한 공적 혜택(예를 들면, 스캔들이나 오용의 폭로) 사이의 균형을 맞추기란 항상 어렵다. 사실상, 언론보도 후에 따를

그림 8.5 두 개의 책무모델 비교(McQuail, 2003)

사회적 책무	법적 책무
도덕적/사회적 기반	법적 기반
자발적	강제된
언어적 형태	공식 판결
협력적	적대적
비물질적 처벌	물질적 처벌
품질에 대한 언급	피해에 대한 언급

수 있는 물질적 처벌이 심각한 경우에 언론보도를 위축시키는 효과를 낳을 가능성도 있다. 소규모 미디어 사업자에게는 가장 큰 위협이 되는 반면, 수용자를 위해 재정적 손실을 감당할 여유가 있는 부유한 미디어에게는 상당한 이점을 제공한다. '사회적 책무'모델은 일반적으로 참여 민주주의의 이념과 가장 일치하고 다양성, 독립, 표현의 창조성을 장려할 가능성이 높다. 두 '모델'의 주요한 특징은 〈그림 8. 5〉에 요약되어 있다.

🄌 책무의 단계와 관계

개념 정의상, 책무는 미디어와 다른 당사자들 사이의 관계를 포함한다. 책무에는 두 가지 개별 단계들이 있다. '내적' 단계와 '외적' 단계가 그것이다. 내적 단계는 구체적 표현행태들(예를 들면, 뉴스 아이템이나 텔레비전 프로그램)에 대해 미디어 조직과 소유주들이 책임질 수 있도록 하기 위한, 미디어 내에서의 통제사슬이다. 이것과 관련하여 제기되는 중요한 이슈는 미디어에 종사하는 사람들(예를 들면, 저널리스트, 작가, 편집자, 프로듀서 등)의 자율 혹은 표현의 자유의 정도에 관한 것이다. 말하자면 '미디어 벽 내부에서'는 자유와 책임 사이의 긴장이 존재하는데, 이러한 긴장은 너무나 자주 미디어 소유주의 입장을 대변하는 방향으로 해결된다. 우리는 책무에 대한 폭넓은 사회적 욕구들을 만족시키기 위해서는 어떤 경우에도 내적 통제 혹은 관리에만 의존할 수 없다. 내적 통제는 (조직을 소송으로부터 보호하기 위해) 너무 엄격하여 자기검열의 형태를 띠거나 혹은 사회보다는 미디어 조직의 이익에 너무 치우칠 수도 있다.

　여기서 우리는 미디어와 미디어 생산물에 의해 영향을 받거나 생산물에 이해관계를 가지는 집단들 간의 '외적' 관계들에 관심을 가질 수 있다. 외적 관계들은 〈그림 8. 6〉에 제시된 잠재적 당사자들을 단순히 열거해 보더라도 짐작할 수 있듯이 매우 다양하고 중복된다. 책무관계들은 미디어와 다음과 같은 당사자들 사이에서 반복적으로 발생한다.

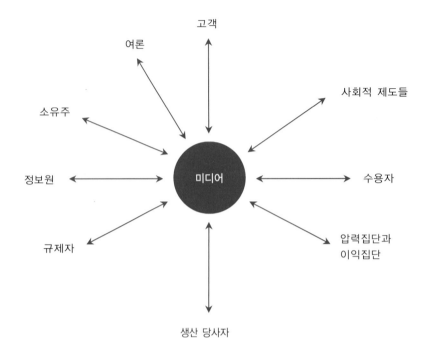

그림 8.6 미디어와 생산물 관련 외부 행위자들 사이의 책무 라인

- 미디어 자신의 수용자들
- 광고주, 스폰서 혹은 후원자들과 같은 고객들
- 뉴스 정보원과 오락, 스포츠 및 문화적 생산물을 생산하는 사람을 포함한 내용 제공자들

- 개인으로서든 집단으로서든 보도의 주체가 되는 사람들(여기서는 '생산 당사자'라고 불린다)
- 미디어 회사의 소유주나 주주들
- 공익 수호자로서의 정부 규제자들과 입법자들
- 미디어에 의해 영향을 받거나 자신의 정상적인 운영을 위해 미디어에 의존하는 사회적 제도들
- 여론, 여기서는 '사회 전체'를 대변하는 여론
- 미디어 생산물에 의해 영향을 받는 다양한 압력집단과 이익집단들

10 책무의 틀

이슈와 잠재적 요구자들의 다양성을 고려해 볼 때 수많은 유형의 책무과정이 있다는 사실을 짐작해 볼 수 있다. 게다가, 미디어마다 서로 다른 '체제'(regimes)를 가지고 있거나 심지어 체제가 전혀 없는 경우도 있다(제9장). 전체적인 미디어 생산과정은 조직 내적으로는 문제의 발생 가능성에 대비하며, 외적으로는 생산물이 공표된 이후 수많은 이해당사자들에 의해 제기될 수 있는 일상적이고 지속적인 책무행위를 포함한다. 이러한 활동의 대부분은 앞에서 설명한 '사회적 책무' 영역에 해당된다. 그러나 심각하게 문제가 되는 이슈들과 강한 이의제기가 발생할 수 있고 미디어는 이러한 것들에 대해 저항할 수 있다. 이러한 경우 보다 강압적인 절차가 개입될 수 있다. 이러한 경우의 전형적인 책무과정은 공식적 절차와 외부의 제3의 판결기구를 필요로 한다. 여기에서도 방법은 다양한데, 그 범위는 위법(예를 들면, 명예훼손)이 주장될 경우에 적용되는 사법체계에서부터 미디어 그 자체에 의해 제도화된 자발적 시스템까지 포함된다.

이러한 다양한 가능성 때문에 우리는 소수의 기본적인 '책무의 틀'의 관점에서 문제를 접근해 볼 필요가 있다. 각각의 책무의 틀은 상호 배타적이지는 않지만 책무에 대한 대안적 접근 방법들을 대표한다. 그리고 이러한 틀은 각각 자신의 전형적인 담론, 논리, 형태 및 절차들을 가지고 있다. 각각의 책무의 틀은 여러 가지 공통된 요소들을 포함한다. 즉, 미디어 '행위자'와 종종 제3의 판결자를 동반한 특정한 외부 '요구자' 사이의 관계가 있어야 한다. 선한 행동에 대한 기준 혹은 원칙들이 있어야 한다. 책무의 규칙, 절차, 그리고 형태들이 있다. 책무의 틀을 다음과 같이 정의할 수 있다.

> 책무의 틀은 행동과 책임에 관련한 기대들이 야기되고 이의제기가 표현되는 준거의 틀이다. 하나의 틀은 또한 그러한 이의제기가 처리되는 방식들을 나타내거나 결정한다.

⊷ *257   데니스와 동료들(Dennis et al., 1989)의 예를 부분적으로 따르면, 가장 일반적으

로 사용되는 네 가지 책무의 틀은 ① 법과 규제, ② 재정/시장, ③ 공적 책임, ④ 전문적 책임 등이다. 각각의 개념을 전형적인 도구와 절차, 가장 적절하게 다룰 수 있는 이슈들, 관련된 강제의 정도, 그리고 상대적 장점과 단점을 기준으로 간단하게 기술하고자 한다.

법과 규제의 틀

첫 번째 틀은 미디어 구조와 운영에 영향을 미치는 모든 공공정책, 법, 규제들을 의미한다. 주된 목적은 사회에서 자유롭고 광범위한 상호커뮤니케이션의 조건들을 창출하고 유지하기 위한 것이며, 정당한 사적, 공적 이익들에 대한 잠재적인 해악을 제한하고 공공선을 증진시키기 위한 것이다.

주요 '메커니즘과 절차'들은 보통 규제조항들을 실행하기 위한 공식규칙과 절차들과 함께 미디어가 할 수 있는 것과 할 수 없는 사항에 대한 규제적 문헌들로 구성된다. 이 틀에서 다루어지는 주요 이슈들은 개인에게 가해졌다고 주장되는 피해나 미디어(특히 전자 미디어)에 대해 규제와 책임을 요구하는 다른 문제들과 관련된다.

책무에 대한 이러한 접근방법이 가지는 '장점'들을 살펴보면, 우선 궁극적으로 이의제기에 대한 해결을 강제할 수 있는 힘이 존재한다는 것이다. 또한 강제적 권력들의 남용에 대한 견제로서 정치 시스템을 통하여 목적과 수단을 민주적으로 통제할 수 있다는 점이다. 규제의 범위뿐만 아니라 자유에 대한 어떤 제한도 분명하게 정해져 있다. 출판의 자유를 보호하려는 목표와 미디어에 대해 책임을 요구하는 목표 사이의 잠재적 갈등 때문에 이 틀의 '단점'과 제약점은 다소 심각하다. 처벌에 대한 두려움이 부당한 사전검열과 동일한 정도로 작용할 수 있다. 법과 규제는 표현의 자유문제가 발생하고 정의하는 데 어려움이 따르는 콘텐츠보다는 구조(예를 들면, 소유권 문제)에 보다 쉽게 적용된다. 일반적으로 법과 규제는 그 의도가 모두의 이익을 보호하기 위한 것이라고 할지라도 권력과 돈을 가진 사람들에게 유리하다. 마지막으로, 법과 규제는 종종 비효율적이고, 시행하기 어려우며, 보다 넓고 장기적인 효과의 측면에서 예측하기 힘들며, 그것이 시대에 뒤떨어지더라도 바꾸거나 폐지하기 어렵다. 법과 규제는 또한 기득권 체제의 한 부분(국가보조금 혹은 허가의 경우에) 일 수 있다.

시장이 공적 책무의 중요한 메커니즘으로 항상 간주되는 것은 아니지만 실질적으로 미디어 조직과 종사자들의 이해관계와 고객 및 수용자(소비자들)의 이해관계의 균형을 맞추는 중요한 수단이다. '메커니즘'은 이론적으로 '좋은' 성과는 장려하고 '나쁜' 성과는 도태시키는 자유(그에 따른 경쟁) 시장에서의 수요와 공급의 정상적인 과정을 말한다. 수용자 및 시장에 대한 다양한 연구는 판매 이외에 미디어가 제공하는 것에 대한 공적 반응이 있다는 증거를 제시하고 있다.

시장책무는 주로 소비자들에게 비춰진 커뮤니케이션 '품질'의 측면에 초점이 맞추어져 있지만, 원칙적으로 이것이 포괄하는 이슈의 범위는 넓다. 품질은 내용에만 관련되는 것이 아니라 기술적 품질에도 관련된다. 시장은 경쟁을 통해 발전을 장려해야 한다. 시장의 힘을 통한 통제에는 '강제'가 없는데, 이것이 이 접근방법의 '장점들' 중 하나이다. 수요와 공급의 법칙들은 생산자와 소비자의 이익들이 균형을 이룬다는 사실을 보증해야 한다. 이 시스템은 외부에서 규제나 통제를 할 필요가 없는 자율적이고 자기교정적 시스템이다.

시장의 '한계'는 장점보다 더 많은 관심을 받아왔다. 비판적 관점에서 보자면 미디어의 주된 문제는 미디어가 너무 많이 '상업화' 되어 커뮤니케이션 본래의 목적보다는 이윤추구를 위해 존재하고, 진정한 질적 기준이 없다는 것이다. 이러한 관점에서 보면 시장은 본질적으로 견제기능을 할 수 없다. 시장에 대한 이러한 원칙적 관점도 견지하지 않으면서 근본적으로 시장을 책무수단으로 간주하는 것에 반대하는 주장들도 있다. 즉, 시장은 완벽할 수 없고 경쟁의 이론적 장점들이 실현될 수 없다는 것이다. 사적 독점이 발달한 곳에서는 단기적 이익을 극대화하고자만 하는 미디어 활동에 대한 효과적 견제수단이 없다. 시장 중심적 사고는 자유와 미디어의 품질을 미디어 소유주의 자유와 복지의 관점에서 정의하려는 경향이 있다.

공적 책임의 틀

공적 책임의 틀은 미디어 조직이 자발성과 헌신을 가지고 이윤창출과 고용증대의 직접적 목표를 넘어서는 어떤 중요한 공적 임무를 실현하는 사회적 제도라는 사실에 주목한다. 데니스와 동료들(Dennis et al., 1989)은 미디어가 공중을 위하여 책임있는 위치에 있어야 한다는 것을 지칭하기 위해 '신탁'(*fiduciary*) 모델이라는 용어를 사용한다. 다른 학자들은 비슷한 생각에 바탕을 두고 '신탁모델'(*trustee model*) 이라는 용어를 사용하는데, 이는 보통 이는 공영방송과 관련된다(Hoffman-Riem, 1966; Feintuck, 1999). 학자들이 인정하든 인정하지 않든 간에, 열린사회에서 여론은 일반적으로 미디어(하나의 전체로서)는 정보, 공시, 문화 문제에서 공익에 봉사할 것으로 기대한다. 미디어가 이러한 기능을 수행하지 못할 때 여론이나 정당을 포함한 다른 공익 수호자들이 미디어에 대해 책임을 물을 수도 있다.

공적 책임의 틀이 지니는 '메커니즘과 절차'는 주로 미디어 소비자 조직과 일반적 여론이 표현되는 여론조사를 포함하는 압력집단들의 활동들로 구성된다. 많은 국가에는 다양한 형태의 신문 혹은 방송 평의회와 사회로부터의 요구를 충족시키는 수단으로 미디어 산업이 자발적으로 채택하는 공중불만처리 절차들이 있다. 정부는 때때로 수행을 평가하기 위한 위원회와 조사기구를 만들기도 한다. 일부 미디어는 비영리적 기반위에 공적인 정보 혹은 사회적 목적에 봉사하는 공적 위탁기구로 활동한다. 종종 미디어에 의해 이루어지는 방대한 양의 공공토론, 논평 혹은 비판은 비공식적 통제의 중요한 수단이다.

선진화된 공적 책임의 틀이 지니는 주된 '장점'은 미디어가 사회적 요구에 부합할 것을 주장함으로써 사회적 요구가 표현될 수 있다는 것이다. 또한 미디어와 사회 사이의 지속적인 상호작용 관계에 대한 생각이 공적 책무의 틀에 내재되어 있다. 공중은 (단지 소비자나 법적 권리를 지닌 개인으로서만이 아니라) 시민으로서, 이익집단의 회원으로서, 혹은 소수자로서 미디어와 그 역할에 대해 다시 되물을 수 있고, 미디어는 이에 응답하도록 압력을 받게 되고 또 응답수단도 가지고 있다. 이러한 책무양식은 자발적이기 때문에 자유를 보호할 수 있을 뿐만 아니라 매우 개방적이고 민주적이다.

물론 '한계'도 존재한다. 분명한 취약점은 이러한 책무양식이 앞에서도 언급했듯이 자발적 성격을 지닌다는 점이다. 일부 미디어는 신탁인의 지위를 거부하고 자신의 자유를 책임 있게 사용하지 않을 수 있다. 공영방송의 경우를 제외하고는 실질적 책무의 시스템이 반드시 존재한다고 볼 수는 없고, 국가와 전통에 따라서 실행이 잘 되는 곳도 있고 잘 안 되는 곳도 있다. 글로벌화(미디어의 다국적 통제) 경향과 미디어 집중이 이 모델의 근거를 약화시킨다.

전문적 책임의 틀

전문적 책임의 틀은 좋은 수행에 대한 자신만의 기준들을 설정해 놓은 미디어 전문직 종사자(예를 들면, 저널리스트, 광고주, 홍보 담당자)들의 자기존중과 윤리적 개발로부터 발생하는 책무를 말한다. 이것은 또한 자율규제로 산업의 이익을 보호하려는 목적을 지닌 소유주, 편집자, 프로듀서 협회들에도 적용된다.

전문적 책임의 틀리 지닌 '메커니즘과 절차'들은 일반적으로 미디어 전문직 집단 구성원들이 채택한 문서화된 원칙이나 행동강령, 특정한 미디어 행위에 대한 이의 제기나 불만을 경청하고 판단하는 약간의 절차들로 구성된다. 윤리나 행동강령에서 다루어질 수 있는 모든 문제가 이슈가 될 수 있지만, 보통 개인이나 집단에게 가해진 해악이나 피해와 관련된다. 미디어에서 전문직주의의 개발은 종종 정부나 다른 공적 기관들에 의해 지원되고, 질 높은 교육과 훈련을 통해 도움을 받는다.

전문적 책임의 틀이 지닌 '장점'은 일반적으로, 만약 이러한 시스템이 존재한다면, 자발적이고 미디어와 전문직 종사자들의 자기 이익에 봉사하기 때문에 작동할 가능성이 있다는 것이다. 이 틀은 비강압적이라는 장점이 있고, 자율통제뿐만 아니라 자발적인 자기계발을 장려할 수 있다. 그러나 실제적으로 상당한 '한계'들도 있다. 우선, 이 틀은 적용범위가 매우 좁고 힘 있는 미디어에 대해 강력한 압력을 행사하지 못한다. 또한 미디어 자체가 조직 자체로부터 독립적이 못하고 포괄하는 범위도 매우 단편적이다(Fengler, 2003). 일반적으로 전문직주의는 미디어 조직 내에서 강하게 개발되어 있지 않고 종사자들은 데스크와 소유주들 사이의 관계에서 상대적으로 자율적이지 못하다.

열린사회에서 책무의 과정이 매우 중첩적이지만 완벽한 시스템이 존재하지 않아, 앞에서 기술한 여러 가지 책무의 틀이 다른 틀에 비해 우월한 만큼 자신의 역할을 충분하게 수행하지 않는 것으로 보인다. 상당히 많은 결함들(이 장에서 적절하게 다루어지지 않은 수행과정상의 이슈들)이 있고 일부 미디어는 시장이 강제하는 것 이외에 어떠한 책임도 받아들이지 않는다.

책무의 형태와 수단의 다양성은 비록 전체적 결과가 만족스럽지 않을지는 모르지만 본질적으로는 긍정적인 특징으로 고려될 수 있다. 일반적으로 공개성 원칙을 따르자면, 투명하고, 자발적이며, 적극적인 관계, 대화, 토론에 기반을 둔 책무형태가 좋다. 외적 통제, 법적 강제, 처벌의 위협과 같은 대안들은 단기적 측면에서는 효과적이고 목표를 달성할 수 있는 유일한 수단이 될 수 있을지 모르지만 궁극적으로는 열린사회의 정신에 위배된다.

11 소 결

이 장에서는 미디어 활동에 적용되는 주요한 규범적 원칙들과 널리 받아들여지는 기준들을 기술했다. 이러한 원칙들은 제 7장에서 검토된 정치, 사회이론에 뿌리를 두고 있고 또 이러한 이론에서 표현되고 있다. 이 원칙들은 또한 시장의 힘, 여론, 압력집단, 법 및 정부에 의해 종종 지지된다. 앞에서 간략하게 기술한 책무과정들은 비록 원칙과 기준들의 실행기회를 높이기는 하지만 정부나 기타 요인에 의한 통제수단과 혼동되어서는 안 된다. 이러한 원칙과 기준들은 미디어 자유와 양립 불가능한 것은 아니지만 열린사회에서 미디어의 정상적인 작동환경에서 필수불가결한 구성요소들이다.

지속적인 미디어 변화가 앞에서 기술한 규범들의 '내용'을 근본적으로 바꾸지는 않았지만, 규범들 사이의 상대적 힘과 우선순위에 영향을 미쳤다. 특히 대안적인 ＊262

미디어 채널의 수가 양적으로 증가하면서 이른바 '지배적' 미디어(예를 들면, 전국 신문과 방송국)의 공적 역할수행에 대한 압력이 줄어들었다. 미디어의 집중경향에도 불구하고 경쟁이 가져다주는 잠재력이 더 크기 때문에 미디어 독점에 대한 우려가 덜 하다. 미디어 채널의 증가 또한 다양성의 질은 보증하지 못하지만 다양성을 증가시킬 수 있다. 인터넷과 같은 새로운 매체는 확실히 많은 새로운 유형의 커뮤니케이션 서비스뿐만 아니라 다양성을 제공한다. 인터넷은 또한 다양성, 자유, 평등의 가치들을 보여주는 좋은 예이기는 하지만 앞에서 기술한 규범들을 준수할 압력은 없는 것처럼 보인다. 하지만 인터넷은 사회, 문화적 측면의 이슈와 정보원의 불확실한 신뢰도와 관련해서는 앞으로 논의해야 할 사항들이 많다. 인터넷은 또한 통제의 어떤 메커니즘 속에 있지 않고 실제적으로 시장의 책무 이외에는 앞에서 기술한 대부분의 책무의 형태들에서 벗어나 있다. 그러나 이것이 인터넷은 항상 '제어할 수 없는'(Lessig, 1999) 존재이거나 책무로부터 무한대로 벗어날 수 있다는 것을 의미하는 것은 아니다

09 미디어 경제학과 거버넌스

지금까지 매스미디어는 산업이기보다는 마치 하나의 사회적 제도인 것처럼 논의되었다. 매스미디어가 사회적 제도로서의 성격이 줄어드는 것은 아니지만 점차 산업으로서의 성격을 더해 가고 있기 때문에, 미디어 구조의 주요 원칙들이나 역동성을 이해하기 위해서는 정치, 사회-문화적 분석뿐만 아니라 경제적 분석을 필요로 한다. 비록 미디어는 개인과 사회의 사회, 문화적 필요에 부응하여 성장했지만, 대부분 비즈니스 기업으로 운영된다. 이러한 경향은 최근 여러 가지 이유로 가속화되고 있는데, 특히 전체 정보 및 커뮤니케이션 부문의 산업적, 경제적 중요성이 증가한 것이 주된 이유이다. 이는 국가적 텔레커뮤니케이션 기업들의 민영화가 보편화되고 이 기업들의 활동이 국내 및 국제적으로 확장된 것과 연관된다. 그리고 이전 공산주의 국가들이 자유시장 경제로 전환한 것이 추가적 요인이다. 미디어가 공공기관(*public bodies*)으로 운영되던 국가에서조차 미디어가 점차 재정적 규율(*financial discipline*)에 묶이게 되고 경쟁적 환경에서 운영되고 있다.

매스 커뮤니케이션 이론에 관한 저서가 이러한 문제들을 꼼꼼히 다루는 공간은 아니지만 매스미디어의 사회, 문화적 함의들을 이해하려면 적어도 현재 미디어 제도를 형성하는 보다 넓은 정치적, 경제적 힘들에 대한 간단한 설명 정도는 필요하다. 미디어에 대한 공적 규제 및 통제, 그리고 미디어 경제가 이론의 영역에 속한 특정한 일반적 원칙들을 구현하고 있다. 따라서 이 장에서는 지엽적이고 일시적인 상황들에 대한 자세한 설명은 제외하고 이러한 일반적 원칙들을 설명하고자 한다.

미디어는 '다른 비즈니스와 똑같지 않다'

미디어 제도의 독특한 특징은 자신의 활동이 지속적으로 변하는 분배기술에 상당히 의존하고 있을 뿐만 아니라 경제적이면서 동시에 정치적이라는 점이다. 이러한 활동들은 사적(개인의 사적 만족을 위한 소비라는 점에서)이면서도 공적(사회 전체의 작동을 위해 필요하고, 공적 영역에 속한 것으로 간주된다는 점에서)이기도 한 상품과 서비스를 생산하는 것을 포함한다. 미디어의 공적 특성은 주로 민주주의에서 미디어의 정치적 기능에 연유하지만, 또한 정보, 문화 및 사상이 모두를 위한 집합적 자산(*collective property*)이라는 사실에도 기인한다. 그러나 공기나 햇빛과 같은 다른 공공재와 마찬가지로 매스미디어도 특정인의 미디어 이용이 다른 사람들에 대한 미디어 이용가능성을 줄이지는 않는다.

보다 구체적으로 말하면, 매스미디어는 역사적으로 발전하면서 공공의 삶에서 매우 중요한 역할을 하고 공적 영역 내에서 필수적 존재라는 이미지를 사람들에게 강하게 심어주었다. 이러한 이미지는 신문에 적용되었고 아직도 적용되지만, 신문 이후에 등장한 대부분의 새로운 미디어들에 대해서는 이러한 이미지가 서로 다르게 적용되고 있다. 미디어가 수행해야 할 역할의 범위에 대한 문제는 사회에서 매우 중요했고, 따라서 이러한 이미지는 미디어가 규범적으로 무엇을 해야 하고 하지 말아야 하는 가에 대한 복잡한 사상체계에 반영되었다(제7장, 8장 참조). 이 이미지는 또한 이른바 '공익'이라고 말하는 것을 위해 미디어를 촉진, 보호 혹은 제한하는 다양한 메커니즘에 반영되어 있다. 이러한 이미지에도 불구하고 미디어는 일반적으로 시장경제 명령에 따라 전적으로 혹은 부분적으로 작동해야만 한다. 이러한 측면에서, 미디어는 다른 사적 기업이 다양한 형태의 법적, 경제적 규제를 받는 것과 똑같은 이유로 정부의 관심대상이 된다.

미디어가 작동하는 다양한 국가적/사회적 상황과 분리될 수 있는 미디어 제도에 대한 합의된 객관적 기술은 당연히 없다. 미디어 제도를 기술하는 관점으로 '경제적/산업적' 관점(Tunstall, 1991)을 들 수 있는데, 이는 매체에 따라 맥락이 서로 다른 경제적 기업으로서 미디어가 지닌 다양한 특징들을 조망한다. 대안적 관점은 '정치경제학'(political-economic) 이론에서 제시된 것으로(제4장 참조), 이 관점은 자본주의에 대한 비판에서 유래된 개념들, 특히 집중과 상업화 과정과 관련한 개념들을 제공한다. 세 번째로 가능한 관점은 미디어 구조를 '공익적' 관점에 따라, 그리고 앞의 두 장에서 논의된 미디어 행위와 수행(성과)이라는 규범적 기준들의 관점에서 관찰하는 것이다. 네 번째 가능성은 미디어 제도를 '내적 혹은 미디어 전문직'의 관점에서 고찰하는 것이다. 이러한 각각의 관점은 이 장에서 이후에 필요에 따라 논의될 것이다.

　미디어는 세 가지 주요한 힘들 ―정치적, 경제적, 기술적― 의 중심에 위치하며, 힘의 종류에 따라 분석방법도 달라질 수 있다(〈그림 9. 1〉).

그림 9.1 미디어에 영향을 미치는 세 가지 주요 힘

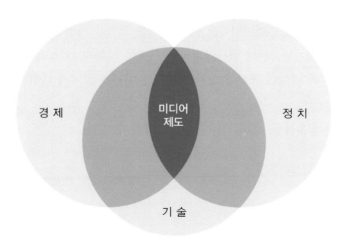

이론적 분석은 어떤 일반적 이슈나 문제가 먼저 확인되었을 때만 가능하다. 기술적 수준에서, 우리는 주로 '차이'(differences)의 문제에 대해 집중한다. 어떻게 미디어가 경제적, 정책적 측면에서 서로 다른가? 어떻게, 왜 미디어 경제와 규제가 일반적 비즈니스 및 공공 서비스와 다른가? 어떻게, 왜 국가적 미디어 제도가 구조와 통제에서 서로 다른가? 이러한 비교 측면은 미디어가 경제적 힘에 따라 반응하는 기업일 뿐만 아니라 국가를 기반으로 하는 뿌리 깊은 사회, 문화적 제도들이라는 점에서 중요하다.

미디어 산업의 현재 '역학', 특히 주로 새로운 기술과 경제적 기회에 기반한 미디어 확장, 다양화, 수렴의 경향들과 관련된 이론 또한 있다. 미디어 활동의 집중, 통합, 국제화에 대한 경향들이 있다. 여기서 세 가지 주요 물음이 제기된다. 첫째, 미디어 집중이 초래할 결과는 무엇이며 이러한 경향들이 공익을 위해 관리될 수 있는가? 둘째, 미디어 국제화가 미디어와 사회에 가져다주는 결과는 무엇인가? 셋째, 기술이 추동하는 미디어 변화는 어느 정도이며 경제나 정치가 추동하는 미디어 변화는 어느 정도인가?

이러한 배경과 반대로, 미디어 정책과 규제는 특별히 탈규제(그리고 사유화)와 일부 중요한 재규제(re-regulation)에서 나타나듯 반대경향을 보인다고 말할 수 있다. 예를 들면, 방송시장이 지상파 TV에서 다채널 케이블과 위성으로 전환되면서 비록 내용에 대한 규제는 느슨해지더라도 새로운 기본 규칙을 제정할 필요성이 대두되었다. 텔레커뮤니케이션, 특히 이동전화와 인터넷에 의한 미디어 기반 커뮤니케이션의 팽창은 이전에 없었던 규제에 대한 압력뿐만 아니라 규제에 대한 새로운 이슈를 제기했다.

이론을 위한 질문들을 〈표 9. 1〉과 같이 요약할 수 있다.

미디어 구조의 기본과 분석 수준

경제적으로 발전된 미디어 시스템의 주요한 특징들에 대한 고찰로 논의를 시작할 수 있다. '미디어 시스템'이라는 용어는 개별 미디어 요소간의 형식적 관계를 명확하게 알 수는 없지만, 특정 국가에서의 일련의 실질적 매스미디어 집합을 말한다. 이러한 의미에서 대부분의 미디어 시스템은 새로운 테크놀로지가 연속적으로 개발되고, 그에 따라 기존 미디어가 적응해나가면서 나타나는 우연한 역사적 발전의 결과이다. 미디어 시스템은 때로는 미국의 자유기업 미디어나 중국의 국가운영 미디어와 같은 공유된 정치경제학적 논리로 묶인다. 많은 국가들은 사적 요소와 공적 요소들을 갖춘 '혼합된' 시스템을 가지고 있고, 이 시스템들은 국가의 미디어정책 원칙들에 따라 조직되어 있다. 때때로 정부 내에 서로 다른 공적, 사적 미디어 모두에 걸쳐 책임이 있는 커뮤니케이션 규제를 담당하는 단일기관이 있을 수 있고, 이러한 기관의 존재 또한 미디어 시스템의 구성요소가 될 수 있다(Robillard, 1995). 수용자나 광고주들을 미디어를 하나의 일관된 시스템으로 간주할 수도 있기 때문에 '미디어'라는 용어는 이러한 집합적 의미로 사용된다.

미디어 시스템에는 신문, 텔레비전, 라디오, 음반, 인터넷, 텔레커뮤니케이션 등 서로 다른 구체적인 미디어 유형들이 있다. 이것들은 또한 특히 정책담론이나 경제적 분석을 위해 미디어 '부문들'(sectors)로 묘사될 수도 있다. 사실상, 이러한 '부문들'의 합은 전체 시스템의 합처럼 그 실체가 모호할 수 있다. (특히 분리 혹은 공

표 9.2

미디어 구조와 분석 수준
- 국제적 미디어
- 미디어 시스템 (국가 내 모든 미디어)
- 멀티미디어 기업 (다양한 미디어에 주요 소유권을 지님)
- 미디어 부문 (신문, 책, 텔레비전, 영화, 음악 등)
- 발행 / 분배지역 (국가, 지역, 시, 지방)
- 단위 미디어 채널 (특정 신문, 텔레비전 방송국 등)
- 단위 미디어 생산물 (책, 영화, 노래 등)

유된 분배 시스템을 관통하는) 통합적이고 차별적인 요인들이 많이 있다. 예를 들면, 영화매체는 시네마, 비디오, DVD 사용료나 판매, 지상파나 유료 텔레비전 등을 지칭할 수도 있다. 보통 수직적 통합 형태가 있을 수 있지만 이러한 것들은 다른 분배수단이자, 다른 사업이나 조직들이기도 하다. 또 다른 분석단위가 있는데, 부문의 중요한 한 부분을 구성하거나 아니면 미디어 유형이나 지리의 경계를 초월하는 소유권을 가지는 회사나 기업의 단위 (멀티미디어, 때로는 다국적 기업) 가 그것이다. 일부 미디어 생산품은 분석 목적상 매체나 부문과는 독립적인 개별 단위로 간주될 수 있다. 미디어 시스템 구성요소들은 〈표 9. 2〉에 제시되어 있다.

3 미디어 구조의 몇 가지 경제적 원칙들

서로 다른 미디어 시장과 소득원

피카드(Picard, 1989) 에 따르면, '시장은 동일한 상품이나 서비스, 혹은 비슷하게 대체할 만한 상품이나 서비스들을 동일한 소비자 집단에게 공급하는 판매자들로 구성된다'. 일반적으로, 시장은 장소, 사람, 수익유형, 상품이나 서비스의 성질에 따라 정의될 수 있다. 미디어 비즈니스에서 보다 근본적인 경제적 구분은 미디어 생산품과 서비스에 대한 '소비자 시장'과 서비스가 수용자에 대한 접근의 형태로 광고주에게 팔리는 '광고시장'의 구분이다. 미디어 경제의 이러한 특징, 즉 서로 다른 두 가지 수익원에 의존한다는 것은 상당한 의미를 지닌다. 소비자 시장 내에서 또 다른 구분은 소비자들에게 직접 팔리는 책, 테이프, 비디오, 신문과 같은 '1회 *270

성'(one-off) 상품에 대한 시장과 케이블, 방송 TV, 온라인 미디어와 같은 연속적 (continuous) 미디어 서비스에 대한 시장이다. 사실 이러한 두 가지 차원 이외에도 다른 소득원들이 있다. 다른 소득원에는 공공자금, 개인후원뿐만 아니라 스폰서, 간접광고, 홍보 등이 포함된다.

광고 대 소비자 수익 : 함의들

두 가지 주요 수익원, 즉 직접상품 판매와 광고의 차이는 비교분석 및 미디어 특징과 경향을 설명하기 위한 중요한 수단이다. 일부 미디어(특히 '1회성' 미디어)는 광고에 다소 적절하지 않은 반면 다른 미디어(텔레비전, 라디오, 신문, 잡지 및 인터넷)는 두 가지 시장에서 똑같이 작동할 수 있다. 그럼에도 불구하고 미디어 유형들간의 차이를 초월하는 구분이 있다. 소비자 수익이 전혀 없이 광고수익에만 의존하는 미디어도 있다. 예를 들면, 무료신문, 판촉잡지, 상당수의 텔레비전 등이 그것이다.

이러한 차이는 경제적, 비경제적 의미를 모두 지닌다. 비경제적 관점에서 보자면, 일반적으로 수익원으로서 광고에 대한 의존이 높으면 높을수록 광고주나 기업체 일반의 이익으로부터 내용의 독립성이 약해지는 것으로 알려져 있다(이러한 주장은 비판적 혹은 공익 및 전문직의 관점에서 주로 제기된다). 피카드(Picard, 2004)는 미국 신문산업은 수익의 80% 이상을 광고에서 충당하고, 그 광고가 평균적으로 내용의 60%를 차지한다고 언급했다. 이것이 독립성을 필연적으로 낮추는 것은 아니지만 내용에서 정보원의 신뢰성과 창조적 자율성을 낮추는 효과를 낳는 경향이 있다. 광고에 100% 의존하는 미디어는 미디어의 명시적 내용이 광고, 선전 혹은 홍보인지 구분이 어려울 때도 있다. 미디어 조직에 대한 광고주의 영향력에 대한 질문은 제 11장에서 다시 언급할 것이다. 젊은 층, 고소득 집단에 대한 호의적인 편향, 정파적 미디어보다는 중립적 미디어에 대한 선호와 같은 일반적 성질의 영향력은 분명히 있다(Tunstall & Machin, 1999).

경제적 관점에서 볼 때, 미디어가 활동하는 시장에 따라 고려해야 할 문제가 서로 다르다. 하나는 자금조달(financing) 문제인데, 광고로 운영되는 미디어 비용은 보통 미디어 상품생산 이전에 충당되는 반면 소비자 시장에서 소득은 경비지출 이후에 수반된다. 두 번째로, 시장수행(성과)을 평가하는 기준과 방법이 다르다. 광고에 기반한 미디어는 특정 메시지가 전달되는 소비자의 수와 유형(누구이며, 어디에 사느냐)에 따라 평가된다(예를 들면, 발행부수, 독자유형, 도달률 및 시청률). 이러한 척도들은 잠재적 광고주를 끌어들이고 광고요금을 정하는 데 필수적이다. 소비자들이 직접 돈을 내고 구매하는 미디어의 경우 내용의 시장평가는 판매와 서비스에 대한 구독으로부터 벌어들이는 수입으로 평가된다. (질적) 만족이나 인기에 대한 평가는 두 시장 모두와 관련될 수 있지만 소비자 수입시장에서 상대적으로 더 중요하다.

　미디어가 두 시장에서 모두 활동할 경우 한 시장에서의 수행이 다른 시장에서의 수행에 영향을 미칠 수 있다. 예를 들면, 신문판매가 증가하면(보다 많은 소비자 수입을 낳게 되는데) 단위 광고요금에 부정적 영향을 미치는 요인인 사회경제적 지위가 낮은 독자층을 끌어들이지 않는 한 광고요금이 높아진다. 수익기반 차이에 따라 더 넓은 차원에서 국가의 경제적 상황변화에 대한 기회 혹은 취약성 정도도 다르다. 광고에 과도하게 의존하는 미디어는 개인 소비자들에게 메시지 상품(보통 비용이 저렴한 상품인데)을 직접 판매하는 미디어보다 일반적으로 경기하락에 부정적 영향을 더 많이 받는다. 소비자 수입에 의존하는 미디어는 수요가 줄어들었을 경우 비용을 줄일 수 있는 여지가 더 많이 있다(하지만 이것도 생산의 비용구조에 따라 다르다).

미디어 시장 도달범위와 다양성

두 가지 수익시장 간의 차이는 미디어 시장의 다른 특성들과 상호작용한다. 앞에서 언급한 대로, 미디어 수용자(그리고 광고주에게 팔린)의 사회적 특징은 구매력과 광고되는 상품유형의 차이 때문에 중요하다. 광고에 의존하는 매스미디어는 미디어 취향과 소비패턴의 집중을 옹호하기 마련이다(낮은 다양성). 왜냐하면 대량 생산품을 위한 대규모 시장이 아니라면 동질적 수용자는 이질적 수용자나 분산된 시장보다 종종 광고주들에게 비용효율을 높이기 때문이다. 이것은 상대적으로 동질성이 높은 특정지역을 완전히 커버하는 무료신문이 경쟁력이 있는 이유 중 하나이다

(Bakker, 2002). 그러나 때에 따라서 하나의 매체가 규모는 작지만 이윤이 남는 적소시장(*niche markets*)을 정확하게 겨냥할 경우에는 다양성이 중요할 수 있다. 인터넷이나 다른 전문(비대중적) 채널의 잠재력들 중의 하나가 바로 여기에 있다.

이러한 요인은 '유료내용'(*paid content*)의 경우에는 돈이 지불되는 한 누구의 돈이냐는 것은 중요하지 않기 때문에 그다지 중요하지 않다. 한편, 유료내용조차도 시장에 공급되고 분배되어야만 하는데 이것은 입지(*location*), 의도된 수용자, 그리고 시장의 사회적 특성의 문제를 제기한다. 광고 의존 미디어의 성공은 또한 지리적 입지와 수용자의 상대적 분산에 달려있을 수 있다. 지역 사업체와 같은 일부 광고주들에게는 자신들의 잠재적 고객들에게 가능한 한 많이 도달하는 것이 중요하다. 분산된 독자들을 확보한 신문이 종종 지역에 집중된 독자를 가진 신문보다 재정적으로 위험에 빠지는 경우가 많다. 그 이유는 부분적으로 높은 배급비용 때문이기도 하지만 특정 소비자 시장, 특히 이른바 관련 '소매업 지역'을 커버하는 상대적 능력 때문이기도 하다. 일반적으로 미디어 집중(개념 정의상, 경쟁하는 신문이나 다른 미디어가 많으면 많을수록 자신의 개별적인 독자층은 분산될 가능성이 많은데)은 상당한 혜택이 주어진다.

수익경쟁

수익경쟁과 관련하여, '단일 수익원에 대한 경쟁은 모방적 획일성을 낳는다'는 것이 보다 일반화된 주장이다(Tunstall, 1991). 턴스탈(Tunstall)은 이것이 대중 '소비자' 광고에 거의 대부분의 재원을 의존하는 북미 네트워크 텔레비전이 만들어내는 '저급취향' 품질(혹은 '모방적 획일성')의 원인이라고 주장한다(DeFleur & Ball-Rokeach, 1989). 동일한 원인이 동일한 대중(저급)시장을 두고 경쟁하는 영국 타블로이드 신문의 저급한 기준에도 적용된다. 턴스탈은 또한 이러한 종류의 대규모의 획일적 시장은 광고주의 권력(예를 들면, 광고철회의 위협이나 단순압력에 의한)을 극대화시킨다고 주장한다. 유럽 텔레비전의 공공부문이 가져다주는 확실한 혜택 중 하나는 모든 방송이 동일한 수익원에 대해 경쟁하는 상황을 피하게 해준다는 점이다(예를 들면, Peacock, 1986). 그러나 광고 그 자체가 점차 다양화되고 이것이 다양한 범위의

미디어 콘텐츠를 유도하는 뒷받침이 된다는 주장도 있다. 동일한 광고수익을 두고 다른 미디어가 경쟁하면 다양성이 촉진될 수 있다. 경쟁의 정도와 종류가 중요한 수정변수이다. 광고에 대한 이러한 의존이 반드시 콘텐츠 제공의 획일성을 낳는 것은 아니다.

21세기 초반에 이러한 부분에서 제기되는 가장 큰 질문은 광고가 인터넷에 미칠 가능성에 대한 것이다. 전체 광고 지출액의 상대적인 몫이 여전히 작고 그 가치도 입증되지는 않았지만, 광고를 위한 이러한 새로운 매체에 대한 이용이 급속하게 성장하고 있다. 그럼에도 불구하고 일부 학자들은 인터넷이 기존 매체, 특히 인터넷과 같은 뉴미디어에 적합한 것으로 보이는 광고유형 — 특히 항목별(classified), 개인, 부동산, 전문, 구인광고 등 — 에 의존하는 신문에 막대한 영향을 미칠 것으로 예측하고 있다. 신문의 미래에 대한 이러한 위협은 아마 경쟁하는 전파매체의 수용자 감소보다 훨씬 더 빨리 다가올 수도 있다.

미디어 비용구조

미디어 비용구조는 미디어의 경제적 자산에 있어서 하나의 중요한 변수라는 점은 이미 언급된 바 있다. 다른 경제적 기업들과 비교되는 매스미디어의 특수성 중 하나가 생산의 '고정비용'과 '가변비용' 간의 잠재적 불균형이다. '고정비용'이란 토지, 공장, 장비, 분배 네트워크 등 생산량의 변동여하에 관계없이 불변적으로 지출되는 비용을 말한다. '가변비용'이란 재료, 소프트웨어, (때로는) 노동 등 생산량의 변화와 함께 변하는 비용을 말한다. 고정비용 대 가변비용의 비율이 높아질수록 사업은 변화하는 시장환경에 보다 취약해지는데, 전통적인 매스미디어는 전형적으로 상당한 자본을 투자하고 이를 판매와 광고수입을 통해 나중에 회수하는 형태의 고비율 구조를 지녔다.

일반적인 미디어 생산품의 속성 중 하나가 '초판'(first-copy) 비용이 높다는 점이다. 일간신문이나 영화의 초기 판은 고정경비의 모든 부담을 안고 있는 반면, 추가 복사본들에 대한 한계비용은 급격하게 감소한다. 이 때문에 신문과 같은 전통적 미디어는 수요와 광고수익의 변동에 취약하고, 규모의 경제에 무게를 두어, 합병에 대한 압력에 직면한다. 또한 어떤 경우는 분배를 위한 고정비용이 높기 때문에(예를 들면, 영화, 케이블 네트워크, 위성 및 송신기), 생산과 분배의 분리 압력 또한 받게 된다. 높은 고정비용은 또한 미디어 사업에 처음 뛰어들려는 사업체들에게는 높은 장벽으로 작용한다. 신문의 경제적 취약성 때문에 권위주의적 정권 아래에서 정부는 손쉽게 공급 혹은 분배비용에 대한 간섭을 통해 신문을 위협할 수 있었다.

이 문제와 관련하여 새로운 미디어는 기존 미디어에 대한 새로운 불확실성을 열어놓는다. 일반적으로 뉴미디어의 고정비용은 전통적 미디어보다 훨씬 적게 들고, 진입비용도 낮아 시장진입이 매우 용이한 것처럼 보인다. 그럼에도 불구하고, 콘텐츠 비용은 높고, 새로운 채널들은 채널을 채울 콘텐츠를 이미 가지고 있는 기존 미디어 회사에게 여전히 많은 이점을 제공한다.

소유와 통제

소유권과 소유권의 권력이 어떻게 행사되느냐의 문제는 미디어 구조를 이해하는 데 매우 중요하다. 소유권이 궁극적으로 미디어의 속성을 결정한다는 믿음은 맑시스트 이론일 뿐만 아니라 사실상 알철(Altschull, 1984)이 말하는 '저널리즘의 두 번째 법칙'에서 요약된 상식적 이치이다 — '미디어 콘텐츠는 항상 미디어에 자금을 조달하는 사람들의 이익을 반영한다'. 미디어마다 소유권의 형태가 상당히 다르고, 소유권의 권력도 다르게 행사될 수 있다.

알철의 비평이 암시하는 바대로, 중요한 것은 단순히 소유권 문제가 아니라 '누가 실제로 미디어 생산품에 돈을 지불하느냐' 라는 보다 광범위한 문제이다. 소유주가 내용에 영향을 미치는 특권을 행사하기 위해 개인적으로 돈을 지불하는 미디어도 있지만, 대부분의 소유주는 단지 이윤을 원할 뿐이고 대부분의 미디어는 다른 곳으로부터 재정지원을 받는다. 이러한 재정원에는 광범위한 개인 투자자들(이들 중에는 다른 미디어 회사들도 포함된다), 광고주, 소비자, 다양한 공적 혹은 사적 보조금 제공자 및 정부 등이 포함된다. 따라서 소유의 문제는 미디어에 대해 간접적이고 복합적으로 영향력을 행사하지 유일하게 독점적으로 행사하지는 않는다.

대부분의 미디어는 상업적 회사, 사적인 비영리단체, 공공부문의 세 가지 범주의 소유권들 중 하나에 속한다. 그러나 이러한 세 가지 각각의 범주 내에서도 중요한 구분이 있다. 미디어 소유권과 관련하여 회사가 공영이냐 민영이냐, 규모가 큰 미디어 체인이냐, 복합기업이냐, 소규모 독립기업이냐의 여부가 관련된다. 또한 미디어 기업이 편집정책에서 사적 이익을 도모하기를 원하는 것으로 간주되는, 이른바 말하는 '미디어 재벌', '거물'에 의해 소유되느냐의 여부도 중요하다(Tunstall & Palmer, 1991). 비영리단체는 운영의 독립성을 보장하는 중립적 기업이거나 정당, 교회 등과 같은 특별한 문화적, 사회적 임무를 지닌 단체들일 수 있다. 공적 소유는 또한 국가의 직접경영에서 내용에 대한 의사결정과정의 독립성을 최대한 보장하기 위해 정교하게, 그리고 다양한 계층의 대표들로 구성된 조직에 이르기까지 매우 다양한 형태를 띨 수 있다.

소유권의 효과

매스컴 이론에서 항상 가장 중요한 것이 출판에 대한 궁극적 결정권이다. 자유주의 이론은 소유권이 편집권에 대한 통제와 효과적으로 분리될 수 있다는 가정에 기반한다. 보다 큰 차원의 자원할당과 사업전략과 같은 것들은 소유주나 이사회가 결정을 내리는 반면, 편집진이나 다른 의사결정자들은 자유롭게 자신의 전문분야인 콘텐츠에 대해 전문적 결정을 내릴 수 있다는 것이다. 특정 상황이나 국가에서는 편집 정책권이나 저널리스트의 자유를 보장하기 위한 제도적인 매개장치들(예를 들면, 편집법규)을 가지고 있다. 그렇지 않은 경우에는 전문직주의, 행동규약, 공적 명성(미디어는 항상 공중에 노출되기 때문에), (사업)상식이 소유주의 부적절한 영향과 같은 문제들을 해결하는 것으로 가정된다(이 문제는 제 11장에서 논의된다).

그러나 견제와 균형이 있다고 하더라도 미디어 운영상의 다양한 실질적 사실들을 간과할 수는 없다. 그 중 하나가 궁극적으로 상업적 미디어는 살아남기 위해 이윤을 남겨야 하고 이것이 종종 콘텐츠에 직접적으로 영향을 미치는 의사결정(예를 들면, 경비절감, 폐업, 직원감축, 투자여부, 업무합병 등)을 하도록 만든다는 것이다. 공적 소유 미디어 또한 비슷한 경제적 논리를 비켜 갈 수는 없다. 그 다음으로 대부분의 사적 소유 미디어는 자본주의 시스템에서 기득권이 있고 자신의 기득권을 지지해줄 방어자, 즉 보수적 정치정당을 지지하는 경향이 있는 것도 사실이다. 미국 신문사설에서 몇 년에 걸쳐 공화당 대통령 후보를 압도적으로 지지하는 것(Gaziano, 1989), 그리고 일부 유럽국가에서 비슷한 현상이 나타나는 것도 우연한 결과는 아니다.

분명히 드러나지는 않지만 비슷한 경향이 다양한 방식으로 나타나는데 광고주의 압력이 특히 그러하다. 공적 소유권은 이러한 특별한 압력들을 떨쳐버리거나 이에 대해 균형을 잡는 것으로 간주된다(물론 이것도 특정한 편집방향을 따르는 것을 의미한다고 할 수 있겠지만). 자유주의 이론은 일반적으로 이러한 문제에 대한 최상 혹은 유일한 해결책은 사적 소유권의 중복성 혹은 다양성에 있다고 주장한다. 이상적인 상황은 많은 중소규모의 미디어 업체들이 다양한 범위의 사상, 정보 혹은 문화유형들을 제공함으로써 서로서로 공중의 이익을 위해 경쟁하는 상황이다. 소유권과 함께 따르는 권력이 본질적으로 나쁜 것으로 간주되지는 않지만 집중되거나 선별적으로 사용되어 접근을 제한하거나 거부하는 경우에 그러한 것으로 간주된다. 이러한 입장은 규모와 이윤

표 9.4

미디어 소유권과 통제
- 소유권의 주요 형태들: 상업적 회사, 비영리 단체, 공적 통제
- 언론의 자유는 소유자가 콘텐츠에 대해 결정할 권리들을 지지한다.
- 소유권의 형태는 콘텐츠에 영향을 미친다.
- 소유권의 중복(다양)성과 자유경쟁이 최선책이다.
- 바람직하지 않은 소유자의 영향력을 제한하는 시스템에는 견제와 균형이 있다.

의 시장적 기준과 품질과 영향력의 사회문화적 기준 사이에 존재하는 근본적인 긴장관계를 과소평가하는 경향이 있다. 이러한 긴장은 쉽게 조정될 수 없을지도 모른다. 집중의 문제가 이론적 논쟁의 중심에 있다.

5 경쟁과 집중

미디어 구조이론에서 획일성과 다양성에 대한 문제에 많은 관심이 집중되어 왔다. '공익'과 관련한 대부분의 사회이론은 다양성에 가치를 부여한다. 또한 독점 대 경쟁이라는 관련된 경제적 차원도 있다. 자유로운 경쟁은 다양성과 미디어 구조의 변화를 유도한다. 하지만 비판가들은 자유로운 경쟁이 (사회적, 경제적 토대에 바람직하지 않은) 독점 혹은 적어도 과점을 유도하는 정반대의 효과를 낳는다고 주장하기도 한다(Lacy & Martin, 2004). 미디어 경제와 관련하여 ① 매체간(intermedia) 경쟁, ② 매체내(intramedium) 경쟁, ③ 회사간(interfirm) 경쟁이라는 세 가지 주요 측면들이 있다. 매체간 경쟁은 주로 (텔레비전이나 신문의 뉴스를 인터넷 뉴스가 대체할 수 있는 것과 같이) 상품이 서로 대체될 수 있는가의 여부와 광고가 하나의 매체에서 다른 매체로 대체될 수 있는가의 여부에 달려있다. 두 개 모두의 대체가 가능하기는 하지만 일정 지점까지만 발생한다. 특정 미디어가 강점을 지닐 수 있는 어떤 '적소'(niche)는 항상 있다(Dimmick & Rothenbuhler, 1984). 모든 미디어는 또한 메시지 유형, 타이밍(timing), 수용자 유형, 수용맥락 등에서 광고주에게 자신만의 강점을 가지고 있는 것으로 보인다(Picard, 1989).

수평적 대 수직적 통합

일반적으로 '같은' 매체부문 내의 매체 단위들이 '매체간' 단위들보다 더 쉽게 대체 가능하기 때문에 관심의 초점이 종종 (지리학적 혹은 다르게 규정된 같은 시장 내에서 다른 신문에 의한 대체와 같은) 매체내 경쟁에 주어진다. 매체내 경쟁의 경우 대체로 ＊278

매체부문 내에서 집중이 일어나는 경향이 있다(이것은 미디어 교차독점을 제한하는 공공정책의 부분적 결과일지도 모른다). 일반적으로, 미디어 집중은 그것이 '수평적'이냐 '수직적'이냐에 따라 구분된다. 수직적 통합은 소유권이 생산과 분배의 서로 다른 단계에 걸쳐있거나(예를 들면, 영화제작 스튜디오가 시네마 체인을 소유한 경우) 아니면 지리적으로 확장되는(말하자면 전국신문이 도시나 지방신문들을 사들이는 경우) 패턴을 지칭한다.

수평적 통합은 같은 시장 내에서의 합병을 지칭한다(예를 들면, 두 개의 경쟁적 도시 혹은 전국 신문조직의 합병이나 전화회사와 케이블 네트워크의 합병 등). 이 두 과정 모두가, 지속적인 미디어간 선택과 뉴미디어의 성장으로 인해 비록 효과가 조절되기는 하지만, 상당히 많은 국가들에서 대규모로 일어난다. 다양성은 '미디어 교차소유'(특별히 같은 지리적 시장 내에서 하나의 회사가 다른 미디어를 소유하고 경영하는 것)를 금지하는 공공정책에 의해 보호를 받는다. 미디어는 또한 서로 다른 산업들에 있는 회사들의 합병을 통해 수평적 통합에 관여할 수 있다. 즉, 신문이나 텔레비전 채널을 미디어와 관련이 없는 산업체가 소유할 수 있다(Murdock, 1990). 이것은 미디어 다양성을 직접적으로 줄이는 것은 아니지만 매스미디어 권력을 증가시킬 수 있고 광고에 대한 광범위한 함의를 가질 수 있다.

집중효과의 다른 유형들

집중유형과 관련한 또 다른 구분은(de Ridder, 1984) 그것이 일어나는 수준(level)과 관련된다. 드 리더는 발행자/관심(소유권), 편집, 수용자 수준을 구분한다. 소유권 수준은 (미국이나 캐나다에서처럼 개별 신문사들의 대규모 체인의 성장과 같은) 소유자의 권력증대나 (탈규제 이후 이탈리아에서처럼) 텔레비전 독립방송국의 권력증대를 지칭한다. 이러한 미디어 기업을 구성하는 단위들은 비록 사업과 조직의 합리화가 특정 서비스의 공유를 유도하거나 이들 사이의 차이를 줄일지는 몰라도 (내용결정과 관련되는 한) 편집적으로는 독립적일 수 있다. 어쨌든 독립적인 제호의 수로 측정할 수 있는 편집상의 집중이 발행자 집중과 일치하여 증가하거나 감소하느냐의 여부는 또 다른 문제이다. 편집상의 독립의 정도는 평가하기 어려운 경우가 더러 있다.

세 번째 이슈, 즉 수용자 집중의 수준은 수용자 시장점유의 집중을 지칭하는데 이것 또한 분리해서 평가될 필요가 있다. 상대적으로 소규모의 소유권 변화는 (출판 집단에 의해 통제되는 비율과 관련하여) 수용자 집중을 상당히 증가시킬 수 있다. 만약 대부분의 수용자가 한두 신문사에 집중되거나 한두 회사의 서비스를 받을 경우, 다수의 독립적인 신문사(제호)들이 본질적으로 미디어 권력을 제한하거나 실질적 선택을 보장하지 않는다. 이러한 경우에, 시스템의 조건이 그다지 다양하지 않다. 집중에 대하여 우려하는 이유가 이러한 두 가지 사항들과 관련된다.

집중의 정도

미디어 집중의 정도는 보통 가장 큰 회사가 생산, 고용, 분배, 수용자를 통제하는 정도에 의해 측정된다. 비록 그 정도가 바람직하지 않다고 말할 수 있는 상한이 있는 것은 아니지만, 피카드(Picard, 1989)에 따르면 어림잡아 받아들일 수 있는 한계는 한 사업 내에서 상위 4개 회사가 50% 이상을 통제하거나 8개 회사가 70% 이상을 통제하는 경우이다. 미국의 일간지, 영국, 일본, 프랑스의 전국 일간지, 이탈리아의 텔레비전, 국제 레코드 산업 등 이러한 한계를 초과하거나 한계에 근접하는 경우가 다소 있다.

집중의 상황은 그 정도에 따라 완전경쟁에서 완전독점에 이르기까지 다양하다. 이러한 연속선상에서 미디어마다 차지하는 위치가 다르고 그 이유도 다양하다. 완전경쟁은 매우 드물지만 상대적으로 높은 수준의 집중이 많은 국가에서 서적과 잡지출판 산업에서 나타난다. 텔레비전과 전국 신문은 일반적으로 과점적 시장이지 실질적인 독점은 지금 거의 없다. 케이블이나 통신의 경우처럼 한때 '자연스러운' 독점의 이례적 경우가 나타난 바 있다. '자연스러운' 독점은 단일 공급자가 있음으로 해서 소비자들이 비용과 효율성에서 최상의 서비스를 받는 경우이다(일반적으로 이러한 경우 소비자를 보호하기 위한 조치가 수반된다). 이러한 독점의 대부분은 통신의 민영화와 탈규제 물결 속에서 폐지되었다.

미디어 집중과 활동의 통합이 증가하는 이유는 다른 산업에서 이러한 경향이 일어나는 이유와 동일한데, 주로 규모의 경제와 시장지배력 확대에 대한 모색이 대부분이다. 미디어의 경우 이것은 생산보다는 분배에서 대규모 이익이 발생하기 때문에 수직적으로 통합된 경영의 이점과 관련 있다. 미디어 회사가 전통적인 텔레비전 채널과 일간신문에 의해 제공되는 그러한 종류의 안정적인 자금흐름을 가진 미디어를 인수하는 인센티브 또한 있다(Tunstall, 1991). 소프트웨어 생산과 분배의 통제는 양질의 소프트웨어 공급에 승패가 달려있어서 (레코딩 형태와 같이) 상품 쇄신에 대규모 투자할 필요가 있는 전자 미디어 회사의 경우 매우 도움이 될 수 있다.

또한 서비스를 공유하고 다른 분배 시스템과 다른 시장을 연결할 수 있는 것에 따른 이점이 증가하고 있다. 이것은 일반적으로 '시너지'(synergy)로 알려져 있다. 머독(Murdock, 1990)이 언급한 대로 "시너지를 둘러싸고 형성된 문화적 시스템에서 많음(more)은 다름(different)을 의미하지 않는다. 그것은 서로 다른 시장에서, 그리고 다양한 패키지에서 나타나는 동일한 기본 상품이다". 이러한 종류의 환경에서 생존하는 유일한 방법은 성장에 의한 것이기 때문에 집중의 상승적 소용돌이(upward spiral)가 지속적으로 적용된다. 1993년 이후의 단일 유럽시장(Single European Market) 통일이 이러한 소용돌이 효과에 일정한 역할을 하고 있다. 종종 단일국가 내에서의 성장에 대한 국가적 제재(반독점, 미디어 교차소유 규제 때문에)는 다국적(cross-national) 독점의 형성을 촉발시켰다(Tunstall, 1991). 1994년 관세 및 무역에 관한 일반협정(GATT)을 이행하기 위한 세계무역기구(World Trade Organization, WTO)의 결성으로 미디어 다국적화에 새로운 국면이 도래했다. 미디어는 주로 일반기업(businesses)으로 규정되어 지금은 국내 미디어에 대한 공적 개입을 정당화하기가 매우 어려워졌다(Pauwels & Loisen, 2003).

새로운 정책적 이슈들

국내·외에서 미디어 집중이 심화되는 경향은 세 가지 주요 정책적 이슈들을 야기한다. 가격, 상품, 경쟁자들의 위치에 관련된 이슈가 그것이다. 독점이 많으면 많을수록 상품 제공자가 가격을 정할 수 있는 권한이 강해지기 때문에 가격이슈는 소비자 보호와 관련이 있다. 상품관련 이슈는 독점공급 미디어 서비스의 내용과 관련이 있는데, 특히 소비자와 내용을 공급하고자 하는 자 모두에게 적절한 품질과 선택의 문제와 관련이 있다. 세 번째 경쟁자들과 관련한 이슈는 규모의 경제, 고밀도의 도달범위를 가진 광고시장의 이점, 자금력을 이용하여 '파괴적 경쟁'에 뛰어드는 것 등의 결과로 경쟁자들이 내몰리는 것을 말한다.

이러한 모든 이유로 집중의 결과(좋든 나쁘든), 특히 집중이 가장 많이 일어난 신문부문에 대한 많은 연구가 있었다(Picard et al., 1988 참조). 연구결과는 집중현상이 보통 역동적인 시장상황의 한 측면에 불과하다는 복합성 때문에 대체로 뚜렷한 결론을 제시하지 못하고 있다. 대부분의 관심은 ① 지역뉴스와 정보의 적절성, ② 미디어의 정치적 기능과 의견형성 기능의 수행, ③ 서로 다른 목소리에 대한 접근의 정도, ④ 선택과 다양성의 정도 및 종류 등과 같은 잣대로 한 내용상의 결과에 초점이 맞춰졌다(McQuail, 1992). 개념 정의상 미디어 집중은 항상 특정 측면에서 선택을 줄이는 것이지만, 독점의 혜택들이 보다 나은 미디어의 형태로 소비자나 공동체에 돌아갈 수도 있다(Lacy and Martin, 2004). 혜택은 또한 주주들에게도 돌아갈 수 있다(McManus, 1994; Squires, 1992).

표 9.5   집중과 경쟁
- 집중은 세 가지 수준에서 나타난다 — ① 매체 간, ② (동일부문 내) 매체 내, ③ 회사 간.
- 집중은 수평적 혹은 수직적이다.
- 집중은 조직 내에서 세 가지 수준에서 관찰될 수 있다 — 발행인/소유주, 편집, 수용자.
- 집중의 정도는 시장가치 점유, 수용자 점유, 채널 점유의 측면에서 측정 될 수 있다.
- 미디어 집중은 독점과 완전 독점 사이의 어떤 지점에 위치한다.
- 집중은 3~4개의 회사들이 시장의 50% 이상을 지배할 때 과도한 것으로 간주된다.
- 집중은 과도한 경쟁, 시너지에 대한 모색, 높은 이윤에 의해 야기된다.
- 특정 종류의 집중이나 집중의 정도는 소비자들에게 혜택을 줄 수 있다.
- 과도한 집중의 바람직하지 않은 효과들에는 다양성의 상실, 높은 가격, 미디어에 대한 접근 제한 등이 있다.
- 집중은 규제와 신규 시장 진입자들의 독려 등을 통해 막을 수 있다.

미디어 경제의 특징들

미디어 구조와 역동성의 주요한 경제적 원칙들에 대한 설명은 다른 종류의 산업과 구분되는 미디어 경제에 대한 몇 가지 전형적 특징들을 지적함으로써 결론을 맺을 수 있다.

첫째, 미디어는 전형적으로 특징상 '혼성'(hybrid) 혹은 혼합이라고 말할 수 있다. 종종 미디어는 상품을 소비자에게 팔고 서비스를 광고주에게 파는 이중시장에서 작동한다. 미디어는 팔리는 상품의 유형, 테크놀로지의 범위, 분배를 위한 조직적 수단 측면에서 볼 때 매우 다양화되어 있다.

둘째, 미디어 비용구조는 매우 노동집약적이고 고정비용이 높은 것이 특징이다 (물론 이러한 두 가지 종속성은 테크놀로지의 변화와 미디어 확장의 결과로 줄어들고 있다).

미디어의 세 번째 특징은 상품이 불확실성이 높고 또한 상품이 유일무이하다는 점이다. 불확실성은 소비자 평가(수없이 많은 시도에도 불구하고 음악, 영화, 책에 대한 수용자의 취향을 예측하기란 여전히 어렵다)를 의미한다.

네 번째로, 표준화에도 불구하고 많은 미디어 상품들은 끊임없이 매일매일의 기반 위에 차별화될 수 있고 또 되어야만 하며, 똑같은 형태로 반복적으로 팔릴 수 없다.

다섯 번째, 미디어는 특히 집중으로 쉽게 향하는 경향이 있는데, 이는 아마도 광고시장의 독점적 통제의 이점이 너무나도 분명하기 때문이며, 또한 미디어 '거물'의 권력과 사회적 지위가 매력적이기 때문일 것이다.

여섯째, 많은 미디어 산업(적어도 분배에 관여하는 산업)은 대규모 자본 없이 진입하기 매우 어렵다(높은 고정비용과 초기 착수비용 때문에). 비록 일부 전문적인 '적소' 시장이 항상 존재하기는 하지만 중요한 신문이나 텔레비전 채널을 '소규모'로 시작할 수 없다.

마지막으로, 미디어는 그것이 공익에 의해 영향을 받는다는 이유만으로도 다르고(Melody, 1990), '여타의 어떤 사업'과는 다르며, 좋아하든 아니든 간에 공적 책임이라는 상당한 무게의 짐을 지는 경향이 있다.

표 9. 6	미디어 경제의 특징들
	• 미디어는 시장, 상품, 테크놀로지에 관해서 혼성적이다.
	• 미디어는 높은 고정비용을 가진다.
	• 미디어 사업은 창조성과 불확실성을 수반한다.
	• 상품은 복합적으로 이용/재생된다.
	• 미디어는 자연스럽게 집중으로 향하는 경향이 있다.
	• 미디어 사업은 진입하기 힘들다.
	• 미디어는 공익적 측면 때문에 여타의 어떤 사업과 같지 않다.

 매스미디어 거버넌스

미디어가 민주주의 사회에서 통제되는 방식은 (미디어 전체를 고려할 때) 사업, 정치, 일상의 사회·문화적 삶을 위해 필수불가결하다는 점과 정부규제로부터 상대적으로 자유롭다는 점 모두를 반영한다. 일부의 통제, 제한, 법규들은 필수적이지만 (스피치와 시장의) 자유원칙들은 규제적 통제에 대해 신중한, 심지어 최소한의, 접근방법을 요구한다. 이러한 맥락에서 미디어산업의 이익을 포함한 일반적인 이익에서 통제의 목적에 사용되는 법, 규제, 규칙 혹은 관례의 전반적인 집합을 기술하는 용어로 '거버넌스'(governance)를 사용하는 것은 의미가 있다. 거버넌스는 형식적이고 구속력 있는 규칙들일 뿐만 아니라 미디어가 복합적(종종 일관적이지 않은) 목적을 위해 사용하는 수많은 비공식적 미디어 내적, 외적 메커니즘을 지칭한다. 통제에 대해 반대하는 분위기에도 불구하고, 광범위한 실제적 혹은 잠재적 미디어 통제형태들이 있다. 일반적인 원칙과 규칙성들이 많은 국가들에서 동일한 형태로 많이 발견되기는 하지만, 거버넌스는 커버되는 영역이 다양하기 때문에 거브넌스의 '시스템'에 대해 이야기는 것은 부적절하다. 본질적으로 거버넌스는 일련의 표준 혹은 목표들을 수반하는데, 이 표준이나 목표들을 집행하기 위한 절차(엄격성의 정도는 다양하지만)들을 동시에 필요로 한다.

거버넌스의 목적과 형태들

미디어에 적용되는 거버넌스 형태의 다양성은 목적의 다양성을 반영한다. 그 목적에 다음과 같은 것들이 있다.

- 공적 해악의 보호를 포함하는, 국가의 본질적 이익과 공적 질서의 보호
- 개인의 권리와 이익보호
- 안정적이고 도움이 되는 운영환경을 위한 미디어 산업의 욕구를 충족
- 자유, 다른 커뮤니케이션 및 문화적 가치의 촉진
- 기술적 혁신과 경제적 기업의 조장
- 기술적이고 토대적인 표준들의 마련
- 인권 준수를 포함한 국제적 의무사항들을 충족
- 미디어 책무를 촉진

이러한 광범위한 목표들은 직접적인 정부행동에 대한 범위가 제한되어있음을 고려할 때 다양한 종류의 메커니즘과 절차들을 요구한다. 제 8장에서 미디어 책무성을 위한 네 가지 준거틀(법, 시장, 공적 책임, 전문직주의)에 대한 개괄을 통해 가능한 주요 대안들에 대해 이미 검토했다. '외적 대 내적', '공식적 대 비공식적'(〈그림 9. 2〉에 개괄되어 있음)인 두 가지 주요 차원들에 따라 복잡한 지형을 이해할 수 있다. 거버넌스의 주요 형태들은 이러한 방식으로 네 가지 유형으로 분류되고 각각은 실행을 위한 적절한 메커니즘이 있다.

거버넌스는 다양한 수준에 적용된다. 첫째, 미디어 시스템이 조직되는 방법에 따라 국제, 국내, 지역 및 로컬 수준을 구분할 필요가 있다. 실질적으로, 국제규제는 주로 기술적 문제와 조직적 문제로 제한되어 있지만 특별히 미디어가 점차 국제화되어감에 따라 통제범위가 점차 커지고 있다. 중요한 거버넌스 기능을 가진 국제기구들 가운데에는 국제전기통신연합(ITU), 세계무역기구(WTO), 유네스코, 국제인터넷주소자원관리기관(ICANN), 세계 지적 저작권기구(WIPO), 유럽연합(EU) (Ó Siochrú and Girard, 2002) 등이 있다. 인권과 잠재적인 공적 해악의 문제들에 대한

그림 9.2 미디어 거버넌스의 주요 형태들

	공식적	비공식적
외적	법원과 공적 규제 기구들을 통해 적용되는 법, 규제	시장력, 로비 집단들, 여론, 리뷰와 비평
내적	관리, 회사나 산업에 의한 자율규제, 조직문화	전문직주의, 윤리 및 행동강령

관심이 점차 증가하고 있는데 이 중심에 인터넷이 있다. 인종간, 국제적 증오를 조장하는 미디어 선전의 잠재력은 갈등 이후의 미디어 재건이라는 어려운 과업과 발칸반도, 중동, 아프리카 및 기타 지역에서의 재앙적인 사건들에 의해 국제적 관심을 받고 있다(Price and Thompson, 2002 참조). 거버넌스의 대부분의 형태들은 전국적 수준에서 작동하지만 연방이나 지역적 구조를 지닌 일부 국가들은 중앙정부로부터(지역정부로) 미디어 문제에 대한 책임을 양도하고 있다.

여기서 주목해야 할 관련사항은 이미 기술한 구조(structure), 행위(conduct), 수행성과(performance) 개념의 구분이고(제8장 참조), 규제가 미디어 시스템, 특정 회사나 조직 혹은 콘텐츠의 일부 측면에 개별적으로 적용될 수 있는가에 대한 것이다. 일반적인 규칙으로, 통제는 콘텐츠에 적용할 경우 보다 쉽게 적용된다. 여기에 구조는 주로 소유권의 조건들, 경쟁, 하부구조, 보편적 서비스, 또는 다른 전송 의무 사항들을 말한다. 구조는 공영방송의 문제도 포함한다. 행위는 편집상 독립, 정보원과 정부 간의 관계, 사법체계와 관련된 문제, 형식적 자율규제와 책무 등과 같은 문제들을 지칭한다. 수행 수준은 콘텐츠와 수용자에 대한 서비스와 관련되는 모든 문제들을 말하는 데, 때로는 특별히 해악 및 혐오와 관련된 문제일 수 있다.

매스미디어 규제 : 대안적 모델

역사적 및 다른 이유로 미디어에 따라 규제의 유형과 정도도 다르다. 이러한 차이는 네 가지 주요 요인들과 관련된다. ① 매체의 자유에 대한 주장의 강도(특별히 그 매체의 전형적인 콘텐츠와 이용의 관점에서), ② 사회에 대한 잠재적 해악이 지각되는 정도, ③ 동등배분의 이유로, ④ 효과적 규제의 상대적 실천가능성이 그것이다. 특별히 확인된 세 가지 모델(Pool, 1983)을 다음에서 기술하고자 한다. 이 모델들은 비록 탈규제와 기술적 융합 때문에 점차 뚜렷하게 구분하기 힘들어지기는 하지만 정부가 개입하는 정도에 대한 주요한 차이를 설명하는 데 도움을 준다.

자유신문(언론)모델 (Free Press Model)

언론의 기본 모델은 언론은 출판의 자유에 대한 검열 혹은 제한을 의미하는 어떤 정부규제와 통제로부터 자유로워야 한다는 것이다. 언론자유는 국가헌법과 유럽인권협약(European Convention on Human Rights, ECHR, 제 10조)과 같은 국제헌장에서 기본원칙으로 간직되어왔다. 그러나 자유로운 언론모델은 때로는 자유롭고 독립적인 언론에서 기대되는 공익적 혜택을 보증하기 위하여 공공정책에 의해 변형되거나 확장된다. 신문에 대해 공공정책상의 관심을 보이는 이유들 가운데 가장 두드러진 것이 집중에 대한 경향이다. 집중은 자유로운 경제적 경쟁의 결과일지라도 시민들에게 신문채널과 선택에 대한 접근을 상당히 감소시킨다.

이것 때문에 언론은 종종 특정한 경제적 혜택뿐만 아니라 법적 보호를 받는다. 이 모두는 비록 선의라 할지라도 공적감시와 감독의 요소를 수반한다. 경제적 혜택은 우편료와 감세부터 대출과 보조금 조치까지 아우른다. 또한 반 집중(anti-concentration)법과 외국인 소유반대 규칙들이 있을 수 있다. 언론자유모델은 서적출판(실제 이것이 이 모델의 기원인데)과 대부분의 다른 인쇄미디어에도 상당히 같은 방식으로 적용된다(제7장 참조). 이 모델은 큰 경제적 혜택이 없기는 하지만 또한 음악에도 적용된다. 언론이 비방과 같은 특정한 위반을 했을 경우 여전히 법적 조치가 취해질 수 있다.

방송모델(Broadcasting Model)

대조적으로 라디오와 텔레비전 방송, 그리고 덜 직접적이기는 하지만 많은 새로운 시청각 메시지 전달수단은 시작부터 직접적인 공공 소유권을 포함하는 높은 수준의 감독과 제약을 받았다. 초기 방송규제의 이유는 주로 기술적 이유였는데, 희소한 전파의 공정한 배분과 독점에 대한 통제를 확보하기 위한 것이었다. 그러나 규제는 적어도 1980년대까지는 주도면밀하게 제도화되었다가 이후 새로운 기술이 등장하고 새로운 여론 분위기가 형성되면서 규제방향이 바뀌게 되었다.

공공서비스라는 일반적 개념이 방송모델의 핵심이다. 물론 나라마다 정도의 차이는 존재하는데, 유럽의 경우 공공서비스 개념이 강하게 적용되는 반면, 미국은 다소 약하게 적용된다. 영국에서와 같이 완전히 발전된 형태의 공공서비스 방송은 일반적으로 정책과 규제에 의해 지지되는 몇 가지 주요한 특징이 있다. 방송모델은 서로 다른 다양한 종류의 규제를 포함할 수 있다. 일반적으로 산업을 규제하는 구체적인 미디어 법이 있고, 종종 그 법을 실행하기 위한 일정한 형태의 공공서비스 관료제도도 있다. 제작과 분배 서비스는 대개 사적인 영리기업이 정부로부터 허가를 받고 법적인 강제력이 있는 관리지침을 준수하면서 책임을 떠맡을 수 있다.

방송모델의 영향력 감소는 특히 유럽에서 방송의 '민영화'와 '상업화' 경향이 증가하면서 나타났다(McQuail & Siune, 1998; Steemers, 2001; Harrison & Woods,

2001). 여기에는 미디어 채널과 운영의 공적 소유에서 사적 소유로의 전환, 광고 의존도 증가, 새로운 상업적 경쟁자들을 상대로 한 공영방송 채널판매 등이 포함된다. 그러나 영향력의 상대적 감소에도 불구하고 시청각 미디어의 영향력과 보다 넓은 차원의 공익적 관심 때문에 방송모델이 폐기될 징조는 보이지 않는다.

통신사업자 모델 (*Common Carrier Model*)

세 번째 규제모델은 방송보다 시기적으로 앞서며, 주로 우편, 전화, 전신 등 순전히 배급을 목적으로 하고 보편적 서비스로서 모두에게 개방된 커뮤니케이션 서비스이기 때문에 보통 통신사업자 모델이라 불린다. 규제의 주된 동인은 효율성과 소비자를 위하여 '자연독점'(*natural monopolies*)을 효율적으로 실행하고 관리하기 위한 것이다. 일반적으로 통신사업자 미디어는 하부구조와 경제적 부당행위에 대해서는 강력하게 규제하지만 콘텐츠에 대해서는 규제가 미약하다. 이는 사적 소유가 증가하고 있음에도 불구하고 콘텐츠에 대해 상당한 규제를 하는 방송모델과 극명한 대조를 보이는 점이다.

위의 세 가지 모델은 미디어 규제의 서로 다른 패턴들을 기술하고 설명하는 데 여전히 유용하지만, 이 모델들을 엄격하게 구분하는 것에 대해서 점차 이의가 제기되고 있다(〈그림 9.3〉). 즉, 커뮤니케이션 양식이 기술적으로 '융합'되는 상황에서 인쇄, 방송, 통신을 규제적으로 분리하는 것이 인위적이고 자의적이라는 것이다(Iosifides, 2002). 특히 위성이나 통신처럼 동일한 분배수단을 이용해 세 가지 종류

그림 9.3 세 가지 규제모델의 비교

	인쇄	방송	통신사업자
하부구조규제	없음	높음	높음
내용규제	없음	높음	높음
송신자 접근	개방	제한	개방
수신자 접근	개방	개방	제한

의 미디어 모두를 전달할 수 있다. 케이블 시스템은 이제 법적으로 전화 서비스를 제공할 수 있도록 허용되는 경우가 많으며, 방송이 신문을 전달할 수 있다. 그리고 전화 네트워크가 텔레비전과 다른 미디어 서비스를 제공할 수 있다. 당분간 정치적이고 규제적 논리가 생존할 수 있지만 앞으로 지속될 수는 없을 것이다.

인터넷의 혼성적 지위

인터넷은 '사실상' 어떠한 통제로부터도 자유롭게 발전했고(Castells, 2001), 초기에는 메시지와 정보를 전송하고 교환하기 위해 통신시스템을 이용하는 통신사업자 매체로 간주되었다. 인터넷은 원하는 모든 송신자들에게 개방되어 있기 때문에 여전히 신문보다 훨씬 더 자유롭다. 그럼에도 불구하고, 인터넷의 자유는 법적으로 공식적 보호를 받지 못하고 점차 민감한 사안으로 떠오를 수 있어 보인다. 왜냐하면 인터넷이 방송을 포함한 다른 기능을 수행하고, 상업적 기능 또한 성장하고 있으며, 인터넷의 이용과 효과에 대한 염려의 목소리가 대두되고 있기 때문이다. 앞에서 서술한 세 가지 모델과 관련하여 인터넷의 지위가 무엇인지에 대해서는 여전히 불명확하다.

인터넷의 뚜렷한 특징들 중 하나는 그것이 특별히 국가적 수준에서 규제되지 않으며, 어떤 사법적 영역에도 깔끔하게 적용되지 않는다는 것이다. 또한 다국적 특징, 기능의 다양성, 비실체적 특성 때문에 규제가 상당히 어렵다(Akdeniz, 2000; Verhust, 2002). 다양한 국내, 국제 자율규제 및 운영단체들이 있지만 이 단체들의 책임과 권한은 제한된다(Slevin, 2000; Hamelink, 2000). 인터넷에서 무엇을 통제할 것인가에 대한 책임의 상당부분은 인터넷 서비스 제공자들에게 있는데, 이들의 권리와 법적 의무에 대한 규정은 상당히 허술하다(Braman & Roberts, 2003). 불확실성이 때로는 자유를 보호하지만, 또한 발전을 가로막고 외부통제의 길을 열 수 있다.

미디어 정책의 패러다임 전환

서로 다른 미디어에 대한 규제모델이 융합되는 경향은 미디어 정책에 대한 접근방법에서의 광범위한 변화패턴의 한 부분이다. 이러한 경향의 몇몇 요소들은 이미 앞에서 살펴보았는데, 이 요소들에는 매스미디어의 사회적 책임을 증가시키려는 초기시도와 최근 글로벌화의 영향, 미디어 '탈규제' 및 민영화의 경향 등이 포함된다. 100년 이상 진행된 커뮤니케이션 발전의 역사를 통해 우리는 세계 각 지역에서 커뮤니케이션 정책의 세 가지 주요한 단계를 찾아 볼 수 있다(van Cuilenburg & McQuail, 2003).

첫 번째는 19세기 후반에서 제 2차 세계대전까지 지속된 '신흥 커뮤니케이션 산업 정책'(emerging communication industry policy) 단계로 묘사될 수 있다. 이 단계에서는 정부와 국가의 전략적 이해를 보호하고 새로운 커뮤니케이션 시스템(전화, 케이블, 무선 전신, 라디오 등)의 산업적, 경제적 발전을 도모하는 것 외에는 일관된 정책적 목표가 없었다.

두 번째는 '공공서비스'(public service) 단계로 묘사될 수 있다. 공공서비스 단계는 방송에 대한 입법의 필요성에 대한 인식에서 시작되었는데, 이 당시에는 정치, 사회, 문화적 삶에서 미디어의 사회적 중요성이 새롭게 인식되는 시기였다. 커뮤니케이션은 단지 테크놀로지 이상의 그 무엇으로 인식되었다. '커뮤니케이션 복지'라는 새로운 이념이 소개되었는데, 이는 희소한 주파수의 통제된 할당에 대한 요구보다 훨씬 더 발전된 것이었다. 정책은 '사회'에 대한 해악행위를 금지한다는 의미에서 부정적이었을 뿐만 아니라 어떤 문화, 사회적 목표들을 증진시킨다는 의미에서 긍정적이었다. 독점적 소유주의 영향력을 제한하고 상업적 압력에 대응하는 '기준'을 유지하기 위하여 언론이 처음으로 공공정책영역 안에 포함되었다. 이 단계는 1970년대 유럽에서 절정에 이르렀고 그 이후 중요한 요소들은 아직까지 남아있지만 상대적으로 그 영향력이 감소하고 있다.

세 번째 단계는 이미 논의된 다양한 경향들의 결과로 지금 발전하고 있는데, 특히 국제화, 디지털화, 융합이 대표적 경향이다. 이 단계에서 가장 핵심적인 사항은 텔레커뮤니케이션이 중심적 위치를 차지했다는 것이다(Winseck, 2002). 우리는 전

*291

세계적 규모로 이루어지는 강력한 혁신과 성장, 그리고 경쟁의 시대로 이동하고 있다. 정책은 여전히 존재하지만 새롭게 수정된 목표와 가치들에 기반한 '새로운 패러다임'이 등장하고 있다. 정책은 여전히 궁극적으로 정치, 사회, 경제적 목표들에 의해 좌우되지만 이러한 목표들이 재해석되고 재정리된다. 경제적 목표들이 사회적, 정치적 목표에 우선하게 된다. 각 가치영역의 내용은 또한 〈그림 9. 4〉에 제시된 바와 같이 재규정된다. 공공 커뮤니케이션 정책을 요약하는 주요 원칙들은 자유, 보편적 서비스, 접근, 책무 등인데, 이들은 주로 외부통제는 최소화하고 미디어 자율규제의 관점에서 정의된다(Burgelman, 2000; Verhust, 2002).

그림 9. 4 새로운 커뮤니케이션 정책 패러다임(van Cuilenberg and McQuail, 2003)

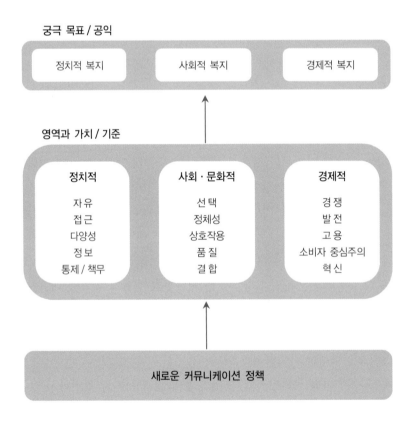

앞 장에서 논의한 미디어의 규범이론과 지금까지 이 장에서 진행된 미디어 정책과 규제에 관한 대부분의 논의는 매스미디어와 국가 정치시스템이 공식적으로는 관계가 거의 없거나 존재하지 않는 것처럼 보이는 곳에서도 둘 사이에는 복잡하고 강력한 연결고리가 있음을 분명하게 말해주고 있다. 이러한 논의는 미디어가 필연적으로 정치인들이나 정부에 종속되었다고 주장하는 것이 아니다. 두 시스템 간의 고리는 종종 마치 갈등과 의심과 같은 관계적 특성을 지니기도 한다.

정치와 미디어시스템 사이의 연결은 보다 넓은 차원에서 문화간 차이를 보여준다 (Gunther and Mughan, 2000). 그럼에도 불구하고, 각각의 경우 그 연결은 구조, 행위, 수행과 연관된다. 무엇보다도 각 나라마다 공공영역에서 미디어의 권리와 자유를 보장하고 의무를 규정하며, 가장 자유롭다고 하더라도 일정한 제한을 가하는 일련의 법, 규제, 정책이 있다. 많은 국가들에서 정부가 궁극적 통제권을 갖는 미디어의 공적 부문(대개는 방송인데)이 있고, 미디어가 자율성을 가지는 국가에서도 다양한 방식으로 정치적 이해관계가 미디어 조직의 관리에 침투해 있다.

사적 미디어의 소유주들은 정치적 의사결정 과정에 영향을 미쳐 얻고자 하는 경제적, 전략적 이해관계들을 가지고 있다. 소유주들은 공개적으로 이념적 지향점을 가지는 경우도 있고, 심지어 그들 스스로 정치적 야망 또한 갖는 경우도 종종 있다. 신문이 특정 정당을 지지하는 경우가 흔하고, 때로는 정당이 신문을 통제한다. 선거목적으로 정치인들은 종종 힘 있는 미디어에 구애를 해야만 하는 경우도 있어, 결과적으로 영향력의 흐름이 쌍방향일 수 있다.

수행의 수준에서, 대부분의 일간 미디어 콘텐츠는 여전히 정치에 관한 것이 많지만 그 이유가 특별히 정치가 공중에게 매혹적이거나 뉴스가치가 있어서만은 아니다. 시민들은 장기적 관점에서 미디어로부터 정보를 제공받고 의견방향을 제시받을 필요가 있지만, 미디어가 매일 자신들에게 제공하는 정치적 정보를 필요로 하지 않을 수도 있다. 그 이유는 부분적으로 생활 일용품이라는 측면에서 뉴스 미디어가 가지는 이점 때문일 수도 있고, 다른 한편으로는 정치인들이 자신의 정치적 이해관계(넓은 의미에서)에 기반하여 다양한 목적으로 시민들에게 다가가기 위해 노력하기 때문일 수도 있다. 이것은 또한 미디어와 정치적 제도 사이에 쉽게 깨질 수 없는 장기적 유대관계에 기인한다. 정치는 미디어 없이 행할 수 없고, (뉴스) 미디어는 속성상 정치 없이 존재할 수 없다.

정치와 미디어의 관계를 분석하는 다양한 시도들이 있었다. 시버트와 동료들 (Siebert et al.) 의 고전적 저서 《언론의 4이론》(Four Theories of the Press, 1956) 에 따르면 '언론은 항상 그것이 작동하는 사회, 정치적 구조의 형태와 색깔을 가지고 있다. 특히 그것은 개인과 제도의 관계들이 조율되는 사회적 통제시스템을 반영한다.'

핼린과 맨시니 (Hallin & Mancini, 2004) 는 수많은 현대 민주주의 국가의 상황에서 도출된 세 가지 모델 혹은 이념형을 제시했다. 하나는 시장 메커니즘이 지배적인 자유주의 모델(liberal model) 이고, 두 번째는 상업적 미디어와 정치화된 미디어가 공존하고 국가가 일정한 역할을 하는 민주적 조합주의 모델(democratic corporate model), 세 번째는 미디어가 정치에 통합되어 있고 국가가 강력한 역할을 하는 분극화된 다원주의 모델(polarized pluralist model) 이다.

미디어-국가 사이의 관계에 관한 이슈는 일반적 모델들에만 의존해서 해결될 수 없다. 왜 근대시대에 자유 민주주의 국가들의 주류 미디어가 그 시대의 정부 정책 방향에 도전하지 않고 오히려 이를 반영하는 경향이었가에 대한 질문이 제기될 수 있다. 왜 주류 미디어들은 저널리즘 이데올로기에서 찬양되는 파수견과 비판적 역할을 수행하지 않고, 시버트 등이 말한 '사회적 관리인'(social controller) 역할을 그렇게 쉽게 수행했는가? 이에 대해 여러 가지 답변들이 있는데, 이 답변들 중 일부는 제 11장에서 제시된다. 여기에서는 미국에서의 언론-국가관계와 관련해 베넷 (Bennett, 1990) 이 제시한 가설은 언급할 만하다. 이 가설은 책임 있는 저널리스트는 갈등의 이슈가 제기되는 경우 일반적으로 국가 혹은 정부와 관련한 자신들의 비판적 역할을 정부와 다른 주요 제도적 행위자들이 지닌 관점들만 대표하거나 색인화(indexing) 하면 되는 것으로 이해한다고 주장한다. 저널리스트들은 소수관점이나 극단적 관점을 소개하거나 '여론'의 독립적인 목소리를 반영할 의무가 없다. 이 이론은 〈뉴욕 타임스〉(New York Times) 가 미국 정부의 니카라과 '반군'(contra) 재정지원에 대해 보도한 연구에 의해 지지되었다. 베넷은 다음과 같이 결론을 맺었다.

현대 저널리즘의 지배적 규범은 여론(적어도 준법적, 정당한 의견)을 의사결정력이 있는 제도적 권력 블록들 사이에 벌어지는 논쟁범위에 맞게끔 압축시키는 것을 뜻하는 것 같다. 민주주의의 이념에 대한 이러한 아이러니한 뒤틀림으로 현대여론은 매스미디어에 기록됨에 따라 지배적인 제도적 목소리들로 구성된 '색인'으로 간주될 수 있다(1990).

그가 지적한 대로, 이러한 관점은 정부-공중 간의 관계에 대한 규범적 관념을 거꾸로 뒤집고, 정부가 자신 나름대로 공중을 정의하고 그 정의대로 정부행위를 민주적으로 만들게끔 한다.

11 소 결

이 장은 미디어 경제의 주요 특징들과 규제(거버넌스) 시스템의 전형에 대해 개괄했다. 두 가지 모두 산업부문과 다른 제도적 영역들과는 비교되는 특징들을 보인다. 두 경우에서 차이의 핵심은 미디어의 이중적 특성, 즉 상업적 기업이자 사회의 정치, 문화, 사회적 삶에서 주요한 요소라는 점이다. 미디어는 완전히 시장원리에 맡겨둘 수도 없고, 또한 엄격하게 규제될 수도 없다. 미디어 회사나 정부도 정책을 실행할 자유로운 권한이 없다. 현재의 추세는 더 많은 자유를 부여하는 쪽으로 흐르지만, 실행하는 데는 제한이 따를 것이다.

거버넌스와 관련되는 한, 가장 전형적이고 뚜렷한 특징은 다음과 같다. 매스미디어는 정부에 의해 오로지 최소한으로 또는 간접적으로 규제될 수 있다. 거버넌스의 형태는 매우 다양한데, 여기에는 외적 수단뿐만 아니라 내적 수단, 공식적 수단뿐만 아니라 비공식적 수단이 포함된다. 내적, 비공식적 수단이 더 중요할 수 있다. 분배기술들에 따라 적용되는 규제의 형태도 다르다. 거버넌스의 형태는 각 나라의 역사와 정치문화에 뿌리를 두고 있다.

10 글로벌 매스 커뮤니케이션

　국제화의 속도가 분배기술의 발전과 새로운 경제적 필요 때문에 빨라지고 있다. 매스미디어는 다른 모든 것과 마찬가지로 글로벌화라는 일반적 현상에 영향을 받는다. 매스미디어는 글로벌화 과정의 대상이자 주체라는 특별한 위치에 있다. 매스미디어는 또한 우리가 글로벌화 과정을 지각하는 수단이기도 하다. 분배기술의 변화는 변화의 가장 명백한 직접적 원인이지만 경제 또한 결정적 역할을 한다. 우리는 미디어 소유권의 국제화와 미디어 채널을 통해 유통되는 내용의 국제화를 목도하고 있다.

　매스 커뮤니케이션의 이러한 측면을 별도의 장으로 다루는 몇 가지 이유가 있다. 우선 매스미디어의 글로벌적 특성은 제 2차 세계대전 이후 점차 문제가 되었다는 점이다. 문제는 자유시장 체제의 서구와 공산주의 체제의 동구 간의 이념적 갈등, 선진국과 개발도상국 간의 경제, 사회적 불균형, 커뮤니케이션 자유를 위협하는 글로벌 미디어 집중의 성장 등에 기인한다. 선진세계 미디어에 의한 문화적, 경제적 지배에 관한 이슈와 소수문화에 미치는 결과에 대해 특별히 주목할 필요가 있다. 질적 변화는 국경을 초월하여 수용자들에게 서비스를 제공하는 독립적 미디어를 포함한, 보다 실질적 글로벌 미디어를 유도할 수도 있을 것이다. 이것은 단순히 미디어 내용과 조직의 국제화가 아닌 자신만의 수용자를 가지는 그러한 국제적 미디어의 출현을 의미한다. 인터넷은 국제 커뮤니케이션의 미래에 대한 시나리오에서 중심적 위치를 차지하며, 글로벌 미디어 거버넌스에 대한 문제를 더욱 첨예하게 드러내게 한다.

1 기 원

책과 인쇄물의 기원은 국제적이다. 왜냐하면 시기적으로 민족국가보다 앞서며 유럽 전역과 그 이상을 넘어선 지역의 문화, 정치, 상업세계에 봉사했기 때문이다. 초기의 많은 책들은 라틴어로 인쇄되었거나 다른 언어를 번역한 것들이었다. 그리고 초기의 신문들은 종종 유럽전역에서 널리 유통되던 뉴스레터들을 토대로 편집되었다. 20세기 초반의 신문, 영화, 라디오 방송국은 미국 뉴욕에서 호주의 뉴사우스웨일스, 러시아 블라디보스토크에서 칠레 발파라이소에 이르기까지 모두 똑같았다. 그럼에도 불구하고 신문은 발전하면서 한 국가 내의 제도가 되었고, 국가의 경계가 대부분 인쇄미디어 일반의 유통범위를 규정하였다. 초기 매스미디어의 국가적 성격은 문화적, 정치적 요인에 의해서 뿐만 아니라 언어의 배타성에 의해서도 강화되었다.

영화기술이 발명되었을 때, 그것 또한 적어도 1914년에서 1918년 전쟁 이후까지는 국가라는 내적 경계 안에 한정되었다. 이후 할리우드 영화의 형태로 보급되었던 것이 초국가적 대중매체(*mass medium*)의 실제 사례이다(Olson, 1999). 1920년대 라디오가 널리 소개되었을 때도 그것이 서로 다른 언어로 방송되고, 그리고 한 국가 내에서만 전파가 전달되도록 고안되었기 때문에 본질적으로 국가적 매체였다.

대조적으로, 지금은 미디어가 얼마나 국제적이 되었는지, 그리고 뉴스와 문화의 흐름이 전 지구를 포괄하면서 어떻게 우리를 맥루한(McLuhan, 1964)이 말하는 단일 '지구촌' 시대로 유도하는지를 우리 모두 잘 알고 있다. 19세기 중반부터 주요 신문들은 국제 전신시스템을 이용하는 강력하고 잘 조직된 통신사들로부터 기사를 제공받았고, 외국뉴스는 전 세계 많은 신문들의 주요 상품이었다. 지정학적 무대의 두드러진 특징들, 특히 민족주의 그 자체와 제국주의가 국제적 사건에 대한 흥미를 고조시켰고, 특히 전쟁과 갈등은 좋은 뉴스거리였다(이러한 현상은 시기적으로 19세기 이전에 나타났다, Wilke, 1995). 20세기 초반에 정부는 국내 및 국제적 선전용으로 미디어가 갖는 장점에 대해 알기 시작했다. 제 2차 세계대전 이후 상당히 많은 국가들이 라디오를 이용하여 전 세계에 정보와 문화서비스를 제공했는데, 주로 그 메시지는 긍정적 국가 이미지를 조장하고, 국가문화를 발전시키며 해외 이민자들과의 접촉을 유지하기 위해 고안되었다.

초기 레코더 음악 또한 고전음악 레퍼토리와 미국팝송(때로는 뮤지컬 영화와 관련되기도 하는데)의 확산 증대로 인해, 준 국제적 성격을 가지고 있었다. 국가적, 문화적, 정치적 헤게모니를 유지하려는 욕망과 다른 나라로부터 흘러들어오는 문화적, 기술적 혁신들을 공유하려는 희망 사이에 항상 실제적 혹은 잠재적 갈등이 있다. 약소국가들은(예를 들면, 영국, 오스트리아, 러시아 제국들 내에서) 말 그대로 제국주의 국가들의 문화적 지배에 맞서 문화적 정체성을 강력하게 주장했다. 미국은 이러한 제국주의의 역할에 늦게 뛰어들었다.

텔레비전은 부분적으로 영화와 마찬가지로 그것의 영상적 특성이 언어장벽을 뛰어넘도록 도와주기 때문에 단일매체로서 여전히 미디어 글로벌화 과정을 가속화시키는 데 가장 영향력이 있다. 초기에는 대부분의 국가들에서 지상전송의 범위는 국내로만 제한되었다. 현재 케이블, 위성, 그리고 다른 전송수단은 이러한 제한을 거의 대부분 극복했다. 국제화의 또 다른 동력은 인터넷이다. 인터넷은 언어, 문화, 사회적 관계들 때문에 국경이 여전히 내용의 흐름을 구조화하기는 하지만 국경을 준수할 필요가 전혀 없다.

2 추진동력: 기술과 자본

기술은 글로벌화의 강력한 추진동력이다. 1970년대 말 텔레비전 위성의 도래로 인해 방송공간의 국가적 주권원칙이 깨졌고 국가 경계선 바깥에서 들어오는 텔레비전 전송과 수용을 효과적으로 방지하기가 어려워졌고 또한 궁극적으로 불가능해졌다. 그러나 위성이 글로벌 수용자들에게 직접적으로 도달하는 정도는 종종 과장되곤 한다. 사실 유럽과 같은 지역에서조차도 위성의 초국가적 수용자 규모는 여전히 작다. 동일한 방향으로 작동하는 다른 전파수단이 있다. 예를 들면, 케이블 시스템의 연결이나 단순히 물리적으로 전달할 수 있는 CD 혹은 DVD 등이 그것이다. 그러나 주된 유통경로는 국가 기반의 미디어를 통해 내용을 수출하는 방식이다.

기술이 글로벌화 확장의 필요조건이었고, 이 사실을 가장 잘 보여주는 것이 인터넷 미디어라고 할 수 있다. 반면 글로벌화의 가장 직접적이고 지속적인 추진동력은

표 10. 1

미디어 글로벌화의 원인들
- 보다 강력한 전달기술들
- 영리기업
- 무역과 외교 관계에 근거한 후속적 일들
- 식민화와 제국주의 (과거의, 그리고 현존하는)
- 경제적 종속
- 지정학적 불균형
- 광고
- 텔레커뮤니케이션의 확장

경제적 요인이라고 할 수 있다 (그리고 글로벌화의 제어동력은 문화적 요인이라고 할 수 있다). 텔레비전은 라디오방송 모델을 근거로 확립되었는데, 처음에는 적어도 저녁시간 동안에 지속적으로 방송했고, 나중에는 낮시간, 궁극적으로는 24시간 방송을 하게 되었다. 방송시간을 프로그램으로 채우는 데 드는 비용은 선진국에서조차도 항상 미디어 생산조직의 역량을 넘어섰다. 사실상 상당한 재방송이나 수입의 확대 없이 방송 스케줄을 메우기란 불가능하다.

1980년대 이후 효율적이고 비용이 적게 들어가는 새로운 전달기술로 가능해진 텔레비전 확장은 상업적 동기에 의해 추진되었고 수입에 대한 수요를 급증시켰다. 이것은 또한 많은 국가들에서 새로운 시장을 추구하는 새로운 영상 콘텐츠생산 산업을 촉진시켰다. 주된 수익자와 수출국은 미국이었다. 미국은 대중 오락물의 대규모 잉여생산물을 가졌고, 수십 년간에 걸친 미국영화의 확장으로 형성된 상품의 문화적 친밀성 때문에 쉽게 다양한 시장에 진입할 수 있었다. 영어사용이 또 하나의 장점으로 작용하지만 결정적인 것은 아니다. 대부분의 텔레비전 프로그램 수출은 항상 더빙되거나 자막 처리되어 방영되기 때문이다.

국제적 매스 커뮤니케이션의 중요한 요소가 광고인데, 이는 많은 상품시장의 글로벌화와 연결되어 있고 많은 광고 대행사의 국제화와 소수회사에 의한 시장지배를 반영한다. 똑같은 광고 메시지가 서로 다른 나라에서 등장하고, 광고를 내보내는 미디어에 대한 간접적인 국제화 효과 또한 있다. 국제화를 촉진하는 최근의 동력은 텔레커뮤니케이션 하부구조와 산업의 광범위한 확장과 사유화이다 (Hills, 2002).

'커뮤니케이션 혁명'의 최근 단계는 세계 미디어 산업이 점차 소규모의 거대 미디어 기업들에 의해 지배되는 초국가적이고 멀티미디어적인 미디어 집중현상의 특성을 보인다(Chalaby, 2003). 어떤 경우, 이러한 발전들은 전통적인 미디어 '재벌'에 의해 이루어졌다(Tunstall & Palmer, 1991). 거대한 미디어 재벌의 존재가 더 현저하게 가시화되었음에도 불구하고 소유권과 운영패턴이 대규모 글로벌 사업에 걸맞게, 보다 비개인화되는 경향을 보인다.

미디어 콘텐츠의 특정 유형들은 소유권의 글로벌화와 생산과 분배의 통제에 관여한다. 이러한 유형에는 뉴스, 장편영화, 대중적 음반, 텔레비전 연속극, 서적 등이 포함된다. 턴스탈(Tunstall, 1991)은 이러한 유형을 일반적으로 다국적 소유권에 저항적인 신문과 텔레비전 방송국과 같은 '현금흐름'(*cash-flow*) 미디어와 대비해 '1회성'(*one-off*) 미디어라고 지칭한다. '1회성' 상품은 국제시장에 맞게 쉽게 고안될 수 있고, 보다 유연한 마케팅을 할 수 있으며, 보다 장기간에 걸쳐 배분된다. '뉴스'는 주요 국제 통신사를 통해 '상품화'될 수 있는 첫 번째 상품이었다. 실제로 통신사는 상품으로서의 뉴스를 '도매'로 공급하는 기구들로, 왜 국내 뉴스 미디어가 스스로 국제뉴스를 수집하는 것보다 세계에 대한 뉴스를 통신사들로부터 '사들이는 것'이 훨씬 더 편리하고 경제적인지 쉽게 이해할 수 있다.

20세기 글로벌 통신사의 출현은 기술(전신과 무선전신)에 의해 가능해졌고, 전쟁, 무역, 제국주의, 산업적 팽창에 의해 촉진되었다(Boyd-Barrett, 1980; 2001; Boyd-Barrett & Rantanen, 1998). 정부의 관여는 아주 일반적인 현상이다. 이러한 이유로 제2차 세계대전 이후 시대의 주요 신문 통신사들은 북미(UPI, AP), 영국(Reuters), 프랑스(AFP), 그리고 러시아(Tass)에 있었다. 그 이후 미국의 지배력은 UPI의 사실상의 몰락과 다른 통신사들의 성장(독일의 DPA, 일본의 Kyodo)과 더불어 상대적으로 줄어들었다. Tass통신은 Itar-Tass로 대체되었지만 여전히 국영기관이었다.

턴스탈(Tunstall, 1992)에 따르면, 일반적인 미국 미디어 지배에도 불구하고 유럽이 외신뉴스의 최대 생산자이자 소비자였다. 패터슨(Patterson, 1998)은 세계 방송국들이 사용하는 국제뉴스의 상당부분을 공급하는 3대 텔레비전 뉴스 통신사는

- **★301**

Reuters, WTV(World Television News), APTV(Associated Press Television News) 라고 기술한다. 턴스탈과 마친(Tunstall & Machin, 1999)은 미국 AP와 영국 Reuters 통신사에 의해 통제되는 사실상의 '세계 뉴스 복점'(duopoly)에 대해 언급한다. 프랑스의 AFP, 독일 DPA, 스페인 EFE 역시 거대 통신사들이다. 지배력은 시장규모, 집중정도, 경제적 자원 등의 측면에서 관련 미디어조직들의 국내 영향력에 의해 형성된다. 영어가 부가적 이점을 준다.

미디어 소유, 생산, 분배의 국제화의 주요한 사례는 메이저 시장의 대부분이 '빅파이브'(big fives)에 의해 좌우되는(지난 50년간 발전된) 대중음반 산업의 예이다 (Burnett, 1990; 1996; Negus, 1992). 2004년 Bertelsmann과 Sony사의 합병 이후, Sony, Warner, Universal, EMI 4개의 지배적 음반회사가 있다. 광고 또한 집중과 국제화를 보여주는 또 다른 사례이다. 턴스탈과 마친(Tunstall & Machin, 1999)에 따르면, 약 10여 개의 선두적 광고그룹들이 세계 광고지출의 절반을 차지한다. 광고 대행사들은 또한 시장조사와 홍보회사들을 통제하는 경향이 있다.

거대 미디어 회사들의 글로벌화와 집중은 또한 카르텔 형성을 유도하는 경향이 있는데, 이들은 서로 경쟁할 뿐만 아니라 다양한 방식으로 협력한다. 이들은 또한 소유권을 연결하는 형태까지 보인다. 턴스탈과 마친(1999)은 3대 선두 미국 미디어 회사들(Time Warner, Disney, Viacom) 사이에 상호연관된 이해관계들의 복잡한 패턴과 4개 외국 거대회사(캐나다의 Seagram, 독일의 Bertelsmann, 일본의 Sony, 호주의 News Corporation)가 미국시장에서 지닌 이해관계에 대해 지적했다. 회사들은 또한 수입공유, 공동생산, 영화의 공동구매 및 지역 판로 분할 등을 통해 서로 협력한다. 일본과 유럽 미디어기업의 성장으로 상황이 다소 복잡해지기는 하지만 미국이 미디어 시장의 국제적 팽창으로 가장 큰 혜택을 보는 것은 분명한 사실이다. 챈 옴스테드와 챙(Chan-Olmstead & Chang, 2003)에 따르면, 유럽 미디어 회사들은 국제적으로 다양화하려는 경향이 낮다.

█ 글로벌 매스미디어의 다양성

'글로벌 매스 커뮤니케이션'은 다양한 형태를 띠는 다측면적 현상이다. 그 내용은 다음과 같다.

- 미디어 채널 또는 완성된 출판물을 한 국가에서 다른 국가의 수용자들에게 직접 전송하거나 분배하는 것. 이것은 신문(때로는 특별 편집된)과 서적의 해외 판매, 특정 위성 텔레비전 채널, 공식적으로 후원되는 국제 라디오 방송서비스 등을 포함한다.
- MTV Europe, CNN International, BBC World, TV Cinq 등과 같은 특화된 국제 미디어. 그리고 국제 뉴스 통신사.
- 국내 미디어 시장 일부를 채우기 위해 수입된 다양한 종류의 콘텐츠(영화, 음악, 텔레비전 프로그램, 저널리즘 아이템들).
- 국내 수용자들에게 맞게 각색되거나 다시 만들어진 외국 포맷이나 장르.
- 국내에서 방영되는 국제 뉴스 아이템(외국에 관한 뉴스나 외국에서 만들어진 뉴스).
- 외국과 관련 있거나 외국에서 만들어진 스포츠 이벤트, 광고, 사진 등과 같은 잡다한 콘텐츠.
- 월드와이드웹(World Wide Web).

이러한 목록에서 분명한 것은 미디어 콘텐츠에는 '글로벌'한 것과 '국내' 혹은 '지역적'인 것의 분명한 구분이 없다는 것이다. 매스 커뮤니케이션은 정의만 놓고 볼 때 성격이 거의 '글로벌'하며, 단지 몇몇의 고립된 사회들만이 미디어 시장에서의 순수한 국내 프로그램 공급을 고수할 수 있다. 미국은 생산을 많이 하고 수입은 별로 하지 않지만, 그럼에도 불구하고 미국 미디어 문화 내용은 국제적이다. 왜냐하면 미국문화는 세계 대부분의 나라에서 공유되고 무역과 이민을 통해 많은 외국의 문화적 영향력들이 미국에 유입되기 때문이다. 미국문화는 또한 자국의 제작물들이 세계시장에 초점이 맞추어져 있기 때문에 간접적으로 글로벌화된다.

미디어 글로벌화에 대한 수많은 징후에도 불구하고, 실질적으로 거대한 규모의 외국 수용자들에게 직접적으로 접근하는 미디어 채널이나 출판물은 많지 않다(도달되는 가구 수의 관점에서 보면 그 잠재력은 큰 것으로 보인다, Chalaby, 2003). 기껏해야 성공적인 상품들 (예를 들면, 히트 영화, 텔레비전 쇼, 음반, 스포츠 이벤트)이 궁극적으로 세계적으로 주목받을 수 있다. 이것은 '수출'국가들이 여전히 '수입'국가들의 '국내' 미디어 경험에 영향을 미칠 수 있는 상당한 재량권이 있다는 것을 의미한다. 우리는 '외국' 콘텐츠들이 수입되는 시점에서 얼마나 '게이트키핑'적 통제(예를 들면, 편집, 각색, 선별, 더빙 혹은 번역 등)에 놓일 것인가를 고려해야 한다. '통제'의 주요 메커니즘은 정책이나 법 혹은 (수입을 부추기는) 경제적 요인이 아니라 수용자들의 자기나라 언어로 된 자국 미디어 콘텐츠에 대한 요구이다. 글로벌화에 저항하는 자연스러운 언어적, 문화적 장벽이 존재한다(Biltereyst, 1992). 경제는 수입을 장려할 뿐만 아니라 제한할 수도 있다. 일반적으로 부유한 나라일수록 인구가 적은 경우에도 미디어 자율성을 가질 여유가 더 있다.

표 10.2   미디어 글로벌화의 의미
- 미디어는 점차 글로벌 미디어 회사들에 의해 소유된다.
- 미디어 시스템은 점차 전 세계적으로 비슷해진다.
- 동일한 혹은 비슷한 성격의 뉴스와 오락 상품들이 세계적으로 나타난다.
- 수용자들은 다른 국가의 미디어를 선택할 수 있다.
- 이러한 경향들은 문화적 동질화나 서구화에 영향을 미친다.
- 탈 맥락화와 시간과 공간 차이의 축소.
- 국가적 커뮤니케이션 주권의 감소 및 보다 자유로운 커뮤니케이션 흐름.

종속이론에 따르면, 종속적 관계를 벗어던지기 위한 필요조건은 정보, 사상, 문화 영역에서 어느 정도의 자급자족을 지니는 것이다. 모울라나(Mowlana, 1985)는 모든 형태의 국제 커뮤니케이션을 분석하여 두 가지 차원이 종속 혹은 자율성의 정도를 결정하는 중요한 요인들이라는 모델을 제안했다. 한 차원은 '기술'의 축(하드웨어와 소프트웨어)이고, 다른 하나는 '커뮤니케이션'의 축(생산 대 분배)이다. 이 모델의 주요 특징은 〈그림 10. 1〉에 제시되어 있다.

이 모델은 기술적 기반의 생산(2)과 분배(3) 시스템에 의해 매개되는, 송신자(1)에서 수신자(4)로 메시지가 흐르는 순서를 나타낸다. 국제 커뮤니케이션에서는 전형적인 국내 미디어 상황과는 반대로 창작, 생산, 분배 및 수용의 4단계가 공간적

그림 10.1 국제 커뮤니케이션 종속

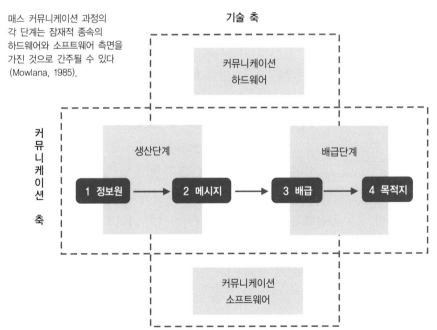

으로, 조직적으로, 문화적으로 서로 분리될 수 있고 또한 종종 분리된다. 한 국가의 미디어 상품은 전형적으로 상당히 다른 분배시스템으로 수입되고 편입되며, 원래 의도하지 않았던 수용자들에게 전달된다. 특히 영화와 텔레비전의 경우 상품의 전체 창작과 생산이 한 국가에서 일어나고, 분배는 다른 국가에서 발생하는 일이 빈번하다. 이것이 미디어 용어로 '북'과 '남'이 연결되는 방식이다.

이러한 포괄적이고 불연속적인 과정에 기술 축이 가로지른다. 따라서 각각의 단계는 하드웨어와 소프트웨어라는 두 가지 종류의 전문성(혹은 자산)에 의존한다. 생산 하드웨어는 카메라, 스튜디오, 인쇄공장, 컴퓨터 등을 포함한다. 생산 소프트웨어는 실질적 콘텐츠 아이템뿐만 아니라 저작권과 공연권(performance rights), 관리, 전문적 규범, 미디어조직의 일상적 활동(노하우) 등을 포함한다. 분배 하드웨어는 전달기기, 위성경로, 수송, 가정용 수신자, 레코더 등을 포함한다. 생산과 분배단계 모두 내부미디어뿐만 아니라 외부미디어에 의해 영향을 받는다. 즉, 생산측면에서는 소유권 상황과 문화적, 사회적 맥락에 의해, 그리고 분배측면에서는 특정 미디어 시장의 경제에 의해 영향을 받는다.

따라서 이 모델은 선진국에서 후진국으로의 커뮤니케이션 흐름에서 복합적인 종속조건들을 묘사한다. 후진국은 종종 하드웨어와 소프트웨어의 4가지 주요 유형 모두에서 종속되고, 각각은 생산국가에 의해 종속될 수 있다. 미디어 측면에서의 자급자족은 사실상 불가능하지만, 다른 한편으로 자급자족에 있어서 상당히 심각한 상황이 있을 수 있고 이를 진정으로 개선하기란 불가능하다. 골딩(Golding, 1977)이 처음 지적한 대로 미디어 종속과 함께 따르는 잠재적 영향은 콘텐츠에서의 문화적 혹은 이데올로기적 메시지에만 국한되는 것은 아니다. 그것은 또한 저널리즘 윤리와 뉴스가치를 포함한 전문적 기준과 실천에 내재되어 있다.

갈퉁(Galtung/ Mowlana, 1985에서 재인용)은 '중심-주변' 모델로 글로벌 미디어 패턴을 설명했다. 이 모델에 따르면 세계의 국가들은 중심적이고 지배적이거나 주변적이고 종속적인 것으로 분류될 수 있고, 커뮤니케이션의 지배적 흐름이 중심국에서 주변국으로 이루어진다. '중심' 국가들이 뉴스와 다른 미디어 콘텐츠를 생산하고 그것을 자신의 '위성국'(satellites)에 분배한다. 일반적으로 미국과 서유럽의 강대국(프랑스, 영국, 이탈리아, 독일, 스페인)이 중심국이면서 그에 따른 미디어 위성국을 거느리고 있다. 그러나 중국과 일본은 자신들만의 '위성국'을 가지고 있고, 아랍세계는 자기 소유의 소규모 무리를 지녔다. 이전의 소비에트 연방은 또 다른 '중심적'인 미디어권력을 가지고 있었으나 그 영향력은 사라졌다. 시간이 지남에 따라 이러한 지형은 바뀌게 되고, 매체마다(신문, 텔레비전, 음악, 영화) 지형이 약간 다르다. 이 모델에 따르면, 주변국들 사이에는 지역과 언어에 기반한 교환패턴이 있을지는 모르지만 커뮤니케이션 흐름이 매우 제한적이다. 앞으로 주변국들의 영향력은 줄어들기보다는 점차 커질 가능성이 높다.

새롭게 떠오르고 있지만 여전히 불분명한 글로벌 커뮤니케이션 흐름구조에서 분석단위로서 국가의 중요성이 줄어들 가능성이 높다. 정보와 문화를 메시지 생산국가에 맡기는 것은 더욱 어렵다. 거대기업의 통제와 다각적인 미디어 흐름에서 다국적 생산과 마케팅은 자신들만의 지배와 종속의 패턴을 확립할 것이다.

문화 제국주의와 그것을 넘어서

제2차 세계대전 직후 커뮤니케이션 연구의 대부분이 미국으로 넘어갔을 때 매스미디어는 주로 근대화(이는 곧 서구화를 의미하는데)를 달성하기 위한 가장 유망한 채널 중 하나로, 특히 전통적 태도를 극복하기 위한 강력한 도구로 간주되었다. 이러한 관점에서 볼 때 매스미디어가 선진국 혹은 자본주의 체제의 서구에서 저개발국으로 흐르는 것이 수용자들에게도 좋고 또한 사회주의, 계획, 정부통제에 기반한 대안적 근대화 모델과 싸우는 데 도움이 되는 것으로 보였다. 관찰된 미디어 흐름의 종류는 직접적 선전이나 교화가 아니라 풍요로운 생활양식과 자유 민주주의 제도의 활동을 보여주는 정상적인 오락물(이에 덧붙여 뉴스와 광고)이었다. 미국 출판물, 영화, 음악, 텔레비전의 유입은 이론을 검증하는 대표적 사례였다.

이는 글로벌 커뮤니케이션 흐름에 대한 전형적인 자기민족중심주의적 접근방법인데, 이 방법은 사실상 학자와 정치가, 그리고 메시지를 받아들이는 수용자들로부터 비판을 받았다. 오래지 않아 이 이슈는 불가피하게 냉전논쟁과 반식민지적(semi-colonial) 상황(특히 라틴 아메리카)에 있는 좌익계열의 저항에 휘말리게 되었다. 그러나 이전 시대의 국제적 선동노력과는 달리 새로운 '미디어 제국주의'는 마치 대중적 문화에 대한 대중 수용자들의 자발적 요청에 의해 실행되는 것처럼 보였고 따라서 더욱 '성공적'일 가능성이 많았다. 물론 수용자가 직접 선택하는 것은 아니었고, 국내 미디어 회사들이 자신의 이익을 위하여, 그리고 이데올로기적 이유가 아니라 상업적 이유로 선택했다.

글로벌 매스 커뮤니케이션을 둘러싼 이슈들의 대부분은 '문화 제국주의'의 주제, 혹은 보다 제한된 의미의 '미디어 제국주의'와 직·간접적으로 연결된다(제 5장 참조). 두 개념 모두 다른 나라들의 '문화적 공간'을 지배하거나, 침략하거나, 전복하려는 계획적 시도가 있음을 암시하며, 관계에서는 어느 정도 강제가 있음을 제시한다. 이것은 권력측면에서 확실히 불평등한 관계이다. 또한 이것은 전달되는 데 일반적인 문화적 혹은 이데올로기적 패턴이 있음을 암시하는데, 이러한 패턴은 특히 개인주의, 세속주의, 물질주의와 같은 '서구적 가치'들의 관점에서 해석될 수 있는 것이다.

하지만 '미디어 제국주의' 혹은 '문화 제국주의'는 문화적 내용일 뿐만 아니라 가장 먼저 근본적으로 미국 자본주의의 글로벌 프로젝트에 종속된다는 점(Schiller, 1969)에서 정치적이다. 앞에서 언급했던 라틴 아메리카와의 관계의 경우, 확실히 1960, 70년대 미국의 남·북미 '제국주의' 프로젝트의 이념은 공상적인 것이 아니었다(Dorfman & Mattelart, 1975). 그것이 글로벌 시장통제의 경제적 목표였는지 아니면 선례가 있었던 '서구화'와 반공산주의(anti-communism)의 문화적, 그리고 정치적 목표였는지에 대해서는 비판이론가들 사이에서 논란이 있었다. 물론 두 가지 측면들이 분명하게 연결된 것은 사실이다. 비판적 정치경제학 이론가들은 미디어 상품의 흐름을 형성하기 위해 맹목적으로 작동하는 글로벌 미디어 시장의 경제적 역동성을 강조한다. 물론 이러한 역동성은 말할 나위도 없이 자유시장 모델을 선호하고 일반적으로 자본주의를 장려한다.

글로벌 미디어 제국주의에 대한 비판가들은 일반적으로 자유시장 옹호론자들이나, 흐름의 불균형을 미디어 시장의 정상적인 특징으로 보는 실용주의자들과 계속 논쟁에 부딪혔다. 자유시장 옹호론자들이나 실용주의자들의 시각에서 글로벌화는 모두에게 혜택이 돌아가고, 반드시 문제가 되는 것은 아니다(예를 들면, Pool, 1974; Noam, 1991; Hoskins & Mirus, 1988; Wildman, 1991). 글로벌화는 심지어 일시적이거나 어떤 상황에서는 반대가 될 수도 있다. 빌터레이스트(Biltereyst, 1995)는 종속(dependency)과 자유로운 흐름(free flow)이라는 두 가지 지배적인 상반된 패러다임으로 상황을 기술했다. 그의 관점에서 보자면 두 패러다임은 경험적으로 기반이 다소 취약하다. 비판적 종속모델은 주로 흐름의 양에 대한 증거와 내용의 이데올로기적 경향에 대한 제한된 해석에 의존한다. 가정된 효과에 대한 연구도 미미하다. 자유로운 흐름 이론가들은 수용자는 자발적이라는 근거로 최소한의 효과를 가정한다. 이들은 글로벌하게 거래되는 콘텐츠의 문화적 중립성과 이데올로기적 무해성이라는 근거 없는 폭넓은 가정을 한다. 현재 진행중인 미디어 글로벌화를 궁극적 목표나 목적이 없고 실질적 효과가 없는 것(제4장에서 논의된 '문화적 자율성'의 입장과 일치하는 데)으로 가정하는 것도 가능하다. 글로벌화는 단지 현재의 정치, 문화, 기술적 변화의 계획되지 않은 결과일 수 있다.

만약 글로벌 매스 커뮤니케이션의 과정이 미디어 제국주의자 명제에 따라 정보를 받아들이는 국가적 사회의 관점에서 구조화되려면, 적어도 네 가지 명제를 고려해야 한다. 이 명제는 〈표 10. 3〉에 열거되어 있는데 이 장 후반부에 논의될 것이다. 그러나 지금까지 미디어 제국주의라는 부정적 시각에서 접근되었던 글로벌화에 대한 생각이 변하고 있다. 이러한 생각의 전환은 근대화 단계의 '낙관주의'로 회귀하는 것은 아니지만 후기 근대주의와 초기 이론의 규범적 판단을 회피하는 새로운 문화이론을 반영한다.

표 10. 3   미디어 제국주의 명제: 글로벌화의 효과들
- 글로벌 미디어는 경제성장보다는 종속관계를 조장한다.
- 매스미디어 콘텐츠 흐름의 불균형은 문화적 자율성을 파괴하거나 자율성의 발전을 저해한다.
- 뉴스흐름의 불평등한 관계는 거대하고 부유한 뉴스 생산국가들의 상대적인 글로벌 권력을 증대시키고 적절한 국가 정체성과 자아상의 발전을 방해한다.
- 글로벌 미디어 흐름은 문화적 동질화나 동시화의 상태를 야기하며 국민 대부분의 실제적 경험과 구체적 연관이 없는 지배적 문화형태를 유도한다.

글로벌화의 재평가

문화 제국주의의 명제는 많은 동일한 이슈들을 '글로벌화' 관점에서 바라보려는 최근의 경향 때문에 대부분 폐기되었다(Sreberny-Mohammadi, 1996; Golding and Harris, 1998). 이미 살펴보았듯이, 대중적 매스미디어에 대한 비판과 그것의 일반적인 문화적 비관주의에 대한 거센 도전이 있었다. 이것은 또한 뉴스의 국제적 흐름에 대한 생각은 아니더라도 글로벌 문화교류의 효과에 대한 생각에 영향을 미쳤다. 확실히, 매스미디어가 만들어내는 글로벌 포괄성을 긍정적으로 바라보거나 심지어 찬양하는 견해들을 자주 접하게 된다. 공유되는 상징적 공간이 확대되고 국가적으로 구획화되었던 미디어 시스템과 연관된 시간과 장소의 제약이 사라지게 되었다. 문화의 글로벌화는 심지어 자기민족중심주의, 민족주의, 심지어 일부 국가의 미디어 시스템에서 보이는 외국인 혐오주의(xenophobia)와 비교해 볼 때 훌륭하게까지 보일 수 있다. 냉전종식과 더불어 찾아오게 된 새로운 국제평화시대('새로운 세계질서')는 국제주의 미디어의 존재를 요구하는 것으로 생각되었다(Ferguson, 1992). '테러에 대한 전쟁' 결과들은 아직까지 드러나지 않고 있다.

미디어 제국주의의 명제와 관련된 대부분의 주장들은 글로벌 매스 커뮤니케이션을 마치 미디어가 사상, 의미, 문화적 형태들을 장소에서 장소로, 송신자에서 수신자로 '전달'하는 것처럼 원인과 결과의 과정으로 파악하는 경향이 있다. 따라서 비판가들은 원래 '발전 이론가들'이 사용하는 것과 동일한 언어를 사용한다. 이러한 미디어 작동방식에 대한 '전송'(transportation) 모델은 계획된 커뮤니케이션과 같은 특별한 경우를 제외하고는 적합하지 않는 것으로 받아들여진다. 다른 것은 몰라도, 매스미디어에서 어떤 '의미'를 형성하는 수용자의 적극적인 참여에 보다 더 주의를 기울일 필요가 있다(Liebes & Katz, 1990).

미디어가 문화적 발전, 확산, 발명, 창조과정을 도울 수 있고 기존 문화를 단순히 파괴하지 않는다는 주장은 논쟁의 여지가 있다. 상당수의 근대이론과 증거는 미디어-문화의 '침공'은 때때로 지역문화와 경험에 따라 저항에 부딪히고 재규정될 수 있다는 견해를 지지한다. '국제화'(internationalization)는 종종 자기 선택적이지 제국주의의 결과가 아니다. 럴과 왈리스(Lull & Wallis, 1992)는 '문화변형'(transcultura-

tion)이라는 용어를 사용하여 베트남 음악이 새로운 문화적 '혼성'(*cultural hybrid*)을 생산하려는 북미의 노력과 교차된다는 '매개된 문화적 상호작용' 과정을 묘사한다. 이와 비슷한 과정의 예들은 많이 있을 수 있다. 비록 논쟁의 여지는 있지만 일반적이고 저항할 수 없는 문화의 '탈영토화'(*deterritorialization*) 과정이 진행되고 있다 (Tomlinson, 1999). 두 번째로, 이미 살펴보았듯이 동일한 '외국' 콘텐츠에 대한 대안적 '해독' 또한 가능하다. '기호학적 권력' 또한 이러한 맥락에서 행사될 수 있고, 미디어 콘텐츠는 수용자의 문화에 따라 다르게 해독될 수 있다(Liebes & Katz, 1986). 이러한 생각은 아마도 너무 낙관적 견해여서 큰 무게를 지탱하지 못할 수 있고, 증거도 아직 그다지 강력하지는 않다. 외국의 문화적 콘텐츠는 또한 자국 미디어 문화와는 다르게, 그리고 보다 초연한 태도로 수용될 수도 있다(Biltereyst, 1991). 글로벌 미디어 문화의 매력에도 불구하고 언어차이는 여전히 문화적 '전복' (*subversion*)(Biltereyst, 1992)의 실질적 장애물이다. 외국뉴스의 수용(그것의 이용가능성은 별도의 문제로 하고)과 관련한 증거는 여전히 매우 단편적이지만, 수용자들이 외국에서 일어나는 사건을 자국과의 관련 가능성의 측면에서 바라볼 뿐만 아니라 개인적 상황에 따라 다르게 접근한다는 견해를 뒷받침하는 증거와 좋은 이론이 있다. 외국 뉴스 이벤트들은 보다 익숙한 사회 문화적 맥락에 따라 이해되거나 '해독된다'(Jensen, 1998).

초국가화된 미디어가 초래하는 잠재적인 문화적 피해의 '문제'는 과장되었을지도 모른다. 세계적으로, 유럽과 다른 지역의 많은 개별적인 지역, 국가적(그리고 하위 국가적) 문화들은 여전히 강하고 저항적이다. 수용자들은 여러 가지 다른, 그리고 모순적인 문화적 경험의 세계(예를 들면, 지역, 국가, 하위집단 및 글로벌 문화적 경험 등)를 하나가 다른 하나를 파괴할 필요 없이 허용할 수 있다. 미디어는 창조적 방식으로 문화적 선택을 확장할 수 있고, 국제화는 창조적으로 작동할 수 있다.

이러한 논쟁은 현재 국가적일 뿐만 아니라 세계적으로 나타나는 두 가지 모순적 경향들을 반영한다(제3장 참조). 하나는 응집을 향한 (구심적) 경향이고 다른 하나는 분열을 향한 (원심적) 경향이다. 미디어는 이 두 경향 모두를 장려할 수 있고, 어떤 효과가 더 강력한지는 구체적 맥락과 상황에 따라 다르다. 강한 문화적 정체성은 생존할 것이고 약한 정체성은 사라질 것이다. 유럽의 정체성과 같은 약한 문화적 정체성은 어떻게 해서든지 현재의 '미국화' 수준에 그다지 많이 영향받지 않을 것이다. 이것은 미디어가 문화적 저항이나 복종을 위한 필요조건이지만 충분조건은 아니라는 것을 시사한다.

글로벌화에 대한 이러한 수정된, 그리고 보다 긍정적 관점은 미디어의 국제적 흐름은 일반적으로 수요에 의한 것이며, 공급자의 현실적 혹은 가정된 동기보다는 수용자의 욕구와 필요 측면에서 이해되어야 한다는 점에 기반한다. 이러한 사실은 글로벌 미디어 시장에 존재하는 강제요소들을 고려해 볼 때 본질적으로 미디어 제국주의자의 비평을 무효로 만들지는 않는다. 이러한 '신 수정주의'는 또한 글로벌화에 대한 현재의 도취 속에서 새로운 이데올로기나 신화만을 보는 많은 비판가들을 만족시킬 수도 없다. 세계 미디어가 처한 상황의 많은 특징들은 자본주의 기제의 강력한 장악력과 거의 모든 곳에서(심지어 러시아연방에서도) 나타나는 미디어에 대한 정신을 입증하고 있다.

미디어 초국가화 과정

여기에서는 콘텐츠와 수용자 경험이 글로벌화되는 과정을 살펴볼 것이다. 이 과정은 두 단계의 효과과정이다. 하나는 콘텐츠의 변형이고 다른 하나는 수용자에 대한 효과이다. 셉스트럽(Sepstrup, 1989)은 텔레비전의 국제적 흐름에 대한 분석에서 '흐름'(flows)을 다음과 같이 구분할 것을 제안했다.

> **국가적**   외국(자국생산이 아닌) 콘텐츠가 국내 텔레비전 시스템에서 배급되는 경우
> **쌍무적**   한 국가에서 자신의 국가를 겨냥하고 생산된 콘텐츠가 인근국가에 직접적으로 수용되는 경우
> **다각적**   콘텐츠가 특정한 국가의 수용자를 염두에 두지 않고 생산되고 배포되는 경우

'국가적 흐름'의 경우 모든 콘텐츠가 자국 미디어에 의해 배포되지만 일부 아이템

들은 외국에서 만들어진다(영화, 텔레비전 쇼, 뉴스 스토리 등). '쌍무적 흐름'의 경우는 주로 직접적으로 국가경계를 넘어서는 전송이나 수신을 말하는데, 이는 인근국가의 수용자들에게 정기적으로 도달된다. 이것은 미국과 캐나다, 영국과 아일랜드, 네덜란드와 벨기에 등에서 보편적으로 나타난다. '다각적 흐름'의 유형은 MTV, CNN 등과 같이 명백히 국제적인 대부분의 채널들을 포함한다. 국제화의 첫 번째 유형은 흐름의 양과 수용자 도달 면에서 가장 중요하지만 동시에 앞에서 살펴보았듯이 잠재적으로 국가통제에 노출되어 있다.

이러한 특징을 바탕으로 셉스트럽(1989)이 제안하는 초국가화 효과모델은 〈그림 10. 2〉에 제시되어 있다. 이 모델은 세 국가들 간의 관계를 보여주는데, X는 미디어 콘텐츠의 주요 생산국이자 수출국이고, Y와 Z는 수입국들이다. 초국가화 효과를 나타내는 국가적, 쌍무적, 다각적인 세 가지 선들이 있다. 이들 중 첫 번째는 수입을 기반으로 운영되며 실제로 하나의 국가 미디어 시스템이 콘텐츠를 빌려옴으로

그림 10. 2 텔레비전의 국제화

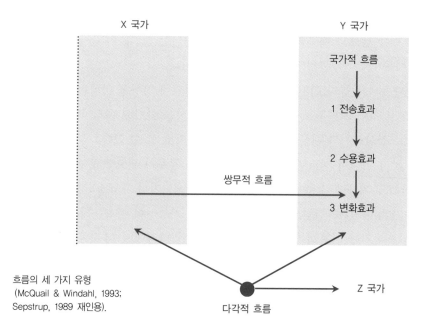

X 국가

Y 국가

국가적 흐름

1 전송효과

2 수용효과

쌍무적 흐름

3 변화효과

Z 국가

흐름의 세 가지 유형
(McQuail & Windahl, 1993;
Sepstrup, 1989 재인용).

다각적 흐름

써 국제화되는 과정이다. 이 과정에서 두 번째 단계는, 만약 이러한 단계가 존재한다면, 국가 시스템이 자국의 수용자들에게 좋든 나쁘든 간에 '국제적' 방향으로 영향을 미치는 대리인의 역할을 수행한다. 이러한 현상이 발생하기 위해서는 콘텐츠가 전달되어야 할 뿐만 아니라 수용자들이 이를 긍정적으로 수용하고 반응해야 한다. 이러한 것이 일어날 경우에만 문화와 사회에 영향을 미치는 국제화 과정에 대해 이야기 할 수 있다.

다른 두 과정들 중에서 쌍무적 흐름의 경우(직접적으로 국경을 넘어 전달되는)는 인접국가들이 이미 문화, 경험, 때로는 언어에서 생산국과 공통점이 많이 있을 경우에 대부분 발생한다. 이러한 상황에서 미디어의 역할을 많은 다른 종류의 접촉들과 구분하기란 쉽지 않다. 한 국가에서 직접적으로 많은 다른 국가들로 흐르는 다각적 흐름은 전통적 매스미디어와 관련되는 한 영향을 받는 수용자들의 규모가 작기 때문에 아직까지 상대적으로 그 중요성이 덜 하다. 그러나 다양한 다각적 흐름을 촉진시키는 인터넷의 성장과 더불어 그 중요성이 점차 증가하고 있다.

초국가적 흐름의 과정들이 야기하는 문화적 '효과'에 대해 결론을 내릴 수 없다. '국제적' 미디어 콘텐츠 혹은 '국제화된' 시스템과 실제로 수용자들이 받아들이는 것(혹은 수용문화에 미치는 결과)을 구분할 필요가 있다. 외국에서 생산된 콘텐츠가 전달되는 것과 이 콘텐츠의 예측할 만한 영향력이 나타나는 것 사이에는 큰 간극이 있다. 그 과정에는 많은 단계와 장애가 있다고 할 수 있다.

언어는 콘텐츠의 종류나 어떤 메시지의 직접적 전달에 영향을 미치는 매우 큰 장벽이다. 문화적 차이도 콘텐츠의 선별적 지각과 해석을 야기해 메시지를 예측불가능한 방향으로 분산시키기 때문에 또 하나의 장벽이라고 할 수 있다.

콘텐츠가 국가 미디어 시스템을 통하여 걸러지는 경우가 많으면 많을수록 그 나라의 취향, 태도, 기대에 맞추어 콘텐츠가 선별, 각색되거나 재규정되고 맥락이 달라지는 경우가 많아진다. 그럼으로써 '문화적 충돌' 가능성이 줄어든다. 이러한 변형은 수용하는 국가들이 문화적, 경제적으로 발전된 나라에서 더 많이 일어난다. (전달에서의) 변형과정은 이미 생산국과 수용국의 문화적 유사성이 이미 존재하는 경우(따라서 문화적 변화의 여지가 적은 경우)에 가장 적게 나타난다. 변형은 또한 수용국가가 가난하고 저개발국일 경우, 문화적 거리감이 높고, 영향을 수용할 기회(새로운 사상이나 새로운 행동의 형태로)가 낮을 경우 제한되어 나타난다.

초국가화 효과의 방향은 글로벌 경제관계 구조에 상응하는 세계 미디어 시스템의 구조를 살펴보면 예측할 수 있는 것으로 보인다. 현대 미디어 시스템이 요구하는 미디어 콘텐츠 공급량을 채우는 데 필요한 엄청난 역량을 고려해 보면 부유한 국가들이 자국의 필요를 만족시키고 수출을 위한 잉여 콘텐츠까지 생산할 것이라는 사실을 알 수 있다. 효과의 일반적 방향은 항상 부유한 국가에서 가난한 국가로, 거대 국가에서 작은 국가로(비록 상대적인 국가소득에 따라 다르지만), 그리고 실질적으로는 대체로 미국과 영어 사용국가들에서 다른 국가들로 흘러갈 것이다. 그러나 그 반대의 효과에 대해서도 주목할 필요가 있다. 미디어 콘텐츠가 더 큰 시장을 겨냥하여 제작되면 될수록 그만큼 콘텐츠 내용이 문화적으로는 더욱 포괄적으로 되고, 자민족중심주의적이고 구체적일 가능성은 줄어든다. 거브너(Gerbner, 1995)는 미국영화와 텔레비전 생산이 어떤 측면에서는 세계시장의 폭력과 섹스에 대한 요구, 그리고 전형적인 미국상품을 팔기 위해 행해지는 행동 때문에 품질이 저하되었다고 개탄했다.

인터넷의 등장과 성장으로 인해 글로벌 정보와 문화적 자원에 접근할 가능성이 확장된다. 전통적 미디어 콘텐츠의 흐름을 제한하고 통제하는 다양한 게이트키퍼들에 대한 의존 없이 접근이 가능하다. 이러한 게이트키퍼들은 배급채널의 송신지점과 수신지점 모두에서 작동한다. 인터넷(그리고 월드와이드웹)은 진정으로 국제적 매체이고 잠재적으로 방대한 양의 새로운 자원을 모두에게 열어놓는다. 그러나 인터넷 '콘텐츠'는 아무리 다양할지라도 '서구'(그리고 영어사용권)에 의해 지배되고, 접근을 위해서 값비싼 장비(가난한 국가에게는 꽤나 비싼 비용인데)와 언어 및 다른 기술이 필요하다는 것은 주지의 사실이다.

국제적 뉴스 흐름

앞에서 언급했듯이 뉴스의 글로벌화는 19세기 국제 통신사의 등장으로 본격적으로 시작되었고(Boyd-Barrett & Rantanen, 1998), 뉴스는 국제교역을 위해 효과적으로 상품화된 최초의 미디어 생산품이었다. 매스미디어의 역사가 수용자를 끌기 위해서는 최신 정보 서비스가 중요하다는 사실을 보여주기는 하지만 뉴스가 처음으로 국제적 상품이 된 이유에 대해서는 분명하지 않다. '뉴스'는 인쇄미디어와 전자미디어의 구성요소로 다소 표준화되고 보편화된 장르이고 '뉴스스토리'도 마찬가지이다. 뉴스스토리는 유용한 정보로서의 가치를 지닐 수 있거나 어떤 나라나 문화에서든 간에 호기심과 인간적인 흥미를 충족시켜 줄 수 있다.

텔레비전 뉴스는 뉴스를 말과 함께 영상으로 전달하고, 그리고 영상도 어떤 '각도'로도 편집이 가능하기 때문에 문화에 상관없이 뉴스를 어필할 수 있는 능력을 가속화시켰다. 텔레비전 뉴스영상 통신사들은 인쇄뉴스 통신사들의 선례를 그대로 따랐다. 영상은 스토리를 말해주지만 말은 의도된 의미들을 고착화시킨다. 텔레비전 뉴스영상은 인쇄뉴스와 마찬가지로 사건에 대한 설명에서 신뢰성과 신빙성을 담보하기 위해 고안된 저널리즘적 '객관성' 원칙에 기반을 둔다. 초기의 국제 '외국'뉴스는 정치, 전쟁, 외교, 무역에 집중했지만 그 이후 국제뉴스의 범위가 스포츠, 쇼 산업, 금융, 여행, 유명인사 가십, 패션 등으로 굉장히 넓어졌다.

선진국과 후진국 사이의 뉴스흐름의 불균형에 대한 논쟁은 1970년대 불거졌고 냉전 논쟁과 맞물려 고도로 정치화되었다. 미디어 종속적인 국가들은 국제기구인 유네스코를 이용하여 국제보도의 규범적 가이드라인을 수립하는 등 새로운 세계정보 및 커뮤니케이션 질서(NWICO)를 요구했다(Hamelink, 1994; Carlsson, 2003). 그리고 평등, 주권, 공정성을 근거로 보도의 통제를 요구했다. 이러한 요구들은 '자유로운 흐름'의 원칙(근본적으로 자유시장 원칙)의 수호자, 주로 서구정부와 서구언론 이해당사자들에 의해 강력하게 거부되었다(Giffard, 1989). 국제위원회가 새로운 가이드라인을 추천했지만(McBride et al., 1980), 이는 대부분 무시되었고 유네스코를 통한 대화의 통로 또한 폐쇄되었다(Hamelink, 1998). 국가적, 국제적으로 커뮤니케이션 자유화가 가속화되고 다른 지정학적 변화들로 인해 국제정보질서에 대한 논쟁은 근본적 상황개선이 전혀 없는 상태에서 대부분 종료되었다.

그러나 이러한 일련의 논쟁을 통해 뉴스흐름의 실질적 구조와 글로벌 뉴스산업의 근원적 역학에 대한 공적 토론과 연구는 많은 조명을 받았다. 선진국에서의 뉴스 (신문이든 텔레비전이든) 는 전문적인 잡지나 엘리트를 위한 출판물 이외에는 외국뉴스에 많은 공간을 할애하지 않는다는 사실이 반복적으로 입증되었다. 외국뉴스는 주로 강대국, 인접국, 부유국 혹은 언어와 문화적으로 밀접한 국가들에서 발생하는 사건들을 다룬다. 외국뉴스는 또한 수용국가의 이해관계에 초점을 맞춘다. 대부분의 외국뉴스는 선진세계와 관련되는 소수의 위기나 갈등(예를 들면, 중동)에 관심을 두고 있다. 광대한 영역의 물리적 세계 혹은 공간은 뉴스에서 그려지는 세계 '지도' 에서는 체계적으로 존재하지 않거나 하나의 작은 것에 불과하다고 볼 수 있다 (Gerbner & Marvanyi, 1977; Womack, 1981; Rosengren, 2000). 특히 개발도상국들은 '선진국들'의 경제적, 전략적 이익을 위협하는 사건들이 발생했을 경우에만 선진국의 뉴스 틀 안에 들어오는 경향이 있다. 대안적으로 문제나 재앙들이 멀리 떨어져 있는 안전한 지역의 수용자들에 흥미가 있을 만큼 규모가 클 경우에는 뉴스로 만들어진다.

국제뉴스 선택의 '편향성'이 아직까지 존재하는 이유들을 이해하기란 어렵지 않다. 우선 그 이유는 뉴스통신사들에 의한 뉴스흐름 조직과 각 뉴스매체의 고유한 게이트키핑에서 찾아볼 수 있다. 궁극적 요인은 먼 나라에서 일어나는 사건에는 별로 흥미가 없는 것으로 생각되는 평균적인 뉴스소비자에 있다. 통신사들은 '궁극적으로' 자국수용자들에 관심을 끌 것인가의 여부를 기준으로 '해외'뉴스를 수집하고, 국내미디어의 외신편집자들도 통신사와 비슷하지만 훨씬 더 세밀한 기준들을 적용한다. 결과적으로 극적이지 않거나 수용 당사국과 직접적 관련이 없는 먼 지역의 뉴스들은 대부분 제거된다.

외국뉴스 구조를 형성하는 요인들에 대한 연구가 많이 진행되었는데, 뉴스흐름은 지정학적 인접성과 문화적 유사성 이외에도 경제적, 정치적 관계를 반영한다는 것이 기본적으로 밝혀진 사실이다(Rosengren, 1974; Ito & Koshevar, 1983; Wu, 2003). 뉴스흐름은 국가간 다른 형태의 거래와 정적인 상관관계를 보인다. 따라서 세계 각국의 무역패턴이나 각국의 선호관계를 알아볼 필요가 있다. 다른 요인은 권력이다. 한 국가에 영향을 미치는 보다 힘 있는 국가들에 대해 알아볼 필요가 있다.

표 10. 4
국제뉴스의 선택과 흐름에 영향을 미치는 요인들
• 사건에 대한 설명으로서의 뉴스의 본질
• 사건의 시의적절성과 뉴스 순환주기
• 뉴스 생산과 전달을 위해 이용가능한 자원
• 국제 뉴스통신사들의 활동
• 뉴스가치들
• 지리적 요인, 무역, 외교
• 문화적 유사성과 언어

외국뉴스 선택에 대해서 보다 구체적으로 설명하는 학자도 있다. 갈퉁과 루지(Galtung & Ruge, 1965)는 뉴스선택은 세 가지 요인들의 결과라고 제안한 바 있다. ① 뉴스 이용가능성과 분배와 관련된 '조직적' 요인, ② 뉴스수용자들에게 관습적으로 흥미 있는 것으로 간주되는 것과 관련된 '장르' 관련 요인, ③ 토픽을 선택하는 가치와 주로 관련된 '사회-문화적' 요인이 그것이다.

외국뉴스에서 선택패턴을 연구하는 다른 분석들도 주로 이들의 세 가지 요인들의 타당성을 입증했다. 뉴스는 멀리 떨어져 있고, 정치적으로 중요하지 않은 국가들(일시적 위기상황을 제외하고는), 비엘리트들, 혹은 이념, 구조, 제도들에 대해서는 다루지 않는 경향이 있다. 오랜 시간이 소요되는 과정들(예를 들면, 발전이나 종속)은 뉴스화되기 쉽지 않다. 그러나 대부분의 뉴스연구들이 '진지한'(예를 들면, 정치적, 경제적) 내용과 딱딱한 뉴스에 집중되어 있다는 사실을 우리는 명심해야 한다. 수량적으로나 다른 측면에서 보다 중요한 분야, 특히 쉽게 뉴스화될 수 있는 스포츠, 음악, 오락, 가십, 그리고 다른 인간적 흥밋거리들에 대한 관심은 많지 않다. 대부분의 사람들이 즐기는 뉴스는 이러한 토픽들이 대부분이고, 이것들은 글로벌 미디어 문화를 반영하여 성격상 국제적일 수 있다.

10 미디어 문화의 글로벌 교역

1970년대 이후 미국 외에 이루어진 텔레비전 생산과 전송이 엄청나게 확장되었기 때문에 미국은 20년 전에 비해 상대적으로 글로벌 미디어 측면에서 그 중요성이 약화되었다. 이러한 사실은 보다 많은 국가들이 자국의 자체 생산을 통해 국내수용자들의 욕구를 보다 더 충족시킨다는 것을 의미한다. 스리버니모하마디(Sreberny-Mohammadi, 1996)는 기대 이상으로 높은 국내 생산비율을 보여주는 자료들을 인용한다. 예를 들면, 인도와 한국은 텔레비전 프로그램의 약 92%를 생산하고 인도 시청자들의 일일 시청 프로그램의 99%가 국내에서 생산된다. 그러나 미국 영화와 텔레비전 드라마의 경우 거의 대부분의 나라에서 여전히 높은 침투율을 보인다. 스리버니모하마디는 '토착화'(indigenization)의 증거에 대해 과잉해석하지 말 것을 경고한다. 왜냐하면 많은 프로그램들이 이전의 문화제국주의 악당들과 똑같은 논리로 운영되는 대기업들에 의해 제작되기 때문이다. 공급원으로서 미국의 장점은 수입국의 시장상황을 반영하는 가격수준에서 문화적으로 익숙한 콘텐츠를 대규모로, 그리고 조직적으로 생산할 수 있다는 것이다.

유럽의 경우, 사실 보이지 않는 배경에는 '미국화'가 문화적 가치와 심지어 문명화를 위협한다는 문화적 엘리트주의자들의 불평이 오랫동안 있었다. 제2차 세계대전의 여파로 미국 미디어가 유럽시장을 지배하게 되었지만 가난한 나라들은 여전히 영화수입을 제한하고, 미성숙한 국내영화와 텔레비전 산업을 지원했다. 일반적으로, 텔레비전 서비스는 국가의 문화적 정체성을 장려하고 보호하는 데 우선권을 부여하는 국가적 공공서비스 모델에 기반해서 발전되었다.

서유럽의 경우, 영상 콘텐츠를 수입하려는 최근의 태도는 확장과 민영화를 제외한 세 가지 주된 요인들에 의해 형성되었다. 하나는 유럽연합이라는 정치-문화적 프로젝트였고, 두 번째는 유럽의 영상산업들이 제자리를 잡을 수 있는 대규모 유럽 내부시장을 창조하려는 목적이었다. 세 번째는 미디어 상품에서 나타나는 대규모 무역손실을 줄이기 위한 바램이었다. 이러한 모든 목표들은 콘텐츠의 일방적 흐름 때문에 손상된 것으로 인식되었다. 턴스탈과 마친(Tunstall & Machin, 1999)에 따르면 시장을 확대하려는 시도는 주로 미국 수출업자들에게 혜택을 줬다.

문화적, 경제적 동기와 논쟁들이 혼합되면서 이슈가 상당히 복잡하게 되었는데, 특히 1993년 말 자유로운 세계무역 확대를 위한 관세 및 무역에 관한 일반협정(GATT)이 이러한 혼합으로 인해 결론을 내는 데 어려움을 겪었다. 결론적으로 나온 절충안은 비록 실질적 효과는 없었지만 자유로운 교역과 문화적 주권원칙 모두를 허용하는 것이었다. 유럽연합(EU)은 유럽의 텔레비전과 영화산업을 보호하기 위한 정책들(특히 유럽 제작물에 특권을 부여하는 '국경 없는 텔레비전 연대정책', Directive on Television Without Frontiers)을 고수하고 있지만 이들 분야에서의 무역 적자는 여전하다(Dupagne & Waterman, 1998).

비록 유럽으로의 미디어 수입이 기본적으로 미디어 상품이 수용자에게 일반적으로 매력이 있기 때문에 이루어지기는 하지만, 또한 한 나라에서 가장 인기 있는 텔레비전 프로그램(최고 시청률의)은 (국제적 미디어 포맷에 기반을 둔다고 할지라도) 거의 자국에서 생산된다는 사실은 분명하다. 주된 미디어 수입상품이 선호순위에서는 두 번째이지만, 소수의 수용자층을 확보하고 있는 낮 시간이나 늦은 밤 시간대 편성을 채우거나 아니면 새로 생긴 저예산 위성과 케이블 채널을 채우기 위해 방대한 양의 수입된 콘텐츠가 사용된다. 미국 수출 콘텐츠의 가격은 항상 특정한 시장상황에 따라 조절되고, 가격을 수출국과 수입국 간의 문화적 유사성의 정도와 연관시키는 '문화적 가격할인'(cultural discount) 요인도 작동한다. 즉, 유사성이 낮으면 가격도 낮아진다(Hoskins & Mirus, 1988).

미국에서 수입된 콘텐츠는 대부분 드라마나 픽션 범주에 해당하고, 수입하는 나라에서 보면 수입된 콘텐츠의 질이 매우 우수하거나 수용자에게 어필하기 때문이라기보다는 자국에서 자체 생산했을 때 비용이 많이 들기 때문에 수입한다고 할 수 있다. 대부분의 텔레비전은 여전히 국가 내에서 생산되고 시청된다. CNN이나 MTV와 같이 다국적으로 유통되는 위성채널들은 유럽에서 대규모 수용자들에게 도달하는 데 한계가 있었고 콘텐츠, 전송, 포맷을 그 지역의 요구에 맞게 수정했다. 디지털 텔레비전의 도래는 초국가화를 촉진했지만, 주요 장벽이 기술적인 것은 아니었다(Papathanossopolous, 2002). 로이와 드 메이어(Roe & de Meyer, 2000)가 소개하는 'MTV Europe' 이야기는 1980년대와 90년대 유럽 '침공'의 선두에 섰던 초국가적 위성 텔레비전 채널이 시간이 지남에 따라 어떻게 바뀌었는가를 말해준다. MTV는 처음에는 주로 앵글로 아메리칸 팝음악에 대한 젊은 신세대 수용자들을 획득하는 데 매우 성공적이었다. 그러나 독일, 네덜란드 및 다른 나라에서의 경쟁채널들로 인해 MTV는 어쩔 수 없이 음악은 바꾸지 않지만 '지역'언어를 사용하는 지역화 정책을 받아들일 수밖에 없었다. 이러한 과정이 지속되었기 때문에, 영어가 팝음악의 언어이기 때문에 하나의 자산이 되지만 일반적으로 채널을 운영하는 데는 장점이 아닐 수 있다는 교훈을 주었다.

이 책은 매스미디어에 대해 다루기 때문에 문화적 글로벌화의 다른 형태들이 설령 미디어와 연관된다고 하더라도 이에 대해서는 논의하지 않기로 한다. 선진국들은 항상 자신의 식민지, 종속국가, 그리고 무역상대국으로부터 사상, 디자인, 패션, 요리, 식물 등 다양한 형태의 문화적 요소들을 차용한다. 이민집단들도 수가 많을 경우에 자신들의 문화를 유지한다. 상징적 문화의 확산은 또한 미디어, 광고와 마케팅을 통해 일어나며, 종종 소비자들의 라이프스타일 요구를 충족시키기 위해 새로운 상품을 찾는 과정에서 일어나기도 한다. 이러한 확산은 중심국과 주변국의 관계에서 양방향으로 일어난다. 무어리(Moorti, 2003)는 미국 패션문화에 인도테마, 특히 빈디(bindi, 이마 위의 주홍색 마크)와 코걸이(nose-ring)가 유입되는 사례를 기술하고 있다. 이러한 상징들은 백인여성과 아시아여성의 위계적 관계에는 아무런 변화를 주지 않으면서도 미국여성들에 의해 하나의 패션 문장으로, 그리고 세계주의(cosmopolitanism)와 이국주의(exoticism)의 기표로 채택되었다. 무어리는 이것을 '상징적 카니발리즘'(symbolic cannibalism)이라 명명하고 실질적인 다문화주의의 예이기보다는 상품화의 전형적 예로 간주한다. 이것은 또한 포스트모던적 혼성모방(postmodern pastiche) 예이기도 하다. 이와 유사한 많은 예들이 나타날 수 있다.

11 국가적 문화적 정체성의 개념

미디어 글로벌화에서 야기되는 지속적인 논쟁과 연구주제가 문화적 정체성이다. 수입된 미디어 문화는 수입국가의 고유한 문화의 발전을 가로막거나, 더 나아가 한 국가 내의 많은 지역문화들도 가로막는 것으로 인식된다. 특별히 '유럽'의 문화적 정체성(유럽의 정치, 경제적 통합의 맥락에서)에 대한 논의가 새로운 이슈로 추가되었다(Schlesinger, 1987; van Hemel, 1996). 이러한 논의 속에 숨은 이슈와 동기(부분적으로 경제적, 정치적 동기)의 구성은 본질적으로 선진국-후진국 간의 문화적 흐름의 경우와 크게 다르지 않다. 캐나다와 미국의 문화적 관계 또한 오랫동안 비슷한 관점에서 다루어졌다. 많은 지역적, 언어적 소수자들의 상황도 이러한 틀 내에서 논의될 수 있다(McQuail, 2002).

이러한 이슈의 근저에는 문화가 국가와 지역사회의 소중한 공동자산일 뿐만 아니라 외부로부터의 영향에 민감하다는 강력한 '신념체계'가 있다. 국가의 문화에 대한 가치는 국가 독립운동이 종종 독특한 자국의 문화적 전통을 복원하는 것과 밀접하게 연관되었던(예를 들면, 그리스, 아일랜드, 핀란드 등에서 나타났던 운동) 19세기와

20세기에 형성된 사상에 근거한다. 새롭게 확립된 국가적 경계(종종 인위적으로 만들어지기도 했는데)와 사람들의 '자연스러운' 문화적 구분들 사이에 연관성이 없는 경우가 많았기 때문에 국가문화의 내재적 가치에 대한 수사를 바꿀 필요가 없었다. 따라서 '국가적 정체성'은 문화적 정체성 일반과는 다르고 이보다 문제가 더 많은 개념이다. 그리고 '유럽의 문화적 정체성'이라는 개념은 정치적 이유로 조장되기 때문에 보다 더 취약하고, 더 나아가 앤더슨(Anderson, 1983)이 국가이념에 적용한 용어인 '상상의 공동체'(imagined community)와 비슷하다.

이러한 상당한 개념적 혼란을 고려해 볼 때, 국제적 흐름의 문화적 '영향'에 대한 문제가 여전히 해결되지 않고 있다는 사실은 그다지 놀랄 만한 일이 아니다. 쉴레진저(Schlesinger, 1987)는 '집단적 정체성'이라는 일반적 개념으로 접근할 것을 제안한다. 집단적 정체성은 비록 생존하기 위해 그것이 의식적으로 표현되고, 강화되며, 전달되어야 하지만 '시간적'으로 지속되고 변화에 저항한다. 이러한 이유로, 관련된 커뮤니케이션 미디어에 대한 접근과 미디어의 지원이 매우 중요하다.

그러나 이러한 개념화는 (문화적 정체성이 존재하는지 아닌지의 여부를 결정하는 것과 같은) 일부 목적을 위해서는 유용하지만 미디어 초국가화라는 논쟁적 문제에 적용하기에는 너무 강할지도 모른다. 이러한 개념에 적합한 집단적 정체성들의 대부분은 영속적이고, 뿌리가 깊으며, 외국(특히 앵글로-아메리칸) 미디어 시청의 표면적 '영향'에 대해 저항적이다. 집단적 정체성들은 공유된 역사, 종교, 언어에 의존한다. 미디어는 좋든 나쁘든 간에 보다 자발적이고, 일시적이며, 다원적(중층적) 성질의 문화적 정체성에 영향을 미칠 가능성이 더 있다. 문화적 정체성은 집단적으로 유지될 수도 있지만 취향, 라이프스타일, 그리고 다른 일시적 특징들에 근거를 둔다. 이것들은 반드시 배타적일 필요가 없고 심지어 (국제적) 미디어에 의해 성장될 수도 있는 하위문화적 정체성과 더 비슷하다.

글로벌 미디어 문화를 향하여?

글로벌화된 미디어 문화의 등장과 같은 미디어 글로벌화의 문화적 결과는 너무나 명백하기 때문에 간과될 수도 있다(Tomlinson, 1999). 미디어 국제화는 더 많은 동질화 또는 '문화적 동시화'를 이끌어낼 것이다. 하멜링크(Hamelink, 1983)에 따르면, 이러한 과정은 '한 나라의 문화적 발전과 관련된 결정은 힘 있는 중심국가의 이해와 필요에 따라 이루어진다는 것을 의미한다. 따라서 이러한 결정은 종속국가가 적응할 필요성에 대해 전혀 고려하지 않고 미묘하지만 파괴적인 효과를 동반하면서 강제된다'. 결과적으로 문화는 특수성이 줄어들고 응집성은 높아지며, 배타성은 줄어든다.

또 다른 연구자는 우리가 점차 장소나 시기에 연결되지 않는 문화의 형태에 직면한다고 지적한다.

> 이러한 문화의 형태는 탈맥락적이고, 사실상 이곳저곳에 흩어진 개별적 요소들의 혼합으로서, 글로벌 텔레커뮤니케이션 시스템이라는 전차를 기반으로 탄생했다. 마찬가지로 글로벌 문화의 개념에 대한 처음도 끝도 없는 그 무엇이 있다. 공간에 널리 산재된 글로벌 문화는 어떠한 과거와도 단절되어 있다 … 그것은 역사가 없다(Smith, 1990).

이러한 지적의 일부는 맥루한을 선구자로 삼았던 포스트모던 문화의 특징과 연결되는 것처럼 보일 수 있다(Docherty, 1993). 포스트모던 문화는 어떤 고정된 시간과 장소로부터 분리되어 있고, 도덕적 기준이나 고정된 의미가 없다. 국제적 미디어가 이러한 유형의 문화를 촉진시킨다는 칭찬(혹은 비난)을 받는 것은 우연이 아니다. 그러한 글로벌 문화는 가치중립적으로 보이지만 사실은 개인주의, 소비주의, 쾌락주의와 상업주의를 포함한 서구 자본주의 가치들의 많은 부분들을 구현한다. 그것은 문화적 선택을 증진시키고 어떤 새로운 지평을 열

표 10.5
글로벌화의 문화적 효과들
• 문화의 동시화
• 국가, 지역, 지방 문화의 침식
• 문화적 상징들의 상품화
• 다문화주의의 증대
• 문화적 형태들의 혼성과 진화
• 글로벌 '미디어 문화'의 성장
• 문화의 탈영토화

지 모르지만 다른 한편으로는 기존에 존재하는 지역적, 토착적, 전통적인 소수문화의 공간에 도전하고 침입하는 것일 수도 있다.

12 글로벌 미디어 거버넌스

글로벌 정부가 없는 상황에서 국제 커뮤니케이션은 어떠한 일관성 있는 중앙 통제 시스템 대상이 아니다. 자유시장과 국가주권의 힘들이 결합하여 국제커뮤니케이션을 이런 식으로 유지한다. 그럼에도 불구하고 국가적으로 기반하고 있는 미디어를 강제하는 상당히 광범위한 일련의 국제적 통제와 규제들이 존재한다. 이는 전형적으로 필요나 상호 이익증진을 위한 자발적 협력의 결과이다. 대부분 이러한 규제는 기술적이고 무역상의 문제들에서 글로벌 미디어를 촉진시키기 위해 고안되지만 일부요소들은 비록 구속력은 없지만 규범적 문제들과 연관된다.

글로벌 거버넌스의 기원은 19세기 중반의 만국우편연합(UPU, Universal Postal Union)을 통해 국제적 우편 서비스를 촉진시키기 위해 마련된 협약들에서 찾을 수 있다. 이와 비슷한 시기(1865)에 상호연결을 조정하고 관세협정을 확립하기 위해 국제전신연합(ITU, International Telegraph Union)이 창설되었고, 이후에는 라디오 주파수에 대한 책임까지 맡는 것으로 확대되었다. 두 사례 모두 중앙정부나 주정부의 독점이 중요한 역할을 했다. 제2차 세계대전 이후에 국제연합(UN)은 매스미디어 문제들, 특히 국제헌장에 의해 보증되는 표현의 자유, 국가간의 자유로운 커뮤니케이션 흐름, 그리고 주권이슈들과 관련한 토론의 장을 제공했다. 1978년 유네스코에서 제3세계 국가들의 부탁으로 국제적 미디어의 행동, 특히 전쟁을 위한 선전, 선동과 적대적 보도와 관련된 수많은 원칙들을 명시하는 미디어 선언을 제출하려는 시도가 있었다. 서구국가들과 자유시장 미디어들의 반대로 실패로 끝났지만 그것은 수많은 새롭고 논쟁적인 이슈들을 관심과 토론의제로 올려놓았고, 커뮤니케이션 권리와 의무에 대한 인식에 기여했다. 아직까지 유엔선언, 유럽 인권협약과 미국 인권협약을 포함한 국제조약들이 존재하면서 커뮤니케이션의 남용으로 피해를 입은 국가들에 대한 구제책을 제공한다.

컴퓨터와 텔레커뮤니케이션에 기반한 새로운 '커뮤니케이션 혁명'과 결합되어 등장한 탈규제와 민영화를 향한 패러다임의 변화는 보다 강도 높은 규범적인 국제규제의 길을 막아버렸다. 그러나 이러한 패러다임의 변화는 여러 범위의 이슈들에 대한 기술적, 행정적, 경제적 협력의 필요성을 증가시켰다. 가장 최근의 발전이라고 할 수 있는 인터넷 발전은 국제규제에 대한 요구를 자극했는데, 최근에는 구조뿐만 아니라 내용에 대한 규제 요구도 등장했다.

다음에 열거하는 단체들이 지금 새로운 거버넌스 시스템에서 다양한 역할을 하고 있다.

- 국가 정부들에 의해 임명된 대표자 심의회가 다스리는 국제 전기통신 연합 (ITU, International Telecommunication Union) (국제전신연합에서 개명됨) 이 텔레커뮤니케이션 기술표준, 주파수 할당, 위성궤도 및 기타 관련 문제들을 다루고 있다.
- 세계 무역기구(WTO)는 경제적 문제들에 대해 막대한 영향력이 있고 미디어가 점차 큰 규모의 사업이 되고 상업화되면서 미디어에 더욱더 많은 영향을 미친다. 미디어 정책과 관련하여 국가주권 제한에 대한 함의를 포함한 자유무역과 보호문제가 중심적 이슈들이다. 유럽연합(EU)의 방송보호 정책은 일반적으로 공영방송의 경우와 마찬가지로 특별히 취약하다. 유럽연합과 별도로 북미 자유무역협회(NAFTA, North American Free Trade Association)와 같은 다른 지역의 무역기구들도 미디어 이슈에 영향을 미칠 수 있다.
- 1945년에 창설된 유엔 산하기구인 유네스코도 문화적, 교육적 문제들에 대해 폭넓은 권한을 가졌지만 이제는 힘이 없고 구체적인 미디어 관련 기능도 없다. 그러나 유네스코는 표현의 자유와 인터넷에 대한 문제에 대해서는 적극적이다.
- 1983년에 창설된 세계지적재산권기구(WIPO, World Intellectual Property Organization)도 적절한 법률제정과 절차를 조화시키고, 권리 소유자, 저자 및 사용자들 사이의 분쟁을 해결하려는 주된 목표가 있다.
- 국제인터넷주소관리기구(ICANN, International Corporation for Assigned Names and Numbers)는 가장 최근에 거버넌스 단체들에 추가되었다. 이는

인터넷 사용자 공동체를 대표하는 자발적 민간단체이다. 이 기구는 1994년 월드와이드웹이 민영화된 이후에 시작되었는데, 주된 기능이 인터넷 주소와 도메인 이름을 할당하고, 일부 서버 관리기능을 수행하는 것이었다. 이는 인터넷과 관련한 새로운 사회적 및 여타 문제들을 직접적으로 다루는 권한은 없다.

다른 많은 단체들도 국제적 미디어와 관련한 이슈들을 다양하게 다룬다. 많은 단체들이 발행인, 저널리스트, 프로듀서들의 이해관계를 포함한 다양한 산업적 이해관계를 대변한다. 또한 '시민사회'의 이익을 대변하는 많은 비정부 기구들(NGOs)도 있다. 여러 가지 이유로 효과적인 규제는 주로 표현의 자유문제를 제외하고는 사회, 문화적 이슈들보다는 기술적, 경제적 문제로 제한된다. 그럼에도 불구하고 여기저기에서 국제주의가 성장하는 신호들이 나타나고, 이에 따라 단순히 국가들에 의해 제공되는 것 이상의 적절한 분석틀에 대한 요구가 있다(Gunaratne, 2002 참조).

13 소 결

글로벌 매스 커뮤니케이션은 현실이고 20세기 중반 이후 글로벌화의 조건들이 지속적으로 강화되었다. 이러한 조건들에는 미디어 상품을 유통시키는 자유시장의 존재, 효과적인 정보 접근권의 존재와 이에 대한 존중, 이에 따른 정치적 자유와 표현의 자유, 국경과 원거리를 넘나들면서 신속하게 대량의 정보를 값싸게 전송하는 채널을 제공할 수 있는 기술 등이 포함된다. 그럼에도 불구하고, 글로벌 송신과 수신의 실질적 기회와 그것이 발생할 가능성은 보다 세속적 문제들, 특히 국가적 미디어 시스템과 그것이 다른 시스템과 연결된 정도에 달려있다.

역설적으로, 앞에서 언급된 세 가지 조건들이 모두 마련된 국가인 미국은 외국의 매스미디어를 통한 수혜자가 될 가능성이 가장 적은 국가들 중 하나이다. 이것은 미국이 다른 상품들과 함께 세계 각국으로부터 '문화'를 수입하는 다른 부문들에는 적용되지 않는다. 수단은 있지만 의지나 동기부여가 빠져있다. 실질적으로 국제적 미디어를 경험함으로써 혜택을 가장 많이 받는 나라들은 자국문화를 활발하게 유지하면서도 글로벌 정보사회의 폭넓은 열매들을 충분히 향유할 수 있는, 작지만 부유한 국가들일 것이다. 글로벌 매스 커뮤니케이션이 번성하기 위해서는 이러한 열매들에 대한 올바른 평가 혹은 절박한 요구가 있어야만 하고, 이를 위한 주된 희망은 이제 인터넷과 월드와이드웹, 그리고 디지털화의 추가적 확대에 있다.

　글로벌 커뮤니케이션이 공적 커뮤니케이션(미디어 시장의 중요한 요소와 반대되는)의 보다 중요한 요소가 되기 위해서는 글로벌 정치질서와 특정 형태의 국제적 통치가 기본적 조건이 되어야 한다. 공산주의의 붕괴 이후에 생겨난 '새로운 질서'는 이러한 방향으로 발전되지 못했다. 미래의 상당기간 동안, 매스 커뮤니케이션은 개별국가와 세계 사건들을 중재하는 일부 부유한 강대국들에 의해 계속 지배될 것이다.

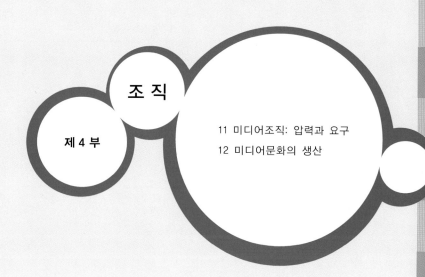

제 4 부

조 직

11 미디어조직
압력과 요구

매스 커뮤니케이션에 대한 이론은 시작부터 정보원으로서 '매스 커뮤니케이터'라는 모호한 명칭 이외에 미디어 메시지가 시작하는 장소에 대해서는 별로 신경쓰지 않았다. 메시지가 생산되는 조직은 당연한 것으로 간주되었고 이론은 메시지 그 자체만을 가지고 출발했다. 미디어 생산에 대한 연구는 미디어 직업 특히 영화와 저널리즘에 대한 기술로 시작된 이후(Rosten, 1937; 1941) 점차 범위를 확대해 최종 생산물에 영향을 미칠 수 있는 전문적 문화, 미디어 작업의 직업적 맥락에 대해 설명하게 되었다. 이 장은 매스 커뮤니케이션 생산과 처리단계에서 발휘되었던 주된 영향력의 종류들을 각각 살펴볼 것이다. 여기에는 소유주, 광고주, 수용자로부터의 영향뿐만 아니라 사회와 미디어 시장으로부터의 외적 영향도 포함된다. 이러한 영향들을 주로 '커뮤니케이터' 자신들의 관점에서 조명할 것이다. 또한 미디어조직 내부의 관계와 직면하는 갈등, 긴장, 그리고 문제들에 대해서도 주목할 것이다. 주된 긴장들은 미디어 생산의 중심에 놓인 반복적인 딜레마에 기인한다. 여기에는 이윤과 예술 혹은 사회적 목적 사이의 잠재적 충돌, 그리고 창조적 자유와 편집의 자유를 틀에 박힌 대량생산의 요구와 조화시키는 문제가 포함된다.

이 장의 가장 중요한 목표는 다양한 조직과 커뮤니케이터상의 요인들이 실제로 생산되는 것에 미치는 잠재적 영향을 확인하고 평가하는 것이다. 원래 뉴스 콘텐츠에서 나타나는 패턴화와 선별적 관심(때로는 '편향'으로 불리는)에 대한 증거로 촉진되었던 '뉴스 만들기'에 대한 연구는 뉴스상품이 이런저런 의미에서 '뉴스 공장'의 틀에 박힌 상품(Bantz et al., 1980)이면서 동시에 매우 예측가능한 현실의 상징적 '구성물'이라는 사실을 입증했다. 비판적 관점(그리고 보다 광범위한 사회적 이론)이 활동하기 시작한 것이 바로 여기이다. 비저널리즘적 콘텐츠, 특히 드라마, 음악, 오락물의 생산에도 저널리즘 영역에서와 비슷한 힘들이 작동함에도 불구하고 이들에 대해서는 관심이 별로 없었다.

미디어 산업구조에서의 주요 변화들, 특히 글로벌화 과정, 소유권 복합화, 조직 분열 등이 새로운 이론적 도전거리를 제공하고 있다. (케이블, 위성 및 인터넷과 같은) 새로운 분배수단들은 또한 새로운 유형의 미디어조직을 탄생시키고 있음에도 불구하고 연구와 이론이 이를 따라잡지 못하고 있다.

1 연구방법과 관점

미디어 조직을 연구하기 위한 단순하면서도 일반적인 틀은 제 9장에서 소개되었다. '구조적' 특징들(예를 들면 소유권의 규모와 형태, 미디어 산업적 기능들)은 특정한 미디어조직의 '행동'(conduct)에 직접적 영향을 미치는 것으로 볼 수 있다. 행동은 모든 종류의 체계적 활동을 지칭하고 이것이 생산되고 수용자들에게 제공되는 미디어 콘텐츠의 유형과 양을 의미하는 '수행성과'(performance)에도 영향을 미친다. 이 모델에 따르면, 우리는 미디어조직의 내적 특징뿐만 아니라 다른 조직들과의 관계, 그리고 더 넓은 사회와의 관계에 대해서도 조망할 필요가 있다.

다음에 논의될 대부분의 연구와 이론은 미디어 내부로부터의 관점을 취한다는 점에서 '사회 중심적'이기보다는 '미디어 중심적'이라고 할 수 있다. 이는 콘텐츠에 대한 조직의 중요성을 과대평가하는 결과를 유도할 수도 있다. '사회 중심적' 관점에서 보자면 미디어조직이 행하는 많은 것들이 미디어 수용자의 요구를 포함한 외부의 사회적 힘들에 의해 결정된다. '패러다임 선택'의 문제는 미디어조직에 대한 연구와 관련하여 그다지 첨예하게 제기되지 않았는데, 그 이유는 미디어조직 연구가 질적, 양적 방법의 혼합을 요구하고, 중립적 관점뿐만 아니라 비판적 관점도 필요로 하기 때문이다.

지배적 연구방법은 미디어에서 활동하는 사람들에 대한 참여관찰이나 관련된 사람들과의 심층인터뷰였다. 그러나 이러한 방법은 연구대상이 되는 미디어조직으로부터의 협력이 필요한데, 점차 이러한 협력을 얻기가 어려워졌다. 일부 사항들에 대해서는 조사연구가 필수적인 추가정보를 제공했다(예를 들면, 직업역할이나 사회적 속성).

일반적으로 미디어조직에 대한 연구에 기초해서 형성된 이론은 비록 단편적이기는 하지만 매우 일관성이 있다. 이것은 콘텐츠가 개인적 혹은 이데올로기적 요인들보다는 조직적 관행(organizational routines), 실천 및 목표들의 영향을 체계적으로 더 많이 받는다는 견해를 지지한다. 그러나 이러한 명제는 그 자체가 대안적인 해석의 가능성에 열려있다. 즉, 소유권과 통제가 콘텐츠에 영향을 미친다는 것을 의미하고, 이는 사회비판적 견해를 지지하는 것이 될 수도 있다. 혹은 이 명제는, 모든 종류의 표준화된 혹은 대량생산 과정은 콘텐츠에 대한 체계적인 영향을 필연적으로 수반한다는 사실을 반영할 수도 있다. 후자의 관점에서 보자면 미디어 콘텐츠에서 관찰되었던 '편향'은 숨은 이데올로기에 의해서 야기된 것이기보다는 작업관행에 의해 야기될 가능성이 더 많다.

2 주요 이슈들

구조와 콘텐츠에 대한 두 가지 중요한 이슈들이 있다.

- 미디어조직은 보다 넓은 사회와의 관계에서 어느 정도의 자유를 가지며, 조직 내에서 어느 정도의 자유가 가능한가?
- 콘텐츠를 선택하고 처리하기 위한 미디어-조직적 관행과 절차들이 콘텐츠에 어느 정도 영향을 미치는가?

이 두 질문은 앞에서 언급했던 조직행동에 대한 구조적 효과와 그로 인해 조직행동이 생산된 콘텐츠에 미치는 효과의 이중성과 대충 비슷하다. 슈메이커와 리즈

(Shoemaker & Reese, 1991)는 구조적, 조직적 요인들이 콘텐츠에 영향을 미치는 영향과 관련해서 다섯 가지 주요 가설을 제시했다 (〈표 11. 1〉).

이러한 가설 중 첫 번째는 이 장에서 직접적으로 논의되지 않는다. 다만 '현실 반영'의 성격과 정도가 여러 가지 조직적 요인들에 의해 영향받는다는 것은 확실하다. 다섯 가지 가설들 가운데 가장 직접적으로 연관되는 것이 두 번째, 세 번째, 네 번째 가설이다. 마지막 다섯 번째 가설은 너무 방대해서 이 장이 다룰 수 있는 범위에서 대부분 벗어난다. 그러나 일반적으로 미디어조직은 실제로 자율적이지 않고 다른 권력들(특별히 정치적, 경제적)이 스며들어 있다. 외부의 힘들이 미디어 작동방식에 관여하면 할수록 그만큼 이 가설이 더 그럴듯해진다. 이 문제에 대해서는 나중에 논의할 것이다.

3 분석수준

'미디어 조직'에 대한 어떤 하나의 이념형적 형태가 과거부터 있었던 것은 아니다. 원래 이 용어는 관리, 재정통제, 뉴스수집, 편집 및 처리, 인쇄 및 배포와 같은 모든 주요 활동들이 어느 정도 한 지붕 아래에서 이루어졌던 독립신문 모델에 주로 근거했다. 이 모델은 항상 미디어 일반을 대표하는 것은 아니어서 영화, 출판, 음악 산업에는 적용되지 못했고, 라디오나 텔레비전에만 변형해서 적용시킬 수 있었다. 이 모델을 여러 가지 독립적이고 본질적으로 다른 조직기능들끼리 연관된, 이른바 뉴미디어에 사실상 적용시키기가 불가능하다.

조직적 형태의 다양성은 '매스 커뮤니케이터'로서의 자격이 있는 직업집단들의 다양성에 필적하다. 여기에는 영화재벌, 신문재벌, 배우, 텔레비전 프로듀서, 영화감독, 구성작가, 책 저자, 신문과 방송 저널리스트, 작곡가, DJ, 음악가, 문학 에 이전트, 신문과 잡지 편집인, 웹디자이너, 광고인과 홍보 담당자들, 캠페인 매니저 등이 포함된다. 이러한 범주의 대부분은 매체유형이나 회사조직의 규모나 상태, 고용상태 등에 따라 세분화될 수 있다. 상당한 양의 미디어 활동이 프리랜서나 기업적인 기반 위에서 이루어지고(영화의 경우처럼: Boorman, 1987), 많은 미디어 종사자들(특히 작가나 배우)이 비록 전문적 협회의 회원일지라도 단일 생산 조직에 소속되지 않는다. 결과적으로 '매스 커뮤니케이터'라는 개념과 '미디어 전문직'이라는 개념들이 미디어조직이라는 개념만큼 허점이 많다.

이러한 다양성에도 불구하고, 미디어 생산의 문제를 하나의 공통된 틀 내에서 파악하려는 시도는 여전히 의미가 있다. 한 가지 유용한 단계는 분석수준의 관점에서 생각하는 것인데, 이러한 관점에서 생각하면 미디어 활동의 서로 다른 단계들과 조직활동 단위들 사이의 관계, 미디어와 '외부세계' 사이의 관계를 확인할 수 있다. 예를 들면, 디믹과 코이트(Dimmick & Coit, 1982)는 영향력이나 권력이 행사될 수 있는 9가지 다른 수준들 사이의 위계를 기술한다. 주요 수준과 연관된 영향력의 원천들을 생산지점으로부터 먼 거리순으로 위에서부터 차례대로 표현하면 다음과 같다. 초국가적, 사회, 미디어 산업, 초조직적(supra-organizational)(예를 들면, 미디어 복합체), 공동체, 조직 내부적, 개인 등이다.

이 장의 목적을 위해 비슷하지만 수정된 위계를 채택했는데, 이는 〈그림 11. 1〉에 제시되어 있다. '상위수준'의 영향력이 강도와 방향에서 우선성을 지니지만, 이것이 미디어가 사회에 종속되어 있다는 사회중심적 관점을 대변하는 기능을 한다는 의미에서 위계는 존재하지 않는다. 이러한 위계는 또한 사회 내에서 가장 일반적인 권력의 균형과 일치한다. 그렇다고 하더라도, 미디어 커뮤니케이터들과 자신들의 환경 간의 관계를 원칙적으로 상호작용적이고 협상가능한 것으로 고려하는 것이 더 적절하다. 또한 미디어조직이 자신의 '경계선' 내에서 활동하고(비록 침투당하기는 쉽지만), 어느 정도의 자율성을 가지고 있다는 점을 강조하는 것이 더 적절하다.

〈그림 11. 1〉에 제시된 요소들의 배열은 미디어 활동을 수행하고 조직의 요구에 복종하지만 또한 그 속에서 자신의 위치를 규정하는 데 어느 정도의 자유를 가진 개인의 중요성을 인정한다. 다음에 이어질 대부분의 논의는 '조직적 수준'의 중심영역과 관련되지만, 또한 작업조직, 다른 행위자들, 그리고 보다 넓은 미디어제도와 사회의 기구들 사이의 경계를 가로지는 관계들도 고려한다.

사회와의 관계에서 미디어조직들은 공식적으로나 비공식적으로 양쪽의 규범적 기대에 의해 규제되거나 영향을 받는다는 사실은 분명하다(제7장 참조). 출판의 자유와 많은 전문적 활동을 위한 윤리적 가이드라인들과 같은 문제들은 특정 사회의 '게임의 법칙들'에 의해 정해진다. 예를 들면 이는 미디어조직들과 이들의 작동환경 사이의 관계는 단순히 법, 시장의 힘 혹은 정치권력에 의해서만이 아니라 성문화되지 않는 사회, 문화적 가이드라인과 의무들에 의해서도 지배된다는 것을 의미한다.

그림 11.1 매스미디어조직 : 분석수준

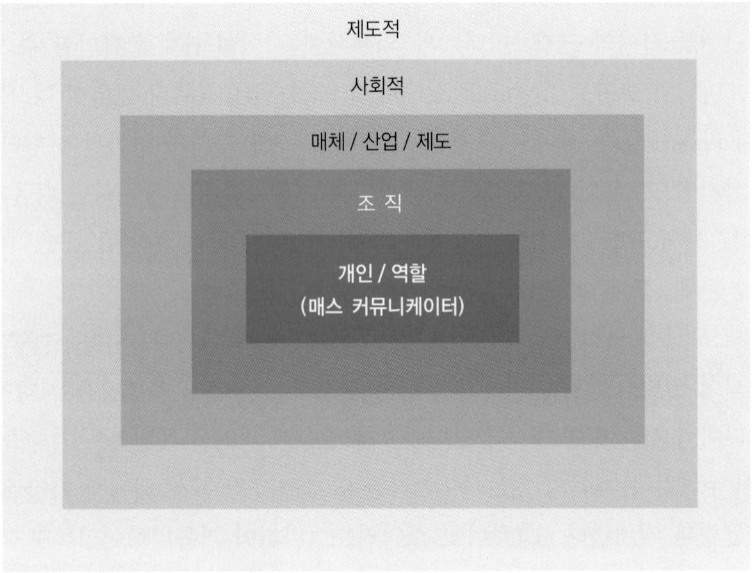

제도적

사회적

매체 / 산업 / 제도

조 직

개인 / 역할
(매스 커뮤니케이터)

사회적 힘의 영역에서의 미디어조직

미디어조직과 직업에 대한 모든 이론적 설명은 조직의 경계 내와 바깥에 있는 수많은 다양한 관계들을 고려해야 한다. 이러한 관계들은 종종 적극적인 협상과 교환의 관계이면서 때로는 잠재적, 현실적 갈등관계이기도 하다. 이미 논의된 웨스틀리와 맥클린(Westley & MacLean, 1957)의 유력한 매스 커뮤니케이션 모델은 커뮤니케이터의 역할을, 사회 내에서 전달할 메시지를 가지고 주창자가 되려고 하는 사람들과 자신의 정보 및 다른 커뮤니케이션 욕구와 이익을 만족시키고자 하는 공중 사이의 중개자로 묘사한다.

거브너(Gerbner, 1969)는 매스 커뮤니케이터들을 (광고주와 같은) 고객, (다른 미디어의) 경쟁자들, 권력(특히 법적, 정치적) 등을 포함하는 다양한 외적 '권력역할들'(power roles)로부터의 압력 아래 활동하는 것으로 다음과 같이 묘사했다.

> 권력역할이나 권력유형은 분석적으로는 구분이 가지만 현실적으로는 분리될 수 없다. 반대로, 이들은 때로는 결합되고 중첩되며 얽혀있다 … 권력역할의 축적과 권력의 가능성들은 그들 사회의 매스 커뮤니케이션에서 특정 제도들에게 지배적 위치를 부여한다.

이러한 생각들과 이를 지지하는 연구문헌을 토대로 우리는 미디어조직의 위치를 일반적으로 다음과 같이 묘사할 수 있다. 미디어조직 내에 있는 사람들은 〈그림 11. 2〉에서 제시된 바와 같이 다양한 제약, 요구, 권력의 이용 및 영향력의 중심에서 의사결정을 해야만 한다. 〈그림 11. 1〉에 나타난 일반적 위계관계는 미디어조직 환경에서 보다 구체적 행위자와 매개자들의 관점으로 변환되었다. 이러한 도식은 주로 뉴스미디어(특히 신문) 연구에서 도출되지만 방송을 포함한 유사한 많은 '독립적'이고 다목적적인 미디어에서도 비슷하게 적용된다(예를 들면, Wallis & Baran, 1990 참조).

〈그림 11. 2〉에 제시된 압력과 요구들 모두가 반드시

표 11. 2
미디어-조직 관계들의 유형
• 사회와의 관계
• 이익집단과의 관계
• 소유주, 고객, 공급자와의 관계
• 수용자와의 관계
• 조직 내부 관계

미디어조직을 '제약'하는 것은 아니다. 어떤 것들은 대안적 소득원이나 그들 자신들의 업무를 위한 정부의 정책적 보호를 통해 자유의 원천이 될 수도 있다. 어떤 힘들은 서로를 상쇄하거나 균형을 이루기도 한다(광고주 압력에 맞서는 수용자의 지지, 혹은 외적인 제도적 혹은 정보원 압력에 맞서는 미디어의 제도적 명성 등). 미디어에 대한 외부압력이 없다는 것은 그 미디어가 사회적 주변에 위치하거나 하찮은 존재라는 것을 나타낼 수 있다.

잉월(Engwall, 1978)의 연구에 기반한 이러한 도식을 좀더 정교화하면 미디어조직을 내적으로 세 가지 지배적 문화들로 세분화할 수 있는데(경영, 기술적, 전문적), 이러한 문화들은 미디어조직 내에서 존재하는 것으로 파악된 긴장의 주된 원천이자 경계선을 나타내는 것이다. 〈그림 11. 2〉의 도식을 통해 우리는 조직적 활동과 매스 커뮤니케이터의 역할에 영향을 미치는 조건들을 이해하기 위해 고찰될 필요가 있는 다섯 가지 주된 관계들을 확인할 수 있다. 이는 〈표 11. 2〉에 제시되어 있고, 각각의 유형은 바로 다음 부분에서 논의된다.

그림 11. 2 사회적 힘들의 영역에서의 미디어조직

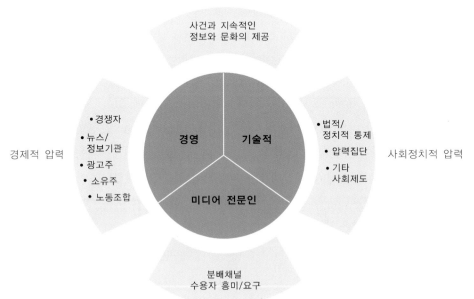

사회와의 관계에 대해서는 이미 제 7장과 9장에서 충분히 이야기했다. 사회의 영향은 편재되어 있고 지속적이며 사실상 미디어가 맺는 모든 외적 관계들에서 나타난다. 자유 민주주의 사회에서 미디어는 법의 테두리 내에서 자유롭게 활동하지만 정부와 힘 있는 사회제도들에서는 여전히 갈등이 발생한다. 미디어는 또한 자신들의 주된 정보원, 그리고 조직화된 압력집단들과 지속적으로, 때로는 적대적으로 관계를 맺는다. 이러한 이슈들이 어떻게 규정되고 다루어지느냐는 부분적으로 미디어조직이 스스로 정한 목적들에 달려있다.

미디어조직 목적의 애매성

대부분의 조직들은 복합적 목적을 가지고 있으며 이러한 목적을 공개적으로 밝히는 경우는 드물다. 매스미디어도 예외는 아닌데, 특히 이 문제와 관련하여 매스미디어의 위치는 애매하다. 조직이론에서 조직목적은 실용적인 것과 규범적인 것으로 구분된다(예를 들면, Etzioni, 1961). 실용적 조직은 재정적 목적을 위해 주요 상품을 생산하거나 제공하는 반면, 규범적 조직은 참여자들의 자발적 헌신에 기반해 가치를 고양하거나 가치 있는 조건을 성취하고자 한다. 이러한 분류와 관련하여 매스미디어조직의 위치는 불분명하다. 왜냐하면 미디어조직은 실용적이고 규범적인 목적과 운영형태들을 혼합하여 가지고 있기 때문이다. 대부분의 미디어는 사업체로 운영되지만 때로는 어떤 '이상적' 목표가 있고, 일부 미디어는 이윤추구 없이 주로 '이상주의적'인 사회·문화적 목적을 위해 운영된다. 예를 들면, 공영방송조직(특히 유럽에서)은 일반적으로 관료주의적 조직형태이지만 비영리적 사회, 문화적 목적들을 가지고 있다.

또다른 조직 분류방식은 '수혜자 유형'(type of beneficiary)에 따른 것이다. 블라우와 스콧(Blau & Scott, 1963)은 '수혜자가 사회 전체인가, 특별한 고객인가? 소유주인가? 수용자인가? 아니면 조직 구성원인가?'에 대해 묻고 있다. 미디어 전체 조직

표 11. 3
미디어조직의 주요 목적들
- 이윤
- 사회적 영향력과 명성
- 수용자 극대화
- 부분적 목적(정치적, 종교적, 문화적 등)
- 공익봉사

에 대해 답이 하나만 있을 수는 없다. 어떤 조직은 종종 여러 개의 현실적 혹은 잠재적 수혜자들을 가진다. 그럼에도 불구하고, 일반적인 공중(항상 직접적 수용자를 의미하는 것은 아니지만)이 주요 수혜자여야 한다는 주장에는 타당한 근거가 있다.

제 7장에 논의된 규범적 언론이론들에서 나타나는 공통적 요소는 미디어는 우선적으로 자신의 수용자의 욕구와 이익을 충족시켜야 하고, 부차적으로 고객과 국가의 이익을 충족시켜야 한다는 것이다. 미디어는 영향력을 발휘하거나 수익을 창출하는 수용자들의 끊임없는 자발적 선택에 의존하기 때문에, 이러한 원칙은 상식에 기반한 것이고 또한 미디어 자신의 견해와 일치한다.

턴스탈(Tunstall, 1971)은 뉴스 저널리즘의 조직적 목적을 경제적 측면에서 기술하면서 수익목적과 비수익목적을 구분하였다. 비수익목적은 재정적 측면과 관련이 없는 목적, 예를 들면 명성회득, 사회에서의 영향력 혹은 권력행사, 혹은 규범적 목적성취(예를 들면, 공동체에 봉사) 등을 지칭한다. 수익목적은 두 가지 종류가 있는데, 하나는 소비자들에게 직접 판매하는 것과 다른 하나는 광고주들에게 공간을 판매함으로써 수입을 얻는 것이다. 발행정책은 이러한 측면에서 목적에 따라 달라진다. 수용자들이 이러한 유형에서 부수적인 것처럼 보이지만 실제로는 광고주의 만족과 판매를 통한 수입창출 모두 수용자들을 만족시키는 것에 달려있고, 비수익적 목적도 종종 넓은 차원의 공익에 대한 개념에 의해 형성된다. 게다가 턴스탈은 신문 내에서 목적들 간의 충돌이 발생했을 경우에 수용자 수익목적들(수용자 만족을 통한 발행부수의 증대)은 경영자와 저널리스트들이 대부분 동의하는 '연합목적'(coalition goal)을 제공한다고 지적한다.

몇몇 미디어조직(특히 공공 서비스 미디어나 의견형성이나 정보제공 목적을 가진 미디어)들은 분명하게 사회 내에서 어떤 역할을 추구하고자 하지만 이러한 역할의 속성에 대해서는 다양한 해석의 여지가 있다. 특정 종류의 출판물, 특히 권위지나 엘리트 신문들(Le Monde, Financial Times, Washington Post 등)은 의도적으로 정보의 질과 의견의 권위를 통해서 영향력을 행사하고자 한다(Padioleau, 1985). 영향력을 행사하는 방법은 그 종류가 다양하기 때문에 이러한 영향력이 국제적으로 저명한 엘리트 신문의 배타적 소유물은 아니다. 소규모 미디어도 보다 제한된 영역에서 영향력을 행사할 수 있고, 영향력은 발행부수가 많은 신문이나 인기 있는 텔레비전에 의해서도 분명히 행사될 수 있다.

저널리스트의 역할: 관여 혹은 중립?

저널리스트의 역할에 대해서는 보다 적극적이고 참여적인 것과 보다 중립적이고 사회적인 것 사이에서 광범위하게 선택이 이루어진다. 코헨(Cohen, 1963)은 기자의 역할인식을 '중립적 전달자'와 '참여자'로 구분했다. '중립적 전달자'는 언론을 정보제공자, 해석자, 정부의 도구로 인식하는 것을 말하고, '참여자'는 언론을 공중을 대표하고, 정부를 비판하며, 정책을 주장하고 파수견의 역할을 하는 전통적인 '제 4 부'로 인식하는 것을 지칭한다.

저널리스트들은 대부분 중립적, 정보제공적 역할을 선호하는 것으로 입증되었는데, 이러한 현상은 대부분의 저널리스트들이 핵심적인 전문직 가치로 객관성을 중요하게 생각하기 때문에 나타난다(Lippmann, 1922; Carey, 1969; Janowitz, 1975; Johnstone et al., 1976; Roshco, 1975; Phillips, 1977; Schudson, 1978; Tuchman, 1978; Hetherington, 1985; Morrison & Tumber, 1988; Weaver & Wilhoit, 1996).

위버(Weaver, 1998)는 저널리스트들에 대한 21개국 연구를 개관하면서 '대부분의 저널리스트들이 동의하는 유일한 전문적 역할이 공중에게 정보를 빨리 제공하는 것'이라는 결론을 내렸다. 정치적 관여(적극적 개입)가 강하면 공평한 중립적 보도가 어렵기 때문에 많은 뉴스조직들은 개인적 신념이 보도행위에 영향을 미치는 것을 제한하기 위한 가이드라인을 마련하고 있다. '객관성'의 선호는 또한 당파성이 수용자를 끌어들이는 데 제한적이기 때문에 미디어 사업의 상업적 논리와도 일치한다.

적극적 혹은 참여자적 역할 또한 상당한 지지를 받았는데, 이는 시간적, 공간적 조건과 그것이 어떻게 이해되느냐에 따라 달랐다. 프제스태드와 홈로브(Fjaestad & Holmlov, 1976)는 저널리즘에 있어서 두 가지 종류의 목적을 지적했는데, 각각에 대해 스웨덴 기자 응답자들의 70% 이상이 이를 시인했다. 하나는 지방정부에 대한 '파수견'의 목적이고 다른 하나는 '교육자' 혹은 공적인 정보전달자의 목적이다. 존스톤과 동료들(Johnston et al., 1976)은 미국 저널리스트들의 76%가 미디어는 '정부의 주장과 진술을 조사해야 하는 것을 매우 중요하게 생각하고 있다'는 사실을 밝혀냈다. 이러한 사실은 북미 저널리즘 전통의 여러 요소들과 일치한다. 이 요소들에는 '혁신주의'(reformism) 정치철학(Gans, 1979), 정부에 대한 '적대적 역할' 선택(Rivers & Nyhan, 1973), 미디어가 자신들이 대표한다고 주장하는 수용자의 이익을 추구해야 한다는 이념 등이 포함된다. 이것은 특정한 견해의 당파적 주장과는 다르다.

위버와 윌호이트(Weaver & Wilhoit, 1986)가 미국 저널리스트들을 상대로 조사한 결과에서 저널리스트들이 1982~1983년에 혁신주의 정신을 유지하고 있고 정치적으로 우파보다는 좌파에 기우는 경향이 있기는 하지만, 1971년 당시 조사에서 저널리스트들이 지녔던 비판적 관점이 후퇴했다는 사실을 밝혀냈다. 미디어가 정부의 주장과 진술을 조사해야 하는 것이 '매우 중요하다'는 질문에 동의한 응답자들의 숫자가 76%에서 66%로 떨어졌고, 저널리스트 역할의 참여자적 요소보다는 중립적 정보제공자 역할에 대한 지지가 더 많았다. 그럼에도 불구하고 '적대적' 역할을 지지하는 의미 있는 소수들도 존재했다.

1990년대 초반 조사에서는 저널리스트의 역할에 대한 견해가 거의 균형을 이루었다(Weaver & Wilhoit, 1996). 지배적 역할에 대한 선택의 차이는 가치의 우선순위에서의 차이와 일치하는 것으로 보인다. 플레이잔스와 스큐이즈(Plaisance & Skewes, 2003)는 적대적 역할의 선택과 기자가 개인적으로 용기, 독립, 정의, 열린 마음의 가치를 인정하는 것 사이에 상관관계가 있었던 반면, '전달자' 역할은 '피해의 최소화', 공정성, 자기 통제와 같은 가치들과 일치했다. 이것은 퍼스낼러티 요소가 결정력이 있다는 사실을 제시한다.

'중립적 대 참여적'이라는 단순한 이분법 대신 위버와 윌호이트(1986)는 기자의 역할을 해석자, 전달자, 적대자(응답비율순) 세 가지로 구분했다. 해석자 역할은 '복잡한 문제를 분석하고 해석하는', '정부의 주장을 조사하는', '국가정책 현안에 대해 논의하는'과 같은 항목들에 기반했다. 두 번째 유형, 즉 '전달자' 역할은 주로 '정보를 공중에게 빨리 전달하는', '가능한 한 많은 수용자들에게 집중하는'과 같은 항목과 주로 연결된다. 세 번째 '적대적' 역할은 (정부와 기업 모두에 적용되는데) 다소 약했지만 여전히 상당수의 저널리스트들이 어느 정도 인식하고 있었다. 역할인식에 대한 도식은 〈그림 11. 3〉에 제시되어 있는데, 이 도식은 역할인식들이 중복되었음을 보여준다. 그림 내에 있는 박스 세 개는 전체 저널리스트 응답자들이 선택한 역

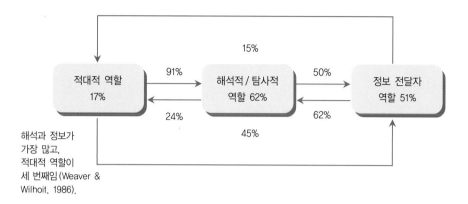

그림 11. 3 저널리스트들의 역할 인식

해석과 정보가 가장 많고, 적대적 역할이 세 번째임(Weaver & Wilhoit, 1986).

할을 보여준다(예를 들면, 적대적 역할을 선택한 사람들 가운데 45%가 전달자의 역할도 선택했다). 이것은 저널리스트의 태도구조가 적대적 위치와 정보적 위치 사이의 '연결점'(bridge)에 서 있다는 것을 보여준다. 그림은 1990년대 초반에도 거의 비슷했다 (Weaver & Wilhoit, 1996).

BBC 같은 공영방송제도들은 특별히 중립적이고 균형적이어야 하는 의무 하에 놓여 있고, 뉴스와 실제에 관한 BBC 의사결정자들의 주요 목표가 '참여자'보다는 논쟁 당사자들 간의 중재자로서 행동하는, 즉 '중간자적 입장을 유지하는 것'으로 알려졌다. 이러한 목표가 기존의 사회질서를 유지하는 역할을 하는가에 대한 문제가 종종 논의되었다. 그러나 이것이 근본적으로 비판적 보도를 못하도록 하는 것은 아니다. 시대는 변했지만 작동하는 힘들은 비슷하게 균형을 유지할 것이다. BBC가 2003~2004년 이라크 전쟁의 논쟁적 측면들을 보도할 때 겪었던 위기는 정부와의 관계가 얼마나 민감할 수 있는가를 보여주었다. 일반적으로 유럽대륙의 공영방송조직들은 상이한 정치적, 이데올로기적 추세와 정부의 영향력에 대해 솔직하게 인정한다.

위버와 윌호이트는 저널리스트들이 지니는 역할인식의 '다원성'(plurality) 또한 강조한다(1986): '응답자들의 약 2%만이 배타적으로 한 가지 역할만을 인식한다'. 이들은 또한 역할인식과 저널리스트 윤리문제에 대해서 문화간에 커다란 차이가 있다는 점을 지적한다. 패터슨(Patterson, 1998)은 5개국(미국, 영국, 독일, 이탈리아, 스웨덴) 저널리스트들에 대한 설문조사를 바탕으로 각 나라의 저널리즘 문화를 비교했다. 그는 미디어 전체 시스템의 당파성의 정도에 대한 저널리스트들의 인식이 매우 다양하다는 사실을 밝혀냈다. 특히, 미국은 주요 뉴스조직들이 정치적 스펙트럼 선상에서 중간에 집중된 것으로 인식하는 정도가 매우 높았다. 하나의 규범으로서의 객관성이 각 국가에서 중요한 것으로 간주되었던 반면에, 그 의미는 상당히 달랐다. 미국 저널리스트들이 생각하는 주된 의미는 '정치적 논쟁에서 양쪽의 입장을 공정하게 표현하는 것'이었다. 독일과 스웨덴에서는 객관성을 '양쪽의 진술을 넘어서 정치적 논쟁에 대한 진실을 알아내는 것'으로 인식하는 쪽으로 무게가 더 실렸다. 독일과 스웨덴 저널리스트들의 객관성 인식이 훨씬 더 개입주의적인 것이다.

유럽에서 공산주의가 몰락한 이후 저널리스트의 역할인식을 비교할 기회가 생기면서 연구의 새로운 차원이 추가되었다. 그 예가 우와 동료들(Wu et al., 1996)의 미국과 러시아 저널리스트들에 대한 조사연구이다. 조사결과 대부분의 사항들, 특히 정보전달, 객관성, 여론의 표현과 관련하여 두 집단은 비슷했다. 그러나 러시아 저널리스트들은 정치적으로 보다 적극적인 역할을 선택했다. 또한, 러시아 저널리스트들은 또한 구세대와 신세대 사이에 차이가 있는 것으로 알려지고 있다(Voltmer, 2000; Pasti, 2005).

역할인식들은 다양하면서도 동시에 정치문화와 민주주의가 정착된 정도와 상당히 연관된 것으로 보인다(Weaver, 1998 참조). 예를 들면, 민주주의가 약한 나라에서는 파수견 역할에 대해 크게 강조하지 않는다. 위버(Weaver, 1996)는 '이러한 국가들에서 저널리스트들이 지각하는 세 가지 역할인식들(시의적절한 정보, 해석, 오락)의 차이를 예측하는 데 정치시스템의 유사성과 차별성이 문화적 유사성과 차별성, 조직적 강제나 개인적 특성들보다 훨씬 더 중요하다'고 지적한다.

듀이제(Deuze, 2002)가 제안한 대로 상이한 '국가 뉴스문화'를 고려해 보는 것 또한 유용하다. 영국, 호주, 미국은 파수견, 정보전달, 탐사적 역할에 대해 보다 더 집착하는 것으로 보인다. 그러나 독일과 네덜란드는 이 정도로 강한 집착을 보이진 않지만 '약자를 위한 대변자'의 역할에 두드러지게 관심을 보인다. 듀이제는 이것이 '반정부적'(anti-government) 입장보다는 '친국민적'(pro-people) 입장을 반영할 수도 있다고 제안한다.

미디어 전문직주의

대부분의 전문직 구성원들의 경우 자신들이 행하는 적절한 사회적 역할은 보통 제도 — 예를 들면, 의학, 교육 — 에 의해 뒷받침되기 때문에, 개인 구성원들은 자신의 전문기술을 실천하는 데 집중한다. 이러한 사실은 매스 커뮤니케이터들에게도 어느 정도 적용되지만, 미디어의 내적 다양성이나 목표의 광범위함으로 인해 완전한 전문화가 이루어졌다고 보기는 어렵다.

저널리스트들이 가진 핵심적이고 유일무이한 전문적 기술이 무엇인가에 대해서는 아직까지 확실하지 않다(이러한 불확실성은 다른 미디어관련 직업의 경우에는 더 심하다). 사회학자 막스 베버(Max Weber, 1948)는 저널리스트를 어떤 고정된 사회적 계층으로 분류하기가 어려워 예술가와 마찬가지로 '일종의 천민계급'으로 간주했다. 셧슨(Schudson, 1978)은 뚜렷한 경계가 없는 저널리즘의 속성 때문에 저널리즘을 '비배타적 전문직'(uninsulated profession)으로 분류했다.

터크만(Tuchman, 1978)의 뉴스생산 연구에 따르면, 전문직주의는 뉴스조직 그자체의 필요에 따라 정의되었다. 훌륭한 전문적 기술은 사실성과 태도의 중립성을 골자로 하는 고도의 객관성을 지닌 필요한 정보상품을 전달하는 실천적 기교이다. 뉴스의 객관성은 터크만의 관점에서는 전문직 이데올로기와 다름없다. 터크만의 이러한 분석은 미디어 활동의 전문성이 시험이나 테스트에 의해서는 측정될 수 없고 단지 전문직 동료들에 의해서 인정될 수 있는 일종의 성취물이라는 점과 일치한다. BBC에 대한 번즈(Burns, 1977)의 연구는 전문직주의는 조직의 사명이라는 측면에서뿐만 아니라 '좋은 텔레비전'을 만들려는 과업에 대한 헌신의 측면에서 이해된다는 사실을 밝혀냈다. 전문직은 '아마추어리즘'의 반대로 해석되었다.

저널리즘이 전문직으로 간주되어야 하는가에 대한 질문에 대해 미디어 분야 안팎에서 여전히 논쟁이 지속되고 있다. 윈달과 동료들(Windahl et al., 1992)은 저널리스트의 지식기반은 전문직이라고 인정받는 직업집단의 지식기반과 동일한 존중을 요구하는 것은 아니라고 결론 내리고 있다. 케플링거와 코이처(Kepplinger & Koecher, 1990)는 '저널리스트들은 사실상 전문직 계층에 포함될 수 없다'고 주장한다. 그 근거로 이들은 일반적으로 전문가들은 모든 사람을 균등하게 다루어야 하는 데 저널리스트들은 자신들이 평소 만나고 관계를 맺는 사람들의 범위가 매우 선별적이라는 점을 들고 있다. 저널리스트들은 또한 다른 부분들에 대해서는 강력한 기준을 적용하지만 '자신들의 보도로 인해 의도치 않게 발생한 부정적 결과들에 대해 도덕적 책임을 지지 않는다'(1990). 그러나 케플링거와 코이처는 또한 '선별성이 저널리즘에 대한 인정기반이자 성공을 위한 필요조건'이라고 기술한다. 올렌(Olen, 1988)도 비슷한 주장을 했는데, 저널리즘은 (저널리즘) 제도가 독점할 수 없는 것, 즉 표현의 자유에 대한 권리를 실천하는 것에 연관되기 때문에 전문직이 되어서는 안 된다고 주장한다.

언론의 비판적 역할은 항상 언론이 (기존 제도들에게 요구되는 방식에서 보자면) '무책임한' 방식으로 행동할 것을 요구한다는 주장도 있다. 사실 '비윤리적' 행동에 대한 관용이 증대하고 있다. 저널리즘은 항상 적어도 다른 전문직의 중요한 속성들 중 하나인 '신성함'이라는 속성은 가지고 있다는 브로다쏜(Brodasson, 1994)의 주장은 바로 이러한 이슈에 대해 조명하는 것이라고 할 수 있다. 그는 저널리즘은 '전통적 기준에는 못 미치지만 그것의 필수불가결한 서비스 기능에 대한 인식과 신성한 측면이 적어도 저널리즘의 일부분에 존재한다'고 기술한다. 그는 또한 저널리즘이 민주주의와 밀접하게 연관되지만 역설적으로 헌신과 용기를 필요로 하는 비민주적 상황에서 자신의 이타주의와 신성함을 가장 잘 드러낸다고 주장한다.

슐츠(Schultz, 1998)가 지적한 대로 저널리즘 사례가 지니는 독특한 특징은 '일반적으로 저널리즘 자율성이 뉴스룸을 통제하는 데 위협적인 것으로 생각했던 발행인들이 전문직주의에 대한 추구를 반대했다'는 점이다.

〈표 11. 4〉에는 전문직 지위를 주장하기 위해 일반적으로 요구되는 주된 항목들이 요약되어 있다. 저널리즘의 전문직 주장도 이러한 기준들을 근거로 판단될 수 있는데, 전반적으로 저널리즘 활동은 이러한 기준들을 충분히 충족시키지 않는다. 배타적 핵심기술이 부족하고 자율성과 자율규제의 문제도 그러하다. 공중들의 가치인정에 대한 증거도 때로는 없다. 우리가 기껏 말할 수 있는 것은 저널리즘은 불완전한 전문직이고 완전하려면 많은 장애물들에 대처해야 한다는 사실이다.

온라인 저널리즘

온라인 저널리즘의 출현과 함의에 대한 주제는 간단하게만 언급할 수 있다. 온라인 저널리즘에 대한 옹호자와 비판가들이 있지만 여전히 불확실한 실체이기 때문이다. 기존 뉴스조직들이 비록 오프라인 버전과 별다른 차이는 없지만 상당한 양의 온라인 저널리즘을 제공한다(Boczkowski, 2002). 독립적인 온라인 뉴스원들도 상당히 많이 있고 그 종류도 다양하며(Sundae & Ness, 2001), 비전문적이고 색다른 성격의 저널리즘도 많다. 이러한 현상은 긍정적이면서도 부정적으로 해석될 수 있다. 보츠코스키(Boczkowski, 2004)는 저널리즘이 점점 더 저널리스트 중심으로 되지 않고 사용자 중심으로 바뀌고 있고 전문적 활동으로서의 자신의 분명한 경계를 잃어버리고 있다고 본다. 듀이제(Deuze, 2003)는 온라인 저널리즘 사이트를 주류, 색인과 범주, 메타 저널리즘과 논평, 공유와 토론 네 가지 유형으로 구분했다. 바도일(Bardoel, 2002)은 온라인 저널리즘의 주요 특징들로 상호 작용성(*interactivity*), 하이퍼 텍스트성(*hypertextuality*), 다형태성(*multimodality*), 비동시성(*asynchronicity*)을 꼽았다. 그는 온라인 저널리즘 기준들을 향상시키기 위한 보다 공식적 지원의 필요성을 주장한다.

　최근 상황의 특징은 전통적 저널리즘과 온라인 저널리즘의 경계를 유지하려고 노력하고 있다는 점인데, 여기에는 부분적으로 전문직주의의 영향도 있다. 맥코이(McCoy, 2001)는 사례연구에 기반하여 주류언론이 새로운 미디어 도전에 직면하여 뉴스가 무엇인가를 규정하는 자로서의 자신의 권위를 확인하려는 경향이 있다는 점을 강조했다. 온라인 저널리즘에 대한 비판의 흥미로운 특징은 온라인 저널리즘은 자신 스스로를 기존 신문보다 더 자율성이 있다고 주장하는 데 반해, 비판가들은 이와 반대로 온라인 저널리즘이 대체로 기존 신문 저널리즘보다 훨씬 더 '시장 주도적'이고 상업적이라고 주장한다는 점이다(E. L. Cohen, 2002).

미디어와 사회의 관계는 때로는 비공식적으로 때로는 조직화된 다양한 범위의 압력집단들을 통해 매개된다. 이 압력집단들은 특히 미디어가 보도하고자 하는 것을 제한함으로써 미디어 활동에 영향을 미치고자 한다. 이러한 이익집단 혹은 단체들은 다양한 이슈들에 대해 불만을 제기하거나 로비를 행사하는 종교, 직업 및 정치단체 등과 같이 그 수가 매우 많고 때로는 도덕성, 정치적 편향, 소수자 보도 등과 같은 문제들을 다루기도 한다(Shoemaker & Reese, 1991). 많은 국가들에서 미디어가 인종집단, 여성, 동성연애자, 그리고 어린이, 극빈자, 장애인, 노숙자, 그리고 정신지체인 등을 포함한 모든 종류의 소수자들에 대해 긍정적 태도를 취할 것을 요구하는 법적, 사회적 압력이 있다.

미디어는 보통 이러한 압력을 다루는 데 신중하고 자신들의 자율성을 포기하지 않으려고 하지만(압력들은 종종 서로를 상쇄하는 경향이 있다), 외부단체나 기관들이 미디어 콘텐츠에 영향을 미치는 데 성공한다는 사실을 지적하는 사례가 많다. 외부압력의 성공은 미디어의 상업적 이익이 위협받을 경우, 여러 이유로 평판이 나빠질 경우에 발생한다. 몽고메리(Montgomery, 1989)의 광범위한 미국 연구에 따르면, 가장 효과적인 이익집단들은 '자신의 목표들을 텔레비전 네트워크시스템과 가장 잘 어울리도록 했고, 어떻게 그 시스템이 기능하는지에 대한 예리한 지식을 바탕으로 전략을 수립한 집단들'이다. 성공은 또한 이익집단들이 주장하는 입장에 대해 일반 공중들로부터 지지받는 정도에 달려있다. 텔레비전 오락물에서는 일반적으로 이러한 이익집단들의 주장들이 순화되고, 순응적이며, 논쟁이 없는 것처럼 자연스럽게 반영된다. '경성'(hard) 뉴스에서 미디어는 일반적으로 외적 압력에 덜 개방되어 있다.

받아들일 수 없는 압력(혹은 그 압력에 굴복하는 일)과 미디어가 가능한 한 많은 수용자들을 만족시키고, 소수자들의 감정을 상하게 하지 않고, 반사회적 행동을 장려하지 않도록 노력하려는 경향을 구분하기란 불가능하다. 미디어는 또한 법적 보복을 경계하고(Tuchman, 1978) 불필요한 논쟁이나 공적 영역에서 확인된 사실의 범위를 벗어나려고 하지 않는다. 사회적 혹은 법적 압력에 의한 미디어 회피 행동은 미디어-제도적 '게임'의 법칙 내에서는 정당한 것으로 받아들여지지만, 일반적으로 보다 잘 조직된, 그리고 사회적으로 보다 중심적인 소수집단과 그들의 명분들에 대해 특별히 더 긍정적으로 다루는 경향이 있다(Shoemaker, 1984). 힘이 없고 일탈적인 집단들은 언론으로부터 푸대접받고 영향력도 크게 행사하지 못한다. 팔레츠와 엔트만(Paletz & Entman, 1981)은 미디어 보도에 대해 통제권이 없거나 긍정적으로 접근하기 어려운 이러한 소수집단들의 예로 '비공식적 파업자, 도시의 폭도들, 먹고 놀면서 복지기금을 타 먹는 아이 엄마, 학생 운동권, 과격한 사람, 가난한 반동주의자' 등을 꼽았다. 이러한 범주구성은 바뀔 수도 있지만 일반적 원칙은 변하지 않는다. 예를 들면, 루버즈와 동료들(Lubbers et al., 1998)은 소수집단과 관련한 네덜란드 신문보도에서 이민자 집단을 다룰 때 선호하는 암묵적 위계구조는 이민집단이 정착한 순서(즉, 자리를 잡은 집단에 대한 선호도가 가장 높고, 최근에 정착한 집단에 대한 선호도가 낮은) 대로 구성된다는 사실을 입증했다.

소유주와 고객 사이의 관계

소유주와 고객 사이의 관계에서 제기되는 핵심적인 이슈는 미디어조직이 일차적으로 소유주와의 관계, 이차적으로는 직접적으로 재정원이 되는 기업이나 단체들(예를 들면, 투자자, 광고주, 스폰서 등)과의 관계에서 어느 정도 자율성을 행사할 수 있는가 하는 것이다. '뉴스 미디어 콘텐츠는 항상 그 미디어에 재정을 후원하는 사람들의 이익을 반영한다'는 알철(Altschull, 1984)의 언명에 따르면, 그 해답은 상당히 분명하며 이는 또한 '시장주의적' 자유언론 원칙들과도 일치한다. 그럼에도 불구하고 '커뮤니케이터들'의 입장에서는 자율성 영역이 존재한다.

소유주의 영향

시장에 기반을 둔 미디어 소유주들이 콘텐츠에 대해 절대적 권력을 가지고 있고, 자신들이 넣고 싶거나 빼고 싶은 것을 요구할 수 있다는 것은 분명하다. 이러한 권력이 행사된다는 정황적 증거는 상당히 많다(Curran & Seaton, 1997; Shoemaker & Reese, 1991) (제9장 참조). 그럼에도 불구하고 특정 뉴스기사에 대한 편집자들의 의사결정상의 자율성을 보호하는 상당히 강력한 저널리즘 관련규칙들이 있다. 메이어(Meyer, 1987)의 서베이 연구는 편집자들이 실제로 상당한 정도의 자율성을 확보하고 있음에도 불구하고, 미국 저널리즘 윤리가 소유주의 간섭을 싫어한다는 사실을 확인했다. 영국에서도 똑같은 증거가 왕립언론위원회(Royal Commission on the Press, 1977) 조사에 의해 확인되었다. 슐츠(Schultz, 1998)의 호주 저널리스트 연구는 언론의 제4부로서의 역할을 확인함과 동시에 이러한 역할이 실제로 상업적인 고려와 소유주 압력 때문에 종종 위태롭게 된다는 점도 확인했다. 저널리스트들은 보다 많은 자율성을 주장하고, 기존 신문 편집자들이 소유주들의 지시를 받기를 꺼려하는 것은 그렇게 놀랄 만한 일이 못된다.

그럼에도 불구하고, 뉴스 미디어 소유주들은 편집진들이 따를 가능성이 높은 광범위한 정책노선을 설정하려고 한다. 소유주와 관련되는 특정 이슈들에 대한 비공식적이고 간접적인 압력도 있을 수 있다(예를 들면, 다른 사업이익과 관련하여)(Turow, 1994). 이러한 결론을 지지하는 믿을 만한 사례적 증거들이 많다. 결국 경제적으로 자유로운 언론에 대한 이론은 이러한 상태를 정당화한다. 신문 소유주들은 독자와 신뢰도를 잃어버릴 위험을 감수한다면 자신이 원할 경우 자유롭게 자신의 신문을 이용하여 선전할 수 있다. 지파드(Giffard, 1989)가 지적한 대로 국제보도를 향상시키려는 유네스코의 노력을 세계적 신문들이 비난한 경우가 미디어 산업이 자신의 이익을 보호하려 한다는 것에 대한 매우 설득력 있는 사례이다. 미디어는 너무 큰 사업이기 때문에 소유주 개인 마음대로 운영될 수 없으며, 경영과 시장에 대한 고려를 바탕으로 개인감정을 섞지 않고 결정을 내려야 한다는 주장이 있지만 이를 입증하기란 어렵다.

완전독점의 조건이 표현의 자유와 소비자 선택에 해로울 수 있다는 것은 의심할 여지가 없지만, 독점적인 미디어 소유권이 콘텐츠에 미치는 일반적 효과는 확증하기가 어렵다는 것이 입증되었다(예를 들면, Picard et al., 1988). 슈메이커와 리스(Shoemaker & Reese, 1991)는 거대 네트워크에서 일하는 사람들은 자신이 일하는 공동체에 대한 애정이나 관여도가 낮을 것이라는 결론내렸다. 이들에 따르면, 거대 미디어조직이 공동체의 영향에 우선한다. 상관적으로 지역기반 미디어는 자신들이 봉사하는 공동체와의 유대를 통해 영향력과 독립성을 획득한다. 공영방송에서 저널리스트, 프로듀서, 작가, 엔터테이너의 자유의 정도가 민영미디어에서보다 공식적으로 작을 수 있지만(꼭 그렇지만은 아닐지도 모른다), 그 한계는 분명히 있다.

광고주의 영향

광고가 미디어 콘텐츠에 미치는 영향은 지속적으로 논의되는 사안이다. 한편, 대부분의 자본주의 국가에서 미디어 산업 상당부분의 '구조'가 광고주들의 이익을 반영하는 것은 분명하다. 이는 다른 사회적, 경제적 변화들과 함께 역사적으로 발전되었다. 미디어 시장이 종종 다른 소비자 시장과 일치하는 것은 우연이 아니다(제 9장 참조). 대부분의 자유시장미디어는 원활한 운영을 위해 광고주의 요구와 자신들의 이익 모두를 극대화하는 방향으로 정교하게 행동한다. '정상적인' 영향력은 미디어 콘텐츠의 패턴을 타깃 수용자의 소비패턴에 따라 맞추는 것으로까지 확장된다. 미디어 디자인, 편집, 계획, 스케줄은 종종 광고주의 영향을 반영한다. 그러나 특정 광고주들이 직접적으로 관여해 이미 시스템적으로 제공되는 것을 넘어서 자신의 이익에 맞도록 중요한 편집상의 결정에 영향을 미친다는 사실을 증명하기란 쉬운 일이 아니다.

뉴스에서 소유주의 간섭과 마찬가지로 때때로 소유주의 간섭이 지역이나 구체적인 단위로 일어난다(예를 들면, Shoemaker & Reese, 1991). 맥마너스(McManus, 1994)는 뉴스보도에 미치는 상업적 영향력의 체계적 패턴을 기술하고 있다. 베이커(Baker, 1994)는 '정부가 아닌 광고주가 오늘날 미국에서 미디어 콘텐츠의 일차적 검열관'이라고 말한다. 그는 광고주들이 자신의 시장지배력을 이용하여 자신들의 이익에 손해를 입히는 특정한 커뮤니케이션 내용을 막는다는 증거와 미디어에서 편집상의 결정뿐만 아니라 인사에도 영향을 미

표 11.5
광고의 영향(Bogart, 1995)
• 광고주들은 저널리스트들을 매수하여 자신들에게 유리하도록 기사를 쓰도록 하는 것보다 자신들이 좋아하지 않는 뉴스를 억제하려고 한다.
• 광고주들은 자신의 메시지 환경에 대해 민감하고 논쟁에 신랄하다.
• 광고주들이 소비자들의 압력에 굴복할 때 미디어 생산자들은 자기검열 쪽으로 방향을 바꾼다.
• 광고주들은 방송프로그램을 후원할 때 자신에게 유리한 콘텐츠를 만든다.
• 지역미디어 경쟁의 실질적 결말은 어떻게 광고주들이 미디어의 생산을 결정하는가를 보여준다.

친다는 증거를 열거하고 있다. 그러나 영향은 매우 다양한 형태로 나타나기 때문에 발견하기가 어렵고 또 그것이 반드시 위법적인 것은 아니다(예를 들면, 프로모션할 가치가 있는 정보제공, 간접광고, 후원 등). 보가트(Bogart, 1995)는 광고가 미디어에 미치는 (중대한) 영향력을 다섯 가지 사항으로 요약한다(〈표 11. 5〉).

광고주의 영향은 일반적으로 윤리적으로 비난을 받고 있는데, 특별히 뉴스에 영향을 미치는 경우 더욱 그러하다(Meyer, 1987). 미디어(특히 뉴스미디어)와 광고주가 서로 가깝게 보이는 것은 미디어와 광고주 누구에게도 이득이 되지 않는다. 만약 미디어 공중이 이들의 적대적인 음모의 형태를 의심하게 되면, 양쪽 모두 신뢰와 효율성을 잃어버리게 된다. 일반적으로 경제적으로 튼튼한 '엘리트' 미디어는 부당한 압력에 저항하기에 가장 좋은 위치에 있다(Gans, 1979). 그러나 이는 동시에 재정원이 균형 있고 다양하게 퍼져 있는 미디어에게도 적용된다(즉, 광고주와 구독료, 특히 유럽에서는 방송 라이선스 수입과 광고수입). 광고주 압력에 가장 영향을 받을 가능성이 높은 미디어는 경쟁이 치열한 곳에서 재정원이 유일하게 광고이거나 상당부분 광고인 미디어이다(Picard, 2004).

미디어 시장에서 발생하는 뉴스에 대한 주된 압력과 압박은 맥마너스(McManus, 1994)에 의해 '시장모델' 관점에서 요약되었다. 이 모델은 시장의 힘이 비용을 최소화하고, 소유주와 고객의 이익을 보호하며, 재정원이 되는 수용자를 극대화한다는 원칙에 기반하고 있다. 이 모델은 뉴스선택에 대한 다음과 같은 진술로 표현될 수 있다.

사건이나 이슈가 뉴스가 될 가능성은, ① 정보가 투자자나 후원자들에게 야기할 수 있는 피해와 반비례한다, ② 보도비용과 반비례한다, ③ 광고주가 돈을 내고 싶어하는 수용자들에게 어필하는 폭(기대되는 폭)에 정비례한다.

이 모델과 '뉴스생산에 관한 저널리즘 이론'과의 주된 차이점은 이 모델이 (뉴스조직이) 소유주에 대해 입힐 수 있는 해악이나 비용에 대한 언급은 하지 않고 (뉴스) 기사의 중요성과 이해관계가 있는 수용자의 크기에 대해 집중한다는 점이다. 맥마너스가 *352

표 11.6

소유주와 고객의 영향력
- 소유주들은 콘텐츠에 대해 궁극적인 통제력을 가지고 있다.
- 다양한 동종 매체 소유는 다양성과 지역적인 영향력을 축소시킨다.
- 광고는 미디어 작업의 구조와 조직을 형성한다.
- 콘텐츠에 대한 광고의 영향력은 좋아하지 않는 기사나 내용을 배제시키는 선택적 누락(selective ommission)의 방향으로 행사된다.
- 몇몇 조건들 하에서, 탄력성이 풍부한 광고는 독립과 실험을 위해 돈을 쓸 수도 있다.

지적한 대로, 두 이론들은 기사선택의 메커니즘에 대해서는 비슷한 입장을 지니며, 합리성, 완벽한 지식, 다양성과 같은 뉴스의 이상적 조건들에 대해서도 동의한다. 코헨(E. L. Cohen, 2002)은 온라인 미디어가 특별히 시장주도 모델을 따를 가능성이 높은 것으로 추정한다.

수용자와의 관계

전통적으로 어떠한 미디어조직 환경에서도 수용자는 가장 중요한 고객이고 영향력이 있는 것으로 인식되었다. 그러나 시청률과 판매실적이 경영에 밀접하게 영향을 미치고 있음에도 불구하고 최근 연구들은 실제 많은 매스 커뮤니케이터들이 수용자의 존재나 가치를 잘 인식하지 못한다는 사실을 보여주는 경향이 있다. 미디어 전문가들은 자신의 지위를 자신들의 고객보다는 자신의 지식에 의존하는 다른 전문가들의 일반적인 태도와 비슷하게 고강도의 '자폐증'(Burns, 1969)을 보인다.

수용자에 대한 적대감?

알싸이드(Altheide, 1974)는 텔레비전 방송국이 가능한 한 많은 시청자를 확보하려는 노력이 '수용자는 어리석고, 무능하며, 평가할 수 모르는 존재라는 냉소주의적인 시각을 낳았다'고 평가한다. 엘리어트(Elliott, 1972), 번즈(Burns, 1977), 그리고 쉴레진저(Schlesinger, 1978)는 영국 텔레비전에서도 동일한 시각이 존재한다는 사실을 밝혀냈다. 쉴레진저는 이런 현상의 원인을 부분적으로 전문직주의의 속성으로 돌린다. '커뮤니케이터의 전문직주의(그리고 그에 따른 자율성)와 수용자의 필요와 요구를 충족시키려는 것(그에 따른 자율성 제한) 사이에 긴장관계가 형성되어 있다'. 퍼거슨(Ferguson, 1983) 또한 여성잡지 편집자들 사이에서 수용자들에 대한 오만한 태도가 존재한다는 사실을 보고했다. 슐츠(Schultz, 1998)는 호주 저널리스트들에 대한 연구에서 수용자를 만족시켜야 하기 때문에 자신의 자율성이 제한받는다는 것에 대한 반감이 저널리스트들 사이에서 있다는 사실을 밝혀냈다. 슐츠는 이러한 사실을 '한정된 여론이해 능력'과 책무성 메커니즘을 받아들이기 싫어하려는 성향과 연관시키고 있다. 갠즈(Gans, 1979)는 미국 텔레비전 저널리스트들은 자신들이 좋다고 판단하는 것들을 수용자가 몰라주는 사실에 대해 두려워한다고 보고했다. 이러한 상황은 부분적으로 조직이 적용하는 지배적 기준이 항상 시청률(상품 판매량, 광고주에게 팔리는 수용자의 규모)이라는 사실 때문에 야기된다. 그러나 대부분의 미디어 전문가들은 시청률이 콘텐츠의 내적 품질을 평가하는 신뢰할 만한 도구로 인정하지 않는다. 이러한 인식은 어느 정도 타당성을 확보하고 있다.

수용자에 대한 적대감은 미디어 종사자들에 의해 다소 과장될 가능성이 있다. 왜냐하면 일부 미디어 종사자들은 관념적으로 수용자에 대해 긍정적 태도를 가지고 있다는 상반된 증거도 있기 때문이다. 퍼거슨(Ferguson)은 여성잡지 편집자들은 자신의 수용자들에 대해 강한 책임의식이 있고 도움이 되는 서비스를 제공하려 한다고 지적했다(1983). 위버와 윌호이트(Weaver & Wilhoit, 1986)는 저널리스트들이 직업에 대해 만족을 느끼게 하는 가장 중요한 요인이 수용자를 도와줄 수 있는 가능성(61%가 인정)이라는 사실을 밝혀냈다. 이들은 또한 저널리스트들의 보도나 활동에 대해서 가장 자주 피드백을 하는 사람이 개인 수용자들이라는 사실 또한 밝혀냈다. 실제 수용자들에 대해 이야기하는 바가 별로 없는 경영관리 도구인 시청률과 다른 수용자 통계(Ang, 1991)가 수용자에 대한 부정적 견해와 반드시 같다고 생각되어서는 안 된다.

고립과 불확실성

기존 미디어에서 활동하는 대부분의 매스 커뮤니케이터들은 매일 혹은 매 아이템마다 수용자들의 즉각적 반응에 대해 신경 쓸 필요가 없다. 그리고 이들은 수용자가 반응하기 이전에 콘텐츠를 결정해야 한다. 이것은 본질적으로 대규모의 개별적 수용자들을 '이해하기' 어렵다는 점과 더불어 이전에 언급했던 상대적인 고립에 기여한다. 수용자들과 접촉하는 가장 보편적인 제도적 장치, 즉 수용자 연구장치는 본질적으로 경영을 위한 것이며 미디어를 주변의 경제적, 정치적 시스템과 연결시키 **354**

지만 개별 매스 커뮤니케이터들에게 의미 있는 그 무엇을 전달하지는 않는 것으로 보인다(Burns, 1977; Gans, 1979). 수용자에 대한 태도는 앞에서 언급되었던 역할 정향성(*role orientation*)에 따라 서로 다르게 나타나는 경향이 있다.

번즈(Burns)의 결과를 따르자면 커뮤니케이터들 가운데 '실용주의자들'(*the pragmatic*)은 미디어조직 또한 만족시키는 시청률에 만족한다. '기술정향자'(*craft-oriented*)들은 동료 전문가들의 평가에 만족한다. 조직의 목표에 헌신하는 사람들(예를 들면, 문화적 사명이나 정치적, 상업적 선전을 수행하는)은 내부에서 평가된 그러한 목적에 만족한다. 사회에서 영향력을 행사하기를 원하는 사람들은 관련된 사회적 상황에서 그들의 영향력이 닿을 수 있도록 노력한다. 모든 커뮤니케이터들에게는 보다 이해력이 높은 종류의 피드백을 제공할 수 있는 친구, 친척 및 아는 사람들이 있다.

수용자 이미지

커뮤니케이션 하려는 사람들, 일반적인 공중을 변화시키거나 영향을 미치기를 원하고 이 목적을 위하여 미디어를 이용하는 사람들, 또는 영향력이 문제가 되는 소수 집단이나 소수의 명분을 위해 일하고자 하는 사람들에게는 언제나 불확실성이라는 문제가 지속적으로 남아 있다(Hagen, 1999 참조). 한 가지 손쉬운 해결은 자신들이 도달하고자 하는 사람들에 대한 관념적 이미지를 구성하는 것이다(Bauer, 1958; Pool & Shulman, 1959). 갠즈(Gans)에 따르면(1957), '수용자는 제작자가 가진 수용자 이미지를 통해 영화 제작과정에 참여한다'고 한다. 슈메이커와 리즈(Shoemaker & Reese, 1991)는 '저널리스트들은 우선적으로 그들 자신, 편집장, 그리고 동료기자들을 대상으로 기사를 쓴다'로 결론지었다. 그럼에도 불구하고, '메시지를 수용자들에게 이해시키고자하는' 사람들에게는 '바깥 세계'에 존재하는 거대한 무정형의 수용자들에게 메시지를 전달한다는 것이 여전히 불확실한 문제로 남아 있다. 수용자들은 주로 관찰하고 박수를 치지만 송신자나 공연자와 상호작용하지 않는 단순한 구경꾼이다(Elliott, 1972).

미디어조직, 즉 조직 내에 있는 커뮤니케이터 개인과는 구별되는 그러한 조직은 대부분 수용자를 창출하고 이윤과 고용을 만들어내는 한 방편으로 구경거리를 생산하는 사업을 한다[`공시모델'(*publicity model*) 참조]. 이 조직들은 수용자의 주목 정도 와 흥미를 예측할 수 있는 단단한 기반이 필요하다. 피커니(Pekurny, 1982)가 지적 했듯이, 시청률이라는 피드백은 텔레비전 프로그램을 어떻게 향상시켜야 하는지, 또는 프로그램 한 편이 만들어진 한참 후까지 종종 그것이 유용한지에 대해 아무것 도 말해 줄 수 없다. 피커니는 `진정한 피드백 시스템'은 가정에서 시청하는 수용자 들이 아니라 작가, 프로듀서, 배우와 네트워크 운영자들 자신이라고 말한다. 게다 가, 특정 프로듀서의 `과거 경력'과 제작사에 대한 강한 신뢰와 더불어 성공적인 과 거 포맷을 다시 사용하는 것에 대한 신뢰도 있다. 이러한 결론에 대해 라이언과 피 터슨(Ryan & Peterson, 1982)이 지지한 바 있는데, 이들은 대중음악의 경우 생산과 정에서 곡에 대한 선택을 결정하는 가장 중요한 요인은 좋은 `상품 이미지'에 대한 추구라고 말한다. 이것은 본질적으로 과거에 성공적이었던 노래들의 특성에 맞추려 고 노력한다는 것을 의미한다.

■ 내부구조와 역동성의 측면

〈그림 11. 1〉의 도식과 병행해서 지금까지 해온 분석은 조직범위 내에서의 차별성 과 분할의 정도에 대해 지적했다. 조직범위 내에서 여러 가지 차이와 구분이 나타 나는 몇 가지 원천이 있다. 가장 분명한 것들 중 하나는 자신의 지위와 재정확보를 위해 서로 경쟁하는 다른 이해관계를 가진 수많은 미디어들이 가진 기능의 다양성 (예를 들면, 뉴스, 오락, 혹은 광고)이다. 또 다른 하나는 미디어조직 인력은 서로 다 른 사회적 배경을 가지고 있고, 연령, 성별, 인종, 사회배경 및 기타 속성들이 서로 다르다는 점이다. 우리는 이미 많은 미디어들이 지닌 목적의 이중성(물질적, 이상적 목적), (실천상의 제한이 없는) 창조적 목적, 그리고 미디어 상품을 조직하고, 계획 하며, 자금을 조달하고 `판매'하는 필요 사이에 존재하는 미디어 특유의 갈등을 살 펴보았다. 미디어조직 목표에 대한 대부분의 설명은 잠재적 갈등요인이 될 수 있는 정향성과 목적의 차이들을 지적하는 것이다.

목적의 내적 다양성

매스미디어 조직이 복합적 목적을 가진다는 사실은 미디어를 사회적 맥락 속에서 파악하고, 조직운영에서의 압력을 이해하며, 미디어 종사자들에게 가능한 주된 직업상의 선택들을 식별하는 데 매우 중요하다. 이것은 이전에 논의한 사회적 역할을 둘러싼 일반적인 모호성의 가장 본질적 측면이다. 이 문제에 대해서는 신문의 특성, 신문은 두 가지 조직적 차원 — 생산, 서비스 차원과 생산기술과 이용의 다양성 차원 — 중 어느 한 차원에 깔끔하게 위치할 수 없다는 의미에서의 '혼성조직'(*hybrid organization*) (Engwall, 1978) 이라는 특성을 고려해보면 논의가 더 진척될 수 있다. 신문조직은 상품을 생산하고 서비스를 제공하는 것 모두에 관여한다. 이것은 또한 복잡한 것에서부터 간단한 기술까지 다양한 생산기술을 사용한다.

정도의 차이는 있지만 이러한 사실은 다른 매스미디어 조직, 특히 방송의 경우에도 마찬가지이다. 잉월(Engwall)은 몇 가지 다양한 '작업문화', 즉 뉴스지향적, 정치지향적, 재정지향적, 기술지향적 문화들이 활성화되고 있음을 발견했다. 첫 번째 두 가지 문화(뉴스와 정치지향적 문화)는 같이 나타나고, 앞에서 언급한 전문적이거나 창조적 범주(또는 '규범적' 유형에 더 가까운 범주)로 표현되는 경향이 있다. 반면, 그 다음 두 가지 문화(재정 및 기술지향적 문화)는 본질적으로 '공리주의적'인 것으로 다른 사업조직에서의 이와 유사한 문화들과 공통점이 많다. 이러한 상황이 일반화될 수 있는 한, 미디어조직들은 그들이 서로 다른 만큼 내적으로 목적에 따라 구분될 수 있는 것으로 보인다. 과도한 갈등 없이 이러한 일이 이루어지려면 부수적 문제들을 상당히 안정적 형태로 조정해야 한다. 이러한 조정은 턴스탈(Tunstall, 1971) 이 '비관례적 관료제'(*non-routine bureaucracy*) 라는 역설적 용어로 설명한 미디어조직의 특성에서 본질적인 것일 수 있다.

미디어조직이나 직업에 대한 많은 연구들은 연구대상이 되는 응답집단의 사회적 배경이나 사회에 대한 견해를 고찰하고 있다. 이것은 미디어 생산에 가장 직접적으로 책임이 있는 사람들의 개인적 특성이 콘텐츠에 영향을 미칠 것이라는 가정 때문이기도 하다. 이는 미디어 자체의 이데올로기나 신화와 잘 일치하며 조직 혹은 기술 결정론이라는 관념과는 반대되는 가설이다. 비록 작품이 미디어산업의 처리과정을 거쳤다고 하더라도 작가(예를 들면, 소설이나 영화작가)의 성격이나 가치가 작품에 기본적 의미를 부여한다는 생각은 수용자들 사이에서 익숙한 관념이다. 미디어가 '사회를 반영할 것'이라는 기대(〈표 11. 1〉에서 고려된 첫 번째 가설)는 콘텐츠는 수용자들이 원하는 것이라는 점이나 아니면 미디어에 종사하는 사람들이 적어도 가치와 신념에서 사회의 단면이라는 점에서 지지될 수 있다.

그러나 이러한 관점들은 조직적 목표와 상황의 영향력을 고려하는 방향으로 수정될 필요가 있다. 대부분의 미디어 상품들은 저자 한 명의 작품이 아니라 팀의 작품이며, 작품의 개인성에 대한 생각은 미디어가 개인적인 스타나 명사를 조장하려는 경향이 있기는 하지만 그렇게 적절하지는 않다. 슈메이커와 리즈(Shoemaker & Reese, 1991)는 영향력의 경로가 〈그림 11. 4〉에서 보여주는 두 가지 경로들 중 하나를 따를 수 있다고 주장한다. 본질적으로, 그림에서 제시되는 것은 두 가지 대안적 경로들이다. 하나는 조직적 역할이 개인적 특성을 숨기거나 하위에 두는 것이고, 다른 하나는 조직 내에서 권력이나 지위를 이용하여 개인 커뮤니케이터가 자신의 개인적 가치나 신념을 공적 커뮤니케이션에서 표현할 수 있는 경우이다.

첫 번째 질문은 사회적 경험이나 개인적 가치의 어떤 뚜렷한 패턴이 미디어 커뮤니케이터들 사이에서 나타날 수 있는가에 관한 것이다. 대부분이 기자들이기는 하지만 미디어 커뮤니케이터들의 사회적 배경에 대한 설명은 이에 대한 연구의 수만큼 많을 수 있는데, 아직까지 어떤 단일한 패턴이 보고되는 경우는 없었다. 그러나 많은 국가들에서 저널리스트들은 소득 수준이 낮지는 않고 평균적으로 중간에 소속되며 부자는 아니지만 경제적으로 안정적인 사회영역에 속한 것으로 나타났다.

미디어 사업의 다른 부분에서도 마찬가지이지만 저널리즘 스타와 일반 봉급생활

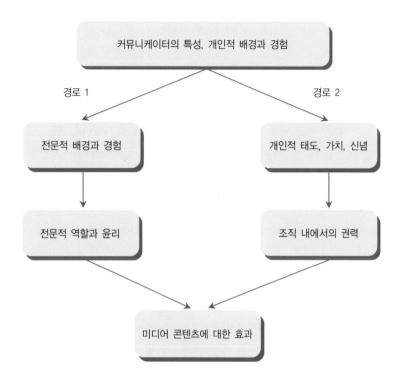

그림 11. 4 커뮤니케이터에게 내재된 요인들이 미디어 콘텐츠에 영향을 미치는 방식 –
제도적 대 전문적 경로들(Shoemaker & Reese, 1991)

자 계층 사이에 분명히 큰 차이가 있다. 예를 들면, 리히터와 로스만(Lichter & Rothman, 1986)은 미국의 엘리트 뉴스미디어에 종사하는 직원 240명에 대한 조사를 통해 그들은 부유할 뿐만 아니라 인구통계학적으로도 국가 전체비율에 비해 백인과 남자가 많으며, 종교적 신념을 가진 사람이 상대적으로 적다는 사실을 보여주었다. 엘리트 미디어가 아닌 미디어에 종사하는 사람들은 비록 인종이나 성에서는 여전히 인구학적 통계분포를 따르지 않을지는 모르지만 덜 엘리트적일 수 있다는 가정을 할 수 있다.

　위버와 윌호이트(Weaver & Wilhoit, 1986; 1992)는 1971년 이후 미국 저널리스트 집단의 구성비가 한 가지 측면에서 괄목할 만하게 변했다는 사실을 밝혀냈다. 비록 흑인이나 히스패닉계 기자들의 수는 적지만 여성비율이 상당히 높아졌다는 점이다

(20%에서 34%로 증가). 1996년 미디어 종사인력에 대한 조사에서 단지 11%만이 소수인종 출신인 것으로 나타났는데, 이는 일반적인 인구분포보다 훨씬 낮은 비율이다. 미디어 종사자들의 일반적인 계층적 위치는 분명히 중산층 직업군에 소속되며, 다른 전문직(법, 의학, 회계 등)에 비해 전문화된 정도는 낮지만 월급을 많이 받으며, 부유한 소수의 스타들이 있는 것으로 보인다. 피터스와 캔터(Peters & Cantor, 1982)의 영화배우 전문직에 대한 설명은 힘없고 보장이 불안정한 다수와 소수의 상층부 사이에 심각한 차이가 있음을 강조하고 있다.

이러한 관찰이 가지는 이론적 중요성을 확립하기란 쉽지 않다. 존스턴과 동료들(Johnston et al., 1976)은 '어떤 사회에서든 매스 커뮤니케이션을 맡고 있는 사람들은 경제적, 정치적 시스템을 통제하는 사람들과 동일한 사회적 계층 출신인 경우가 많다'고 결론을 내렸다. 갠즈(Gans, 1979) 또한 저널리즘 전문직의 중산층적 위치는 궁극적으로 시스템에 대한 충성을 보증한다고 제안했다. 따라서 이들은 실제로 권력을 지닌 사람들과 매우 유사한 방식으로 세상을 보고 해석하며, 같은 기본적인 이데올로기와 가치들을 지닐 수 있는 위치에 있기 때문에 미국 시스템 내에서 자유롭다. 갠즈는 뉴스기자들은 일반적으로 가족에 대한 가치를 소중히 여기고 작은 마을의 목가인 생활을 동경하는, 이른바 '모성'(motherhood) 가치라 불리는 것을 지니고 있다는 사실을 발견했다. 이들은 또한 자민족중심적 경향이 있고, 민주당을 지지하며, 개인주의적이고, '책임 있는 자본주의'와 모더니즘, 사회적 질서와 리더십을 선호하는 경향이 있다.

갠즈의 해석은 기자들이 엘리트일 뿐만 아니라 일탈과 극단적인 운동을 지지하는 경향과 파괴적 동기를 지닌 좌파성향이라는 리히터와 로스만(Lichter & Rothman, 1986)의 해석보다 훨씬 더 설득적이다. '자유로운' 미디어에 대한 이러한 이미지는 미국에서 자주 언급되었다. 저널리스트들은 '안전하지만' 보수적이지는 않다는 갠즈의 견해는 또한 기자들이 보수적인 엘리트이고 주로 국가, 지배계급과 대기업의 이익에 봉사한다는 견해(Herman & Chomsky, 1988)보다 훨씬 더 설득력이 있다.

저널리스트들이 지닌 가치들에 대한 증거보다 더 중요한 것(그러나 가치에 대한 증거와 모순되지 않는)은 미디어 종사자들이 지니는 대부분의 태도와 경향성들이 직접적인 작업환경에서의 사회화에 기인한다는 사실이다(Breed, 1955; Weaver & Wilhoit, 1986). 이러한 명제는 사회적 배경이나 개인적 신념의 영향력을 깎아내리 ✳360

지는 않지만 개인적이고 주관적인 결정보다는 조직적 결정의 가능성이 더 높다는 관점으로 회귀하는 것이다. 기자들이나 다른 종사자들은 가능하면 조직과 양립할 수 있는 가치를 가지고 일하는 경향이 있다는 점을 명심할 필요가 있다. 매스 커뮤니케이터들에 의한 개인적 영향력의 가능성은 장르나 조직유형에 따라 다르다. 비뉴스 장르는 개인적 신념을 표현할 수 있는 여지가 더 크고, 아마도 상업적이거나 재정적인 압력이 적은 곳일수록 그 여지가 더 크다(Tunstall, 1993).

개인적 신념과 가치의 영향력에 관련하여 나타난 사실에 대한 슈메이커와 리즈 (Shoemaker & Reese, 1991)의 주장이 확정적인 것은 아니다. 그럼에도 불구하고 영향력이 없다고 결론 내리는 것은 실제로 존재할 수 있는 개인적 자율성을 배제하는 것이 되며, 직장 사회화의 힘을 과대평가하는 것이 된다(Plaisance & Skewes, 2003 참조). 슈메이커와 리즈는 관계를 가변적인 것으로 간주한다. '커뮤니케이터들이 자신들의 메시지에 대한 통제력이 많고 제약이 적은 상황에서 일할 경우 자신들의 개인적 태도, 가치, 신념이 콘텐츠에 영향을 미칠 기회는 더 많을 수 있다'(〈그림 11. 4〉 참조). 예를 들면, 다른 종류의 미디어(저널리즘, 영화, 텔레비전, 음악)에서 높은 지위를 차지하는 개인들은 개인의 의견이나 신념을 표현할 기회가 많고 또이를 이용한다는 것은 꽤나 분명하다. '미디어 논리'(logic of media)는 상업적 논리와 충돌하지 않는 한 이러한 경향을 자주 지지한다.

[뉴스조직에서의 여성]

성 문제는 개인적 특성이 콘텐츠에 영향을 미칠 수 있다는 명제를 검증할 수 있는 좋은 분야이다. 왜냐하면 페미니스트 운동가들은 미디어는 다양한 방식으로 성 대결기간 동안 진행된 다양한 캠페인에서 '남성 편'을 들었다고 주장하기 때문이다. 일반적으로 이를 증명해서 결론에 이르기는 쉽지 않은 것으로 보인다. 한편으로는 뉴스 미디어조직 내에서 상대적으로 여성의 수가 적다는 것과 여성의 지위가 낮다는 것 사이에는 경험적 상관관계가 있다(Gallagher, 1981; Thoverson, 1986; *Media Studies Journal*, 1993; European Commission, 1999). 다른 한편으로는 뉴스에서, 예를 들면, 여성을 '섹스심벌'로 이용할 뿐만 아니라 주제나 맥락에서도 여성이 등장하는 비율이 실제 비율보다 낮고, 여성에 대한 고정관념이 존재한다. 유럽위원회 보고서(European Commission report, 1999)는 프랑스 뉴스미디어에서 인용되거나 인터뷰한 사람들 가운데 17%만이 여성이라는 사실을 보여주는 연구들을 인용한다. 비슷한 수치가 핀란드(22%)와 영국(13%)에서도 나타났다. 이 보고서는 또한 '미디어에서 묘사된 여성들은 남자와 비교해 봤을 때 실제 인구비율보다 젊고, 결혼한 사람이 많으며 직업을 가진 여성은 적다고 결론 내렸다. 미국 텔레비전 뉴스 미디어가 페미니스트들과 페미니즘을 그려내는 방식에 대한 연구도 이 주제가 등장하는 경우가 드물고 등장할 때에도 악한 것으로, 그리고 사소한 것으로 묘사되는 경우가 많다는 사실을 입증했다. 내용도 페미니스트들과 '보통 여성'을 암묵적으로 구분하는 경우가 많았다(Lind & Salo, 2002).

이 논쟁은 뉴스라는 문제에만 국한되는 것은 아니지만, 뉴스는 자주 사회에서 성 불평등과 성담론 구성이라는 광범위한 문제에서 특별히 중요한 것으로 간주된다. 사실상 모든 미디어조직에서 남성의 지배(수적으로는 아닐지라도 권력적 지위에서)와 남성 편향적 논지나 가부장주의적 가치들 사이의 상관관계는 얼핏 보기에는 미디어에서 직업적 평등이 보다 더 이루어진다면 이것이 미디어 콘텐츠에 영향을 미칠 것이라는 견해를 지지한다(제5장 참조). 그러나 이러한 견해에 대한 증거는 약하다. 베어(Baehr, 1996)는 콘텐츠에 대한 결정은 개인적 선호보다는 재정적 필요에 의해 더 영향을 받는다고 지적한다. 앞에서 인용한 유럽위원회 보고서(1999)도 미디어조직에서 고용되는 여성 수(심지어 고위직에 있는 여성 수)와 여성이 미디어에서 묘사되는 방식 사이의 자동적 연관성에 대해서 회의적 입장을 보인다.

반 주넨(Van Zoonen, 1994)이 보고한 네덜란드 자료에 따르면, 저널리즘 스쿨에서 배우는 전형적인 교훈이 '아무리 온건한 형태의 페미니즘이라고 할지라도 페미니즘과 전문적 저널리즘과는 서로 상충된다'는 것이다. 다시 말하면, 비록 많은 여성들이 자신들이 자율성을 가졌다고 느끼더라도 뉴스를 만드는 전통적 방식에 순응하도록 사회화가 이루어진다는 것이다. 이 자료와 다른 자료에서 끌어낼 수 있는 한 가지 일반적 결론은 성은 언제나 조직적 상황과 상호작용한다는 점이다. 결과는 사례마다 다를 수 있다.

반 주넨(Van Zoonen, 1998; 1991)은 또한 성비구성에 대해 보다 근본적으로 접근할 필요가 있다고 주장했다. 그녀는 뉴스 편집실에 여성의 수를 늘리는 것이 뉴스를 더 낮게 바꿀 것이라는 가정에 기본적 모순이 있다는 사실을 지적한다. 가능한 자료들을 자세하게 살펴보면 이 가정을 지지하는 충분한 경험적 증거는 없다. 미디어 현장에서 여성참여는 현저하게 증가하고 있으나(예를 들면, Weaver & Whilhoit, 1986; 1996; *Media Studies Journal*, 1993 참조) '뉴스의 본질'에는 어떤 주목할 만한 변화도 없다. 조흐와 반 슬라이크 투(Zoch & van Slyke Tu, 1998)는 미국 사례연구에서 여성기자들이 여성을 정보원으로 더 많이 선택했는지를 알아보기 위해 10년 동안 보도된 1천 건의 뉴스기사들을 검토해 보았다. 그 결과 이러한 경향이 미미하게 나타나기는 했지만, 이는 주로 여성이 정보원이 되는 기사의 종류가 많았기 때문이지 여성기자의 개인적 특성 때문은 아니었다는 사실을 발견했다. 이론은 저널리스트가 개인으로서 영향을 미칠 만큼 충분한 자율성을 가졌다는 것을 당연시하고 있는데, 이는 문제가 있고 변할 수 있는 것으로 간주되어야만 한다.

'변화'를 구성하는 것이 무엇인가에 대해서는 서로 다른 견해들이 있다. 뉴스가 '여성을 위한 방향으로 개선'되어야 하는가? 아니면 '여성다움' 그 자체가 재규정(아마도 남성다움의 방향으로)되어야 하는가? 유럽위원회 보고서는 '여성기자들 사이에서 '일상적인 삶'을 보도하는 경향, 권력에 대해 덜 존경을 표하는 태도, 정치적 영역을 보도할 때 심리학적 접근법을 이용하는 경향 등에서 여성적인 톤이나 경향이 있다'는 사실을 밝혀낸 에릭 네뷰(Erik Neveu)의 프랑스 연구(1991)를 인용하고 있다. 그러나 이것은 저널리즘 내에서의 '여성 아비투스'(*feminine habitus*)의 증거가 아니라 특정주제를 여성과 남성기자에게 할당하는 데서 오는 순환과정의 결과이다.

여기에 두 가지 분명한 이슈가 있다. 하나는 저널리즘 자율성 대 결정주의(외적 힘이나 내적 위계관계 혹은 미디어 논리에 의한) 이슈이고, 다른 하나는 뉴스속성 변화의 바람직성 대 뉴스가 나아가야 할 방향에 대한 이슈이다. 이 이슈들 중에서 어떠한 것도 성 차별이 존재한다는 사실이나 여성인력에 대한 평등한 고용에 대해 반대하거나 변화에 반대하지 않는다. 그러나 다양한 이슈들은 서로 분리되어 있기 때문에 뉴스조직에서 더 많은 여성을 고용하자라는 일반적인 제목 하에 모두 묶일 수는 없다. 만약 핵심적 문제가 성이 구성되는 방식에 대한 문제라면 보다 일반적 접근방법이 필요하다. 보다 많은 여성독자들을 신문에 끌어들이려는 노력이나 특이하게 성장하고 있는 여성 구매력을 포함한 미디어의 폭넓은 변화가 미디어에 고용된 여성의 수나 여성들의 경영적 책임과 관계없이 어떤 '여성화' 경향을 유도하는 것도 사

★ 363

실이다. 그럼에도 불구하고, 뉴스에서 여성을 보다 평등하게 보도하기 위한 필수조건은 미디어조직 내에서 힘 있는 위치에 오르는 여성이 점차 증가하는 것이라고 할 수 있다.

11 역할갈등과 딜레마

미디어조직에 관한 대부분의 연구들은 '지위가 낮은' 종사자들의 열망과 미디어를 통제하고 있는 사람들 사이의 긴장관계를 많이 다루고 있지만 이외에도 다양한 요인들에 기반한 잠재적 갈등의 성격이 매우 다양하다는 사실을 보여준다. 소유주의 뉴스에 대한 영향력은 이미 논의된 바 있다. 브리드(Breed, 1955)의 초기연구는 정책유지를 확고하게 하기 위한 (주로 비공식적) 사회화 메커니즘에 대해 자세하게 기술했다. 젊은 기자들은 자신이 근무하는 신문을 읽고 편집회의에 참가할 것을 요구받았다. 정책은 또한 동료들과의 비공식적 잡담을 통해서도 습득된다. 상사에 대한 의무감, 내 집단에 소속되어 있다는 만족감, 그리고 때로는 작업을 할당하는 데 있어서의 경영적인 상벌 등이 일탈을 저지한다. 브리드의 연구에 따르면, 일반적으로 실제 정책이 무엇인지도 잘 드러나지 않는다. 그러나 밴츠(Bantz, 1985)의 연구는 뉴스조직의 조직문화가 본질적으로 갈등 지향적이라고 지적하고 있다. 관련 요인들에는 외부 정보원에 대한 불신, 전문적 규범과 사업 및 오락적 규범들 사이의 갈등, 기사경쟁, 뉴스에서 갈등의 우선성 등이 포함된다.

위계구조에 기반한 갈등의 문제로 돌아와서 뮤리엘 캔터(Muriel Cantor, 1971)가 주요 텔레비전 네트워크를 위해 영화를 만드는 데 종사하는 프로듀서 집단들에 대해 행한 연구는 세 가지 주된 유형의 집단이 존재한다는 사실을 지적했다. 첫 번째 집단은, 주로 장편 특작영화(feature film) 감독이 되려는 야망을 가진 젊고, 교육수준이 높은 '영화 제작자들'로 이들은 번즈(Burns, 1988)가 지적한 '전문적' 방송인 범주와 비견될 수 있다. 두 번째는, 작가-프로듀서 집단으로, 이들은 주로 가치 있는 메시지를 가지고 스토리를 만들고 폭넓은 공중들과 의사소통하기 위해 선택되었다. 세 번째는 나이가 많고, 교육수준이 낮은 경력 프로듀서들로 이들은 주로 네트워크와 그 안에서의 자신의 경력에 주된 관심이 있다.

마지막으로 언급한 집단은 가능한 한 많은 수용자를 확보하려는 자신들의 목적이 네트워크의 목적과 일치하기 때문에 당연히 경영진과 갈등이 가장 적을 수 있다. 다른 이유로 '영화제작자' 집단은 자신의 기술을 실습하고, 돈을 모아서 장편영화로 이동하고 싶어하기 때문에

표 11.7
미디어 직업 역할의 딜레마
· 적극적 참여 대 중립적, 정보적
· 창조적, 독립적 대 관료적, 일상적
· 개인적 성향 대 직업요구
· 협력 대 갈등

네트워크의 목표를 받아들일 준비가 되어 있다. 네트워크 경영진과 가장 갈등을 많이 일으킬 수 있는 집단이 작가-프로듀서 집단이다. 왜냐하면 네트워크 경영진이 생산을 요구하는 콘텐츠에 대해서 자신들은 다른 태도를 가졌기 때문이다. 경영진은 잘 팔리고, 위험성이 없는 상품을 요구하는 반면 작가들은 여전히 작품에 대한 이상을 유지하고 가치 있는 메시지를 전달하고 싶어 한다. 많은 수용자들에게 다가갈 기회를 얻는 것이 그들의 궁극적 목적이지만, 상업적 목표를 따라야 한다는 측면에서 볼 때 가격이 너무 높아 돈을 지불할 수 없다.

커뮤니케이터(특히 저널리스트)에 대한 다른 연구들이 주는 교훈도 비슷한 결론으로 이끄는 것으로 보인다. 즉, 미디어조직과 종사자들 간에 갈등이 일어난다면 그것은 주로 조직의 정치적 경향이나 경제적 이익이 개인의 표현의 자유를 가로 막는 경우에 발생한다. 플리겔과 채피(Flegel & Chaffee, 1971)는 직업에 대한 애착과 협동을 요구하는, 질 높은 프로그램을 위한 '기술적 정향'이 갈등을 줄이고 자율의식을 장려한다는 견해를 지지한다. 시겔만(Sigelman, 1973)에 따르면, 신념에 기반한 잠재적 갈등의 문제는 보통 인력을 채용하는 과정에서, 그리고 신입사원들이 자신의 신념에 맞는 작업환경을 선택함으로써 차단된다. 아마도 뉴스 미디어에서 가장 중요한 것은 뉴스를 지배적 정책에 따라서 다룰 수 있다는 것이 하나의 기술이자 심지어 그 자체로 가치가 된다는 점이다. 뉴스를 얻기 위한 목적은 개인적 감정을 지배한다. 아마도 비슷한 과정이 다른 미디어조직에서도 발생할 것이다.

투로우(Turow, 1994)는 내적 갈등의 잠재력이 증가할 가능성과 심지어 소유권의 집중이 가중화되기 때문에 이러한 내적 갈등이 필요함을 제기한다. 특히, 뉴스사건이 실제로 미디어 자체와 관련되고(이러한 경향은 점차 보편화되고 있는데), 문제가 되는 미디어가 같은 모회사에 소속될 때 이익갈등이 발생한다. 전문적인 저널리즘적 가치는 모회사의 상업적 이익에 해를 끼칠지도 모르는 논쟁들에 대해 보도할 자

유를 요구하지만, 편집허가는 부인될지도 모른다. 투로우가 제시하는 증거는 이것이 일어나고 있으며, 모기업 정책에 순응하고 협력하는 것을 장려하는 '조용한 협상'이 이루어지는 경향이 이미 존재하고 있음을 보여준다. 주의와 충성을 강조하는 은밀한 보상시스템이 존재한다.

콘텐츠에 영향을 미치는 소유주와 편집장의 권력이 얼마나 갈등의 원천이 되는지는 확실치 않다. 몇몇 미국 뉴스미디어에 대한 갠즈(Gans, 1979)의 설명은 기자들에 대한 회사 경영진들의 권력에 대해 다소 모호하다. 한편으로, 그들은 '정책'을 만들고, 빈번하고 규칙적인 브리핑을 행하며, 회사의 상업적이고 정치적 이득을 보살피고, 언제나 필요하면 뉴스기사를 '제안하고, 선택하며, 거부할 수 있다'. 다른 한편으로, 그들은 일상적으로 자신의 권력을 이용하지 않으며, 비록 개인기자는 아니지만 텔레비전 뉴스 프로듀서와 편집장에게 대항하는 권력이 있다. 조사결과는 비록 '정책상' 압력의 문제가 발생한다고 할지라도(Meyer, 1987; Schultz, 1998 참조), 저널리스트들은 스스로가 합리적인 정도의 자율성을 가지는 것으로 여긴다는 견해를 지지하는 경향이 있다(예를 들면, Weaver & Wilhoit, 1986).

12 소 결

앞에서 살펴본 대로, 미디어 직업은 법, 의학, 회계와 같은 전문직과 비교해 볼 때 약하게 '제도화'되었고, 전문직으로서의 성공은 종종 공중취향의 설명할 수 없는 기복(*ups and downs*)과 모방되거나 전달될 수 없는 개인적이고 고유한 특성에 의존한다. 특정 수행기술은 그렇다고 하더라도, 본질적이거나 '핵심적'인 미디어 능력을 명확히 정의하기가 어렵다. 이것은 아마도 여러 가지 형태로 제시될 수 있는데, 주의를 끌고 흥미를 불러일으키며 공중취향을 평가하는 능력, 잘 이해되거나 의사소통을 잘 하는 능력, 호감을 주는 능력, '미디어 사업을 아는' 혹은 '뉴스에 대한 감각이 있는' 능력 등이 포함된다. 이러한 것들 중 어떤 것도 대부분의 다른 전문직의 기초가 되는 기술(승인된 필수적 훈련에 기반한)에 비유될 수는 없다고 보인다. 관료적인 작업환경에도 불구하고, 많은 미디어 종사자들이 여전히 소중하게 생각하는 자유, 창의력, 비판적 접근은 전통적 의미에서의 완전한 전문직화와는 궁극적으로 양립할 수 없다.

앞에서 지적했듯이, 어떤 경우라도 심지어 어떤 복잡한 조직에서의 노동분화를 고려하더라도 일반적인 직업적 유형이나 전형적인 '매스커뮤니케니터' 전문직을 확인하기란 쉽지 않다. 특별히 편집인, 기자, 작가, 영화제작자 등과 같이 직접적으로 창조적이거나 의사소통적 작업을 하는 사람들로 특별히 구성된 중심적인 전문가 집단이 있을 수 있다. 그러나 심지어 핵심적 전문가들도 그들이 자신의 직업을 어떻게 보는지에 대해서는 의견의 일치를 보지 못하는 것으로 보인다. 아마도 가장 근본적 딜레마는 자신들의 이상을 독창성과 자유에 두고 있으나 그들의 조직환경은 상대적으로 엄격한 통제를 요구하는 제도 내에서의 자유 대 제약의 딜레마일 것이다.

* 367

12 미디어문화의 생산

　우리는 지금까지 미디어조직 활동을 구성하는 일련의 다소 정적이고 지속적인 요인들에 대해 살펴보았다. 이러한 요인들은 특히 미디어 노동인력의 구성, 내부의 사회적 구조, 다양한 경제적·사회적 압력아래 조직 밖의 세계와 유지되어온 관계 등과 관련된다. 미디어를 둘러싼 환경은 실제로 결코 정적이지 않지만, 바깥 세계의 힘과 조직목표 사이에서 성취된 균형의 결과로서 안정적으로 보일 수도 있다. 이 장에서 우리는 조직활동의 두 가지 상호 관련된 측면들, 즉 '선택'(selecting)과 '처리과정'(processing)에 주로 초점을 맞출 것이다. '선택'의 측면은 말하자면 '원재료'(raw material) 선택에서부터 완성된 상품전달에 이르는 결정들의 순서를 의미한다. '처리과정'의 측면은 일련의 의사결정 단계를 거치면서 상품속성에 영향을 미치는 작업관례와 조직적 기준(전문적 측면과 사업적 측면을 모두 포함하는)의 적용을 의미한다.

　미디어조직 활동을 기술하는 이러한 방식은 본래 뉴스생산에 관한 연구에서 비롯되었지만, 다른 미디어상품과 미디어상황에도 거의 동일하게 적용될 수 있다 (Hirsch, 1977). 뉴스의 경우, 의사결정단계는 바깥세계의 사건을 '인식하는 것'에서부터, 그것에 대해 쓰거나 촬영하고, 전달을 위해 하나의 뉴스아이템을 준비하는 것까지 포함한다. 책, 영화, 텔레비전 쇼 또는 대중음악의 경우에도, 누군가의 머릿속에 있는 아이디어에서, 편집자의 선별과정과 여러 단계의 변형과정을 거쳐, 최종상품에 이르는 유사한 과정이 존재한다(Ryan and Peterson, 1982).

미디어생산의 모든 단계는 방대한 양의 관례화된 작업을 필수적으로 수반한다. 이러한 관례의 결과로 나타나는 행동과 사고규칙은 미디어생산 과정에 대한 경험적 일반화와 이론화의 가능성을 열어놓고 있다. 또한 이러한 관계들은 미디어 전문직 종사자들의 머릿속에 있는 '실천적'(operational) 이론들을 반영한다(제 1 장 참조).

1 미디어조직 행동: 게이트 키핑과 선택

'게이트키핑'이라는 용어는 일종의 은유로서 미디어 작업에서 뉴스를 선택하는 과정, 특히 특정 뉴스아이템이 뉴스매체라는 '게이트'(gate)를 통과하여 뉴스채널로 들어가는 것을 허용할 것인가를 결정하는 과정을 기술하기 위해 널리 사용되었다 (White, 1950; Shoemaker, 1991; Reese and Ballinger, 2001 참조). 그러나 게이트키핑이라는 아이디어는 저작권 대행업자, 출판업자, 그리고 인쇄매체와 텔레비전의 많은 편집과 제작작업에 적용될 수 있기 때문에 잠재적으로 훨씬 더 폭넓게 적용될 수 있다. 이는 기존 미디어 상품(예를 들면 영화)의 배급과 마케팅에 대한 결정에도 적용된다. 넓은 의미에서, 게이트키핑은 사회에 다양한 목소리에 대한 접근을 허용하거나 막는 힘을 의미하며, 종종 갈등의 중심이 되기도 한다. 민주적인 사회에서는 정부나 정치인들이 매스미디어에서 받는 주목의 양과 성질을 두고 정부(그리고 정치인)와 미디어 사이에 공통적으로 긴장관계가 존재한다. 또 다른 예는 소수집단에게 주어지는 접근의 양과 이들에 대한 묘사와 관계된다. 이러한 매력과 그럴듯함에도 불구하고, 게이트키핑 개념은 여러 가지 약점이 있으며, 그것이 처음 적용된 이래 지속적으로 수정되고 있다. 약점들 중에는 (초기) 게이트 영역이 있다는 가정, 중요한 선택기준이 고정되어 있다는 것, 뉴스의 '공급'에 대한 관점이 단순하다는 점, 의사결정 과정을 개인화시킨다는 점 등이다. 게이트키핑 개념과 관련연구들을 종합적으로 정리하면서, 슈메이커(Shoemaker, 1991)는 초기의 게이트키핑모델을 확장해 실제로 작동하는 더 넓은 차원의 사회적 맥락과 요인들을 고려했다. 슈메이커는 의사결정에 영향을 미치는 광고주, 홍보관계자, 압력집단, 다양한 정보원과 '뉴스관리자'들의 역할에 관심을 기울인다. 그녀의 모델에서, 게이트키핑은 뉴스생산기간 전반에 걸쳐서 나타나는 선택의 복합적이고 연속되는 행위를 포함한다. 가끔은 집단적 의사결정이 관련되기도 한다. 또한 미디어의 내용적 측면뿐만 아니라 예상되는 수용자 유형과 비용문제도 관련된다. 이 모델의 주요 요점들은 버코위츠(Berkowitz, 1990)가 행한 지역 텔레비전 뉴스에 대한 사례연구에서 입증되었다. 뉴스선택은 관련된 행위의 정도에서 상당히 다양할 수 있고, 일반적으로 이해되는 게이트키핑 개념은 경영상의 다양성보다는 '뉴스 발굴'과 같은 소극적 성실에 보다 적합한 것으로 보인다.

이데올로기적 요인 대 조직적 요인

뉴스 게이트키핑에 대한 초기 연구에서(White, 1950; Gieber, 1956), 대부분의 관심은 미디어에 실리지 못한 수많은 아이템들과 배제원인에 초점이 맞추어졌다. 초기 연구의 특성상, 뉴스선택의 결정시 주관적 특성을 강조하는 경향이 있었다. 이후에는 선택에 미치는 체계적인 '조직적' 혹은 '이데올로기적' 영향에 더 많은 관심을 두었다. 조직적 요인은 주로 관료적 관행을 의미하고, 이데올로기적 요인은 개인적이거나 사적인 것이 아니라 뉴스활동의 사회적 (그리고 국가적) 상황에 기인하는 가치와 문화적 영향력을 의미한다. 정상적인 뉴스 선택과정이 관행에 의해 필연적으로 강하게 영향을 받는다는 사실은 이미 오래전에 월터 리프만(Walter Lippman, 1922)이 지적했다. 리프만은 '표준화, 고정관념, 상투적 판단, 그리고 파악하기 어려운 섬세한 것에 대한 무자비한 무시가 없다면 편집장은 흥분해서 곧 죽을 것이다'라고 말했다.

후속연구는 뉴스미디어의 콘텐츠는 일반적으로 예측 가능한 패턴을 따르는 경향이 있으며, 다른 조직들도 똑같은 사건에 그리고 비슷한 조건에 직면했을 때 유사한 방식으로 행동한다는 것을 보여주었다(Glasgow Media Group, 1976; McQuail, 1977; Shoemaker and Reese, 1991). 무엇이 독자들의 관심을 끌 것인가에 대한 뉴스 결정자들의 인식은 안정적이고 같은 사회-문화적 환경 내에서는 상당한 정도의 합의가 있는 것처럼 보인다(Hetherington, 1985). 이러한 일반화가 가능한 조건은 미디어 시스템 전체 내에서 다양성은 그다지 크지 않다는 점이다.

개인의 주관적 판단에 의한 게이트키핑에 대한 대안적 설명은 '뉴스가치'라는 개념에서 발견된다. 뉴스가치란 사건 자체를 수용자에게 흥미 있는 '이야기'로 바꾸는 뉴스사건의 속성을 의미한다. 그러나 현재의 흥미 있는 사건이 보다 최근에 일어나고 보다 흥미 있는 다른 사건에 의해 급속하게 사라질 수 있기 때문에 뉴스가치는 항상 상대적이다. 뉴스가치에 대한 일반적인 생각에 대해 우리는 이미 익숙해졌는데, (뉴스)선택에 영향을 미치는 뉴스가치 (또는 '뉴스요인들')에 대해 첫 번째로 언급한 연구는 갈퉁과 루지(Galtung & Ruge, 1965)의 노르웨이 언론의 외국뉴스에 대한 연구이다. 이들은 뉴스가치에 영향을 미치는 조직적, 장르 관련된, 사회문화적 요인들에 대해 명시했다. 조직적 요인들은 가장 보편적이고 피할 수 없는 요인이며, 부분적으로 이데올로기적 결과를 낳는다. 뉴스수집은 조직적으로 이루어질 수밖에 없고 사건이나 뉴스 스토리가 선택과 재전송의 다소 기계적 과정에 맞는 방향으로 편향이 일어난다. 즉, 신문사나 방송국(종종 원활한 커뮤니케이션 체계를 갖춘 대도시 센터에 존재하는)과 가까운 곳에서 발생하는 사건들이 선택될 가능성이 높다. 장르관련 요인들에는 이미 존재하는 수용자의 기대(과거 뉴스에 상응하는)에 맞는 뉴스사건들에 대한 선호, 그리고 익숙한 해석적 '틀', 예를 들면, 갈등 또는 한 지역 특유의 위기와 같은, 틀 내에 쉽게 위치할 수 있는 뉴스사건들에 대한 선호 등이 포함된다(Harcup & O'Neill, 2001 참조).

외국뉴스 선택에 대한 사회문화적 영향은 개인에 초점을 맞추고, 엘리트 국민들에게 관심이 있고, 부정적, 폭력적, 혹은 극적 사건에 흥미를 갖는 방식으로 나타난다. 〈표 12. 1〉은 이러한 뉴스가치들을 요약하고 있다.

비록 초기의 게이트키핑 연구들은 뉴스선택이 무엇이 수용자의 관심을 끌 것인가에 대한 전문가 평가에 의해 이루어진다고 가정했지만, 이러한 견해에 대해서는 입장이 뒤섞여 있다. 뉴스토픽에 대한 수용자 관심과, 같은 문제에 대한 편집자의 판단을 비교하는 연구는 상당히 다양한 결과를 보여준다(Bogart, 1979; Robinson & Levy, 1986; Hargrove & Stempel, 2002 참조). 1995년에서 1999년까지 미국에서 조사된 편집자들과 수용자들의 '톱기사' 비교연구를 보면, 편집자와 수용자들이 톱기사에 대해 일치하는 경우는 48%이고, 뉴스에 대한 수용자 관심과 실제 보도 사이에는 상관관계가 없는 것으로 나타났다(Tai & Chang, 2002). 이 연구는 미국 편집자들은 수용자들에게 그들이 원하는 것을 주지 않는다고 결론 내렸다. 그러나 이러한 결과에 대한 설명은 다양할 수 있다. 예를 들면, 이 결과는 제도적인 힘과 정보원이 뉴스사안에 상당한 영향을 미친다는 사실을 보여줄 수도 있다.

2 뉴스선택에 미치는 영향

게이트키핑 개념은 이미 앞서 언급했듯이, 그것이 뉴스가 보도되든 되지 않던 간에 이미 만들어진 그리고 확실한 사건-기사형태로 미디어 '게이트'에 도달한다는 것을 암시한다는 점에서 근본적 한계를 지닌다. 이는 뉴스통신사로부터 들어오는 많은 양의 뉴스에는 적용되지만 전체적인 선택과정을 다 설명하지는 못한다. 만하임 (Manheim, 1998)은 '저널리즘의 신화구조'를 설명하면서, 뉴스는 '자연스럽게 발생하는 정치적 환경의 산물'이자 사건의 가시적 내용이라고 기술한다. 이에 그는 저널리즘 뉴스 수집행위를 두 가지 지배적, 그리고 두 가지 부수적 유형에 따라 분류한다. 주된 유형은 '사냥꾼 수집'(hunter-gathering)으로 이는 잠재적 기사거리로서의 표면적 현상을 수집하는 것을 의미하고, '계발'(cultivation) 유형은 뉴스수집을 계획하고 익숙한 정보원을 현명하게 이용하는 '출입처'(beat) 시스템을 말한다. 이는 보다 더 적극적 뉴스 수집활동이라 할 수 있다. 다른 두 가지 유형은 상대적으로 매우 드문데, '탐사적'(investigative) 그리고 '기업적'(enterprise) 저널리즘이다. 이 두 유형 또한 뉴스는 자연스럽게 발생한다고 가정한다.

게이트키핑의 주요 논지는 '현실세계'에는 주어진, 한정된, 그리고 알 수 있는 사건의 실체가 있으며, 미디어의 임무는 현실반영, 중요성, 또는 관련성이라는 적당한 기준에 따라 사건들을 선택하는 것이라는 가정에 주로 기반한다. 피쉬만 (Fishman, 1980)이 기술한 대로, '대부분의 연구자들은 뉴스가 현실을 반영하거나 왜곡하며, 현실에는 뉴스제작자들이 어떻게 생각하든, 그리고 생산과정에서 어떻게 다루는가와 상관없이 독립적으로 존재하는 사실과 사건들이 있다고 가정했다'. 피쉬만의 주요 관심사는 다른 영향력 있는 이론가들이 관심을 갖고 있는 '뉴스 만들

✳ 373

기'(*creation of news*) 이다.

미디어에 실리는 뉴스내용은 다양한 경로를 통해, 그리고 다양한 형태로 나타난다. 뉴스내용은 사전에 추구되거나 지시될 수 있으며, 또는 그것의 '발견'은 체계적으로 계획될 수 있다. 그것은 또한 항상 조직 내부에서 생산되거나 구성되어야 한다. 이러한 구성과정은 뉴스선택과 마찬가지로, 임의적이지도 주관적이지도 않다. 이는 대부분 해석과 관련성의 체계에 따라 이루어지는데, 이러한 체계는 주로 뉴스 정보원이거나 사건을 처리하는 관료적 제도(경찰서, 법원, 복지기관, 정부위원회 등)의 체계이다. 피쉬만(Fishman, 1982)에 따르면, '미디어에 의해 알려져 있거나 알 수 있는 것은 이러한 제도들의 '정보수집과 정보처리 자원'에 달려있다. 뉴스의 최종적 선택에 영향을 미치는 주된 요인들은 '사람', '장소', '시간', 그리고 보통 이러한 것들의 조합이라는 측면에서 고려될 수 있다. 그러나 이러한 특징들과 함께 비용과 수용자에 대한 호소 문제가 존재한다.

사람과 선택

일반적으로, '서구미디어'는 개인적 행위(심지어 개인이 단순히 발언만 하는 것)와 관련된 뉴스사건을 좋아하며, 또한 추상적 주제를 '개인화'하여 보다 구체적이고 수용자들에게 흥미를 불러일으키는 것을 좋아한다. 일반적으로 뉴스를 구성하기 위해서 잘 알려진 사람들, 특히 정치인이나 유명인사를 찾는 경향이 있다. 어떤 영역이든 보다 잘 알려진 사람이 관련될수록 정보원으로서 관심과 접촉을 더 받기 쉽다. 뉴스는 종종 사건 그 자체에 대한 보도라기보다는 저명한 사람들이 사건에 대해서 무엇이라고 말하는지에 대한 보도이다.

아마도 '사람이 사건이 되는' 주요 사례가 미국 대통령일 것이다. 미국 대통령은 거대하고 효과적인 정부내 홍보기구로부터 지원받는 권력인이다. 한 연구(Grossman & Kumar, 1981)가 보여주듯이, 대통령에 대한 다양한 형태의 보도 가운데 지속적으로 나타나는 규칙이 있다. 고위관리들과의 친밀성과 가능한 한 배타적인 개인으로서의 대통령에 초점을 맞춘다. 다른 종류의 유명인사들에게도 이와 비슷한 경우가 나타난다. 세계적 사건들은 영웅과 악당의 이야기로 전달되는 경향이 있다. 예를 들면 고르바초프와 바웬사와 같은 공산주의 붕괴의 영웅, 또는 사담 후세인이나 오사마 빈 라덴과 같이 서구를 위협하는 악당들의 경우가 그러하다.

이는 뉴스수집은 상당 부분 사람이 사건보다 더 영구적으로 이용가능하고, 제도와는 달리 말을 할 수 있기 때문에 사람을 중심으로 일어난다는 사실을 말해준다. 독점기사나 특종기사는 종종 저명한 개인들에 관련된 것으로 이들과 관계를 잘 맺은 기자들에 의해 획득된다.

권력집단이나 유명인사 집단 내부에 있는 사람들과의 개인적 접촉의 중요성은 그동안의 연구결과에서 드러났고, 뉴스제작자들의 비공식적 설명에서도 강조된다. 리즈와 동료들(Reese et al., 1994)이 행한 1980년대 후반 미국 주류 뉴스미디어에서 인용되거나 등장하는 '정보원'에 대한 연구는 뉴스가 자신이 타당한 것으로 보이기 위해 사용하는 '정보원'은 매우 소수이며, 이 정보원들은 서로 연결되어 있다는 사실을 보여 주었다.

미디어의 눈을 통해서 우리가 세계에 대해 보는 것은 종종 우연한 대면의 결과이거나 미디어 내에 있는 사람들이 개발한 비공식적 커뮤니케이션 네트워크의 결과이다. 특정 기관과 관련된 뉴스를 만드는 힘은 또한 일정한 정보원의 다양한 차별적 영향력과 저명인물들의 활동을 둘러싸고 짜 맞춰진 '의사사건'(*pseudo-event*)*의 발생 가능성을 설명하는 데 도움을 줄 수 있다(Dayan & Katz, 1992). 뉴스에서 사람들의 상대적 지위는 다음에 설명하는 '미디어 논리'를 구성하는 요소들 중의 하나이다.

---

* 역주: 저자는 본문에서 'pseudo-event'와 'media event'를 번갈아 가면서 사용했다. 'Event'는 기사화되기 전 기자들에게 흥미 있는 뉴스아이템이라고 할 수 있는데, 흔히 국내에서는 'pseudo-event'는 '의사사건'으로, 'media event'는 '미디어 이벤트'로 번역하는 경향이 많아 여기에서도 이러한 번역을 그대로 차용하기로 했다.

뉴스사건이 발생하는 위치가 독자의 도시, 지역, 국가에서 가까우면 가까울수록, 주목받을 가능성이 커다. 그러나 인접성은 권력이나 사건의 고유한 특성(예를 들면, 사건의 규모나 부정성 등)과 같은 다른 요소들에 대한 고려 때문에 무시될 수도 있다. 웨스터슈탈과 조한쓴(Westerstahl & Johansson, 1994)은 외국뉴스 선택에 대한 대규모 국가간 연구를 통해 뉴스의 두 가지 속성이 선택의 많은 부분을 설명한다는 것을 보여주었다. 이 둘은 사건이 발생하는 국가의 '중요성'과 국내 미디어의 '근접성'(proximity)이다. 웨스터슈탈과 조한쓴은 이러한 관찰의 근거를 1695년 한 독일작가가 쓴 글에서 찾았다. 사건을 뉴스로 인식하기 위해서는 구체적 장소가 있어야 한다는 사실은 정부당국(특히 전쟁상황에서)이 사건이 발생한 장소에 대한 물리적 접근을 통제함으로써 뉴스를 성공적으로 관리한다는 사실을 설명하는 데 유용하다. 단순히 관찰할 수 있어야 한다는 필요성은 차치하고라도 객관적인 뉴스의 관행은 장소에 대한 증거를 요구하며, 장소를 입증할 수 없으면 사건이 되지 않는다.

장소의 중요성은 월터 리프만(Walter Lippman, 1922)의 뉴스수집의 관례화에 대한 설명에서 강조되었다. 그는 뉴스는 이전에 뉴스가치가 있는 사건들이 발생했거나 공표되었던 법원, 경찰, 의회, 공항 및 병원 등과 같은 장소들을 관찰함으로써 기대될 수 있는, 정상적인 것을 넘어서는 사건들로 구성된다고 말했다. 뉴스미디어는 보통 전 세계를 포괄하는 '그물망'과 연결되어 있고, 그 그물망의 결절점들에 통신사나 특파원이 존재한다. '뉴스 그물망'의 개념은 고기처럼 뉴스를 '잡기' 위해 고안된 장치의 이미지로서 터크만(Tuchman, 1978)에 의해 개발되었다. '뉴스 그물망'의 능력은 올가미의 섬세함과 섬유의 강도에 달려있다. (작은 고기를 위한) 촘촘한 그물은 '비상근 통신원들'(stringers)이 제공하는 반면 기자와 통신사는 보다 큰 올가미를 제공한다. 그물의 위계구조 또한 존재하는데, 누구의 정보가 뉴스로 간주될 가능성이 높인지를 결정하는 뉴스 그물망에서의 지위가 존재한다. 통신사보다는 자사기자나 고참기자에 대한 선호가 높다(〈표 12. 2〉참조).

뉴스그물망은 워싱턴-뉴욕 지대나 파리-베를린-런던을 잇는 삼각형의 지역처럼 권력이 집중된 장소와 매우 밀접하게 연결되어 있다. 따라서 공간적 측면에서 뉴스 *376

표 12. 2   뉴스그물망

중앙집중적 제도에서 뉴스그물망의 공간적 중심은 일상적 현실의 조각을 뉴스로 묘사하는
프레임의 한 요소이다 … 뉴스그물망은 공간적으로 분산된 기자들과 연관된 복잡한 관료제
와의 협력을 통해 사건에 프레임을 부과한다 … 결국, 뉴스그물망은 독자들의 관심에 대한
세 가지 가정들을 통합한다. ① 독자들은 구체적 장소에서 발생한 사건에 흥미를 갖는다,
② 독자들은 구체적인 조직의 활동에 대해 관심을 갖는다, ③ 독자들은 구체적 주제에 관심을
갖는다 (Tuchman, 1978).

취재에 대한 사전계획은 어디에서 뉴스가 발생할지에 대한 일련의 추측들을 포함한
다. 이러한 경향은 한때 사건현장이자 정치적 관심의 중심에 있었던 동유럽 같은
지역에서 발생한 뉴스흐름의 지속성에서도 알 수 있다. 뉴스의 흐름은 일반적으로
급작스럽거나 예측하지 못한 사건이 일어나는 장소로부터 발생하기는 쉽지 않다는
것을 이러한 사실을 통해 알 수 있다.

보도에서 장소의 영향은 '뉴스사건'이 자주 일어나는 장소에 기자들을 배치하는
것에서도 볼 수 있다. 이러한 사건들을 사전에 확인하는 것은 부분적으로 무엇이
독자의 흥미를 유발할 것인가에 대한 믿음에 달려있다(전형화의 한 측면). 대부분의
뉴스조직들은 도시뉴스, 범죄뉴스(법원, 경찰서), 정치뉴스처럼 부분적으로 장소에
기반한 데스크나 부서구조이다. 전통적으로, 적어도 지역미디어에서, 이는 '출입
처'(beats)란 용어로 표현되었다.

피쉬만(Fishman, 1980)이 설명한 것처럼, 출입처는 '장소중심적'이고 '주제중심
적'일 뿐만 아니라 자주 출입하는 기자들과 정보원들과 관계되는 사회적 관계들의
네트워크라는 사회적 상황이기도 하다. 뉴스출입처는 '뉴스사건들'에 대한 발굴을
촉진하기 위해 만들어졌지만, 필연적으로 사건을 어떻게 보도할 것인가에도 영향을
미친다. (뉴스출입처상의) 특정장소에서 발생한 것은 〔관찰되지 않은 다른 사건, 즉,
'사건이 아닌 것'(non-event)과 비교해 볼 때〕 단지 그것이 기자들의 눈에 보이기 때문
에 뉴스로 정의될 가능성이 상당히 높다.

시간과 선택

시간은 뉴스에 대한 정의 속에 이미 포함되어 있기 때문에 시간이 뉴스선택에 막대한 영향력을 가진다는 것은 별로 놀랍지 않다. 시의성(*timeliness*)은 뉴스에서는 높게 평가되는 신기성(*novelty*)과 관련성(*relevance*)의 필수적 구성요소이다. 시의성은 또한 커뮤니케이션 기술의 가장 중요한 특성 중 하나인 (공간뿐만 아니라) 시간의 장벽을 극복하는 능력에 의존하며 이 능력을 확대한다. 공간을 획득하기 위한 그물망에서와 마찬가지로, 시간은 사건을 뉴스로 전형화하는 것의 기초가 되기 때문에 시간을 다루는 프레임 또한 존재한다. 뉴스그물망은 뉴스사건이 발생할 것 같은 장소와 시간에 뉴스사건을 포획할 기회를 극대화하기 위해 고안된다. 특히 뉴스생산 주기와 관련해서 시간규모에 따라 사건을 전형화하면, 뉴스에 대한 관행적 정의에 들어맞는 사건들을 뉴스로 보도할 가능성이 높아진다. 뉴스 관계자들은 암묵적으로 그들의 작업을 계획하는 데 도움을 주는, 시간에 기반한 뉴스유형을 가지고 움직인다(〈그림 12. 1〉참조).

주요 유형으로는, 즉각적인 사건을 다루는 '경성뉴스'(*hard news*)와, 주로 배경 또는 시간으로부터 자유로운 뉴스를 다루는 '연성뉴스'(*soft news*)가 있다. 이 외에도 세 가지의 다른 유형이 있다. 즉각적이고 금방 발생한 '토막(*spot*)뉴스', '새로 전개

그림 12. 1 시간과 뉴스의 유형 (Tuchman, 1978)

뉴스유형	시간영역		
	미리 예정된	예상치 않은	스케줄과 상관없는
경성	●	●	
연성			●
토막		●	
새로 전개되는		●	
진행중인	●	●	

*378

되는(*developing*) 뉴스', '진행중인(*continuing*) 뉴스' 등이다. 여기에는 또한 시간축이 있는데, 시간축에 따라서 뉴스는, '미리 예정된 것', '예정되지 않은 또는 예상치 않은 것' 또는 '스케줄과 상관없는 것'으로 나누어진다. 첫 번째는 사전에 알려졌거나 보도가 계획될 수 있는 '예정된'(*diary*) 사건을 의미한다. 두 번째는 예측하지 못한 상태에서 발생해 즉각적으로 전달될 필요가 있는 사건들의 뉴스로, 일상적으로 다루기 가장 어렵지만 뉴스의 많은 부분을 차지하지는 않는다. 세 번째는 주로 연성뉴스로 특정시간에 구애받지 않으며, 뉴스조직의 편의에 따라서 저장될 수 있고 내보낼 수 있는 뉴스와 관련된다. 이러한 방식으로 사건들을 유형화하는 것은 불확실성의 범위를 좁혀주고, 또한 진행중인 뉴스와 사전에 예정된 혹은 스케줄과 무관한 사건뉴스에 의존하는 경향을 부추기며, 따라서 특이함과 신기함에 대해서는 큰 무게를 두지 않는다. 뉴스작동에서 시간이라는 변인이 미치는 엄청난 영향력은 특히 방송에서 나타난다. 쉴레진저(Schlesinger, 1978)는 실질적 목적으로 요구되는 것을 넘어서는 '초시계(*stopwatch*) 문화'를 지적한다. "이것은 시간에 대해 철저하게 의식하는 것이 뉴스제작자들로 하여금 자신 스스로를 전문적이라고 생각하도록 만드는 물신주의의 한 형태이다". 그의 관점에서 보자면, 이러한 물신주의는 역사에 대한 폭력을 행사하는 것이며 뉴스의 의미를 축소시키는 결과를 낳는다.

비록 사전에 계획된 사건들이 일상적 뉴스보도의 많은 부분을 차지하지만, 일상적이지 않은 종류의 계획된 사건이 특별한 중요성을 가지는 경우가 있다. 행사 기획자와 미디어 자체가 그들의 기대를 충족시킴으로써 뉴스가 보도되는 방식에 영향을 미치는 위치에 놓이게 되는 경우가 있다. 예상되는 사건취재 계획이 궁극적으로 어떻게 취재내용에 강력한 영향을 미치는가를 설명하는 방법은 다양하다. 랭과 랭(Lang & Lang, 1953)의 아이디어를 계승한 핼로란 등(Halloran et al., 1970)은 1968년 런던에서 계획된 미국의 베트남전쟁 반대시위와 관련하여 이전에 보도된 사건들에 대해 연구했다. 이들은 시위 몇 주 전에 보도된 미디어 기사들이 어떻게 그 시위가 중요하면서도 폭력적이며, 외국인에 의해 조장되고, 재산과 심지어 사회질서에 대해 잠재적 위협을 가졌는가를 보도함('혁명의 해'로 규정함)으로써 그 시위의 의미를 사전에 규정했는가를 보여주었다. 사건의 의미와 과정에 대한 이러한 '사전구조화'(*prestructuring*)의 결과는 사건의 의미에 대한 해석뿐만 아니라 사건보도를 위한 조직적, 물리적 배치를 형성한다는 것이다.

사실상, 계획된 시위는 상대적으로 평화로웠다. 언론사는 사전에 이 사건에 대한 대안적 해석을 내렸지만 실제 시위가 자신들이 기존에 내린 기대들과 일치하지 않았다. 결과적으로 왜곡과 불균형 보도가 나타났다. 언론사의 비슷한 현상이 1982년 영국의 포클랜드(Falklands) 전쟁, 1991년 걸프전, 1992년 미국의 소말리아 '침공' 등과 같은 계획된 전쟁과 관련해서도 나타났다. 일반적으로 미디어조직이 직면하는 문제는, 정반대로 예상하지 못한 장소에서 계획되지 않은 사건들을 취재해 보도해야 하는 것에 있다.

몰로취와 레스터(Molotch & Lester, 1974)는 네 가지 종류의 사건유형을 제안하였다. 그 유형에는 가장 큰 범주인 '관례화된 사건'이고, 나머지는 '사고', '스캔들', '뜻밖에 발견한 사건'(우연)이다. 관례화된 사건은 다시 세 가지 유형으로 나누어진다.

① 사건 기획자가 뉴스 수집자들에게 습관적으로 접근하는 경우
② 사건 기획자가 자신의 사건을 만들기 위해 다른 사람의 관례화된 접근을 파괴하는 경우
③ 기획자와 뉴스 수집자의 관심이 같아서 접근이 허용되는 경우

첫 번째 범주는 국내 정치보도와 같은 일반적 상황을 지칭하며, 두 번째는 '외부인'(outsiders)들의 시위나 관심 주목(publicity-gaining) 행동이다. 마지막 범주는 미디어가 깊이 연관된 '미디어 이벤트'(media events)와 '의사사건'(pseudo-event)과 관련된다. 이러한 분류는 정보원의 권력행사에 대해서도 함축적 의미를 갖는다.

때때로 사건은 관행을 파괴하고, 실질적으로 극적이고 예상하지 않는 것이 뉴스를 지배한다. 이를 두고 터크만(Tuchman, 1978)은 '깜짝 놀랄 만한 뉴스'(what a story!)* 유형이라고 부른다. 이러한 범주의 사건들은 매우 다양하고, 단지 예상치 못함, 중요성, 관련된 모든 당사자의 신뢰성에 대한 부담에 의해서만 결합된다(Berkowitz, 1992 참조). 뉴스매체가 세계가 뒤집힐만한 정도가 아닌 기사에 대해 특종을 한다는 사실도 놀랄 만한 일이다. 요점은 사건들에 대한 보도가 역동적 과정인 반면, '뉴스가치' 평가에 대한 접근방법은 그 역동성을 간과하고 있을지도 모른다는 점이다.

---

* 역주: 터크만은 이러한 유형의 뉴스로 대통령 암살사건을 꼽는다. 이는 경성뉴스나 연성뉴스와는 확연히 구분된다고 언급했다.

'깜짝 놀랄 만한 뉴스' 현상과 관련된 뉴스 작업의 한 측면이 '핵심적 사건'(*key event*) 개념이다. 이는 규모, 예상치 못함, 극적 속성 때문만이 아니라 상당한 정도로 공중의 반향을 불러일으키고 공중들의 뿌리 깊은 위기감이나 염려를 상징하는 데 중요하기 때문에 큰 뉴스기사가 되는 사건의 종류를 말한다. 원래 이 아이디어는 하나의 범죄가 범죄에 대한 연속적 보도를 야기시키는 경

표 12. 3
뉴스선택 요인들
• 사건과 관련된 개인의 권력과 명성
• 기자들의 대인접촉
• 사건의 장소
• 권력이 있는 장소
• 예측성과 일상성
• 뉴스와 관련되는 사람이나 사건들과 수용자의근접성
• 사건의 최근성과 시의성
• 뉴스주기와 관련된 타이밍
• 독점성 (*exclusivity*)

우를 언급한 피쉬만(Fishman, 1982)이 제시한 것이다. 이러한 예들에는 체르노빌 방사능 유출사고, 영국 다이애나비의 죽음 등이 포함된다. 핵심적 사건들은 실제로 일어나는 것이지 '미디어 이벤트'와 결코 동일하지 않다.

케플린거와 하버마이어(Kepplinger & Habermeier, 1995)는 핵심적 사건들이 현실에서 발생하는 빈도보다 훨씬 더 많이 보도하는 경향을 부추김으로써 현실 표상에 강력한 효과를 발휘할 수 있다는 가설을 탐구했다. 이들은 이러한 가설에 맞는 사례로 1992년과 1993년 독일에서 발생했던 이민자에 대한 인종적 공격 보도를 분석했다. 이러한 사건이 발생하기 전후의 독일보도를 분석한 결과, 특정주제에 대한 현실은 아무런 변화가 없지만, 핵심적 사건들이 특정기간에 걸쳐 그 주제에 대한 관심을 촉진시킨다는 가설을 검증했다. 변하지 않은 현실의 문제를 처리하는 미디어 방식 중 하나가 과거에 일어난 유사한 다른 사건들을 보도하는 것이었다. 이것은 신문의 정상적 역할이 아니다. 일반적으로, 이러한 결과들은 뉴스빈도나 뉴스의 현저성을 실제 현실에서 일어나는 사건들에 대한 신뢰할 만한 안내자로 간주하는 위험성을 강조한다.

'미디어 하이프'(*mediahype*)라는 용어는 배스트만(Vasterman, 2004)이 '하나의 특정한 사건에 의해 촉발되고, 미디어 뉴스생산 내에서의 자기보강 과정에 의해 확장되면서, 계속적으로 지속되는 미디어생산 뉴스'를 지칭하기 위해 만들어졌다. 미디어 하이프와 관련되는 기준들은 갑작스럽고 예상치 않은 발생과 점진적 소멸, 실제 사건 발생빈도와 일치하지 않음, 그리고 사회적 행위자들의 반응을 자극하고 이것이 더 많은 '뉴스'를 만들어내는 경향 등이다.

사회를 구성하는 어떤 하나의 제도적 요소에 의한 미디어에 대한 접근(그에 따른 수용자로서 사회 그 자체에 대한 접근) 문제는 이미 여러 부문에서 논의되었다. 제4장 (〈그림 4. 2〉)에서는 미디어를 사회제도들과 사회구성원들 '사이'를 연결하는 채널을 만드는(혹은 차지하는) 것으로 표현했다. 〈그림 11. 2〉에서 나타난 바와 같이 미디어조직에 대해 주된 압력들 중의 하나가 사회적, 정치적 이익들의 접근에 대한 요구이다. 제7장에서 논의된 규범적 이론의 대부분은 결국에는 사회에서 누가 어떠한 조건으로 접근해야 하는가의 문제로 귀결된다.

　미디어에 상당한 자유를 보장하는 민주주의 사회에서조차도 지도자나 엘리트들에서 사회저변으로 향하는 '하향식' 사회 커뮤니케이션이 가능하도록 매스미디어가 채널을 제공할 것이라는 기대가 뚜렷하고, 때로는 압력으로 작용한다. 이러한 기대나 압력은 법적 규정이나 자유시장에서 시간과 공간의 구매, 혹은 공적 커뮤니케이션을 위한 열린 수단으로 자발적으로 봉사하고자 하는 미디어에 의해 달성될 수도 있다. 일반적으로, 사회적으로 공표하지 않을 권리, 그에 따른 접근을 보류하는 권리도 포함한 것으로 받아들여지기 때문에 '사회에 대한 접근'을 어떻게 성취하느냐의 문제는 미디어에 상당히 중요한 문제이다. 실제로 정상적인 뉴스가치의 작동과 영향력 있는 정보원에 대한 미디어 의존으로 인해 일반적으로 접근이 적어도 사회적 '상층부'에게는 허용된다.

미디어 자율성의 연속

이 문제는 연속적 관점에서 이해될 수 있다. 한쪽 끝은 미디어가 전적으로 그것이 국가이든 아니든 간에 외부세계의 이해관계에 의해 '침투'되거나 동화되는 상황이다. 또 다른 한 끝은 미디어가 완전히 자유롭게 자신의 의지대로 배제하거나 허용하는 상황이다. 정상적 조건아래서는 이러한 두 가지 극단적 상황은 나타나지 않는다. 다원주의 이론은 조직의 다양성과 접근 가능성은 사회의 '공식적' 목소리와 비

그림 12. 2 생산 범위와 사회에 의한 접근 감독에 대한 유형

생산범위 / 미디어 자율성	생산기능	사회에 의한 접근감독	사회에 대한 접근유형	텔레비전 사례
제한적 ↑	1. 기술적 편이제공	총체적 ↑	1. 직접적	일부 방송
	2. 편이제공과 선택		2. 수정되어 직접적	교육
	3. 선택과 표현		3. 걸러진	뉴스
	4. 선택과 편집		4. 다시 만들어진	다큐멘터리
↓	5. 현실화와 창작	↓	5. 조언적	현실적 사회드라마
포괄적	6. 상상적 창작	없음	6. 사회 통제 없음	일반 텔레비전 드라마

사회의 의한 접근은 커뮤니케이터 (편집자) 자율성과 역으로 관련되어 있다 (Elliott, 1972).

판적이고 대안적 관점들이 접근할 기회를 적절하게 배합한다고 가정한다.

그러나 '사회를 위한 접근'은 의견과 정보 또는 그 유사한 것을 위한 플랫폼을 제공하는 것 이상을 의미한다. 이는 또한 미디어가 사회현실로 통용되는 것을 묘사하는 '방식'과도 관련된다. 미디어는 사회현실을 변형시키거나, 왜곡하거나, 또는 이 현실에 도전하는 방식으로 묘사할 수도 있다. 결국, 사회적 차원의 접근문제는 미디어 자유와 사회적 요구가 행사되고 절충되는 관계들을 둘러싼 복잡한 일련의 관습들과 연관된다. 많은 부분이 포맷과 장르의 표준화된 특성과, 미디어들이 사회적 현실을 묘사하기 위해 사용하거나 자신의 수용자들이 그렇게 이해하는 방식에 의존한다.

이러한 문제는 엘리어트(Elliott, 1972)가 행한 영국 텔레비전 제작 사례연구를 통해 조명되었다. 그러나 엘리어트의 아이디어는 신문매체와 다른 국가적 미디어시스템에도 적용 가능하다. 그의 분류(〈그림 12. 2〉)는 다른 잠재적 커뮤니케이터들에 대한 접근을 허용하거나 보류하는 미디어조직의 역량이 매우 다양하다는 사실을 보여준다. 이 유형은 사회에서 이용 가능한 접근의 자유의 정도와 미디어에 의한 통제와 행위의 폭 사이에는 상반된 관계가 있음을 보여준다. 즉, 미디어 자신들에 의한 통제 범위(생산범위)가 넓을수록 사회에 의한 직접적 접근은 더 제한된다. 한편으로는 '사회의 목소리' 혹은 사회적 현실과, 다른 한편으로는 수용자로서의 사회

✱383

사이에 다양한 수준의 간섭과 중재가 존재한다. 이러한 공식은 미디어 자율과 사회적 통제 사이의 기본적 갈등을 강조한다. 접근은 투쟁의 장이 될 수밖에 없다.

경쟁지대로서의 사회적 현실 콘텐츠

〈그림 12. 2〉는 사회적 '현실'이 미디어에 의해 걸러지는 정도의 다양성을 보여주는데, 뉴스와 다큐멘터리가 척도의 중간에 위치함을 알 수 있다. 생산자들이 선택하고 콘텐츠를 형성하는 범위는 사회가 수용자에 대한 직접적 접근을 요구하는 범위에 비추어 볼 때 어느 정도 균형잡혀 있다. 편집상의 자유는 또한 수용자들이 현실을 이해하는 범위와 균형을 이룬다. 현실을 직접적으로 제시하는 자료는 수용자들에게 현실에 대한 타당한 반영을 약속하지만, 또한 미디어가 선택과 표현의 기준을 설정할 권리도 존속시킨다. 다른 장점은 논외로 하더라도, 이러한 분류는 미디어 선택에 대한 많은 연구들이 집중하는 뉴스는 미디어 '게이트'를 통과할 필요가 있는 여러 가지 현실의 종류들 가운데 단지 하나에 불과하다는 사실을 상기시킨다.

실제로, 뉴스는 갈등의 잠재력이 가장 높고, 미디어조직이 사회와 공중 모두와 관련하여 자신이 선택한 것과 우선적으로 생각하는 것을 방어해야만 하는 (현실성 영역의) 연속선상의 중간단계에 있다. 이러한 영역은 뉴스와 다큐멘터리를 넘어 '다큐드라마', 역사 드라마, 그리고 경찰, 병원, 군대 등을 묘사하는 수많은 '현실적' 시리즈를 포괄한다. 이 영역은 또한 종종 '인포테인먼트'(infortainment)로 언급되는 것도 포함한다(Brants, 1998). 이러한 현실영역의 외적 유사성이 영향력이 있고 민감할수록 미디어는 더 조심스러워야 하며, 민감한 영역을 피하고 아이러니, 비유, 환상 및 직접적 책무를 피하기 위해 오래전부터 사용되고 있는 장치들을 더 채택해야 한다. 콘텐츠 표현을 결정하는 것은 미디어의 기본적 권위의 몫일 뿐만 아니라 현실 그 자체에 미칠 수 있는 의도되지 않은 바람직하지 않은 효과(공포, 범죄, 자살, 테러 등을 유발하는 효과)를 일으킬 가능성에 대한 고려이다.

엘리어트가 이러한 유형(〈그림 12. 2〉)을 만든 이후, 방송에서 채널이 증가하면서 원칙들을 깨지 않으면서도 새로운 가능성과 이슈들을 도입하는 등 의미 있는 발전들이 있었다. 라디오와 텔레비전 쇼에서의 수용자 참여가 중요한 혁신이었다

표 12. 4	새로운 형태의 '리얼리티' 텔레비전

- 생방송 스튜디오 방청객 앞에서 스타 진행자와 저명 초대손님이 함께하는 토크쇼
- 생방송으로 스튜디오 방청객이 참여하는 공적 토론이나 논쟁 프로그램
- 뉴스와 토크를 곁들인 매거진 쇼('Good Morning America' 같은 많은 아침 텔레비전 쇼)
- (참여자가 없는) 뉴스 인터뷰
- 시청자 참여와 함께 개인적 이슈로 논쟁을 벌이는 낮시간 토크쇼 (오프라 윈프리가 개척자)
- '다큐드라마'와 '인포테인먼트'
- 'Big Brother'와 같은 리얼리티 텔레비전 쇼

(Munson, 1993; Livingstone & Lunt, 1994; Shen, 1999). 이러한 현상은 처음에는 방송에 출연한 전문가, 공적 인물 혹은 명사들에 대해 시청자들이 전화로 참여하는 시청자 참여 라디오 쇼(*radio call-in shows*)를 통해 나타났다. 이후 새로운 포맷과 제작량이 폭발적으로 증가했다. 새로운 형태의 '리얼리티 텔레비전'(*reality television*) 양식들인 〈표 12. 4〉에 제시되어 있다.

이러한 '리얼리티' 텔레비전 유형과 구체적 사례들은 매우 다양하며 문화마다 다르게 나타난다. 앞에서 살펴본 접근에 대한 논의와 관련하여 우리는 적어도 세 가지 결론을 내릴 수 있다. 첫째는 예전에는 숨겨졌던 현실 측면들에 대한 새로운 형태의 접근, 예를 들면 '숨겨진 사실을 고백하는' 또는 선정적 토크쇼가 있다는 점이다. 둘째는, 미디어 전문가, 공직자, 또는 전문가의 목소리들과 함께 '제3의 목소리', 즉 일반인들의 목소리도 등장한다는 점이다. 세 번째는 〈그림 12. 2〉에서 나타난 바와 같이 중간단계의 접근유형들이 상당히 많이 늘어났다는 점이다. 이러한 영역에서 현실과 허구의 경계가 상당히 흐려지고 의미 또한 훨씬 더 걸러지고 협상된다.

4 정보원이 뉴스에 미치는 영향

모든 종류의 미디어는 출판을 위한 저서원고이든, 영화제작을 위한 대본이든, 혹은 신문이나 텔레비전을 채울 기사이든 상관없이 손쉽게 이용할 수 있는 1차 자료 (*source material*) 공급에 의존한다. 뉴스정보원과의 관계는 뉴스미디어에 필수적인 것이고 정보원들은 종종 매우 적극적인 쌍방향적 과정을 만들어 낸다. 뉴스미디어는 항상 적절한 콘텐츠를 찾고 있으며, 콘텐츠(항상 적절한 것은 아니지만)는 항상 보도될 수 있는 뉴스미디어를 찾는다.

뉴스제작자들은 항상 자신이 선호하는 정보원을 가지고 있고. 또한 기자회견, 홍보대행사 등과 같은 제도적 수단에 의해 유명한 인물들과 연결된다. 뉴스기자들에 대한 연구(예를 들면, Tuchman, 1978; Fishman, 1980)들은 기자들이 동료들과 공유하지 않는 것이 바로 정보원과의 연줄이라는 것을 분명하게 보여준다. 인종적 편견에 대한 텔레비전 다큐멘터리 제작과정을 탐구한 엘리어트(1972)의 연구는 '친분 사슬(*contact chain*)'의 중요성을 입증했다. 스크린의 최종적 내용은 제작팀이 원래 가지고 있었던 아이디어와 선입관, 그리고 그들이 만들어낸 개인적 친분에 의해 만들어진다. 이러한 실례는 미디어 종사자들의 특성과 개인적 가치들이 결국에는 제작물에 영향을 미친다는 것을 말해준다.

신뢰할 만한 정보원을 인용함으로써 뉴스보도에 정당성을 부여하는 행위는 일반적으로 기존 권위와 관습적인 지혜를 대부분 강화한다. 이것은 주류 뉴스 미디어에서 거의 피할 수 없는 의도되지 않은 편향의 형태이지만 결국에는 객관성의 가면 뒤에 숨은 항구적 이데올로기적 편향이 될 수 있다. 앞에서 언급한 미국 텔레비전 뉴스 콘텐츠에 대한 리즈와 동료들(Reese et al., 1994)의 연구는 제도 대변인, 전문가, 다른 저널리스트라는 세 가지 '정보원'이 뉴스에서 주로 인터뷰되거나 인용된다고 지적했다. 이 연구의 주요 발견은 제한된 동일한 정보원들 간의 상호관계가 너무 높아서 다양한 관점들이 나타나기 어렵다는 점이다. 리즈와 동료들(1994)은 '공통되고 때로는 좁은 정보원 네트워크에 의존함으로써 뉴스미디어는 관습적 지혜와 기자, 권력자 및 다른 수용자 구성원들 사이에 공유되는 당연한 시각에 체계적으로 초점을 맞추게 된다'고 기술한다.

국외사건들에 연루되는 국가위기나 갈등이 있을 시 뉴스미디어는 전형적으로 자국 내 공식적 정보원에 의존하게 됨에 따라 이슈와 사건에 대한 프레임이 불가피하게 편향적이게 된다. 이는 최근 발생했던 코소보, 아프가니스탄, 이라크 전쟁에 대한 뉴스의 비교분석에서도 입증되고 있다. 예를 들면, 코소보 공습에 대한 미국과 중국신문의 보도를 비교 분석한 양(Yang, 2003)의 연구에 따르면 양국 간에 정보원과 보도방향에서 상당한 차이가 있는 것으로 나타났다. 양국의 신문시스템은 자국의 정보원을 압도적으로 이용했고, 뉴스보도 또한 사건에 대한 자국정부의 시각을 반영했다.

뉴스 미디어는 종종 감정적 이슈나 의견이 팽팽히 양분되는 이슈에 대해 편향을 보이는 것으로 비난받는다. 제1, 2차 (이라크) 걸프전쟁의 경우, 전쟁에 참여한 서구국가들의 미디어는 자신들의 객관적 전달자와 비판적 관찰자 역할을 수행하지 못했던 것으로 널리 알려졌다. 일반적으로 이러한 비판에 대해 미디어는 반대하지만 2004년 4월 〈뉴욕 타임스〉(The New York Times)는 이라크 전쟁에 대한 보도에서 심각한 문제가 있었음을 인정하는 이례적 조치를 취했다. 그 직후 〈워싱턴 포스트〉(The Washington Post)도 비슷한 실수를 인정했다. 〈뉴욕 타임스〉의 사설 발췌문이 〈표 12. 5〉에 제시되어 있다.

앞에서 설명한 웨스틀리와 맥클린(Westley-MacLean) 모델은 커뮤니케이션 조직을 사회적 현실에 대한 자신의 관점을 전달하려고 노력하는 잠재적 '주창자'와 이러

표 12. 5   〈뉴욕타임스〉와 이라크 : 2004년 5월 26일 사설 발췌문
작년 한 해 본지는 미국이 이라크에 개입하게 된 결정에 대해 반추했다. 우리는 미국과 연합국의 정보실패에 대해 검토했다 … 우리는 정부의 어리석음과 과대선전에 대해 탐구했다. 이제 같은 반추를 우리 자신에게로 돌려야 할 시기이다 … 우리는 수많은 보도에 대해 스스로 자랑스러워한 적이 많다 … 그러나 우리는 당연히 그러해야 함에도 불구하고 엄격하지 못했던 보도가 많음을 시인한다. 어떤 경우에는 당시에 논쟁적이었고 지금은 의심스러운 정보는 충분히 적합하지 않음에도 불구하고 이에 대해 문제 삼지 않았다 … 기자에 대해 문제 삼고 보다 회의적 시각을 견지했어야 할 여러 단계의 편집자들이 특종을 신문에 보도하는 것에만 너무 열중했다. 이라크 망명자들의 설명은 사담 후세인을 내쫓으려는 그들의 강한 욕망에 견주어 평가되지 못했다. 이라크에 대한 극단적인 주장에 기초한 기사들이 두드러졌고, 이러한 기사들에 대해 문제 삼는 후속 기사들은 때로는 실리지도 못했다. 어떤 경우에는 후속 기사조차 없었다.

한 사회적 현실에 대해 신뢰할 만한 정보에 관심이 있는 공중 사이의 중재자로 묘사한다. 이러한 주창자들은 호의적 접근을 확보하기 위해 뉴스미디어와 접촉을 시도하고, 이러한 접촉을 정례화한다. 이로 인해 일반적으로 미디어와 정보원들 사이에 불가피할 정도의 공생관계가 형성된다. 이것은 심지어 미디어와 정보원의 기능이 서로 뒤바뀌고 상호결합될 정도로 미디어 역할이 무시될 가능성도 배제하지 못한다. 어떤 미디어는 다른 미디어를 뉴스가치에 대한 가장 좋은 초기 가이드로, 그리고 뉴스아이템 선택 시 명사(celebrity)의 위치로 간주하기도 한다. 신문과 텔레비전이 정보원으로서, 그리고 정보와 논평의 대상으로서 서로 끊임없이 콘텐츠를 주고받는 것 이외에도 영화산업에서 텔레비전으로, 음반산업에서 라디오로 흐르는 중요한 콘텐츠 공급관계가 존재한다. 이것은 미디어의 '상호텍스트성'(intertextuality)의 한 측면이다(제 14장 참조).

공급계획

에릭손과 동료들(Ericson et al., 1987)은 심지어 정보원 조직을 대신해서 다른 미디어 기자들에게 필요한 정보를 제공하는 '정보원 미디어'(source media)라는 특별한 범주를 이야기한다. 정보원 미디어는 기자회견, 보도자료, 홍보 등으로 구성된다. 게다가 미디어는 정기적으로, 그리고 주요 사건별로 직접 관찰 및 정보수집과 보고를 통해 지속적으로 자신의 자료들을 모은다. 이들은 또한 정기적으로 국내 및 국제뉴스 통신사, 뉴스필름 통신사, 텔레비전 교환협정 등과 같은 정보 공급자들의 서비스를 이용한다.

여기에는 주목할 만한 몇 가지 측면들이 있다. 첫째는, 지속적인 대규모 미디어 제작운용에 따르는 '계획'(planning)과 예측가능성의 문제이다. 미디어는 수요에 상응하는 공급을 확보할 필요가 있고 따라서 일정부분 뉴스든, 허구든, 아니면 다른 오락물이든 간에 사전에 콘텐츠를 주문해야 한다. 이러한 수요는 정규적으로 콘텐츠를 공급하는 (뉴스통신사와 같은) 제 2차 조직의 성장을 가져왔다. 이것은 또한 미디어를 사회에서 진행되는 문화와 뉴스의 중립적인 전달자나 반사경으로 보는 개념과는 모순되는 측면이 있음을 암시한다. 이는 미디어 자신의 역할에 대한 이미지의 일부분인 신기성, 자발성 그리고 창조성의 이상과 상충된다.

둘째, 정보공급자와 정보를 받아들이는 미디어 사이의 '불균형'(inbalance)에 대한 문제이다. 일부 정보원들은 자신들의 지위, 시장지배력 또는 내재적 시장가치 때문에 다른 정보원들보다 훨씬 더 힘이 있거나 협상력이 있다. 갠디(Gandy, 1982)는 힘 있는 이익집단들이 자신들의 주장을 관철시키기 위해 선별적으로 정보를 제공하는 '정보보조'(information subsidies)에 대해 언급했다. 미디어조직이 정보원에 대한 접근을 배분하는 정도는 결코 공정하지 않다. 갠즈(Gans, 1979)에 따르면, (엘리트) 뉴스미디어에 접근하는데 가장 성공적인 정보원들은 기자들이 원하는 '뉴스'자료들을 제 시간에 공급할 만큼 힘이 있고, 자원이 풍부하며, 조직화가 잘 되어 있을 가능성이 높다. 이러한 정보원들은 모두 '권위가 있고', '효율적'이며, 몰로취와 레스터(Molotch & Lester, 1974)의 의미로, 종종 뉴스미디어에 대한 '습관적 접근'을 즐긴다. 뉴스미디어는 이러한 정보원 자료들을 외면하기 어렵기 때문에 뉴스미디어의 독립성과 다양성에 대한 잠재적 제한이라는 문제가 제기된다.

세 번째로, 미디어와 잠재적인 외부 커뮤니케이터들(주창자나 정보원)의 입장에서 상호이익이 존재할 때 '동화'(assimilation)의 문제가 제기될 수 있다. 정치지도자들이 다수의 공중들에게 접근하기를 원할 때에는 동화의 사례가 분명하게 나타나지만, 기자들이 내부정보와 그것이 제시되는 방식에 관심을 가진 정보원에 의존하는 일상적 뉴스보도에서 제기될 수 있는 공모관계는 다소 불분명하다. 이는 정치인, 관료, 경찰 같은 정보원에 적용된다. 동화현상은 기자와 정보원 간의 상호이익을 위해 존재하는 협력의 정도가 공중에게 정보를 전달한다고 주장하는 사람들(또는 조직들)에게서 정상적으로 기대되는 '분배적' 역할과 충돌하는 지점에 이를 때 발생한다고 말할 수 있다(Gieber & Johnson, 1961). 비록 이러한 유형의 관계는 미디어 조직의 요구뿐만 아니라 공중의 요구를 충족시키는 데 성공한다면 정당화될 수도 있겠지만, 비판적 독립과 전문적 규범에 대한 기대와는 상충된다(Murphy, 1976; Chibnall, 1977; Fishman, 1980).

몰로취와 레스터(1974)는 사건에 대한 홍보를 관리하는 위치에 있는 사람들에 의해 어떻게 뉴스가 통제될 수 있는지를 보여주었다. 몰로취와 레스트는 이들을 '이벤트 프로모터'(event promoters)로 명명하면서 '일상적 사건들'과 관련하여 이벤트 프로모터들은 자신의 관점에서 미디어에 접근하기 위한 여러 가지 방법을 갖고 있다고 주장한다. 프로모터들은 '뉴스수집가들'(즉, 기자들)에 대한 습관적 접근을 요구할 수 있거나, 자신의 힘을 사용하여 다른 사람의 일상적 접근을 방해하고 미디어에 주목을 받기 위한 그들 자신의 '의사 사건들'(pseudo-events)을 만들 수도 있다. 정치인이나 관료와 어떤 의도적 조작 없이 다양한 목적을 위해 봉사하는 기자들 사이에는 다소 제도화된 공모관계가 종종 있다(Whale, 1969; Tunstall, 1970; Sigal, 1973). 이러한 관계는 특히 기자회견에서부터 주요 정책발표나 집회 등에 이르는 '의사 사건들'에 대한 계획이 빈번하게 발생하는 선거캠페인에서 분명하게 드러난다(Swanson & Mancini, 1996). 어떤 영역에서는 뉴스미디어와 정보원 사이의 동화관계가 사실상 완벽하다. 정치, 행정, 법 집행 영역에서 주로 나타나지만 스포츠에서도 이러한 현상이 발생하며, 대기업 역시 자신들의 입맛대로 긍정적인 미디어 관심을 요구하고 정보내용과 흐름에 대해 상당한 통제력을 행사한다.

　이러한 동화는 또한 전문적인 홍보 에이전시들의 활동에 의해서 촉진된다. 잘 조직된 정보공급자들이 효과적일 수 있으며, 홍보 에이전시들이 뉴스미디어에 제공하는 것의 상당수가 그대로 이용된다는 것을 보여주는 증거는 많다(Turow, 1989; Shoemaker & Reese, 1991; Glenn et al., 1997; Cottle, 2003).

　예를 들면, 베른스(Baerns, 1987)의 연구는 독일의 〈란트〉(Land)지에서의 정치보도가 주로 공식적 보도자료와 뉴스 기자회견에 근거함을 보여 주었다. 슐츠(Schultz, 1998)는 호주의 주요 신문에 보도된 기사의 절반 이상이 보도자료로 시작한다는 사실을 보여주는 연구결과를 발표했다. 이는 기자들은 특정 종류의 뉴스에서 공식적 혹은 관료적 정보원들에 의존하는 정도가 다르다는 사실을 반영한다(Fishman, 1980). 기자들은 보통 자기 잇속만 차리는 홍보자료들을 의심한다. 그러나 우리가 받아보는 뉴스에서 기자들이 직접 기획하고 조사한 부분은 그다지 많지 않은 것으로 보인다(Sigal, 1973).

뉴스에 영향을 미치려는 과정은 현대의 캠페인 기술과 의견측정 기술과 함께 가속화되었다 (Swanson & Mancini, 1996). 정당, 정부기관, 그리고 모든 주요 기관들은 뉴스 관리자와 '스핀닥터'(spin doctors)*라고 불리는 사람을 고용한다. 스핀닥터의 주요 임무는 정책과 조치의 긍정적 측

면은 극대화하고 부정적 측면은 극소화하는 것이다(Esser et al., 2000). 효과적이든 효과적이지 않든 간에 '상징정치'(symbolic politics)에 대한 중요성이 점차 늘어나고 있다(Kepplinger, 2002). 뉴스미디어는 콘텐츠 그 자체의 진위를 점차 확인할 수 없게 되고, 진실에 대한 책임은 오히려 정보원의 몫이 된다. 스핀닥터들은 외국정책에 강하게 영향을 미치려 한다. 홍보 전문가의 사용이 늘어나면서 받게 되는 주된 수혜자들은 아마도 사회에서 가장 힘이 있는 사람(또는 집단)이 될 것이지만, 데이비스(Davis, 2003)는 '자원이 없고' '아웃사이더' 정보원들도 홍보를 이용하여 자신들에 대해 자주, 그리고 호의적인 뉴스보도를 추구한다. 환경단체들의 활동이 이에 대해 좋은 사례들을 보여준다(Anderson, 2003).

뉴스관리의 역할이 증대되는 곳이 비단 정치캠페인 분야만은 아니다. 만하임 (Manheim, 1998)은 그가 이른바 '뉴스제작에서의 제3의 힘' ─ 자원이 풍부한 기관이나 제도, 로비스트 및 이해관계들을 대변하는 고용 전문가들에 의해 수행되는 '전략적 커뮤니케이션'의 실행 ─ 에 대해 주목했다. 전략적 커뮤니케이터들은 매스미디어뿐만 아니라 모든 종류의 정보수집과 영향력 테크닉을 이용하며 종종 홍보영역 바깥에서도 활동한다. 이들에는 정부와 정치기관이 포함될 뿐만 아니라 주요 기업, 법정 소송에서 돈이 많은 당사자들, 노동조합, 외국정부 등도 포함된다(Foerstal,

---

* 역주: 홍보에서 'spin'이라는 말은 어떤 사건이나 상황을 특정인에게 유리하도록 심하게 편향되게 표현 혹은 묘사하는 것을 지칭하는 속어이다. 전통적인 홍보는 사실을 창조적이고 긍정적으로 제시하는 것을 말하는 반면, 'spin'은 종종 부정직하고 기만적인 고도의 속임수 전략을 의미하기도 한다. 'spin'이라는 말은 기자회견, 특히 정부 기자회견과 자주 결합되어 사용되기 때문에, 기자회견이 일어나는 장소를 'spin room'이라고 불리기도 한다. 특정 집단이나 조직을 위해 고용돼 이러한 'spin'을 개발하는 사람들을 'spin doctors'라 불린다 (Wikipedia Free Encyclopedia 참조).

2001; 제11장 참조).

5 미디어조직 행동: 처리과정과 표현

뉴스선택에 개입하는 조직적 과정은 민주적이고 수평적이기보다는 전형적으로 매우 위계적이다. 물론 일부 생산조직 내에서는 과정이 민주적이거나 수평적일 수 있다. 에릭손과 동료들(Ericson et al., 1987)은 뉴스조직들이 어떻게 투입순서와 결정을 배열하는지를 보여주었다. 여기에는 두 가지 행동라인들이 존재한다. 우선은 뉴스에 대한 '아이디어'(다른 미디어, 일상적 관찰, 통신사 등을 통해 수집되는)로 시작한다. 아이디어들은 하나의 라인(이야기 개발 라인)으로 유도되고, 아이디어들은 또한 두 번째 '정보원' 라인에 의해 정보를 공급받는다. 정보원들은 협조적일 수도 있고 비협조적일 수도 있다. 특별한 기사아이템들은 정보원을 발굴하고 찾아낼 필요가 있기 때문에 두 라인들은 밀접하게 연결된다. 두 라인들은 배쓰(Bass, 1969)가 기술한 뉴스흐름의 '이중행위'(*double action*) 모델의 두 단계들 — 뉴스수집과 뉴스처리단계 — 과 다소 부합된다. 처리라인은 담당편집장에 의한 기사아이템 할당부터 출발하여 뉴스회의, 보도방법 결정(중요도와 시점), 배치 또는 정렬, 최종뉴스편집, 기사 게재 페이지 구성 또는 텔레비전 앵커대본, 그리고 마지막 정렬과 같은 순서를 따른다. 이러한 순서에서 정보원이 맨 마지막 두 번째 단계까지 정보를 제공할 수 있다. 이 설명의 도식은 〈그림 12.3〉에 제시되어 있다.

일반적으로 순서는 실제적인 아이디어 전체가 고려되는 단계에서 시작하여, 뉴스판단과 정보원 채널로부터 정보를 얻을 수 있는 것에 따라 아이디어들이 좁혀지고, 포맷, 디자인 및 표현에 대한 결정이 이루어지는 세 번째 단계로 확대된다. 마지막 단계에서는 기교상의 결정이 주를 이룬다.

이러한 뉴스처리 모델은 비록 제작시간이나 영역이 더 길고 넓기는 하지만 리얼리티 콘텐츠가 처

표 12.7
다큐멘터리 제작에서의 세 가지 사슬
(Elliott, 1972)
- 시리즈에 대한 프로그램 아이디어들을 모으는 '주제' 사슬
- 제작자, 감독, 연구자를 지인과 정보원들과 연결시키는 '접촉' 사슬
- 시간대와 예산현실이 효과적인 표현을 위한 관례적인 아이디어와 연결되는 '표현' 사슬

리되는 상황에서 발생하는 것과 유사하다(〈그림 12. 2〉 참조). 예를 들면, 엘리어트 (Elliott, 1972)는 텔레비전 다큐멘터리 시리즈 제작에 대한 연구에서 세 가지 '사슬'을 구분하고 있다(〈표 12. 7〉). 표현(*presentation*) 사슬은 수많은 해설 필름을 가지고 있고, 잘 알려진 텔레비전 인물을 이야기 진행자로 사용하는 것을 포함했다. 주제(*subject*)와 접촉(*contact*) 사슬은 〈그림 12. 3〉에서의 '아이디어'와 '정보원' 경로에 해당한다. 반면, 표현문제는 '생산라인'의 후반부에 발생한다.

그림 12. 3 아이디어에서 뉴스로 만들기까지의 조직 내부 처리과정

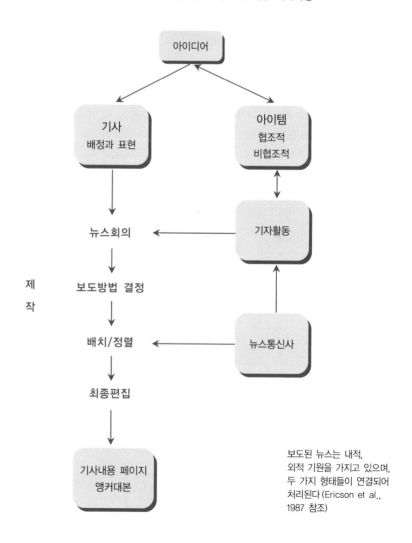

보도된 뉴스는 내적, 외적 기원을 가지고 있으며, 두 가지 형태들이 연결되어 처리된다(Ericson et al., 1987 참조)

위에서 언급한 사례들은 미디어 처리과정이 같은 조직 내에서 발생하는 경우에 적용된다. 음반산업은 비록 아이디어에서 전송에 이르는 순서가 있기는 하지만 다른 모델이 적용된다. 라이언과 피터슨(Ryan & Peterson, 1982)은 대중음악 산업에서 6가지 분리된 요소들로 구성된 '의사결정 사슬'(decision chain) 모델을 제시했다. 6가지에는 ① 작곡에서 발표까지, ② 데모 테이프에서 녹음까지(제작자와 아티스트 선정), ③과 ④녹음에서 음반제조와 마케팅까지, ⑤와 ⑥ 라디오, 주크박스, 라이브 공연이나 직접 판매를 통한 소비까지의 요소들이 포함된다(〈그림 12. 4〉 참조). 이러한 경우 작곡가의 원래 아이디어는 여러 다른 시장에서 제품촉진에 일정 부분 역할을 하는 표현(특히 가수와 스타일)과 관련한 음반제작자의 아이디어에 의해 걸러진다. 이전 사례들과 다른 점은 조직적으로 분리된 여러 에이전시들과 업무 사이의

그림 12. 4 음반 산업에서 의사결정 과정

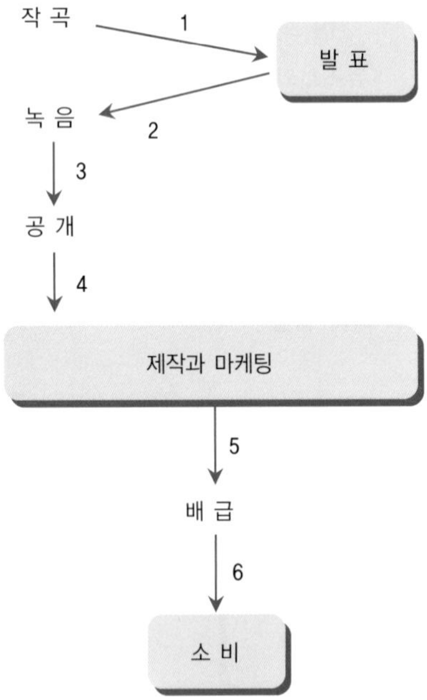

각 순서에서의 요소들은
조직적으로 분리되어 있다
(Ryan & Peterson, 1982).

결합이다. 처리과정은 사슬에서 그 다음 단계의 게이트키퍼가 무엇을 생각할 것인가에 대한 예측에 근거를 두고 일어나는데, 여기서 중요한 것은 전반적인 '상품 이미지'이다.

내적 처리과정의 결과로서의 편향

콘텐츠가 조직의 관행 아래 놓일 때 종종 어떤 초기 선택과 관련된 편향의 특성이 강조되는 수가 있다. 이것은 뉴스뿐만 아니라 다른 종류의 콘텐츠에서도 발생하는 것으로 보인다. 왜냐하면 프로젝트로 시작되거나 만들어진 내용의 상당 부분이 결코 배급단계까지 이르지 못하기 때문이다(이는 특히 창조적 재능이 발산되는 영화산업에서 그러하다). 이러한 강조는 주로 확실하고 믿을 만한 상품이미지에 따라 성과를 극대화하려는 욕망 때문에 발생한다. 어떤 미디어 제작물은 수년 동안 살아남고, 다시 팔리거나, 다시 만들어지며, 또한 끊임없이 재생된다.

미디어조직은 자신의 목적과 이익에 맞는 기준들에 따라 선택적으로 재생산하는 경향이 있다. 이러한 기준들은 때로는 전문적이고 기술적인 기준일 수도 있지만 주로 얼마나 많이 팔릴 수 있으며 얼마나 높은 시청률을 확보하느냐에 더 많은 무게를 둔다. 같은 기준들이 의사결정의 연속적인 단계들에 더 많이 적용될수록 형식과 내용에 대한 기존의 편견이 지속될 가능성이 더 높은 반면, 다양성, 독창성, 비예측성은 부차적인 것으로 밀려나게 된다. 이러한 의미에서의 편견은 단지 재생산하기 쉽고 수용자들에게 인기 있는 상품을 선호하는 것 이상의 의미는 아닐 수 있다. 그러나 편견 또한 미디어 문화의 특정요소들을 차별적으로 강화하며 조직정책에 대한 순응을 증대시킨다.

미디어가 이미 성공과 명성이 입증된 콘텐츠와 포맷과 관련한 아이디어를 다른 미디어로부터 빌려오는 경향 또한 기존의 가치를 보강하는 효과가 있다. 어떤 시점에서는 혁신이 필요함에도 불구하고 실험과 혁신에 반대하는 경향을 보이는 나선적이고 자기 충족적 효과가 존재한다.

매스 커뮤니케이션이 대량생산의 형태를 취하기는 하지만, 대량생산이라는 용어 속에 함축된 표준화는 우선적으로 대량 재생산 및 분배와 관련된다. 미디어 콘텐츠의 개별아이템들은 대량으로 생산된 상품들이 지닌 모든 특징을 공유할 필요는 없다. 이 아이템들은 확실히 창의적이고 독창적이며, 매우 차별적일 수 있다(예를 들면, 1회성 스포츠 이벤트 공연, 텔레비전 토크쇼나 뉴스 프로그램 등은 결코 똑같이 반복될 수 없는 것들이다). 그러나 실제로는 매스미디어생산의 기술과 조직은 중립적이지 않고 표준화에 영향을 미친다. 초기의 다양하고 독특한 콘텐츠아이템이나 아이디어는 미디어 제작자들에게 익숙하고 또한 수용자들에게 익숙한 것으로 판단되는 형태들로 맞춰진다. 이 형태들은 조직이 세워놓은 세부 요구조건들에 따라 효율적으로 생산하는 데 가장 적합한 것들이다.

이러한 세부 요구조건들은 '경제적', '기술적', '문화적' 측면에 대한 것이고, 각각은 어떤 자신만의 논리를 수반하는데, 이 논리는 생산결정에 영향을 미침으로써 문화적 상품에 남다른 특징을 부여한다. '경제적' 효율성에 대한 압력은 비용을 최소화하고, 갈등을 줄이며, 지속적이고 충분한 공급을 확보할 필요성 때문에 발생한다. 비용절감은 장·단기적 측면에서 압력을 행사한다. 장기적으로는 새로운 기술 도입을 유도하고, 단기적으로는 기존의 인적 자원과 장비로 성과를 극대화하고, 비용이 많이 들거나 손해나는 행동을 피하는 방향으로 작용한다. 미디어 제작자에 대한 주된 압력들 — 시간절약, 기술의 효율적 사용, 비용절약, 마감시간 준수 — 은 서로 연결되어 있기 때문에 각각의 행사방식을 나누어 보기보다는 서로 결합되어 나타나는 결과를 살펴보는 것이 더 쉽다. 맥마너스(McManus, 1994)는 지역 텔레비전 뉴스생산에 대한 연구에서 예산이 적고 인력이 많지 않을수록 '적극적'이기보다는 '소극적'으로 '보도되는' 뉴스의 비율이 더 높아진다는 사실을 보여주었다(즉, 다른 미디어, 통신사, 홍보 자료에 대한 의존, 진취성이나 탐구의 부족). 피카드(Picard, 2004)는 광고에 과도하게 의존하는 신문 콘텐츠의 부정적 결과들을 지적한다.

기술적 논리는 그 효과가 매우 분명하게 나타나는데, 주요한 새로운 기술이 개발될 때마다 영향을 미치는 미디어 산업이 달라 효과의 영역과 방향이 계속해서 변한다. 가장 최근의 혁신을 빠른 시간 내에 채택해야 하는 불가피한 압력이 존재한다. 영화는 음향과 컬러의 도래로 변하게 되었고, 신문산업은 인쇄와 정보전송에서의 지속적인 발전에 의해, 그리고 텔레비전은 이동가능한 비디오 카메라, 위성 및 최근의 디지털화로 변화를 겪었다.

기술에 대한 압력은 낮은 가격으로 높은 기술적 표준을 세우고 진취적인 미디어조직들이 경쟁하기 위해 따라잡아야만 하는(수용자들이 알거나, 상관하거나에 관계없이) 발명품의 결과로 주로 경험하게 된다. 기술장비들에 대한 투자는 그 장비들을 최대한 이용하고자 하는 압력을 낳게 되며, 유용성(*utility*) 뿐만 아니라 위신(*prestige*)도 하나의 요인이 되었다. 새로운 기술은 종종 속도, 유연성, 용량의 증가를 의미하지만, 이는 또한 모든 미디어조직이 순응해야만 하는 규범을 확립하고 궁극적으로는 전문적인 것이 무엇인지 또는 받아들일 수 있는 것이 무엇인지에 대한 수용자 기대에 영향을 미친다.

미디어 문화의 논리

미디어가 가공되지 않는 원재료를 처리하는 과정은 문화적 표준화 형태를 필요로 한다. 미디어가 자신의 '정의'(*definitions*)와 미디어가 일반적으로 '무엇에 유익하며', 어떤 종류의 콘텐츠를 어떤 형태로 가장 잘 제공할 수 있는가 등과 연관된 기대들의 제약을 받는다는 사실은 이미 앞에서 제시된 바 있다. 미디어 내에서 주요한 콘텐츠 유형들은 — 뉴스, 스포츠, 드라마, 오락, 광고 — 또한 전통(미디어가 만들거나 문화적으로 내려오는), 작업방식, 수용자 취향과 관심에 대한 생각들, 시간이나 공간에 대한 압력 등을 고려해서 만들어진 표준화된 포맷들을 따른다. 알싸이드와 스노우(Altheide & Snow, 1979)는 처음으로 '미디어 논리'(*media logic*)라는 용어를 사용한 학자들인데, 이들은 주어진 콘텐츠 유형이 어떠해야 하는지에 대한 기존의 정의들이 가진 체계적 본질을 포착하기 위해 이 용어를 사용했다. '미디어 논리'의 작동은 시간이 어떻게 사용되고, 콘텐츠 아이템들이 어떻게 배열되며, 콘텐츠에서 어떤 언어적, 비언어적 장치들이 사용되어야 하는가를 규정하는 '미디어 문법'

표 12. 8
미디어 논리의 주요 원칙들
• 신기성   • 즉시성
• 빠른 템포   • 개인화
• 간결(또는 시간의 짧음)
• 갈등   • 극화
• 명성지향

(media grammar)의 존재를 함축한다.

이것은 미디어(문화적 테크놀로지이자 외형적 조직으로서의)가 '현실세계' 묘사와 구성뿐만 아니라 '현실세계'의 사건들 그 자체에 미치는 영향과 관련된다. 알싸이드와 스노우(1991)는 미디어 논리를 '사회적 사건을 바라보고 해석하는 하나의 방식으로' 기술하면서 '이러한 커뮤니케이션 형태의 요소들은 다양한 미디어들을 포함하고, 이러한 미디어들이 사용하는 포맷들도 포함한다. 포맷들은 부분적으로 재료들이 조직되는 방식, 제시되는 스타일, 초점 또는 강조 … 그리고 미디어 커뮤니케이션 문법 속에 있다'고 말했다.

다른 제도들에게 매스미디어의 중요성이 점차 증가하기 때문에 이 제도들은 매스미디어(시점과 형태의 측면에서)의 필요와 관례에 적합한 방식으로 행동하고 이벤트를 기획할 필요가 있다. 기획된 '미디어 이벤트'(혹은 의사사건) 개념은 미디어 논리에 관한 이론에 속한다(Boorstin, 1961; Dayan & Katz, 1992). 이 개념은 뉴스보도에서 지배적 양식, 즉 익숙한 포맷들과 관례가 사건의 범주를 예측가능하게 규정하는 것과 연결된다(Altheide, 1985). 미디어 논리의 일반적 개념은 미디어의 요구가 스포츠, 오락, 공공의식을 포함하는 다양한 범위의 문화적 발생사(happenings)에 미치는 영향을 포함하는 것으로 확대된다.

이 개념은 미디어 제작자들이 생각하는 수용자의 주목도와 만족도를 높이는 요인들을 파악하는 데 특히 유용하다. 미디어 논리의 많은 요소들은 제 3장에서 제시되었던 주목 끌기 혹은 공시(publicity) 모델에서 파생된다. 그러나 미디어 전문직주의, 특히 '좋은' TV, 영화를 만든다는 측면에서 규정된 전문직주의도 이 개념의 형성에 개별적으로 기여한다. 미디어 논리는 미디어-문화적 현상으로서 합리적 계산과 같은 정도의 합리성을 지닌 것으로 파악될 필요가 있다. 미디어 문화의 분명한 특징은 자기집착과 자기참조에 대한 선호이다. 미디어는 정치든, 스포츠든, 오락이든 간에 명성과 평판을 만들어내는 주된 도구이며, 미디어 자신도 여기에 현혹되어 있다. 이러한 명성은 때로는 사람, 작품 또는 수행성과에 적용될 경우 일차적인 자원이자 가치 기준인 것처럼 보인다. 미디어 논리의 추진력 중 하나가 새로운 명성의 대상들에 대한 추구이다.

정보적 콘텐츠와 관련하여 미디어 논리는 극적인 예증필름이나 사진과 같은 즉시성, 빠른 템포, 짧은 '사운드바이트'(soundbites)*(Hallin, 1992)와 개인적으로 매혹적인 진행자와 긴장을 풀어주는 포맷(이른바 '행복한 뉴스' 포맷)에 중요성을 둔다. 미디어 논리는 또는 콘텐츠의 수준에 영향을 주는데, 예를 들면 정치캠페인에서 이는 후보 개인이나 논쟁거리에 초점을 맞추고 이슈보다는 '경마'(예를 들어 여론조사결과 발표)에 대해 관심을 갖는다(Graber, 1976b; Hallin & Mancini, 1984; Mazzoleni, 1987b). 핼린(Hallin, 1992)은 미국의 선거 뉴스보도에서 '경마보도'와 '사운드바이트 뉴스' 사이에 분명한 상관관계가 있음을 보여주었다. 즉, 경마보도가 많을수록 사운드바이트가 짧다는 것을 입증했다(제 9장 참조).

의사결정의 대안적 모델

상업적-산업적인 매스미디어 세계에서 문화가 생산되는 메커니즘을 검토하면서 라이언과 피터슨(Ryan & Peterson, 1982)은 미디어 예술에서 의사결정이 어떻게 이루어지는지를 설명하는 다섯 가지 모델을 기술한다. 첫 번째 모델은 미디어생산 과정을 공장에 비유하는 어셈블리 라인(assembly line) 모델로, 모든 기술과 결정이 조직에 내재화되고 분명한 절차적 규칙들을 가진다고 본다. 미디어 문화상품은 물질적 상품과는 달리 서로 약간씩 달라야 하기 때문에 결과적으로 각 단계에서 과잉생산(over-production)이 나타난다.

두 번째 모델은 기술과 전문경영자(craft and entrepreneurship) 모델로, 재능을 판단하고, 재정을 모으며, 여러 일들을 결합하는 데 이미 명성이 있는 힘 있는 사람들이 예술가, 음악가, 엔지니어들의 모든 창의적 투입을 관리한다. 이 모델은 특히 영화산업에 적용되지만, 편집장이 개인적 카리스마를 가지고 좋은 프로그램을 만들어내는 힘 있는 역할을 하는 출판물에도 적용 가능하다.

세 번째 모델은 관습과 공식(convention and formula) 모델로, 관련된 '예술세계' 구성원들이 '제작방식'(recipe), 즉 제작자들에게 어떻게 요소들을 결합해서 특정 장르

---

* 역주: '사운드 바이트'는 영화나 텔레비전에서 인터뷰 대상자들이 한 말이나 연설 중 가장 중요하다고 판단되는 부분을 잘라 편집해서 뉴스나 스토리에 삽입하는 것을 말한다.

표 12.9
미디어 의사결정의
다섯 가지 모델
· 어셈블리 라인
· 기술과 전문경영자
· 관습과 공식
· 수용자 이미지
· 상품 이미지

의 작품들을 생산할 것인가를 알려주는 보편적으로 받아들여지는 원칙들에 동의한다. 네 번째는, 수용자 이미지와 갈등(audience image and conflict) 모델로, 창의적 생산과정을 수용자들이 좋아할 것 같은 것에 대한 이미지에 생산을 맞추는 문제로 간주한다. 여기에서 이미지에 생산을 맞추는 것에 대한 결정이 중요한데, 서로 경쟁하는 힘 있는 전문경영자들이 이를 둘러싸고 충돌한다.

마지막 모델은 상품이미지(product image) 모델이다. 이 모델의 본질은 다음과 같이 요약된다.

> 상품이미지를 갖는다는 것은 사슬의 다음 고리에서 의사결정하는 사람들이 가장 잘 수용할 수 있도록 작품의 모양을 만든다는 것이다. 이것을 행하는 가장 보편적 방식은 의사결정 사슬에서 모든 단계를 가장 최근에 성공적으로 통과했던 상품과 비슷한 작품을 만드는 것이다(Ryan & Peterson, 1982).

이 모델은 관련된 모든 사람들 사이에 합의가 있거나 전문경영자가 있거나 아니면 합의된 수용자 이미지가 있다고 가정하지 않는다. 이 모델은 무엇이 상업적으로 성공할 것인가에 대한 예측과는 대조되는, 좋은 미디어작품이 무엇인가에 대해 전문적 지식으로 정의되는 '전문직주의'(professionalism) 개념과 가장 밀접한 것으로 보인다.

미디어생산에 관한 대부분의 연구들은 기성 전문직 종사자들은 자신들이 불가피한 제약조건 내에서도 이용가능한 모든 생산요인들을 어떻게 가장 잘 조합할 것인가를 알고 있다는 신념을 강하게 지녔다는 점을 지적한다. 이러한 신념은 아마도 수용자들과의 실제적인 커뮤니케이션 부재에서 나오는 것일 수도 있지만, 이로 인해 작품의 완전성은 보증된다. 라이언과 피터슨의 분류는 구조적 틀의 다양성 내에서 일정 정도의 규칙성과 예측가능성이 문화적 상품(뉴스를 포함하여)의 생산에서 성취될 수 있다는 점을 강조하는 데 특히 유용하다. 불확실성 문제를 처리하고, 외부압력에 대응하며, 지속적인 생산의 필요성과 예술적인 독창성이나 저널리즘적 자유를 조화시키는 방법은 다양하다. 미디어생산에 적용하기 위해 차용되는 공장식

*400

제조행위나 관례화된 관례주의의 개념들은 신중하게 사용되어야 한다.

▐ 소 결

이 장에서는 주로 미디어 아이디어가 이미지가 분배를 위한 '상품'으로 변형되면서 형식적 미디어조직에 의한 선택과정과 이 조직 내에서의 작품생성 문제를 다루었다. 이러한 과정에 대한 영향력 요인들은 매우 다양하며 때로는 상충된다. 특징과 일정함이 반복됨에도 불구하고 미디어생산은 자유로운 사회에서 진행되는 한 여전히 잠재적으로 예측불가능하고 혁신적이다. 경제적, 문화적, 기술적 제약 요인들 또한 자유와 문화적 창의력을 살 만한 충분한 돈이 있고, 장애를 극복할 수 있는 기술적 혁신이 있을 경우 도움이 될 수 있다.

우리는 (제 3장에서 이미 설명한 바와 같이) 커뮤니케이션의 '전송' 혹은 '의례화된 관습'(ritual) 모델들과 비교하여 '공시'(publicity) 모델의 지배적 영향력을 상기할 필요가 있다. 전송모델은 미디어조직을, 사건을 이해할 수 있는 정보로 효율적으로 바꾸거나 아이디어를 익숙한 문화적 패키지로 바꾸는 시스템으로 이해한다. 의례화된 관습모델은 암묵적으로 미디어를 주로 참여자와 고객의 이익을 위해 관례를 따르는 사적 세계로 간주한다. 공시모델은 매스 커뮤니케이션은 때로는 일차적으로 하나의 사업, 특히 전시사업(show business)이라는 점을 우리에게 상기시킨다. 이 사업은 정치, 예술 또는 교육에 뿌리를 둔 만큼이나 극장(theatre)과 전람회장에도 뿌리를 두고 있다. ('미디어 논리'의 근본요소들인) 외양, 기교, 놀라움은 종종 실체, 현실, 진실 혹은 관련성 이상으로 중요하다. 많은 미디어조직의 핵심에는 드러내놓고 싸우지는 않지만 종종 서로간에 긴장상태에 있는 상반되는 경향들이 있다. 이러한 상반되는 경향들은 어쩌면 미디어조직 활동에 대한 어떤 포괄적 이론을 허구적으로 만들 수 있다.

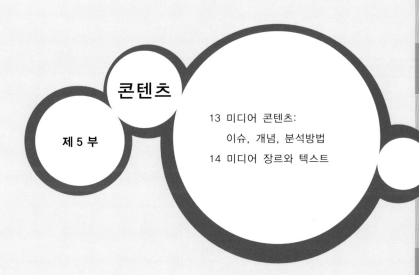

콘텐츠

제 5 부

13 미디어 콘텐츠
이슈, 개념, 분석방법

　매스 커뮤니케이션이 어떻게 작동하는가를 말해주는 가장 손쉬운 증거는 그 콘텐츠이다. 미디어와 메시지는 상당한 문제의 소지가 있을 수도 있지만 글자 그대로의 의미에서 동일시 될 수 있다. 이와 관련하여, 메시지와 의미를 구분하는 것이 매우 중요하다. 인쇄된 문자나, 소리, 영상이미지 등과 같은 물리적 텍스트는 우리가 직접 관찰할 수 있는 것이고, 따라서 어떤 의미에서는 '고정되어 있다'. 그러나 우리는 텍스트 내에 '내포되어' 있거나 수용자들에게 전달되는 의미를 단순하게 '해석해서 파악할 수' 없다. 이러한 의미들은 자명하지도 않을 뿐더러 확실히 고정된 것도 아니다. 또한 다양하고 종종 모호하기까지 하다.

　메시지와 의미의 구분에 따라 매스미디어 콘텐츠에 관한 이론과 연구분야가 나뉘는데, 이는 커뮤니케이션 모델에서 '전송'(transport) 모델을 따르느냐, '의례화된 관습'(ritual) (혹은 문화적) 모델을 따르느냐에 따라 분야가 달라지는 것과 유사하다(제3장 참조). 이는 매스미디어 콘텐츠에 대해 어떤 확실성을 가지고 이야기하기가 어렵다는 것을 말해준다. 그럼에도 우리는 매스미디어 콘텐츠 전체 혹은 특정유형의 콘텐츠에 대해 미디어 의도, '편향', 또는 잠재적 효과의 문제들에 대해 일반화하는 경우를 종종 본다. 이러한 문제에 대해 일반화할 수 있는 이유는 종종 미디어 콘텐츠가 정형화되고 규격화된 형태를 띠고 있기 때문이다.

　이 장의 주된 목적은 미디어 콘텐츠에 대한 대안적 접근방법들과 이용가능한 연구방법들을 검토하는 것이다. 그러나 접근방법과 연구방법 모두 다양한 연구목적에 따라 달라진다. 우리는 주로 ① 정보로서의 콘텐츠, ② 숨은 의미로서의 콘텐츠(기호학, *semiology*), ③ '전통적인' 계량적 내용분석으로서의 콘텐츠 분석이라는 세 가지 측면들을 다루고자 한다. 미디어 콘텐츠에 대한 일관된 이론이 있는 것은 아니고 최상의 분석방법이 있는 것도 아니다. 왜냐하면 연구목적과 콘텐츠 속성에 따라, 그리고 다양한 미디어 장르에 따라 서로 다른 방법을 필요로 하기 때문이다. 따라서 우리는 먼저 연구목적의 문제부터 시작하고자 한다.

1 왜 미디어 콘텐츠를 연구하는가

미디어 콘텐츠에 대한 체계적 연구는 매스 커뮤니케이션의 잠재적 효과(의도한 혹은 의도하지 않은)에 대한 관심이나 수용자를 끌어들이는 콘텐츠의 매력을 이해하려는 욕구에서 비롯되었다. 매스 커뮤니케이터의 입장에서 보자면, 이 두 가지 관점들은 모두 실용적 기반을 가졌으나 점차 그 영역이 확대되고 보충되어 보다 넓은 범위의 이론적 이슈들을 포괄하게 되었다. 미디어 콘텐츠에 관한 초기연구는 미디어와 연결되었던 사회적 문제들에 대한 관심을 반영했다. 특히 대중오락물에 담긴 범죄, 폭력, 성의 묘사와 선전매체로서의 미디어 이용 그리고 인종적 혹은 여타 편견과 관련한 미디어의 역할에 관심을 기울였다. 연구목적의 범위들이 점차 확대되어 뉴스, 정보, 그리고 상당부분의 오락 콘텐츠를 포괄하게 되었다.

초기연구의 대부분은 몇 가지 가정들에 기반한다. ① 콘텐츠는 만든 사람들의 목적과 가치를 다소 직접적으로 반영한다. ② 의미가 메시지로부터 발견되거나 추론될 수 있다. ③ 메시지 수용자들은 다소간 제작자의 의도대로 메시지를 이해한다. 심지어 콘텐츠 안에 있는 표면적 '메시지'를 추론하면 그 효과를 발견할 수 있는 것으로 생각되었다. 더 나아가, 매스미디어 콘텐츠는 그것이 생산된 문화와 사회에 대한 신뢰할 만한 증거로 간주되기도 했다, 하지만 이러한 가정들에(아마도 마지막 것은 제외하고) 대한 이의가 제기됐고, 그에 따라 콘텐츠에 관한 연구는 점점 복잡하고 어려워졌다. 미디어 콘텐츠에서 가장 흥미 있는 부분은 눈에 보이는 외연적 메시지가 아니라, 미디어 텍스트 안에 존재하는 많은 불확실하고, 숨겨진 의미들이라고 해도 과언이 아닐 것이다.

이러한 복잡한 문제들이 있지만, 여기서 미디어 콘텐츠 연구를 이끌어온 주요 동기들을 살펴보는 것이 좋을 듯하다. 그 동기들은 다음과 같다.

① 미디어 생산물에 대한 묘사와 비교

많은 매스 커뮤니케이션 분석 목적상(예를 들면, 변화를 평가하거나 비교하는 것), 특정한 미디어와 채널의 콘텐츠 특성을 규정할 필요가 있다.

② '사회적 현실'과 미디어의 비교

미디어 연구에서 되풀이되는 쟁점은 미디어 메시지와 '현실' 간의 관계이다. 가장 기본적인 문제는 미디어 콘텐츠가 사회적 현실을 반영하는가, 혹은 그래야만 하는가에 있고, 또한 만약 그렇다면 누구의, 또는 어떤 현실을 반영하는가에 있다.

③ 사회적, 문화적 가치와 신념을 반영하는 거울로서의 미디어 콘텐츠

역사학자, 인류학자, 사회학자들은 특정한 시간과 장소, 또는 특정 사회집단의 가치와 신념의 증거로서의 미디어 콘텐츠에 관심을 갖고 있다.

④ 미디어 기능과 효과

콘텐츠를 그것이 야기하는 결과(좋건 나쁘건, 의도했건 하지 않았건 간에)의 관점에서 해석할 수 있다. 콘텐츠 자체가 미디어 효과의 근거가 될 수는 없지만, (효과의 원인으로서) 콘텐츠에 대한 이해 없이 미디어 효과를 연구할 수 없다.

⑤ 미디어 수행성과에 대한 평가

크리펜도르프(Krippendorf, 1980)는 특정한 기준에 따라 미디어의 질을 평가하기 위해 고안된 연구를 지칭하는 용어로 '수행성과 분석'(*performance analysis*)이라는 용어를 사용한다(제 8 장 참조).

⑥ 미디어 편향 연구

어떤 미디어 콘텐츠는 의도적 편향성을 가졌고, 미디어생산은 콘텐츠에 대해 체계적이지만 의도하지 않는 편향효과를 지닐 수 있다.

⑦ 수용자 분석

수용자는 적어도 부분적으로 미디어 콘텐츠에 의해 항상 규정되기 때문에, 콘텐츠를 살펴보지 않고 수용자 연구를 할 수 없다.

⑧ 장르분석, 텍스트분석, 담론 분석, 내러티브 및 기타 포맷들에 대한 질문

★407 이러한 맥락에서, 텍스트가 어떻게 작용해서 작가와 독자가 바라는 효과를 만들

어내는가를 이해하기 위한 목적상 텍스트 그 자체가 연구대상이 된다.

2 콘텐츠에 대한 비판적 시각

여기에서 이슈가 되는 것은 미디어가 자신의 임무(종종 스스로 선택한 임무)를 수행하지 못한다는 비판이 아니라 사회나 개인들에게 심각한 결과를 야기할 수도 있는 체계적인 사명의 방기나 실수와 같은 근본적 비판이다. 비판대상은 여러 가지가 있지만 가장 중요한 것은 사회적 지위, 성, 인종과 관련 있다.

맑스주의적 접근

주된 비판적 전통은 주로 계급의 불평등과 연관되지만 또한 다른 이슈들을 다룰 수 있는 맑스의 이데올로기 이론에 기초한다. 그로스버그(Grossberg, 1991)는 '텍스트성의 정치학'을 다루는 맑스주의 문화적 해석의 몇 가지 변형을 지적한다. 그는 프랑크푸르트학파의 사상과 '허위의식'에 대한 아이디어 등과 연관 있는 세 가지 전통적인 맑스주의 접근을 구분했다(제 5장 참조). 그로스버그가 구분한 후반의 두 개는 성격상 '해석적'(hermeneutic or interpretative), '담론적'(discursive) 접근이며, 이 접근에도 많은 변형들이 존재한다. 그러나 전통적 접근과 비교했을 때 가장 주요한 차이점은 첫째는 '해독'(decoding) 가능성이 다양하다는 점이고, 두 번째는 텍스트가 현실을 '중재'할 뿐 아니라 실제로 경험을 구성하고 나아가 정체성을 구성한다는 점이다.

맑스주의 전통은 사회적 세계와 사건들의 세계를 규정하는 능력이 있는 뉴스와 다큐멘터리에 대부분의 관심을 기울였다. 바르트(Barthes)와 알튀세르(Althusser)등의 작업에 의거해 스튜어트 홀(Stuart Hall, 1977)은 언어를 통한 의미화 실천이 지배계급 이데올로기의 우위를 촉진하는 문화적 의미의 지도를 만든다고 주장하였다. 특히 이러한 행위는 현실을 특정한 방식으로 설명하는 헤게모니적 세계관을 확립함으로써 이루어진다. 뉴스는 여러 가지 방법으로 이러한 과정에 공헌한다. 첫째로 계급사회의 착취적 본성을 무시하거나 또는 그것을 '자연스러운 것'으로 여겨 현실을 '위장'한다. 둘째로 뉴스는 피지배계급의 연대를 파괴하기 위해 '이해관계의 파편화'(fragmentation of interests)를 만들어 낸다. 셋째로 뉴스는 공동체, 국가, 여론, 합의 등의 개념을 불러일으켜 '상상적 통일체 또는 결속'을 강요한다.

광고와 상업주의에 대한 비판

앞에서 설명한 것처럼 광고에 대한 전통적인 비판적 접근은 맑스주의 접근을 주로 채택하지만, 문화적 또는 인문주의 가치에 기반을 두기도 한다. 윌리엄슨(Williamson, 1978)은 자신의 광고연구에서 알튀세르(Althusser, 1971)가 정의한 '개인과 자신의 실제 존재조건들에 대한 상상적 관계'라는 이데올로기 개념을 응용한다. 알튀세르는 또한 "모든 이데올로기는 인간을 주체로서 '구성하는'(정의하는) 기능을 가지고 있다"고 말한다. 윌리엄슨에게 광고의 이데올로기적 역할은 (아름다움, 성공, 행복, 자연, 과학과 같이) 경험에서 나오는 중요한 의미와 생각들(때로는 신화)들을 상품에 전이시키고, 그리고 상품을 매개로 우리 자신에게 전이시킴으로써 (광고 '독자'의 적극적 협력으로) 성취된다.

상품은 사회적 혹은 문화적 지위를 성취하고, 우리가 되고 싶어하는 그러한 종류의 사람이 되는 하나의 수단이 된다. 우리는 광고에 의해 '재구성'되지만 결국에는 실제 우리 자신들과 우리 삶의 실제적 조건들과의 관계에 대한 상상적(따라서 허구적) 의식만이 남을 뿐이다. 광고는 비판이론에서 지적하는 뉴스와 똑같은 이데올로기적 경향, 즉 현실의 착취를 위장하고, 결속을 분열시키는 경향을 지녔다. 윌리엄슨(1978)은 이러한 유사한 과정을 '상품화'(commodification)의 관점에서 기술한다. '상품화'란 광고가 상품의 사용가치를 우리가 (우리의 열망 속에) 행복이나 다른 이상적 상태를 얻을 수 (살 수) 있도록 해주는 '교환가치'로 전환시키는 방식을 지칭하는 용어이다.

광고의 이데올로기적 기능은 본질적으로 우리의 환경을 구성하고, 우리가 누구이고 무엇을 정말로 원하는지(Mills, 1951 참조)를 알려줌으로써 성취된다. 비판적 시각에서 볼 때 이러한 모든 것은 우리의 눈을 속이고, 실제 관심을 분산시키는 것이다. 광고효과가 실제로 어떠한 것인가에 대한 논의는 콘텐츠 분석범위를 넘어서는 것이지만, 콘텐츠를 통해 역으로 '의도'를 연구하는 것이 가능하고, '조작', '착취' 등과 같은 용어는 뉴스에서의 이데올로기 용어보다 더 정당화하기가 쉽다.

문화적 질에 관한 문제

대중문화에 대한 맑스주의적 비판과 이를 대체했던 엘리트주의적, 도덕적 비판 모두 한물갔다. 이 둘 모두 대중문화에 대한 분명한 정의를 내리지 못했으며, 문화적 질을 평가하기 위한 주관적 기준들도 제공하지 못했다.

최근 여러 국가에서 미디어의 확장과 민영화에 대응하여 특별히 텔레비전의 질적 수준을 평가하려는 시도가 있었다. 가장 주목할 만한 예는 일본의 공영방송인 NHK 방송의 질적 수준 평가(Quality Assessment of Broadcasting) 프로젝트(Ishikawa, 1996)이다. 이 프로젝트에서 주목할 만한 것은 텔레비전 프로그램의 질을 '사회' 관점, 전문방송인 관점, 수용자 관점 등 서로 다른 관점들에서 평가하려고 했다는 점이다. 가장 흥미로운 점은 프로그램을 만드는 사람 자신들에 의한 평가이다. 이 프로젝트에서는 전문적 기술의 유형과 수준, 자원과 생산가치, 독창성, 적합성과 문화적 고유성, 표현된 가치, 목적의 고결성, 시청자에 대한 호소 등과 같은 기준을 적용했다. 사실 콘텐츠의 범위는 매우 넓기 때문에 그 질적 수준을 평가하는 데에는 많은 다른 기준과 방법이 있다.

슈뢰더(Schrøder, 1992)는 본질적으로 세 가지의 문화적 기준들, 즉 미적(여기에도 여러 차원이 있다), 윤리적(가치, 존엄, 의도된 의미의 문제), '유희적'(인기, 즐거움, 흥행가치 등 소비측면들에 의해 측정되는) 기준들을 제안했다. 문화이론의 발전은 앞에서 일정한 기준들에 따라 문화적 생산물의 질을 평가하는 범위를 상당히 확대시켰다. 그럼에도 불구하고 이러한 평가들은 대략적 기준과 다양한 인식에 기반을 둔 주관적 평가에 머물고 있다.

매스미디어와 폭력

그동안의 연구에서 사용된 단어수나 공중들에게 현저하게 부각된 인식 측면에서 볼 때, 매스미디어에 대한 가장 비판적인 관점은 아마도 매스미디어에서 묘사되는 폭력에 관한 것일 것이다. 직접적 인과관계를 설정하기는 어렵지만 비판가들은 대중적 미디어의 '콘텐츠'에 초점을 맞추었다. 미디어가 뉴스와 픽션에서 현실에서 경험하는 것보다 더 많이 폭력과 공격적 장면을 묘사한다는 사실을 증명하기가 어떤 효과를 입증하기보다 훨씬 더 쉬웠다. 많은 연구들이 미디어를 통해 매개된 폭력에 평균적으로 노출되는 정도에 대한 충격적인 통계들을 제시했다. 비판가들은 미디어가 특히 젊은이들에게 범죄나 폭력을 유발할 수 있을 뿐 아니라 종종 이러한 폭력이 본질적으로 바람직하지 않으며, 감정의 동요, 두려움, 불안 및 일탈적 취향을 만들어 낸다고 주장한다.

스릴과 액션이 간단하게 추방될 수 없는 대중오락의 주 메뉴(비록 이 문제에 대한 일정 정도의 검열은 널리 정당화되었지만)라는 사실을 인정하면서도, 콘텐츠 연구는 폭력이 묘사되는 해로운 방식들을 살펴보는 데 집중했다(제 14장 참조). 비판범위는 어린이들의 사회화에 관한 문제뿐 아니라 여성에 대한 폭력적 공격문제까지 포함할 정도로 넓어졌다. 미디어에서 묘사되는 여성에 대한 폭력은 자주, 그리고 심지어 포르노가 아닌 콘텐츠에서도 나타난다.

젠더(*gender*)에 기반한 비평

미디어 콘텐츠를 다루는 비판적 '페미니스트적' 관점은 여러 가지가 있다(제 5장 참조). 원래 이러한 관점들은 1970년대에 일반화된 여성에 관한 고정관념, 사회에서의 여성 무시와 주변화에 주로 관심을 가졌다(예를 들면, Tuchman et al, 1978). 라코우(Rakow, 1986)가 지적한 대로, 미디어의 콘텐츠는 결코 현실을 있는 그대로 묘사할 수 없다. 미디어에서의 여성에 대한 표현을 바꾸는 것(예를 들면, 여성을 더 많이 등장시키는 것)보다는 미디어 콘텐츠에 잠재된 젠더 이데올로기에 대해 문제삼는 것이 더 중요하다. 비판적 페미니즘 분석에서 가장 핵심적인 것은 텍스트가 여성 주체를 내러티브와 텍스트 상호작용 내에서 어떻게 위치시키느냐, 그리고 이것이 '독자'와 협력하여 어떻게 여성성(feminity)을 정의하는 데 기여하는가와 같은 폭넓은 문제이다. 이는 본질적으로 남성성에도 똑같이 적용되며, 이 둘 모두 '젠더구성'(gender construction)의 문제에 포함된다(Goffman, 1976).

페미니스트 비평에는 두 가지 이슈가 필연적으로 제기된다. 첫째는, 여성 시청자를 겨냥한 미디어 텍스트(예를 들면, 드라마나 로맨스)가 가부장적 사회와 가족제도에 대한 현실을 제시할 때 과연 어느 정도로 해방적일 수 있는가에 대한 문제이다(Radway, 1984; Ang, 1985). 둘째는, 젠더에 대한 고정관념에 도전하고 긍정적 역할모델을 소개하는 새로운 종류의 매스미디어 텍스트(물론 지배적인 상업적 미디어시스템 내에 있기는 하지만)가 과연 어느 정도로 여성의 지위에 힘을 실어 주는 효과를 발휘할 수 있는가의 문제이다.

궁극적으로 이러한 문제에 대한 해답은 수용자들이 어떻게 텍스트를 받아들이느냐에 달려있다. 로맨스 소설에 관한 연구에서 래드웨이(Radway, 1984)는 여성 고유의 장르라고 불리는 로맨스 소설이 비록 여성에게 권력적 지위를 부여하지는 않을지 몰라도 해방적 요소들은 있다고 주장했다. 그러나 그녀는 로맨스 소설 속에 가부장적 이데올로기도 있다는 점도 인정했다.

> 로맨스는 가부장적 결혼과 가족 내에서의 노동의 성적 분화가 만들어내고 요구하는 여성적 감성을 상징적으로 묘사한다 … 그것은 바로 결혼과 모성에 대한 여성의 헌신을 약속하는 심리적 구조를 강조하고, 강화한다(1984).

콘텐츠에 대한 비판적 페미니스트 연구에서는 문학, 담론, 정신분석적 방법이 사용되었는데, 계량화보다는 해석을 강조한다. 또한 일반적으로 콘텐츠에서 묘사하는 젠더의 위치가 자동적으로 여성에게 '전이'된다는 것을 암시하는 '허위의식' 모델은 폐기되었다.

구조주의와 기호학*

언어에 대한 일반적 연구가 미디어 콘텐츠 연구에 영향을 미쳤다고 할 수 있다. 기본적으로, '구조주의'는 의미가 텍스트에서 구성되는 방식을 지칭하는 것으로 기호, 내러티브 또는 신화로 구성된 '언어의 특정한 구조'에 적용되는 용어이다. 일반적으로 언어는 내적 구조에 의해 작동되는 것으로 알려졌다. '구조'는 용어는 비록 겉으로 봐서 즉각적으로 알 수 있는 것이 아니고 해독을 필요로 하지만 요소들간의 일정한 질서정연한 관계가 있다는 것을 암시한다. 보통, 이러한 구조는 보다 넓은 의미, 지시 혹은 의미화 체계인 특정문화 내에 위치하고, 이 문화에 의해 통제되는 것으로 가정되었다. '기호학'은 일반적인 구조주의적 접근을 보다 구체적으로 설명하는 방식 중 하나이다. 미디어 콘텐츠에 대해 구조주의적 혹은 기호학적 접근방법을 사용한 몇 가지 고전적 연구들이 있고(예를 들면, Barthes 1967; 1977; Eco 1977), 수많은 유용한 소개서와 논평들이 있다(Burgelin, 1972; Hawkes, 1977; Fiske, 1982).

구조주의는 소쉬르(de Saussure, 1915)의 언어학에서 발전했고, 구조주의 인류학의 원칙들도 결합되어 있다. 하지만 구조주의는 언어학(*linguistics*)과는 두 가지 점에서 다르다. 먼저 구조주의는 관습적 구어(*verbal language*)뿐 아니라 언어와 같은 특성들을 지닌 기호체계에도 관심을 갖는다. 둘째로, 구조주의는 기호체계 자체보다 '중심'문화(*host culture*)의 견지에서 선택된 텍스트와 텍스트의 의미에 더 주목한다. 따라서 구조주의는 언어적 의미만큼 문화적 의미의 설명과도 관계가 있으며, 기호체계에 대한 지식이 도구적이지만 그 자체만으로는 불충분한 것으로 여기는 작업이다. 구조주의가 하나의 방법론으로서 인기를 누리는 시대는 지났지만, 기본원칙들은 여전히 다른 여러 형태의 담론분석에 매우 적합하다.

---

* 역주: 맥퀘일의 본문에는 'semiology'로 표현하고 있는데, 우리는 이를 '기호학'이라고 번역했다. 보통 기호학을 뜻하는 영어로 'semiotics'를 많이 사용하고 있고, 일부 학자들은 'semiology'를 '기호론'으로 번역하지만 맥퀘일은 이를 엄격하게 구분하여 사용하지 않는 것 같아 모두를 '기호학'으로 번역하기로 했다.

북미(C. S. Peirce, 1937~1935)와 영국(C. K. Ogden and I. A. Richards, 1923)의 학자들은 '기호의 일반과학'(*semiology or semiotics*, 기호론 또는 기호학)을 확립하기 위한 노력을 지속적으로 하고 있다. 이 영역은 구조주의와 이외의 다른 것들을 포함하며, 따라서 '의미화'(*signification*, 언어에 의해 의미를 부여하는 행위)와 관련된 모든 것(설령, 그 의미화가 느슨하게 구조화되고, 가지각색이고 분절적이라고 할지라도)을 포함한다. 언어학과 구조주의 그리고 기호학에서 공통으로 사용되는 '기호체계'와 '의미화'의 개념은 소쉬르의 연구에 기반한 것이다. 이러한 기본적 개념들이 세 가지 이론들에서 약간씩 다르게 사용되지만 다음에 제시되는 개념들은 본질적으로 같은 의미를 지닌다.

'기호'(*sign*)는 한 언어에서 의미를 전달하는 물리적 기본도구로서, 우리가 듣거나 볼 수 있는 '소리 이미지'(*sound image*)인데, 보통 우리가 커뮤니케이션하고자 하는 어떤 대상이나 현실 측면들을 '지칭'한다〔이는 '지시대상'(*referent*)으로 알려졌다〕. 인간 커뮤니케이션에서, 우리는 기호를 사용하여 경험적 세계에 있는 대상들을 타인에게 전달하며, 타인들은 우리가 사용하는 기호를 우리가 사용하는 동일한 언어에 기초하거나 기호체계에 대한 지식(예를 들면, 비언어적 커뮤니케이션)을 공유함으로써 해석한다. 소쉬르에 의하면 의미화 과정은 기호의 두 요소에 의해 이루어진다. 그는 물리적 요소(단어, 이미지, 소리)를 '기표'(*signifier*)라고 불렀고, 주어진 언어코드 안에서 물리적 기호에 의해 연상되는 정신적 개념을 '기의'(*signified*)라고 지칭했다(〈그림 13. 1〉).

보통 (서양의) 언어체계에서, (단어와 같은) 물리적 기표와 특정한 지시대상과의 관계는 자의적이다. 그러나 기표와 기의(전달되는 의미나 개념) 간의 관계는 문화적 규칙에 의해 지배받으며, 특정한 '해석공동체'에 의해 습득되어야만 한다. 원칙적으로 우리의 감각에서 인상을 각인시킬 수 있는 것은 무엇이든지 기호로서의 역할을 할 수 있고, 이 감각 인상은 기의화된 것에 의해 만들어지는 감각인상과 반드시 일치할 필요가 없다 (예를 들면, '나무'라는 단어는 결코 실제의 나무모습과 같지 않다). 중요한 것은 전체적인 의미화 과정을 지배하고 상호 관련시키는 '기호체계'나 '지시

그림 13. 1 기호학의 요소들

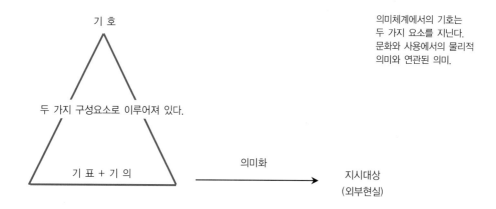

대상체계'이다.

　일반적으로 개별적 기호는 언어나 기호체계의 약호 내에서 규정되는 체계적 차이, 대조 및 선택을 통해, 문화적 규칙과 기호체계에 따라 부여되는 가치(긍정적이거나 부정적)들을 통해 의미를 획득한다. 기호학은 문법과 구문론의 규칙을 넘어서 복잡하고 잠재적이며 문화적으로 독립된 텍스트 의미를 규정하는 기호체계의 본질을 탐구하는 데 초점을 맞추었다.

내포(connotation)와 외연(denotation)

내포와 외연은 기호의 사용과 조합에 의해 야기되고 표현되는 연상과 이미지들인 '지시적'(denotative) 의미뿐만 아니라 '함축적'(connotative) 의미들과도 관련된다. '외연'은 '의미작용의 첫 번째 단계'이다(Barthes, 1967). 왜냐하면 외연은 기호 안에서의 기표(물리적 측면)와 기의(정신적 개념) 사이의 관계를 표시해주기 때문이다. 기호의 명백하고 직접적인 의미가 그것의 외연이다. 윌리엄슨(Williamson, 1978)은 프랑스 향수제품 광고에 등장하는 영화배우 카트린 드뇌브(Catherine Deneuve)의 사진을 외연의 사례로 든다. 이 사진은 외연적으로 카트린 드뇌브를 지시한다.

'내포'는 의미화의 '두 번째 단계'로, 의미화된 대상이 불러일으킬 수 있는 연상의 미를 지칭한다. 위의 광고의 예에서 카트린 드뇌브는 언어 혹은 문화공동체 구성원들에 의해 프랑스의 '멋'과 연상된다. 선택된 모델이 지닌 내포가 연상적으로 그녀가 사용하거나 추천하는 향수로 전이되는 것이 이 광고의 의도이다.

바르트(Barthes, 1977)는 텍스트 분석에 대한 이러한 접근방법을 판지니(Panzini)라는 이탈리아 식품의 잡지광고 분석에서 매우 독창적으로 보여준다. 이 광고에서는 식품을 담고 있는 쇼핑백의 형상(물리적 기표)을 보여주지만, 신선함과 가정생활의 긍정적 이미지(내포의 단계)를 불러일으키도록 의도한 것이다. 게다가 광고에서 이용한 빨강과 초록색상은 '이탈리아'적인 것을 의미하고, 이탈리아의 요리전통과 탁월함의 신화를 불러일으킬 수 있다. 따라서 의미작용은 보통 두 가지 수준(단계)을 거쳐 일어난다. 문자적 의미의 표면적 단계와 연상이나 함축적 의미가 발생하는 두 번째 단계. 두 번째 단계가 활성화하기 위해서는 수용자의 입장에서는 문화에 대한 좀더 깊은 지식과 친밀성을 필요로 한다.

바르트는 이러한 기본적 아이디어를 '신화'(myth) 개념을 도입해 확장시켰다. 종종 기호에 의해 표시되는 사물은 보다 큰 별개의 의미체계 안에 존재하는데, 이 체계는 특정문화의 구성원들에 의해 공유된다. 신화는 이미 존재하는 가치가 내재된 사상의 집합들로, 이것들은 문화에 기반을 두고 커뮤니케이션에 의해 전달된다. 예를 들어, 국민성이나 국가의 위대함, 또는 과학이나 자연(순수함이나 선함)과 관련된 신화들이 있을 수 있는데, 이러한 신화들은 커뮤니케이션 목적(광고에서 종종 있는)을 위해 연상될 수 있다.

내포적 의미가 수용자의 문화에 따른 다양한 의미와 평가(긍정적 또는 부정적 방향) 요소를 포함하는 반면, 외연적 의미는 보편성(모든 사람들에게 고정된 같은 의미)과 객관성(지시체가 진짜이고 평가를 함축하고 있지 않음)이라는 특성을 가진다. 매스 커뮤니케이션 연구에서는 이 두 가지 모두 중요하다. 미디어 콘텐츠는 양식화된 관습과 약호에 기초하여 구성된, 때로는 표준화되고 반복적인 속성의 수많은 '텍스트'(물리적 의미의)로 구성된다. 이러한 텍스트들은 흔히 텍스트의 제작자와 수용자가 공유하는 문화에서 존재하는 익숙하거나 잠재적 신화와 이미지를 불러일으킨다.

영상언어

영상언어는 소쉬르 학파가 사용하는 용어인 '기호'와 같은 방식으로 사용될 수 없다. '단어'(*word*) 기호를 정확하게 해석할 수 있도록 만드는 규칙체계에는 자연스러운 문어(*written language*) 체계만 한 것이 없다. 에반스(Evans, 1999)가 설명한 대로, 여성의 사진과 같은 정지된 이미지는 일련의 분리된 언어적 묘사, 즉 "멀리서 파란색 코드를 입고 길을 건너면서 오고가는 차들을 바라보고 있는 여인"이라는 설명보다는 그 여성을 정확하게 설명하는 능력이 더 떨어진다. 에반스는 또한 그림은 시제가 없어 시간상의 분명한 위치가 없다는 사실을 지적한다. 이러저러한 이유로 바르트(Barthes)는 사진을 '약호 없는 그림'으로 기술했다. 에반스의 말대로 사진은 우리에게 대상을 '기정사실'(*fait accompli*)로 제시한다.

영상이미지는 불가피하게 모호하고 다의적이지만, 동시에 단어보다 강점을 지녔다. 그 강점들 중 하나는 의도적이고 효과적으로 사용되었을 때 외연적(지시적) 힘이 더 크다는 것이다. 다른 하나는 아이콘이 될 수 있는 능력, 즉 어떤 개념을 명료하고, 효과적으로, 그리고 폭넓게 인지할 수 있도록 직접적으로 나타내는 능력이다. 진짜 언어와의 동일성이 부족하기는 하지만 (정적, 동적) 영상이미지는 (영화나 초상화 같은) 예술형태나 특정 장르의 관습과 전통들 내에서 이미 알려진 범위의 의미를 획득할 수 있다. 이는 영상이미지가 특정 맥락에서 세련된 커뮤니케이션을 할 수 있는 상당한 잠재력을 지녔다는 사실을 말해준다. 광고가 가장 중요한 예이다.

기호학의 이용

기호학적 분석의 응용은 단순히 언어의 문법적 규칙을 따르거나 개별단어의 사전적 뜻을 따짐으로써 얻을 수 있는 의미 이상으로 텍스트 전체에 내재된 의미를 드러낼 가능성을 열어놓고 있다. 특히 하나 이상의 기호체계를 포함하는 텍스트와, (영상이미지나 소리와 같은) 확립된 '문법'이나 이용할 수 있는 사전이 없는 기호에 적용할 수 있다는 것이 이점이다. 예를 들어, 만약 기호학이 없었다면 윌리엄슨(Williamson,

표 13. 1

구조주의 / 기호학
- 텍스트는 언어에 의해 내재된 의미를 지닌다.
- 의미는 보다 넓은 문화적 언어적 준거틀에 의존한다.
- 텍스트는 의미화 과정을 묘사한다.
- 의미체계는 문화와 의미체계에 대한 지식을 기반으로 '해독'될 수 있다.
- 텍스트의 의미는 외연적, 내포적 또는 신화적이다.

1978) 은 자신의 독창적인 광고분석을 수행할 수 없었을 것이다.

그러나 기호학적 분석은 기원이 되는 문화와 이슈가 되는 특정 장르에 대한 철저한 지식을 밑바탕으로 할 때 가능하다. 버지린(Burgelin, 1972) 은 '매스미디어가 스스로 완성된 문화를 만드는 것이 아니라 단순히 자신이 속한 문화적 체계의 한 부분이다'라고 지적했다. 게다가 송신자의 명백한 의도나, 수신자의 선택적 해석과는 별개로, 텍스트가 내재적이고 본질적이며 어느 정도는 주어진, 그러한 객관적 의미를 갖는다는 사실을 기호학이론은 인정한다. 버지린이 언급한 대로 메시지 외적인 어떠한 것(사람)도 우리에게 메시지 요소들 중 단 하나의 요소에 대한 의미도 제공해 주지 않는다.

기호학은 미디어 콘텐츠의 '문화적 의미'를 확립할 수 있는 접근방법(정확하게 말하자면 방법론은 아니다)을 제공한다. 특히 콘텐츠를 기술하는 방법을 확실히 알려주고, 메시지를 만들고 전달하는 사람들을 조명할 수 있다. 또한 표면적인 텍스트 이면에 있으면서 1차적 의미화 수준에서 단순하게 기술할 수 없는 의미의 층들을 살펴보는 데 특히 효과적이다. 미디어 콘텐츠에 숨겨진 이데올로기와 '편향'을 살펴보는 평가적 연구에서 기호학은 유용하다.

▎정보로서의 미디어 콘텐츠

미디어 콘텐츠에 대한 완전히 다른 담론이 섀넌과 위버(Shannon & Weaver, 1949) 의 연구에 의해 잘 알려진 정보이론적(information theory) 접근방법이다. 그 뿌리는 제 3장에서 다룬 전송모델과 섞여 있는데, 전송모델은 커뮤니케이션을 잡음과 방해를 받을 수 있는 (물리적) 경로를 통해 정보가 송신자로부터 수신자에게로 의도적으로 전달되는 것으로 간주한다. 이 모델에 의하면, 커뮤니케이션은 계획된 '전송'을 이뤄내는 효율성(양과 비용)에 의해 판단된다. 정보라는 개념은 여러 가지 다른 각도에서 볼 수 있기 때문에(예를 들면, 하나의 대상이나 상품으로서, 매개자로서, 또는 자원으로서) 정의하기 어렵지만, 이 장에서는 정보의 중요한 요소로 '불확실성을 줄이는' 능력에 초점을 두고자 한다. 따라서 정보는 그것의 반대적인 것(무작위성이나 혼돈)에 의해 정의된다.

정보이론

프릭(Frick, 1959)은 '모든 정보전달 과정은 근본적으로 선택의 과정'이라는 점을 이해하면서 정보이론이 발전하기 시작했다고 본다. 커뮤니케이션의 수학적 이론은 커뮤니케이션 텍스트 분석에 관한 객관적 연구방법을 제공했다. 여기서 객관성(계량화)의 기초는 디지털 계산의 기본을 형성하는 예/아니오와 같은 2진법적 코딩체계이다. 모든 불확실성의 모든 문제는 궁극적으로 이것 아니면 저것인 양자택일의 문제로 환원될 수 있다. 의미의 문제를 풀기 위해 필요한 질문의 숫자는 정보 아이템의 수와 같으며, 정보량의 측정단위가 된다.

이러한 사고체계가 텍스트의 정보적 콘텐츠를 분석할 수 있는 도구를 제공하며, 여러 부류의 연구 가능성을 열어준다. 커뮤니케이션 콘텐츠를 메시지 생산자의 합리적 목적을 실현하는 것으로 보고, 미디어 메시지를 도구적으로 보는 (전송모델의) 편향성이 정보이론에는 내재되어 있다. 이러한 접근방법은 또한 근본적으로 행동주의적(behaviourist) 가정을 하고 있다. 이러한 속성의 이론은 대부분 (뉴스와 같은) 정보적 콘텐츠에 적용된다. 그럼에도 불구하고 '언어'를 통해 체계적으로 부호화된 모든 미디어 텍스트는 원칙적으로 정보와 불확실성의 감소라는 점에서 위와 같은 방법으로 분석 가능하다. 예를 들어, 사진은 외연단계에서 정보의 '도상적' 아이템들, 즉 현실세계에 존재하는 대상들에 대한 지시로서 해독될 수 있는 기호들을 제공한다.

어느 정도는, 도상적 이미지들은 단어만큼 정보를 제공하거나 때로는 더 유용하며, 또한 (상대적 거리 같은) 대상간의 관계를 가리키거나, 색상, 크기, 질감 등에 대한 상세한 정보를 제공하기도 한다. 허구적 내러티브 역시 이것이 표현하고자 하는 바를 정보적이라고 가정할 경우 정보적 텍스트로 간주될 수 있다. 전달되는 정보의 양을 계량화하고 메시지의 질적 측면을 측정하는 데 미디어 콘텐츠가 어떤 유형인지는 특별히 문제되지 않는다.

콘텐츠 연구에서 정보이론의 적용

정보이론의 가정이 어떻게 미디어 콘텐츠 분석에 쓰일 수 있는가에 대한 사례는 정보성(*informativeness*), 독이성(*readability*), 다양성(*diversity*), 정보흐름(*information flow*) 등의 측정 등에서 찾을 수 있다. 미디어 텍스트의 '정보가치'(불확실성을 줄이는 능력)를 측정하는 방법에는 여러 가지가 있다. 가장 간단한 접근법은, 사실을 구성하는 것을 정의하기 위한 대안적 가능성들과 함께, 텍스트에 있는 '사실'(종종 객관적 정보를 증명할 수 있는 기본단위로서 간주된다)의 개수를 세는 것이다.

에슾(Asp, 1981)의 연구는 논쟁적 사안에 대한 뉴스의 '정보적 가치'(또는 정보성)을 세 가지 서로 다른 뉴스 콘텐츠 지표들을 바탕으로 측정함으로써 처음으로 뉴스 기사에서 사실과 관련된 사항들의 집합체계를 확립했다. 첫 번째 기준인 '밀도'(*density*)는 기사 안에서 사안에 적합한 사항들의 비율을 의미한다. 두 번째는 '폭'(*breadth*)으로, 이는 전체 사실적 사항 관련비율 중에서 서로 다른 관점과 관련된 사항들의 개수를 말한다. 세 번째는 '깊이'(*depth*)로, 기본적 사항들을 설명하기 위해 동원되는 사실들의 개수와 동기(여기에는 다소 주관적 판단이 개입될 수 있다)를 의미한다. '정보 가치지수'(*information value index*)는 폭의 점수에 밀도 점수를 곱해서 계산한다. 사실성은 이와 같은 방법이나 이와 유사한 방법으로 측정할 수 있다. 하지만 정보의 밀도나 풍부함의 정도가 설령 기자의 (좋은) 의도와 정보적일 수 있는 잠재력을 나타내기는 하지만 커뮤니케이션을 더 효과적으로 만들 수 있는 것으로 가정하면 안 된다.

대안적 방법이 저널리즘 텍스트의 가치를 가늠하는 '독이성'을 측정하는 것이다. 이러한 측정방법은 중복(*redundancy*)(정보밀도의 반대)이 많을수록 뉴스가 더 읽기 쉽다는 생각에서 비롯된 것이다. 간단히 말하면, 불확실성을 줄일 수 있는 잠재력을 가진 사실적 정보로 가득한 '정보가 풍부한' 텍스트가 (그다지 동기부여가 높지 않은) 독자들에게는 매우 매력적일 수도 있다는 것이다. 이것은 폐쇄적이냐 개방적이냐의 변인과도 관련된다. 정보가 풍부한 텍스트는 일반적으로 폐쇄적이라고 할 수 있으며, 따라서 다양한 해석의 여지를 남겨두지 않는다.

텍스트에 정보가 적을수록, 일반적으로 읽기 쉽고, 이해하기가 더 쉽다는 점이 실험결과를 통해 밝혀졌다. 독이성을 측정하는 주된 (실험적) 방법은 '빈칸 채우기 절차'(cloze procedure) (Taylor, 1953) 라 불린다. 이는 독자가 체계적으로 빠진 단어를 대신 채워넣는 과정을 말한다. 중복되는 단어가 많은 텍스트가 문제를 덜 야기하기 때문에 단어를 채워넣기 쉽다는 것은 읽기 쉽다는 것을 말해준다. 하지만 이것이 단지 독이성을 측정하는 방법만은 아니다. 왜냐하면 정보이론에 기초를 두지 않는 '선정주의'를 측정하는 데도 이 척도가 비슷한 결과를 보여주기 때문이다(Tannenbaum and Lynch, 1960).

미디어 콘텐츠의 정보를 측정할 수 있고, 적절한 방법으로 정보아이템들을 분류할 수 있다면, 우리는 텍스트의 (내적) '다양성'도 측정할 수 있다. 다양성과 관련해 부각된 문제는 뉴스가 어느 정도로 여러 정당이나 선거 후보자들의 의견을 동등하게 또는 상대적 비례에 입각하여 다루느냐에 있다. 채피(Chaffee, 1981) 는 슈람 (Schramm, 1955) 이 이용한 '엔트로피'(entropy) 에 대한 측정을 적용할 것을 제안했는데, 엔트로피는 유목의 개수와 각 유목(정보나 의견의 유목) 이 미디어의 시/공간에 걸쳐 얼마나 균등하게 분포되어 있는지를 계산하는 것이다. 이와 같이 계산할 때 유목(의견범위) 이 많을수록 다양성이 높은 것이 되고, 특정한 유목에 차별적으로 집중될수록(한 가지 의견이 뉴스기사를 지배할 때) 다양성이 낮은 것으로 파악하게 된다.

앞에서 언급했듯이, 정보적 접근은 '정보흐름'의 양을 측정하는 데 이용된다. 이는 특히 '정보화 사회'에 관한 이론과 연구에서 발견할 수 있다. 이토(Ito, 1981) 는 일본과 다른 나라에서 (모든 채널을 통한) 커뮤니케이션의 흐름이 지속적으로 측정되는 방법들을 기술한다. 이러한 정보비교 '조사'는 정보량을 측정하는 공통적 단위를 필요로 하는데, 이는 '단어'를 측정하거나 다른 종류의 미디어 콘텐츠(텔레비전 화면이나 음악 같은) 에서는 '단어'에 상응하는 단위를 찾아내면 가능하다. 모든 미디어 양식을 말(보통 1분당 이용되는 단어) 의 흐름에 기초한 단어 단위로 바꾸기 위한 특별한 가정들이 확립되었다. 이러한 방법으로, 음악이 차지하는 시간에 따라 단어와 유사한 점수가 부여될 수 있고, 정적 혹은 동적 영상들은 하나의 영상 위에 기재될 수 있는 가시적 단어들의 수를 파악함으로써 단어로 바꿀 수 있다. 이러한 방법은 아주 조잡한 정보량 측정방법인 것은 분명하지만 시대별, 국가별, 그리고 미디

* 421

어 형태별로 정보량을 측정하는 데 실용적이다.

정보의 평가적 차원

정보적 접근에 대한 위의 예들을 보면, 정보적 접근은 일차원적으로 보여서 이를 콘텐츠의 허구적 측면에 적용하는 것이 매우 어려운 것처럼 보인다. 즉 이 접근방법은 앞에서 언급했던 의미의 여러 차원들에 대해서는 둔감하고, 메시지를 다르게 해석할 여지도 남겨두지 않는 것으로 보인다. 정보적 접근 측면에서 보면, 모호하거나 열린 텍스트는 단순히 보다 반복적이거나 무질서한 것에 불과하다. 이러한 유형의 객관적 분석이 정보의 평가적 차원(뉴스에서 항상 존재하는)을 다룰 수 있는가의 문제도 역시 분명하지 않다.

이러한 비판이 타당하지만, 텍스트의 가치방향에 대한 객관적 분석의 가능성이 있다. 이러한 가능성은 기호는 종종 관련된 '해석공동체' 구성원들에게 자신의 자연언어나 약호체계에서 긍정적이거나 부정적 함의를 지닌다는 가정에 달려있다. 이 가정은 사람, 사물 혹은 사건에 대해 지시가 객관적으로 가치를 구현할 수 있다는 점을 함축한다.

언어에서의 의미의 평가적 구조에 대한 오스굿(Osgood et al., 1957)의 연구는 텍스트에 내재된 가치방향을 객관적으로 측정하기 위한 기초를 마련했다. 오스굿의 접근법(van Cuilenberg et al., 1986 참조)에서 가장 중요한 것은 '일반적 의미'(일상적 사용에서 상대적으로 긍정적이거나 부정적인 값)에 따라 자주 되풀이되는 단어들을 확인하는 것이다. 다음으로 가치방향이 서로 다른 단어들이(의미론적으로) 뉴스에서 (정치적 지도자, 정책, 국가 및 사건 등과 같은) 대상들과 연결되는 정도를 기록한다. 원칙적으로 이러한 절차를 통해, 미디어 콘텐츠에서 명기된 태도의 평가적 방향을 계량화하는 것이 가능하다.

또한 의미적으로 연결된 '태도 대상들'의 '네트워크'를 밝히는 것 역시 가능하다. 이것은 추 **✱422**

표 13.2
정보로서의 커뮤니케이션
• 커뮤니케이션은 송신자로부터 개별 수신자에 이르는 정보의 이동으로 정의된다.
• 미디어 텍스트는 정보의 본체이다.
• 정보의 본질은 불확실성의 감소이다.
• 정보의 질적 수준과 텍스트의 정보성은 측정 가능하다.
• 정보의 평가적 차원도 측정 가능하다.

가적으로 텍스트에 나타난 가치패턴(네트워크상의 연결이 함축하는)을 조명할 수도 있다. 이 방법은 특정한 문화나 사회 내에서 '사실'이나 정보아이템들뿐만 아니라 전체 텍스트에 평가적 의미를 부여하는 잠재력도 지녔다. 그러나 이를 위해서는 맥락적 지식이 필수조건이며, 그 방법이 정보이론의 순수성에서 벗어난다.

5 미디어 수행 관련 담론

제 8장에서 다루었듯이, 규범적 기준들에 바탕을 둔 매스미디어 콘텐츠에 대한 연구는 상당히 많다. 이러한 연구전통은 보통 적합한 콘텐츠 기준을 제공하는 공익개념에 기반을 두고 있다(McQuail, 1992). 주어진 일단의 가치들이 미디어 분석을 위한 출발점을 제공하지만, 채택되는 절차들은 중립적인 과학적 관찰자의 몫이다. 그리고 관찰자의 목표는 사회에서의 미디어의 역할에 대한 공적 토론과 관련될 수 있는 독립적 증거를 찾는 것이라고 할 수 있다(Stone, 1987; Lemert, 1989). 이러한 작업전통이 가진 기본적 가정은 질적 수준을 직접적으로 측정할 수는 없지만 질적 수준과 관련되는 많은 차원들을 신뢰도를 가지고 평가할 수 있다는 것이다(Bogart, 2004). 앞에서 언급했던 'NHK의 질적 수준평가 프로젝트'(Ishikawa, 1996)는 이러한 작업의 좋은 예이다. 관찰된 증거는 특정 미디어와 관련되어야 하지만 그 성격은 일반적일 필요가 있다.

여기에는 또한 미디어 콘텐츠 정책에 대한 것도 관련된다. 이는 이전에 다루었던 비판적 전통과도 밀접하게 연관될 수 있고 때로는 겹치는 부분도 있지만, 한 사회에서 미디어가 스스로 규정한 목적(적어도 좀더 이상적인 목적)을 어느 정도 수용하면서 미디어 체계의 테두리 내에서 관심을 둔다는 점에서 차이가 있다. 규범적 배경과 원칙의 일반적 성격은 이미 제 8장에서 약술했다. 여기서는 다양한 미디어의 수행원칙과 연관하여 미디어의 질적 수준을 검증할 수 있는 몇 가지 사례를 다룬다.

*423

자유와 독립

미디어 콘텐츠에 대해 가장 바라는 점은 제도적이고 조직적인 압력에도 불구하고, 자유로운 표현정신을 반영하거나 구현해야 한다는 것이다. 자유의 질적 수준(여기서는 미디어의 뉴스, 정보, 의견전달의 기능에 관한 것이다)이 콘텐츠에서 어떻게 확인될 수 있는지를 알기란 쉽지 않다. 그럼에도 불구하고, 콘텐츠의 일반적 측면들이 (상업적, 정치적, 사회적 압력으로부터의) 자유를 다소간 보여줄 수 있는 것으로 간주될 수 있다. 예를 들어 편집권의 '독립적인 힘'이나 활동에 대한 의문이 일반적으로 제기되는데, 이러한 문제제기가 콘텐츠의 자유를 다양한 방식으로 보여주는 상징들이라고 할 수 있다. 이러한 편집권의 독립적 힘들에는 다음과 같은 것들이 포함된다. 논쟁이 되는 사항에 관해 실질적으로 의사를 표현하는 행위, 분쟁이나 논쟁에 관한 자발적인 의지에 따른 보도, 정보원과 관련하여 '사전에 행동을 취한다'는 정책을 따르는 것(즉 보도자료와 홍보에 의존하거나 권력과 친밀해지지 않는 것), 그리고 사실은 물론이고 배경과 해석을 제공하는 것 등이다.

'편집권의 힘'이라는 개념은 스리프트(Thrift, 1977)가 소개한 것으로서 콘텐츠의 여러 가지 관련된 측면들을 지칭하는 것으로, 특히 '적합하고' 중요한 지역문제를 다루는 데 논쟁적 형태를 띠는 것, 그리고 사람들이 자신의 의견에 대해 행동할 수 있도록 도와주는 '동원적 정보'(*mobilizing information*)를 제공하는 것 등이 포함된다 (Lamert, 1989). 몇몇 비평가나 논평가들은 의견주장이나 '약자'에 대한 옹호와 같은 척도가 자유로운 미디어에 대한 증거로 간주하기도 한다(Entman, 1989). 탐사보도 또한 뉴스 미디어 자유의 상징으로 간주될 수도 있다(Ettema & Glasser, 1998 참조).

대부분의 미디어 콘텐츠에서 '자유의 정도'를 평가할 수 있다. 뉴스 외의 콘텐츠의 경우, 문화적 사안들에서의 혁신과 의외성, 비동조성, 문화적 실험 등과 같은 요소를 평가기준으로 삼을 수 있다. 가장 자유로운 미디어는 특정 취향에 동조하지 않고 권력에 영합하거나 독자의 인기에 연연하지 않는다. 하지만 이 경우, 미디어가 대중적 매스미디어로 존재할 수 있을지는 의문이다.

미디어 수행과 관련한 담화에서 자유 다음으로 가장 빈번하게 나오는 용어는 아마도 다양성일 것이다. 다양성은 본질적으로 콘텐츠에 나타나는 다음과 같은 세 가지 주요 특징에 관한 것이다.

① 흥미와 선호와 관련하여 생각할 수 있는 모든 차원에서의 수용자를 위한 선택의 범위
② 사회에서 다양한 의견과 정보원들이 접근할 수 있는 기회의 수와 다양성
③ 사회에서의 다양한 경험적 현실에 대해 미디어가 진실하고 충분하게 반영하는 정도

각각의 개념은 측정 가능하다(McQuail, 1992; Hellman, 2001; McDonald & Dimmick, 2003). 특히 이러한 맥락에서 우리는 수용자 선호, 사회현실 혹은 사회의 정보원 등과 같은 외적 기준들을 미디어 텍스트에 적용하고자 할 경우에라도 실제로는 콘텐츠의 다양성에 대해서만 이야기할 수 있다. 다양성의 결핍은 단지 정보원, 참고, 사건, 내용의 유형 등이 생략되었는지 아니며 불충분한지를 간단히 확인함으로써 입증될 수 있기 때문이다. 본질적으로 미디어 텍스트는 어떤 절대적 기준이나 의미에서 다양하다고 말할 수 없다.

6 객관성과 그 측정

뉴스 객관성의 기준은 다양한 주제 아래 저널리즘 미디어 콘텐츠에 대해 상당한 논의를 촉발시켰는데, 특히 객관성의 반대개념인 '편향'과 관련해서 논의가 많이 진행되었다. 제 8장에서 이미 지적한 대로 서구 미디어 대부분의 지배적 규범은 사건에 대한 중립적이고 정보적인 보도를 요구하고, 이러한 기대에 비추어 볼 때 대부분의

뉴스는 부족한 점이 많은 것으로 드러났다. 그러나 우리가 뉴스가 세상에서 실제로 일어나는 것을 신뢰성 있게(따라서 정직하게) 보도해야 한다는 단순한 생각에서 벗어나 좀더 깊이 생각해보면 객관성은 상대적으로 복잡한 개념이다.

뉴스가 실제세계에 대해 말해준다는 개념은 '사실성'(factuality)의 문제이다. 이는 텍스트가 뉴스'사건'을 이해하기 위해 필요한 정보의 개별적 단위로 이루어져 있다는 것을 뜻한다. 저널리즘 용어로 이야기한다면 이는 누가, 무엇을, 어디서, 언제, 왜 라는 질문에 대해서 최소한의 믿을 만한 대답을 제공한다는 것을 의미한다. '정보가치'라는 의미에서 사실성을 평가하는 체계적 접근은 이미 논의되었다. 뉴스는 제공되는 사실의 수에 따라 정보로서 어느 정도의 수준에 있는지 평가될 수 있다.

하지만 뉴스의 질적 수준을 분석하기 위해서는 좀더 세밀한 기준이 필요하다. 특히 주어진 사실들이 '정확한지'(accurate) 그리고 '완전성'(completeness)의 기준으로 볼 때 그 사실들이 충분한지의 여부를 살펴보는 것이 중요하다. 정확성은 텍스트 자체를 점검으로 직접적으로 확인되거나 측정되는 것이 아니기 때문에 그 자체로 여러 가지를 의미할 수 있다. 정확성의 의미들 중 하나는 서류로든, 다른 미디어에 의해서든, 또는 목격자의 진술로든 간에 사건의 독립적 기록들에 대한 상호간의 일치이다. 좀더 주관적 측면에서 정확성은 뉴스정보원이나 뉴스로 다루어지는 대상이 지각하는 것과 뉴스보도가 일치하는가를 의미한다. 정확성은 또한 뉴스텍스트 안에서의 내적 일관성의 문제이기도 하다.

단순한 사건조차도 완벽한 설명이 어렵기 때문에 완전성을 측정하기란 쉽지 않은 문제이다. 우리가 뉴스를 정보의 관점에서 항상 평가, 비교할 수 있다 해도, 실질적으로 얼마나 많은 정보가 필요하거나 합리적으로 기대되는지에 대해서는 객관적으로 판단하기가 어렵다. 여기서 사실성의 다른 차원인 (뉴스에서 제공된 사실들의) '적합성'(relevance) 문제 역시 중요하다. 뉴스정보가 흥미 있고 유용하기만 하다면 적합한 것으로 판단하는 것은 단순한 생각이다. 적합한 것으로 간주할 수 있는 기준과 개념들은 많다. 한 가지 중요한 판단기준은 뉴스가 어떤 것인가에 대한 '이론적' 규정이다. 두 번째는 전문인으로서 '저널리스트'들이 적합하다고 규정하는 기준이 있을 수 있다. 세 번째는 수용자들이 실제로 재미있고 유익하다고 느끼는 것이다. 이 세 가지 관점들은 동일한 기준이나 콘텐츠 평가에 의견을 일치를 보기는 어렵다.

이론은 적합성을 장기적 역사의 관점에서 실제로 중요한 것 그리고 사회의 작동에 공헌하는 것(예를 들어 정보에 입각한 민주주의의 실현)으로 간주하는 경향이 있다. 이러한 관점에서 볼 때, 개인적이고 '인간적 흥미'를 다루는 뉴스나 스포츠나 오락을 다루는 상당부분의 뉴스는 적합한 것으로 간주되지 않는다. 저널리스트들은 적합성의 기준으로 전문적 기준과 장기적 중요성을 자신들이 판단하는 공중의 관심사와 균형을 맞추는 뉴스가치에 대한 감각을 적용하는 경향이 있다.

미국 저널리스트들에 대한 한 연구는(Burgoon의 연구, McQuail, 1992) 저널리스트들이 뉴스판단 요인들로서 '중요성'과 '흥미'에 대한 지각들 사이에 결정적 틈새가 있음을 보여주었다. 적합성 판단에서 기자들은 '사람들의 삶에 영향을 미치는 것'을 가장 우선적으로 고려했고, 그 다음으로 흥미롭거나 색다른 것, 세 번째는 시의적이거나 인접한 혹은 대규모 사건에 대한 사실들 순이었다. 궁극적으로 적합성을 판단하는 것은 수용자이다. 그러나 수용자들이 너무나 다양하고 많기 때문에 이에 따라 적합성을 일반화하기에는 무리가 있다. 또한 이론상으로 적합하다고 간주되는 것의 상당 부분이 수용자들에 의해 적합한 것으로 인식되지 않는 경우도 많다.

뉴스에서 '불편부당성'(impartiality)의 문제는 상대적으로 단순하게 보이지만 가치자유에 대해 가치가 개입되지 않는 판단을 내리기 어렵기 때문에 실제로는 복잡할 수 있다. 불편부당성은 많은 사건들이 갈등과 관계되거나 대안적 해석이나 평가가 가능하기 때문에 중요한 가치로 여겨졌다(이는 정치뉴스에 가장 명백하게 적용되지만, 스포츠 뉴스에도 상당부분 적용된다). 불편부당성의 통상적 기준은 다양한 관점을 반영하기 위한 선택과 정보원 사용에서의 균형과 판단, 그리고 사실들이 서로 대립하는 경우에서의 두 가지(혹은 여러) 입장의 제시 등이다(Tannenbaum and Lynch, 1960).

신문이 항구적으로 갈등을 겪고 있는 이스라엘과 팔레스타인에 대한 보도에서 편파적이었는지 아닌지에 대한 연구결과가 〈표 13. 3〉이다(Wu et al., 2002). 이 연구는 보도방향이 주요 당사국들에 대해 거의 동일하다고 평가하면서(이를 뒷받침하는 다른 증거들도 이 연구에서 제시되고 있다), 신문이 객관적으로 보도했다고 결론을 맺고 있다. 신문이 평가적 경향 측면에서 볼 때 균형적이라고 주장할 수 있다. 그러나 이러한 결론이 보도가 편파적이지 않았다는 점을 확증하는 것은 아니다.

* 427 불편 부당성의 또 다른 측면이 뉴스제시에서의 '중립성'(neutrality)이다. 사실과

표 13. 3　불편부당하다고 판단되는 뉴스의 예 : 이스라엘과 팔레스타인 분쟁을 다루는 *Philadelphia Inquirer*지의 뉴스 기사 방향에 대한 연구결과(1998년 1월에서 10월)(Wu et al., 2002)

대상	긍정적	중립적	부정적	혼합	전체
이스라엘	17%	39%	39%	5%	100%
팔레스타인	14%	44%	39%	4%	100%
다른 중동국가	21%	41%	35%	3%	100%
미국	34%	59%	7%		100%
UN	18%	82%			100%

의견의 분리, 가치판단이나 감정적 언어 혹은 영상의 배제가 그것이다. '선정주의'라는 용어는 객관성의 이상에서 벗어나는 제시형태를 지적하기 위해 사용되었다(예를 들면, Tannenbaum & Lynch, 1960). 뉴스에서 영상 콘텐츠를 분석하기 위한 방법들도 검증되었다(Grabe et al., 2000; 2001).

그동안 애국심(Glasgow Media Group, 1985)이나 인종(Hartman & Husband, 1974; van Dijk, 1991)과 관련한 문제처럼 예민한 사안을 보도하는 데 단어의 선택이 가치판단을 반영하고 또한 이를 암시할 수 있다는 사실을 보여주는 증거도 있다. 특별히 시각적 자료와 카메라 샷을 이용함으로써 시청자들에게 특정한 평가적 방향으로 유도하는 문제도 지적되었다(Tuchman, 1978; Kepplinger, 1983). 불편부당성은 결국 의도적이거나 불가피한 '편향 혹은 편파'와 '선정주의'의 부재라는 의미로 귀결된다. 불행하게도 편향은 콘텐츠의 측정 가능한 차원들의 문제만큼 인식의 문제이기 때문에 그렇게 단순하지가 않다.

현실의 반영 또는 왜곡?

뉴스 콘텐츠의 편향은 다양한 소수집단들을 부정적으로 그리거나, 사회에서의 여성 역할을 무시 또는 잘못 묘사하거나, 또는 특정 정당이나 철학을 차별적으로 옹호하는 등과 같은 현실 왜곡을 지칭할 수 있다(Shoemaker and Reese, 1991 참조). 많은 종류의 뉴스편향들이 거짓, 선전, 이데올로기 등과 같은 속성을 가지지는 않지만 픽션물 콘텐츠에서의 편향과 겹치고 픽션물에서의 편향을 보강한다. 일반적으로 이러한 범주는 (제 12장에서 논의된 바와 같은) 제작상황에서 야기되는 '고의가 아닌 편향'(unwitting bias)으로 분류될 수 있다. 미디어 편향의 영역은 거의 경계가 없고 지금도 확장되고 있지만(ABS 특별판, 2003), 뉴스 콘텐츠에 대해 입증된 가장 중요한 일반화는 다음과 같다.

- 미디어뉴스는 정보원 이용에서 사회적 '고위층'과 공식적 견해를 과다하게 제시한다.
- 뉴스의 관심사는 정치적, 사회적 엘리트에 집중된다.
- 가장 강조되는 사회적 가치는 현상유지를 위해 지지되고 또한 합의된 것이다.
- 해외뉴스는 물리적으로 가깝고, 부유하고, 힘 있는 나라에 집중된다.
- 뉴스는 주제나 의견을 선택할 때, 세계관을 가정하거나 묘사할 때 민족주의적(애국적)이고, 자민족 중심적 편향성을 가진다.
- 뉴스는 여성보다는 남성에 대해 더 많은 관심을 보인다.
- 소수인종이나 이민집단들은 주변화되고, 차별적으로 스테레오타입화되며, 부정적으로 묘사된다.
- 범죄에 관한 뉴스는 폭력적이고 개인적 범죄를 과도하게 제시하고, 반면 사회의 많은 위험요소를 간과한다.
- 건강에 관한 뉴스는 최악의 의학적 조건들과 예방보다는 새로운 치료에 대부분 관심을 갖는다.
- 기업지도자들이나 사용자들이 노동조합이나 노동자보다 더 특혜를 받는다.
- 가난한 사람과 사회복지 수혜자들은 무시되거나 부적으로 묘사되는 경우가 많다.

픽션과 드라마에 대한 내용분석 결과는 앞에서 지적한 뉴스에서 혜택을 받는 집단들에 대해서 똑같이 관심과 존경을 보이는 경향이 체계적으로 존재함을 보여준다. 같은 맥락에서 소수집단이나 소외집단들도 뉴스에서와 마찬가지로 스테레오타입화되고 부정적으로 묘사된다. 범죄, 건강, 기타 위험 및 보상을 제시할 때도 비슷한 경향이 발견된다. 이러한 증거는 주로 계량적인 분석방법을 텍스트의 명시적 콘텐츠에 적용해서 나타난 결과이다. 계량적 분석방법은 콘텐츠에서 언급되는 상대적 빈도가 '현실세계'를 반영하는 것으로 간주한다.

현실-반영 규범에 대한 비평

미디어 콘텐츠에 대한 평가가 마치 미디어가 어느 정도는 균형 있게 경험적인 현실을 반영하고 항상 혜택받은 사람과 그렇지 못한 사람 사이에 '공정'해야 한다는 논리를 따를 경우 결국 얼마나 현실과 관련되어야 하는가 하는 문제로 귀착된다. 케플린거와 하버마이어(Kepplinger & Habermeier, 1995)는 이를 '대응가정'(correspondence assumption) (이는 종종 근본적 귀착점이 수용자인데)이라고 명명한다. 미디어가 직접적이고 균형 있게 현실을 반영해야 한다는 가정은 미디어 수행에 대한 비판의 기반이 되었고 미디어 효과를 연구하는 데 종종 주요 요소가 되었지만(예를 들어 문화계발효과 분석에서), 그 자체에는 의문의 여지가 있다. 슐츠(Schultz, 1988)는 이러한 가정이 커뮤니케이션 효과의 '전송모델'과 유사하게, 미디어와 사회의 관계에 대한 낡은 기계적 관점에서 비롯된 것이라고 본다. 이러한 관점에서는 미디어 텍스트의 본질적인 특수성, 자의성, 자율성 등을 인정하지 못하고, 의미를 만들어내는데 수용자의 적극적 참여를 무시한다. 가장 중요한 점은 수용자가 실제로 현실과 미디어 콘텐츠 사이의 어떤 통계적 일치를 가정한다는 증거가 없다는 것이다.

이처럼 현실의 비율적 반영에 대한 기대에 대해서 근본적으로 회의하는 것 이외에도 미디어 콘텐츠가 통계적 측면에서 현실을 '반영'해야 한다고 기대해서는 왜 '안 되는지'에 대한 이유에는 여러 가지가 있다. 사회통제의 동인으로서 미디어를 보는 기능주의 이론은 미디어 콘텐츠가 지배적인 사회·경제적 가치를 과도하게 제시할 것이라는 기대를 하도록 만든다. 우리는 사회엘리트와 권위 있는 사람들이 미디어 콘텐츠에 더 많이 등장하게 될 것이라는 기대를 할 수 있다. 사실 미디어는 사회에서 힘 있는 자들과 강대국의 이해관계에 치중하면서 실제로 불평등한 사회현실을 반영한다. 문제는 이렇게 함으로써 미디어가 우리가 가진 불평등을 더욱 심화시킨다는 점이다.

미디어조직에 대한 분석은 뉴스가 '평균적'인 현실과 어떻게 맞지 않는지를 보여준다. 권위 있는 뉴스정보원과 '뉴스가치'에 대한 요구가 통계적인 '왜곡'의 주된 원인이다. 드라마, 저명성, 신기성, 갈등은 본질적으로 비정상적이다. 게다가, 미디어에서 다루는 픽션은 일반적인 수용자보다 더 흥미진진한 삶을 살고, 더 부유하고 젊으며, 더 세련되고, 아름다운 등장인물을 주인공으로 한 이야기를 전개함으로써 의도적으로 수용자의 관심을 끌려고 한다(Martel and McCall, 1964). '핵심사건들'과 뉴스 '틀짓기' 연구를 통해 알 수 있듯이, 심지어 같은 범주 내에서도, '현실'이 모든 사건이 똑같은 중요성을 지닌 것처럼 다뤄질 수는 없다.

매스미디어가 일반적으로 '정보와 오락의 소비자'인 수용자의 관심에 맞춰져 있다는 사실 역시 위에서 요약한 현실왜곡이 왜 나타나는지를 쉽게 설명할 수 있다. 수용자들이 현실을 그대로 반영하는 것보다 픽션, 공상과학, 기괴한 것, 신화, 향수와 오락 등을 선호한다는 것은 명백하다. 미디어는 종종 현실로부터의 도피와 현실에 대한 대안으로 추구되기도 한다. 사람들은 추종할 모델이나 동일시할 대상을 찾을 때, 이상적 모델을 추구하는 경향이 있다. 이러한 관점에서 보면 콘텐츠에 나타난 현실왜곡은 그 자체로서는 그다지 놀랍거나 유감스러운 것만은 아니다.

 연구방법의 문제

지금까지 논의한 미디어 콘텐츠의 이론화를 위한 여러 가지 접근은 연구방법에서 극명한 차이를 보인다. 연구방법은 여러 가지가 있기 때문에 광범위한 대안적 방법을 모두 여기서 논의하기는 힘들다(일부 방법들은 이미 소개되었다). 연구방법에는 기술을 하기 위한 목적으로 단순히 콘텐츠의 종류를 분류하는 것에서부터, 미묘하고 숨겨진 의미까지도 알아내기 위해 특정 콘텐츠 사례를 심도 있게 해석하는 연구에 이르기까지 여러 가지가 있다. 제3장에서 소개된 이론적 분류를 따른다면, 의미 이해를 위한 계량적(양적)이고 기술적 연구와 보다 질적이고 심도 있는 해석적 연구를 구분해 볼 수 있다. 또한 다양한 '미디어 언어'의 본질을 시청각 매체의 특성과 연관하여 이해하려는 시도도 찾아볼 수 있다.

- ✻ 431

의미는 어디에 있는가?

이론은 항상 의미의 '위치'에 대한 문제에 관심을 가졌다. 의미는 송신자가 의도하는 바와 일치하는가, 해당 언어 속에 새겨져 있는가 아니면 전적으로 수신자의 해석에 달린 문제인가?(Jansen, 1991). 앞의 장에서 살펴보았듯이 매스 커뮤니케이션에 의해 유통되는 정보와 문화는 목적이 일반적으로 불분명하고 때로는 개별종사자를 압도하는 그러한 복잡한 조직에 의해 만들어진다. 이 때문에 송신자의 의도가 실제로 무엇인지, 예를 들면 누가 말할 수 있으며, 뉴스의 목적이 무엇이며, 그것이 누구의 목적인지 파악하기가 어렵다. 의미의 근원으로서 메시지 자체에 집중하는 것은 실용적 이유에서 가장 흥미 있는 것이라고 할 수 있다. 텍스트 자체는 항상 직접적 분석이 가능하고, 연구자에게는 사람을 직접 다루는 데서 나타나는 상호작용성을 피할 수 있기 때문에 나름대로 장점을 가지고 있다. 텍스트는 물리적으로 시간이 지나도 사라지지 않는다. 물론 텍스트의 맥락이 사라지고, 그에 따라 텍스트가 원래 전달자나 수용자에게 의미한 바를 파악할 가능성도 사라질 수 있기는 하다.

미디어 콘텐츠 텍스트에서 의미를 추출하려 할 때, 항상 가정 그 자체가 추출된 의미를 만든다는 가정을 해야 한다. 그렇지 않고는 의미추출이 불가능하다. 어떤 것에 대한 관심의 빈도나 양이 그 메시지의 의미, 의도, 효과에 대한 신뢰할 만한 지침이라는 가정이 한 예이다. 콘텐츠 분석의 연구결과는 절대로 그 자체로 명백한 어떤 것을 제공하지는 않는다. 게다가 미디어 '언어'는 그리 간단하고, 특히 수많은 다양한 코드와 관습을 이용하는 음악과 (정적, 동적) 영상과 서로 결합될 때 미디어 언어는 단지 부분적으로만 이해되는 것이 사실이다.

지배적 패러다임 대 대안적 패러다임

일반적으로 지배적인 경험적 패러다임과 질적 (종종 비판적이기도 한) 접근방법(제 3 장 참고)의 구분에 따라 연구방법이 달라진다. 전자는 '커뮤니케이션의 명시적 내용에 대한 객관적, 체계적, 계량적인 기술을 위한 연구기법'이라고 베렐슨(Berelson,

1952) 이 정의한 전통적 '내용분석'(content analysis) 이 대표적이다. 전통적 내용분석은 텍스트의 표면적 의미가 명료하고, 연구자들은 이것을 파악할 수 있으며 계량화하여 측정할 수 있다는 것을 가정한다. 또한 텍스트 내의 요소들 간의 수적 균형(주제에 할애된 단어의 수나 시간/공간)이 전체적 의미에 대한 믿을만한 지침으로 간주된다. 초기연구에서 전형적으로 사용되었던, 콘텐츠 단위를 단순하게 헤아리거나 분류하는 것을 뛰어넘은 상대적으로 세련된 여러 가지 내용분석 형태들이 개발되었다. 그렇지만 여전히 미디어 콘텐츠는 그것이 지시하는 현실과 동일한 언어에 따라 약호화된다는 기본 가정은 변함이 없다.

대안적 접근은 정반대의 가정을 기초로 한다. 즉 숨겨진 혹은 잠재적 의미들이 가장 중요하고 이러한 의미들은 수치로 전환되는 데이터만으로는 즉시 읽혀질 수 없다. 숨겨진 의미를 읽어내기 위해서는 상대적 빈도뿐 아니라 텍스트의 구성요소 간의 관계를 고려하고, 무심코 놓치거나 당연히 그러한 것으로 받아들여진 것들에 대해서도 주목해야 한다. 텍스트가 약호화되는 특정한 담론들을 식별하고 이해할 필요가 있다. 일반적으로 우리가 연구하는 어떤 장르의 관습과 약호에 대해서도 인식할 필요가 있다. 왜냐하면 이러한 관습과 약호들이 고차원적 수준에서 텍스트 내에서 일어나는 것들을 예시하기 때문이다(Jensen and Jankowski, 1991). 대조적으로, 내용분석은 여러 가지 상이한 종류의 미디어 텍스트들 간의 융합을 허용하고, 담론적 다양성을 무시할 수도 있다.

두 가지 분석방법 모두 측정방법은 과학적으로 신뢰할 만하다. 원칙적으로 두 접근방법 모두 다른 연구자들이 똑같이 따라서 연구를 수행할 수 있는 방법을 제시하고, 그 '결과' 역시 과학적 '절차'의 규범(항상 같은 규범은 아니지만)에 따른 반박가능성의 여지를 열어 둔다. 둘째로 이 접근방법들은 독특하고 일회적인 것보다는 문화적 산물에서 나타나는 규칙성과 발생의 반복성을 다루기 위해 고안되었다. 따라서 이러한 분석방법들은 문화 엘리트적(예술작품 같은) 산물보다는 문화산업의 상징적 상품에 적용하는 것이 바람직하다. 셋째로 두 방법 모두 도덕적 판단 또는 미학적 가치판단을 피한다. 넷째로 이러한 모든 방법들은 원칙적으로 다른 목적을 위한 도구적 수단으로 이용된다. 즉 콘텐츠, 제작자, 사회적 맥락, 수용자 등의 관계에 대한 문제를 밝히기 위한 수단으로 사용될 수 있다(Barker, 2003).

이 장에서 이미 비언어적 텍스트를 분석할 때의 문제점과 분석 가능성에 대해 주목한 바 있다. 사실 미디어 콘텐츠 분석은 거의 대부분 언어적 텍스트나 영상적 요소들(특히 폭력의 묘사와 관련하여)의 언어적 기술에 집중했다. 형식적 분석에서 비언어적 커뮤니케이션을 객관적으로 설명하기란 매우 어렵다. 앞에서 지적한 바와 같이, 기호학적 방법이 사진과 동적 이미지에 적용되었다. 그러나 바르트가 관찰한대로 사진은 약호 없는 메시지이기 때문에 약호화될 수 없는 것은 당연하다. 영화와 텔레비전은 제작자들이 지속적으로 사용되는 그러한 영상적 상징의 관습들을 의식적으로 사용할 경우에만 약호화될 수 있다(Newbold, 2002; Monaco, 1981 참조). 음악은 약호화하기 더욱 힘들며 이러한 작업을 시도한 경우도 드물다(Middletown, 2000).

   텔레비전 뉴스의 일부 특징들(특히 특정 샷이나 프레이밍의 사용)은 의미나 방향의 측면에서 해석되었다(Tuchman, 1978; Kepplinger, 1993; 1999). 영상적 프레임이 어떻게 작동되는가를 탐구한 일부 실험 연구결과가 있지만 확립된 연구방법은 없다. 커뮤니케이션의 많은 영상적, 청각적 측면들(예를 들면, 선정주의의 차원들, Grabe et al., 2001)이 연구에 포함될 수는 있지만, 의미를 (콘텐츠 그 자체에서 찾기보다) 전달자나 수용자에게로 전가시키는 문제는 여전히 남아 있다.

전통적 내용분석

베렐슨(Berelson, 1952)의 정의(앞에서 설명한)에 따른 '전통적'인 내용분석은 가장 오래되고 중요하면서도, 아직까지도 가장 널리 쓰이는 연구방법이다. 이 방법의 사용은 그 기원이 20세기 초반까지 거슬러 올라간다(Kingsbury and Hart, 1937 참조). 분석기법상 기본 순서는 다음과 같다.

① 분석대상의 콘텐츠의 전집이나 표본을 정한다.
② 연구목적에 부합하는 외부 지시대상의 유목 틀을 정한다(예를 들어 콘텐츠에서 언급될 수 있는 정당이나 국가 등).
③ 콘텐츠로부터 '분석단위'(*unit of analysis*)를 정한다(단어, 문장, 절, 아이템, 전체 뉴스 기사, 사진, 장면 등이 될 수 있다).
④ 선택한 분석단위마다 유목틀 내의 관련항목들의 해당 빈도수를 계산함으로써 콘텐츠를 유목에 맞추어 체계화한다.
⑤ 전집이나 표본의 전체 분포를 유목틀에 따른 발생빈도에 따라 제시한다.

이러한 절차는 두 가지 중요한 가정을 기초로 한다. 첫째로 외부지시 대상과 텍스트 내에서의 해당 항목 간의 관계는 명확하고 모호하지 않아야 한다. 둘째, 선택된 지시대상의 발생빈도를 통해 텍스트의 지배적 의미를 객관적으로 표현해야 한다. 원칙적으로 이 접근법은 서베이 연구에서 적용되는 방법과 다를 바가 없다. 모집단을 고르고(내용분석에서는 미디어 유형이나 하위부분이 모집단이 될 수 있다), 모집단을 대표할 수 있는 응답자 표본(내용분석 단위)을 도출하고, 변인에 따라 개개인에 대한 자료를 수집하고, 그리고 각 변인에 값을 부여한다. 서베이와 마찬가지로 내용분석 역시 신뢰할 수 있고 연구가 반복가능하며, 연구자 개인의 주관적 작업이 아니다. 내용분석을 통해 우리는 광범위한 미디어 현실에 대한 통계적 개요를 얻을 수 있다. 이 방법은 여러 가지 목적을 위해 이용되었지만, 특히 미디어 콘텐츠를 사회현실의 분포와 비교하는 데 많이 활용된다.

내용분석의 한계

전통적 접근법은 실제적 적합성과 이론적 관심사에 있어 많은 한계와 함정을 가지고 있다. 분석 이전에 유목체계를 먼저 구성할 경우 연구자가 콘텐츠에서 의미를 발견하기보다는 의미체계를 강요하는 위험이 따른다. 비록 이를 피하기 위해 주의를 기울인다하더라도 어느 유목체계이든 선택적이고 잠재적인 왜곡요인이 있다는 것은 부인하기 어렵다. 내용분석 결과는 그 자체가 하나의 새로운 텍스트가 될 수 있으며, 그 의미는 본래 분석한 기초자료들과 다를 수 있다. 또한 이와 같은 결과는 (콘텐츠의 코딩과정을 생각해 볼 때) 어떤 수용자도 자연스러운 환경에서는 해독하지 않는 그러한 환경에서의 콘텐츠 해독에 기반한다. 새로운 '의미'는 최초의 송신자의 것도, 텍스트 자체의 것도, 수용자의 것도 아닌 제4의 구성물, 즉 하나의 특별한 해석이 되는 것이다. 하나의 텍스트 혹은 텍스트 전체 안에서 지시대상이 자리하고 있는 맥락을 설명하는 것도 쉽지 않은 일이다. 또한 텍스트들 내에서 존재하는 지시대상간의 상호관계가 추상화 과정에서 간과될 수도 있다. 내용분석은 분석에 참여하는 코더들이 유목과 의미에 대해 신뢰할 만한 판단을 하도록 훈련될 수도 있다는 가정을 토대로 수행된다.

앞서 기술한 내용분석 대상과 영역은 탄력적이며, 다양한 변형된 분석방법이 기본적인 틀 안에서 수용될 수 있다. 신뢰도의 기준을 조금 낮춘다면 해석하기에 유용한 유목과 변인을 도입하기가 더 쉬워진다. 하지만 이 경우 객관성이 낮아지면서 다소 애매해지는 문제가 발생한다. 이는 특히 가치, 주제, 배경, 스타일 그리고 해석적인 틀과 같은 지시대상을 찾아내려고 할 때 더욱 그렇다. 내용분석은 의미의 주관적 지표들을 포함하려는 시도가 많기 때문에 신뢰도가 천차만별인 경우가 많다.

양적 분석과 질적 분석의 비교

해석적 접근인 구조주의와 기호학에서는 계량화하지 않는다. 의미는 지시대상의 수나 균형보다는 구조상의 관계, 이항대립, 맥락에서 비롯된다고 가정하기 때문에, 의미에 도달하기 위한 하나의 방편으로서의 계량적 집계에 대해서는 반감조차 있다. 둘째, 표면적 내용보다는 잠재적 의미에 주목하고, 숨어있는 의미(더 깊은 의미)를 더욱 본질적인 것으로 간주한다. 셋째, 구조주의는 내용분석과는 다른 방식으로 체계적이다. 표본추출 과정에 무게를 두지 않고 콘텐츠의 모든 '단위'가 똑같이 다뤄져야 한다는 개념을 거부한다. 넷째, 구조주의는 사회, 문화적 현실세계, 메시지, 그리고 수용자 모두가 같은 기본적 의미체계를 가지고 있다는 가정을 수용하지 않는다. 사회적 현실은 각각 개별적 설명을 요하는 분리된 수많은 의미영역으로 구성되어 있다. 수용자 역시 각각이 의미를 부여하는 독특한 가능성을 가진 '해석공동체'로 나누어진다. 미디어 콘텐츠도 앞에서 살펴보았듯이 하나 이상의 코드, 언어 또는 기호체계를 기반으로 구성되어 있다. 이 모든 것을 놓고 볼 때, 비록 불합리한 측면이 있더라도, 분석항목이 정확하게 현실, 수용자, 분석가에게 모두 같은 의미를 지니는 그러한 분석 유목체계가 구성될 수 있다고 가정하는 것은 불가능하다. 구조주의는 한 측면에서의 결과를 다른 측면의 결과와 연관짓는 연구를 수행하는 것이 매우 어렵다고 가정한다.

방법론적 조화의 가능성

콘텐츠를 분석하는 방법들은 서로간에 공통점이 있기는 하지만 연구목적에 따라 유용성이 다르기 때문에 앞에서의 비교가 어떤 연구방법이 더 우월하다는 것을 나타내는 것은 아니다. 구조주의는 체계적 방법을 제공하지 않고, 일반적 (계량적 분석에서의) 신뢰도의 기준을 따르자면 그 결과의 신빙성에 의문이 제기될 수 있다. 형식과 관련된 것(장르를 비교하는 것 등)을 제외하고는 한 연구결과를 다른 텍스트에 일반화시키기도 어렵다. 구조주의는 분명 계량화된 내용분석처럼 콘텐츠를 요약하

*437

13장 미디어 콘텐츠 : 이슈, 개념, 분석방법

는 방법은 아니다.

순수한 형태의 '계량적'(베럴슨적), '해석적'(바르트적) 방법에서 벗어날 필요가 있을지도 모른다. 사실 두 분석법이 판이하게 다름에도 불구하고 많은 연구들이 이들 접근법을 혼합해 이용했다. 그 사례로 엄격하고 세부적인 양적 분석법과 특정 뉴스스토리의 보다 깊은 문화적 의미를 풀고자 하는 시도를 혼합한 글래스고우 미디어 그룹(Glasgow Media Group, 1976, 1980, 1985)의 영국 TV뉴스 분석을 들 수 있다. 또한 거브너(Gerbner)와 동료들이 참여한 '문화지표'(cultural indicators) 프로젝트에서는 TV에서 묘사되는 명시적 요소들에 대한 계량분석을 통해 지배적 유형의 TV제작물에 담겨진 '의미구조'를 파악하려고 했다.

반면, 이 두 가지 접근법 중 어느 것에도 속하지 않는 방법도 있다. 그 중 하나는 내용분석의 초기단계에 선호되었던 심리분석적 접근방법이다. 이는 '등장인물'의 동기와 특정사회나 시기(예를 들면, Wolfenstein and Leites, 1947; McGranhan and Wayne, 1948; Kracauer, 1949)의 대중적 문화에서 나타나는 지배적 주제의 의미에 초점을 맞춘다. 이와 같은 분석방법은 젠더문제나 광고의 의미와 영향에 관한 연구에서 채택되기도 한다.

내러티브 구조분석이나 콘텐츠 기능연구와 같은 변형된 양식의 분석법들에 대해서는 이미 기술한 바 있다(Radway, 1989). 그레이버(Graber, 1976a)는 이러한 분석을 통해 정치 커뮤니케이션 기능들을 ① 주목의 획득, ② 연관성 확립 및 상황에 대한 정의, ③ 참여의 유발, ④ 정책관련 분위기 조성, ⑤ 행동자극(동원), ⑥ 직접 행동의 유발, ⑦ 실제적, 잠재적 지지자들에게 상징적인 보상의 제공이라고 명명했다.

이러한 가능성들은 연구자가 선택하는 목적이나 외부 준거점이 항상 있어야 한다는 점에서 대부분의 내용분석의 상대적 특성을 말해주는 것이다. 심지어 기호학조차도 보다 넓은 문화적 의미체계와 의미구성 활동 측면에서만 의미를 제공할 수 있다.

살펴본 모든 접근법에서 자주 발생하는 문제는 콘텐츠 분석결과와 제작자나 수용자의 지각 사이에 차이가 있다는 점이다. 수용자는 전통적 장르나 유형과 이미 경험했거나 기대하고 있는 만족 차원에서 콘텐츠를 생각하는 경향이 있는 반면, 제작자들은 그들의 작업에서 독창적이고 독특한 것이 무엇인지에 대해 고려하는 경향이 있다. 따라서 콘텐츠 분석결과는 매스 커뮤니케이션 과정의 두 주요 참여자들(제작자와 수용자)에게 쉽게 인지되지 못하고 그저 과학적 혹은 학문적 추상화의 형태로

표 13. 4	미디어 콘텐츠 분석의 유형 비교	
메시지 내용 분석	**텍스트의 구조적 분석**
• 계량적(양적)	• 질적
• 단편적	• 전체적
• 체계적	• 선택적
• 일반화, 광범위	• 설명적, 구체적
• 표면적 의미	• 잠재적 의미
• 객관적	• (독자에 따라)상대적

잔존하는 수가 많다.

10 소 결

앞으로의 콘텐츠에 대한 분석은 어떤 방법으로든 콘텐츠를 사회의 더 넓은 의미구조와 연결시키는 데 중점을 두어야 한다. 근원이 되는 문화에 존재하는 의미체계를 설명하려고 하는 담론분석법이나 독자 역시 의미를 만들 수 있다는 개념을 진지하게 채택하는 수용자 수용 분석법 모두 이러한 추세를 반영한다. 이 장에서 살펴본 두 가지 분석방법도 적절한 미디어 연구를 위해 어느 정도는 필요하다. 이 장에서 살펴본, 미디어 콘텐츠에 대한 이론화 작업을 꾀하기 위한 다양한 관점이나 준거틀은 연구목적과 연구방법에 따라 때로는 극명하게 갈라진다는 것을 알 수 있다. 이 장에서는 또 다른 대안적 방법들을 전부 논의할 수 없기 때문에 제 14장에서 주요 대안적 방법들에 대해 논의하고자 한다.

14 미디어 장르와 텍스트

이 장의 목적은 제13장에서 상술한 접근방법과 방법들의 일부를 적용해서 드러난 전형적인 미디어 콘텐츠의 사례들을 보다 세밀하게 살펴보는 것이다. 이 장은 또한 매스미디어 생산물을 분류하기 위해 사용되는 일부 개념들을 소개하고자 한다. 특히 이 장은 미디어 포맷, 장르, 텍스트와 같은 개념들을 탐구한다.

1 장르의 문제

일반적으로, '장르'란 어떤 종류 혹은 유형을 의미하며, 때로는 느슨하게 문화적 산물의 어떤 특징적 범주를 구분하는 데 사용된다. 장르라는 용어가 처음 등장했던 영화이론에서 장르는 끊임없는 논쟁대상이었다. 왜냐하면 장르를 구분짓는 것이 개별 원작자의 의도와 항상 긴장관계를 보였기 때문이다(Andrew, 1984). 장르를 강조하다보면 작품의 가치를 특정한 유파가 정해놓은 규칙에 따라 작업하는 개별 아티스트들보다는 오히려 문화적 전통에 두게 된다. 그러나 대부분의 매스미디어와 연관된 내용에서는, 장르의 개념은 유용하며 특별히 논쟁대상이 되지 않는다. 매스미디어에서는 예술적 원작자와의 문제가 쉽사리 대두되지 않기 때문이다.

장르란 다음과 같은 특징을 갖는 내용의 '범주'를 지칭할 수 있다.

- 그것의 집단적 정체성이 제작자(미디어)와 소비자(미디어 수용자) 모두에 의해 똑같이 인정된다.
- 이와 같은 정체성(또는 정의)은 목적(정보, 오락, 하위분류 등의), 형식(길이, 진행속도, 구조, 언어 등의), 의미(현실 지시)와 연관된다.
- 정체성은 오랜 기간에 걸쳐 확립되고 친숙한 관습들을 준수한다. 문화적 형식은 보존되지만, 이러한 문화적 형식들이 원래의 장르틀 안에서 변화하고 발전하기도 한다.
- 특정한 장르는 내러티브의 기대구조나 행동과정을 따르고, 축적된 예측 가능한 이미지들을 이용하며, 기본 주제에서 변형된 다양한 레퍼토리를 가진다.

장르는 어떤 종류의 매스미디어이든 간에 지속적이고 효율적인 생산이 가능하도록 돕고 한편으로는 생산과 수용자의 기대를 연결짓도록 하는 실용적 장치로 간주된다. 또한 장르는 개별 미디어 이용자가 자신의 선택을 계획하도록 도와줌으로써 생산자와 소비자 간의 관계를 정돈해 주는 메커니즘으로 간주될 수도 있다. 앤드류(Andrew, 1984)는, 장르역할(특히 영화에 있어)을 다음과 같이 설명한다.

장르란 보증된 작품을 고객에게 전달하는 공식들(formulas)의 구체적 네트워크이다. 장르는 관객과 이미지와 내러티브 구조에 대한 관계를 통제함으로써 특정한 의미의 생산을 보증한다. 사실상 장르는 자신의 소비를 위해 적절한 관객층을 형성한다. 장르는 욕망을 불러일으키고 자신이 불러일으켰던 욕망에 대한 만족을 대변한다.

이러한 관점은 미디어가 수용자의 반응을 결정할 수 있는 정도를 과대평가했다고 볼 수 있다. 하지만 이 관점은 적어도 미디어 스스로가 자신이 활동하는 환경을 통제하려는 열망과는 일치한다. 사실 수용자가 장르를 인지하고 있고, 미디어에 대한 담론에서 장르범주를 이용한다는 증거는 많다. 예를 들면, 호이저(Hoijer, 2000)는 수용분석을 상이한 텔레비전 장르해석에 적용해 각 장르가 특정한 기대를 생산한다는 사실을 발견했다. 인기 있는 현실적 형식의 픽션물이 일상적 현실을 타당하게 반영하리라는 기대가 있다. 이러한 종류의 생각을 수용자들의 작품에 대한 비판기준으로 이용한다는 것이다. 텍스트적 특성에 따라 구체적인 장르사례들에 대한 구분이 가능하다. 예를 들면, 리얼리즘에 대한 기대가 유럽 연속극보다는 미국 연속극에서 더 낮다(Biltereyst, 1991 참조).

장르 사례

버거(Berger, 1992)는 장르분석 기원을 스튜어트 카민스키(Stuart Kaminsky)의 작업에 둔다. 카민스키는 다음과 같이 지적한다.

> 영화의 장르연구는 특정한 대중적 내러티브 형식이 문화적이면서도 보편적인 뿌리를 지녔다는 인식에 기초한다. 오늘날의 서부극에서 보더라도 과거 200년 미국 역사의 원형과 민담, 신화와 얽혀 있음을 발견할 수 있다(1974).

스튜어트 홀(Stuart Hall, 1980)은 장르개념을 'B급 서부영화'에 적용하기도 했다. 그의 분석에서 장르는 특정 '약호'의 사용 또는 의미체계에 의존한다. 장르는 어떤 주어진 문화 내에서 약호를 사용하는 사람들(약호를 만드는 사람들이든 해독하는 사람들이든 간에) 사이에서 의미에 대한 일정한 합의를 이끌어 낼 수 있다. 홀(Hall)은 장르를 통해 기호화와 기호해독이 매우 유사하게 이루어지며, 그 의미가 전달된 만큼 받아들여진다는 점에서 결과적으로 의미가 상대적으로 분명하다고 지적한다.

고전 서부극은 미국서부의 정복이라든가 남성다운 용맹과 여성의 용기를 상징하는 요소들, 광활하게 펼쳐진 평야에서 운명을 개척하는 줄거리, 선과 악의 대결구도 등과 관련된 특정한 신화에서 파생된 것으로 알려졌다. 서부극 장르의 독특한 강점은 이 장르의 기본형태를 바탕으로 여러 가지 변형된 양식을 보여줄 수 있다는 것이다. 예를 들어 서부극 안에서의 심리물, 패러디, 이탈리아 사람들이 제작한 '스파게티' 서부극, 코미디, 연속극 형식의 서부극에 이르기까지 다양한 서부극 등이 지금까지 등장했음을 볼 수 있다. 한편 이러한 변형된 형식의 의미는 종종 원래 장르의 약호를 구성하는 요소들을 뒤집음으로써 형성된다.

＊443 　수많은 익숙한 미디어 콘텐츠 사례들에 대해 장르분석을 하게 되면 그 속에서는

기본적으로 반복되는 특징이나 공식들이 있다는 사실을 발견할 수 있다. 래드웨이 (Radway, 1984)가 로맨스스토리 장르를 분석하면서 전형적인 '내러티브 논리' (*narrative logic*) (〈그림 14. 2〉)를 발견한 것도 한 예이다. 또한 버거(Berger, 1992) 가 탐정 미스터리물을 대상으로 동일 장르에서 다른 변형 유형을 살펴보는 것 등도 장르분석의 한 예이다. 버거에 따르면, '공식'은 장르의 하위유목 또는 장르와 동일 하거나, 시간, 장소, 플롯, 의상, 영웅과 여걸 및 악당의 유형 등과 관련된 장르의 관습들을 포함한다. 예를 들어 '서부극'이라고 하면 의례적으로 서부극에 익숙해진 관중에게 알려질 만한 공식적인 어떤 요소들을 떠올릴 수 있다. 이러한 지식을 바 탕으로 관중은 특정한 기호들이 나타날 경우 정확하게 내용을 파악할 수 있다. 선 량한 사나이를 나타내는 하얀 모자, 기병대가 다가오는 음악 등이 바로 특정한 신 호의 예이다.

최근 미디어 문화연구는 여러 가지 익숙한 텔레비전 장르를 조명하면서 새로운 연구분야를 위한 경계를 제공했다. 가장 주목할 만한 예가 부분적으로 젠더화된 텔 레비전 형식으로 간주되는 드라마(*soap opera*)에 대한 관심이다(Modleski, 1982; Allen, 1987, 1989; Hobson, 1989; Geraghty, 1991; Liebes & Livingstone, 1998; Brunsdon, 2000). 드라마 장르의 보다 여성화된 특징들이 내러티브 형태, 액션보다 대화 선호, 확장된 가족가치 주목, 어머니와 가정주부 역할 등에서 나타난 것으로 알려졌다.

드라마는 말 그대로 연속적 내러티브 형태를 갖는 전형적 예이다. 1980년대에 방 영된 시리얼*인 〈댈러스〉(*Dallas*)에 대한 시청자들의 지대한 관심 (Aug, 1985; Liebes and Katz, 1990)도 여러 가지 이유가 있지만 장르로서의 드라마에 대한 관심을 이끌 어 냈다. 〈댈러스〉는 또한 드라마의 의미를 초기 미국의 라디오 또는 텔레비전 낮 시간 시리얼 (*daytime serial*)과 확연히 다른 미디어 제작물을 포함하는 것으로 확장시 켰다. 그럼에도 불구하고 '드라마'라는 용어가 다른 종류의 드라마에까지 널리, 오랫 동안 적용된다는 사실이 장르와 드라마 개념의 타당성과 유용성을 어느 정도 입증한 다. 장르개념이 지닌 강점 중 하나는 그것이 미디어 콘텐츠의 역동적 발전에 적응하 고 더 나아가 대응할 수 있는 능력을 가졌다는 것이다. 이는 더 최근에 출현한 토크

---

* 역주: 시리얼 (*serial*)과 시리즈 (*series*)에 대한 구분과 설명은 제 15장에 있다.

쇼(Talk show) 장르에서 잘 나타난다. 토크쇼는 유명인을 인터뷰하는 오락으로, 아침식사를 하며 가볍게 보는 텔레비전 형식으로 시작되었지만 이제는 선정주의로 가득 찬 부산함(sensationalist knockabout)에서부터 심각한 정치적 참여영역으로까지 그 영역을 확장하면서 전 세계로 퍼지고 있다. 대화를 중심으로 진행한다든지, 주요 진행자의 퍼스낼리티가 중요하다는 것 외에 별도로 장르를 구성하는 공통적 요소들을 발견하기는 어렵다. 그러나 일반적으로 프로그램 안에서의 청중 등장이나, 참여, 약간의 갈등이나 드라마적 요소, 어느 정도의 현실성에 대한, 인간미와 친밀감에 대한 환상 등이 종종 그 요소에 포함된다(Munson, 1993 참조).

장르의 분류

지금까지의 장르분석은 주로 각각 특정한 주요 차원을 지니는 콘텐츠의 개별적 범주에만 적용될 수 있는 것으로 간주되었다. 그러나 적어도 한 연구에서는 좀더 종합적인 메타-분석(meta-analysis)이 행해졌는데, 버거(Berger, 1992)는 모든 텔레비전 프로그램은 두 가지 차원을 축으로 해서 각각 네 개의 기본형으로 분류될 수 있다고 제안한다. 여기서 두 가지 차원은 감정에 소구하는 정도와 객관성의 정도이다. 이와 같은 분류를 통해 보면 다음과 같은 네 가지 유형을 볼 수 있다(〈그림 14. 1〉).

① 경연(contests)이란 게임쇼나 퀴즈, 스포츠를 포함한 경기 등을 포함하여 실제 행위자가 참여하여 경쟁하는 프로그램이다. 이들 프로그램은 모두 실제적이며 (의도에) 감정이 관여된다.

② 현실성 프로그램(actualities)이란 모든 뉴스, 다큐멘터리, 리얼리티 프로그램을 포괄한다. 원칙적으로 이러한 프로그램은 객관적이며 감정을 배제한다.

③ 설득물(persuasions)은 두 차원 모두에서 낮거나 약하고, 설득하려는 송신자의 의도를 반영한 것으로, 특히 광고나 주장, 정치적 선전 등에서 부각된다.

④ 드라마(dramas)는 거의 모든 허구의 이야기와 광범위한 장르를 포괄한다.

그림 14. 1 텔레비전 장르의 구조: 유형 (Berger, 1992)

객관성 (*Objectivity*)

	높음	낮음
강함	경연 (*Contests*)	드라마 (*Dramas*)
약함	현실성프로그램 (*Actuality*)	설득물 (*Persuasions*)

감정소구 (*Emotionality*)

버거가 지적했듯이 단일범주에 소속되지 않는 새로운 혼합장르들이 지속적으로 생겨나면 이 도식의 적용이 복잡해지게 된다. '다큐드라마'라든지 '인포테인먼트' (*infotainment*, 정보오락)물과 같은 익숙한 장르들이 좋은 예이다. 그러나 이것 또한 개별장르들이 지니는 하나의 특징이며, 텔레비전 장르에서 발생하는 상황을 분석하고 추적하는 데 유용할 수 있다.

장르는 넘쳐나는 미디어생산물 속에서 콘텐츠를 기술하고 정리하는 데 유용한 개념이지만, 적용가능성이 너무 많기 때문에 그렇게 강력한 분석수단은 아니다. 한 장르와 다른 장르의 구분을 객관적으로 확인하기가 쉽지 않다. 그리고 앞서 장르의 특징으로 언급된 제작자와 수용자의 인지와 이해가 서로 일치하는지를 증명하기란 역시 쉽지 않다. 아마도 장르는 개인의 선택행위가 가능하고, 돈이 지불되며, 경험, 취향, 광고에 의해 인도되고, 든든한 선호층을 유도하는 영화나 서적과 관련하여 더 유용하게 적용될 수 있다. 방송에서는 장르간 차이점을 통해 텔레비전 제작자를 분류하기도 한다(Tunstall, 1993).

표 14.1

매스미디어 장르
• 장르는 미디어 콘텐츠의 제작자와 수용자에 의해 동일하게 정의된다.
• 장르는 기능, 형식, 내용에 따라 구분된다.
• 장르는 텍스트 형태들을 보존하는 동시에 발전시킨다.
• 장르는 제작을 도와주며 텍스트를 이해하는 데 도움을 준다.
• 장르는 자신의 논리, 형식과 언어 등에서 고유한 특징을 갖고 있다.

미디어 포맷

장르개념은 미디어 포맷을 분석하는 데 다소는 응용된 형태로 이용되었다고 할 수 있다. 예를 들어 알싸이드와 스노우(Altheide and Snow, 1979)는 '미디어 논리' (media logic)와 '미디어 포맷'(media format)이라는 용어를 차용하면서 미디어 콘텐츠 분석양식을 발전시켰다. 미디어 논리는 본질적으로 어떻게 콘텐츠가 기존 미디어의 특성을 최대한 이용하기 위해 처리되고 제시되어야 하는지를 규정하는 일련의 암묵적 규칙이나 규범을 말한다. 이는 미디어조직의 필요(수용자의 욕구에 대한 미디어의 지각)에 맞추는 것도 포함한다. 알싸이드(Altheide, 1985)는 콘텐츠를 미디어 포맷에 맞추어 만들어진 것으로, 포맷을 시청자/청취자의 선호나 역량에 맞추어 만들어진 것으로 간주한다.

포맷은 본질적으로 하나의 장르 내에서 특정 주제를 다루기 위한 독립된 형태이다. 예를 들어 알싸이드(Altheide, 1985)는 텔레비전 뉴스에서 사건의 특수성을 초월하여 서로 다른 뉴스기사들을 다루는 일반적 형식을 제공하는 '위기대응 포맷' (format for crisis)을 기술한다. 뉴스가 위기를 지속적으로 관리하기 위해 필요한 주된 조건들이 접근성(정보의 혹은 위기 발생지에 대한), 영상의 질(필름 혹은 비디오테이프의), 드라마와 액션, 수용자 관련성, 주제의 통일성 등이다. 틀짓기(framing) 개념과 어느 정도 유사성이 있다(이 장 중반부 참조).

그레이버(Graber, 1981)는 정치언어 일반과 특히 텔레비전의 정치언어에 대한 연구에 상당한 기여를 했다. 그녀는 다음과 같이 주장하면서 알싸이드(Altheide)의 주장을 확증한다. "텔레비전 저널리스트들은 정치에서의 수많은 특수상황들에 대비해 만든 고도로 정형화된 단서들의 하위장르 포맷, 프레임, 논리를 지칭하는 다른 용어라 할 수 있는 레퍼토리(repertoires)를 개발했다". 그레이버는 시청각 언어의 기호화와 해독행위는 구어(verbal language)보다는 더 연상적이고, 내포적이며, 구조화되지 않은 반면, 덜 논리적이고, 명확하게 정의되지 않으며, 경계가 분명하지 않다는 점에서 본질적으로 다르다고 주장한다. 시청각 언어에 대한 체계적 분석은 여전히 초기단계에 머물러 있다고 하겠다.

장르, 포맷, 이와 관련한 개념들에 대한 논의를 마치기 전에 이러한 것들이 원칙적으로 허구와 실재 사이의 구분을 포함하는 미디어 생산물의 관습적 내용범주를 초월할 수 있다는 점을 강조할 필요가 있다. 피스크(Fiske, 1987)는 장르들의 '상호 텍스트성'(intertextuality)을 강조한다. 픽션의 자신의 주제에 대해 현실적 상황이나 역사적 사건들을 이용해 온 오랜 전통을 고려해 볼 때 이러한 상호텍스트성은 놀랄 만한 일이 아니다. 물론 픽션에서의 이러한 행위가 미디어 뉴스와 정보의 현실 주장을 약화시킬 수 있다.

2 뉴스장르

여기에서는 뉴스장르에 초점을 맞춘다. 뉴스는 오랜 역사를 지녔고 특권적인 사회적 제도로서의 미디어의 위치를 설명하는 데 매우 중요하다. 논쟁의 여지가 있지만 신문은 모든 근대 매스미디어의 원형이며 표준이라고 할 수 있다(Tunstall, 1977). 그리고 '뉴스'란 신문제작에서 가장 중요한 재료이다(단지 뉴스만이 유일한 재료라는 것은 아니다). 텔레비전과 라디오 역시 신문을 모델로 삼았으며 정기적인 뉴스를 중요한 프로그램으로 삼고 있다. 뉴스는 미디어 콘텐츠를 논의하는 데 특별히 주목받을 만한 가치가 있다. 그 이유는 바로 뉴스가 문화적 표현형태들의 범위에 대해 매스미디어가 독창적으로 공헌할 수 있는 몇 안 되는 분야 중 하나이기 때문이다. 뉴스보도는 또한 저널리스트(그리고 미디어) 직업의 대부분이 스스로를 규정하는 핵심적 활동이다.

뉴스는 신문을 다른 종류의 인쇄매체와 구별되도록 하는 요소를 제공하고, 미디어가 공중의 이름으로 의견을 표현하도록 허용함으로써 사회 내에서 특별한 지위와 보호를 획득하는 데 도움을 준다. 이에 따라 뉴스에서는 공중이라는 이름으로 의견을 개진하기도 한다. 미디어제도는 뉴스 없이 존재하기 힘들며, 뉴스 역시 미디어제도가 없다면 존재할 수 없다. 다른 형태의 저작이나 문화적 창작물과는 달리 뉴스제작은 사적 혹은 개인적으로 행해질 수 없다. 미디어제도는 뉴스의 배포 역할을 수행함과 동시에 뉴스의 신뢰성과 권위를 보장한다.

뉴스란 무엇인가

미디어에서 뉴스가 중심적 위치를 차지하고 있다는 데는 이견이 없지만, '뉴스란 무엇인가'라는 문제는 저널리스트들 스스로도 그들의 직관적인 '감', 그리고 내재된 판단을 제외하고는 정확히 대답하기 어려운 질문이다. 특히 미디어 콘텐츠 분석을 통해 이와 같은 질문을 풀어보려는 시도는 지금까지 그렇게 많지 않았다. 뉴스사회학의 기초를 닦은 두 학자들은 우연히도 모두 당시 전직, 현직 저널리스트들이었고 뉴스의 본질에 대한 문제와 씨름하는 데 자신의 경험을 이용했다. 월터 리프만 (Walter Lippmann, 1922)은 뉴스 수집과정에 초점을 맞추었는데, 그는 뉴스 수집과정을 '사건을 의미화 하는 객관적이고 명백한 기호에 대한 탐색'으로 간주했다. 따라서 뉴스는 '사회적 조건을 단순히 반영하는 거울이 아니며, 부각되는 사회적 조건의 한 측면에 대한 보도'이다.

또 다른 학자인 로버트 파크(Robert Park, 1940)는 뉴스보도의 본질적 특성에 더 주목했다고 할 수 있다. 그의 출발점은 뉴스를 '다른 형태의 지식', 즉 과거사건들에 대한 기록인 역사와 비교하고, 뉴스를 '익히 알고 있는 것'(acquaintance with)에서부터 '무엇에 대한 지식'(knowledge about)에 이르는 연속선상에 위치시키는 것이었다. 뉴스는 이러한 연속선상의 중간 어디쯤에 위치한다. 파크가 행한, 역사와 뉴스의 비교 연구결과를 토대로 다음과 같은 몇 가지 주요한 사항들이 추출될 수 있다.

① 뉴스는 시의적이다: 뉴스는 매우 최근의 혹은 정기적으로 되풀이되는 사건에 관한 것이다.
② 뉴스는 비체계적이다: 뉴스는 개별적 사건이나 발생한 일들을 다룬다. 뉴스만을 통해서 본 세상 자체는 서로 연관 없는 사건들로 구성된다.
③ 뉴스는 사라지는 것이다: 뉴스는 사건 그 자체가 현재 벌어질 때만 그 가치를 발휘하며, 기록이나 이후 다른 참고의 목적으로는 다른 형태의 지식이 뉴스를 대신한다.
④ 뉴스로 보도되는 사건은 일상적이지 않거나 적어도 예상치 않은 것으로서, 이것이 실질적인 중요성보다 훨씬 더 중요한 속성이다.

*449

⑤ 의외성과는 별도로 뉴스사건은 항상 상대적인 여타의 '뉴스가치들'로 특징지어지고 수용자의 관심에 대한 주관적 판단을 포함한다.

⑥ 뉴스는 주로 정향성이나 관심의 방향을 위한 것이지 지식의 대체물이 아니다.

⑦ 뉴스는 예측 가능하다.

뉴스는 예측가능하다는 역설적이고 논쟁적인 마지막 주장에 대해 파크는 다음과 같이 설명했다.

만약 발생한 일이 전혀 예상치 못한 것이라면, 그럼에도 불구하고 뉴스에 보도된 것이라면 그것은 예상치 못한 일이 아니다. 현재에서와 마찬가지로 과거뉴스로 다루어진 사건들은 실제로는 예상된 것들이다. 뉴스는 대체로 공중이 준비한 사건들이다. 대개 공중이 두려워하거나 기대하는 것들이 뉴스로 나타난다(1940).

이것과는 별도로, 많은 뉴스는 사전에 잘 알려진 일상적 사건들로 구성된다. 새로운 것을 의미하는 '뉴스'란 실제로 '오래된 것'이라는 갈퉁과 루지(Galtung & Ruge, 1965)의 주장에서도 유사한 관점을 찾아볼 수 있다. 한편 워렌 브리드 (Warren Breed, 1956)는 다음과 같은 용어들로 뉴스를 묘사한다.

'잘 팔리는', '피상적', '단순한', '객관적', '행위중심적', '흥미로운'(중요한 것과는 구별됨), '일정한 양식에 맞추어진', '신중한'

그는 또한 개별 뉴스아이템이 분류될 수 있는 차원을 ① '뉴스 대 진실', ② '어려운 대 일상적인'(뉴스수집과 관련하여), ③ '정보 대 인간적 흥미' 세 가지로 제안했다.

브리드(Breed)가 뉴스의 성격을 규정한 것을 보면, 뉴스는 인간적 흥미(*human interest*)와 일견 대조된다. 뉴스는 진지한 정보와 관련되고, 인간적 흥미는 즐겁고, 개인적이고, 선정적인 것들과 관련된다는 내용을 내포한다. 하지만 실제로 이 두 가지를 분리해서 보기는 어려우며, 신문이 생겨난 초창기부터 이 둘은 신문을 구성하는 요소들이었다. 파크의 제자인 휴즈는(Helen McGill Hughes, 1940) 인간적 흥미와 뉴스와의 관계를 살펴보았는데, 그녀는 (미국)신문이 다소는 진지한 기록에서 대중적 읽을거리로 변화되었음을 지적했다. 그녀의 관점에서는 인간적 흥밋거리 기사는 본질적으로 여타 뉴스기사와 다르지 않지만, 기자가 독자에 대해 취하는 특별한 태도 때문에 그러한 성격을 띠게 된다는 것이다. 그것은 기자에게는 독자들의 기분전환을 위한 기사이지만, 독자입장에서 말하자면 마찬가지로 자신들에게 들려진 하나의 기사이다. 결과적으로 '세상을 독자들이 보는 대로 볼 수 있는' 기자만이 뉴스를 전달할 수 있다. 따라서 뉴스는 가십이나 세간의 이야기와 상당히 유사하다. 뉴스의 특성은 부분적으로 '이야기하기'(*storytelling*)라는 오래된 전통에 기인한다(Darnton, 1975). 확실히 독자들은 정치, 경제, 사회에 관한 한 '뉴스'보다는 인간적 흥미에 더 매료된다(Curran et al., 1981; Dahlgren & Sparks, 1992). 이러한 입장에서 볼 때 인간적 흥미를 다룬 뉴스는 민주적 커뮤니케이션에 긍정적 기여를 한다.

　다른 장르와 마찬가지로 뉴스에도 그 중심적 양식에 따라 여러 가지 변형이 존재한다. 한 예가 바로 가십, 특히 대중스타나 다른 유명인사들에 관한 가십이다. 이러한 가십은 객관적 정보를 제공하고자 하나, 보통 심도 깊은 의미나 중요한 관련성이 없다. 뉴스장르의 관행이나 약호들은 광고나 풍자적인 미디어 콘텐츠에서 사용될 수도 있다. 이러한 콘텐츠는 외적으로는 뉴스형태를 지니지만 결국은 완전히 다른 형태로 변화되어 나타나기도 한다. 선정적이고, 가십이 많고 괴상한 정보를 다루는, 이른바 '타블로이드 TV'가 바로 뉴스장르 변형의 예라고 볼 수 있다. 뉴스장르는 새로운 환경에 적응하고 확장할 수 있다. 뉴스는 어느 정도는 라디오나 TV, 그리고 여타 영상물로 제작될 때 매체에 맞게 재구성되어야 했다. 1970년대에 많은 시청자들을 확보하기 위해 도입된, 진행자들이 서로 웃고 이야기를 나누는 '행복한

뉴스포맷'(*happy news format*)이 널리 채택되었다(Dominick et al., 1975)

저널리즘의 유형

뉴스공급은 장르적으로 출판, 채널 및 수용자 시장의 유형에 따라 다르게 구조화된다. 예를 들어 길거리의 '타블로이드' 신문과 같은 대중적 출판물뿐만 아니라 '권위 있는' 신문들이 있다. 또한 신문들은 지방지와 전문지(예를 들면, 스포츠, 경제)로 구분된다. 한편 이러한 구분들 외에도 우리는 어떠한 양식이나 이론적 전통에 따라 저널리즘을 구별할 수 있다. 여기에는 (개인적이고 관여적인) 뉴 저널리즘(*new journalism*), 시민 또는 공공저널리즘(*civic or public journalism*), 발전 저널리즘(*development journalism*), 탐사 저널리즘(*investigative journalism*), 기록 저널리즘, 주창 저널리즘(*advocacy journalism*), 대안 저널리즘(*alternative journalism*), 가십 저널리즘 등이 포함된다(제7장 참조). 최근에는 전문직주의 속성과 전통적 콘텐츠 관례에 도전하는 온라인 저널리즘의 형태도 생겨났다(Bardoel, 1996; 2002; Boczkowski, 2004).

뉴스의 구조: 편향과 틀짓기*

많은 콘텐츠 연구에서 도출된 일반적 결론은 뉴스는 전통적 범주의 주제에 따라 측정되었을 경우 다소 안정되고 예측 가능한 패턴을 보인다는 것이다. 그 이유들에 대해서는 뉴스생산과 관련하여(제11장과 12장) 이미 논의했고, 뉴스장르에서도 논의하고 있다. 이러한 맥락에서 뉴스정보가 어떻게 제시되느냐 혹은 '틀지어지는가'에 대한 문제에 상당한 관심이 집중되었다. 터크만(Tuchman, 1978)은 고프만(Goffman,

---

* 역주: 국내학자들은 'framing'을 소리나는 대로 '프레이밍'으로 번역하거나 '틀짓기'로 번역한다. 여기서는 '틀짓기'로 번역한다. 그러나 'frame'은 문맥상 어색하기 때문에 '틀'이라고 번역하지 않고 소리나는 대로 '프레임'으로 번역하기로 한다.

1974)을 프레임(frame) 개념의 창시자로 인용한다. 고프만에 따르면, 프레임은 단편적 경험이나 정보아이템들을 조직화하는 데 필요하다. 뉴스와 관련한 '프레임' 개념은 '준거틀', '맥락', '주제', 심지어는 '뉴스시각'과 같은 용어들을 대신하여 널리, 그러나 느슨하게 사용되었다. 저널리즘 맥락에서 뉴스에서 다루어지는 이야기들은 한 사건을 다른 비슷한 사건들과 연결하는 특정한 '뉴스가치'에 의해 의미가 부여된다. 상식적 개념이지만 특히 뉴스 틀짓기 효과를 연구하고자 할 때 용어를 다소 정확하게 사용할 필요가 있다. 이 경우, 콘텐츠 프레임은 수용자가 마음속에 가지고 있는 준거 프레임과 비교하여 분석하는 것이 필요하다. 엔트만(Entman, 1993)에 따르면, '틀짓기'는 '선택'(selection)과 '현저성'(salience)을 내포한다. 그는 '틀짓기'의 주된 측면들을 다음과 같이 요약한다. 프레임은 문제를 정의하고, 원인을 진단하고, 도덕적 판단을 하고, 개선책을 제시한다. 상당히 많은 텍스트 장치들이 이러한 기능들을 수행하는 것이 사실이다. 이러한 장치들에는 특정한 단어나 구절의 사용, 특정한 맥락에 대한 언급, 사진이나 영상을 고르는 것, 사례를 전형으로 제시하는 것, 어떤 (뉴스의) 정보원을 언급하는 것 등이 포함된다. 이러한 장치들의 가능한 효과는 제 19장에서 논의될 것이다.

틀짓기는 고립된 사실항목들에 대해 특정한 일반적 해석을 부여하는 행위이다. 저널리스트들은 틀짓기 행위를 피할 수 없고, 이 과정에서 순수한 의미의 객관성으로부터 멀어지며, 의도하지 않은 편향성을 지니게 된다. 어떤 정보원에 의해 정보가 뉴스미디어에 제공될 때(종종 이러한 방식으로 정보가 제공된다), 그 정보는 대부분 그 정보원의 의도에 맞는 내재된 프레임을 가지며, 순수한 의미에서 객관적이 않다. 틀짓기 연구의 사례는 수많은 내용분석 연구에서 무수히 많이 발견된다. 예를 들어 인종관계를 다루는 이슈들은 이민자 소수집단을 위하기보다는 사회적 문제로 종종 제시되었다(Hartman & Husband, 1974; Horsti, 2003). 구소련과 동유럽에 대한 대부분의 뉴스는 수십 년 동안 '냉전'이나 소비에트 '적'이라는 관점에서 보도되었다(McNair, 1988).

엔트만(Entman, 1991)은 군사행위로 인해 엄청난 민간인들의 목숨을 앗아간 두가지 유사한 비행기 참사에 대한 미국언론 보도를 기술하고 있다. 하나는 1983년 소련 군사비행기에 의해 격추된 KAL기 사고였고, 다른 하나는 1988년 페르시아 만에서 미국 해군함대에 의해 격추된 이란 민간항공기(Iran Air 665) 사건이었다. 이 사건

* 453

표 14. 3   소련과 미국의 군사행위로 인해 야기된 두 가지 비교되는 비행기 탐사에 대한
            미국 언론의 틀짓기

                        사건에 대한 지배적인 정의

                        KAL 007   Iran Air 655
동기   고의적   실수
보도논조   감정적 / 인간적   중립적/기술적
성격   공격   비극

들은 상당히 다르게 보도되었는데, 이는 당시의 자민족중심주의(*ethnocentricism*)와
국제적 긴장 모두를 반영했다. 단어, 논조, 문제화 등에서 보도하는 방식이 현재 논
의하는 의미에서 볼 때 서로 다른 프레임을 만들어 냈다.

   북아일랜드 상황은 영국 미디어에서는 적어도 IRA에 의해 초래된 위협이라는 관
점에서 마치 IRA가 유일한 갈등원인 제공자(Elliott 1982; Curtis, 1984)이고 영국은 단
지 희생자인 것처럼 보도되었다. 이제 중동에서 일어나는 여러 가지 위기상황들은
주로 '테러에 대한 전쟁'이나 '이슬람 원리주의'의 관점으로 틀지어지고 있다. 이 밖에
도 더 많은 사례가 있지만 일반적으로 정보원의 권력이 셀수록, 정보흐름에 대한 통
제가 클수록, 틀짓기 과정에 대한 미디어 외적 영향력이 더 많은 것으로 보인다.

   만하임(Manheim, 1998)은 1990년과 1991년 쿠웨이트를 해방시키고자 한 미국의
참전에 대해 미국국민들의 지지를 얻기 위해 고안된 잘못된 홍보캠페인을 기술한
다. 그의 연구는 캠페인이 정의에 호소하는 것보다 사담 후세인을 히틀러와 비교하
여 악마화한 것이 오히려 더 영향력이 있었다고 지적했다. 1999년 코소보 분쟁에
서, NATO의 선전은 유고에 대한 공습 시작부터 홀로코스트 이미지를 떠올리게 하
고, 밀로셰비치를 히틀러에 비유하며 세르비아인을 악마화시키면서, 참전을 필연
적이고 대량학살에 대한 '인도적' 전쟁으로 틀짓는 것을 목표로 했다(Vincent, 2000;
Thussi, 2000; Norstedt et al., 2000). 포이어스탈(Foerstal, 2001)은 코소보 알바니아
인들을 위한 홍보캠페인이 쿠웨이트 홍보캠페인과 매우 유사한 것으로 기술한다.
즉, 홍보의 목적은 서방 여론의 지지를 획득하고 군사적 행동에 대한 비판에 맞서
는 것이었다. 틀짓기 재료들은 지난 몇 년간의 야만적인 발칸분쟁을 통해 미디어에

서 이미 준비되어 있었고, 선전공격은 대부분 성공적이었다. 어느 정도는 동일한 미디어 통제전략이 2003년 이라크 전쟁에서 미국 주도 연합군에 의해 수행되었다. 물론 이라크의 경우 위험한 압제자에 대한 선제공격이라는 프레임보다는 '해방' 프레임을 지속적으로 유지시킬 필요성 때문에 상황이 다소 복잡하기도 했다. 동일한 사건들이 서로 다른 나라와 서로 다른 미디어 시스템에서 정치적 요인과 여론에 따라 다르게 틀지어질 수 있고 또 실제로 틀지어진다는 사실을 명심하는 것이 중요하다. 예를 들면, 이라크 전쟁은 미국, 영국, 독일에서 서로 다르게 다루어졌고, 심지어 아랍세계에서도 달랐다(Tumber & Palmer, 2004).

뉴스보도의 형태

뉴스장르의 힘은 각 매체가 가진 가능성과 제한점이 다름에도 불구하고 인쇄, 라디오, 텔레비전 등과 같은 다른 미디어에 걸쳐 어느 정도로 기본적 특징들이 나타나는가에 의해 입증된다. 이러한 규칙적인 특징들의 일부는 다른 국가들에서도 공통적으로 발견된다(Rositi, 1976; Heinderyckx, 1993). 주목할 만한 점은 애초에 예상할 수 없었던 사건의 세계가 시간이 지날수록 동일한 시간적, 공간적, 주제적 프레임으로 합병될 가능성에 열려있다는 사실이다. 위기상황이나 예외적 사건의 경우 예외가 있는 것이 사실이나, 뉴스형태는 사건의 세계에 대한 정상성과 예측가능성 기반 위에서 만들어진다.

뉴스형태는 사건의 상대적 중요성이나 콘텐츠의 유형을 나타낸다. 중요성은 콘텐츠의 배열, 할당된 공간이나 시간의 상대적 양에 의해 표시된다. 글래스고우 미디어 그룹(Glasgow Media Group, 1980)이 '시청자들의 격언'이라고 부르는 것에 따르면, 텔레비전 뉴스에서 가장 먼저 등장하는 보도가 가장 '중요'하며, 보통 시간을 더 많이 배당 받는 보도도 더 중요한 것이다. 텔레비전 뉴스의 경우 일반적으로 몇몇 사건의 요약을 통해 프로그램 초기에 시청자의 흥미를 불러일으키고, 다양성과 인간적 흥미를 가진 뉴스를 통해 관심을 유지시키고 몇몇 중요한 정보를 뉴스의 끝부분으로 배치시킨 다음(스포츠 결과나 날씨예보), 마지막은 가벼운 터치로 마무리하는 경향이 있다. 글래스고우 미디어 그룹(Glasgow Media Group)은 이러한 뉴스

형태의 숨은 목적이나 효과는 정상성의 '기본적 틀', 통제, 그리고 본질적으로 이데올로기적인 세계관을 보강하려는 것이라고 주장했다. 세상은 '자연스러운 것'으로 된다(Tuchman, 1978 참조).

이런 규칙성은 서구 뉴스형태의 지배적 특징인데, 서로 다른 '언론이론' 아래 활동하는 미디어는 서로 다른 종류의 규칙성을 보일 것이다. 서로 다른 성격의 사회에서의 텔레비전 뉴스보도는 중요하고도 체계적인 차이가 있다. 물론 이러한 차이들은 국경이나 언어가 서로 다른 문화적, 제도적 구분에 기인할 가능성이 높다. 예를 들면, 미국과 이탈리아의 텔레비전 뉴스를 비교한 것을 보면, 두 국가의 미디어 뉴스가 정치가 무엇인가에 대해 서로 다른 인식을 제공한다는 결론을 내렸다(Hallin & Mancini, 1984). 이탈리아는 미국과는 달리 텔레비전 뉴스에서 공적 영역이 차지하는 공간이 훨씬 더 큰 것으로 나타났다. 결과적으로, 미국 저널리스트들은 이탈리아 저널리스트들이 채택하는 것보다(혹은 저널리스트들에게 부여되는 것보다) 공중의 대표자로서의 역할을 더 많이 가지고 있다.

🎞 내러티브(*Narrative*)*로서의 뉴스

내러티브로서의 뉴스는 오랫동안 연구대상이었고, 내러티브라는 개념은 다양한 미디어 콘텐츠를 이해하는 데 유용하다는 것이 입증되었다. 기본적인 내러티브 형식들은 그 유형이 드라마나 픽션 외에도 광고나 뉴스 '이야기'까지 포함하여 범위가 매우 넓다. 이런저런 방법으로 대부분의 미디어 콘텐츠는 다소 패턴화되고 예견할 수 있는 형태를 지니면서 이야기를 전개한다. 내러티브의 중요한 기능은 경험(적) 현실에 대한 보도를 이해할 수 있도록 도와준다는 것이다. 여기에는 두 가지 방법이 있다. 하나는 행동과 사건들을 논리적으로나 인과적으로 연결시키는 것이고, 또 하나는 고정되고 알아볼 수 있는 (현실적) 특징을 지닌 사람들과 장소의 요소들을 제

---

* 역주: 일부 학자들은 'narrative'를 '이야기체'로 번역해서 사용하지만 이 장에서 빈번하게 등장하는 'story'라는 단어를 번역할 마땅한 우리말이 없어 '내러티브'로 그대로 사용하고, 대신 'story'를 '이야기'로 번역해 사용하기로 한다.

공하는 것이다. 내러티브는 가상이거나 현실이거나 간에 단편적인 관찰을 이해하는 인간적 동기의 논리를 제공해 준다. 뉴스를 내러티브로 간주할 때, 우리는 뉴스가 사회의 반복적이고 지배적인 신화들에 의존해서 다시 이를 이야기함으로써, 불가피하게 이데올로기적 성격을 띠게 되는 방식을 평가할 수 있다(Bird & Dardenne, 1988).

달턴(Darton, 1975)은 우리의 뉴스개념이 '고대의 이야기 전달양식'에 기인한다고 주장한다. 뉴스기사는 내러티브 형태로 보통 진행된다. 뉴스기사에는 주행위자와 부수적 행위자, 연결된 순서, 영웅과 악한, 시작, 중간, 끝, 극적 전환에 대한 전조, 그리고 친숙한 이야기 구조에의 의존 등이 내재해 있다. 뉴스의 내러티브 구조에 대한 분석은 특히 뉴스기사의 구문론을 제공하는 '뉴스 스키마'(news schemata) 개념에 기초하여 경험적으로 기반한 뉴스 분석틀을 개발한 반 다이크(van Dijk, 1983; 1985)의 '담론분석'의 전통 속에서 다듬어졌다.

벨(Bell, 1991)은 뉴스는 그 구조가 시작부터 기사의 요약을 요구하고, 또한 행위자와 사건들이 지니는 다양한 뉴스가치에 따라 내용을 순서적으로 배치할 것을 요구하기 때문에 정상적 내러티브 형태를 띨 수 없다고 주장한다.

사실보도 대 이야기 전달

뉴스형태의 많은 측면들이 사실성을 뜻하는 의미에서의 객관성의 추구와 분명하게 관련된다. 뉴스언어는 사건보도를 추가정보, 예증, 인용, 토론과 함께 한 가지 차원을 따라 정교화시킨다는 점에서 '선형적'(linear)이다. 터크만(Tuchman, 1978)은 뉴스 내러티브가 가지는 몇 가지 익숙한 특성들을 기술한 바 있다. 예를 들면, 헤드라인은 현재시제로 전달되는 반면 내용은 과거시제로 전달되거나 픽션과 관련된 관습들을 피하는 것 등이 그것이다. 그녀는 텔레비전 뉴스영상에서도 동일한 내러티브 스타일이 존재한다는 것을 간파한다.

뉴스영상은 그 존재사실만으로도 현실을 재현한다는 분위기를 던져준다. 뉴스영상은 그것이 시간과 공간을 이용한다는 것 자체로도 이야기를 전달하기 위해 사건의 속도와 공간적 배열을 함부로 변경하지 않았다는 사실을 보여준다. 시간과 공간을 배열하지 않은 것처럼 보임으로써 뉴스영상은 해석이 아닌 사실 제시를 주장한다. 즉, 사실성의 그물망이 일상생활의 리듬에 맞게 영상을 외양적으로는 중립적(왜곡되지 않게)으로 일치시키는 것 속에 내재해 있다(1978).

글래스고우 미디어 그룹(Glasgow Media Group, 1980)에 따르면, 뉴스언어는 그것이 진실인지 허구인지를 간단하게 검증하도록 허용하는 형태를 띠는 듯하다. 뉴스는 완전히 '사실확인적'(constative)(명제적이고 진짜인지 허위인지를 보여줄 수 있는) 외양을 가지고 있지 '공연적'(performative)인 외양은 가지고 있지 않다. 이러한 용어들은 오스틴(J. L. Austin)이 만들었고, 모린(Morin)이 뉴스담론이 지닌 기본적 모호성을 기술하기 위해 사용했다. 모린(Morin, 1976)의 구조주의적 분석에 의하면 '하나의 사건'이라는 용어는 '하나의 사건에 대한 이야기'로 표현되어야 한다. 이러한 과정은 두 가지 대립되는 양식들 사이의 협상을 내포한다. 즉, 해석적이고 '우화적'(fabulative)(이야기 전달적) 양식이라고 할 수 있는 '공연적' 양식과 '확정적'(demonstrative)이고 사실적인 양식이라고 할 수 있는 '사실 확인적' 양식들 간의 협상이 필요하다. 따라서 '순수한 사실' 그 자체는 의미를 가지지 않으며, '순수한 공연' 역시 뉴스가 일반적으로 제공한다고 여겨지는 합리적으로 알려진 파기할 수 없는 역사적 사실과는 거리가 멀다. 모린의 관점에서 보면, (뉴스) 이야기의 서로 다른 속성들은 이러한 두 가지 양식의 상이한 배합을 내포하고, 텔레비전 담론의 두 가지 '축'에 근거하여 그 위치가 결정될 수 있다.

사실성이 뉴스장르에서 필수적이라는 것은 의심할 여지가 없다. 터크만(Tuchman, 1978)은 사실성의 핵심요소는 믿을 만한 또는 긍정적으로 판명된 정보원에 있다고 말한다. 스미스(Smith, 1973) 역시 '뉴스의 핵심은 그것이 관점들의 다원주의를 뛰어넘는 것'이라고 지적한다. 그녀의 견해에 따르면, 수용자들이 신뢰하지 않는다면, 뉴스는 오락이나 선전과 구별될 수 없다. 이는 왜 뉴스가 오랜 세월에 거쳐 이데올로기를 지양하고 중립성을 지향하는 방향으로 발전되었는가를 설명하는 하나의 이유가 될 수도 있다. 그럼에도 불구하고, '근본적으로 이데올로기적이지 않고, 비정치적이며 비당파적인 뉴스수집과 보도시스템은 없다'는 거브너(Gerbner, 1964)의 주장을 수정할 이유는 없다.

5 텔레비전 폭력

그동안 뉴스만큼 집중적으로, 그리고 오랫동안 연구된 미디어 콘텐츠 범주 중 하나가 폭력성을 띠는 뉴스 프로그램이다. 물론 폭력은 사실상 모든 텔레비전 장르에서 나타날 수 있기 때문에 폭력 프로그램이 하나의 장르로 취급될 수는 없다. 그러나 수용자들의 시선을 사로잡기 위해 폭력에 과도하게 의존하는 낮은 차원의 텔레비전 프로그램의 범주는 있다. 이러한 콘텐츠는 목적, 스타일, 의미 등이 보다 명시적으로 인정되는 다양한 하위장르들(예를 들면, 전쟁, 범죄자의 세계, 유머, 만화, 가학적 범죄 등)과 비슷한 특성을 지닌다. 이 장에서는 간단하게 어떻게 '폭력적인 텔레비전'의 주요 특징들이 주로 어린이를 유해한 영향으로부터 보호하고 반폭력 캠페인을 전개할 목적으로 확인되고, 기술되었는가를 지적하고자 한다.

이 분야의 연구역사는 커뮤니케이션 연구의 초기시절로 거슬러 올라간다. 물론 연구의 주요한 분기점은 폭력의 원인과 예방에 대한 (미국)국가위원회 보고서 [Report of the (US) *National Commission on the Causes and Prevention of Violence*] (Baker & Ball, 1969)였다. 이 보고서는 거브너(Gerbner)의 문화계발 연구 프로그램의 방법과 결과들을 처음으로 설명하는 공간이었다(Gerbner et al., 2002). 보다 최근의 미국연구들은 국가 텔레비전 폭력연구(National Television Violence Study)의 후원 아래 동일한 전통으로 지속되며, 이 연구작업은 주류전통의 목표와 방법들을 기술하는 원천을 제공한다(Wilson et al., 2002). 연구는 폭력을 '물리적 힘의 확실한 위협에 대한 명시적 묘사와 유기체나 집단에게 물리적으로 해를 끼치기 위해 실질적으로 이러한 힘을 사용하는 것'으로 정의한다. 폭력은 또한 보이지 않는 폭력적 수단의 결과로서 발생하는 유기체나 집단에 대한 물리적으로 유해한 결과의 묘사도 포함한다'. 윌슨과 동료들(Wilson et al.)은 텔레비전에서 묘사되는 폭력유형과 발생빈도를 기록하는 데 있어서 자신들의 방법론적 선택을 위한 네 가지 토대들을 다음과 같이 명명한다.

① 텔레비전 폭력은 시청자들에게 반사회적 효과를 낳는다.
② 텔레비전 폭력을 시청함으로써 나타나는 세 가지 주요한 효과 유형들이 있

표 14. 4

폭력 묘사의 맥락적 요인들
• 가해자의 상대적인 호소력
• 희생자의 상대적인 호소력
• 폭력의 이유
• 사용된 무기들
• 묘사의 광범위함과 생생함
• 폭력이 묘사되는 사실성
• 행위에 대한 보상과 처벌
• 고통과 손상의 측면에서 제시되는 결과
• 유머의 존재 여부

다. 공격적 태도와 행동의 학습, 폭력에 대한 둔감화, 폭력에 의해 희생될 수 있다는 두려움의 증가가 그것이다.

③ 모든 폭력이 동일한 정도의 유해한 효과를 가지는 것은 아니다.

④ 모든 시청자들이 동일하게 폭력 프로그램의 영향을 받는 것이 아니다.

이러한 원칙과 이를 지지하는 연구와 일치되게 분석은 텔레비전 프로그램의 특성들을 폭력이 묘사되는 주된 맥락적 지표들(폭력적 효과와 관련된)에 따라 정립하고자 했다. 이는 〈표 14. 4〉에 제시되어 있다.

〈표 14. 4〉에 제시된 변인들은 각각의 폭력적 사건, 각각의 장면, 프로그램 전체의 세 가지 수준에서 적용되었다. 1995년에서 1996년 사이에 방영된 거의 3천 개의 프로그램에 대한 분석에서 나온 주된 결론은 다음과 같았다.

• 대부분의 프로그램은 약간의 폭력을 포함한다(61%).
• 반폭력적 주제를 가진 프로그램은 별로 없다
• 텔레비전에서 대부분의 폭력은 덜 위험한 것으로 순화된다.
• 7세 이하 아동들에게 공격성향을 가르치는 위험성이 높은 묘사들은 젊은 시청자들을 겨냥한 프로그램과 채널에 집중되어 나타난다.
• 공격성향을 조장하는 위험성이 높은 묘사들은 대부분 나이가 약간 많은 어린이나 10대들을 위한 영화나 드라마에서 발견된다.

문화적 텍스트와 그 의미

미디어 텍스트와 관련된 새로운 담론형태가 문화연구의 성장과 그것이 기존의 매스커뮤니케이션 연구전통에로 집중되면서 등장했다. 문화연구의 근원은 전통적인 문학, 텍스트에 대한 언어학적 분석, 기호학, 맑스이론 등이 포함되어 복합적이다. 피스크(Fiske)는 특히 대중적인 (텔레비전) 문화를 분석하고 이해하기 위한 목적으로 개별적 이론들을 통합시켜 보려고 노력했다. 이러한 노력을 통해 미디어 텍스트에 대한 새로운 정의가 그 특성들을 확인하는 방법과 함께 도입되었다.

텍스트의 개념

'텍스트'라는 용어는 주로 두 가지 의미에서 사용된다. 하나는 매우 일반적으로 물리적 메시지 그 자체를 일컫는 것으로, 인쇄물, 영화, 텔레비전 프로그램, 음악악보 등을 지칭한다. 또 다른 의미는 콘텐츠와 수용자 간의 상호작용을 통해 나타나는 의미 있는 결과를 지칭하는데, 이는 피스크(Fiske, 1987)가 제안한 개념이다. 예를 들어, 텔레비전 프로그램의 경우 '수용자가 그 내용을 읽는 순간, 즉 많은 수용자들 중의 한 사람과 상호작용을 통해 프로그램이 유발시킬 수 있는 의미나 즐거움이 유발될 때 하나의 텍스트가 된다'. 이러한 정의에 따르면, 동일한 텔레비전 프로그램도 받아들여지는 의미에 따라, 서로 상이한 텍스트를 만들어 낼 수 있다. 이러한 점을 요약하면서 피스크는 '프로그램은 미디어산업에 의해 생산되지만 텍스트는 그 수용자에 의해 만들어진다'고 말한다. 이러한 관점에서 볼 때, '생산'이라는 용어를 '매스커뮤니케이터'와 수용자 모두의 활동에 적용되는 것으로 보는 것이 중요하다.

이는 미디어 콘텐츠와 관련한 이론이 본질적으로 생산이나 콘텐츠의 내재적 의미의 관점에서보다는 수용관점에서 조명하고자 한다는 점에서 중요하다. 또한 이러한 접근방법의 또 다른 본질적 요소들은 미디어 텍스트는 (프로그램의 의미에서) 상이한 해독을 낳을 수 있는 많은 잠재적인 대안적 의미를 지니고 있다는 것을 강조하는 것이다. 따라서 매스미디어 콘텐츠는 원칙적으로 '다의적'(polysemic)이며, (수용자

* 461

구성원들이라는 일반적 의미에서) '독자'에게 다양한 잠재적 의미를 지닌다. 피스크는 이러한 다의성을 대중적 미디어문화의 필수적 특징이라고 말하는데, 그 이유는 잠재적 의미가 많이 있을수록, 상이한 청중들과 전체 수용자층 내에서 다양한 사회적 계층이나 범주들에게 호소할 수 있는 가능성이 더 많아지기 때문이다.

뉴컴(Newcomb, 1991)이 지적했듯이 텍스트 의미의 복잡성 내지 다양성은 부수적 차원을 가진다. 즉 텍스트는 상이한 언어와 의미체계들로 형성된다. 여기에는 의복양식, 신체외모, 계층과 직업, 종교, 민족성, 지역, 사회집단과 그 밖의 많은 다른 것들이 포함된다. 드라마에서 사용되는 어떠한 단어나 상호작용도 다른 언어들과의 관계에서 상이한 의미들을 가질 수 있다.

차별적 기호화(encoding)와 기호해독(decoding)

콘텐츠의 다의적 성격에도 불구하고, 특정한 사례의 미디어 콘텐츠 담론은 종종 의미수용을 통제하고, 제한하며, 특정한 방향으로 유도하는 경향이 있는데, 이는 수용자의 저항을 유발할 수도 있다. 이러한 논의는 홀(Hall, 1974/1980)의 '기호화/기호해독' 모델(제3장에서 논의됨)과 관련이 있는데, 이 모델에 따르면 텍스트에는 선호되는 해독(preferred reading), 즉 메시지 생산자 입장에서 수용자가 채택하기 바라는 의미가 보통 존재한다. 대개 그것은 명시적인 콘텐츠 분석에 의해 확인되는 것이 '선호되는 해독'이다. 또한 여기에는 문자적 또는 표현적 의미에 이데올로기가 덧붙여진 것으로 볼 수 있다. 이러한 측면은 '명시적 독자'(inscribed reader) * 개념과 연관된다(Sparks & Campbell, 1987). 부르디외(Bourdieu, 1986)의 이론에 따르면 특정한 미디어 콘텐츠는 독자를 '구성한다'고 말할 수 있다. 이러한 구성은 어느 정도는 텍스트 내에서 쓰인 일련의 관심사들을 바탕으로 분석가가 '해독'할 수 있는 것이다. '명시적 독자' 또한 메시지가 주로 이야기를 '건네는' 그러한 종류의 독자이다. 비슷한 개념이 '암시적 수용자'(implied audience) (Deming, 1991)이다.

---

* 역주: '명시적 독자'란 텍스트에서 작가나 화자가 주로 직접적으로 이야기하고자 하는 명시적 대상독자를 말한다. 4~5세 어린이들을 대상으로 만든 책의 경우 4~5세 어린이들이 명시적 독자가 된다.

이것이 활동하는 과정은 또한 '호명'(interpellation or appellation)으로 불리는 데, 이는 알튀세르(Althusser, 1971)의 이데올로기 이론에 기원을 둔다. 피스크(Fiske, 1987)에 따르면, '호명은 담론이 수신인을 불러들이는 방법이다.* 반응을 하게 되면, 우리는 암묵적으로 담론이 우리에게 요구하는 주체의 위치를 채택한다'. 이러한 담론의 특징은 광고에서 널리 이용된다(Williamson, 1979). 광고는 공통적으로 광고되는 상품을 소비하는 소비자 원형에 대한 이미지를 구성하고 투사한다. 따라서 광고는 '독자들'을 초대해 이러한 이미지들 속에서 스스로를 인지하도록 한다. 이러한 이미지들은 보통 어떤 바람직한 속성들(멋, 영리함, 젊음, 아름다움 등)과 상품을 연관시키고, 상품뿐만 아니라 소비자들을 치켜세운다.

상호텍스트성(Intertextuality)

피스크(Fiske, 1987)가 지적한 바와 같이 수용자에 의해 생산되는 텍스트는 생산측면에서 프로그램들간, 또는 콘텐츠 범주들간에 놓인 경계들에 의해 의미제한을 받지 않는다. 예를 들어 미디어 텍스트의 '독자'(수용자)는 쉽게, 한 프로그램에서 경험한 것을 인접한 광고나 다른 프로그램에 연결시키기도 한다.

이것이 미디어 상호텍스트성의 한 측면인데, 이는 각 미디어(영화, 책, 라디오 등)간의 경계를 넘나들며 응용된다. 상호텍스트성은 독자가 만들어낸 것일 뿐 아니라, 미디어 자체의 특성이기도 하다. 즉, 미디어들은 서로 교차적으로 참조하기 때문에 같은 '메시지'나 내러티브 유형이 다른 미디어 형태나 장르에서 발견될 수 있다. 미디어 이미지에 기초한 마케팅의 확장으로 인해 상호텍스트성의 범위가 미디어 콘텐츠 '텍스트'에서 모든 종류의 소비물품에까지 확장되었다. 피스크(Fiske, 1987)에 따르면, 텔레비전은 새로운 '제3의 상호텍스트성 수준'으로 부상한다. 즉, 텔레비전은 시청자들이 자신의 미디어 경험에 대해 이야기하거나 글로 쓰면서 스스로 만들고 재생산해내는 텍스트가 된다. 미디어 수용자를 연구하는 민속지학(ethnographic)

---

* 역주: 이는 마치 길을 걷다가 뒤에서 자신의 이름을 부르면 뒤를 돌아보는 행위에 비유될 수 있다. 이름을 부르는 행위가 '호명'이고, 그 소리를 듣고 반응하는 행위가 '호명에 반응' 하는 것이라고 할 수 있다.

연구자들은 미디어가 어떻게 경험되는가를 듣기 위해 자신들이 대화를 경청하고 집단토론을 조직할 때 이러한 '제3수준'의 텍스트들을 이용한다(예를 들면, Radway, 1984; Ang, 1985; Liebes and Katz, 1986).

약호(codes)란 한 문화의 구성원이나, 이른바 '해석공동체'(예를 들어 동일한 미디어 장르, 작가, 공연자의 팬들의 집합)에 의해 공유되는 규칙이나 관행을 지닌 의미체계를 말한다. 약호는 미디어 생산자와 미디어 수용자 사이에서 해석의 기초를 제공함으로써 둘 사이를 연결시키는 데 일조한다. 우리는 커뮤니케이션 약호와 관행을 이해함으로써 세계를 이해한다. 예를 들어 특정한 몸짓, 표현, 옷이나 이미지의 형태는 자주 사용되어 친숙하게 됨으로써 특정 문화의 범주 안에서는 다소 분명한 의미를 전달하게 된다. 우는 여자, 베개, 돈을 결합하여 수치 혹은 부끄러움을 상징하는 이미지는 영화 약호의 한 사례(Monaco, 1981)로 들 수 있다.

열린 텍스트 대 닫힌 텍스트

현재 논의되는 미디어 콘텐츠에 대한 특정한 담론에서 콘텐츠는 그 의미에서 다소 '열린' 혹은 '닫힌' 것으로 간주될 수 있다. 에코(Eco, 1979)에 따르면, 열린 텍스트는 담론이 독자들에게 일정한 의미나 해석을 강제하지 않는 텍스트이다. 미디어 텍스트의 종류와 실제 사례들은 이러한 개방성 정도에 따라 구분될 수 있다. 예를 들면, 일반적으로, 뉴스보도는 열려있지 않고 일률적인 정보전달 목적으로 고안된 반면, 연속극이나 드라마는 느슨하게 구성되어 다양하게 이해될 여지를 남긴다. 이러한 차별성은 장르 사이에 항상 일관성이 있는 것은 아니고, 장르 안에서도 텍스트의 개방성 정도는 차이가 있을 수 있다. 상업광고의 경우, 장기적으로는 모두 상품판매 이익을 공통적으로 추구하지만, 광고형태를 보면 장난스럽고 모호한 것으로부터 일방적인 구입권유, 단순 정보전달에 이르기까지 매우 다양하다. 또한 텔레비전은 일반적으로 영화보다 개방적이고 모호한 텍스트를 가졌다고 지적된다(Ellis, 1982).

열린 텍스트와 닫힌 텍스트의 구별은 잠재적인 이데올로기적 중요성을 지닌다. 예를 들면, 쉴레진저와 동료들은(Schlesinger et al., 1983) 텔레비전의 테러리즘 보도에 대해 논의하면서 보다 열린 형태의 테러보도는 여러 가지 의견이나 관점들을 이끌어 내는 반면, 닫힌 보도는 지배적이거나 합의적인 관점을 가진다고 주장하였다. 이들은 빈틈없는(*tight*) 이야기 전개와 느슨한(*loose*) 이야기 전개를 구분하기도 했는데, 텔레비전 뉴스는 보통 닫혀있고 빈틈이 없는 반면 다큐멘터리나 영화는 보다 더 다양하고 유동적인 전개를 한다고 보았다. 이들은 또한 영화도, 기대되는 수용자가 많을수록 테러리즘의 표현이 닫혀있고 빈틈이 없어, 뉴스에서 보이는 것과 같이 현실에 대한 '공식적' 그림에 집중하게 된다고 결론내렸다. 이는 다수의 수용자를 대하는 과정에서 위험요소를 피하는 일종의 이데올로기적 통제양식(자기 검열과 같은)일 수 있음을 시사한다.

그림 14. 2 로맨스의 내러티브 논리 (Radway, 1984)

이러한 설명의 고리는 나중에 드러난다.

① 여자영웅의 사회적 정체성에 의문이 제기된다.

② 여자영웅은 귀족적 남성에 대해 적대적으로 반응한다.

③ 귀족적인 남성은 여자영웅에 대해 애매하게 반응한다.

④ 여자영웅은 남자영웅의 행동을 자신에 대한 성적 관심의 증거로 해석한다.

⑤ 여자영웅은 남자영웅의 행동에 대해 분노하거나 냉담하게 반응한다.

⑥ 남자영웅은 여자영웅을 혼내줌으로써 보복한다.

⑦ 여자영웅과 남자영웅은 물리적으로, 그리고(또는) 감정적으로 서로 독립적이다.

⑧ 남자영웅이 여자영웅을 부드럽게 대한다.

⑨ 여자영웅이 남자영웅의 친절한 행동에 대해 따뜻하게 반응한다.

⑩ 여자영웅은 남자영웅의 애매한 행동을 과거 상처의 산물로 재해석한다.

⑪ 남자영웅은 여자영웅에게 극도의 친절함으로 프러포즈를 하거나 사랑을 고백하거나 아니면 자신의 확연한 의지를 표시한다.

⑫ 여자영웅은 성적으로, 감정적으로 남자영웅에게 반응한다.

⑬ 여자영웅의 정체성이 회복된다.

미디어 연구가 텔레비전 드라마나 시리얼(serial), 시리즈(series)*에 대해 주목하게 되면서 내러티브 이론(Oltean, 1993)에 대한 관심이 되살아났다(예를 들어, Seiter et al., 1989). 연속성의 주제는 내러티브 이론에서 중요한 부분을 차지한다. 프롭(Propp, 1986)은 내러티브 이론형성에 공헌한 바가 큰데, 그는 러시아 민담에 나타나는 내러티브 구조가 기본적으로 유사하다는 사실을 밝혀낸 바 있다. 현대의 대중적 미디어 픽션 또한 기본적 줄거리에서 지속성과 유사성 수준이 매우 높다. 예를 들어, 래드웨이(Radway, 1984)는 여성을 대상으로 대량생산되는 로맨스 소설의 기본적 내러티브 구조를 일련의 단계에 따라 기술했는데(〈그림 14. 2〉 참조), 소설은 여주인공의 시련, 즉 귀족적인 남자주인공과의 적대적 만남으로 시작하여, 이별을 거쳐, 화해하고, 성적으로 결합하고, 결국 여주인공이 자아를 회복하면서 마무리되는 것으로 이어진다.

　많은 다른 장르에서 유사한 기본적 줄거리를 발견할 수 있지만(물론 기본 줄거리 내에서도 다양성이 있다), 주목할 만한 내러티브의 차이들도 존재한다. 예를 들어 내러티브 이론에 의하면, 미국 텔레비전 시리즈는 시리얼과 분명히 구분될 수 있다. 시리즈는 1회분으로 끝나는 개별적인 이야기들의 집합으로 이루어져 있다. 시리얼의 경우, 이야기들이 끊이지 않고 1회에서 2회로 계속 이어진다. 두 경우 모두 같은 주요 인물이 등장하는 연속성이 있다. 그러나 차이점이 있다. 시리즈에는, 남, 여 주인공(주체)이 계속적이지만, 악당(객체)은 매회 다르게 나온다. 즉 같은 등장인물들이 같은 배경에서 다른 이야기 과정을 겪게 된다.

　대조적으로 시리얼은〔이것의 원래 형태인, 매일 방영되는 정상적 드라마(soap opera)

---

*　역주: 시리얼(serial)은 드라마의 이야기가 지속적으로 이어지고, 시간이 이야기의 전개를 구속하지 않는 형식으로 흔히 '연속극'이라고 불린다. 8시 20분 황금시간대에 매일 방영되는 일일연속극(〈너는 내 운명〉, 〈미우나 고우나〉 등)이나 미니시리즈가 시리얼에 해당된다. 반면, 시리즈(series)는 이야기가 한 번에 끝나면서 시간에 종속되는 형식으로 흔히 '연속 단막극'이라 불린다. 〈전원일기〉나 〈대추나무 사랑 걸렸네〉와 같은 프로그램이 대표적 예이다. 아직까지 우리말 용어사용이 통일되지 않고 보편화되지 않아 이 책에서는 소리나는 대로 '시리얼', '시리즈'로 번역해서 사용하고자 한다.

처럼〕 동일한 등장인물이 매번 등장해서, 매회 연속적으로 그들의 삶을 능동적으로 지속해 나간다는 환상이 조장된다. 그들은 '허구적으로 활동적이다'(Oltean, 1993).

한편 올틴(Oltean, 1993)은 내러티브에서 '선형적'(linear) 진행과 '평행적'(parallel) 진행과정의 차이를 강조한다. 시리얼의 경우 한 이야기 라인에서 다른 이야기 라인으로 전이가 있는데, 그에 비해 시리즈에서는 매주 등장인물이 새로운 모험을 겪게 되는 서로 다른 여러 개의 이야기 라인을 가진 '큰 이야기'(meta-story)(항구적 인물에 대한)가 존재한다. 시리즈는 선형성의 원칙에 따라 이야기가 조직되는 반면, (드라마와 같은) 시리얼은 고정적으로 등장하는 서로 다른 부류의 인물들이 다양한 시점에서 상호작용하고 서로 얽히는 동시발생적 이야기 라인 네트워크를 가진 평행적 진행구조가 보편적으로 이용된다.

리얼리즘(Realism)

내러티브는 종종 리얼리즘에 대한 가정에 의존하고, 논리, 정상성, 인간행동의 예측성 등을 등장시킴으로써 현실감을 강화시킨다. 리얼리즘적 허구의 관행은 소설의 초기형태에 의해 확립된 것이다. 소설은 다른 예술장르에서의 리얼리즘의 영향을 받았다. 한편, 미디어 리얼리즘은 실제로 발생했다는 의미에서는 말 그대로 현실적이지 않더라도, 프로그램에서 묘사되는 것이 '실제생활에 관한 것'이라는 믿음에 의존한다. 즉, 리얼리즘적 허구는 그것이 일어날 수 있고 또는 일어났을 수도 있다는 믿음에 근거한다. 심지어 환상적인 이야기조차도 사실적 설정과 사회적 배경을 사용하고 그럴 듯한 행위논리를 이용하여 실제와 같은 느낌을 얻게 한다면, 현실적으로 느껴질 수 있다. 사실상 리얼리즘은 단순한 개념이 아니다. 수용자 평가에 대한 탐구에 기초한 홀(Hall, 2003)의 연구는 리얼리즘에는 다양한 차원들이 있다는 점을 지적한다. 홀은 표면적 진실성(plausibility)이라는 제목 하에 ① 지각적 설득 (perceptual persuasiveness), ② 전형성(typicality), ③ 사실성(factuality), ④ 감정적 관여(emotional involvement), ⑤ 내러티브 일관성(narrative consistency), 여섯 가지* 차

---

* 역주: 맥퀘일은 홀의 여섯 가지 차원들 중에서 다섯 가지만 제시하고 있다.

원을 제시한다. 그녀는 서로 다른 장르들은 서로 다른 리얼리즘 개념을 필요로 한다는 결론을 맺는다.

리얼리즘을 강조하는 문체나 영화제작 기법들도 존재한다. 전자의 경우, 정확한 다큐멘터리적 표현과 구체적이고, 논리적이며, 순서에 맞는 이야기 전개를 이용하여 리얼리즘을 획득한다. 영화의 경우, 실제 장소를 보여주는 것을 포함하여, 계속적인 행동의 흐름이 리얼리즘적 환상을 만들어 낸다. 가끔 특정 장면이 현실적이거나 다큐멘터리 성격을 지닌 것을 나타내기 위해 흑백필름(예를 들어 회상장면에서)으로 된 부분이 삽입된다. 또한 고전적인 현실 스타일 장치들도 있다(Monaco, 1981). 이러한 장치들 중 하나가 등장인물의 대화진행 중에 관찰자가(관객) 개입하고 있다는 환상을 만들기 위해, 한 화자로부터 상대자에게로 카메라를 옮겨가는 방식(shot-reverse-shot)이다(Fiske, 1987).

영화와 텔레비전의 픽션에서 '다큐멘터리' 양식 혹은 스타일을 이용할 수 있는데, 이는 수용자의 학습된 관행의 기반 위에서 확립된다. 대부분, 다큐멘터리 형식은 실제적인 것이라는 환상을 일으키기 위해 실제 장소와 사회적 배경에 의존한다. 피스크(Fiske, 1987)는 미디어 리얼리즘이 '보수주의적(reactionary) 효과'(급진적인 것이 아닌)를 유도하게 된다고 지적했다. 왜냐하면 이는 기존 질서를 정상적이고 불가피한 것으로 받아들이도록 하기 때문이다. 리얼리즘은 닫힌 텍스트로 이끈다고 볼 수 있는데, 이는 표현물이 실제와 비슷하면 할수록, 세상의 현실을 당연시 여기기 쉬운 독자들이 여러 가지 대안적 의미들을 찾기가 힘들어지기 때문이다.

젠더화된(gendered) 미디어 텍스트

'명시적 독자'(inscribed reader) 또는 '호명된 독자'(interpellated reader) 개념은 계층, 문화적 취향, 나이, 생활방식에 따라 특정 미디어가 추구하는 수용자 이미지를 분석하는 데 사용될 수 있다. 같은 맥락의 논의에서, 다양한 유형의 미디어 콘텐츠가 차별적으로 젠더화된다. 미디어 콘텐츠는 특정 수용자를 매료시키거나 아니면 단순히 언어적 코드가 원래 젠더화되어 있기 때문에 남성과 여성의 특징에 대해 내재적 편향성을 가진다.

피스크(Fiske, 1987)는 두 여성을 주인공으로 하는 경찰 시리즈 〈캐그니와 래이시〉(*Cagney and Lacey*)라는 프로그램을 한 사례로 든다. 이 시리즈에서 '젠더담론은 우리로 하여금 가부장적인 텔레비전에서 정상적으로 여겨지는 남성 중심적 관점을 채택하지 못하도록 하는 수많은 약호들을 허용한다'고 피스크는 지적한다. 여성의 능동적 역할은 카메라가 여주인공의 성적 매력을 보여주는 것이 아니라 주인공이 현장을 통제하는 방법을 탐구하고 전달하는 그러한 방식으로 지배적이고 적극적인 인물로 묘사됨으로써 나타난다.

많은 연구자들은(예를 들어 Geraghty, 1991), 장르로서의 드라마가 본질적으로 인물묘사, 상황설정, 대화, 남녀역할 설정 등을 통해 여성 내러티브로 '젠더화'(*gendering*)되어 있다고 주장했다. 모들스키(Modleski, 1982)는 드라마의 느슨한 구조가 주부의 일상생활의 분절화된 패턴과 들어맞는다고 주장했다. 반대로, 텔레비전 액션 시리얼은 종종 남성적으로 젠더화된다고 말할 수 있다. 이러한 차이의 일부는(광고에서처럼) 상이한 수용자층에 호소하기 위해 남녀 차이에 대한 전통적이고 판에 박힌 생각을 따르기 때문에 야기된다. 래드웨이가 분석한 종류의 로맨스 소설은 처음부터 분명하게 젠더화되고, 여성을 위한 콘텐츠일 뿐만 아니라, 대부분 여성들에 의해 씌어진다. 그러나 이것이 '젠더화'를 전부 설명하는 것은 아니다. '젠더화'는 세밀하지만 항상 의도된 것은 아닌 그러한 형태를 띨 수 있는 데, 이 주제는 탐구할 만한 가치가 있다.

예를 들어, 남자감독과 여자감독을 비교 연구한 윈저(Patsy Winsor) 연구에 따르면, 감독의 성별에 따라 영화내용도 차이가 있다(Real, 1989 재인용). 여성감독은 신체적 공격을 나타내는 행동을 표현하는 것을 자제하거나 이런 행동을 남자와 강하게 결부시키는 경향이 있다. 그리고 여성감독들은 여성에게 더 중요한 역할을 맡기고 여러 가지 다른 예측할 수 없는 방식으로 특색 있는 작품을 만들어 낸다. 대중적 영화의 제약에도 불구하고 '여성미학'이 등장하는 증거들이 있다고 이 연구는 결론 맺는다.

지금까지 '문화적 텍스트'라는 주제로 살펴본 콘텐츠에 대한 접근방법은 대중적 오락미디어, 특히 수용자를 허구적 또는 환상적이긴 하지만 현실적인 설정 속에 관여시키고자 하는 픽션이나 드라마 형태에 맞는 듯하다. 이러한 미디어 콘텐츠의 목표는 어떤 구체적 의미를 전달하는 것이 아니라 단지 '오락'을 전달하고자하는 것이다. 즉, 이러한 오락은 사람들을 상상 속의 다른 세상 속으로 끌어들여 극적 행동이나 감정에 사로잡히게 한다. 이러한 목적을 위해 사용되는 텍스트는 상대적으로 열린 경향이 있고, 수용을 위해 수용자들이 인지적으로 노력할 필요가 없다. 대중적 픽션영역과 관계없이, 텍스트가 수용자를 끌어들이고 이들에게 어떤 효과를 발생시키는 방향으로 구성된다는 관점과 다의성의 전제 사이에 갈등이 존재할 수 있다. 예를 들어, 미디어 뉴스와 같은 명시적 텍스트는, 비록 차별적으로 또는 심지어 일탈적으로 해독될 수 있다 하더라도, 정보전달 목적으로 볼 때는 훨씬 더 닫혀있고, 확정적이다(Eco, 1979).

표 14.5   폭력 묘사의 맥락적 요인들

• 가해자의 상대적인 호소력	• 희생자의 상대적인 호소력
• 폭력의 이유	• 사용된 무기들
• 묘사의 광범위함과 생생함	• 폭력이 묘사되는 사실성
• 행위에 대한 보상과 처벌	• 고통과 손상의 측면에서 제시되는 결과
• 유머의 존재 여부	

---

7 소 결

매스미디어 콘텐츠에 대한 일반화는 미디어의 범위가 확장하고 다양화되면서, 그리고 멀티미디어 형태들이 두드러지면서 점차 더 어려워지게 되었다. 기존 장르들이 더 늘어나고 변형되면서 장르분석이 미디어 생산물을 기술하기 위한 인정된 준거틀로서 적절한가에 대한 의문이 제기된다. 텍스트가 작동하는 방식을 분석하고 이해하는 우리의 능력이 인터넷이나 다른 전달형태들은 말할 것도 없고 심지어 전통적인 다양한 미디어 생산물에 대해서도 보조를 맞추기 어렵게 되었다. 우리는 '의미'가 어디에서 발견될 수 있는가, 즉 생산자 의도에 있는가, 수용자 지각에 있는가, 텍스트 그 자체에 있는가에 대한 수수께끼에 대해 여전히 고민해야만 한다. 이러한 종류의 문제는 우리를 낙담시키지만 만약 우리가 분명한 연구목적과 실행 가능한 방법을 가지고 문제의 함정과 기회를 인식한다면 콘텐츠 분석은 여전히 가능하다.

수용자

제 6 부

15 수용자 이론과 연구전통

이 장은 수많은 다양한 의미와 표현형태들을 지닌 수용자 개념의 기원에 대한 논의로 시작한다. 서로 다른 수용자 유형들을 확인한다. 수용자 이론을 이끌어가는 주요 이슈들에 대해 설명하고 수용자 분석의 목적에 대해 기술하고자 한다. 미디어 커뮤니케이터와 (실제적 혹은 상상된) 수용자 사이의 관계문제를 언급한다. 이 장은 또한 미디어 도달(범위)에 대한 다양한 측정방법들을 논의하고, 마지막으로 수용자 선별성과 능동성의 서로 다른 유형과 정도에 대해 평가한다.

1 수용자 개념

'수용자'라는 개념은 미디어 연구의 개척자들(Schramm, 1955 참조)이 매스 커뮤니케이션 과정(정보원, 채널, 메시지, 수신자, 효과) 모델에서 제시한 '수신자'를 지칭하는 집합적 용어로 잘 알려졌다. 수용자라는 용어는 연구자들뿐만 아니라 미디어를 운영하는 실무자들도 함께 이해하고 있으며, 미디어 이용자들도 스스로를 지칭하는 용어이기도 하다. 하지만 용어의 상식적 의미를 넘어서게 되면, 의미의 차이가 상당히 있고 이론적 논쟁의 여지도 많다. 왜냐하면 수용자라는 단순한 용어가 점차로 다양해지고 복잡해지는 현실에 적용되어야 하고, 따라서 대안적이고 경쟁적인 논의의 가능성에 열려 있을 수 있기 때문이다. 혹자는 인문학과 사회과학 분야에 기초한 커뮤니케이션 연구에서 수용자로 '지칭하는 대상' 자체가 분화되고 있다고 지적한다(Biocca, 1988a). 다시 말해 우리는 익숙한 단어를 계속 사용하지만 지칭하는 것 그 자체는 사라지고 있다고 볼 수 있다.

수용자는 (문화적 관심과 이해, 그리고 정보추구 욕구의 공유를 유도하는) 사회적 맥락의 산물이자, 특정한 미디어 제공양식에 대한 반응이다. 또한 수용자는 미디어가 접근하려고 하는 부류의 사람들이나 혹은 특정지역의 거주자를 동시에 의미하기도 한다. 미디어 이용은 또한 광범위한 시간이용 패턴, 이용가능성, 생활양식과 일상적 삶의 과정을 반영한다.

따라서 수용자는 서로 다르게, 그리고 중복되게 정의될 수 있다. '장소'(지역 미디어의 경우), '사람들'(미디어가 소구하는 연령층, 성별, 정치적 신념이나 소득의 범주로 규정지을 때), 특정한 '미디어나 채널'(기술이나 조직이 결합된), 메시지 '콘텐츠'(장르, 주제의 문제, 스타일), '시간'('낮시간대'나 '황금시간대' 수용자 혹은 고정적 수용자와 비교되는 뜨내기 혹은 단기 수용자)에 따라 서로 다르게 중복되게 정의될 수 있다.

미디어가 변화하고 시대가 변화하면서 새롭게 등장하는 다양한 종류의 수용자들의 특성을 기술하는 방식은 다양하다. 나이팅게일(Nightingale, 2003)은 이러한 새로운 다양성의 주요한 특징들을 포착하기 위해 새로운 유형을 제안했는데, 이는 네 가지로 정리할 수 있다.

- '조합된 사람'(people assembled)으로서의 수용자. 주어진 시간대에 주어진 미디어 프로그램이나 작품에 관심을 기울이는 것으로 측정된 집합.
- '호명된 사람'(people addressed)으로서의 수용자. 커뮤니케이터들이 상상하는, 그리고 콘텐츠가 목표로 삼는 사람들의 집단. 이는 달리 말하자면 '명시적'(inscribed) 또는 '호명된'(interpellated) 수용자로 알려져 있다(제 14장 참조).
- '우연한 발생'(happening)으로서의 수용자. 장소나 기타 일상생활의 맥락에서의 상호작용적 사건으로서의 (혼자서 혹은 타인들과 함께하는) 수용 경험.
- '경청하거나 발언하는'(hearing or audition) 수용자. 이는 특히 공중의 참여 경험을 지칭하는 것으로, 쇼에서의 수용자, 원거리 수단으로 참여하거나 동시적으로 반응할 수 있는 수용자를 말한다.

수용자의 특성을 정의하는 또 다른 가능성들이 많이 있는데, 이는 관련 매체와 채택되는 관점에 따라 다르다. 인터넷은 매스커뮤니케이션에 맞게 만들어진 분류로는 맞지 않는 새로운 종류의 커뮤니케이션 관계를 만들어 낸다.

🎵 수용자의 기원

오늘날 사용하는 미디어 수용자의 개념은 고대의 게임이나 구경거리뿐만 아니라 대중적 연극이나 음악공연에 기초하여 등장했다. 초기 수용자 개념은 특정 장소에 물리적으로 모이는 사람이었다. 로마나 그리스 도시에서 연극이나 원형경기가 있었고, 이보다 앞서 이와 유사한 행사나 종교적, 국가적 의식을 위한 다소 비공식적 모임들도 있었다. 그리스 로마의 수용자는 오늘날의 수용자와 다음과 같은 비슷한 특징을 갖는다고 볼 수 있다(〈표 15. 1〉).

세속적인 대중행사와 관련한 관중의 집합체로서 수용자는 이미 2000년 전에 이미 제도화되었다. 당시 수용자는 시간, 장소, 공연내용, 입장조건 등에 관한 고유의 관습이나, 규칙, 기대를 가지고 있었다. 또한 이러한 수용자 모습은 전형적으로 도시적 현상이었고 종종 상업적 기반을 가지고 있었으며, 공연내용은 사회계층이나 지위에 따라 다양했다. 공적 특징 때문에, 이러한 행사에 참여하는 수용자의 행위는 감시와 사회적 통제의 대상이었다.

현대의 매스미디어 수용자들은 위의 특징과 비슷한 면도 있지만 매우 다른 부분도 많다. 수용자 유형의 자연스런 확산도 있었지만 매스미디어의 기술적 발명 역시 새로운 지배적 형태의 사회적 혁신을 야기했다〔대중수용자(*mass audience*)의 출현〕. 대중 수용자는 초기 수용자가 지녔던 의미의 일부를 가지지만 여러 가지 면에서 다르다.

> 표 15. 1
>
> 그리스-로마 수용자의 특징
> - 공연 자체뿐만 아니라 보고 듣는 것도 계획하고 조직
> - 공적이고 대중적인 특징을 가진 이벤트
> - 오락, 교육, 감정적 대리경험을 위한 세속적인(종교적인 것이 아닌) 공연내용
> - 자발적이고 개인적인 선택과 주목 행동
> - 작가, 공연자, 관중 역할의 전문화
> - 공연과 관중 경험의 물리적 장소성

많은 연구자들이 신문, 영화, 라디오 등의 매스미디어가 널리 퍼져 있는 다수의 사람들에게 빠르게 접근할 수 있는 새로운 가능성에 대해 언급했지만, 이론적으로 미디어 수용자 개념을 처음으로 체계화하게 된 근원은 보다 넓은 차원에서 근대사회의 사회적 삶의 속성이 변했기 때문이다. 제 3장에서 언급했듯이, 허버트 브루머(Herbert Blumer, 1939)가 처음으로 수용자를 현대사회의 조건들이 만들어 낸 새로운 형태의 집단성의 예로 바라보는 명시적 틀을 제시했다. 그는 이런 현상을 '대중'(mass)이라고 불렀다. 그리고 이를 오래된 사회적 양식, 특히 집단, 군중, 공중과 구분했다.

대중으로서의 수용자는 크고, 널리 퍼져 있으며, 구성원들은 알지 못할 뿐만 아니라 알 수도 없다. 대중 수용자에 대한 이러한 견해는 현실에 대한 묘사이기보다는 뉴스와 오락의 대 생산과 분배조건들이 가진 전형적인 특징을 더 많이 강조한 것이다. 초기 연구자들에 의해 사용된 수용자 개념은 일반적으로 경멸적 뜻이 내포되어 있었는데, 이는 당시 대중적 취향과 대중문화에 대한 부정적 견해를 반영한 것이다.

집단으로서의 수용자에 대한 재발견

집단으로서의 수용자 개념이 가지는 부적절성은 오랫동안 가시화된 이슈이다. 사람들이 대중 인쇄물이나 영화를 경험하는 현실은 항상 다양했다. 비개인성, 익명성, 대규모성 등이 일반적 현상을 기술하는 개념이지만 수용자의 실재 경험은 개인적이고, 규모가 작으며, 사회적인 삶이나 익숙한 방식으로 통합되어 있다. 많은 미디어는 지역적 환경에서 운영되고, 지역문화에 뿌리박고 있다. 대부분의 사람들이 미디어를 자유롭게 선택할 수 있기 때문에, 멀리 떨어진 어떤 권력으로부터 조정받는다고 느끼지 않는다. 미디어 이용을 통해 수반되는 사회적 상호작용은 사람들이 미디어 이용을 일상생활에서 친근한 것으로(소외된 것이 아닌) 편입시키도록 도와준다.

미디어 연구 역사의 초기에는 수용자는 실제로 지역사회나 공동 관심사에 기반한 사회관계의 중첩되는 네트워크들로 구성된 것으로 드러났고, '매스'미디어는 여러 가지 방식으로 이런 네트워크에 통합되었다(Delio, 1987). 수용자의 공동체적 사회집단적 특성이 회복되어 개념적으로 중요하게 되었다(Merton, 1949; Janowitz, 1952; Katz & Lazarsfeld, 1955).

표 15. 2
시장 개념으로서의 수용자
· 개인 소비자들의 총합으로 구성된다
· 수용자의 구분은 주로 경제적 기준에 근거를 둔다
· 구성원들은 서로 관계가 없다
· 구성원들은 공유하는 정체성이 없다
· 수용자는 일시적으로 형성된다
· 공적 중요성은 무시된다

시장개념으로서의 수용자

1920년대 방송의 모습이 불확실했을 당시 신문과 영화는 이미 수익성이 매우 좋은 사업으로 자리를 잡았다. 라디오나 텔레비전 수용자가 급속도로 성장해 하드웨어와 소프트웨어를 위한 중요한 소비시장으로 편입되었다. 언뜻 보기에, 광범위하게 사용되는 '미디어 시장'이라는 표현은 수용자 현상을 기술하는 데 다른 가치가 개입된 용어들보다 좀더 객관적 표현인 것으로 보인다. 미디어가 점차로 거대사업이 되어감에 따라 '시장'이라는 용어가 널리 통용되었다. 이 용어는 미디어가 서비스를 제공하는 지역, 특정 미디어 서비스나 상품들의 실제적 혹은 잠재적 소비자들을 나타낸다. 즉 시장이라는 용어는 '잘 알려진 사회-경제학적 특성들을 지닌 미디어 서비스와 산물의 실재적이고 잠재적인 소비자들의 총합'으로 정의될 수 있다.

시장개념이 미디어산업이나 미디어 경제학을 분석하는 데 실용적이고 유용하지만, 여기에는 문제점도 있으며 이 개념 자체가 실재로 가치중립적이지 않다. 이 개념은 수용자를 집단이나 공중이 아닌 소비자 집합으로 간주한다. 이 개념은 송신자와 수신자를 규범적이고 사회적인 관계보다는 계산적 관계로, 커뮤니케이션 관계보다는 제작자와 소비자 사이의 현금거래와 같은 관계로 연관시킨다. 시장개념은 또한 개인들 사이의 내적 관계를 도외시한다. 왜냐하면 이 관계들에 대해서 서비스 제공자들은 별로 관심이 없기 때문이다. 이 개념은 사회-경제적 기준을 강조하며 미디어의 수용보다는 미디어 소비에 초점을 맞춘다.

효과적인 커뮤니케이션이나 수용자 경험의 질적 수준은 시장중심 사고에서는 부차적 중요성을 지닌다. 공적 영역에서 수용자의 폭넓은 경험의 중요성 또한 강조되지 않았다. 수용자를 시장으로 여기는 관점은 '미디어가 보는 관점' — 특히 미디어 소유주와 경영진 — 이며, 미디어산업 담론이다. 수용자를 구성하는 사람들은 대개 그들이 시장으로 여겨진다는 것을 의식하지 못하며, 수용자를 시장으로 보는 담론들에는 수용자를 조작대상으로 보는 경향이 있다.

▗▙ 수용자에 대한 비판적 관점

수용자에 대한 인식은 일반적으로 매스미디어에 대해 가진 부정적 관점에 의해 영향을 받았다. 그리고 이러한 인식은 단순한 편견, 속물근성에 대한 강조부터 미디어 분석에서 볼 수 있는 정교한 활동에 이르기까지 다양하게 나타난다. 첫 번째 범주는 '대중문화', '저급한 취향', '대중으로서 수용자'를 거의 동일하게 보는, 또한 미디어 수용자들을 저급한 공통의 취향을 가진 사람으로 취급하는 관점을 들 수 있다. 이러한 사고방식은 '대중문화의 이데올로기'(Ang, 1985)로 기술되기도 하는데, 이에 따르면 대중적 오락물이 당연히 열등하며 이를 좋아하는 사람은 취향과 차별성을 갖고 있지 않은 것으로 취급되었다.

비판의 주된 핵심은 힘 없는 미디어 소비자들에 대한 상업적 착취라는 측면에 모아졌다. 기틀린(Gitlin, 1978)에 따르면, 커뮤니케이션 연구에서 수용자를 적극적이고 집단관계에 의해 보호받는 존재로 묘사하는 것은 그 자체가 조작적인 매스미디어의 현실을 은폐하기 위한 이데올로기적 운동이었다. 수용자를 스스로의 미디어 경험을 결정하는 주체로 강조하는 주류 기능주의학파(특히 이용과 충족 접근)는(제16장 참조) 또한 수용자의 실질적 자율성을 과장한다고 비판받기도 했다(Elliott, 1974).

캐나다 연구자 델러스 스마이드(Dallas Smythe, 1977)는 수용자가 실제로 광고주(수용자의 궁극적인 압제자인)를 위해 일하는 존재라는 혁신적이고 정교한 이론을 만들어 냈다. 수용자들은 그들의 자유시간에 미디어를 보는 노동을 하게 되고 이런 노동은 미디어에 의해 광고인에게 하나의 새로운 상품으로 팔린다는 것이다. 상업적 텔레비전방송사와 신문은 경제적으로 착취된 수용자로부터 잉여가치를 추출해 운영하게 된다. 또한 착취당한 바로 그 수용자가 동시에 광고된 상품에 부가된 추가비용을 부담하며 소비하게 된다. 이러한 관점은 대중 수용자 현상을 상당히 새롭게 조명한 독창적이고 설득력 있는 이론화 작업이었다(Jhally & Livant, 1986). 수용자가 미디어를 필요로 하는 것보다 미디어가 수용자를 더 필요로 한다고 볼 수도 있다. 또한 수용자연구를 대중 수용자를 세밀하게 통제하고 관리하기(혹은 속이기) 위한 도구로 보는 근거도 있다.

이후의 비판적 연구자들은 미디어산업이 텔레비전 수용자들을 '시청률'이라는 상업적 정보로 단순화시킨 것에 대해 문제를 제기한다(Ang, 1991). 시청률은 '광고업자들과 네트워크가 수용자라는 상품을 구매하고 판매하는 데 있어 서로 동의하는 표준'으로 여겨지고 있다. 앙(Ang)은 텔레비전 시청이 수많은 사람들에 의해 수행되는 일상의 문화적 실천임에도 '시청률과 관련한 담론'들은 이러한 실천을 그저 '텔레비전 수용자'라는 단일하고, 객관화된, 그리고 효율화된 개념 내로 포섭한다고 지적한다. 이러한 지적들은 수용자에 대한 미디어산업적 관점을 비인간적이고, 착취적이라고 명명한다. 이는 미디어가 수용자를 위해 봉사하는 것이 아니고 바로 수용자들이 상업적 미디어의 이익을 위해 희생되고 있다는 견해를 반영한다.

앙(1991)은 미디어 제도는 수용자를 '이해하려는' 실질적 관심이 없으며 오직 그들의 고객을 확신시키는 시스템과 테크닉(시청률 조사에 이용하는 피플미터 등)을 이용하여 수용자가 있다는 것을 증명하는 데만 관심이 있다고 주장했다. 진정한 '수용자의 본질'은 이러한 측정으로는 결코 파악될 수 없다.

5 수용자연구의 목표

수용자에 대한 정의가 항상 논쟁적인 이슈이기 때문에 수용자를 연구하는 목적도 다양하고 종종 일관성이 없다는 사실은 그리 놀랄 만한 일이 아니다. 그럼에도 모든 연구는 무정형의, 변화하는 혹은 알 수 없는 사회적 실체를 '연구'하고, '찾아내고', '확인'하는 데 도움을 주려는 일반적 성격을 공유한다(Ang, 1988). 그러나 사용된 방법, 수용자에 대해 내린 개념, 그리고 이것들의 사용 등은 매우 다양하다. 이론정립이라는 목적에서 잠시 벗어나 보면 우리는 수용자에 대한 정보의 주된 이용이라는 측면에서 목표를 분류해 볼 수 있다(〈표 15. 3〉).

아마도 목표에서 가장 기본적인 구분은 미디어산업적 목표와 수용자 입장에서 편을 드는 목표의 구분이다. 즉, 연구는 수용자의 목소리를 대변할 수 있고, 그들을 대신하여 말할 수 있다. 수용자연구가 정말로 수용자들에게만 도움을 줄 수 있는지는 확실치 않지만, 우리는 잠정적으로 연구의 서로 다른 수행목적들을 수용자 통제와 수용자 자율성을 양극으로 하는 스펙트럼 내에 펼쳐진 것으로 간주할 수 있다. 이러한 구분은 〈표 15. 3〉에 제시된 것과 유사하다. 이스트만(Eastman, 1998)은 수용자연구의 역사를 수용자 행동을 관리하고자 하는 미디어산업과 자신의 미디어 욕구를 충족시키고자 하는 사람들 사이의 영원한 줄다리기라고 지적하기도 했다.

지금까지 수용자연구의 대부분은 스펙트럼 중 수용자를 통제하는 측면에 관심을 기울이며 진행되었는데, 그 이유는 수용자 통제가 바로 미디어산업이 원하고 있고, 연구를 위해 돈을 지불하는 분야이기 때문이다(Beniger, 1986; Eastman, 1998). 미디어산업의 수용자연구는 공개되지 않는 경우가 많고 또한 이들 연구는 수용자에

표 15. 3   수용자연구의 다양한 목표들

미디어 중심적 목표
- 회계와 광고(판매와 시청률) 목적을 위한 실질적이고 잠재적인 도달범위를 측정
- 수용자 선택행위의 관리
- 수용자 시장성에 대한 전망
- 제품검증과 효율성의 증진

수용자 중심적 목표
- 수용자 서비스 책임에 대한 평가
- 수용자의 관점에서 미디어 수행을 평가
- 선택과 이용에 대한 수용자 동기 파악
- 수용자의 의미 해석에 대한 파악
- 미디어 이용의 맥락탐구

대한 학문적 설명을 소홀히 했다. 이상하게 들릴지 모르지만 이스트만(Eastman, 1998)은 수용자에 대한 학계의 연구결과가 미디어산업에 큰 영향력을 끼치지 못했다고 지적한다. 연구의 전반적인 불균형과 비연계성에도 불구하고, 수용자 이론은 분명하게 미디어 커뮤니케이터의 관점으로부터 벗어나 수신자 관점으로 이동하면서 발전하고 있다. 미디어산업 역시 수용자의 주목을 끌기 위한 경쟁이 심화되는 상황에서 이러한 실용적 경향을 받아들이고 있는 것 같다. 수용자연구는 사람들에 대한 '재발견'과 의도된 조작에 대항하는 능동적이고 완고한 수용자를 점차 강조하는 경향이다. 수용자의 선호도는 여전히 미디어 이용의 원동력이다.

 ## 대안적인 연구전통

젠슨과 로젠그린(Jensen & Rosengren, 1990)은 수용자연구 전통을 크게 ① 효과연구, ② 이용과 충족연구, ③ 문예비평, ④ 문화연구, ⑤ 수용분석 등 다섯 가지로 분류했다. 이 장의 목적상 보다 경제적 분류를 하는 것이 편한데, '구조적', '행동주의적', '사회문화적' 접근의 세 가지로 나누어 살펴보고자 한다.

수용자 측정에 대한 구조적 접근

미디어산업의 필요에 의해 초기 수용자연구가 시작되었는데, 그 목적은 단순하게 잘 알려지지 않은 다수가 어떤 것인지에 대한 신뢰할 만한 평가를 내리는 것이었다. 특히 라디오 수용자 수와 라디오의 도달범위, 대중적 인쇄물의 도달범위(부수라는 측면보다는 잠재적 독자의 수)에 관심을 두었다. 이러한 연구를 통해 얻은 데이터는 경영뿐만 아니라 유료광고를 획득하는 데 중요한 자료가 되었다. 한편 수용자의 규모에 더하여 기본적 측면(수용자가 누구이며 어디에 사는지)으로 수용자들의 사회적 구성에 대해 아는 것도 중요했다. 이런 기본적 필요에 따라 광고와 시장조사가 상호 연계된 거대산업이 생겨났다.

행동주의 전통 : 미디어 효과와 미디어 이용

초기 매스 커뮤니케이션 연구는 주로 미디어 효과(특히 아동과 젊은 층에 미칠 수 있는 미디어의 잠재적 해로움에 초점을 맞춘) 연구에 치우쳤다. 거의 모든 중요한 효과연구는 수용자연구라고 할 수 있으며, 수용자는 설득, 학습, 혹은 행동적 속성의 영향력에 노출된 사람으로 개념화되었다. 전형적인 효과모델은 수용자를 무의식적 목표물이나 미디어 자극에 대한 수동적 수신자로 파악하는 일방향적 속성을 가졌다. '행동주의적' 수용자연구의 두 번째 주된 유형은 미디어의 직접적 효과에 대한 비판이 제기되면서 등장한다. 미디어의 이용이 중심적 개념으로 자리잡으면서 수용자도 다소는 능동적이고 미디어 이용에 동기가 있는 것으로 파악되었다. 즉 수용자는 미디어에 노출되는 수동적 피해자라기보다 그들의 미디어 경험을 주관하는 주체로 여겨졌다. 수용자연구는 미디어와 미디어 콘텐츠를 선택하게 하는 근원과 동기의 본질에 초점을 맞추기 시작했다. 수용자는 그들 자신의 행동에 대한 정의를 제공할 수 있는 것으로 파악되었다(Blumler & Katz, 1974 참조). 하지만 자주 인용되는 이용과 충족 접근의 경우는, 엄격하게 말해 행동주의적인 것은 아니다. 왜냐하면 미디어에서 얻는 충족에 대한 사회적 기원과 미디어의 폭넓은 사회적 기능에 중점을 두기 때문이다. 예를 들면 사회적 접촉을 용이하게 한다든지 긴장과 근심을 덜어준다든지 하는 그러한 문제에 중점을 둔다.

문화주의 연구전통과 수용분석

문화주의 연구는 사회과학과 인문학 사이의 경계선상에 놓여 있다. 초기 문학적 전통과 대조적으로 문화주의 연구는 거의 대부분 대중적 문화의 산물에 초점을 맞추고 있다. 문화주의 연구는 미디어 이용을 특별한 사회-문화적 맥락의 반영으로, 그리고 일상생활에서 문화적 상품과 경험에 의미를 부여하는 과정으로 간주한다. 문화주의 학파는 자극-반응이라는 효과모델과 강력한 텍스트나 메시지 개념 모두를 거부한다. 한편 미디어 이용 그 자체를 일상생활의 중요한 단면으로 파악한다. 미디어 수용 연구는 수용자를 '해석공동체'로서 간주하고, 이를 심층적으로 연구할 것을 강조했다(Lindlorf, 1998). 드로트너(Drotner, 2000)는 수용자 민속지학의 성격을 세 가지 특성으로 묘사한다. ① 미디어 콘텐츠보다는 사람들의 집단을 조명한다, ② 서로 다른 지역의 집단에 관심을 갖는다, ③ 선입견을 떨쳐버리기 위해 오랫동안 연구현장에 머무른다. 수용분석은 사실상 독립적인 연구전통이라고 하기보다는 문화연구에서 강조하는 수용자연구라고 볼 수 있다.

문화주의(수용) 전통에 입각한 수용자연구의 주요 특징은 다음과 같다(이러한 모든 것이 이 접근방법만이 가지고 있는 배타적 특징은 아니다).

- 미디어 텍스트는 제공된 미디어 텍스트로부터 의미를 구성하고 만족을 얻는 수용자의 지각과정을 통해 해독되어야 한다. (그리고 수용자 지각은 결코 고정되어 있지 않고 예측하기 어렵다).
- 미디어 이용은 전형적으로 상황에 따라 달라지며, '해석공동체'에의 참여로부터 전개되는 사회적 활동에 방향이 맞춰져 있다.
- 특별한 미디어 장르 수용자는 장르별로 각기 다른 '해석공동체'를 구성한다. 여기서 '해석공동체'는 미디어를 이해하기 위한 동일한 담론형태와 틀을 공유한다.
- 수용자는 절대로 수동적이지 않으며, 구성원들은 똑같지 않다. 구성원 중 일부는 좀더 많은 경험을 할 수 있고 또한 다른 사람들보다 적극적인 팬이 될 수 있다.
- 수용자연구의 방법론은 질적이고, 심층적이며, 종종 콘텐츠, 수용행위, 맥락을 함께 고려하는 민속지학적 방법이다.

지금까지 다루어진 세 가지 연구전통은 〈그림 15. 1〉과 같이 요약될 수 있다. 연구의 접근방법이 점차로 양적 방법과 질적 방법을 결합하는 방향으로 집중되는 경향이 나타나고 있다(Schrøder, 1987; Curran, 1990). 하지만 여전히 대안적인 학파들 간에는 철학적 기반과 개념화의 문제에서 많은 차이가 존재한다. 물론 질적 수용자 연구가 제기하는 방법론적 이슈들에 대한 관심도 증가하고 있다(Barker, 2003).

그림 15.1 세 가지 수용자연구 전통 비교

	구조주의	행동주의	문화주의
주요 목표	구성요소의 묘사 상세한 열거/사회와 관련	선택, 반응, 효과를 설명 예측	수용된 콘텐츠, 맥락에 따른 이용의 이해
주요 데이터	사회-인구학적 통계학, 미디어와 시간이용	동기, 선택행동, 반응	사회문화적 맥락에 대한 의미지각
주요 방법	서베이, 통계분석	서베이, 실험, 심리학적 측정	민속지학적, 질적

공적 관심이 되는 수용자 이슈

위에서 살펴본 대안적 연구 접근방법은 수용자에 대한 기초적 정보를 제공할 뿐만 아니라 매스미디어 수용자에 대한 생각과 연구를 구체화하는 주요 이슈와 문제점을 확인해 보는데 도움을 준다. 앞으로 지적하겠지만, 수용자와 관련한 직접적 문제를 '이슈'나 사회문제로 전환시키려면 대개 가치판단의 개입을 필요로 한다. 이는 다음 문단에서 기술된다.

미디어 이용 중독

'과도한' 미디어 이용은 해롭거나 특히 아동에게 바람직하지 못한 것으로 여겨졌으며 중독, 현실로부터 도피, 사회적 접촉의 제한, 교육의 비효율성, 가치 있는 활동들의 대체와 같은 문제를 야기하는 것으로 평가되기도 한다(Maccoby, 1954; Himmelweit et al., 1958; McLeod et al., 1965). 텔레비전이 대부분의 경우 문제의 근원으로 지목되었으며 텔레비전 출현 전에는 영화, 만화가 그렇게 평가되었다. 현재 비디오게임과 컴퓨터가 과도한 이용 대상으로 간주된다.

대중수용자와 사회적 원자화

수용자를 사회적 집단이 아닌 고립된 개인으로 간주할수록, 수용자는 비합리성, 규범적 자기 통제의 부재, 조작에 취약함 등과 같은 부정적 측면을 지닌 대중으로 간주될 수 있다. 대중에 대한 이러한 두려움이 이상하게 반전되어, 수용자의 현대적 분절화는 국가적 결속의 상실이라는 새로운 위협을 야기하고, 중앙 방송제도의 쇠퇴를 수반하는 것으로 지적되었다.

수용자는 능동적인가 아니면 수동적인가

일반적으로 어린이에게나 어른에게나 능동적인 것은 좋은 것으로, 수동적인 것은 나쁜 것으로 간주된다. 미디어는 독창적이고 고무적인 콘텐츠보다는 분별없고 최면성의 오락물을 제공하는 것으로 비난받는다. 예를 들면, 현실도피와 사회적 참여로부터의 회피라는 결과가 나타난다. 한편, 수용자는 쉬운 길을 선택하는 것으로 비판받는다. 미디어 이용은 다소 활발하지 않지만, 선별성, 동기화된 관심, 비판적 반응을 통해 능동성의 징후를 보일 수 있다.

조작 또는 저항

초기 수용자연구는 수용자를 조작(혹은 속임수)과 통제대상으로 쉽게 이용가능하고, 미디어 설득이나 제안을 쉽게 받아들이는 것으로 간주했다. '완고한' 수용자 개념은 수용자 이론 초기에 발견되었다. 후에 수용연구는 수용자는 종종 사회문화적 기반과 후원을 가지며, 이것이 바람직한 영향력으로부터 수용자 자신을 보호하고 선택의 자율성과 수용에 대한 반응을 만들어 낸다는 사실을 강조했다.

✱487

소수 수용자 권리

매스 커뮤니케이션은 불가피하게 소규모 수용자, 소수집단 수용자 이익에 반하여 활동하는 경향이 있다. 독립적이고 사람 중심의 수용자연구 프로젝트는 소수집단의 활동성을 인정하고 장려하는 방법을 찾아냄으로써 이들의 요구와 이익에 관심을 가져야 한다. 이러한 맥락에서 소수집단은 젠더, 정치적 반대자, 지역, 취향, 연령, 인종 그리고 그 비슷한 것들을 포함하는 잠재적으로 다양한 범위의 요인들을 포괄한다.

새로운 미디어 테크놀로지가 갖는 함의

마지막으로, (매체의 풍부함과 상호작용성을 조장하는) 커뮤니케이션 기술변화의 관점에서 수용자 미래에 대한 의문이 제기된다(Livingstone, 2003a). 수용자(미디어 이용자 집합)는 점차 분절화되고 원자화되며, 국가적, 지역적 혹은 문화적 정체성을 잃어버릴 것이라는 주장이 있다. 다른 한편, 상호작용성에 기초한 새로운 종류의 통합이 경험 공유라는 옛날 형태들의 상실을 대체할 수도 있다. 관심 공유에 기초한 수용자 형성의 가능성이 점차 늘어나고, 그에 따라 자유와 선택도 더 커질 수 있다.

8 수용자의 유형

수용자는 사회, 미디어, 그리고 미디어 콘텐츠에 그 기원을 둔다. 사람들이 적절한 콘텐츠 공급을 자극할 수도 있고, 미디어가 자신들이 제공하는 콘텐츠로 사람들을 끌어들일 수도 있다. 첫 번째 관점에서 본다면, 우리는 국가, 지역사회, (미디어가 목표집단으로 선택하는) 기존 사회집단 혹은 특정범주의 사람들의 욕구에 반응하는 것으로 간주할 수 있다. 반면 수용자를 미디어에 의해 형성되는 것으로 여긴다면

그림 15.2 매스미디어 수용자 형성의 분류학

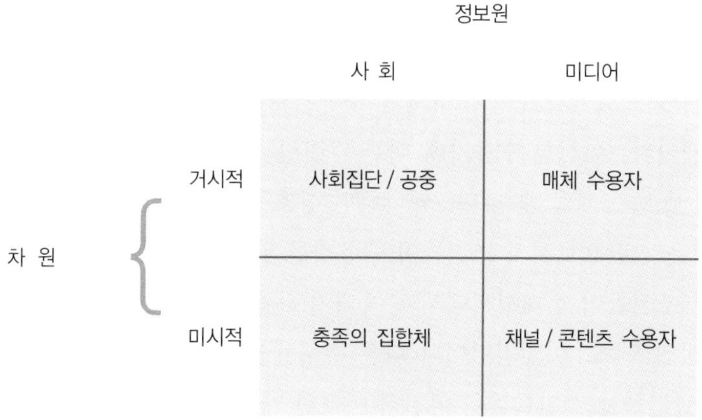

우리는 수용자가 영화나 라디오, 텔레비전 등의 새로운 테크놀로지의 등장에 의해, 또는 신간잡지나 라디오 방송국 같은 몇몇 추가채널들의 등장에 의해 만들어졌다고 볼 수 있다. 이런 경우에, 수용자는 그들의 공통된 특성보다는 미디어원(예를 들면, '텔레비전 시청자'나 'X신문의 독자' 등)에 의해서 정의된다.

　미디어는 계속해서 발전하며 새로운 수용자를 잡으려고 한다. 이런 과정에서 미디어는 아직 드러나지 않은 수용자의 잠재적 욕구와 관심을 파악하려 하고 수용자의 자발적 요구를 알아내고자 한다. 미디어 수용자의 형성과 변화가 계속되는 과정에서 외부환경에 따라 수용자를 명확히 구분하는 것은 쉽지 않다. 시간이 지나면서 기존 사회집단에 대한 미디어 서비스와 미디어가 사회적 집단 범주를 제공되는 콘텐츠로 끌어들이는 것을 구분하기가 어렵게 되었다. 미디어가 만들어낸 수용자의 욕구와 자연발생적 욕구를 구별하기도 힘들고 이 둘이 복잡하게 섞여있는 것이 현실이다. 그럼에도 불구하고, 수신자와 송신자에 의해 발생한 요구를 이론적으로 구분하는 것은 앞에서 소개했던 수용자에 대한 다양한 접근방법을 이해하는 데 유용하다. 구분은 〈그림 15. 2〉에 제시되어 있는 데, 첫 번째는 사회와 미디어가 만들어낸 욕구에 따른 구분이고, 두 번째는 과정이 작동하는 서로 다른 수준들 간의 구분(거시적, 미시적)이다.

*489

▌ 집단 또는 공중으로서 수용자

집단 또는 공중으로서의 수용자 유형은 수용자로서 확인되기 이전에 이미 존재하는 독립적 실체이다. 이러한 수용자에 대한 뚜렷한 사례는 이제는 역사 속에서만 존재했거나, 그 규모가 작을 수 있다. 왜냐하면 상호작용성, 규범적 규제, 그리고 '결속력' 등과 같은 집단으로서의 조건들이 수용자를 규정하기 어려운 것은 말할 것도 없거니와, 이 조건들이 현대사회에서 충족되기도 힘들기 때문이다. 그러나 정치적이거나 종교적인 단체, 이민집단이나 다른 결사체들이 조직과 구성원의 목적에 봉사하기 위해 발간하는 출판물들은 여전히 이러한 개념을 충족시킨다.

오늘날, 어떤 측면에서 사회적 집단으로 볼 수 있는 미디어 수용자의 공통적인 예가 아마도 지역신문 독자나 공동체 라디오방송국의 청취자 집단일 수 있다. 여기서 수용자는 적어도 한 가지 중요한 사회적, 문화적 특징을 공유한다 ─ 공간의 공유와 거주공동체 회원이 그것이다. 지역미디어는 지역에 대한 인식과 소속감을 갖게 하는 데 상당히 기여한다(Janowitz, 1952; Stamm, 1985 & 1997; McLeod et al., 1996; Rothenbuhler et al., 1996). 미디어의 지역 소재는 다양한 범위의 미디어 관련 이해관계를 정의하고 유지한다(레저, 환경, 직업, 사회적 네트워크 등). 그리고 지역미디어 광고는 그 지역의 주민들뿐만 아니라 지역 소매상과 노동시장에 봉사한다. 사회·경제적 측면 모두가 지역미디어의 역할을 강화하고 통합시킨다. 비록 지역미디어산업이 피폐해지고 있지만, 자신의 수용자를 형성하는 지역공동체는 앞으로 계속 존재한다.

지역미디어의 사례 이외에, 공통된 특징, 상대적 동질성, 그리고 구성의 안정성이 수용자에게 독립적이고 집단과 같은 속성을 나타내는 또 다른 상황들이 있다. 신문은 종종 다양한 정치적 성향을 가진 독자들에 의해서 특성화된다. 독자들은 자신의 신념을 보강함으로써 뿐만 아니라 자신이 원하는 신문을 선택함으로써 자신의 정치적 정체성을 표현한다. 신문과 잡지는 자신의 콘텐츠 구성과 그에 따른 의견표명으로 수용자의 욕구에 반응할 수도 있다.

집단 또는 공중으로서의 수용자 형성에 불리하게 작용하는 사회조건들에는 전체주의적인 정부와 독점화된 고도로 상업적인 미디어 등이 포함된다. 첫 번째 경우에는 사회적 집단의 자율성이 보장될 수 없고, 두 번째 경우는 수용자가 소비자나 고객으로 취급되지만 미디어시장에서 자신의 다양한 욕구를 실현시킬 힘이 없다. 수용자집단과 특별한 공중과 관련된 여러 가지 다른 사례들이 있다. '급진적'(radical) 미디어라는 포괄적인 용어(Dowing, 2000)는 특히 개발도상국에서 초기 급진적 신문이나 정당신문의 전통을 수행하는 것으로 간주될 수 있는 다양한 범위의 다소 저항적 미디어 채널들을 포괄한다. 대부분의 경우 이런 미디어는 소규모 미디어이고, 풀뿌리 민주주의의 수준에서 작동하고, 지속성과 전문성이 떨어지며, 때로는 불법적이라는 이유로 박해를 받기도 한다. 공산주의 체제에서 금지된 간행물들, 또한 피노체트에 대항한 칠레 언론, 제 2차 세계대전 당시 유럽의 지하언론들은 잘 알려진 사례들이다. 이런 미디어의 수용자는 그 규모가 작지만 미디어에 대한 관여도가 매우 높다. 또한 통상적으로 명확한 사회적, 정치적 목표가 있다. 많은 나라에서 성장하고 있는, 이민자들을 대상으로 한 소수민족과 소수언어 사용계층을 위한 간행물과 채널 역시 일반적으로 지속되는 사례이다.

시대의 경향, 특히 급속한 사회변화와 거대 미디어의 상업화 증가로 인해 사회적 집단으로서의 수용자가 형성되는 것이 어려운 것처럼 보이기는 한다. 하지만 새로운 커뮤니케이션 기술의 등장으로 이러한 유형의 수용자가 형성되는 것이 쉬워진 것도 사실이다. 지역사회의 소규모 공동체 라디오와 텔레비전의 성장을 보면 알 수 있다(Kleinsteuber & Sonnenberg, 1990; Jankowski et al., 1992). 케이블 텔레비전 역시 기존 지상파 방송국의 지배력에 도전했고, 최근 들어 인터넷과 월드 와이드 웹(WWW) 역시 집단의 성격을 지닌 새로운 종류의 수용자를 적극적으로 활성화시키고 있다(제 6장 참조).

10 충족집합체로서의 수용자

'충족집합체'라는 용어는 미디어와 관련된 관심, 욕구 혹은 선호에 기반하여 수용자가 형성, 재형성되는 다양한 가능성들을 지칭한다. '집합체'(set)라는 단어는 이러한 수용자들이 전형적으로 상호간 연결이 없는 분산된 개인의 총합이라는 것을 의미한다. '공중'으로서의 수용자는 미디어와 관련한 광범위한 욕구와 관심사를 가지며, 그 단일성이 공유되는 사회적 특성에서 파생되지만, '충족집합체'는 특별한 욕구나 욕구의 유형(비록 사회적 경험에 기인한 것이기는 하지만)에 따라 정의된다. 어느 정도까지는 이런 유형의 수용자가 독특한 소비자 수요를 충족시키기 위한 미디어생산과 공급 차별화의 결과로 공중개념으로서의 수용자를 점차적으로 대체했다(장소, 사회 계급, 종교, 정당에 기반한). 각각의 공중이 자신의 헌신적인 미디어를 갖는 대신, 자신들이 스스로 지각하는 욕구가 자신들을 위한 콘텐츠 공급을 자극한다.

이러한 현상이 새로운 것은 아니다. 왜냐하면 가십, 패션, '가족'잡지뿐만 아니라 대중신문들도 다양한 범위의 중복되는 구체적 욕구들을 오랫동안 충족시켰기 때문이다. 최근 들어 다루는 관심영역을 확장시키면서 각각의 미디어(영화, 책, 잡지, 라디오, 음반 등)는 잠재적 수용자층을 겨냥하여 다양한 수용자 확장 전략을 이용한다. 대단히 차별화되고 수용자의 욕구에 맞추어진 미디어 공급물의 영향으로 독자/시청자/청취자는 사회적 특성은 공유할지는 몰라도 어떤 집단정체성 의식을 갖지는 못할 것이다. 여기에 관련되는 것이 허버트 갠즈(Herbert Gans, 1957)가 제안한 '취향문화'(taste culture)라는 개념인데, 이는 지역성 공유나 사회적 배경보다는 일치되는 관심에 기초하여 미디어가 만들고 있는 수용자와 같은 그 무엇을 기술하는 개념이다. 갠즈는 취향문화를 '같은 사람들에 의해서 선택된 비슷한 콘텐츠의 집합체'라고 정의했다(Lewis, 1981에서 재인용). 취향문화는 사람들의 집합체라기보다는 비슷한 미디어 산물의 집합체이다 — 수용자 일부분의 생활양식에 맞추기 위해 만들어진 형태, 제시방식, 장르의 산물이 그것이다. 하지만 이러한 현상이 더 많이 발생할수록, 취향문화의 사회 인구학적 특성 구분이 더 많이 일어날 것이다.

'미디어 이용과 충족' 접근에 기반을 둔 연구들은 수용자 욕구의 본질과 함께 이러한 욕구가 구조화되는 방식에 초점을 맞췄다. 미디어 콘텐츠를 선택하는 데 개입되었다고 사람들이 표현한 동기들과, 이러한 콘텐츠가 수용자에 의해 해석되고 평가되는 방식을 볼 때 꽤 안정적이고 지속적인 미디어 수요구조가 존재함을 알 수 있다. 수용자를 경험으로부터 발생한 사회·심리학적 욕구에 의해 특징지어지는 존재로 생각하는 것은 수용자와 관련한 '담론'을 이해하는 데 중요하며, 미디어가 경쟁에 대처하여 새로운 서비스를 개발하는 가이드라인을 제공할 뿐만 아니라 수용자를 기술하는 데도 도움이 된다.

매체유형에 따른 수용자(매체수용자)

세 번째 수용자 개념(〈그림 15. 2〉)은 '텔레비전 수용자'나 '영화보러 가는 공중'에 서처럼 특정한 유형의 매체 선택을 통해 확인할 수 있는 개념이다. 이러한 수용자 개념이 최초로 사용된 것은 '책 읽는 공중'(reading public)이라는 표현에서였다. '책 읽는 공중'은 문자보급률이 그다지 높지 않았던 시대에 책을 읽을 수 있고 실제로 읽었던 소수집단이다. 이러한 개념은 대개 관련된 미디어를 정기적으로 이용하고 좋아하거나 스스로를 그렇게 지각하는 사람들을 지칭한다. 신문, 잡지, 영화, 라디 오, 텔레비전, 음반 등 각각의 미디어는 새로운 소비자나 애호가층을 확립해야만 했고, 이러한 과정은 인터넷이나 멀티미디어와 같은 '뉴미디어'의 확산과 함께 지속 되고 있다. 이러한 방법으로 관련된 사람들의 집합을 발견하는 것이 크게 문제될 것은 없지만 광범위한 사회, 인구통계학적 범주들에 기반하여 생각해볼 때, 이러한 수용자들에 대한 추가적인 특성분류는 종종 조잡하고 부정확하다. 미디어의 유형에 따라 수용자를 설명하는 것은 위에서 지적한 '대중 수용자' 개념에 가깝다. 왜냐하 면 이 경우 수용자가 내적 조직이나 구조는 없이 매우 넓게 분산되어 있으며, 이질 적이기 때문이다. 또한 이는 특정한 종류의 소비자 서비스를 위한 '시장'이라는 일 반적 개념과도 일맥상통한다. 지금까지 그러한 대부분의 수용자들은 매우 중복되어 주관적 유사성과 이용의 상대적 빈도나 강도 측면을 제외하고는 차별성이 거의 없 다. 어떤 매스미디어 수용자는 종종 다른 미디어의 수용자와 일치하기도 한다.

수용자는 특별한 사회적인 이용과 기능, 또는 자신들이 지각하는 미디어의 장, 단점에 따라 계속해서 미디어를 구분한다. 미디어는 각기 구별되는 특정한 이미지 를 가지고 있다(Perse & Courtright, 1992). 연구결과를 보면 어떤 미디어는 특정 목 적을 위해 대체된 반면, 어떤 미디어는 뚜렷한 이용목적을 가지고 있다(Katz et al., 1973). 수용자를 끌어들이고 광고수입을 높이기 위한 서로 다른 미디어들 간의 경 쟁이 치열해지면서 미디어간의 차이가 중요해진다. 비록 상호간의 배타성은 여전히 문제가 있기는 하지만 '매체 수용자'는 미디어를 이용해서 광고나 다른 캠페인을 하 려는 사람들에게 중요한 개념이다. 광고에서 중요한 결정은 '미디어를 어떻게 분 배'(media mix)할 것인가에 있다. 각 미디어의 성격, 광고수용자의 수용조건 등을 고려하면서 광고비용을 대안적 미디어들에 어떻게 배분하는가의 문제가 중요하다.

미디어 경제학 분야에서, 미디어 '대체성'(substitutability) 이슈는 계속해서 중요하게 여겨졌으며, 이는 특별한 미디어 수용자가 끝까지 살아남는 정도에 주목한다 (Picard, 1989). 수용자 크기와 인구통계학적 속성 이외에 몇 가지 사항을 고려할 필요가 있다. 어떤 메시지는 텔레비전을 통해 집안이나 가족시청 상황에서 더 잘 전달되는 반면, 사적이고 음란한 메시지들은 포스터나 잡지 등이 더 적합하다. 어떤 경우는 정보적 맥락에 적합할 수 있고 또 다른 경우 휴식이나 오락을 배경으로 할 때 효율적일 수 있다. 이런 관점에서 볼 때, 목표대상으로서의 매체수용자는 사회경제학적 특성에 따라 선택될 수 있을 뿐만 아니라, 미디어 콘텐츠에 담긴 내용, 사회 문화적 연결, 및 관련된 미디어 행동의 맥락을 근거로 수용자의 미디어 이용이 행해지는 사회적 맥락을 참조하여 선택될 수도 있다.

12 채널과 콘텐츠에 의해 정의된 수용자

'특정' 서적, 저자, 영화, 신문, 텔레비전 프로그램을 이용하는 독자, 시청자, 청취자로서 수용자를 파악하는 것은 상대적으로 직설적이다. 이것은 '회계정리' 전통에서의 수용자연구가 가장 편하게 사용하는 것이고 경험적 측정문제도 별로 없는 것으로 보인다. 집단관계나 의식과 관련하여 고려해야 할 숨은 차원도 없고, 반드시 측정되어야 할 심리학적 동기변인들도 없다. 이것은 미디어사업이 가장 고려해야 할 매우 구체적인 의미의 수용자이다. 이러한 이유로 미디어사업 관련 연구에서 특정한 콘텐츠와 채널은 수용자를 정의하는 기반으로서 매우 특권적 지위가 부여되었다.

이러한 수용자 개념은 또한 수용자를 특정한 미디어 산물을 위한 소비자의 집합체로 보는 시장 중심적 사고와 일치한다. 수용자는 돈을 지불하는 고객, 미디어생산물 단위로 광고주에게 전달되는 머리수와 그에 따른 지불비용으로 구성된다. 이는 미디어산업에서 중심이 되는 '숫자', '시청률' 등으로 표현된다. 수익이 관련되지 않은 분야에서도 숫자로 표현된 수용자는 미디어 정치게임에서 성공을 가늠하는 주요한 잣대로 이용된다. 이와 같은 개념은 점차 '수용자'라는 용어에 대한 가장 지배 ✱494

적인 의미를 차지하고 직접적인 실용적 중요성과 분명한 시장가치를 가지는 유일한 개념이다. 또한 이 개념은 수용자를 미디어의 '산물'(어떤 매체의 가장 일차적이고 의심의 여지가 없는 '효과')로 파악한다.

수용자에 대한 이러한 이해는 타당한 것이지만 우리가 여기에 제한될 수는 없다. 예를 들면, 이는 확실히 측정될 수 없는, 텔레비전이나 라디오 시리얼과 시리즈의 팬 혹은 '추종자'라는 의미의 수용자도 있다. 특정 영화서적, 혹은 노래에 대한 수용자, 그리고 오랜 시간에 걸쳐서 중요한 숫자나 도달비율로 축적될 수만 있는 스타, 작가, 공연자 등과 관련한 수용자들도 있다. 게다가 콘텐츠는 종종 주어진 매체의 경계 내에서 장르에 따른 수용자로 확인된다. 이러한 모든 것은 보통 측정하기는 힘들지는 모르지만 수용자 경험과 관련된 측면들이다.

여기서 팬이나 '팬덤'(fandom)이라는 매우 복잡한 문제가 개입된다. 이 용어는 미디어 스타나 수행자, 혹은 콘텐츠나 텍스트에 대한 극도로 헌신적인 추종자들의 집합체를 지칭한다(Lewis, 1992). 일반적으로 이들은 추종대상에 대해서 매우 강한 집착과 연계를 가진다. 종종 추종자들은 함께 특정 대상을 좋아하는 다른 팬들을 강하게 인식하고 동류의식을 느끼기도 한다. 팬이 되면 부차적 행위의 패턴, 즉 옷 입는 법, 말투, 다른 미디어의 이용, 소비까지 영향을 받는다. 팬덤에 관한 주제는 제 16장에서 논의한다.

13 수용자 도달(범위)의 문제

수용자 개념에 대한 가장 문제가 없는 견해는 아마도 다양한 형태의 '시청률'의 기초가 되는 견해일 것이다. 미디어 제작자는 재정, 정책, 조직, 기획 등의 이유로 미디어가 수용자에게 도달하는 정도(동시에 수용자 주목정도)에 대해 상당히 많이 알 필요가 있다. 비오카(Biocca, 1988b)가 언급한 '표준 수용자'(canonical audience)에 대해 미디어가 기존에 상당한 관심을 가지게 된 것도 바로 이러한 이유에서이다. 표준 수용자라는 개념은 극장이나 영화관에서 파생된 것으로, 확인가능하고 또 실제 콘텐츠에 주목하는 물리적 실체로서의 관객을 지칭한다. 이러한 수용자가 있다는 믿음은 미디어의 일상적 업무에 매우 중요하고 미디어조직에게 공유된 목표를 제공한다(Tunstall, 1971). 수용자, 그것도 적합한 수용자를 확보하고 있다는 사실은 미디어조직의 생존을 위한 필수조건이고, 지속적으로 확인되어야 할 사항이다.

하지만, 미디어간의 차이, 그리고 주어진 매체나 메시지의 '도달범위'를 정하는 방식 차이 때문에 이러한 요건을 충족하기란 보기보다 쉽지 않다. 미디어 간의 차이는 논외로 하더라도 수용자 도달범위와 관련해서 적어도 여섯 가지 개념들을 고려할 필요가 있다.

① '이용 가능한'(잠재적) 수용자: 기본적 기술(예를 들면, 문자해독력)과 수용 능력을 지닌 모든 사람
② '지불' 수용자: 신문, 영화, 비디오, CD, 서적과 같은 미디어 산물의 이용을 위해 실질적으로 돈을 지불하는 사람들
③ '주목하는' 수용자: 특정한 콘텐츠를 실제로 읽고, 보고, 듣는 사람들
④ '내적' 수용자: 콘텐츠의 특정 영역이나 유형 혹은 단일 아이템들에 관심을 갖는 사람들
⑤ '누적'된 수용자: 특정기간 동안 도달될 수 있는 잠재적 수용자의 전반적 비율
⑥ '목표대상' 수용자: 특정 커뮤니케이터(예를 들면, 광고주)가 도달하고 싶어 하는 잠재적 수용자의 일부.

또한 텔레비전보다는 라디오가 더 그렇겠지만 미디어를 이용할 때 다른 행동을 수반하거나 또 수반할 수도 있기 때문에 일차적 또는 이차적 활동으로서의 청취나 시청이라는 문제도 있다. 개념상으로는 중요하지 않을지는 모르지만 측정 차원에서는 이러한 구분도 대단히 중요하다(Twyman, 1994 참고). 덜 전통적인 다른 수용자들과 거리의 간판광고, 비디오 스크린, 광고용 직접 우편물, 오디오텍스트, 전화판촉 등을 위한 수용자들을 구분할 수도 있다. 오래된 미디어의 콘텐츠와 이용 또한 변하고 있다. 따라서 여기서 제시한 용어나 정의는 사실 고정된 것은 아니다. 그렇지만 분류원칙들은 거의 동일한데 이러한 원칙들을 새로운 환경에 맞게 고칠 수 있다.

잠재적 커뮤니케이터(송신자) 관점에서 비춰진 수용자 도달의 기본적 특징들이 ***496**

그림 15.3 차별적인 수용자 도달에 대한 도해(Clausse, 1968)

1. 제공된 메시지
2. 수용가능한 메시지
3. 수용된 메시지
4. 주목된 메시지
5. 내재화된 메시지

벨기에 연구자 로저 클로씨(Roger Clausse, 1968)의 연구에 기초하여 〈그림 15.3〉
에 제시되었다.

이 모델은 방송이라는 특별한 경우를 기초로 만들어졌지만, 원칙적으로 다른 모
든 미디어에도 적용 가능하다고 본다. 바깥 띠는 방송 메시지의 거의 무제한적 수
용잠재력을 나타낸다. 사실 이 부분은 수용자를 거의 모든 배급체계와 동일시한다.

두 번째 띠는 수용에 적용할 수 있는 현실적인 최대한의 제약을 나타낸다. 이러한
제약들은 잠재적 미디어 공중의 윤곽을 그려내는데, 이는 주로 지리적 거주, 필요한
수신장비의 소유, 간행물, 음반, 비디오 등을 구입하거나 빌릴 수 있는 능력 등에 의
해 규정된다. 문자보급률이나 다른 필요한 기술의 소유에 의해 결정되기도 한다.

세 번째 띠는 미디어 공중의 다른 수준을 지적하는 것으로, 텔레비전이나 라디오
채널 또는 프로그램이나 여타 미디어가 '실제로' 도달하는 수용자를 말한다. 이는
판매량, 입장료, 구독료, 독자조사와 시청률(잠재적 수용자 비율로 표현되는) 등에
의해 측정되는 것이다. 네 번째와 중앙의 띠는 주목(*attention*)의 '질적' 수준, 영향

력의 정도, 그리고 잠재적 효과 등(이들 중 일부는 경험적으로 측정가능하다)과 관련된다. 현실적으로 '실제' 수용자의 행위 중 일부만이 측정되며, 나머지는 추정, 평가, 짐작에 의존한다.

커뮤니케이터 관점에서 보자면 이 다이어그램은 추가비용이 들어가는 것은 아니지만 매스 커뮤니케이션에 상당한 정도의 낭비가 있다는 사실을 보여준다. 매스미디어의 차별적인 도달과 영향에 대한 문제는 특히 상업적, 정치적 또는 정보적 목적을 위한 캠페인에서 커뮤니케이션을 계획하는 데 고려되어야만 하기 때문에 이론적 관심 이상의 주제이다(Windahl et al., 1992). 대부분의 캠페인은 캠페인이 도달하고자 하는 수용자인 (유권자, 소비자 등의) '목표대상 집단'의 개념에 따라 움직인다.

14 능동성과 선별성

수용자 선별성에 대한 연구는 원래 매스 커뮤니케이션 효과에 대한 두려움에 의해 촉발되었다. 대중문화 비평가들은 대다수의 수동적 수용자들이 착취되고 문화적으로 피해를 입는다는 점에 우려를 표시하면서 수동적이고 비선별적인 주목(특히 아동들에게)은 억제되어야 한다고 지적했다. 게다가 미디어, 특히 텔레비전은 어린이와 어른 모두의 수동성을 촉진시키는 것으로 평가되었다(예를 들면, Himmelweit et al., 1958; Schramm et al., 1961).

'의례화된'(ritualized) 이용패턴과 '도구적'(instrumental) 이용패턴을 구분한다(Rubin, 1984). 전자는 매체에 대해 강한 선호도를 가진 사람들이 습관적으로 빈번하게 시청하는 것을 의미한다. 도구적 이용은 의도적이고, 선별적이며, 따라서 보다 적극적이다. 다른 미디어, 특히 라디오, 음악, 신문의 이용이 비슷하게 패턴화될 수 있다. 능동성 개념에 대한 이러한 견해는 보다 능동적 이용자들이 자신들의 시간을 더 절약한다는 것을 암시한다. 너무 많은 수용자 능동성은 프로그램의 조작을 통해, 그리고 미디어 이용의 관례화된 특성과 관성을 이용함으로써 수용자를 통제하고자 하는 사람들에게는 골칫거리로 해석될 수 있기 때문에 중요한 산업적 이해관계가 걸려 있다(Eastman, 1998).

일반적인 미디어 수용자가 실제로 어떻게 능동적이며 능동성 자체가 무엇을 의미하는가에 대한 논쟁이 지속되었다. 큐비와 칙센트미하이(Kubey & Csikszentmihalyi, 1991)가 응답자의 자기기입식 보고(self-reports)를 바탕으로 행한 시간이용에 대한 광범위하고도 상세한 연구는 텔레비전 시청이 일반적으로 비관여적이고 부차적 성격을 지닌다는 사실을 보여준다. 물론 이것 때문에 텔레비전 시청이 중요하지 않다는 것은 아니다. 다른 한편, 독서와 영화 감상은 개인적 관여도가 더 높다고 할 수 있다.

비오카(Biocca, 1988a)는 문헌에서 발견되는 수용자 '능동성'과 관련한 다양한 의미와 개념들을 정리하여 다음과 같은 다섯 가지 차원을 제시한다.

선택성(*Selectivity*) 수용자가 미디어와 미디어 내 콘텐츠를 선택하고 식별하려는 경향이 클수록 능동적이라고 말할 수 있다. 이것은 주로 미디어 이용 계획과 선택의 일관적 패턴(영화와 책을 구매하고, 빌리는 것 등을 포함한)에 대한 증거에서 드러난다. 따라서 중 미디어 이용(특히 텔레비전의)은 '비선별적'이고 따라서 능동적이지 않은 행위라고 설명될 수 있다.

실용성(*Utilitarianism*) 여기에서 수용자는 '자기중심적 소비자의 구현체'로 여겨진다. 미디어 소비는 미디어 '이용과 충족' 접근방법에서 전제하는 것과 같이 의식적 욕구에 대한 만족의 표현으로 여겨진다.

의도성(*Intentionality*) 이 정의에 따르면 능동적 수용자는 미디어를 통해 전달되는 정보와 경험을 능동적인 인지 처리 과정을 통해 수용하는 사람을 말한다. 이는 종종 다양한 형태의 미디어 구독을 수반한다.

영향력에 대한 저항(*Resistance to influence*) '완고한 수용자' 개념(Bauer, 1964)과 일치하는 것으로, 여기서 능동성 개념은 바람직하지 않은 영향이나 학습에 대한 수용자 구성원들의 제한을 강조한다. 개인적 선택을 통해 결정한 것을 제외하고 독자, 시청자, 청취자는 메시지를 스스로 통제하고 영향을 받지 않는다.

관여(*Involvement*) 일반적으로 사람들이 미디어 경험에 집착하고 몰두할수록 관여정도가 높다고 하겠다. 이것은 '정서적 각성'(*affective arousal*)이라고 부를 수도 있다. 관여는 텔레비전을 본 것에 대해 다른 사람들에게 이야기하는 것으로도 측정할 수 있다.

수용자 능동성과 관련하여 이러한 다양한 차원들은 미디어 노출순서에서 동시에 모두 연관될 수는 없다. 레비와 윈달(Levy & Windahl, 1985)이 지적했듯이, 이러한 능동성의 차원들은 '사전' 기대와 선택, 또는 미디어를 이용하는 '중간에' 그리고 미디어에 '노출된 이후'와 관련될 수 있다. 예를 들어, 만족이 미디어에서 미디어를 이용한 후의 개인적이고 사회적인 삶(예들 들면, 미디어에 대한 대화나 미디어에서 제시된 주제에 기반한)으로 이동한다.

다섯 가지 차원 이외에 능동적 미디어 이용과 관련한 다른 측면들도 있다. 수용자의 능동성은 미디어에 의해 촉발되었든 아니든 간에 편지나 전화를 통한 직접적 형태를 띨 수 있다. 신문이든 방송이든 지역적 혹은 공동체미디어가 일반적으로 보다 능동적 수용자를 두거나 그런 수용자가 존재할 가능성이 더 크다. 미디어 경험에 대한 비판적 평가도 그것이 공개적 피드백의 성격을 꼭 띠지 않더라도 팬 그룹이나 클럽의 의식적인 회원과 마찬가지로 수용자의 능동성과 연관된다.

텔레비전의 경우, 수용자 시청률은 그것이 이례적으로 높든 낮든 간에 프로그램 수용자 내에서 매우 긍정적, 혹은 부정적으로 반응하는 능동적 시청자층이 있다는 사실을 알려준다. 라디오나 텔레비전 프로그램을 녹화해서 다시 보는 행위 역시 보통 이상의 관심을 나타내는 지표이다. 마지막으로 나중에 더 자세히 논의하겠지만 수용자가 경험 그 자체에 의미를 부여하면서 미디어 경험에 참여하고, 따라서 능동적으로 최종적인 미디어 '텍스트'를 생산한다는 관점에도 주목할 수 있다(Fiske, 1987; 1992).

'수용자 능동성'에 대한 일반적 개념은 분명하게 불만족스러운 개념이다. 이 개념은 정의가 너무 다양하고, 경험적 지표들도 들쭉날쭉하고 모호하며, 매체마다 의미도 다르다. 수용자 능동성은 때로는 행동으로 나타나지만 어떤 경우는 단순히 (태도나 감정과 같은) 정신적 개념이기도 하다. 비오카(Biocca, 1988a)에 따르면, 수용자의 능동성은 '오류화'가 불가능하기 때문에 일반적으로 거의 의미가 결여된다. '수용자가 능동적이지 '않기란' 거의 불가능한 것이 당연하다'. 비록 단일한 일반개념으로서의 능동성의 부적절성에도 불구하고, 이 개념을 계속 사용하려는 타당한 이론적, 실천적 이유들이 계속 있다. 그러나 이는 선택된 능동성 개념이 분명하게 정의되고 경험적으로 검증되는 경우에 한에서만 가능하다.

15 소 결

우리가 살펴본 대로, 겉으로 보기에 단순한 수용자 개념이 상당히 복잡하다는 것을 알 수 있다. 이 개념에 대한 이해는 관점마다 서로 다르다. 대부분의 미디어산업의 경우 수용자는 미디어 서비스를 위한 시장과 유사하고 그에 맞게 범주화된다. 수용자 관점에서 볼 때 수용자에 대한 이러한 관점은 주변적이고 관련이 없다. 사회적 사건이나 문화적 사건으로서의 수용자 경험이 우선한다. 하나의 수용자 내에 있다는 것은 상당히 다양한 동기들의 결과이다. 그러나 송신자나 커뮤니케이터의 관점에서 볼 때 서비스를 판매하는 것이 아닌 의미를 전달하는 측면에서 다양한 가능성들이 발생한다. 수용자들은 커뮤니케이터들에 의해 자신의 취향, 이해관계, 수용 능력 또는 사회적 계층이나 지역 측면에서 고려될 수도 있다. 새로운 커뮤니케이션 수단이 도래하면서 상황은 더 복잡해지는데, 이는 특히 앞에서 언급했던 수많은 요인들에 대해서 함의하는 바가 크다.

16 수용자 형성과 경험

이 장은 수용자가 형성되는 이유들, 특히 수용자가 매스미디어를 이용하고 만족을 기대하는 동기에 대해 살펴본다. 이에 대해서는 다양한 이론들이 있다. 왜냐하면 수용자집단에 있다는 것은 개인적 선택의 결과일 뿐만 아니라 선택하기 위해 필요한 콘텐츠, 사회적 환경이나 생활양식, 그리고 순간적 상황 등에 달려 있기 때문이다. 이 장은 또한 수용자의 사회적, 문화적 맥락과의 관계를 포함한 수용자 경험의 다른 측면들을 다룬다. 미디어 이용은 사회적이고 때로는 사교적 활동이고, 어느 정도는 장소나 미디어 유형에 따라 달라지는 규제나 규범에 의해 지배된다. 마지막으로 이 장은 미디어 지형의 변화가 수용자 측면에서 가지는 함의, 특히 대중수용자(*mass audience*)의 몰락에 대한 문제를 조명한다.

1 왜 미디어를 이용하는가의 문제

제 15장에서 이야기한 대로 미디어 이용을 설명하는 접근방법에는 두 가지가 있다. 하나는 수용자 입장에서 개인의 선택과 행동에 영향을 미치는 요인이 무엇인가를 묻는 접근방법이고, 다른 하나는 미디어 입장에서 수용자의 관심을 이끌어내고 지속시키는 콘텐츠 요인과 콘텐츠 제시방식 및 상황과 관련된 요인들이 무엇인가를

묻는 접근방법이다. 이 두 가지 접근방법은 엄격하게 구분할 수 없다. 왜냐하면 개인적 동기는 미디어생산물이나 콘텐츠를 언급하지 않고는 답할 수 없기 때문이다.

우리는 또한 제 15장에서 제시한 수용자연구의 여러 접근방법들 중 한두 가지를 선택해서 따를 수 있다. 이러한 접근방법들은 미디어 이용행위에 대해 각각 다르게 설명하고 있다. '구조적' 측면을 강조하는 접근방법은 미디어 체계와 사회체제를 주된 결정요인으로 강조한다. 반면, 행동에 초점을 맞춘 기능주의적 접근은 개인의 욕구, 동기, 상황을 그 출발점으로 삼는다. 그리고 사회·문화적 접근은 수용자가 처한 구체적 맥락과, 수용자가 미디어 대안들을 평가하고 그것에 의미를 부여하는 방식에 주안점을 둔다. 이미 살펴본 대로, 각각의 접근방법은 서로 다른 이론적 기반을 가지며 그에 따라 연구전략이나 방법들도 다르다.

수용자의 행동을 형성하는 일반적 요인들에 대해서는 이미 많이 알려졌고, 보통 이 요인들은 안정적이고 예측 가능하다(Bryant & Zillman, 1986). 미디어에 주목하는 큰 패턴은 매우 천천히 변하는데 보통 분명한 이유가 있을 때 변한다. 예를 들면, 미디어 구조의 변화(뉴미디어의 출현), 또는 더 광범위한 사회구조적 변화(청소년문화의 발전과 공산주의에서 자본주의로의 이행 등)와 같은 분명한 이유가 있을 때 바뀌게 된다. 수용자연구에는 항상 임의적인 영향과 여러 요인들의 우연한 결합이 있지만, 수용자연구는 대부분 예측가능한 결과를 관례적으로 기록하고 있을 뿐이다. 이러한 미스터리는 미디어 부문 내에서의 세부적 선택의 문제와 연관되고, 구체적 혁신이나 콘텐츠 아이템의 성공이나 실패와 관련된다. 이러한 미스터리가 없다면 미디어사업이 지금처럼 그렇게 위험하지 않을 수 있으며, 모든 영화, 음악, 서적, 쇼도 크게 성공할 수 있다.

이는 일반적으로 이야기하는 매스미디어 이용패턴과 일상에서 실제로 일어나는 것 사이에 괴리가 존재한다는 것을 보여준다. 어느 한 관점에서 보면 이는 광범위한 데이터에 근거한 총합적 평균치와 단일사례에 대한 관찰 간의 차이로 이해될 수 있다. 단일사례에서 관찰되는 것은 한 개인의 특정한 날의 일시적인 미디어 이용패턴이나 아니면 습관적인 미디어 이용 때문에 나타날 수 있다. 개인으로서 우리는 미디어 선호, 선택 및 시간이용 등에서 매우 안정적 패턴을 가지고 있다(물론 어떤 '패턴'은 불안정할 수도 있다). 하지만 미디어 경험은 매일 독특하며 다양하고 예측하지 못하는 상황적 요인에 의해 영향을 받는다.

다음에서는 수용자의 미디어 접근과 수용자의 구성을 설명하기 위한 대안으로 제시된 몇 가지 이론적 모델들을 고찰해 보도록 한다.

2 수용자 형성에 대한 구조적 접근

이미 지적한 대로 이 접근방법의 가장 기본적인 전제는 미디어 이용이 사회구조와 미디어구조라는 상대적으로 고정적 요인들에 의해 전반적으로 규정된다는 것이다. 사회구조는 교육, 소득, 성별, 거주지, 생활주기와 같은 '사회적 사실'을 지칭하며, 이는 일반적인 사고방식과 사회적 행동에 매우 결정적인 영향을 미친다. 미디어구조는 주어진 시공간에서 이용 가능한 비교적 지속적인 일련의 채널, 선택, 내용들을 가리킨다. 미디어 시스템은 수요·공급 사이의 안정적이고 자기조정적인 균형을 유지하기 위해 수용자의 피드백과 압력에 반응한다.

이러한 과정들은 웨이벌(Weibull, 1985)의 이론을 약간 수정한 〈그림 16. 1〉에 나타나 있다. 이 그림은 미디어 이용행위의 습관적 패턴과 함께 특정한 날의 일시적인 선택행위 간의 관계를 보여준다. 〈그림 16. 1〉의 상단에서는 한 개인의 습관적 이용패턴을 전반적인 사회구조를 반영하는 두 가지 주요 요인들의 결과로서 제시한다. 그 중 하나는 한 개인이 관련된 미디어 '욕구들'(예를 들면, 정보, 휴식, 사회적 접촉 욕구 등)을 느끼는 '사회적 상황'이다. 이 상황은 다소 고정되어 있다. 다른 하나는 (그림에서 '매스미디어 구조'에 해당) 개인의 교육정도, 경제상황을 고려할 때, 특정장소에서 접근할 수 있는 이용 가능한 미디어로 구성된다. 이 두 요인은 '행동'의 규칙적 패턴뿐만 아니라 개인의 '미디어 지향성'(media orientation)이라고 불리는 매우 지속적 성향이나 경향을 낳는다. 미디어 지향성은 사회적 배경과 과거 미디어 경험이 조합된 산물이며, 특정 미디어에 대한 친근감, 선호, 흥미, 이용습관, 미디어에 대한 기대라는 형태로 나타난다(McLeod & McDonald, 1985; McDonald, 1990; Ferguson & Perse, 2000). 이는 그림 하단에 포함된 요소들과 관련된다. 한편 개인의 미디어 이용은 아래의 세 가지 주요 변인에 의해 영향 받을 수 있다.

① 특정한 날에 제공되는 미디어 콘텐츠의 종류와 제공방식(그림에서 '미디어 콘

텐츠')

② 개인의 순간적 상황(예를 들어 여가시간의 정도, 이용 가능성, 대안적 활동의 범위)(그림에서 '개인상황')

③ 미디어 선택과 이용의 사회적 맥락(예를 들어 가족, 친구의 영향).

어느 정도까지는 개인의 '미디어 지향성'을 통해 일상적으로 매일 벌어지는 미디어 이용에 대해 예측할 수 있으나, 특정한 사항들은 예측하기 어려운 상황적 조건에 의해서 영향을 받는다.

그림 16.1 미디어 이용의 구조모델(Weibull, 1985, 출처 : McQuail, 1997)

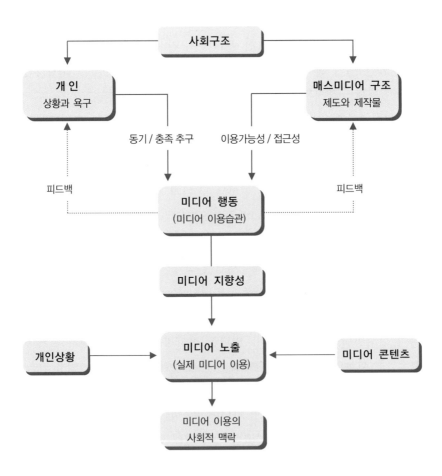

웨이벌(Weibull, 1985)은 이 모델을 신문 읽는 행위로 검증하면서 다음과 같은 결과를 제시한다. "개인이 특정한 종류의 충족을 얻겠다는 동기가 있을 때(예를 들어 스포츠 뉴스 중 특정기사를 보는 경우), 독자는 미디어 (콘텐츠) 구조에 영향을 별로 받지 않는다 … 미디어에 대해 관심이 별로 없는 개인의 경우 특정 콘텐츠와 그 구성에 영향을 받는 경향이 있다". 이는 원칙적으로 사회구조와 미디어구조에 의해 야기되는 일반적 패턴을 벗어날 수 있는 자유가 있다는 사실을 말해준다. 또한 이것은 일반적 취향과 선호가 일시적, 개인적 미디어 이용에 대해 예측하지 못하는 이유를 설명하는 데 도움을 준다.

일상적 미디어 이용의 수많은 특징들은 근본적으로 사회구조와 미디어구조로 인해 나타나는데, 정작 이 모델은 다양한 개인적 선택에 기초한 실제 수용자 형성 문제를 다루는 데 기초적 방향을 제시할 뿐이다. 그렇지만 이 모델은 미디어 체계/구조와 개인 수용자의 사회적 지위 간의 연계를 보여준다는 장점이 있다. 미디어 체계는 사회 안의 주어진 사실(경제, 문화, 지리적 조건)을 반영하며, 독특하고 조건적인 사회적 배경요인에 의해 부분적으로 결정되는 수용자 요구에 반응한다.

3 이용과 충족 접근법

미디어 이용이 수용자가 지각하는 만족, 욕구, 기대, 동기 등에 의존한다는 아이디어는 미디어 연구가 시작되면서 제기되었을 만큼 오래됐다. 제 15장에서 언급한 바와 같이 수용자는 종종 개개인의 욕구, 흥미, 취향의 유사성에 따라 다르게 형성된다. 이러한 욕구들은 사회적 혹은 심리학적 요인에 기반하는 것으로 보인다. 이 '욕구들' 중 전형적인 것이 정보, 오락, 교제, 기분전환 혹은 '현실도피' 욕구이다. 특정 미디어나, 미디어 콘텐츠를 소비하는 수용자는 종종 광범위한 동기유형에 따라 분류할 수 있다. 또한 이 접근법은 새로운 전자 미디어의 매력을 연구하는 데 적용되었으며(Perce, 1990), 전화이용 연구에도 응용되었다(Dimmick & Rothenbuhler, 1984). 서로 다른 미디어에 대한 상대적 선호도는 기대와 추구되는 충족의 차이와 연관된다.

이러한 관점은 특정한 미디어 콘텐츠가 수용자에게 인기 있는 이유를 설명하려는 '이용과 충족에 대한 접근방법'에 속한다고 볼 수 있다. 여기서 제기되는 가장 주요한 문제는 다음과 같다. 사람들은 '왜', 그리고 어떤 목적을 갖고 미디어를 이용하는가? 기능주의 사회학(Wright, 1974)은 미디어가 사회의 다양한 욕구들(예를 들면, 결속, 문화적 지속, 사회통제, 공적 정보의 대규모 유통 등)에 봉사하는 것으로 간주한다. 이는 또한 사람들이 개인적 길잡이, 휴식, 적응, 정보, 정체성 형성과 같은 목적을 위해 미디어를 이용한다는 것을 전제로 한다.

이러한 종류의 연구는 그 시초가 1940년대 초반으로 거슬러 올라간다. 당시의 연구는 '연속극', 퀴즈 쇼 같은 다양한 라디오 프로그램과 신문이 대중적 호소력을 갖는 이유에 초점을 맞추었다(Lazarsfeld & Stanton, 1944, 1949). 이 시기의 연구는 시간을 때우기 위한 피상적이고 분별없는 이야기로 치부되었던 낮시간 라디오 연속극이 종종 (여성) 청취자들에게 중요한 의미를 갖는다는 예상치 못한 결과를 발견했다. 라디오 연속극은 청취자들에게 조언과 격려의 원천이 되고, 주부와 어머니의 역할모델을 제시하거나, 눈물과 웃음을 통해 감정을 정화할 수 있는 기회를 제공했다(Herzog, 1944; Warner & Henry, 1948). 신문독자들과의 대화를 바탕으로 한 연구에서도, 신문 역시 유용한 정보원일 뿐만 아니라 독자에게 안정감을 주고, 대화주제를 공유하게 하며, 일상적인 생활구조를 제공하는 데 매우 중요한 기능을 하는 것으로 드러났다(Berelson, 1949).

이용과 충족의 재발견

이용과 충족 접근의 기본 가정들은 20년 후에(1960년대와 1970년대) 재발견되었고, 연구자들의 정교화 작업을 통해 다음과 같이 제시되었다.
- 일반적으로 미디어와 콘텐츠는 합리적 판단에 근거하여 선택되며 어떤 특정 목표나 충족과 직접적으로 연관된다(따라서 수용자는 능동적이며, 수용자 형성은 논리적으로 설명 가능하다).
- 수용자 집단은 개인적 상황과 사회적으로 공유되는 환경에서 발생하게 되는 미디어와 관련한 욕구를 인식하며, 이를 동기라는 측면으로 표현할 수 있다.

- 대체로 볼 때 수용자를 형성하는 데 개인적 효용성이 미학적, 문화적 요인들 보다 더 중요한 결정요인이다.
- 수용자 형성과 관련 요인(동기, 지각되거나 얻어진 만족, 미디어 선택, 환경변인)들의 대부분은 원칙적으로 측정이 가능하다.

　이런 가정과 함께 카츠와 동료들(Katz et al.)은 미디어 선택 과정이 다음과 같은 사항과 관련된 것으로 설명한다(1974). ① 매스미디어나 다른 정보원에 대한, ② 기대를 만들어내는, ③ 욕구의, ④ 사회적, 심리적 기원들이, ⑤ 서로 다른 (미디어) 노출행위를 낳고, 이것이 ⑥ 욕구충족과, ⑦ 다른 결과를 낳는다.

　이용과 충족 접근에 기반을 둔 연구자들은 수용자에 대한 수많은 개별적인 결과들을 하나로 묶어낼 이론적 틀을 세우는 것을 장기적 목표로 세웠다. 맥퀘일 등 (McQuail et al., 1972)은 영국의 많은 라디오와 텔레비전 프로그램들을 분석하면서, 가장 중요한 미디어 충족들을 포함하는 '미디어와 개인의 상호작용'(이 용어는 미디어 충족개념의 이중적 원천을 반영한다) 도식을 제시했다. 이는 〈표 16. 1〉에 제시되어 있다.

　수용자 동기와 관련한 심리학적 접근은 맥과이어(McGuire, 1974)에 의해 제시됐는데, 이는 인간욕구에 대한 일반이론에 근거한다. 맥과이어는 먼저 인지적 욕구와 정서적 욕구를 구분했고, 다음과 같은 세 가지 차원을 덧붙였다. ① 욕구의 발생에서 '능동' 대 '수동', ② 목표지향성에서 '외부적'인 것과 '내부적'인 것, ③ '성장'과 '안정'에 대한 지향성이 그것이다. 상호 연결된 이 요인들은 미디어 이용을 규정짓는 16개의 상이한 동기유형을 제공한다. 예를 들어 신문을 읽는 것은 '인지적 일관성에 대한 추구'(인지적이고, 능동적, 외부지향적, 안정을 지향하는 유형)로 분류할 수 있고, 텔레비전 드라마를 시청하려는 동기는 '개인 행동의 모델을 찾기 위한 것'(정서적이고, 능동적, 내부지향적, 성장을 지향하는 유형)으로 볼 수 있다. 이러한 심리학적 이론에서는 미디어 이용자가 이와 같은 동기를 유발하는 근본적 원인에 대해 의식하지 않는다고 전제한다. 그럼에도 불구하고 몇몇 연구들은 맥과이어가 제시한 요인들과 텔레비전

> 표 16. 1
> 미디어-개인의 상호작용의 유형
> (McQuail et al., 1972)
> - 기분전환: 일상과 문제로부터의 도피, 감정의 이완
> - 개인적 관계: 교제, 사회적 효용성
> - 개인의 정체성: 자신에 대한 준거, 현실에 대한 탐사, 가치강화
> - 감시 (정보 추구의 형태)

이용유형에 따른 다양한 동기들 사이의 관련성을 보여주고 있다(Conway & Rubin, 1991).

이용과 충족과정에 관한 모델을 정립하려는 수많은 노력들이 있었다. 랜크스토프(Renckstorf, 1996)는 상징적 상호작용이론과 현상학에 기초하여 수용자 선택의 '사회적 행위' 모델을 제시했다. 본질적으로 그는 미디어 이용을 사회적 행위의 한 형태로 보고, 이러한 사회적 행위는 상황에 대한 개인적 규정에 의해 형성되고 사회적 환경에서 새롭게 지각된 '문제'를 해결하기 위해, 또는 문제가 없는 상황에서는 일상의 관행으로 이루어진다고 주장한다.

평 가

이러한 이론적 접근은 당시 너무 행동주의적이고 기능주의적인 것으로 비판받았다. 이는 또한 미디어 선택과 이용을 그다지 성공적으로 예측하지 못했고, 인과관계를 설명하지 못했다(McQuail, 1984). 그 원인을 살펴보면, 부분적으로 동기를 측정하는 것이 어렵고, 미디어 이용이 실제로 상황에 따라 좌우되며 이용동기도 약하기 때문이다. 이용과 충족 접근법은 이용동기가 분명한 콘텐츠 유형, 예를 들어 정치적 내용(Blumler & McQuail, 1968), 뉴스(Levy, 1977, 1978), 혹은 성인 대상 프로그램(Perse, 1994)의 이용을 설명하는 데 가장 적합한 것으로 보인다. 일반적으로 미디어에 대한 태도와 미디어 이용행위 사이의 상관관계는 약하며 그 방향도 불확실하다. '동기' 분류도 종종 실제 미디어 이용과 선택패턴이 일치하치 않으며, 연속적으로 순서화되는 세 가지 요인인, '선호도', '실제선택', 그 뒤에 수반되는 '평가' 사이의 논리적이고 지속적인 관계를 발견하기 또한 어렵다.

수용자 행위가 특정하고 의식적인 동기에 의해 어느 정도 지배받느냐에 대해서는 항상 논쟁이 있었다. 밥로우(Babrow, 1988)는 경험에 근거한 '해석적 틀'이라는 개념 안에서 수용자 행위를 더 생각해 볼 것을 제안했다. 따라서 어떤 미디어 노출은 습관과 반사적 행위로 동기가 없는 것으로 여겨질 수 있는 반면, 어떤 수용자의 선택행위는 이러한 해석적 틀 속에서 의미를 가지게 된다는 것이다(Rubin, 1984). 이런 견해는 이 장의 전반부에서 언급된 '미디어 지향성'이라는 개념과 관련이 있다.

일반적인 선호경향에 대한 문제는 〈그림 16. 3〉에 제시되어 있다.

'이용과 충족' 이론의 위상을 논의하면서, 블럼러(Blumler, 1985)는 방대한 증거에 바탕을 두고 '사회적 근원'과 '지속적인 사회적 경험'을 구분했다. 전자는 보상적이고, 적응을 위한 미디어 기대와 이용을 동반하고 미디어 선택범위를 예측할 수 있는 것으로 보인다. 후자 ― 지속되는 경험과 현행의 사회적 상황 ― 는 그 효과를 예측하기가 매우 어렵다. 후자의 경우는 종종 편의주의적 미디어 이용, 즉 개인적 목적을 위한 미디어의 적극적 선택과 응용을 수반한다. 이는 미디어 이용이 사회에서의 힘, 개인적 생활사, 그리고 즉각적 상황에 의해 영향을 받은 결과임을 의미한다. 수용자를 형성하는 '원인'들은 바로 현재와 과거 모두에 있으며, 그 둘 사이에도 존재한다. 이렇게 볼 때 실제 수용자의 현실에 대한 일반적 '설명'이 그다지 성공적이지 못했다는 것이 크게 놀랄 만한 일은 아니다. 미디어 환경이 지속적으로 다양화되면서 수용자 패턴에 대한 어떤 단일한 설명의 틀을 발견하기가 더욱 어렵게 되었다. 미디어 이용량의 증가 '미디어 측면의 요인들'(〈그림 16. 3〉 참조), 특히 특정 콘텐츠와 (콘텐츠에 대한) 홍보에 의해서만 설명될 수 있는 것처럼 보인다. '이용과 충족 접근방법'은 인터넷과 기타 뉴미디어에, 특히 비교와 기술을 위해 적절하게 적용될 수 있으며, 실제로 그 적용이 점차로 늘고 있다(Perse & Dunn, 1998; Webster & Lin, 2002; Kaye & Johnson, 2002; Livingstone, 2002).

기대가치 이론

미디어 이용의 개인적 동기를 다룬 이론에서 가장 중요한 것이 잠재적 수용자 집단이 과거경험에 의존하여 기대하는(따라서 예측가능한) 보상을 미디어가 제공한다는 생각이다. 이런 보상은 개인이 가치 있게 생각하는, 경험된 심리적 효과(이것을 보통 미디어 '충족'이라고 부른다)라고 볼 수 있다. 보상은 미디어 이용 그 자체로서(가령 양질의 독서) 얻어질 수도 있고, 혹은 특정한 장르(탐정소설), 실질적인 미디어 콘텐츠 아이템들(특정한 영화)로부터 파생될 수 있으며, 미디어와 관련된 정보를 축적하면서 이후의 선택을 위한 길잡이(혹은 피드백) 역할을 한다. 팜그린과 레이번 (Palmgreen & Rayburn, 1985)은 미디어에 대한 태도가 경험에 의해 형성된 신념과

그림 16. 2 미디어 충족추구, 획득의 기대가치 모델(Palmgreen & Rayburn, 1985)

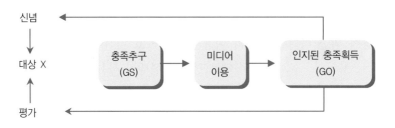

가치(그리고 개인적 선호)의 산물이라는 원칙에 기반을 두고 이러한 과정을 다루는 모델을 제시했다. 〈그림 16. 2〉는 이들이 제시하는 '기대가치' 모델이다. 모델의 구성은 다음과 같다.

$$GS_i = b_i e_i$$

GS_i는 미디어와 관련한 어떤 대상인 X(미디어, 프로그램, 내용의 유형)로부터 얻어진 i번째의 충족을 나타낸다. b_i는 X가 어떤 속성을 가지고 있다거나, X와 관련된 행동이 특정한 결과를 가져올 것이라고 하는 신념(주관적 가능성)을 뜻한다. e_i는 특정 속성과 결과에 대한 감정적 평가이다.

일반적으로 이 모델은 미디어 이용이 미디어가 제공하는 혜택들에 대한 '지각'의 결합과 개별 수용자가 가지는, 이러한 혜택들에 대한 차별적 '가치'에 의해 설명된다는 명제를 표현하고 있다. 이 모델은 미디어 이용이 미디어로부터 기대되는 잠재적 충족들 가운데 가능한 다양한 범위의 긍정적 선택뿐만 아니라 '회피'(avoidance)에 의해서도 형성될 수 있다는 사실을 밝히는 데 도움을 준다. 이 모델은 기대(gratification sought, 충족추구)와 만족(gratification obtained, 충족획득)을 구별하고 있으며, 이러한 기대와 만족이 시간이 지나면서 미디어 이용행위로부터 '증가'한다는 사실을 확인시켜

표 16. 2
추구되거나 획득된 미디어 충족
- 정보와 교육   • 안내와 조언
- 기분전환과 휴식
- 사회적 접촉(〈표 16. 3〉참조)
- 가치강화   • 문화적 만족
- 감정이완
- 정체성 형성과 확증
- 생활양식 표현   • 안전
- 성적 각성   • 시간 보내기

준다. 즉 GO(충족획득)가 GS(충족추구)보다 확실히 클 때 우리는 더 크게 만족하고 더 주의를 기울이고 더 즐기게 된다. 반대의 경우 또한 가능하며 이 경우 판매부수, 판매량, 점유율 등이 하락하게 되며 텔레비전의 경우 채널을 돌리게 되는 것이다. 하지만 이러한 이론적 정교화에도 불구하고 여전히 수용자 동기와 관련한 이론을 검증하기 위해 경험적 측정도구를 만들어 내기란 쉽지 않다.

지금까지 확인된 충족의 유형들이 〈표 16. 2〉에 제시되어 있다.

▐ 수용자 선택에 대한 통합적 모델

우리는 미디어 선택에 미치는 많은 영향들을 하나의 모델로 통합해 볼 수도 있는데, 이는 수용자 형성의 연속적 과정을 이해하는데 도움을 준다. 〈그림 16. 3〉에 제시된 모델의 주요 사항들은 미디어와 개인 간 상호작용의 '수용자 측면'과 '미디어 측면'으로 나뉘어져 있다. 두 요인들이 분리되어 묘사되지만 서로 독립적인 것은 아니며, 상호지향과 적응의 지속적 과정의 결과라고 이해하는 것이 더 좋을 것이다. 여기에 제시된 모델의 형태는 텔레비전 시청자를 비슷하게 설명하고자 했던 웹스터와 왁쉬락(Webster & Wakshlag, 1983)의 연구에 영향을 받았다. 여기서 제시하는 모델은 텔레비전뿐만 아니라 모든 매스미디어에 원칙적으로 적용될 수 있도록 고안되었다. 우선 주요 설명요인들을 소개한다.

└ '수용자 측면' 요인들 ┘

① 개인적 특성: 나이, 성별, 가족의 지위, 학습과 직업상황, 소득수준 등 생활양식. 여기서 개인적 인성 차이가 중요한 역할을 하는 경우도 있다(Finn, 1997 참조).

② 사회적 배경과 환경: 특히 사회적 계급, 교육, 종교, 문화, 정치적, 가정적 환경, 거주 지역 등. 부르디외(Bourdieu, 1986)가 '문화적 자본'이라고 지칭한

학습된 문화적 역량이나 취향이 여기에 해당된다. 이러한 문화적 역량과 취향은 가족, 교육, 계급 시스템에 의해 세대 간에 전수된다.

③ 미디어 관련 욕구: 앞에서 언급했던 교제, 오락과 정보추구와 같은 개인적 혜택을 위한 미디어 관련 욕구. 이러한 욕구들은 광범위하게 경험되지만 이들 간의 특정한 균형은 개인적 배경과 상황에 의존한다.

④ 개인적 취향과 선호: 특정장르, 형식, 특정 미디어 내용에 대한 개인적 취향과 선호.

⑤ 여가시간과 미디어 이용의 일반적 습관과 특정 시간에 수용자가 될 수 있는 가능성: 미디어 이용에는 시간적인 것뿐만 아니라 공간적 요인이 개입되기 때문에 이용 가능성은 적절한 장소(집, 기차 안, 자신이 운전하는 차 안)의 존재여부와 연관된다. 또한 이용 가능성은 영화표나 레코드 값을 지불할 수 있는 능력이나 의도와 같이 수용자에게 잠재된 경제상황과도 관련 있다.

⑥ 이용 가능한 선택들에 대한 인식과 정보의 종류와 양: 이는 수용자 형성에서 부분적으로 중요한 역할을 한다. 따라서 더 능동적 수용자 집단은 미디어 이용을 계획한다고 기대할 수 있다.

⑦ 미디어 이용의 특별한 맥락: 이는 미디어에 따라 다양하지만 일반적으로 사교성과 이용하는 장소를 지칭한다. 가장 관련성이 큰 것은 수용자가 혼자인가 아니면(가족, 친구, 그 밖의 다른) 집단 안에 속해 있느냐이다. 미디어가 이용되는 장소(가정, 직장, 여행 중, 영화관 등) 역시 미디어 선택과정과 미디어 이용 경험에 영향을 미친다.

⑧ 우연: 이것 역시 미디어 노출에서 종종 중요한 역할을 하며, 이것 때문에 선택과 수용자의 구성을 설명할 수 있는 가능성이 줄어든다.

'미디어 측면' 요인

① 미디어 시스템: 선호와 선택은 (국가적) 미디어시스템의 형상(미디어 수, 범위, 유형)과 서로 다른 미디어 출구들의 구체적 성격에 의해 영향받는다.

② 미디어 공급구조: 이것은 미디어가 사회에 제공하는 콘텐츠의 일반적 패턴을 *514

말하며, 장기간에 걸쳐 수용자의 기대에 영향을 미친다.

③ 이용 가능한 콘텐츠의 선택범위: 잠재적 수용자들에게 특정한 시공간에서 제공되는 형식과 장르를 일컫는다.

④ 미디어 홍보: 미디어 콘텐츠에 대한 적극적인 마케팅뿐만 아니라 미디어 자신을 위한 광고와 이미지 메이킹을 포함한다.

⑤ 시의적절성과 제시방식: 미디어 선택과 이용은 경쟁적인 수용자 획득전략에 따라 미디어 메시지의 시의적절성, 편성, 배치, 콘텐츠와 디자인에 의해 영향을 받는다.

〈그림 16. 3〉은 선택의 일반적 과정을 보여주는데, 여기에서는 두 가지 종류의 영향력(사회와 미디어로부터의 영향력)이 선택이나 주목('미디어 이용') 순간과의 상대적 '거리'에 따라 순차적으로 제시된다. 사회적, 문화적 배경과 일반적 취향(적어도 대부분의 성인들의), 그리고 선호와 관심이 영향 과정상 가장 거리가 멀다(그리고 이것들의 영향력은 다소 고정되어 있다). 따라서 우리의 사회적 배경은 선택행위에 영향을 미치는 강력한 정향적이고 경향적 요인이다. 거의 동등한 거리에 있는 (그러나 그렇게 고정되지 않는) 또 다른 요인은 우리가 지식과 경험을 통해 축적한 미디어 차별성과 장르혼합에 대한 이해이다. 여기에는 우리의 취향에 영향을 미치는 인지적, 평가적 측면이 개입된다(위의 기대가치 모델 참조).

이러한 종류의 개인적 지식과 관련태도는 우리의 취향과 선호를 형성한다. 이 둘(지각과 평가)의 결합은 '일반적인 콘텐츠 선호체계'를 만들어낸다. 일반적인 콘텐츠 선호체계는 가정적 개념이지만, 이는 지속적이고 따라서 예측가능한 선택결정 패턴과 어느 정도 일관된 미디어 이용 패턴과 유형에서 나타난다(이는 '취향문화'라는 용어와도 관계가 깊다). 그리고 이것을 우리에게 익숙한 이용가능한 정보원과 콘텐츠 유형에 대한 '레퍼토리'(repertoire)라는 측면에서, 그리고 실제 우리가 선택하는 것의 관점에서 생각해 볼 수 있다(Heeter, 1988). 이는 또한 웨이블(Weibull)의 구조적 모델(〈그림 16. 1〉 참조)에서의 '미디어 지향성'과 유사하며, 콘텐츠 유형과 미디어에 대한 호감도 포함한다. 물론 선택행위의 패턴은 항상 미디어와 관련한 상황과 경험의 변화에 따라 바뀐다. 지속적 반응, 피드백, 학습과 평가 과정이 존재한다.

시간과 공간에서 미디어 이용과 더 가까울수록, 잠재적 수용자 구성원 상황과 미디어 이용가능성이 더욱 일치하게 되며, 이것이 실제의 수용자로 이어진다. 비록 위에서 언급한 것처럼 집합적 차원의 포괄적 모양새는 변함이 없으나 수용자를 전적으로 예측하기란 사실 어렵다. 개인의 선택행위가 상황에 의해 영향을 받기 때문에 (수용자 집단의) 내적 구성은 항상 변하기 마련이다.

수용자 형성의 복잡함과 다중성으로 인해 수용자에 대해 단적으로 기술하거나 유일한 이론적 설명을 제시할 수는 없다. 우리는 여기서 수용자가 외형적으로 보이는 것과 전혀 같지 않을 수 있다는 결론을 내릴 수 있다. 수용자 집단의 경계는 불명확

그림 16.3 미디어 선택 과정의 통합 모델

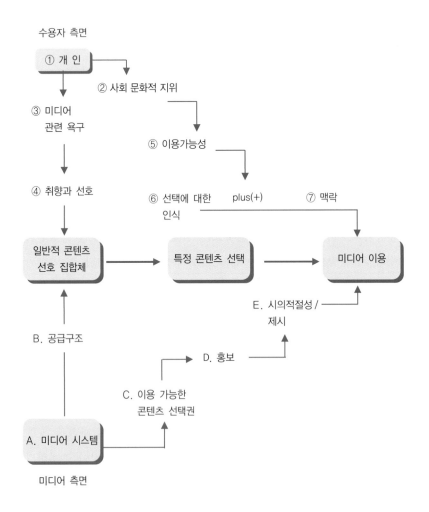

하며 집단 자체가 변화하기도 한다. 이들의 동기와 지향성은 항상 혼합된다. 때때로 아무런 동기가 존재하지 않을 때도 있다. 동기가 분명하고 혼합되지 않은 경우에도, 콘텐츠만으로 그 동기를 알아낼 수 없다. 물론 효율적인 미디어 시장에서 콘텐츠와 수용자 구성이 잘 맞아떨어질 수 있다고 가정할 수는 있다. 결코 제거될 수 없는 수많은 내재된 불확실성이 존재한다. 그럼에도 불구하고 이러한 복잡함과 혼돈 속에서도, 개인과 미디어가 상호만족을 주면서 공존하는 경우 수용자 구성에서 일정부분 안정성과 질서가 존재한다. 그러나 이 상황은 미디어 조작이나 홍보에 의해 성취되기 어려우며, 순수한 사회적 욕구 혹은 우연히 미디어의 창의성과 공중의 취향이 맞아떨어질 때 가능하다.

5 미디어 이용의 공적 영역과 사적 영역

앞에서 언급한 바와 같이, 특정한 미디어 이용은 집 밖에서(영화나 콘서트 같은) 일어나고 또한 공공 공연이나 공적 사건에 대한 공유된 반응으로서 폭넓은 중요성을 갖는다는 의미에서 확실히 공적 성격을 갖는다. 샌즈(Saenz, 1994)는 많은 일반 수용자들에게 '폭넓게 공유되고, 집단적으로 감상되는 공연과 대규모의 일반인 수용자에게 즉각적으로 전달된다'는 것의 지속적인 중요성에 대해 지적한다. 그는 텔레비전 프로그램 내에서의 공연과 문화적 조류에 대한 감각이 시청자로 하여금 텔레비전 드라마를 중요한 문화적 행사를 감상하는 것으로 여기게 한다고 덧붙인다. '공적'(public)이란 용어는 콘텐츠의 유형, 행사의 장소, 공유하는 집합적 경험의 정도에 따라 정의될 수 있다.

주로 가정에서 이용하는 매스미디어(특히 TV, 비디오, 오디오, 책)는 사적인 가정이라는 공간을 사회활동과 관심사와 이어주는 것으로 여겨진다. 어떤 상황에서는 매스미디어의 수용자가 되는 것 자체가 사회에서 더 넓은 삶을 공유하는 것을 의미하기도 한다. 반면 또 다른 상황에서는 미디어를 이용하는 행위가 친구나 가족과 같이 작은 집단만이 공유하는 것으로, 또는 전적으로 자신의 자발적 경험만이 될 수도 있다. 공적이거나 사적인 것에 대한 정의를 내리는 데 수용자 경험이 발생하는 물리적 장소(영화관이냐 아니면 가정이냐)의 문제는 중요하지 않을 수 있다.

수용자성(audiencehood)의 공적 유형은 사회적으로 중요한 사건(선거결과, 재앙, 세계적 위기), 혹은 중요한 텔레비전 스포츠 중계(Rothenbuhler, 1987)나 큰 연예행사(예를 들면, 라이브 콘서트)에 대한 시청과 같이 이벤트 보도에 의식적으로 동기를 가지고 주목하는 경우로 분류된다. 공적 차원에서 발생하는 수용자의 경험은 대개 사회집단과 연관성을 가지면서, 팬, 시민, 지역주민, 취향문화의 공유자 등으로 분류된다. 이는 또한 시민으로서 또는 유권자나 노동자로서 수행하는 공적 역할과 연계된 경험이라고도 할 수 있다.

데이얀과 카츠(Dayan & Katz, 1992)는 '미디어 이벤트'에 관한 연구에서 미디어(특히 텔레비전)가 광범위한 국가적 혹은 세계적 경험을 축하하고 참여하는 의례와 비슷하게 모든 사람들을 하나로 묶는 특별한 경우에 주목한다. 이러한 미디어 이벤트들은 항상 일상생활과는 다른 특별함을 제공한다. 이러한 중요성 이외에도 미디어 이벤트들은 사전에 계획되고, 멀리 떨어져 있으며, 생방송으로 진행된다. 로쎈벌러(Rothenbuhler, 1998)는 미디어를 통하여 공적 삶의 의례와 의식에 참여하는 행위를 설명하기 위해 '의례 커뮤니케이션'(ritual communication)이라는 개념을 고안했다. 이러한 이벤트들에 대한 (미디어) 수용자가 된다는 것은 국가나 다른 중요한 회원집단의 공적 삶에 보다 완전하게 참여한다는 것을 의미한다. 데이얀과 카츠의 연구는 '수용자성'의 집단적 성격을 다시 한번 더 상기시켜준다.

수용자 경험의 사적 유형은 개인적 분위기와 상황에 따라 구성되고 사회 혹은 다른 사람이 개입되지 않는다. 사적 유형은 자아비교를 통해 자신을 공적으로 나타내기 위해 수용가능한 정체성을 추구하기 위한 역할이나 퍼스낼러티 또는 미디어 전형과 맞추는 행위와 관련된다. 수용자 경험의 공적 유형과 사적 유형의 차이는 미디어 유형과 콘텐츠, 그리고 수용자 구성원의 사고방식과 같은 여러 가지 요인들의 결합에 달려 있다. 현재 진행되는 미디어의 확장과 발달로 인해 개인 스스로의 의지에 따라 미디어 경험을 통제하기가 쉬워졌기 때문에, 상대적으로 사적 수용자 경험이 나타날 가능성이 더 많아진 것으로 보인다(Neuman, 1991). 다르게 표현하면, 수용자 분절화(fragmentation)가 수용자 경험의 공적 중요성을 감소시킨다.

6 하위문화와 수용자

'대중사회' 이론에 대한 초기 비평가들은 외관상으로는 동질적인 '대중'으로서의 수용자들이 사회적 차이가 크다는 사실을 지적한 바 있다. 미디어산업이 발전하고 더 새로운 '적소' 수용자 시장을 찾으면서 산업은 이러한 지적에 공감하게 되었고, 잠재적인 미디어 수용자들이 동일시하는 취향이나 생활양식에 기초하여 새로운 사회적, 문화적 하위 집단을 규정하고 창출하려는 사업에 뛰어들었다.

그럼에도 불구하고 미디어 이용은 개인적 삶속에서 형성되었던 초기 경험과 동일시에 따라, 혹은 순간의 사회적 맥락에 따라 지배적으로 결정되는 경향이 있다. 가정, 학교의 또래집단, 이웃, 친구들도 개인의 미디어 이용에 영향을 미친다. 특히 젊은 층에 가장 인기 있는 음악과 텔레비전의 경우, 미디어 취향과 소비에서는 주위의 영향력이 크다. 젊은 층의 선호를 연령구분에 따라 세분화하는 것 이외에도 (von Felitzen, 1976; Linvingstone, 2002) 수많은 기준들이 있다. 젊은 성인층의 경험은 직장과 여가활동에서의 사회적 접촉에 따라 재구성된다. 이러한 일반적인 환경적 영향력들은 다른 구체적 요인들 특히 그중에서도 젠더요인과 교차된다.

미디어 이용이 서로 다른 하위집단의 정체성을 표현하고 강화하는 데 중요한 역할을 할 수 있다는 증거는 많다 (Hebdige, 1978). 이는 미디어가 문화의 일부분이기 때문에 놀랄 일은 아니지만 현대사회에서 일탈적 문화와 대안적 문화 사이에 강한 연관성이 있고, 특히 청소년들의 음악적 취향에서 두드러진다는 점은 주목할 만하다 (Murdock & Phelps, 1973; Avery, 1979; Roe, 1992). 사회의 지배적 힘들에 대한 저항은 종종 음악과 춤의 형태들로 나타났다. 이러한 음악과 춤은 하위문화들에 의해 점유되고, 저항의 상징이 된다 (Hall & Jefferson, 1975; Lull, 1992). 현대음악으로 간주되는 것의 대부분은 기성세대, 부모, 교사들이 영원히 혐오할 만한 것들이다. 랩 음악은 여성을 비하하는 것으로 비난을 받았고, 랩 가사에 의해 전파되는 폭력예찬은 아무런 이유가 없는 살인의 극단적 사례들과 연결된다 (예를 들면, 미국 Columbine High School 총격사건).

7 생활양식

'생활양식'(lifestyle)이라는 개념은 태도와 행위의 집합체를 구성하는 한 부분으로 서로 다른 미디어 이용패턴들을 묘사하고 범주화하는 데 사용되었다(Eastman, 1979; Frank & Greenberg, 1980; Donohew, 1987; Vyncke, 2002). 프랑스 사회학자 피에르 부르디외(Bourdieu, 1986)의 선구적 연구는 다양한 문화적 취향의 표현들을 사회적, 가족적 배경과 연관시키려는 연구전통을 대표한다. 어떤 측면에서 생활양식 개념은 미디어 취향(전통적인 미적 예술적 취향과는 달리)이 사회계급이나 교육에 의해 결정된다는 가정에서 벗어나는 것이다. 왜냐하면 생활양식은 어느 정도는 자기 선택적 행동패턴이고 미디어 이용 선택패턴이기 때문이다.

상업적인 마케팅 조사에서 생활양식 개념은 소비자를 다양한 유형으로 분류하고 목표대상을 선정하면서 광고기획을 하는 데 유용하다. 이러한 목적 때문에 기본적인 사회인구학적 범주를 넘어서 심리학적 차원들로 보다 정교하게 수용자를 분류하는 것은 바람직하다. 인구학적 특징과 심리학적 특징을 결합하는 것을 '사이코그래픽'(psychographics)이라 부른다. 생활양식 연구는 사회적 지위를 나타내는 광범위한 변인들, (미디어 이용과 다른 여가활동, 소비유형을 포함한) 행동, 태도, 취향, 가치에 대한 연구를 포함한다. 사실 이런 연구에서 다룰 수 있는 잠재적 영역은 무한하며 미디어와 관련하여 확인할 수 있는 생활양식의 수 또한 무한하다(Finn, 1997 참조). 빈케(Vyncke, 2002)는 세분화된 생활양식을 지적하기 위해 하나의 분류표를 구성했다. 그는 미디어 이용변인이 이러한 분류를 차별화시키는 데 매우 영향력이 크다는 사실을 발견했다. 이것은 미디어 이용이 생활양식 정체성을 표현하고 형성하는 데 매우 중요한 역할을 한다는 사실을 암시한다.

생활양식 개념이 가진 주요한 문제점들 중 하나가 적절한 분석수준을 찾는 것이다. 조한슨과 미겔(Johansson & Miegel, 1992)은 전체 사회적 수준(국제적 비교를 위한), 사회와 문화 내에서의 차이수준, 개인적 수준을 구분한다. 개인적 수준에 대해 이들은 '생활양식은 개인들이 그들 자신만의 특별한, 개인적, 사회적, 문화적 정체성을 창조하려는 열망의 표현'이라고 말한다. 두 번째 수준은 가장 일반적으로 적용되기는 하나 종종 혼란스런 결과를 낳기도 한다. 세 번째 수준은 개인차만큼이 **520**

나 다양한 생활양식이다. 그럼에도 불구하고, 이 개념은 미디어가 사회, 문화적 경험과 의미 있게 연관된 수많은 다양한 방식들을 이해하는 데 유용하다.

 젠더화된 수용자

미디어 이용이 지속적으로 성별에 따라 차이가 있다는 견해는 페미니즘 이론의 영향을 받은 수용연구에서 제기되었다(Seiter, 1989). 성별에 따른 미디어 이용의 차이는 오랫동안 인식되었고, 특정한 유형의 미디어(특히 잡지와 로맨스 소설)는 여성 수용자들을 위해 제작되었다(Ferguson, 1983). 남성들을 위한 독특한 미디어 유형과 장르도 있다. 이러한 가운데 새로운 관심사는 이러한 차이가 가지는 의미가 무엇이며 젠더의 사회적 구성이 어떻게 미디어 선택에 영향을 미치는가(혹은 그 반대)에 있다.

젠더화된 수용자 경험은 특정 종류의 미디어 내용, 일상적인 일, 그리고 '가부장적 사회' 혹은 권력과 관련하여 '남성세상'이라고 여전히 간주되는 그러한 사회적 구조가 복합적으로 만들어내는 산물이다. 이와 관련하여 대량생산되는 로맨스 소설에 빠진(거의 중독된) 여성독자들에 대한 래드웨이(Radway, 1983)의 연구가 자주 인용된다. 래드웨이는 여성독자들의 인터뷰를 통해 로맨스 소설이 갖는 호소력에 대해 설명했다. 로맨스 소설은 무엇보다도 남편과 가사일의 방해에서부터 해방되어, 사적 공간과 시간을 갖는 독서방식에 의해 여성에게 탈출구를 제공한다는 것이다. 둘째로, 로맨스 소설은 환상적 형식임에도 감성을 풍부하게 하는 이상적 로맨스 양식을 보여준다는 점을 지적한다. 비판적 페미니즘이 로맨스 소설을 망상에 가까운 것으로 보는 데 반하여, 래드웨이는 소설에서 여성들이 발견하는 대안과 이미지가 여성에게 힘을 부여하며 일상의 보완적 역할을 한다고 보았다.

젠더화된 수용자의 개념 또한 여성 수용자에게 인기가 있는 라디오와 텔레비전 '드라마' 장르와 연관되어 인용된다(예를 들면, Allen, 1989; Hobson, 1982, 1989; Geraghty, 1991)(제 14장 참조). 일련의 연구들은 드라마의 내러티브 방식(지속성, 불확정성)과 가정주부의 분절적이고 분산되면서도(지속적 시청을 방해하는) 동시에 유연성 있는 일상생활의 전형적 특징들과 연결시켰다. 일반적으로 여성들은 드라마가 장르의 한 형태로서는 수준이 낮다는 것을 인식하기는 하지만, 연속극을 많이 선호한다(Alasuuatry, 1992). 여성 시청자들에 대한 민속지학적 연구결과는 이 장르가 여성들에게는 특별히 의미가 있는 것으로 널리 전유되며, 종종 시청자 자신의 일상적 경험에 대한 대화와 반성주제를 제공한다는 점을 지적한다(Livingstone, 1988).

여성잡지 수용자와 관련하여, 험즈(Hermes, 1995)는 여성독자들이 자신의 독서행위와 여성잡지 장르 내에서의 다양한 종류들을(페미니즘적 내용에서부터 전통적 내용에 이르는) 에 대한 상대적 매력을 설명하는 '해석 레퍼토리' 집합이나 의미구조를 밝혀냈다. 예를 들면, 레퍼토리 중 하나가 전통적 여성잡지를 읽으면서 느끼는 가벼운 죄책감이나 여성운동의 주장을 지지해야 한다는 의무감이다. 이러한 일련의 견해들은 종종 서로 불일치하거나 의견대립을 벌이지만, 여성잡지가 미디어로서 갖는 상대적 중요성이 떨어지기 때문에(심지어 여성잡지의 애독자들도 이렇게 생각한다) 이러한 모순은 다루기가 더 쉽다.

젠더화된 수용자의 본질은 수용자의 성구성 비율이 아니라 수용자 구성원에게 남성 혹은 여성으로서의 특별한 경험 측면에서 어느 정도 의미가 부여되는가에 있다. 미디어 이용에 대한 수많은 연구들은 성별에 따라 콘텐츠에 대한 선호와 만족이 서로 다르다는 사실을 보여준다. 앤더슨과 동료들은(Anderson et al., 1996) 스트레스를 받는 경우 여성들은 게임쇼와 버라이어티쇼를 더 많이 시청하는 반면 남성들은 폭력, 액션물을 더 많이 본다는 것을 발견했다. 이는 (스트레스를 받는 경우) 일반적 수용자에서 나타나는 성별간의 차이보다 더 강하게 나타난다는 점을 지적한다. 성별 간의 차이에도 불구하고 서로 공통되는 목적이나 행동, 그리고 이해가 있음을 입증하는 연구도 많다.

수용자 젠더화의 또 다른 측면은 텔레비전과 같은 가정용 미디어를 이용하는 복잡한 사회적 행위가 남녀 간의 관계와 특정한 성역할에 의해 어느 정도 영향을 받는가의 문제이다. 이에 대한 가장 고전적인 연구사례가 몰리(Morley, 1986)의 연구이다. 몰리는 (텔레비전) 가족시청에 대한 민속지학적 연구에서 가정과 같은 미시적 사회환경에서도 텔레비전 이용에서 불문율과 행동에 대한 이해 및 패턴이 존재한다는 것을 강조했다. 전형적으로 (저녁시간) 텔레비전을 통제하는 권력은 남성에 의해 행사된다(Lull, 1982).

일반적으로 여성들은 텔레비전 시청을 계획하거나 지속적으로 텔레비전을 시청하지 않는 것으로 나타났다. 여성들은 텔레비전을 시청하면서 다른 일을 병행하고, 사회적 이유 때문에 다른 가족이 시청하길 원하는 프로그램을 보며, 시청하는 동안 대화하거나, 혼자 텔레비전을 시청하는 것에 대해 죄책감을 느낀다. 여성들은 텔레비전을 가족 간에 발생한 긴장을 완화시키고, 싸움을 조정하며, 시청상황에서 다양한 정도의 프라이버시나 친목을 촉진하는 자원으로 인식하는 경향도 있다. 몰리(Morley, 1986)는 남성이 부인과 다투었을 때 자신의 채널 통제권을 이용해 아내에게 보복하는 경우가 있다고 지적한다. 이 경우 남성은 독점적으로 스포츠 경기를 시청한다. 아마도 여성들도 기회가 있다면 이에 상응하는 다른 행동을 할지도 모른다. 마지막으로, 가정에서 새로운 커뮤니케이션 기술을 이용하거나 채택하는 데 발생할 수 있는 젠더의 영향력 역시 중요한 연구 관심사이다(Rakow, 1986; Frissen, 1992; Moores, 1993; Slack & Wise, 2002).

사교성 미디어 이용

미디어 이용이 시간과 장소의 상황과 사회적, 문화적 습관에 의해 형성된다는 주장은 수용자연구 초기부터 지금까지 지속되고 있다. 사람들은 커뮤니케이션 목적(예를 들면, 뉴스시청을 통한 학습) 뿐만 아니라 다양한 사회적 이유(예를 들면, 대화, 일상생활의 조직)로 미디어 수용자 대열에 동참한다. 예를 들어, '영화보러 가는 것'은 특정 영화를 보는 기회라기보다는 사회적 활동으로서의 의미가 더 있다(Handel, 1950). 엘리어트 프리드슨(Eliot Friedson, 1953)은 실제 미디어 경험의 집단적 성격(대중행동이론이 제안했던 것과는 대조되는)을 강조하면서, 영화와 방송 수용자에서 나타나는 이에 대한 증거들을 제시한다. 그는 다음과 같이 적는다.

많은 수용자 행위는 특정한 사회적 활동의 복잡한 네트워크 안에서 일어난다. 하루의 특정시간, 특정한 날들, 특정한 계절 등과 같은 시간적 요인들이 매스미디어와 관련한 구체적 활동들과 연관된다. 개인은 자주 자신의 사회적 집단 구성원들과 함께 시청(혹은 관람)행위를 하며, 과거 매스 커뮤니케이션 경험의 의미와 미래의 경험에서 기대하게 될 의미에 대해서 이야기한다.

미디어 이용(혹은 미디어 이용과 관련한 특별한 행사)은 '메시지' 수신이나 개인적인 충족획득 이상의 이미를 지닌다. '나쁜' 영화를 보는 것이 '좋은' 영화를 보는 것만큼 만족스러울 수 있다. 라디오, 음악감상, 텔레비전 시청도 마찬가지이다. 물론 이러한 것들은 항상 가족생활의 복잡한 패턴들에서 부수적 위치를 차지한다는 점에서 영화와 다르다. '텔레비전 시청'이라는 용어가 일반적으로 '텔레비전 프로그램 시청'이라는 용어보다 실제 시청상황을 더 정확하게 묘사하기는 하지만, 한편으로는 가정에서 보편적으로 존재하는 텔레비전의 중요성을 과장할 수도 있다.

미디어 이용의 이러한 사회적 특성에도 불구하고, 매스미디어 이용이 사회적 고립형태와 관련 있다는 견해가 있었고(Maccoby, 1954; Bailyn, 1959), 컴퓨터 게임이나 인터넷에 대해서도 이와 비슷한 염려가 있었다. 실제로 사회적으로 고립되어 있고, 또한 그 고립을 강화시킬 수도 있는 미디어 이용에 중독된 개인들이 많다. 미디어 중독에 대한 염려는 미디어의 매력성이라는 전형적 의미에 대한 관심을 다른 곳으로 돌렸다. 대부분의 미디어 이용은 상당히 교제적 성격을 띤다. 대부분의 미디어 이용 그 자체는 보편적으로 나타나는 정상적 사회적 행위의 한 형태이며, 실제적인 사회적 상호작용에 대한 좋은 대체물이다. 또한 사회적 학습과 사회에의 참여를 위한 중요한 사회화의 동인으로 여겨진다.

수용자 경험의 사교적 측면은 단순히 활동을 공유하는 것 이외에도 미디어 이용의 익숙한 (그리고 입증된) 특징들에서 쉽게 발견할 수 있다. 텔레비전과 음악 같은 미디어는 다른 사람을 즐겁게 하기 위해서 또한 사회적 상호작용을 쉽게 하기 위해서도 이용된다. 미디어를 함께 이용하면서 미디어 경험에 대해 대화하기도 한다. 뉴스아이템, 스토리 또는 공연과 같은 미디어 콘텐츠는 대화주제뿐만 아니라 많은 사람들이 관심을 공유할 수 있는 대상이 된다. 미디어와 관련한 대화를 통해 낯선 사람들과의 어색함을 완화하기도 한다. 가정에서 미디어는 자주 다른 모든 활동을 방해하거나 대체하는 것이 아니라 이러한 활동의 배경이 된다. 예를 들면, 큐비와 칙센트미하이(Kubey & Csikszentmihalyi, 1991)는 사람들이 텔레비전을 시청하는 시간 중 63. 5％는 다른 일을 병행한다는 연구결과를 내놓았다.

　전통적 사교활동의 양식인 대인간의 대화, 외출 등이 미디어 때문에 사라졌다고 말할 수는 없다. 비록 카드놀이, 음악파티, 가족구성들 간의 게임과 같은 친목성 가족오락들이 줄어들고 있다고 볼 수 있기는 하지만 이러한 변화는 미디어뿐만 아니라 다른 이유 때문일 수도 있다. 로젠그린과 동료들(Rosengren et al, 1989)은 스웨덴 아동의 발달연구에서 미디어 이용이 다른 사회적 행동과 매우 다양하게 얽혀 있음을 발견했다. 특히 전반적으로 '아동의 텔레비전 시청과 이들의 사회적 상호작용 사이에 정적 상관관계가 있다'는 결과를 보여준다.

　연령(학교 학년), 젠더, 사회계층 모두 이러한 관계를 매개하는 데 중요한 역할을 하고 있었다(Buckingham, 2002 참조). 대부분의 미디어 이용은 우리의 현실생활에서의 자원(돈, 이동 가능성, 만날 수 있는 친구와 사회적 접촉)에 따라 사교활동에 도움을 줄 수도 있고 그렇지 않을 수도 있다. 이는 로젠그린과 윈달(Rosengren & Windhal, 1972)이 지적한 '상호작용의 잠재력'과도 연결된다. 현대 도시생활에서 그리 간단하게 이루어질 수 없을지도 모르는 사회적 접촉의 대안으로 기능하면서 미디어는 종종 고독을 달래주고 고립으로 인한 스트레스를 완화해 주기도 한다.

　매스미디어에 의해 매개된 사회적 접촉은 다른 사람과의 실재접촉을 대체할 뿐만 아니라 보완하고 보충한다. 그 결과로 사회적 상호작용의 잠재력이 매스미디어에 의해 확장될 수도 있고 축소될 수도 있다. 미디어 이용이 사회적 고립의 직접적인 원인이라는 인과관계를 보여주는 증거를 찾기는 사실 어렵다(Finn & Gomm, 1988; Rubin et al. , 1990; Perse & Rubin, 1990; Canary & Spitzberg, 1993; Moy et al. , 1999). 사회적 상호작용과 미디어 이용 사이를 검증해 본 경험적 연구결과만을 볼 때 빈번한 실재 사회접촉을 하는 사람의 경우 평균이상의 미디어 접촉을 동반한다는 것을 알 수 있다. 이러한 결과가 미디어 이용과 사회적 접촉 간의 관계를 둘러싼 이슈를 해결하는 것은 아니지만, 이 두 변인들 간의 상관관계는 수용자가 비사회적이라기보다 사회적이라는 주장을 뒷받침하는 것으로 이해될 수 있다. 다른 한편으로, 다채널(그리고 다채널 수신자) 환경에서의 텔레비전 이용에 대한 누적된 연구결과는 상당부분의 텔레비전 이용이 혼자인 상황에서 이루어진다는 사실을 지적한다. 1992년 독일 피플미터 데이터를 분석한 크로츠와 하제브링크(Krotz & Hasebrink, 1988)의 연구는 혼자 텔레비전을 시청하는 시간이 전체의 61％가량 된다는 사실을 보여주었다.

미디어 이용 특히 가정에 편재한 텔레비전의 이용은 일상생활과 다양한 방식으로 얽혀있다. 제임스 럴(James Lull, 1982)은 각 가정에 대한 참여 관찰 연구를 통해 텔레비전의 사회적 이용유형을 분류했다. 이 분류의 일부분은 다른 미디어에도 적용된다. 첫 번째 유형은 '구조적'(structural)인 것으로, 이는 미디어가 일상적 활동에 대한 시간적 틀을 제공하는 다양한 방법들을 제시한다. 일반적으로 이른 아침 뉴스 시청으로 시작하여 아침식사 시간의 정보제공, 개인의 스케줄에 따른 일로부터의 휴식, 식사시간, 퇴근과 익숙하고 적절한 라디오와 텔레비전 프로그램으로 저녁휴식을 취한다. 이는 멘델숀(Mendelshon, 1964)이 '하루의 일과를 구분짓는' 라디오 기능이라고 언급한 것이다. 미디어에 의해 만들어진 이러한 구조는 미디어가 삶의 동반자라는 느낌을 주고 하루가 흘러가는 단계를 구분하고 단계별로 적합한 분위기를 만드는 데 도움을 준다. 두 번째 유형은 '관계적'(relational)인 것으로, 이는 앞에서 콘텐츠에 대해 언급한 사항들, 즉 대화를 위한 '매개수단'으로, 그리고 비공시적이지만 친밀하지는 않은 성격의 사회적 접촉을 편하게 만드는 방법으로서의 콘텐츠의 역할을 포함한다.

세 번째 유형은 '유대'(affiliation)와 '회피'(avoidance)로 요약할 수 있는데, 이것은 사람들이 같은 물리적 공간을 공유하는 다른 사람들과 사회적으로 가까워지거나 또는 멀어지길 원하는 사회적 관계의 역동성을 지칭한다. 미디어에 따라 이러한 유대와 회피의 기회가 다르게 나타나게 된다. 예를 들면, 텔레비전에서 축구경기를 함께 시청함으로써 (사회적) 유대감이 표현된다. 회피는 다양한 양식으로 나타난다. 책을 읽는 것, 헤드폰으로 음악을 감상하는 것, 또는 핸드폰 이용 등과 같이 혼자 독립적으로 미디어를 이용하는 것 등이 회피의 예들이다. 사적 공간뿐만 아니라 공적 공간에서 신문을 읽는 것은 종종 혼자 있고 싶다는 의향을 표시하는 것이다. 집안의 다른 공간에서 각자 텔레비전을 시청하고 라디오를 청취하는 것은 집안에서라도 혼자 있고 싶다는 의사를 표현하는 것이다. 이러한 방식으로 미디어를 이용하는 것은 보통 다른 사람을 방해하지 않으려는 행위로 이해되고 적절한 것으로 받아들여진다. 사실상 보다 '적절한' 미디어 이용동기와 자기고립이라는 다소 바람직하지 않은 측면을 구분해 내기가 불가능하다. 가정에서 아이들이 자라면서 개인행동이 늘어나고, 이러한 개인행동이 늘어나는 것은 구성원들이 각자 다른 미디어를 이용하는 것과 밀접하게 관련된다(von Feilizen, 1976; Livingstone, 2002). 럴이 분류한 나머지 유형들(사회적 이용유형들) 가운데 하나가 '사회적 학습'(*social learning*)이다. 사회적 학습 유형은 미디어 이용의 다양한 사회화의 측면들을 포함한다(예를 들면, 특정한 역할모델들을 채택하는 것). 마지막은 '능력/지배'(*competence/dominance*) 유형이다. 이 유형은 미디어 하드웨어와 소프트웨어 구입을 둘러싼 의사결정을

포함하여 신문구독에서 텔레비전 리모콘 사용에 이르기까지 모든 미디어 이용을 통제하는 사회적으로 구조화된 권력을 말한다. 이는 또한 가족과 친구 간의 사회적 접촉에서 의견지도자 역할을 하기 위해 미디어로부터 얻은 정보와 전문지식을 이용하는 것을 말한다(Katz & Lazarsfeld, 1955). 가정을 참여관찰한 연구에 따르면, 미디어 이용이 가족마다 다양한 형태를 띠며, 아주 복잡한 무언의 법칙과 상호이해에 따라 결정된다(Morley, 1986 참조).

10 미디어 이용의 규범적 틀

미디어 수용자에 대한 앞의 논의들은 미디어 수용자연구가 규범적, 심지어 판단적인 틀 내에서 이루어지는 정도를 상기시켜주고(Barwise & Ehrenberg, 1988), 또한 미디어 이용이 전적으로 사회화 과정으로 편입된다는 것을 보여준다. 우리가 살펴본대로 미디어를 많이 이용하는 것 자체를 해로운 것으로 보기 어렵지만, 미디어에 적용되는 가장 기본적인 규범은 우리가 미디어를 (아무리 좋은 것이라도) 너무 많이 이용할 수도 있다는 것이다. 미디어 이용에 대한 규범적 시각은 미디어 이용이 자발적이고, 자유로운 시간에 이용하며, 역할규정이 어려우며, 사회적 의무와 관련이 별로 없는 즐거운 행위라는 견해와는 대조가 된다. 그러나 수용자연구는 지속적으로 미디어 행동을 비공식적으로 규제하는 데 도움을 주는 가치체계들이 존재한다는 사실을 입증한다. 크레이머(Kramer, 1996)가 관찰한 대로, '가족구성원들이 숙

제, 식습관, 종교적 의무와 같은 다양한 문제들에 대해 많은 규칙들과 이견을 가지고 있듯이 텔레비전 시청에서도 구성원들 사이에 이러한 규칙들과 이견이 있다'. 우리는 미디어 이용에 대한 규범적 통제를 미디어 이용에 대한 규범을 가족적 맥락(부모의 책임이 개입되는 맥락)에 부과된다는 입장에서 인식한다(Geiger & Sokol, 1959; Brown & Linne, 1976; Hedinsson, 1981; Rosengran & Windahl, 1989).

수용자 스스로가 미디어를 잠재적으로 좋거나 나쁜 영향을 미치는 것이며 사회의 감독과 통제가 필요하다고 간주한다는 연구결과는 매우 많다. 최소한 부모에 의해 미디어는 통제되어야 한다는 인식은 널리 퍼져있다. 예를 들면, 건터와 윈스턴(Gunter & Winstone, 1993)은 영국을 대상으로 한 연구에서 조사대상자의 90%가 부모들이 아이들의 과다한 텔레비전 시청을 막아야 하고, 다수가 시청에 대한 통제에 찬성했다는 것을 밝혔다. 이 조사에서 응답자의 50%는 영국 텔레비전이 엄격히 규제되고 있음을 인식했고, 75%는 이러한 규제에 만족하거나 현재 행해지는 규제보다 더 강한 규제를 원했던 것으로 나타났다.

미디어에 대한 규범적 논의가 부정적인 영향에 대한 두려움에서 나오는 반면, 미디어 이용 그 자체는 (위에서 본 바와 같이) 도덕적으로 모호한 것으로 비춰질 수 있다. 스타이너(Steiner, 1963)는 시청자들이 텔레비전 과다시청에 대해 죄책감을 느낀다는 경향을 발견했으며, 이를 비생산적인 시간이용을 비판하는 청교도적 도덕률에 영향받은 것으로 분석한다. 특히 중산층 수용자들에게서 이러한 가치에 대해 민감한 것으로 드러났다. 래드웨이(Radway, 1984) 역시 로맨스 소설을 읽는 예민한 여성독자들에게서도 비슷한 이유로 비슷한 종류의 자책감을 느낀다는 사실을 발견했다. '자책감은 여가와 놀이보다는 일에 가치를 두는 문화 속에서 사회화된 당연한 결과이다'. 두 사례 모두에서, 자책감은 행동보다는 말에서 드러나는데, 이러한 결과는 사회적 규범편향(*social desirability*)의 영향을 반영하는 것이라고 볼 수 있다. 이는 노르웨이에서 텔레비전 시청과 관련된 하겐(Hagen, 2000)의 질적 연구결과에 의해서도 입증된다. 텔레비전은 '시간도둑'으로 인식되었고, 다른 활동들보다 도덕적으로나 미적으로 저급한 것으로 평가되었다.

여성잡지 독자에 대한 연구에서, 험즈(Hermes, 1995)는 여성독자들의 '해석적 레퍼토리'(독서경험을 규정짓는) 내에는 페미니스트 관점의 출판물을 읽어야 하는 의무감와 전통적인 여성잡지를 즐기는 것에 대한 죄책감이 공존한다는 사실을 밝혀냈다. 바와이즈와 에른버그(Barwise & Ehrenberg, 1988) 그리고 큐비와 칙센트미하이(Kubey & Csikszentmihalyi, 1991)는 이러한 죄책감은 텔레비전과 관련해서는 매우 약하지만(힘즈도 잡지와 관련하여 이 점에 동의할 것이다), 그럼에도 불구하고 쾌락의 시대에 텔레비전과 같은 무해한 쾌락과 관련하여 여전히 보편적으로 지속된다고 말하고 있다.

11 콘텐츠에 대한 수용자의 규범

규범적 기대는 미디어 이용행위뿐만 아니라 미디어 콘텐츠 측면들과도 연관된다. 사람들은 미디어에 대해 칭찬하기도 하고 불평하기도 한다. 대개 비판보다는 긍정적 반응이 많지만, 여기서 중요한 문제는 미디어가 보여주는 수행이 공중의 태도, 판단, 의견에 대한 표현으로 여겨진다는 점이다. 수용자들은 미디어가 수준 높은 취향과 도덕성, 때로 지역사회와 애국심, 민주주의와 같은 중요한 가치에 부합하는 콘텐츠를 제공해야 한다고 기대한다. 픽션과 오락물의 경우 규범적인 논의의 대상은 대개 저속한 언어와 폭력, 성, 미디어가 제공하는 행동모델 등과 관련된다. 이러한 논의에서 주된 준거점은 가정에 대한 가치, 아이들에 대한 보호, 개인적으로 영향을 받을 가능성, 그리고 어른의 도덕적 기준이다.

윤리문제 외에도 수용자들이 정치적 편향과 공정성의 근거로 미디어의 질적 수준에 민감하고, 미디어 스스로의 표현의 자유에 대한 권리보다는 불편부당과 신뢰성을 더 강조한다는 사실도 주목할 만하다(예를 들면, Comstock, 1988; Gunter & Winstone, 1993; Goding & van Snippenburg, 1995; Fitzsimon & McGil, 1995; McMasters, 2000). 수용자들은 종종 극단적이거나 비정상적인 정치적 견해를 공적으로 제시하는 주류 미디어에 대해 용납하지 않는 경향이 있다. 일반적으로 수용자들이 미디어 정보에 대해 적용하는 규범들에는 정보의 완전성, 정확성, 균형성, 다양성이 있다. 수용자들은 뉴스정보원 역시 상대적 신뢰도에 따라 판단한다(Gaziano & McGrath, 1987). 우선 무엇보다도 뉴미디어(예를 들면, 온라인 뉴스)가 신뢰를 회복하기 어려운 것과 마찬가지로(Johnson & Kaye, 2002; Althaus & Tewkesbury,

2000; Schweiger, 2000), 다양한 이유로 미디어는 신뢰를 잃어가고 있으며 일단 신뢰를 잃어버리면 회복하기가 매우 어렵다.

미디어에 대해 수용자들이 비판적 태도를 갖고 있기는 하지만, 실제로 개인적으로 미디어로부터 침해를 당하는 경우는 많지 않으며 수용자의 일상적 미디어 이용 행위는 상대적으로 규범에 의해 제약받지 않는 경우가 많다(Gunter & Winstone, 1993 참조). 이런 역설적 현상은 개인의 취향과 선호에 기반한 사적 규범들이 다른 많은 행동들에서처럼 공적 규범과 일치하지 않는다는 사실을 반영할 수도 있다. 이는 또한 미디어에 대해 사람들이 표명한 평가적 태도가 다소 피상적이고 깊이 내재화되었다기보다는 사회적으로 바람직한 방향으로 응답하려는 속성이 학습되었을 수도 있다는 점을 암시한다. 그러나 이것이 미디어 콘텐츠를 선택하고 이에 반응하는 개인적 선호가 개인의 가치에 의해 영향을 받지 않는다는 것을 의미하지는 않는다(Johansson & Miegel, 1992 참조). 그보다는 이런 가치들의 영향이 종종 암묵적이고 표면적으로 드러나지 않는다고 볼 수 있다.

수용자들이 콘텐츠에 부여하는 가치는 미디어별로 또한 장르별로 차이가 있다. 예를 들면, 알라수타리(Alasuutari, 1992)는 핀란드 시청자들의 콘텐츠 판단에 있어서 일종의 '도덕적 위계체계'가 있다는 사실을 보여주었다. 이러한 위계체계에 따라 시청자들은 뉴스와 정보 프로그램은 수준이 있는 것으로, 드라마는 수준 낮은 것으로 파악했다. 이러한 현상은 심지어 드라마 팬들에게도 적용된다(이러한 지각은 상당히 보편적이다. 예를 들면, Ang, 1986; Morley, 1986; Seitor, 1989 참조). 즉, 드라마 팬들도 그러한 위계를 반드시 따라야 한다고 느끼지는 않지만 그것에 대해 인식은 하는 것으로 나타났다. 이러한 평가에 위계가 있다는 것은 놀라운 사실이 아니다. 왜냐하면 이는 전통적인 문화적 가치와 취향, 특히 리얼리티와 정보에 대해 높이 평가하는 경향을 반영하기 때문이다.

비판적 거리의 다른 형태들에는 도덕적 이데올로기적 근거로 콘텐츠의 일부 측면들을 반대하는 것도 포함된다. 다시 말하면, '노련한' 수용자 구성원들(정기적으로 시청하고, 논리가 정연한 시청자들)은 특정 미디어 콘텐츠에 대해 자신이 취할 수 있는 입장들의 레퍼토리가 매우 광범위한 것으로 보인다. 험즈(Hermes, 1995)도 여성 잡지 연구에서 비슷한 결론을 내리고 있다. 즉, 수용자 반응의 복잡함은 독자들의 상대적인 관여 부족이나 관련 콘텐츠의 피상성에 대한 인정과는 다소 무관한 것

- 미디어(특히 텔레비전)를 너무 많이 이용하는 것은 수용자 개인에게 나쁘다.
- 어린이의 텔레비전 이용은 보호, 감독되어야 한다.
- 각각의 미디어와 장르에 대한 가치평가는 서로 다르다.
- 수용자는 뉴스에서 정확성과 불편부당성을 기대한다.
- 일반적인 수용자 콘텐츠는 지배적인 도덕적, 사회적 규범들을 위반해서는 안 된다.
- 미디어가 국가적 이익이나 안전을 손상시킬 정도로 자유로워서는 안 된다.

으로 보인다.

 수용자 관점

제 12장에서 논의된 바와 같이, 매스 커뮤니케이터들은 자신의 역할인식, 매체유형, 혹은 개념에 의존하면서 본질적으로 미지의 영역인 수용자에 대한 지향성 '문제'를 해결하고 있다. 여기서는 수용자 입장에서 커뮤니케이터-수용자의 관계에 대해 간단하게 살펴보고자 한다. 수용자 입장에서의 콘텐츠에 대한 규범적 관심은 이미 기술했다. 수용자는 일상생활에서 미디어와 커뮤니케이터들과 자신 간의 관계를 문제라고 느끼지 않는다. 자유와 다양성이 보장되는 조건들 아래서 수용자는 자신의 개인적 선호와 적합하고 흥미롭다고 판단하는 것에 따라 직접 미디어를 선택한다. 그럼에도 불구하고 수용자 입장에서 노력이 필요하며 때로 어느 정도의 불편함을 수반할 수도 있다. 수용자와 정보원의 관계에서 고려해야 할 첫 번째 차원이 정서적 방향(*affective direction*)의 차원이다.

　비록 수용자가 자유롭게 미디어를 선택함에도 불구하고, 실질적인 수용자 개인은 자신이 스스로 노출되었다고 생각하는 미디어나 특정 콘텐츠를 개인적으로 선택하지 않았을 수도 있다. 가족이나 다른 집단의 구성원들이 듣고, 읽고, 볼 수 있는 것에 대해 사람들의 선택을 따를 수밖에 없는 경우가 이에 해당된다. 부모, 파트너, 친구 등이 이러한 미디어의 '미시적 게이트키퍼들'(*micro-gatekeepers*)이 될 수도 있다. 한편, 미디어 선택에서 실질적 대안이 없는 경우, 예를 들어서 한 도시에 하나의 신문만 존재하는 경우(실제 이러한 상황은 충분히 있을 수 있다)도 이에 해당된다.

광고, 우편, 전화를 통해 전달되는, 요구하지도 원하지도 않은 수많은 메시지 또한 비슷한 경우이다. 수용자 스스로 미디어 채널과 정보원, 그리고 콘텐츠를 선택했다고 하더라도 미디어 콘텐츠의 일부 측면들에 대해 쉽게 불만을 가질 수 있고, 미디어에 대해 부정적으로 반응할 수 있는 여지는 많다. 수용자는 지속적으로 선택하고 평가할 필요성에 직면하고, 여기에는 수용자 자신이 싫어하는 것 때문에 어쩔 수 없이 다른 것을 선택하는 경우도 포함된다.

정보원, 매체, 메시지에 대한 긍정적 혹은 부정적 감정과는 별도로 수용자의 '관여'(involvement)나 '애착'(attachment) 정도를 고려할 필요가 있다. 관여나 애착 정도는 우연히 시청하는 것에서부터 미디어에 등장하는 인물이나 미디어 콘텐츠에 대해 개인적으로 깊은 관여감을 느끼는 것에 이르기까지 다양하다. 초기 라디오 시대에서 현재에 이르기까지 커뮤니케이터들은 친근한 연설양식을 이용하거나, 수용자의 존재를 가장하는 음향효과를 섞거나, 아니면 수용자 참여를 독려함으로써 보이지 않는 수용자에 대해 개인적 접촉과 친밀성의 환상을 심기 위해 노력했다. 라디오나 텔레비전에서 의사참여(pseudo-participation)를 유도하려는 노력이 계속되었고, 지금은 예전보다 훨씬 더 노력하고 있으며, 이러한 노력이 팬덤(fandom) 현상이 보여주듯이, 수용자로부터 일부 반응을 자아낸다. 하지만 실제로 그 관여의 정도가 인위적으로 만들어진 것인지 아니면 수용자들 자발적으로 이루어진 것인지를 구분하기란 쉽지 않다. 그러나 험즈(Hermes, 1999)가 지적한 바와 같이, '미디어 인물들을 실재로, 그리고 우리 일상의 문화적, 감정적 경험의 일부분으로 보는 것이 미디어 텍스트 의미구성에서 가장 핵심적인 부분이다'.

'준사회적 상호작용'(parasocial interaction)이라는 개념은 호톤과 올(Horton & Wohl, 1956), 실제 사람들과의 직접적 상호작용을 미디어의 등장인물이나 명사가 대체하는 것을 묘사하기 위해 소개된 것으로, 호톤과 올은 이러한 준사회적 상호작용을 묵시적으로 실제의 사회적 상호작용보다 덜 만족스러운 것으로 취급했다. 하지만 상호작용이 전혀 없는 것보다 가상이라도 상호작용이 있는 것이 차라리 나을 수 있고 또한 실제 사회적 접촉이 없는 것에 대한 반응으로 간주될 수도 있다. 루빈과 동료들(Rubin et al., 1990)이 내린 '수용자 구성원들이 자신이 선호하는 텔레비전 뉴스 진행자와 상호작용하고 있다고 느끼는 정도'로서의 준사회적 상호작용

(PSI)의 정의를 따라 준사회적 상호작용의 정도를 측정하려는 척도가 지속적으로 개발되었다(Austin, 1992).

로젠그린과 윈달(Rosengren & Windahl, 1989)은 미디어와 수용자 관계의 두 가지 차원들을 바탕으로 '텔레비전 관계'의 4중분류를 제안했다. 이러한 것들 중하나가 '상호작용'(interaction) — 스크린상의 배우들과 상호작용한다는 느끼는 것 — 이다. 두 번째는 '동일시'(identification)의 정도 — 미디어 인물에 대한 관여 — 이다. 미디어에 대한 애착의 극단적 사례는 이 두 가지 차원들이 모두 높게 나타나는 경우이다. 로젠그린과 윈달은 이러한 상황을 '포획'(capture)이라고 명명한다. 정반대의 경우(동일시과 관여가 모두 낮은 경우)는 '초연함'(detachment)으로 명명된다. 노블(Noble, 1975)은 아동들의 텔레비전 이용과 관련한 초기연구에서 텔레비전에 등장하는 인물에 대한 아동들의 관여가 높다는 증거를 제시했다. 그는 다음과 같이 보고했다. '텔레비전 출연자는 시청자가 정기적으로 이야기하고 상호작용하는 스크린 공동체와 유사한 그 무엇으로 봉사한다. 이는 하나의 확장된 친척집단으로 많은 사람들에게 봉사한다'. 노블은 미디어 등장인물이나 명사에 대한 관여도의 정도에 차이가 있을 수 있다는 것도 지적한다. 이에 반해 등장인물과의 감정공유와 현실접촉의 감소를 유도하는 '동일시' 현상이 있다. 동일시의 의미는 좀 문제가 있다. 코헨(Cohen, 2001)은 동일시를 준사회적 상호작용, 미디어 등장인물에 대한 호감, 그리고 단순히 좋아함과 구분한다. 그는 동일시를 '수용자 구성원이 등장인물의 정체성, 목표, 관점들을 평가하는 상상적 반응'으로 정의한다.

표 16.5
미디어에 대한 수용자 지향성 유형들
• 좋아함 혹은 호감   • 관여
• 준사회적 상호작용
• 상호작용성   • 애착
• 동일시   • 포획   • 팬덤

13 미디어 팬덤

수용자들은 멀리 떨어져 있는 미디어 정보원과 여러 가지 방식으로 연결된다. 특히 가족, 친구 또는 사회에서 접하는 다른 사람들의 중재를 통해서 연결될 수 있다. 비록 매우 즉흥적이 아닌 미디어에 의해 계획되거나 조작되는 것이기는 하지만 제도화된 '팬덤'(fandom)도 이 범주에 포함시킬 수 있다. 수용자들은 미디어 스타나 명사들(대부분의 경우가 이러한다)과 강하고 특별한 애착을 경험할 뿐만 아니라 특정한 종류의 미디어 콘텐츠(음악, 영화나 픽션 장르)에 대해서도 강한 애착을 경험한다. 팬덤이 가장 약하게 나타나는 것이 미디어에 대한 애착이다('영화 팬'이라는 오래된 표현에서와 같이). 팬덤이 가장 강력하게 나타나는 경우가 미디어 인물에 초점을 맞추는 고도의 감정적 투자와 활동이다. 강도는 덜하지만 비슷한 경우가 특정 텔레비전 시리즈 추종자들이 허구적 인물에 대한 애착이 연기자에 대한 애착과 뒤섞여 있는 경우나, 허구와 현실에 대한 구분이 사라지는 경우이다.

비판가들의 눈에는 팬덤은 종종 대중문화의 결과이자 대중행동의 사례라고 할 수 있는 미성숙과 불합리성과 연관된다. 젠슨(Jensen, 1992)이 지적했듯이, 우리는 팝 그룹의 팬이 원칙적으로 오페라 팬과 어떻게 다른가를 말하기란 어렵지만 팬덤을 많은 다른 문화적 활동영역들에서의 열렬한 '애호가'(aficionados)와 똑같이 보지 않는다. 팬덤은 또한 조작과 착취의 증거 — 상품과 연기자들과의 유대를 강화하고, 홍보를 위해 도우며, 판매촉진과 다른 미디어 '부산물들'로부터 추가로 돈을 벌어들이기 위해 미디어에 의해 조장되는 그 무엇 — 로 해석된다. 이것은 상품의 생명을 확장시키고 이윤을 극대화하는데 도움을 준다(Sabal, 1992). 이것이 사실이기는 하지만, 팬덤은 미디어에 의한 조작이 아니라 수용자의 '생산적 힘'(productive power)을 보여주는 것이라는 대안적 관점도 존재한다(Fiske, 1992). 이 관점에 따르면, 팬들은 미디어에 의해 제공되는 재료들로부터 적극적으로 새로운 의미를 창조하고, 자신의 집단을 미디어의 교묘한 조작적 장악으로부터 분리시키기 위한 문화적 구별의 체계들, 개성적 표현, 사회적 동일시 및 연합을 만들어 낸다.

팬덤은 집단적인 그 무엇 — 강도 높은 매력에 대한 의식적으로 공유되는 느낌 — 으로 가장 잘 묘사된다. 물론 개인 팬들이 있지만 단 한 명의 팬이 있기란 힘들다(개념이 중복될 수도 있지만). 팬덤은 또한 팬들이 서로 결합되고 자신들의 애착을 공적으로 보여줄 경우(티셔츠, 팬 대상 잡지, 스타일 등) 팬들 스스로에 의해 형성된다. 팬덤은 미디어와의 관계를 만족스럽게 정의하고 스타와 열성팬들 사이의 실질적 '거리'를 연결시켜 준다. 그럼에도 불구하고, 팬덤은 높은 기대감과 대리적인 감정적인 애착이 팬들에게 잠재적으로 상처를 안길 수 있기 때문에 고통스러운 경험일 수도 있다. 팬덤은 팬들이 변덕스럽고 잘 용서하지 않으며 궁극적으로는 버릴 **＊534**

수 있기 때문에 감정의 대상(예를 들면 스타)에게 불리한 면을 가질 수도 있다. 팬들은 또한 스타를 가십, 질투, 혐오대상으로 취급한다(Alberoni, 1972). 이는 다른 미디어에 의해 종종 장려되기도 한다.

<table>
<tr><td colspan="1" align="right">표 16.6</td></tr>
<tr><td>팬덤의 구성요소들</td></tr>
<tr><td>• 감정적 투자와 동일시</td></tr>
<tr><td>• 부수적 활동에의 관여</td></tr>
<tr><td>• 공유된 관심의식(팬 공동체)</td></tr>
<tr><td>• 미디어의 팬 모집과 조작</td></tr>
<tr><td>• 열렬한 애호가(aficionado) 되기</td></tr>
<tr><td>• 비합리성 이미지</td></tr>
</table>

수용자 개념의 종언?

제 15장 서두에서 논의한 바와 같이 수용자 개념은 다양한 방식으로 정의될 수 있고 고정된 의미를 지니는 것이 아니기 때문에 이를 다루는 데는 생각보다 문제가 많다. 미디어산업의 관점보다 수용자 스스로의 관점을 채택하면 문제는 더욱 복잡해진다. 서로 다른 수용자들은 공유된 관심과 정체성에 기초하여 새롭게 출현할 수 있다. 새로운 기술로 인해 새로운 미디어 이용형태들이 도입될 뿐만 아니라 대중 수용자에 대한 원래 아이디어에 핵심적 요소라고 할 수 있는 송신자와 수신자의 명백한 구분에 대해 의문이 제기된다(제 6장 참조). 상호작용적이고 서로 상의하는 형식의 미디어 이용은 전통적인 대중 수용자의 특성인 관람자적 성격을 제거한다. 급진적으로 새로운 커뮤니케이션 기술들은 별도로 하고라도 '오래된 기술들'에도 많은 변화가 있고, 그에 따라 수용자와 관련된 미디어산업의 변화도 많이 있다(Livingstone, 2003a).

이러한 변화가 가져온 효과는 상당히 복잡하다. 한편으로는 집중과 독점형성의 결과로, 그리고 많은 시장에서 동일한 콘텐츠를 이용하는 결과로 특정 제작품이나 연기자들에 대한 수용자의 크기를 증대시켰다. 국제화 또한 유명한 콘텐츠 유형들에 대한 대규모(누적적) 수용자의 형성을 부추긴다. 반면, 실제 수용자는 채널 다양화와 전문화의 결과로 다양해졌다. 규모는 작지만 보다 동질적 수용자층들이 많이 나타난다. 수용자들이 지리적 영역이나 사회계층으로부터 형성되기 보다는 취향이나 생활양식에 보다 더 기반한다. '분화'(segmentation)라는 용어는 미디어 공급이 가장 적합한 소비자층에게 보다 정밀하게 맞춰지는 과정을 지칭하기 위해 사용되는데, 이러한 과정은 소비자 자신들이 선택 가능성을 높이게 되면 보다 더 촉진된다.

미국에서는 이미 지상파 방송 수용자보다 케이블 채널의 수용자가 훨씬 더 더 동질적이라는 사실을 입증하는 연구결과도 나왔다(Barnes & Thomson, 1994).

또 다른 과정은 '파편화'(fragmentation)인데, 이는 더 다양한 많은 미디어 출처를 두고 수용자 관심의 양이 분산되는 것을 말한다. 궁극적으로 거의 모든 미디어 선택은 개인화될 수 있고, 중요한 사회적 집단성으로서의 수용자의 종말을 야기할 수 있다. 미디어 이용자들은 다른 소비재의 소유자들보다 서로 간에 더 공통성을 가지지 않을 수 있다. 수용자 파편화와 미디어 이용의 개인화와 함께 사람들과 그들이 선택한 미디어 출처들을 묶어주는 강한 연결고리가 사라지고 수용자로서의 정체성 의식도 쇠퇴한다.

피플미터기에 의해 수집된 데이터의 분석은 '미디어 과잉'(media abundance) 시대에 텔레비전 이용패턴을 새롭게 조명하기 시작했고, 앞에서와 같은 일반화에 대한 증거를 제공한다. 크로츠와 하제브링크(Krotz & Hasebrink, 1998; Hasebrink, 1997)는 비록 장기적 데이터를 입수하지는 못했지만 유럽에서의 텔레비전 이용행위에서 일어나는 변화들을 포착했다. 독일 가구 데이터는 네 가지 중요한 경향들을 보여준다. 첫 번째는 '전형적인' 가족 집단시청 상황의 감소이다. 대부분 한두 사람이 텔레비전을 시청한다. 두번째는 특히 어린이들과 청소년들 사이에서 '짧게 많이 보는'(many and short) 시청유형이 가장 지배적 유형으로 자리 잡았다는 점이다. 세 번째는, 많은 선택의 폭이 존재함에도 불구하고 강한 채널 충성도가 여전히 존재한다는 점이다. 즉, 많은 시청자들이 제한된 수의 채널만을 보거나 이리저리 채널을 돌리다가 맨 마지막으로 돌아오는 '고정채널'이 있다는 것을 뜻한다. 마지막으로, 콘텐츠에 대한 선호가 미미한 역할을 했던 초창기의 제한된 텔레비전 공급시대와는 반대로 콘텐츠에 대한 선호가 시청선택에 중요한 역할을 하기 시작했다는 것이다(Goodhart et al., 1975; Eastman, 1998).

우리는 네 가지 단계의 관점에서 앞에서 논의했던 수용자 경향들을 요약할 수 있는데, 이는 〈그림 16. 4〉에 제시되어 있다. 이는 특히 텔레비전에 적합하지만 다른 미디어에도 적용가능하다. 텔레비전이 등장한 지 얼마 되지 않은 시기(1950년대와 60년대)에는 대부분의 나라에서 대부분의 시청자들이 세 개 정도까지 제한된 채널 선택을 할 수 있었다(미국은 다소 많은 채널이 존재했다). 따라서 거의 모든 사람들이 동일한 미디어 경험을 공유했다. 이러한 일원적 모델(unitary model)은 단일 수용자

그림 16.4 수용자 파편화의 4 단계 (McQuail, 1997)

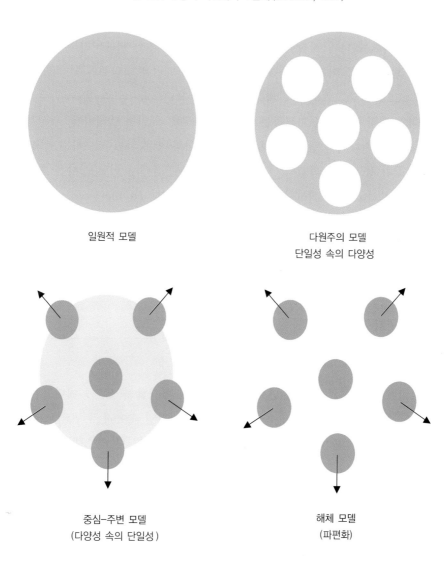

일원적 모델

다원주의 모델
단일성 속의 다양성

중심-주변 모델
(다양성 속의 단일성)

해체 모델
(파편화)

가 일반 공중과 동일한 공간(혹은 시간)에 걸쳐있다는 것을 암시한다. 콘텐츠와 채널의 공급이 증가함에 따라 일원적 모델의 틀 안에서 보다 많은 다양성과 뚜렷한 선택적 대안들이 나타나기 시작했다(예를 들어 낮과 밤 시간의 텔레비전, 지역적 다양성, 유럽의 민영방송). 이러한 제한된 내적 다양성의 패턴은 다원주의 모델(pluralism model)이라고 불린다. 세 번째 단계는 중심-주변 모델(core-periphery model)로 채널의 다양화가 틀의 단일성을 파괴하는 단계이다. VCR, 케이블 텔레비전, 위성통신, 그 밖의 새로운 미디어 등장의 결과로 주류 미디어와는 큰 차이를 보이는 텔레비전 시청 방법들이 등장하게 되었다. 이미 대부분의 선진국에서 이런 상황은 흔히 볼 수 있다. 〈그림 16. 4〉에 제시된 마지막 단계는 해체모델(break up model) 단계로 파편화가 가속화되고, 더 이상 중심이 존재하지 않고, 단순히 매우 다양한 많은 미디어 이용자 집합들만이 존재하는 경우이다.

15 수용자의 '도피'

수용자의 일반적 특성의 뚜렷한 변화들은 다양하게 평가될 수 있다. 미디어산업에서의 문제점은 이엔 앵(Ien Ang, 1991)의 저서 《필사적인 수용자 추구》(Desperately Seeking the Audience, 1991)에 잘 요약되어 있다. 피플미터기나 시스템 이용자들에 대한 다른 형태의 컴퓨터 분석과 같은 새로운 기술이 미디어에게로 돌아가는 정보의 흐름을 향상시키기는 하지만 수용자를 추적하여 수용자 구성과 관심의 방향을 관리하거나 예측하기가 점점 더 어려워지고 있다. 그러나 선택범위가 넓어지고 관리와 통제로부터 수용자들이 잠재적으로 '도피'하는 현상은 수용자 권력의 균형이라는 점에서는 긍정적 부분일 수 있다.

표면상으로는 미디어 시장에서 수용자 그리고 심지어 개인 시민들에게 유리한 변화가 일어났다. 정치문제와 시민사회 정보를 다루는 채널들이 많아졌고 따라서 대중 수용자가 편향된 정보나 반독점적(semi-monopolistic) 선전의 대상이 될 가능성이 줄어들었다. 정치적이든 상업적이든 간에 잠재적으로 설득을 목표로 하는 사람들이 일반적 대중에게 메시지를 전달하는 것은 어려워지고 있다. 뉴만과 풀(Neuman &

Pool, 1986)의 주장이 맞다면, 현재의 수용자는 텔레비전과 라디오 초창기 시대의 수용자들보다 메시지에 주의를 덜 기울인다. 공급과잉이 사람들이 이를 주목하고 이용할 수 있는 역량을 능가했다. 심지어 주의를 기울일 때에도 영향을 미칠 가능성은 예전보다 적다. 뉴만과 풀은 수용자들은 정보과부하에 대한 불편함을 주목의 '질'(quality)을 줄임으로써 해소한다는 평형상태 모델(equilibrium model)을 제안한다. 전형적인 미디어 이

용자는 시간도 동기도 없으며, 앞서 지적한 대로 미디어가 영향력을 행사할 수 있는 조건인 미디어 정보원과의 사회적 · 규범적 연계도 별로 많지 않다. 미디어의 잠재적 영향의 질적, 양적 조건 모두 부족하다고 할 수 있다.

수용자의 '힘'이 증가되었다는 점이 과장되어서는 안 된다. 항상 득과 실이 있다. 수용자들이 또 다른 형태의 소비시장으로 변해갈수록 자신들의 집단적인 사회적 힘을 더 잃게 된다. 캔터(Cantor, 1994)에 따르면, '문화적 정치인으로서의 수용자보다는 분화된 시장으로서의 수용자가 텔레비전 콘텐츠에 대해 가장 강력한 영향력을 유지한다'. 여론이나 조직화된 집단행동의 영향력에서 집합적 시장의 영향력이 제거되었다. 공영방송의 지속적 장점들 중 하나가 수용자가 시민의 조직체로서의 집합적 권리들을 가지면서 여전히 미디어 채널에 대한 공식적 통제권을 가진다는 점이다.

16 수용자의 미래

지금까지 논의된 경향에도 불구하고 대중 수용자가 사라질 것이라고 결론짓기에는 너무 이르다. 다소 새로운 형태가 있지만 대중 수용자는 아직 존재하며, 매스미디어산업은 익숙한 방법들로 생존하는 놀라운 역량을 보였다. 텔레비전 채널이 다양해지고 새로운 기술을 통해 출판이 더 용이해졌음에도 불구하고 전체적인 미디어 수용자 구조는 아직 근본적으로 변하지 않았다. 웹스터와 팔린(Webster & Phalen,

1997) 은 전통적으로 대중에 호소하는 지상파 네트워크 텔레비전이 여전히 미국의 미디어 소비를 지배한다고 지적한다. 대부분의 유럽국가에서도 비록 약간의 경고신호가 나타나고 있기는 하지만 아직까지 채널의 다양화가 수용자 분화를 가져온 것 같지는 않다. 변화는 매우 점진적으로 일어나고 신문의 경우도 대부분 마찬가지다.

뉴만(Neuman, 1991)이 지적한 대로 아직까지 수용자 형성에 대한 근본적 변화를 막고 있는 상당한 관성의 힘이 존재한다는 결론은 여전히 타당한 것으로 보인다. 이러한 저항의 한 측면은 '깊이 뿌리박힌 수동적이고 반쯤 주목하는(half-attentive) 이용습관'에서 표현되는 '미디어 이용의 사회심리학'에 기인한다. 다른 압력은 커뮤니케이션 산업 그 자체이다. 뉴만에 따르면, '규모의 경제가 특화된 전달(협송)이나 쌍방향적 커뮤니케이션보다 공통분모, 즉 일방향적 매스 커뮤니케이션의 방향으로 밀어붙이고 있다'. 자체적으로 기술적 변화의 영향력에 저항하는 뿌리 깊은, 미디어생산과 이용에 영향을 미치는 강력하고 다양한 사회적 힘들 또한 존재한다. 수용자의 형성은 국가적 차원에서 소집단에까지 이르는 사회적 형성의 구조, 역동성, 그리고 필요성을 반영한다. 이런 힘은 대중 수용자만을 양산하는 동일한 방향으로 결코 작동하지 않으며, 어떤 경우에는 뉴 미디어의 새로운 이용과 그에 따른 새로운 수용자 현실들을 만들어 낼 수도 있다. 따라서 우리는 심지어 일반적 경향의 강도와 방향에 대해서도 어떤 확실한 예측을 할 수 없다.

17 다시 수용자 개념으로

많은 종류의 서로 다른 미디어 이용방법이 존재하기 때문에 '수용자' 개념이 여전히 유용한지에 대해서 의문을 갖는 것은 충분히 근거가 있다. '수용자'라는 용어 속에 담긴, 다소는 수동적인 시청과 청취를 암시하는 '관람'이라는 함축적 의미가 쉽게 떨쳐질 수는 없다. 수용자의 행동이 똑같이 중요한 여러 가지 동기들이나 만족 — 이를테면 콘텐츠에 관계없이 사회적 친목과 실제적 미디어 이용에 대한 즐거움 — 을 포함한다는 사실에도 불구하고, '수용자'라는 용어는 그 의미에서 어떤 '메시지'의 수신과 매우 밀접하게 연결된다. 그럼에도 불구하고 마땅히 적절한 대안적 용어 *540

표 16. 8	수용자의 주요 차원들	
• 능동성 또는 수동성의 정도		• 상호작용성 혹은 상호교환가능성의 정도
• 규모와 지속성		• 공간적 위치
• 집단적 성격(사회/문화적 정체성)		• 정보원 접촉의 동시성
• 구성의 이질성		• 수신자와 송신자간의 사회적 관계
• 메시지 대 상황에 대한 사회적/행위적 정의		
• '사회적 현존감'(perceived social presence)의 정도		
• 사교적 이용맥락		

가 없어 보인다. 따라서 아마도 가장 다양한 사례를 포용하기 위해서는 수용자라는 용어를 계속 사용해야 할 것이다. 리빙스톤(Livingstone, 2002)도 같은 결론을 내리면서, '어떠한 용어도 현재 사람과 미디어 사이에 존재하는 관계들의 다양성을 포괄할 것으로 기대할 수 없다'고 말한다. 그녀는 핵심적인 것은 인위적으로 만들어진 개념이 아니라 관계의 본질이라고 강조한다.

그렇다 하더라도 우리는 항상 특정한 목적을 위해 구별해 볼 수 있다. 〈표 16. 8〉은 다양한 가능성들을 지적하고 요약함으로써 수용자의 주된 차원들에 대한 목록을 제시한다. 제시된 각각의 변인들은 현재 존재하는 다양한 수용자 유형을 분류하고 설명하는 데 사용될 수 있으며, 각기 다른 이론적 배경을 가진다.

18 소 결

이 책은 매스 커뮤니케이션에 관한 것이고, 우리는 지금 관련된 새로운 현상들, 특히 컴퓨터나 다른 뉴미디어의 이용에 기반한 현상들이 시작되는 새로운 지점에 멈춰 서 있다. 우리가 살펴본 대로, 수용자 개념이 다른 커뮤니케이션 기술의 이용을 묘사하기 위해 다른 용어들로 바뀌고 있다. 그러나 커뮤니케이션 형태들 간의 경계를 가로지르는 공유된 기반이 있다. 이는 특히 우리가 다음과 같은 점을 고려할 때 그러하다. ① 여가시간을 활용하는 대안적 방법들, ② 다른 수단에 의해 대체될 수 있는 다양한 기능들, ③ 기술에 대한 다양한 의존들, ④ 매스미디어와 뉴미디어의 소유권과 조직, ⑤ 콘텐츠의 일부 형태들이 그것이다. 약간의 수정과 확장이 필요하겠지만 상당히 많은 수용자 이론들이 매스 커뮤니케이션이 아닌 상황에도 적용될 수 있다.

효 과

17 미디어 효과의 과정과 모델

이 장에서는 매스미디어 효과 이론과 모델을 개괄적으로 소개한다. 처음 시작은 역설적인 문제를 다루어야 될 것 같다. 매스미디어가 의견과 행동에 강력한 영향력을 행사하는 도구라는 믿음은 널리 퍼져 있다. 하지만 동시에 실제로 미디어가 이러한 효과를 가졌는지를 예측하고 증명하는 일은 매우 어려운 작업이다. 이러한 어려움이 있음에도 미디어가 효과를 발휘하는 과정에 대한 지식이 지속적으로 축적되었으며 그 결과 이제 우리는 효과가 언제 더 잘 발생할지에 대해 이야기할 수 있을 것 같다. 이 장에서는 이론의 발전을 정리하고 다양한 유형의 효과와 효과를 진단하는 주요 모델을 정리해 볼 것이다.

1 미디어 효과의 전제

위에서 언급했듯이, 매스 커뮤니케이션에 관한 모든 연구는 미디어가 의미 있는 효과를 지녔다는 가정을 기반으로 한다. 그러나 이러한 가정 하에서도 효과의 본질이나 범위에 대해서는 평가가 엇갈린다. 매일매일 경험을 통해 미디어의 영향을 받는 예가 셀 수 없이 많다는 것을 상기할 때 이러한 불확실성과 이견이 있다는 것은 놀라운 일이다. 우리는 일기예보에서 예측한 날씨에 맞춰 옷을 입고, 광고를 보고 물건을 구입하고, 신문에서 언급한 영화를 보기 위해 극장에 가고, 뉴스, 영화, 라디오에서 흘러나오는 음악 등에 대해 셀 수 없이 많은 방식으로 반응한다. 경제상황에 대한 뉴스는 기업과 소비자의 경제에 대한 신뢰에 확실히 영향을 미친다. 특히 미디어에서 제공되는 부정적 사건이나 내용의 영향력에 대해서는 알려진 바가 많다. 예를 들어 음식의 오염이나 불순물에 대한 보도는 음식소비 행위에 큰 변화를 가져오고 때로는 경제에도 큰 영향을 미친다. 폭력적 행위나 자살은 미디어에 묘사된 것을 그대로 따라하거나 자극받아 나타나기도 한다. 비록 미디어의 긍정적 활동을 기대하며 마련되기도 하지만, 대부분의 정책과 규제는 미디어가 해를 끼치는 것을 방지하기 위해 마련되었다.

우리의 머릿속은 미디어를 통해 얻은 지식과 인상으로 가득 차 있다. 우리는 더넓은 세계에서 무슨 일이 일어나는지 우리가 알 수 있다는 가정 하에 정치, 정부와경제가 작동하는 곳에서, 미디어 음향과 이미지로 포장되어 넘쳐나는 세계에서 살고 있다. 미디어를 통해 중대한 정보를 얻거나 견해를 형성한 개인적 사례는 여기저기서 찾아 볼 수 있다. 미디어가 이와 같은 효과를 발생시키도록 하기 위해서는많은 돈과 노력이 소모된다. 특히 계획한 대로 목적을 달성할 것이라는 확신 없이미디어를 통해 광고와 홍보를 하기란 어려운 일이다. 미디어는 의도한 효과를 달성할 수 있다고 스스로 확신하는 것 같다.

하지만 여전히 이와 같은 주장에 대한 의문의 여지는 남아있다. 위에서 제시한역설은 부분적으로는 일반적인 것과 특정한 것 사이에서 발생하는 차이라고 설명할수 있다. 우리는 총체적 결과에 대한 예상 없이, 또한 미디어 이벤트가 끝난 후에미디어가 얼마나 기여했는가에 대해 정확히 모르면서, 특정한 미디어 효과가 항시발생할 것이라고 확신할 수도 있다. 또한 전형적인 유형이나 방향성을 확실히 이야기하기 어려운 효과도 발생할 수 있다. 미디어가 특정한 효과를 유발하는 데 유일한 필요충분조건이 되는 원인으로 작동하는 경우는 드물고, 특정 효과 발생에 대한미디어의 상대적 기여도를 평가하기란 매우 어렵다. 이러한 불확실성을 뒷받침하기에 적합한 이론적 근거는 많다. 공적으로 주목받아 온 도덕성의 상실, 의견형성, 일탈행위 등 논쟁의 여지가 많은 분야에서 미디어 효과에 대한 질문에 당면할 때는상식과 실제적 지식조차도 그것이 타당한지 파악하기가 쉽지 않다. 다양한 사회문제에 대해 미디어가 문제의 원인이라는 점에 특별히 의문을 제기하지 않는 경우가 많기 때문에 그 밖의 중요한 심리적, 사회적, 문화적 요인들을 통한 설명이 제대로 이루어지지 않는 경향이 있다. 더구나 '미디어'를 매우 다양한 메시지, 이미지, 아이디어를 전달하는 매개체로 보지 않고 단일한 개체와 같이 이야기하는 것은 타당하지 않을 수 있다. 대부분의 메시지는 미디어 자체에서 비롯된 것이 아니라 '사회'로부터 비롯되어 미디어를 통해 다시 그 '사회'로 되돌아가는 것이다.

대부분의 효과 관련연구는 미디어 내부에서가 아니라, 특히 사회비평가, 정치인, 이익단체 등에 의해 주도적으로 시작되었다. 그리고 이들이 강조했던 전제는 매스미디어가 '사회문제'라는 것이었다. 비록 인터넷 등 새로운 미디어의 출현으로 미디어가 발생시키는 효과문제는 여전히 공적 관심사이기는 하지만, 이러한 전제는 더 이상 사실이 아니라고 보아야 할 것이다. 미디어의 영향력에 대해 두려워하는 사람들과 미디어 영향력을 의심하는 사람들간에 존재했던 간극은 좁혀지지 않을 것 같다. '미디어 영향력'과 관련해서는 너무나 다양한 시각이 있고, 미디어 효과를 증명하기 위한 비평가들의 기준은 매우 높아 이들을 만족시키기 어려운 것이 현실이기도 하다. 그렇지만 이러한 갈등적 시각이 존재하기 때문에 미디어 효과연구는 지속되는 것 같다. 우리는 미디어를 통해 설득하려는 사람들의 주장을 그대로 받아들이지 않기 위해 조심할 필요가 있고 비평가들의 지적 역시 조심스럽게 평가할 필요가 있다. 또한 특별한 메시지를 미디어 전체와 혼동하지 말아야 하고 특정한 상황에서 특정한 유형의 효과를 조심스럽게 구분해야 한다. 가장 중요한 부분은 효과의 발생여부는 송신자뿐만 아니라 수신자에 의해서도 결정될 수 있다는 사실에도 주목해야 한다는 점이다.

2 미디어 효과연구와 이론의 역사 : 4단계

미디어 효과에 대한 인식의 발전은 시간과 장소에 크게 영향받았다는 측면에서 '자연사적 역사'를 가지고 있다고 말할 수 있다. 역사의 단계는 또한 정부와 입법자들의 이해관계, 급변하는 기술, 역사적 사건, 압력단체들과 선전 전문가들의 활동, 당시 여론의 관심사 그리고 사회과학의 연구결과와 연구조류를 포함한 여러 가지

'환경적' 요인들의 영향도 받았다. 지식의 점증적 축적과 발전과정을 단선적으로만 설명할 수 없다는 것은 놀라운 일이 아니다. 그렇다할지라도 우리는 효과연구 분야의 역사과정을 체계적 진보라는 측면에서 몇 가지 단계로 구분해 볼 수 있다.

제 1 단계 : 전지전능한 미디어

20세기로 들어서면서부터 1930년대 말까지 이어지는 첫 번째 단계에, 미디어는 사람들의 의견과 신념을 형성시키고, 삶의 방식을 변화시키며 지배자들의 의지에 따라 행위를 만들어 내는 엄청난 힘을 가진 것으로 여겨졌다(Bauer & Bauer, 1960). 이 관점은 과학적 조사에 근거한 것은 아니었고, 공적 업무뿐만 아니라 일상생활 곳곳에 침투한 신문과 뉴 미디어로서의 영화 그리고 라디오의 엄청난 인기에 대한 관찰에 근거한 것이었다.

유럽에서 광고업자들, 제1차 세계대전의 선전 전문가들, 두 차례 세계대전 사이의 독재국가들의 통치자들, 그리고 러시아의 새로운 혁명정권이 미디어를 활용함으로써, 이러한 사실 모두는 사람들이 이미 미디어가 엄청나게 강한 힘을 지녔다고 믿게 만들었다. 이러한 믿음을 배경으로 1920~30년대에는 주로 사회 심리학에 의존하여 서베이와 실험방법을 이용한 체계적 연구가 시작되었다. 이 시기에 선전의 영향력에 대한 저서가 많이 출간되었다(Lasswell, 1927; Jowett & O'Donnell, 1999).

제 2 단계 : 미디어 강효과 이론에 대한 검증

미디어 효과연구의 두 번째 단계는 효과를 경험적으로 진단하는 것으로 전환된 시기이다. 그 시작은 잘 알려진 1930년대 초 미국의 페인펀드(Payne Fund) 연구 시리즈라고 할 수 있다(Blumer, 1933; Blumer & Hauser, 1933; Peterson & Thurston, 1933). 페인펀드 연구는 주로 어린이와 젊은이들에게 발휘되는 영화의 영향력에 관한 것이었다. 이 시기에 시작된 미디어 효과연구는 1960년대 초까지 계속되었다. 다양한 유형의 미디어와 콘텐츠, 특정영화나 프로그램 그리고 전반적인 캠페인 효과에 관한 연구들이 이 시기에 많이 실시되었다. 영화나 다른 미디어를 이용하여 설득과 정보제공을 하는 측면에 집중하여 대부분의 연구가 진행되었다.

예를 들어 호블랜드 등(Hovland et al., 1949)은 미국의 징집자들에게 제 2차 세계 대전의 목적을 알리고 그것을 지지하도록 고안된 콘텐츠의 효과를 평가하기 위해 일련의 대규모 실험연구를 실시했다. 스타와 휴즈(Star & Hughes, 1950)는 UN에 대한 대중들의 지지도를 높이기 위해 기획된 캠페인의 효과를 다룬 연구를 발표하기도 했다. 라자스펠드와 동료들(Lazarsfeld et al., 1944), 베렐슨과 동료 연구자들(Berelson et al., 1954)은 민주적 선거캠페인의 효과를 조사하는 전통을 만들어 낸 장본인들이다. 한편으로 미디어가 어린이에게 미치는 해로운 영향에 관한 연구는 특히 1950년대에 텔레비전이 등장하면서 지속되었다.

세월이 지남에 따라 연구방법이 발전하고 고려해야 할 중요한 새로운 변인을 제안하는 근거와 이론이 등장하면서 연구의 성격도 변해갔다. 이 시기 초기에는 연구자들이 사회적, 심리적 특성에 따라 발생할 수 있는 미디어 효과를 차별적으로 구분하기 시작했다. 이후 개인적 접촉이나 사회적 환경 등의 중재변인이 미디어 효과에 미치는 부분에 주목했다. 또한 수용자가 미디어에 주목하는 동기유형에 따라 미디어 효과를 구분하기도 했다.

이 시기는 미디어가 강력한 효과가 있다고 볼 수 없다는 회의적 결론을 내리면서 마감했다(예를 들어 Berelson, 1959). 의도하거나 의도하지 않은 효과를 발생시키는 데 미디어의 역할이 그렇게 막강하지 않다는 새로운 주장이 이 시기에 등장했다. 1960년에 출판되었으나(1949년까지 거슬러 올라갈 수 있지만) 아직까지도 영향력 있고 초기 연구추이의 이해에 유용한 조셉 클래퍼(Joseph Klapper, 1960)의 저작은 이 시기를 마감하며 정리한다. 클래퍼는 '매스 커뮤니케이션은 일반적으로 수용자 효과를 야기하는 필요 혹은 충분한 원인으로 작용한다기보다는 여러 가지 중재요인이 얽힌 가운데에서 그 기능을 한다'고 결론내렸다.

이러한 지적은 미디어가 어떤 효과나 영향력을 가지지 못한다는 것이 아니라 미디어 자극과 수용자의 반응 사이에 직접적이거나 혹은 1 대 1 대응적인 연관성이 없다는 것을 의미한다. 즉 미디어는 이미 존재하는 사회관계의 구조 안에서 또한 특정한 사회·문화적 맥락 속에서 작용한다. 이러한 기존 요인들은 수용자 의견, 태도, 행위를 형성하는 것뿐 아니라 수용자가 미디어를 선택, 주목, 반응하는 데 가장 중요한 것으로 여겨졌다. 관련된 태도를 바꾸지 않고서도 정보를 얻을 수 있고, 행동의 변화 없이도 태도는 변할 수 있다는 것이 이 시기 연구에서 지적되었다(예를 들어 Hovland et al., 1949; Trenaman & MaQuail, 1961).

이와 같은 새로운 평가가 사회과학 공동체 밖에서 수용되는 데는 시간이 걸렸다. 특히 광고나 선전을 직업으로 하는 사람들, 그리고 미디어 내부에서 자신의 엄청난 잠재력을 중요하게 생각하는 사람들이 이러한 새로운 평가를 수용하기란 매우 어려운 일이었다(Key, 1961 참고). 정치적 혹은 상업적 목적으로 미디어를 이용하거나 통제하려는 사람들 역시 상대적으로 미디어가 무기력하다는 연구결과를 수용하려 하지 않았다. 미디어가 제한적 효과만을 갖는다는 지적 자체가 미디어 효과탐구를 제한하고, 이 주장 자체가 비현실적 주장에 대한 반응으로 나타났기 때문에 여전히 미디어 효과에 대한 평가를 수정할 여지가 있었다. 강력한 미디어 효과를 찾으려는 연구가 실패한 것은 미디어 효과과정의 복잡함을 제대로 반영하지 못한 점과 부적절한 연구계획과 방법을 이용한 데서 기인하기도 했다.

제 3 단계 : 재발견된 강력한 미디어

미디어 효과가 없거나 미약하다는 연구결과가 발표된 후, 이를 의심하는 사람들이 문제제기를 하기 시작하면서 효과가 전혀 없다는 주장은 교과서에 거의 수록되지 않았다. 미디어가 실제로 중요한 사회적 효과를 가지며 사회적, 정치적 권력을 행사하기 위한 도구임을 나타내는 정황적 특징에 대한 근거들이 당시에도 많았다. 미디어가 기능하기 시작한 시점을 평가한 또 다른 연구들은(Lang & Lang, 1981; McQuire, 1973; McLeod et al., 1991) 미디어가 영향력이 있다고 믿는 것과 무능하다고 믿는 것을 확실히 나눌 수 있는 분기점이란 것이 존재했는지에 대해 강한 의문을 제기했다.

미디어가 여론에 미치는 효과와 연관하여 랭과 랭(Lang & Lang, 1981)은 '최소효과' 결론이 단지 과도하게 용인되는 하나의 특별한 해석일 뿐이라고 주장한다 (Chaffee & Hochheimer, 1982). 랭과 랭은 '미디어 효과에 부정적인 몇몇 연구결과를 고려하더라도 1950년대 말에 제시된 증거는 '미디어의 무능력함'에 대한 선고를 내릴 어떠한 정당성도 없다'라고 지적했다. 이들의 관점에서 볼 때 미디어가 효과가 없다는 결론은 여러 요인들의 조합에서 비롯된 것이었다. 가장 두드러진 것으로 이들은 보다 광범위한 사회적 또는 제도적 효과 대신 미디어 효과를 한정된 범위, 특히 단기간(가령, 선거기간) 개인에게 미치는 효과로 지나치게 집중시킨 점을 지적했다. 또한 카츠와 라자스펠드(Katz & Lazarsfeld, 1955)의 《개인적 영향》과 클래퍼(Klapper, 1960)의 《매스 커뮤니케이션의 효과》 두 저작물에 지나치게 의존했다는 점도 제기했다. 그럼에도 불구하고 이들은 미디어가 무능력하다는 신화가 일련의 미디어 효과연구를 일시적으로 중단하게 할 만큼 영향력이 있었다는 점을 인정했다.

'미디어의 제한효과' 결론을 받아들이지 않으려는 이유는 새로운 미디어의 등장과도 관련이 있다. 미디어로서 그 어떤 기존 것들보다 강한 매력(굳이 효과라 하지 않더라도)을 가졌고 사회생활과 가장 밀접한 관련이 있는 듯 보이는 텔레비전이 1950년대와 60년대 등장했기 때문이다. 미디어 이론과 연구의 3단계는 여전히 잠재적 미디어 효과를 살펴보려 했던 시점이었고, 특히 사회과정과 미디어 과정에 대한 수정된 개념에 기초하여 연구가 실시되었다. 이 시기 초반연구는 수많은 중재변인을 고려한 가운데 미디어 자극에 노출된 정도와, 태도, 의견, 정보수준, 행위의 변화 사이의 상관관계를 살펴보려 한 연구모델(심리학에서 차용한 모델)에 크게 의존했다.

미디어 효과연구는 다음과 같은 측면으로 변화하며 다시 시작되었다. 특히 수용자에 미치는 장기적 효과와 함께 태도와 감정보다는 인지변화에 주목했다. 또한 여론 분위기, 신념구조, 사회적 현실에 대한 정의, 이데올로기, 문화양식 그리고 미디어의 제도적 양식 등 집합적 차원의 현상에 관심을 기울였다. 동시에 맥락이나 개인의 경향성, 동기 등의 중재변인에 대해서도 주목했다. 게다가 미디어 효과연구는 수용자들에게 전달되기 전에 어떻게 콘텐츠가 미디어조직에 의해 처리되고 변형되는지에 대해 관심을 기울이면서 더 충실해졌다(in Halloran et al., 1970; Eillott, 1972).

이어 전개된 많은 연구들은 이 시기에 제기된 미디어 효과의 새로운 이론에 대한 재검토와 초기 직접적 효과모델의 수정에 집중하여 실시되었다. 미디어 효과에 대한 흥미를 다시 찾게 한 데 기여한 많은 공로자들 중 이 세 번째 단계를 확실히 인식하게 하는 '강력한 매스미디어 이론으로의 회귀'라는 슬로건을 만들어낸 학자는 바로 노엘레노이만(Noelle-Neumann, 1973)이었다. 1960년대에 출현한 비판이론(신

좌파) 역시 자본주의나 관료주의 국가의 이해관계를 정당화하고 통제하는 데 미디어가 강력한 영향력이 있다는 주장을 펴며 이 시기의 효과연구에 크게 기여했다.

제4단계 : 미디어 영향에 대한 조정

1970년대 후반에 시작된 미디어 텍스트(특히 뉴스), 수용자 그리고 미디어조직에 관한 연구는 '사회 구성주의'라고 통칭할 수 있는데, 이러한 새로운 접근방식을 토대로 미디어 효과연구가 진행되었다(Gamson & Modigliani, 1989). 이 접근방식에서는 미디어가 의미를 구성함으로써 가장 중요한 효과를 발생시킨다고 본다. 구성된 텍스트는 체계적 방식으로 수용자에게 전달되는데, 이 과정에서 사전에 집합적 정체성 등에 의해 형성된 개인의 의미구조로 타협방식에 기초하여 통합되는 (혹은 통합되지 않는) 결과를 가져온다는 것이다. 즉 의미(곧 효과)는 수용자 자신에 의해 만들어진다고 본다. 수용자가 처한 사회적 맥락은 이러한 매개과정에 큰 영향을 미친다고 연구자들은 지적한다. 한편 방법론, 특히 양적 서베이 방법에서 벗어난 새로운 방법론의 채택 역시 '전능한 미디어'라는 관점을 붕괴시키는 데 영향을 미쳤다. 초기의 미디어 효과연구자들조차 미디어 효과를 설명하면서 '행동주의의 붕괴'를 언급하기도 했다(Menelsohn, 1989).

이 단계에 등장한 연구들의 배경은 다양하며 과거의 연구전통과도 꽤 깊게 연관된다. 이데올로기나 허위의식에 관한 이론, 거브너(Gerbner)의 문화계발효과 이론(Signorielli & Morgan, 1990) 그리고 노엘레노이만(Noelle-Neumann, 1974)의 '침묵의 나선이론'과 같은 이론들은 초기의 '강력한 미디어'를 주장한 이론들과 몇 가지 공통점을 지녔다. 이렇게 부상한 미디어 효과에 대한 새로운 패러다임은 두 가지 점을 강조한다. 첫째는 미디어가 예측가능하고 정형화된 방식으로 현실의 이미지를 틀 지움으로써 사회의 모습과 때로는 역사 자체도 '구성한다'는 것이다. 두번째는 수용자들이 미디어가 제공하는 구성된 상징적 이미지에 상호작용함으로써 사회현실과 그들이 처한 환경에 대해 그들만의 관점을 구성한다는 것이다. 즉 이러한 접근은 미디어의 영향력과 미디어를 선택하는 수용자의 영향력 모두를 아우르며 효과가 이 둘 간의 지속적인 조정을 통해 발생한다고 본다. 이런 측면에서 볼 때 효과가 ✱552

발생하는 과정에 대한 설명은 제 4장에서 다루었던 매개의 관점과 일치하는 부분이 있다.

현재 이와 같은 틀 안에서 연구가 활발하게 진행되는데 특히 중요한 사회운동(예를 들어 환경, 평화 그리고 여성과 소수집단의 사회운동)과 관련해서 미디어가 어떻게 이와 상호작용하는지에 대해 주목하는 연구가 많다. 1960년대 후반 미국 학생운동에 대한 기틀린(Gitlin)의 연구나, 갬슨과 모딜리아니(Gamson & Modigliani, 1989)의 원자력에 대한 여론형성 분석이 이러한 연구사례이다. 좀더 최근에 실시된 네덜란드 여성운동의 증가와 관련한 반 주넨(van Zoonen, 1992)의 연구는 미디어가 여러 가지 사회운동에 기여하는 것을 평가하기 위해 '사회 구성주의' 접근을 채택한다. 그녀는 이러한 접근의 본질을 다음과 같이 설명한다. 미디어는 사회운동의 메시지와 활동을 단순히 전달하는 데 그치지 않으며 선택적으로 전달한다. 미디어는 뉴스조직 안에서 많은 조정과 갈등을 거치며 이를 전달하는 것이지 '운동의 사상이나 운동의 특정한 구성' 그 자체에 의존하는 전달체가 아니다. 반 주넨은 특정한 공적 정체성과 공적 정의를 만들어 내는 '사회운동의 미디어 이미지는 사회운동과 미디어 사이에 뒤얽힌 상호관계의 결과'라고 지적한다.

구성주의적 접근이 기존에 제기된 미디어 효과과정의 양식을 모두 대체하지는 않는다. 예를 들어 수용자의 주목을 끄는 문제라든지, 개인적 행동이나 감정적 반응을 이끄는 직접적 자극에 관한 것 등은 여전히 중요한 부분이다. 비록 광범위하고 질적 증거를 요구하는 방법론과 연구설계를 채택하고는 있지만 구성주의적 접근은 이전의 이론과 일치하는 바가 있다. 분명 그 전에 형성된 구조주의적 전통과 행동주의적 전통보다는 문화적 전통에 영향받은 점이 많다(제 3장 참조). 그러나 연구가 사회적 맥락에서 이루어지고 궁극적으로 구성이라는 것이 복잡한 사회사건에 참여하는 많은 사람들의 셀 수 없이 많은 행동과 인지의 결과이기 때문에 구조주의나 행동주의 전통과 완전히 동떨어진 것은 아니다. 이 접근은 미디어가 영향을 미칠 가능성이 있는 상황을 배경으로, 특히 여론, 사회적 태도, 정치적 선택, 이데올로기, 인지 등과 관련하여 적용될 수 있다. 틀짓기나 스키마(schema) 이론(Graber, 1984) 역시 이러한 접근의 일환으로 볼 수 있다.

퍼스(Perse, 2001)는 미디어 효과이론의 발전단계를 위와 같이 정리하는 것은 역사를 너무 단순화시킬 수 있고 다양한 연구영역의 차이를 간과할 수 있다는 점을 지적한다. 아동에 미치는 미디어 효과연구의 역사와 정치 커뮤니케이션 효과연구의 역사는 다를 수 있다는 것이다. 역사적인 분류 대신에 퍼스는 효과모델 차원에서 서로 다른 네 가지 모델을 제시한다.

① 직접 효과 모델
② 조건적 효과 모델(사회적 심리적 요인에 따라 변화하는)
③ 누적적 효과 모델(점진적이고 장기간에 걸쳐 발생하는)
④ 인지적-처리 모델(특정한 스키마나 틀짓기에 근거하여 발생하는)

이와 같은 네 가지 모델은 앞서 설명한 네 단계의 특성을 반영하기도 한다. 〈그림 17. 1〉은 퍼스의 지적을 정리한 것이다.

그림 17.1 미디어 효과의 네 가지 모델(Perse, 2001)

미디어 효과 모델			
	효과의 성격	미디어 콘텐츠 관련 변인	수용자 관련 변인
직접 효과	• 즉각적, 균등한 효과, 관찰 가능 • 단기적 효과 • 변화를 강조	• 현저성, 자극성, 현실성	• 해당 없음
조건적 효과	• 개인에 따라 다른 효과 • 변화뿐만 아니라 보강 • 인지적, 감정적, 행동적 효과 • 장기적 또는 단기적 효과	• 해당 없음	• 사회적 유형 • 사회적 관계 • 개인적 차이
누적적 효과	• 누적적 노출에 기초 • 인지적 또는 감정적 효과 • 행동적 효과는 별로 없음 • 지속적 효과	• 채널간 협화성 • 반복성	• 해당 없음
인지적 – 처리	• 즉각적, 단기적 효과 • 한 번의 노출에 기초 • 인지적, 감정적 효과— 행동적 효과도 발생 가능	• 시각적 단서의 현저성	• 스키마 • 기분, 감정 상태 • 목표

시대에 따라 변할 수 있는 미디어 영향력

미디어 효과연구의 역사 정리를 끝내기 전에, 매스 커뮤니케이션의 영향력에 대한 믿음의 변화와 관련하여 역사적 해석이 필요하다는 캐리(Carey, 1988)의 지적을 살펴볼 필요가 있다. 그는 '강력한 미디어 효과에서 제한된 효과로 그리고 다시 더 강력한 효과모델을 주장하게 된 것은 바로 시대에 따라 사회가 변화했기 때문이다'라고 주장했다. 두 차례 세계대전의 격변기 동안에는 미디어가 강력한 효과를 발휘했다. 반면, 사회변동으로 평화가 또다시 깨지기 전까지 1950년대와 60년대는 사회가 안정적이었다. 범죄, 전쟁, 경기침체 혹은 어떠한 '도덕적 공황'으로 말미암아 사회의 안정은 언제든지 깨질 수 있으며, 그때마다 매스미디어는 일종의 책임을 떠맡게 되는 듯하다.

사회적 상황과 미디어 효과와의 시대에 따른 상호관련성은 우리의 단순한 추측이라고도 할 수 있겠지만, 실제로 미디어가 위기시기에 더 큰 영향력을 발생시키거나 우리의 인식을 강화시킨다는 가능성을 배제할 수는 없다. 이러한 관점은 유럽에서의 공산주의의 붕괴나 1990년대 걸프 전쟁, 발칸반도 전쟁, 2001년 9 · 11 테러 이후의 아프가니스탄과 이라크에서의 전쟁과 같은 국제분쟁의 영향력을 살펴보는 데 적용해 볼 수 있을 것이다. 이러한 가능성을 이야기하는 데는 몇 가지 이유가 있다. 대부분의 경우 사람들은 오로지 미디어를 통해 매우 중요한 역사적 사건을 알게 되고 따라서 그 메시지와 미디어를 연관시킬 수도 있다. 변화와 불안정한 시기에 사람들은 판단을 위한 정보원으로서 미디어에 더 의존할 가능성 역시 매우 높다 (Ball-Rokeach & DeFleur, 1976; Ball-Rokeach, 1985). 미디어는 또한 개인적으로 직접 경험하기 힘든 영역의 문제와 관련해서 더 큰 영향력을 발휘했다. 긴장이 팽배하고 불안한 시기에 정부, 기업가 그리고 다른 엘리트집단과 이익집단들은 종종 여론에 영향력을 행사하고 여론을 통제하기 위한 수단으로 미디어를 이용하려 한다.

다소 다른 분야를 다루면서(텔레비전이 아동의 사회화에 미치는 효과), 로젠그린과 윈달(Rosengren & Windahl, 1989)은 텔레비전 내용과 사회적 경험으로서 텔레비전 이용이 처음 연구가 시작되었던 1950년대와 비교해 볼 때 1980년대는 매우 다르기 때문에, 텔레비전의 영향력에 대해서도 달리 이야기할 수 있음을 지적한다. 또한

* 555

텔레비전 내용과 이용이 사회마다 다를 수도 있다. 만약 이것이 사실이라면 텔레비전을 이용하는 경험 자체가 또 다시 변하는 오늘날 시사하는 바가 있다. 가장 중요한 부분은 미디어의 잠재적, 실재적 영향력은 시대에 따라 장소에 따라 다를 수 있다는 점이다.

³ 커뮤니케이션 영향력의 유형

영향력이라는 개념을 딱 꼬집어서 말하기는 쉽지 않다. 크게 두 가지 유형으로 정의된 것으로 파악해 볼 수 있다. 하나는 행동주의에 입각한 자극에 대한 반응이라는 인과관계의 연장선에서 정의내린 것으로 여기서 영향력은 의도하거나 의도하지 않은 특정한 결과를 달성할 수 있는 가능성과 동일시된다. 또 하나는 사회학 전통에서 막스 베버(Max Weber, 1964)가 내린 정의로 영향력은 '개인 또는 사람들이 특정한 행위에 참여하는 사람들의 저항에 대항하여 그들의 의지를 관철시킬 가능성'으로 파악된다. 이와 같은 정의는 행위과정에 사람들과의 관계가 존재하는 것과 특정한 목적을 달성하는 데 강요가 가능하다는 것을 전제로 한다. 특히 제로-섬 상황에서는 승자와 패자가 존재하기도 한다.

  미디어 효과의 문제를 다루는 데 두 가지 모델 모두 적절할 수 있지만, 두 번째 모델은 대부분의 효과발생이 영향을 받는 대상의 순응이나 협조를 요구하기 때문에 효과가 의도되지 않은 상황에서도 이를 설명할 가능성이 더 높다. 하지만 매스 커뮤니케이션 현상과 관련해서 볼 때 특정행위를 함께 하는 파트너가 확실하게 존재하지 않고 진정한 의미의 강요라는 것이 없을 수 있기 때문에 이와 같은 정의의 적용은 쉽지 않은 측면이 있다. 커뮤니케이션 또는 상징적 영향력은 다른 유형의 영향력과는 다르다. 이는 비물질적 요인(신뢰, 합리성, 존경, 감성 등)에 의존하여 발생하기 때문이다. 여기서 중요한 점은 상징적 영향력이 행사되는 방식은 다를 수 있다는 것이다. 주요 유형은 다음과 같다. ① 정보를 통해, ② 행위의 자극을 통해, ③ 차별화된 주목의 유도를 통해, ④ 설득을 통해, ⑤ 상황의 정의나 '현실' 틀 짓기를 통해서 등이 그것이다.

위의 다섯 가지 유형의 방식을 통해 미디어 효과가 발생한다는 근거가 있지만, 모든 방식이 동일한 잠재력을 지닌 것은 아니다. 미디어와 관련해서는 설득이나 자극을 통한 효과보다 상황에 대한 정의나 현실에 대한 틀 짓기, 정보제공, 특정한 이미지나 아이디어에 차별화된 주목을 통해 발생하는 효과가 더 자주 발생한다. 위의 영향력에 대한 조정기에서 다루었던 내용과도 일맥상통하는 부분이다.

미디어 효과의 차원과 종류

간단히 말해 미디어 '효과'는 의도했든 의도하지 않았든 매스미디어가 발생시킨 결과이다. 반면에 '미디어의 파워 또는 영향력'이란 특히 계획된 유형으로, 미디어가 가질 수 있는 효과에 대한 일반적 잠재력을 지칭한다. '미디어 실효성'(media effectiveness)은 주어진 목표를 달성하는 데 미디어의 효율성에 대한 것이며 항상 의도나 어떤 계획된 커뮤니케이션 목표가 있음을 의미한다. 비록 일관되게 이러한 용어를 사용하는 것은 어렵겠지만 이러한 구분을 하는 것은 개념의 정확성을 위해 중요하다. 연구나 이론에서 더욱 중요한 것은 효과가 발생하는 '차원', 특히 개인, 집단 또는 조직, 사회제도, 국가·사회 그리고 문화차원 간의 차이점을 살펴보는 것이다. 각각 혹은 모두 매스 커뮤니케이션의 영향을 받을 수도 있고 종종 어떤 차원 (특히 높은 차원, 포괄적인 사회적 차원)에서의 효과는 다른 차원의 효과를 암시할 수도 있다. 하지만 비록 집합적 혹은 높은 차원과 관련된 결론을 이끌어내기 위한 목적이었더라도 대부분의 미디어 효과연구는 개인적 차원에 국한한 방법론을 이용하여 수행되었다고 할 수 있다.

미디어 효과연구에서 가장 혼란스러운 부분은 미디어 효과와 관련된 현상이 매우 다양하고 복잡하다는 점일 것이다. 보통 우리는 ① 지식이나 의견과 관련된 인지적 효과와, ② 태도나 느낌처럼 감정적 영향으로 나타나는 효과, 그리고 ③ 행동에서 나타나는 효과 등 세 가지로 구분해서 효과를 살펴본다. 이 세 가지 구별되는 효과들은 초기연구에서 중요성의 정도에 따라(행동에 나타난 미디어 효과가 지식에 나타난 효과보다 더 중요하게 여겨짐) 은연중에 구분되었다. 사실 이 세 가지 개념을 계속적

표 17.1

미디어가 발생시키는 변화의 유형
미디어는

- 의도된 변화를 야기할 수 있다.
- 의도하지 않은 변화를 야기할 수도 있다.
- 작은 변화 (형태나 강도) 를 야기할 수 있다.
- (의도여부에 관계없이) 변화를 촉진시킬 수 있다.
- 기존의 것을 강화시킬 수 있다 (변화시키지 않는다).
- 변화를 방지할 수 있다.

이러한 변화는 개인, 사회, 제도나 문화의 차원 에서 발생할 수 있다.

으로 구별하거나 그 발생의 특별한 순서를 유일한 논리로 받아들이는 것이 더 이상 쉽지만은 않다. 또한 행동에 미치는 미디어 효과 (투표나 구매행위 등) 가 반드시 다른 종류의 효과들보다 더 중요하다고도 할 수 없다.

미디어 효과의 유형을 구별하는 방법에는 여러 가지가 있다. 클래퍼 (Klapper, 1960) 는 미디어 효과를 전향 (conversion), 작은 변화 (minor change), 그리고 강화 (reinforcement) 로 구분했다. 전향은 커뮤니케이터의 의도에 따른 의견이나 신념의 변화, 작은 변화란 인지나 신념 혹은 행동의 형태나 강도의 변화, 강화는 수용자의 기존의 신념이나 의견 혹은 행동유형의 확인을 의미한다. 이와 같은 세 가지 구분은 다른 가능성, 특히 개인적 차원을 넘어 상위 차원에서의 다른 가능성들을 포함하기 위해 더욱 확장될 필요가 있다 (제 1장 참고). 다양한 효과유형은 〈표 17. 1〉에 제시되어 있다. 이중 효과가 없다는 것을 전제로 하는 두 가지 미디어 효과 유형은 미디어 과정을 다른 방식으로 이해하고 있다. 개인의 경우, 강화효과는 수용자가 자신이 가지고 있던 기존의 관점에 부합하는 것에 대해 선택적이고 지속적으로 주목한 결과이다.

반면 '변화방지'는 변화를 막아 공중들이 따르도록 일방적이거나 이데올로기가 개입된 내용물을 의도적으로 제공하는 것과 관련된다. 종종 이것은 합의적 관점의 반복과 어떤 도전의 부재를 지칭하기도 한다. 우리가 매우 많은 증거를 가진 미디어 '무(無) 효과' 주장은 장기간에 걸쳐 나타나는 미디어 효과를 생각해 볼 때 해석에 매우 세심한 주의를 요구한다. 미래에 의견이나 신념의 분포를 변화시킬 그 어떤 요인도 사회적 과정에 개입할 수 있고 따라서 효과를 발생시킬 수 있기 때문에 무효과라는 것은 사람들에게 오해의 소지가 많은 표현이다.

한편 랭과 랭은 (Lang & Lang, 1981) 은 '상호효과', '부메랑 효과' (boomerang effect) 그리고 '제 3자 효과'를 포함한 다른 유형의 효과들을 지적한 바 있다. 첫 번째는 개인 혹은 기관이 미디어 취재의 대상이 됨으로써 나타나는 결과에 관한 것이다. 계획된 사건이라도 텔레비전으로 방송된다는 바로 그 사실 때문에 변화하기도 한다. 미디어와 보도대상 간에는 종종 상호작용이 존재한다. 예를 들어 기틀린 (Gitlin,

1980)은 1960년대 미국 학생운동의 방향이 어떻게 미디어 보도에 의해 영향을 받았는지를 설명한 바 있다. 부메랑 효과는 의도한 방향과는 반대방향으로 변화를 야기시키는 것으로 캠페인에서 매우 자주 나타나는 현상(혹은 위험요소)이다. '제 3자 효과'는 다른 사람들은 미디어에 영향받기 쉬우나 자신은 영향을 받지 않는다는 믿음을 의미한다. '수면자 효과'(Sleeper effect)란 한참이 지나서야 나타나는 미디어 효과에 관한 것이다.

미디어 효과의 차원을 언급하면서 맥클라우드 등(McLeod et al., 1991)은 일반적 효과(미디어로서 텔레비전에 기대되는 효과 등)와 콘텐츠와 직접적 연관이 있는 특정 효과가 차이가 있다는 점도 지적한 바 있다. 후자의 경우 본래 갖고 있던 구조나 경향(정치적 편견 같은)이 변화의 잠재적 원인으로 드러났다.

5 미디어 효과의 과정 : 유형 분류

미디어 효과이론과 연구의 발전을 개관하기 위해서는 이미 언급한 상호 밀접하게 연관된 두 가지 구분을 중심으로 시작해야 한다. 의도한 효과와 의도하지 않은 효과, 단기적 효과와 장기적 효과가 그것이다. 이러한 구분은 골딩(Golding, 1981)이 뉴스와 뉴스효과에 대한 상이한 개념들을 구분하기 위해서 제시한 것이었다. 그의 주장에 따르면, 뉴스의 경우 의도된 단기적 효과는 '편향'으로 간주될 수 있고, 의도하지 않은 단기적 효과는 '무의식적 편향'에 해당한다. 의도된 장기적 효과는 '정책'(미디어 관련)을 의미하며, 의도하지 않은 장기적 뉴스 효과는 '이데올로기'이다. 이 두 가지 대등한 조건을 고려함으로써 우리는 주요 미디어 효과 과정의 대략적 모습을 그려 볼 수 있다. 대략적 유형 분류작업의 결과는 〈그림 17. 2〉에 정리되어 있다.

연관된 이론을 상세하게 검토함으로써 의미가 좀더 명백해지겠지만 일단 다음에서는 간략하게 미디어 효과와 관련한 용어를 정리한다.

그림 17. 2 미디어 효과의 유형 분류 : 미디어 효과는 두 가지 차원

즉 시간과 의도성의
차원에서 다음과 같이
위치시킬 수 있다.

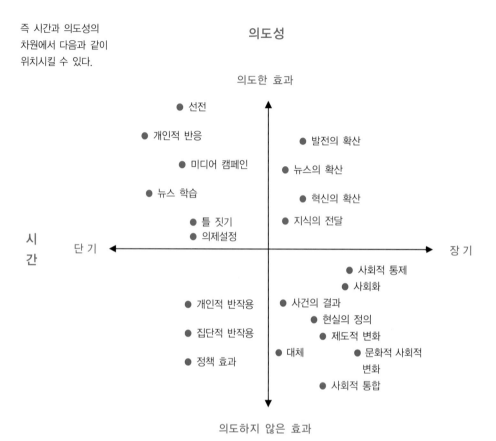

선전 (*propaganda*)

'선전가의 의도를 만족시킬 수 있는 반응을 이끌어내기 위해 지각을 형성하고 인지와 행동을 조작하는 계획적이고 체계적 시도'로 정의된다(Jowett & O'Donnell, 1999). 선전효과는 장기적 효과로도 발생할 수 있다.

개인적 반응(*individual response*)

태도, 지식 혹은 행동에 영향을 미치고자 고안된 메시지의 노출 정도에 따라 개인이 변화하거나 변화에 저항하는 과정.

미디어 캠페인(*media campaign*)

다수의 미디어가 선택된 사람들을 설득하거나 정보를 제공하는 목적을 달성하기 위해 조직적 방법으로 사용되는 상황.

뉴스학습(*news learning*)

수용자의 회상, 인식, 이해 등에 의해 측정되는 매스미디어 뉴스노출에 따른 단기적 인지효과.

의제설정(*agenda-setting*)

뉴스보도에서 상대적으로 중요하게 다루는 아이템이나 주목하는 이슈가 공중의 이슈 중요성에 대한 인식에 영향력을 미치는 과정.

틀 짓기(*framing*)

미디어 효과의 하나로 뉴스보도와 해설의 맥락화에 사용된 해석적 틀이나 방향이 동일하게 수용자에 의해 채택되는 것을 지칭한다. 이와 관련한 또 하나의 과정은 미디어가 공적 사안과 공적 인물에 대한 평가의 표준을 제공하는 점화효과다.

비계획적, 단기적 효과

개인적 반작용 (*individual reaction*)
미디어 자극에 노출된 개인에게 나타나는 계획하지 않거나 예상하지 못한 결과. 이것은 주로 모방과 학습형태, 특히 공격적이거나 일탈적 행동(자살과 같은 행동)에서 발견된다. '유발'(*triggering*)이란 용어 역시 사용된다. 또한 강한 감정적 반응, 성욕유발 그리고 공포와 불안에 의한 반응 등이 이러한 효과에 해당한다.

집단적 반작용 (*collective reaction*)
공통적 상황이나 환경에 처한 많은 사람들이 동시에 같은 효과를 경험하고, 보통 규제받지 않고 비제도적인 종류의 행위를 공동으로 하게 되는 것. 공포, 불안, 분노 등이 가장 흔한 반작용으로 이는 공황이나 사회적 동요를 만들게 된다.

정책효과 (*policy effects*)
특정한 위기, 남용, 위험 등을 강조함으로써 정부정책과 행위에 뉴스보도가 미치는 비의도적 효과. CNN이 외교정책에 미치는 영향력을 가장 부각되는 사례로 들 수 있다.

계획적, 장기적 효과

발전의 확산(*development diffusion*)
일련의 캠페인과 대인적 네트워크와 공동체, 사회의 권위 구조 등을 통하여 장기적 발전을 위해 커뮤니케이션을 계획적으로 이용하는 것.

뉴스의 확산(*news diffusion*)
특정한 뉴스사건에 대한 인식의 확산을 다루는 것. 특정한 시점 특정 인구층에 어느 정도 도달했는지(뉴스사건을 아는 사람의 비율), 정보가 어떤 경로로 수용되었는지(개인간의 커뮤니케이션인지 미디어를 정보원으로 이용했는지)의 문제를 다룬다. **＊562**

혁신의 확산(*diffusion of innovation*)
광고나 홍보를 토대로 특정사회의 사람들이 기술혁신을 채택하는 과정이다. 여기서도 의도한 것뿐 아니라 의도하지 않은 효과를 유발할 수도 있다.

지식의 전달(*distribution of knowledge*)
미디어 뉴스와 정보를 통해 사회집단에 지식을 전달하는 것. 가장 중요한 것은 미디어가 '지식격차'의 폭을 넓히는가 아니면 좁힐 수 있는가의 문제이다. 최근에는 '디지털 디바이드' 현상과 관련이 있다.

비계획적, 장기적 효과

사회적 통제(*social control*)
확립된 질서나 행동 유형에 동조하도록 촉진시키는 체계적 경향을 의미한다. 사회를 어떻게 보는가의 시각에 따라, 이것은 계획적으로 보일 수도 있고 또는 의도하지 않은 사회화의 확장으로 간주될 수도 있다.

사회화(*socialization*)
특정한 사회적 역할과 상황과 관련한 규범, 가치 그리고 기대되는 행위를 학습하고, 채택하는 과정에 미디어가 미치는 비공식적 영향.

사건결과(*event outcomes*)
중요한 '결정적' 사건(Lang & Lang, 1981)의 경과와 해결과정에서 제도적 영향력과 함께 미디어가 작용한 부분과 관련된다. 그 예로 혁명, 주요 국내정치 변동, 전쟁과 평화와 관련된 사건들을 들 수 있다. 선거와 같이 상대적으로 덜 중요한 사건도 여기에 포함된다(Chaffee, 1975).

현실에 대한 정의와 의미의 구성(*reality defining and construction of meaning*)
공중의 인지와 해석의 틀에 미치는 영향력. 이러한 유형의 미디어 효과는 의미를 구성하는 과정에서 수신자의 적극적 참여를 필요로 한다.

- *563

제도적 변화(*institutional change*)

사회제도와 기관이 미디어의 발전에 적응하는 것으로, 특히 특정기관의 커뮤니케이션 기능이 영향을 받는 것을 말한다('상호효과'의 개념과 비교).

대체(*displacement*)

사회적 참여와 같은 활동 등 다른 목적으로 이용하던 시간에 미디어를 이용함으로써 나타난 결과.

문화적, 사회적 변화(*cultural and social change*)

사회의 특정계층(예를 들어 젊은층), 사회 전체 혹은 다양한 사회를 특징짓는 가치, 행동 그리고 상징적 양식의 전반적 변화. 문화정체성의 강화 혹은 약화도 이 효과의 사례 가운데 하나이다.

사회통합(*social integration*)

통합(혹은 통합의 부재)은 미디어의 전달범위에 따라 다양한 차원, 특히 지역공동체나 국가적 차원에서 관찰될 수 있다. 사회통합효과는 재난이나 위급상황에 대한 반응의 일환으로 단기적 효과로 발생할 수도 있다.

 ## 개인적 반응과 반작용: 자극-반응 모델

〈그림 17. 2〉에서 분류된 미디어 효과유형은 모든 가능성을 포함시킨 것은 아니며, 제시된 다양한 유형 역시 항상 논리적으로 완벽할 수는 없다. 문제의 핵심은 '모든 미디어 효과가 개인들이 메시지에 주목하고, 노출됨으로써 시작된다'는 사실이다. 이런 상황의 결과는 시간이 지날수록 확장되고, 종종 집합적 형태의 결과로 나타난다. 뉴스를 통해 사건에 관한 지식을 얻는 상황 등에서, 효과는 단기적 또는 장기적 양자택일의 문제가 아니고, 양쪽에서 모두 다뤄질 수 있다. 미디어로부터 전달되는 '입력'은 셀 수 없이 많고 변화하며 상호관계를 가지기 때문에, 우리는 분석목적을 위해 그것들(단기적 효과와 장기적 효과)을 다양한 차원에 따라 분리해야

함에도 불구하고, 실제로 분리할 수는 없다. 하지만 자극-반응 모델은 확실히 단기적 개인적 효과에 적합하다. 〈그림 17. 2〉에서 '개인적 반응'과 '개인적 반작용'은 모두 자극-반응 혹은 조건반사라는 행동모델을 공유한다. 모델의 기본적 특성은 다음과 같이 간단하게 나타낼 수 있다.

단일 메시지 → 개개인의 수신자 → 반작용

비록 '반응'(response, 수신자와의 상호작용과 수용자의 학습과정을 의미한다) 과 '반작용'(reaction, 수신자의 어떤 선택이나 상호작용을 의미하지 않으며, 본질적으로 행동적 속성을 갖는다) 간에는 중요한 차이가 있지만, 이 모델은 의도된 효과와 의도되지 않은 효과라는 측면을 볼 때 거의 똑같이 적용된다. 맥과이어(McGuire, 1973)는 설득과 의견형성에서 발생하는 기본적 반응과 학습과정을 다음의 연속되는 6단계 형태, 즉 ① 제시(presentation), ② 주목(attention), ③ 이해(comprehension), ④ 인정(yielding), ⑤ 기억(retention), ⑥ 명백한 행동(overt behaviour)으로 설명했다.

이러한 설명을 통해 보면 선택적 주목과 선택적 해석, 선택적 반응과 선택적 기억을 고려하기 위해 자극-반응 이론이 수정되어야 했던 이유를 충분히 알 수 있기는 하다. 하지만 한편으로 자극-반응 모델은 매우 실용적이고, 적절한 자극 메시지의 존재 여부에 따라 언어적 혹은 행동적 반응의 발생을 예측할 수 있다. 또한 이 모델은 송신자의 의도와 일치하고, 메시지에 담겨 어떤 방법으로 행동하도록 하는 명백한 자극과 일치하는, 직접적인 행동적 효과를 전제로 한다. 미디어 효과에 관한 논쟁에서, 이러한 설명은 '마법의 탄환' 또는 '피하주사' 이론으로 불리기도 하며, 이 용어는 효과의 가능성과 영향을 받는 수신자의 취약성에 대해 과장하는 경향이 있었다.

많은 연구자들이 이러한 이론의 부적절함에 대해 지적했으며, 드플루어 (DeFleur, 1970)는 이 모델이 경험적 증거의 수집과 연구발전에 따라 어떻게 수정되었는지를 보여 주었다. 첫 번째로 기대되었던 반작용이 관찰되는 경우에도 개인의 인성, 태도, 지적 능력, 관심 등의 차이에 따라 그 반작용이 변화했기 때문에, '개인차'라는 개념이 동원되었다. 또한 드플루어는 '미디어 메시지는 수용자 개인의 특성과 다양한 상호작용을 하는 자극으로서의 독특한 속성을 지녔다'고 주장했다.

대부분의 심리학 실험에 많이 사용된 자극의 종류와 비교해 볼 때 미디어 메시지는 매우 복잡하다는 사실로 미루어 이러한 주장은 매우 적절하다고 할 수 있다. 두번째, 연령, 직업, 생활방식, 성별, 종교 등과 같이 수신자가 속한 사회적 범주에 따라 미디어에 대한 반응은 체계적으로 변화한다는 것이다. 이와 관련하여 드플루어는 '특별한 범주에 속한 사람들은 거의 비슷한 커뮤니케이션 콘텐츠를 선택할 것이고, 거의 같은 방법으로 그것에 반응할 것이다'라고 기술한 바 있다.

효과의 중재 조건

자극-반응모델은 효과를 중재하는 조건을 명시함으로써 수정되기 시작했다. 맥과이어(McGuire, 1973)는 정보원, 콘텐츠, 채널, 수신자, 목적과 관련하여 중재변인을 구분했다. 예를 들어 권위 있고 신빙성 있는 정보원으로부터 전달된 메시지가 상대적으로 훨씬 효과적이라고 볼 수 있다. 수신자에게 매력적이거나, 친숙한 정보원 역시 마찬가지이다. 콘텐츠의 경우, 일관되고 반복되는 상황이나, 독점적 상황 같은 대안부재의 상황에서 미디어 효과가 더 잘 발생할 수 있다. 또한 주제가 명확하고 구체적일 때 효과가 발생할 가능성이 더 높다(Trenaman, 1967).

일반적으로, 의도된 효과는 수신자가 쉽게 접근하기 어려운 사안이나, 수신자에게 덜 중요한 주제일수록(자아 관여도나 사전에 개입한 정도가 낮은) 더 크게 나타난다고 할 수 있다. 개인적인 스타일과 관련한 변인, '감정적 대 이성적'과 같은 메시지의 소구유형, 주장의 순서와 균형과 관련한 변인 등 너무나 다양한 조건들이 개입되었기 때문에 일반적 예측을 하는 데 어려움이 있지만, 모두 미디어 효과와 관련해 고려해야 할 부분이다. 주로 콘텐츠와 수신자 요인이 학습결과를 지배하기 때문에, 채널요인은 연구되기는 하지만 일관된 결과를 보여주지는 않았다. 또한 본질적 채널의 차이와 신문과 텔레비전 등 성격이 다른 미디어 간의 차이를 구분하는 것은 매우 어려운 작업이다.

수신자의 기억이나 이해라는 측면을 볼 때, 비록 언어메시지가 그림메시지보다 더 비중 있게 연구되기는 했지만, 그동안의 연구는 서로 다른 채널양식의 상대적 가치를 분명하고 일관된 방식으로 확립하지 못했다(Katz et al., 1977). 우리가 보았던 것처럼, 분명히 수신자와 관련한 몇 가지 변인들은 효과와 관계가 있을 수 있다. 특히 동기, 관심, 선행지식 수준이라는 변인들에 특히 주목할 필요가 있다. 동기나 관여도는 영향을 미치는 과정과, 다양한 유형의 효과가 발생하는 순서를 정하는 과정에서 특별히 중요한 것으로 나타났다(Krugman, 1965). 래이(Ray, 1973)는 호블랜드의 연구에서 발견된 것과 같이, 정상적인 '효과의 위계'는 가장 일반적인 효과인 '인지적 학습'에서 '감정적 반응'(선호 또는 혐오, 의견, 태도)으로 그 다음으로 '능동적 효과'(행동)로 이어지는 과정이라고 보았다. 특히 이 모델은 높은 관여도(높은 관심과 주목) 상황에서만 정상적으로 적용된다고 래이는 주장하면서 실증적 증거를 제시하기도 했다. 텔레비전 시청과정에서 광고에의 노출과 같은 개인적 관여도가 낮은 상황에서는 '인지'에서 '행동'순으로 직접적으로 이어질 수도 있다. 후에 행동과 일치하는 감정적 조절을 통해 태도의 변화가 나타날 수도 있다(부조화 감소 — Festinger, 1957).

본질적으로 이 공식은 태도와 행동의 단순한 상관관계를 설정하거나, 태도를 행동의 예측변인으로 추정하는 많은 설득 커뮤니케이션의 캠페인 논리와 설계에 대해 의구심을 던진다. 또한, 태도변화에 대한 측정만을 기본으로 하는 캠페인 평가에도 역시 의문점이 남는다. 세 가지 기본 요인(인지, 태도, 행동) 간의 일관성 문제 역시 논쟁 중이다. 채피와 로저(Chaffee & Roser, 1986)는 '높은 관여도'가 일관된 효과를 유발하고 따라서 안정적이고 지속적인 영향력을 발생시킬 수 있는 필요조건이라고 지적한다. 이들이 선호하는 미디어 효과모델은 낮은 관여도 상태에 있다가 인지적 부조화를 경험하고, 그 다음 학습으로 이어지는 반복적인 연속과정을 수반한다고 볼 수 있다. 이 관점에서 볼 때 쉽게 잊히는 단편적 정보도 수용자가 반복적으로(체계적인 캠페인의 경우에서 볼 수 있듯이) 노출함으로써 이성적 생각과 행동으로 이어져 전개될 수 있다.

미디어와 관련한 실험실 밖의 어떤 자연스러운 상황에서라도, 개개인의 수신자는 어떤 자극에 주의를 기울이고 피해야 할지를 선택할 것이고, 그 의미를 다양하게 해석할 것이다. 또한, 그 개인의 선택에 따라 특정한 방향으로 행동하거나 혹은 행동을 수반하지 않는 쪽으로 반응할 것이다(Bauer, 1964). '자극의 성격'은 개인의 선택에 영향을 주는 요인일 수 있는데, 이러한 사실로 인해 효과발생을 자극에 대한 반응으로 보는 조건화 모델의 타당성에 문제를 제기할 수 있다. 따라서 우리는 '자극을 경험하는' 단순한 사실에만 집중할 것이 아니라 위에 기술한 '중재적 조건'의 전반적 경향과 상호작용에 주의를 기울여야 한다. 이러한 접근방법은 클래퍼 (Klapper, 1960)가 제안한 '현상론적' 접근방법, 즉 전체 상황 아래에서 다른 영향요인들과 함께 작용하는 영향요인으로서 미디어를 다루는 접근과 유사하다고 하겠다.

▣ 정보원-수신자 관계와 효과

정보원에 대한 신뢰와 존중은 미디어의 영향력이 행사되는 데 도움이 될 수 있다. 송신자(혹은 보낸 메시지)와 수신자와의 관계를 고려하면서 효과이론을 발전시키려는 몇몇 시도가 있었다. 이 이론의 대부분은 개인간의 대인적 관계와 관련 있다. 프렌치와 레이븐(French & Raven, 1953)은 송신자에 의해 행사되고 수신자에 의해 수용되는 사회적 영향력이 발생하는 커뮤니케이션 관계를 다섯 가지 다른 형태로 설명했다. 이들의 기본적 전제는 '커뮤니케이션을 통한 영향력의 행사방식은 영향을 주는 행위자(커뮤니케이터)의 자산과 속성에 의존한다'라는 것이다.

이들의 설명에 따르면, 영향력을 발휘하는 자산으로서의 두 가지 유형은 각각 '보상'과 '강제'로 분류된다. 전자는 즐거움이나 유용한 조언과 같이 메시지가 수신자를 충족시키는 데 달려있다. 후자는 순응하지 않는 데서 나온 부정적 결과(매스 커뮤니케이션에서 드물다)에 의존한다. 세 번째 유형은 '준거로서의 영향력'인데, 이는 송신자의 매력이나 명성을 참고하는 것을 말한다. 이 경우 수신자는 '감정적 이유로 영향받을 수 있는 사람'으로 규정된다.

네 번째, '정당한 영향력'이 있다. 이는 '송신자를 따르거나 존경할 강력한 이유가 있다'는 가정 아래 영향력이 수용되는 과정을 의미한다. 이것은 매스 커뮤니케이션 과정에서 보편적으로 나타나는 것은 아니지만, 정치인이나 사회적으로 인정받는 기관의 지도자로부터 전달된 권위적 메시지를 통해 일어날 가능성이 있다. 이와 같은 영향력은 특정한 매스 커뮤니케이션이 개입되는 상황에 선행하여 존재하는 정보원과 수신자 간의 확정된 관계를 가정한다. 마지막으로, '전문성으로서의 영향력'이 있다. 이러한 영향력은 수신자가 질적으로 수준 높은 지식을 획득한 것을 정보원과 송신자 덕으로 돌릴 때 작용한다. 이 상황은 일반적으로 전문가들이 나와 설명·논평·지지하는 미디어 뉴스와 광고영역에서 볼 수 있다. 미디어 영향력과 관련한 다섯 가지 유형의 사례는 광고와 정보전달을 목적으로 하는 캠페인에서도 발견될 수 있다. 그리고 주어진 한 상황에서 하나 이상의 영향력이 적용될 수 있다.

켈만(Kelman, 1961)은 효과(특히 개개인의 의견에 대한)를 설명하는 데 위와 유사한 시도를 했다. 그는 영향력이 발생하는 세 가지 과정을 구분했다. 먼저 '순응'(compliance)은 약간의 보상을 기대하거나 처벌을 피하기 위해 영향력을 수용하는 것을 말한다. '동일시 또는 일체화'(identification)는 개인이 정보원과 똑같이 되기를 원하거나, 행동을 모방하고 채택할 때 일어난다. 마지막 세 번째, '내면화'(internalization)는 수신자가 기존에 지녔던 욕구와 가치에 의해 이끌리는 효과를 말한다. 마지막 과정은 효과에 대한 '기능적' 설명이라고 할 수 있는데, 이는 변화가 수신자 자신의 동기, 필요, 욕구에 의해 발생할 수 있기 때문이다.

카츠(Katz, 1960)는 과거에 지배적이었던 설명양식과 비교해서 볼 때 위의 모델이 매스 커뮤니케이션의 영향력을 설명하는 데 적합하다고 지적한다. 그가 인간행위를 설명하는 데 '불합리적 모델'로 지적한 것 중 하나는 사람들을 영향력에 대한 희생물로 보는 모델이다. 대안적 관점은 '합리적 모델'이라고 할 수 있는데, 이는 사람들이 의견을 형성하고 정보를 획득하기 위해 비판적이고 이성적인 능력을 사용한다는 가정에 기초한다. 이 모델에서는 선전과 속임수에 대항하는 독립적 주체로서의 개인을 상정하기도 한다. 카츠는 이 두 가지 관점 모두 잘못된 것일 수 있으며 커뮤니케이션 효과를 '기능적' 측면에서 설명하는 관점보다 설득력이 떨어진다고 보았다. 따라서 수신자의 욕구나 커뮤니케이션에 참여하려는 동기에 더 관심을 기울여야 된다고 주장한다. 또한 카츠는 '개인의 목적을 달성하고 개인의 자긍심을 일관되게 유지하는 데 도움을 주는 방향으로 커뮤니케이션이 이용된다'고 주장했다.

> ## 기본적 특징

캠페인에는 ① 건강, 안전과 같은 영역에서 수신자에게 혜택을 주거나 공적 서비스를 제공하기 위해 고안된 공공 정보 캠페인, ② 정당과 후보자의 선거캠페인, ③ 특정한 목적을 주창하기 위해 실시하는 캠페인, ④ '현대화'를 위한 개발도상국의 캠페인, ⑤ 상업적 광고 등과 같은 다양한 유형이 있다. 이러한 유형의 캠페인은 목적이 다를 뿐만 아니라, 행사되는 규범과 규칙, 이에 대한 사회적 지지 여부, 적용되는 방법과 전략, 다른 요인에 비해 미디어가 기여하는 바의 상대적 중요성 등도 다르다. 캠페인에는 특별하고 분명한 목적이 있고 캠페인 자체는 제한된 시간범위 안에서 실시된다.

〈표 17. 2〉는 캠페인 과정에서 일반적으로 주목해 볼 중요한 특징을 요약하고 있다. 첫 번째 특징은 캠페인을 실시하는 주체가 거의 대부분 개인이 아니라 집합체라는 사실이다. 정당, 정부, 교회, 자선단체, 압력단체, 기업 등이 그 예이다. 사회에 잘 알려진 정보원은 그 저명성으로 캠페인의 성공에 크게 영향을 미칠 수 있다. 둘째, 캠페인은 투표나 상품구입, 선행을 위해 기금을 모으거나, 건강과 안전 문제에 대한 정보제공 등 사회적으로 인정되는 목적을 위해 수용자의 기존 경향성을 지도, 강화, 활성화하는 것과 관련 있다. 이와 같이, 효과 또는 미디어를 통해 발생시키려고 하는 변화는 그 성격상 본질적으로 제한된다. 그리고 미디어는 다른 기관의 영향력 행사를 돕기 위해 이용된다.

셋째, 캠페인에는 접근기회와 효과발생에 차이를 가져올 수 있는 다수의 미디어를 통해 배포되는 다양한 메시지가 필요하다. 여기서 중요하게 고려해야 할 점은, 전체 공중 가운데 캠페인이 목표집단으로 정의한 사람들이 캠페

표 17. 2

공공 캠페인의 전형적 요소와 진행과정
- 집합체로서의 정보원
- 사회적으로 용인된 목적
- 다수의 채널
- 다양한 메시지
- 대상집단의 다양한 접근
- 여과조건
- 다양한 정보처리과정
- 효과의 발생
- 평가

*570

인에 실제로 접근할 수 있는 가능성이다. 많은 캠페인은 제한된 공중의 주목도, 행동, 재원을 끌어 모으려는 목적이 있다. 이는 특히 광고에 적용되지만, 실제로 자선의 목적을 위한 대부분의 기금조달과 정치캠페인에서도 마찬가지이다.

여과조건

전체 혹은 선택된 공중에게 전달되는 메시지의 흐름을 용이하게 하거나, 방해할 수 있는 여과조건(*filter conditions*) 또는 잠재적 장벽도 존재한다. 그 중 일부는 이미 지적했는데, 어떻게 이러한 여과조건이 작동하는지에 대해서는 어느 정도 예측이 가능하다. 예를 들어 '주목'(*attention*) 없이는 어떠한 효과도 발생할 수 없기 때문에 이는 매우 중요하다. 주목의 정도는 수신자의 관심과 내용의 관련성, 그들의 동기와 성향, 채널과 관련된 요소에 따라 달라진다. '지각'(*perception*) 역시 이를 통해 메시지에 대한 대안적 해석이 가능하기 때문에 중요하다고 할 수 있다. 캠페인의 주체가 의도한 것과 같은 방법으로 메시지가 해석될 때 캠페인은 성공할 가능성이 높다. 일련의 연구는 '부메랑 효과'도 발생할 수 있음을 지적한다. 예를 들어, 편견을 고치기 위한 시도나, 상업적, 정치적 캠페인의 경우 기획자들이 반대편 또는 캠페인이 의도하는 것과 반대되는 면을 강화시키는 효과를 막으려 한다는 것을 볼 수 있다(Cooper & Jahoda, 1947; Vidmer & Rokeach, 1974). 좋은 목적으로 돈을 모으는 캠페인에서도 역시 원치 않는 부차적 효과가 발생하기도 한다. 예를 들어, 제 3세계를 돕기 위해 마련된 캠페인은 관련 지역과 민족의 무능력하고 열등하다는 이미지를 만들 수도 있다(Benthall, 1993).

'동기'(*motivation*) 역시 수용자가 기대하는 만족이라는 측면에서 다양하며, 태도변화나 학습에 영향을 미칠 수 있다. '이용과 충족'이론 등에서 수용자의 동기에 대해 관심을 갖는 것은 효과에 대해 더 나은 예측을 하고 효과과정을 더 자세히 설명하기 위해서였다(Blumler & McQuail, 1968). 이러한 '여과조건'들은 캠페인이 목표로 하는 대상 공중의 구성과도 연관된다. 결국 캠페인의 성공은 계획한 '대상' 공중의 구성과 실제 도달된 공중이 얼마나 일치하는가에 달려있다.

개인적 영향력

수신자가 어떤 집단에 속해 있는가는 집단 밖의 주체가 캠페인을 통해 발생시키고자 하는 효과의 발생에 중재변인으로 작동할 수 있다. 연령, 삶의 상황, 직업, 이웃, 이해관계, 종교 등이 여기에 관련될 수 있다. 집단에 대한 충성도의 존재 여부 역시 메시지의 인지, 수용과 거부과정에 영향을 미친다. 매스미디어 효과연구에서 '개인적 영향력'이라는 개념은 초기에 매우 주목을 받았고 이후 연구에 영향력을 행사했다(Gitlin, 1978). 이 개념은 일반적 미디어 효과와 관련되지만, 특히 캠페인에 관한 연구에서부터 시작되었다. 효과가 중기적으로 발생한다고 할 때, 설득과 정보제공에서 개인적 접촉의 개입은 매우 중요하다는 점이 지적되었다. 개인적 영향력에 대한 아이디어는 단순한 것이었다. 1940년 미국 대통령 선거운동 과정을 살펴본 초기 연구자들은 '아이디어는 종종 라디오·신문에서부터 의견지도자로(*opinion leader*), 그들에서부터 정치적으로 그렇게 활발하지 않은 인구집단으로 흘러가게 된다'(Lazarsfeld, 1944)고 주장했다.

다음의 두 가지 요소가 이러한 과정에 관련된다. 첫째, 전체 인구의 특정계층은 관심, 미디어와 관련된 활동, 매스미디어에 의해 다뤄진 화제거리에 따라 나뉜다(단순히 보면 '오피니언 리더'와 '나머지 사람들'). 둘째, '자극'과 '반응' 사이에 직접적 접촉보다는 효과의 '2단계 유통'(*two-step flow*)이 존재한다는 것이다. 이와 관련한 아이디어는 카츠와 라자스펠드(Katz & Lazarsfeld, 1955)의 연구에 의해 더욱 정교해지고 발전되었다. 한편 개인적 대화와 접촉이 미디어 이용과 동반되어야 하며 또한 이것이 미디어 영향력을 변화시킬 수 있다는 주장을 확인하는 연구도 진행되었지만, '매스미디어의 영향을 받는 과정에서, 개인적 영향이 독립적 혹은 미디어에 대한 반작용으로 항상 작동하는가'의 문제에 대해서는 후속연구들이 아직까지 명백히 설명하지는 못한다.

'의견지도자'와 '추종자' 간의 구분은 화제에 따라 변화한다는 점도 지적되었다. 사실 이러한 역할은 사람들 사이에 맞바뀌어질 수 있으며, 사람들을 이분법의 논리로 구분하는 것도 힘들다(Robinson, 1976). 또한 2단계뿐만 아니라 어떤 경우는 다단계의 정보흐름도 가능할 수 있다. 비록 다양한 영향요인이 동시에 작동하고 계획적으로 수용자를 조종하기란 쉽지 않지만, 한편으로 미디어는 의견지도자의 개입 없이 수용자에 직접적 효과를 발생시킬 수도 있으며, 개인적 영향은 미디어 효과를 오히려 보강하는 측면으로 작동할 수도 있다(Chaffee & Hochheimer, 1982; Bandura, 2002).

누구의 이익을 위한 것인가

유의해야 할 또 다른 점은, 로저스와 스토리(Rogers & Storey, 1987)가 제시한 '누구의 이익인가'(locus of benefit)의 문제에 따라 캠페인은 다를 수 있다는 점이다. 건강문제나 공공정보를 다루는 캠페인은 수신자 또는 수혜자의 이익을 부각시킨다. 반면 대부분의 상업광고와 '선전'은 송신자 입장과 이해관계를 대변한다. 만약 목표 수용자에게 도달하거나 올바른 메시지를 선택하는 것 같은 기본적 캠페인 성공조건을 만족시키지 못한다면, 수신자의 신뢰와 호의는 얻을지는 모르지만 수신자에게 결정적 이득을 전달하지는 못할 수도 있다.

   몇 가지 성공사례(Mendelsohn, 1973)와 실패사례를 소개하는 것(Hyman & Sheatsley, 1947) 이상으로 캠페인 효과연구결과를 요약하는 것은 쉽지 않다. 부분적 성공과 부분적 실패가 연구영역의 대부분을 설명하고 있으며, 실제로도 그렇다(Windahl, 1992). 로저스와 스토리(Rogers & Storey, 1987)는 캠페인 효과와 관련하여 다음과 같은 결론을 내렸다. '커뮤니케이션 효과와 과정에 대한 개념화가 변화함에 따라 커뮤니케이션이 사회적, 정치적, 경제적 요인의 복잡한 연계성 안에서 작동하는 것으로 인식하게 되었다. 따라서 커뮤니케이션 그 자체만이 모든 효과를 발생시킨다고 기대할 수 없다.'

10 소 결

이 장에서는 미디어 효과와 그 측정과 관련한 문제를 정리해 보았다. 비록 언제 효과가 발생했고, 얼마나 효과가 있었는지, 그리고 효과가 일어날 것 같은지에 대해 평가하기란 쉽지 않은 작업이기는 하지만, 미디어가 효과를 발생시킨다는 점은 의심의 여지가 없다. 이러한 어려움은 단지 방법론상의 문제에서만 비롯된 것은 아니다(물론 방법론상의 문제가 존재하지만). 이는 미디어가 발생시킬 수 있는 효과가 너무나 다양하고, 이러한 효과발생에는 다양한 조건이 관련되어 있기 때문이다. 분명한 부분은 효과가 발생하기 위해서는 커뮤니케이터의 역할뿐만 아니라 수용자의 정향이나 행동이 중요하다는 점이다. 대부분의 효과는 송신자와 수신자의 상호작용 속에 발생한다. 매스미디어의 장기적 효과는 미디어 메시지의 즉각적 수용자와 관련 있기보다는 다른 사람들의 반응을 통한 2차적 과정 속에서 발생할 수 있다.

18 사회-문화적 효과

이 장에서는 단기적, 장기적 효과, 개인적, 집합적 효과, 그리고 부정적, 긍정적 효과 등 다양한 미디어 효과를 다룬다. 대부분의 경우 비록 예측 가능하지만, 이러한 효과는 미디어가 직접적으로 의도한 효과가 아닌 경우가 많다. 여기서 다루는 미디어 효과는 사회적, 문화적 측면과 연결되며 앞서 제4장과 5장에서 다룬 매스커뮤니케이션 이론과 관련된다. 비의도적인 사회적 효과 역시 학습과 인지적 처리 과정이 필요하기 때문에 명확하게 구분할 수는 없겠지만, 의도적인 정보적, 정치적 효과는 주로 다음 장에서 다룰 것이다. 우리가 다루는 효과는 주로 아동이나, 젊은 층에 부적절한 영향력을 미치거나 반사회적 경향을 야기하는 문제 등 사회문제와 연결된다. 초기 연구 시점부터 매스미디어 효과연구는 긍정적 차원보다 부정적 차원의 효과에 집중된 경향이 있고 이러한 편향성이 이 후의 연구과정에도 영향을 미친 것 같다. 기본적 효과이론과 효과과정에 대해서는 제17장에서 대부분 언급했지만 이 장에서는 특히 행동적 효과모델에 초점을 맞추고 몇 가지 새로운 분야를 소개할 것이다. 특히 텔레비전에 초점을 맞추어 미디어의 사회적, 문화적 영향력과 관련한 가설과 연구결과들을 소개한다.

제 17장에서 소개했듯이 단순한 자극-반응의 조건화 모델에서 벗어나 발전한 이 분야의 이론은 연구에서 부딪히는 복잡한 문제들을 설명하는 데 도움을 준다. 의도되지 않은 효과가 발생할 수 있는 상황에서, 일부 사람들은 다른 사람들보다 자극에 더 잘 반응하고, 유해한 메시지에 노출될 때 더 많은 문제에 직면하는 경향이 있다는 것은 분명하다. 콤스탁 등(Comstock et al., 1978)은 텔레비전 시청효과를 진단하면서 '자극-반응 모델'을 정교화하여 제시했다. 이들 연구자들의 모델은 특히 폭력에 관한 효과연구결과를 조직적으로 체계화하는 데 도움이 된다. 또한 이 모델은 '미디어 경험이 학습과 행동을 유발하는 다른 경험, 행위, 관찰과 본질적으로 다르지 않다'는 전제하에 만들어졌다.

　　〈그림 18. 1〉에 제시된 것처럼 이 모델은 텔레비전에서 제시되는 행동(TV act)에 '노출'되는 최초의 행위 이후 나타나는 것을 연속적 과정으로 보여준다. 이 최초의 행위는 행동을 학습하거나, 모방하게 하는 첫 번째 과정이자 주된 '입력'이다. 이런 입력과 관계가 있는 텔레비전의 (〈그림 18. 1〉에서 상자로 묶인) 요인은 '흥분(TV arousal) 정도'와 '대안적 행동(TV alternatives)이 묘사되는 정도'이다. 자극이 많고 대안적 행동이 없을수록(혹은 이런 조건이 더 반복될수록) 학습의 정도는 높게 된다. '텔레비전을 통해 지각된 결과'(TV perceived consequence)와 '텔레비전을 통해 지각한 현실'(TV perceived reality)이라는 두 가지 조건도 관계가 있다. 긍정적 결과가 부정적 결과보다 많고, 텔레비전의 행동이 실제 현실과 유사할수록 학습의 정도는 높게 된다(P TV act). 효과가 나타날 조건이 만족되지 않으면(P=0), 이러한 과정은 출발점으로 되돌아온다. 효과가 발생할 가능성이 존재하게 되면(P〉0), 여기서는 학습을 했는지 여부가 중요하다.

　　입력과 관련하여 언급된 모든 요인들은 행동을(효과) 학습할 가능성에 영향을 끼친다. 결국 어떠한 결과로 생긴 행동은, 행동을 주입할 여지가 있는 가능성들에 조건적이다. 이러한 가능성을 떠나 가장 중요한 조건은 '흥분'이다. 관심과 주목을 암시하는 흥분 없이는 이후 어떤 학습도 없기 때문이다. 이 모델을 완벽하게 확증할 수 있는 연구는 아직 미진하지만 이 모델은 단순한 조건화 모델에서 발전된 것으로 연구자들이 살펴보아야 할 다양한 요인들을 제시하고 있다.

그림 18. 1

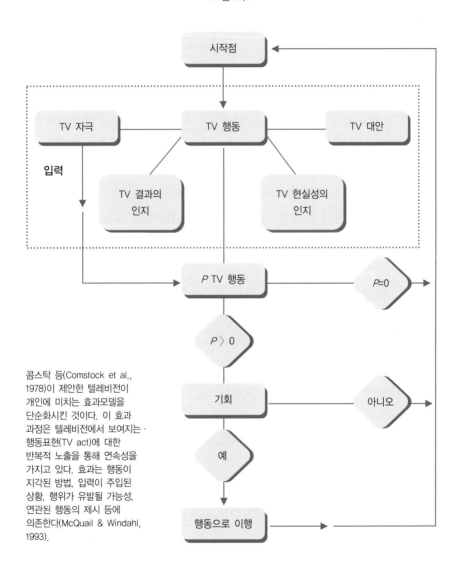

콤스탁 등(Comstock et al., 1978)이 제안한 텔레비전이 개인에 미치는 효과모델을 단순화시킨 것이다. 이 효과 과정은 텔레비전에서 보여지는ㆍ행동표현(TV act)에 대한 반복적 노출을 통해 연속성을 가지고 있다. 효과는 행동이 지각된 방법, 입력이 주입된 상황, 행위가 유발될 가능성, 연관된 행동의 제시 등에 의존한다(McQuail & Windahl, 1993).

＊577

많은 연구들이 범죄, 폭력, 공격적 행위, 반사회적 행위 등에 미치는 미디어의 잠재적 영향력에 주목한다. 이러한 부분에 관심을 가지게 된 가장 중요한 이유는 모든 매스미디어에서 범죄와 폭력과 관련한 내용이 매우 많이 반복되었기 때문이다 (Smith et al., 2002, 제 14장 참조). 또한 20세기 들어 매스미디어가 등장하면서 위에서 언급한 사회적 해악이 점진적으로 늘어났다는 인식이 널리 퍼졌기 때문이기도 하다. 각각의 새로운 미디어가 등장할 때마다 이러한 미디어가 잠재적으로 미칠 수 있는 영향력에 대해 사람들은 우려를 표명했다. 최근에는 인터넷과 인기음악이 확산되면서 젊은 층의 폭력적 행동을 유발한다는 지적도 제기되었다. 사회나 부모들의 통제를 받지 않는 뉴미디어에 의해 조장된 문제들 외에, 폭력이라는 오래된 이슈에 우리가 새롭게 관심을 갖게 된 데는 미디어 전반에 변화가 있었기 때문이다. 특히 텔레비전 채널의 증가와 규제축소로 인해 어린 아이들이 텔레비전 방송의 폭력물이나 성인물에 노출될 가능성이 그 어느 때보다 더 높아졌다.

화면으로 전달되는 폭력이 실제 폭력과 공격적 행동의 원인이라는 믿음이 지속되면서 이와 관련한 수많은 연구가 수행되었다. 그러나 미디어와 폭력성향 사이의 인과적 관계에 대해서는 이견이 많다. 그럼에도 불구하고, 1960년대 말 미국 공중위생국장(US Surgeon General)의 지휘 아래 수행되었던 연구 프로그램은 다음과 같은 세 가지 결론을 내렸다(Lowery & DeFleur, 1995).

- 텔레비전 콘텐츠에는 폭력적 내용이 과도하게 많다.
- 아이들은 점점 더 많은 시간 동안 폭력적 내용을 시청하고 있다.
- 전반적으로 볼 때, 연구결과는 '폭력적 오락물의 시청이 공격적 행동의 발생 가능성을 높인다'는 가설을 지지하는 근거를 제시하고 있다.

연구가 실시된 지 오랜 시간이 흘렀지만, 이러한 결론은 여전히 타당한 것으로 받아들여지는 것 같다.

이 론

미디어의 폭력적 효과와 관련해 제기된 가설들은 현재에도 그 유용성이 변하지 않은 것으로 보인다. 와텔라(Wartella, 1998)는 텔레비전 폭력의 학습과정과 모방을 설명하는 세 가지 기초적 이론 모델을 제시한다. 그 중 하나는 알버트 반두라(Albert Bandura)의 '사회적 학습이론'이다. 이는 아동들이 미디어가 제시하는 모델로부터 어떤 행동이 칭찬받고 어떤 행동이 벌 받을 것인지를 학습한다는 가정에 기초한다. 두 번째는 '점화(*priming*) 효과이론'이다(Berkowitz, 1984). 이 분야에서 제기되는 점화효과이론은 사람들이 폭력을 봤을 때, 폭력과 관련된 생각이나 평가를 기폭시키거나 활성화시키며, 따라서 대인간의 상황에서 폭력을 사용할 가능성을 높이게 된다고 설명한다. 세 번째로 휴즈만(Huesmann, 1986)의 '각본이론'(*script theory*)은 상황에 반응하는 방법을 나타내는 '각본'에 의해 사회적 행동이 제어된다고 설명한다. 공격적 성향을 담은 각본의 결과로 텔레비전의 폭력은 폭력을 이끄는 방법으로 기호화된다. 학습과 모방효과와 함께, 폭력적 묘사에 대한 노출은 폭력적 행동에 대한 내성을 증가시키는 일반적인 '둔감화'를 이끈다는 믿음이 넓게 퍼져있다. 다른 미디어 효과이론에서처럼, 개인의 성향에 영향을 주는 많은 변인과 폭력 묘사와 연결시켜 주는 여러 변인이 있다. 수용자의 반응에 영향을 주는 상황적, 맥락적 요인들은 제 14장과 〈그림 18. 1〉에서 언급한 바 있다. 개인성향 변인과 콘텐츠 관련 변인과 함께, 혼자 보거나, 부모 혹은 동료와 함께 보는 등의 시청상황에 따른 변인 역시 중요하다. 〈그림 18. 1〉에서 제시한 행동적 효과 모델은 폭력적 행동과 관련해서 적용할 수 있다.

콘텐츠

미국 공중위생국장(US Surgeon General) 보고서에서 요약된 내용은 후속연구에서도 검증되었다(Bryan & Zillman, 1986; Comstock, 1988; Oliver, 2003). 지속적으로 폭력적인 내용이 텔레비전이 많이 등장했고, 젊은 층에게 매우 인기가 높았다. 월

* 579

슨과 스미스(Willson & Smith, 2002)는 '1998년 미국 텔레비전과 폭력' 연구에서 아동들을 대상으로 한 프로그램이 다른 프로그램보다 폭력적 내용이 실제로 더 많다는 점을 지적한 바 있다. 시대가 지나면서 평균적인 노출정도가 증가했는지에 대해 말하기는 쉽지 않다. 그러나 화면을 통해 폭력을 접할 가능성은 시청할 수 있는 수단이 전 세계로 확산되면서 점차 높아졌다. 그뢰벨(Groebel, 1998)은 유네스코 연구의 일환으로 텔레비전의 폭력에 관한 조사를 세계 23개국 5천 명 어린이들을 대상으로 실시했다. 그는 이 연구에서 미디어 폭력의 편재성과 소년들이 갖고 있는 공격적인 미디어 영웅에 대한 환상에 대해 지적한다. 한 예로 이 조사에서 전세계 어린이들의 88%가 아놀드 슈왈츠네거의 터미네이터를 아는 것으로 나타났다(1998).

효과발생의 근거

행동효과와 관련해 위에서 밝힌 세 번째 부분에 대해서는 합의된 것이 많지 않고, 이 부분은 항상 논쟁의 대상이 되었다. 이는 그 결론이 산업과 정책에 직결되기 때문이다. 이 문제에 관해 확신을 가지고 말하는 것은 쉽지 않으며, 일반적으로 사람들이 권위가 있다고 믿는 주체들이 제시하는 설명은 정치적 성격을 지녔다(Ball-Rokeach, 2001). 미국 심리학회(1993)는 '텔레비전 폭력을 많이 본 사람들이 공격적 태도를 더 수용하고 공격적 행동을 더 많이 보인다는 데는 결코 의심의 여지가 없다'는 결론을 내렸다(Wartella, 1998). 그러나 수용자가 처한 환경과 같은 다른 요인들에 대해 의문을 제기할 수 있기 때문에 이러한 주장은 인과관계를 설정하는 데 명백한 한계가 있다. 그뢰벨(Groebel, 1998)은 범죄와 전쟁 같은 폭력적 환경에 처했거나, 감정적으로 문제가 있을 경우, 아동들이 공격적 폭력물에 더 매료되며 이러한 내용을 더 많이 보는 경향이 있음을 지적한다.

미디어와 폭력에 관한 유럽학자들의 견해를 살펴본 설문 조사에서, 린네(Linné, 1998)는 '미디어 속의 폭력과 사회에서의 폭력 사이의 인과관계에 대한 학자들의 평가는 어떠한지'에 대해 질문했다. 유럽학자들 중 22%가 '명백한 인과관계'가 있다고 응답했다. 33%는 단지 몇몇 아이들에게만 일어나는 '모호한 인과성'이 있다고 보았으며, 4%는 '어떠한 인과관계'도 없다고 답했다. 나머지는 이 이슈가 너무 많은 문제점을 지녀서, 간단히 결론 내리기 어렵다고 응답했다. 리네는 일반적으로 볼 때 인과관계를 다루는 문제로부터 명백히 존재하는 폭력적 소구의 성격을 이해하려는 문제로 관심의 방향이 옮아가면서 이 분야의 연구가 변화하고 있다는 사실을 발견했다.

위에서 언급한 그뢰벨(1998)의 연구는 '아동들의 공격적 행동양식과 지각이 실제환경에서 경험한 두려움, 공격적 행동 등을 반영하고 있다'는 점을 제시한다. 덧붙여 그는 다음과 같이 지적한다. 미디어 폭력은 주로 보상이 주어지는 상황에서 등장하며, 다른 욕구를 만족시킨다. 또한 미디어 폭력은 개인적 문제로 좌절과 결핍을 경험한 아동들에게는 '보상'으로 작동하고, 문제가 별로 없는 환경에 처한 아이들의 경우는 스릴을 느끼게 한다. 또한 남자 아이들에게는 '매력적인 역할모델'로서 준거 틀을 제공하기도 한다. 비공격적 방법으로 생활에 대처하는 것보다 '보상적 성격'을 지닌 공격적 행동이 오히려 훨씬 더 체계적으로 촉진된다. 이러한 주장은 사실 그다지 새로운 것이 아니며, 많은 선행연구가 준 교훈과 유사하다고 할 수 있다. 비록 다른 요인들을 통해 중재되는 경향이 있기도 하지만, 우리는 텔레비전 폭력을 접한 후에, 바람직하지 않은 효과가 일어난다는 사실을 확실히 알고 있다.

미디어가 묘사하는 폭력과 공격적 행동에 접함으로써 대리만족이나 감정적 순화를 할 수도 있다는 주장도 제기되었다(Perse, 2001). 아리스토텔레스의 드라마 이론에서 이야기하는 '카타르시스' 개념이 이 과정을 설명하는 데 이용되기도 한다. 미디어 폭력물은 다른 사람에게 피해를 주지 않고 감정적 측면의 대리만족이 될 수도 있다. 하지만 미디어 폭력물을 접하게 됨으로써 얻게 되는 긍정적 측면을 제시하는 경험적 연구결과는 별로 없다.

공포감의 발생

한편 미디어 폭력물과 '공포물'이 발생시키는 두려움과 정서적인 거북함에 대한 지적도 많은 연구에서 발견할 수 있다(Cantor, 2002). 아동들뿐만 아니라 성인들도 스릴을 경험하기 위해 공포물을 선택하여 시청하고 관람하는데, 이러한 과정에서 특정한 사람들에게는 의도하지 않은 부정적 영향력이 발생할 수 있다. 미디어에 의해 야기된 공포는 그 강도가 높으며 오랫동안 지속되는 경향이 있다. 어떤 콘텐츠가 수용자에 거부감을 줄지 예측하기란 사실 쉬운 일은 아니다. 공포물이 발생시키는 해악을 평가하기 위해서는 콘텐츠의 유형(물리적 위협인지 심리적 위협인지), 현실성의 정도, 수용자의 '노출'동기와 함께 수용자의 연령, 특성, 정서적 안정성 등의 변인도 함께 고려해야 한다. 예를 들어 소년들보다 소녀들이 미디어 공포물에 영향을 받기 쉽다고 한다(Cantor, 2002). 또한 이러한 콘텐츠를 보는 상황이나 맥락 역시 중요한 요인이다. 발켄버그와 동료 연구자들은(Valkenburg et al. 2000) 네덜란드에서 실시한 연구에서 31%의 아동들이 텔레비전을 시청한 후 공포감을 느낀 적이 있다고 보고한 바 있다.

미디어와 범죄

미디어가 실제 범죄의 원인이 될 수 있다는 지적이 제기되었지만, 이러한 인과관계를 입증하기 힘들다는 점을 그동안의 연구결과에서 발견할 수 있다. 미디어를 범죄 발생 원인으로 보는 것은 대부분 상황에 근거하여 이야기하는 것이다. 이론적 논의 속에서도 미디어가 범죄자의 라이프스타일을 미화하고 범죄의 보상을 보여주며 범죄기술을 보여준다는 점이 지적되었다. 그렇지만 범죄는 죄 값을 치른다는 메시지가 대부분이고 범죄자는 혐오스럽게 미디어에서 묘사되는 경우가 많다. 범죄에 대한 미디어의 묘사가 직접적 행동에 영향력을 미친다는 점은 의심의 여지가 많지만, 이러한 것이 사람들의 범죄에 대한 의견(Lowry et al., 2003)과 범죄의 희생자가 될 가능성과 같은 위험의 인식에 영향력을 미칠 수 있다는 점은 많은 사람들이 동의하는 것 같다(뒤의 문화계발 효과 참조).

미디어가 묘사하는 것과 실제 폭력과의 관계는 명백한 동기가 없는 살인의 사례에서 부각된 바 있다. 특히 1999년 컬럼바인 학교 대학살이나 2002년 독일에서의 비슷한 사건의 경우, 범인이 특정한 미디어를 살인과 연결시키면서 주목받았다. 미국의 경우 미디어의 자극이 범죄원인이라는 점과 관련하여 몇몇 판례가 있기는 하지만 이러한 직접적 관련성이 판결에서 인용되지는 않았다. 디(Dee)는 미디어의 귀책사유는 미디어가 위험을 알리는 데 태만했는가의 여부와 관련이 있다고 지적한 바 있다. 하지만 미디어가 범죄의 원인이라는 것을 적시한 사례가 거의 없기 때문에 미디어가 범죄와 관련한 내용을 담지 못하도록 압력을 가하거나 검열을 하는 것이 매우 어렵다.

성적 행위에 대한 묘사가 지나친 콘텐츠의 경우에도 비슷한 이슈를 발견할 수 있다. 퍼스(2001)는 이러한 내용을 담은 미디어 메시지가 여성에 대한 폭력을 수용하게 만든다고 지적하면서 '포르노그래피에 대한 노출은 해로운 결과를 야기할 수 있다'는 점을 주장한다. 이와 관련한 이슈는 여전히 논쟁대상이다. 아인제델은 영국, 캐나다, 미국의 위원회 보고서를 검토한 후 사회과학적 연구결과를 놓고 이 문제에 대해 명확한 결론을 내리기 어렵다고 밝힌 바 있다. 이와 관련한 연구결과들을 해석하는 데는 물론 정치적, 이데올로기적 문제가 개입된다. 법률적 자료는 미디어의 직접적 효과모델에 의존하는 반면, 미디어 이론에 입각한 자료는 이러한 직접적 효과에 대해 의문을 제기한다(Calvert, 1997; Wackwitz, 2002).

또한 중요한 영역 중 하나는 미디어가 소수자나 외부집단에 대해 반감을 가지도록 유도하는 문제이다. 비록 법률로서 이러한 미디어 행위가 금지되지만, 종종 특정개인이나 집단의 신원을 알 수 있는 가운데 미디어가 이들을 악마처럼 묘사하면서, 이들이 또 다른 범죄 위험에 빠지게 한다. 아동 성도착자, 성적 일탈자, 인종적 소수자, 테러리스트, 집시, 이민자 등을 미디어가 증오대상으로 묘사하면서 이들은 또 다른 폭력대상이 된다. 이러한 현상 발생에 미디어가 영향을 미친다는 데 의심의 여지가 없다. 미디어가 전쟁을 유도하는가와 관련해서도 많은 논쟁이 있다. 1990년대 초반 유고슬라비아 내전에서 미디어가 인종간 폭력사태를 유도했다는 점을 의심할 만한 근거가 있다.

*583

아동과 젊은 층에 미치는 미디어 효과

폭력이나 일탈문제 외에 미디어가 아동에 미치는 영향력을 다룬 연구는 매우 많다. 아동의 미디어 이용과 반응에 대한 연구는 미디어 등장 초기부터 지금까지 지속되고 있다(예를 들어, Schramm et al., 1961; Himmelweit et al., 1958; Noble, 1975; Brown, 1976; Buckingham, 2002; Livingstone, 2002; Carlsson & von Felitzen, 1998). 이러한 연구들에서 다룬 내용은 미디어가 미칠 수 있는 부정적 효과와 미디어가 아동에 기여할 수 있는 효과로 나누어 볼 수 있다. 먼저 부정적 효과는 다음과 같다. ① 사회적 고립의 증가, ② 학교숙제를 할 시간과 학교숙제에 대한 주목의 감소, ③ 수동성의 증가, ④ 놀이와 운동시간의 감소(대치효과), ⑤ 독서시간의 감소(텔레비전 때문에 주로 발생), ⑥ 부모 권위의 손상, ⑦ 성적 지식 습득, 성적 경험에 있어 조숙함, ⑧ 건강에 해로운 식습관과 비만, ⑨ 거식증에 이르게까지 하는 외모지상주의, ⑩ 우울증 등이다.

한편 미디어가 발생시킬 수 있는 긍정적 효과는 다음과 같다. ① 사회적 상호작용의 토대 제공, ② 넓은 세상에 대한 학습, ③ 사회적으로 바람직한 태도와 행동의 학습, ④ 교육적 효과, ⑤ 정체성 형성을 돕고, ⑥ 상상력을 발달시키는 등이다.

위에서 제시한 효과는 사회적 학습이론에 기초해 볼 때 발생가능한 것이고 이 중 많은 사항이 경험적 연구의 주제가 되었다(Perse, 2001). 이 중 어떤 효과도 완전히 검증된 것은 아니므로 위의 사항에 대해 일반적 결론을 내리기는 어렵다. 이러한 효과에 대한 진단은 매우 조심스럽게 진행되어야 한다는 사실을 지난 많은 효과연구들의 연구결과를 통해 발견할 수 있다. 그럼에도 불구하고, 어린이들이 텔레비전에 너무 많이 노출되는 것은 별로 바람직하지 않다는 데 많은 연구자들이 동의하는 것 같다. 하지만 텔레비전의 위험성에 대한 성인들의 태도는 사회적 계층, 성별 등 다른 요인에 따라 다른 것도 사실이다(Seiter, 2000).

집단적 반작용 효과

물론 다른 요인들도 중요하지만, 매스미디어에 대한 집단적 반응은 자극-반응모델의 틀 안에서 다루어질 수 있다. 여기서 중요한 다른 요인은 때로 빠른 속도로 증폭되어 다른 사람들에게 전달되는 반작용의 양태와 관련 있다. 여기에는 자기-충족적 과정이 개입되기도 한다. 군중이 모인 상황이나, 흩어져 있는 많은 사람들에게 매스미디어나 개인적 접촉을 통해 접근하는 상황에 '전염'이라는 개념을 적용시킬 수 있다. 위험을 알리는 정보나, 불완전한 또는 잘못된 정보에 대한 반응으로 나타나는 공황상태가 집단적 반작용의 중요한 유형 중 하나이다. '공황상태'와 관련한 사례로 오손 웰스(Orson Welles)의 라디오 방송이 주로 인용된다. 1938년 오손 웰스의 라디오 방송국은 가상의 보도양식을 이용하여 화성의 침략을 알리는 뉴스를 〈세계의 전쟁〉이라는 프로그램으로 전해 엄청난 사회적 공황상태를 야기했다(Cantril, 1940). 또한 1960년대 말 미국 몇몇 도시에서 시민들의 무질서를 자극시킨 미디어의 영향력도 비슷한 사례로 들 수 있다. 2004년 스페인 마드리드에서 발생한 테러리스트 폭탄테러 이후 치러진 선거에서 매스미디어가 이 사건에 대한 공직자들의 신뢰문제를 다룬 것이 유권자들의 집단적 반응을 유도하기도 했다. 하지만 이러한 사례들을 통해 볼 때 어떤 측면에서 매스미디어가 역할을 했는지는 모호한 부분이 있다.

지진과 같은 자연재해와 핵 누출과 같은 산업재해 등의 사건이 이러한 미디어 효과와 관련해서 중요하게 다루어졌는데, 최근에는 테러리스트 활동이 이러한 집단적 반응을 불러일으키는 사건으로 가장 주목받는다. 이런 내용을 담은 뉴스는 사람들을 공황상태로 몰고 갈 조건을 제공한다는 데 많은 사람들이 공감한다. 또한 여기서 우리는 제한된 정보 속에서 유통되는 소문의 영향력도 이야기할 수 있다(Shibutani, 1966). 미디어는 같은 뉴스아이템을 많은 사람들에게 동시에 전달하여 공황상태를 야기하거나 또는 이에 대처할 수 있게 한다. 공황을 일으키는 집단적 반작용과 관련하여 이야기할 수 있는 또 다른 조건은 불안, 공포, 불확실성이다. 또한 공황과 관련해서 정보의 불완전성, 불명확성도 중요하다. 이러한 정보의 성격 때문에 사람들은 주로 개인적 채널을 이용하여 필요한 정보를 찾게 되며 나아가 소문을 더욱 확산시키는 결과를 가져오게 된다(Rosengren, 1976).

★585

테러집단의 폭력은 계획적이고 위협적이며, 정치적 목적을 위해 수행된다. 이 과정에서 테러리스트들은 간접적으로 그들의 목적을 달성하기 위해 미디어를 이용한다. 테러집단은 그들의 동기를 알리거나 공중들을 두려움에 떨게 할 목적으로 미디어를 이용하며, 미디어를 협박할 수 있다. 슈미드와 드그라프(Schmid & de Graaf, 1982)는 테러리스트들이 미디어에 접근하기 위한 수단으로 폭력을 이용하고 있으며, 폭력은 그 자체로 메시지일 수 있다고 주장한 바 있다. 미디어는 극적 사건을 전달한다는 기존의 뉴스가치를 적용하는 문제와 테러리스트의 홍보수단이 되지 말아야 된다는 문제, 이 두 가지를 모두 고민해야 될 상황에 빠지게 된다. 이 분야에 대한 연구는 많이 진행되었지만(Alali & Eke, 1991; Paletz & Schmid, 1992), 미디어가 테러리즘의 확산을 조장한다는 주장이 타당한지에 대해 확실한 대답을 내리기는 어렵다. 하지만 미디어가 이러한 유형의 효과를 발생시킬 가능성은 존재한다(Picard, 1991).

9·11 테러사태에 대한 반응을 진단한 연구에서는 전대미문의 사건이 가져온 충격에도 불구하고 집단적 공황상태는 나타나지 않았다는 점을 지적한다(Greenberg et al., 2002). 사고장면 외에 미디어가 사고 전반을 충분히 보도하였기 때문에 수용자가 상황을 냉정하고 차분하게 받아들인 것으로 보인다. 1995년 일본의 고베지진의 경우 재난상황에서 미디어가 어떠한 역할을 해야 하는지에 대해 많은 교훈을 주었다(Takahiro, 1991).

한편, 미디어가 야기하는 전염효과의 사례로 1971년, 72년에 연쇄적으로 발생한 비행기 공중납치 사건을 들 수 있는데, 이는 뉴스보도내용을 모델로 한 사건이었다. 홀든(Holden, 1986)은 미디어 보도에서 영향받은 것으로 보이는 유사한 종류의 사건들의 상관관계를 보고한 바 있다. 언론보도가 병적 행동을 광범위하게 촉발시킨다는 이론을 지지하는 다양한 경험적 증거도 찾을 수 있다. 필립스(Phillips, 1980)는 자살, 자동차 사고, 비행기 사고로 희생된 사람들의 수는 자살과 살인 등에 대한 언론보도가 늘어남에 따라 증가하는 경향이 있다고 주장한다. 또한 그는 통계적 분석을 통해 텔레비전 픽션 속에서의 자살에 대한 묘사가 실제 생활에서 자살의 발생과 연결된다는 사실도 보고한 바 있다(1982). 비록 이러한 발견과 관련하여 방법론상의 문제에 이의를 제기할 수 있겠지만(Hessler & Stipp, 1985), 적어도 모방이나 전염효과를 보여주는 그럴듯한 근거가 있다는 점을 지적할 수 있다. 괴테의 《젊은

베르테르의 슬픔》이 1774년 출간된 이후, 픽션과 뉴스가 자살을 충동질한다는 연구결과들이 보고되었다. 이러한 자극에 취약한 개인들이 위험에 빠지지 않게 언론보도는 주의해야 한다는 점을 제이미슨과 동료 연구자들(Jamieson et al., 2003)은 지적한다.

시민들의 무질서

기존 질서에 위협을 줄 수 있다는 잠재성 때문에, 제도화하지 않은 폭력적 집단행동은 중요한 연구대상이었다. 그리고 미디어는 이러한 행동의 원인으로 가정되며 연구가 진행되었다. 특히 미디어는 폭동을 유발하고, 폭동문화를 조성하며, 폭동 방법을 설명함으로써 이러한 사회적 문제를 광범위하게 확산시킬 수 있다는 주장이 제기되었다. 이러한 주장이 맞는지를 평가할 실증적 증거는 아직까지 확실하지 않고 단편적이다. 오히려 사람들과의 개인적 접촉이 폭동상황에서 미디어보다 큰 역할을 한다는 점이 지적된다. 그렇다고 할지라도, 폭동사건의 위치와 발생에 관한 정보를 제공하고, 폭동행동을 일으킨 사건을 공개적으로 알리며, 폭동이 발생할 것 같다고 미리 경고함으로써, 미디어가 폭동에 영향을 미칠 수 있다는 근거는 있다 (Singer, 1970). 일반적으로, 미디어는 사건의 성격을 규정할 수 있으며, ─ 비록 기존 질서체제의 시각에서 보도하는 것일지라도 ─ 특별한 경우에는 폭동을 보도하면서 사회구성원들의 양극단화를 증폭시킬 수 있다.

미디어가 폭동의 주요 원인은 아닐 수도 있겠지만, 폭동행위의 시점이나 형태에 영향을 줄지 모른다(Kerner et al., 1968; Tumber, 1982). 스필러맨(Spilerman, 1976)은 다양한 사례를 집중적으로 조사했는데, 미국의 많은 도시에서 일어나는 폭동에 대해 공동체의 특정한 조건과 관련한 구조적 설명을 만족스럽게 제시하는 데는 실패했다. 구조적 설명을 내릴 수 없다는 이유로 스필러맨은 텔레비전과 텔레비전 네트워크 뉴스구조 때문에 이런 현상이(특히, 지역공동체의 경계를 초월하여 흑인들의 연대를 조성함으로써) 발생하게 되었다고 결론 내렸다.* 최근에는 기존의 매스미디어보

---

* 역주: 특별한 구조적 설명을 찾지 못했기 때문에 폭동의 원인을 텔레비전에 돌리는 것은 문제가 있다.

다는 휴대전화와 인터넷을 통해 집단적 행동이 더 쉽게 발생하는 것으로 보인다. 위에서 언급한 스페인 마드리드 사례의 경우, 세계 경제 정상회담에 대항하여 새로운 미디어를 활용하여 조직적 저항행동이 나타난 바 있다(Kahn & Kellner, 2004).

공황과 폭동이라는 주제를 다룰 때 다음 사항도 주목해 볼 필요가 있다. 즉 직면한 위험에 대한 해결책으로 뉴스를 통제하거나 또는 뉴스보도를 하지 않는 것은 오히려 사람들이 주위에서 관찰할 수 있는 문제에 대해 상세한 설명을 제시하지 않음으로써 공황을 야기할 수도 있다는 점이다(Paletz & Dunn, 1969).

5 혁신과 발전의 확산

혁신과 발전의 확산과 관련한 자료는 대부분 제 2차 세계대전 이후 개발도상국에서 기술적인 진보 캠페인이나 보건·교육의 목적을 위한 캠페인에 매스미디어를 이용한 시도에 대한 것이다. 특히 이들 개발도상국들은 미국의 농업지역을 발전시키기 위해 도입되었던 모델을 따랐다(Katz et al., 1963). 발전 커뮤니케이션이라고 지칭되는 이 분야의 초기 이론은 서구적 사고와 관심사를 촉진시키는 미디어의 영향력을 '현대화' 과정과 연결하여 묘사한다(Lerner, 1958). 이러한 접근에서는 관료, 전문가, 지역의 지도자들과의 연합관계를 바탕으로 미디어를 대중 교육을 위한 기제로 이용하는 것이 중요하다고 지적하면서, 수용자에게 나타나는 변화를 미디어 효과로 파악하였다.

발전 커뮤니케이션 연구전통을 확립한 주요 연구자는 에버릿 로저스(Everett Rogers, 1962; Rogers & Shoemaker, 1973)로, 그의 정보확산모델은 ① 정보 인지, ② 설득, ③ 결정 혹은 채택, ④ 확증의 네 단계로 나누어진다. 이 과정은 맥과이어(McGuire, 1973)의 설득단계와 비슷하다. 그러나 미디어의 역할은 첫 번째 단계인 정보에 대한 인지단계에 집중된다. 이 단계 이후 채택과정에서는 개인적 접촉, 조직적 전문가의 의견과 충고, 실제 경험이 적용된다. 초기 확산이론 학파는 다음과 같은 개념, 즉 조직과 설계, 선형적 효과, 지위와 전문성의 위계, 사회구조(또한 개인적 경험), 보강과 피드백 등을 강조했다. 초기에 이론화를 주도한 로저스(Rogers,

1976)는 조작적 성격을 띠는 위로부터의 커뮤니케이션에 결점이 있기 때문에 확산이론에서 강조해 온 것의 수정이 필요하다는 점을 지적하기도 했다.

로저스와 킨케이드(Rogers & Kincaid, 1981)는 해석과 반응의 지속적 작용과정을 강조하는 커뮤니케이션 융합모델을 대안으로 제기하였으며, 여기서 송신자와 수신자 간의 상호이해의 증진을 중요하게 보았다. 1970년대 등장한 비판이론은 외부로부터 발전동인을 끌어오는 데 야기되는 종속문제를 제기하기도 했다. 발전을 다루는 새로운 이론적 접근은 매스미디어의 제한적 역할을 인정하고, 사회기반과 토착적 문화에 대한 이해에 초점을 맞춤으로써 확산과정에 대한 설명력을 높였다. 참여적 커뮤니케이션과 관련한 아이디어 역시 발전 맥락에서 제기된다(Huesca, 2003; Servaes, 1999). 한편, 현대사회에서 확산과정의 역할을 부여받기 이전에 매스 커뮤니케이션이 확산되어야 할 혁신 그 자체였다는 점에 주목할 필요가 있다(Defleur, 1970; Rogers, 1986). 또한 미디어가 효율적으로 사회발전에 기여하기 위해서는 개인화, 기술과 관료주의에 대한 신뢰, 미디어의 권위, 정당성, 객관성 등 현대성의 요건도 사회 내에서 존재해야 한다는 면도 중요하다.

제 3세계에 대한 매스미디어 하부구조의 지원이 지속되기는 하지만, 새로운 커뮤니케이션 양식의 도입을 통해 대규모 발전을 이끄는 데에는 한계가 있는 것 같다. 정보적, 기술적 해결책에 제약이 있고, 발전 커뮤니케이션을 통한 혜택분배에 불균형이 문제가 된다는 점을 연구자들은 지적했다. 대중들을 위한 공적 커뮤니케이션 수준을 향상시키고, 커뮤니케이션 자유를 확보하는 것이 발전과 진보의 선행조건이라는 점이 최근 들어 특히 강조된다.

표 18. 1
매스미디어와 발전
매스미디어는 다음과 같은 활동을 통해 발전동인으로 작동한다.
• 기술정보 확산
• 개인적 변화를 장려
• 민주주의 제도(선거와 같은)의 확산
• 소비자 수요를 촉진
• 문맹의 퇴치, 교육, 건강, 인구억제 등의 문제해결에 기여

이 절에서는 현대경제와 참여 민주주의 과정에서 필요한 미디어의 정보적 영향력과 관련한 문제를 간략히 정리한다. 매스미디어가 정보를 제공함으로써 사회내부에서 구성원들의 평균적 지식수준의 정도와 정보전달의 속도를 높인 것은 사실이다. 하지만 동시에 다양한 매스미디어간에 이러한 역할수행에는 차이가 있을 수 있고 수용자에 따라 지식을 획득하는 데 차이가 있을 수 있다는 문제점도 제기되었다. 이러한 이슈는 강력한 정보전달력을 가졌으나 실제 이용과 확산에서 불균형을 야기할 수 있는 인터넷 미디어의 등장으로 최근 들어 다시 논의대상이 되었다. 오랫동안 사용되었던 '지식격차'라는 용어를 대신해서 이제는 '디지털 디바이드'라는 용어가 위와 같은 현상을 설명하기 위해 등장했다(Norris, 2002).

신문과 방송이 공적 정보를 전달함으로써 교육, 사회적 지위의 불평등에서 비롯된 지식수준의 차이를 줄일 수 있다고 오랫동안 가정되었다(Gaziano, 1983). 사회집단 간의 정보격차를 단기간에 줄일 수 있다는 점도 몇몇 정치 캠페인 연구결과에서 찾아 볼 수 있다(Blumler & McQuail, 1968). 하지만 미디어에 주목하는 소수가 그렇지 않은 사람들보다 훨씬 더 많은 정보를 얻고, 따라서 사람들 간의 지식격차가 더 커졌다는 것을 보여주는 역효과의 근거도 있다.

이와 관련하여 티치너와 동료 연구자들(Tichenor et al., 1970)은 '지식격차 가설'을 제안했다. 이 가설에서는 지위가 낮은 사람들이 아예 정보를 얻지 못한 상태(또는 절대적 의미로 지식이 부족한 사람들이 정보를 얻지 못하게 되는)로 남는다는 것을 전제로 하지는 않는다. 그 대신, 지식의 획득이 지위가 높은 사람들 사이에서 상대적으로 더 크다는 점에 초점을 맞춘다. '정보가 풍부한' 정보원에 주목하는 데는 계급적 편향이 개입하게 되고, 특정한 정보원에 접근할 수 있는 사회계급적 속성과 정치, 사회 혹은 경제적 문제에 대해 답할 수 있는 능력과는 높은 상관관계가 있다는 점을 이들 연구자들은 주장한다.

지식격차 가설에는 두 가지 중요한 부분이 있다. 하나는 사회계층간에 나타나는 사회와 관련한 집합적 정보분배에 관계된 것이고, 다른 하나는 일반인보다 소수층에 더 잘 전달되는 특정한 주제나 화제와 관련된 것이다. 첫 번째와 관련하여 나타나는 격차는 미디어의 힘만으로는 줄일 수 없는 근본적 사회불평등에 근거한 것으로 보인다. 두 번째 부분에서는 격차가 늘어나거나 줄어들 가능성이 동시에 있으며, 여기서 미디어 역할이 개입될 소지가 많다. 도너휴와 동료들은(Donohue et al., 1977)은 미디어가 주목과 학습기회를 제공함으로써, 특히 갈등적 상황에서 소규모의 공동체가 관심을 갖는 이슈에 대한 지식격차를 줄일 수 있다는 사실을 강조했다.

일반적으로 수용자의 동기와 이들이 지각한 효용성은 정보를 추구하고 학습하는데 영향을 미친다. 이러한 요인들은 미디어보다는 사회적 환경에서 비롯된 것이다. 한편, 다양한 미디어가 각기 다른 방식으로 작용하기 때문에 지식격차 문제에도 미디어가 상이하게 개입하게 된다는 주장도 있다. 즉, 인쇄미디어는 혜택받는 계층이 선호하는 정보원이기 때문에, 텔레비전보다 더 큰 지식격차를 가져올지 모른다는 것이다(Robinson, 1972). 반면 텔레비전은 많은 사람들에게 뉴스와 정보를 동시에 전달하며, 신뢰할 만한 미디어로 간주되는 경향이 있기 때문에 비특권 계층에게도 혜택을 주면서 지식격차를 감소시킬 수 있다고 여겨졌다. 하지만 이와 같은 결과는 특정사회의 제도적 양식에 의해서 크게 좌우된다.

서구유럽의 공공 서비스 방송과 미국의 전국 네트워크 시스템은 국내외의 관심사에 대해 대중성이 높은 동질적 정보를 제공했다고 볼 수 있다(이는 부분적으로는 사실상 독과점 때문이기도 하다). 최근 진행되는 채널의 다양화, 미디어간 경쟁, 시청자 분화경향 때문에, 동질적 정보가 대규모의 수용자에게 전달되기 힘든 상황으로 변화하고 있다. 인쇄미디어와 비슷하게 텔레비전 역시 정보원으로서 차별적 속성으로 띠기 시작했기 때문에 수많은 대중 수용자를 상정하기가 쉽지 않다. 로빈슨과 레비(Robinson & Levy, 1986)의 뉴스학습에 관한 연구결과를 볼 때 아직까지 텔레비전이 지식격차를 감소시킬 수 있는지는 분명하지 않다. 지식격차 가설을 검증한 39건의 연구를 평가한 가지아노(Gaziano)는 지식격차를 없애거나 줄이는 미디어의 영향력은 불확실하지만, 지식격차 그 자체는 계속 발견된다고 결론내린 바 있다(Visvanath & Finnegan, 1996 참조).

컴퓨터를 기반으로 한 새로운 정보기술의 차별적 확산 또한 풍부한 정보를 가진 사람들과 그렇지 못한 사람들 사이의 격차를 심화시키는 방향으로 작용한다(Katz & Rice, 2002). 이미 풍부한 정보, 높은 수준의 정보기술, 더 많은 정보원을 가진 사람들이 정보가 부족한 계층보다 훨씬 앞서있기 때문에 결과적으로 그 격차는 더 커질 것이라고 지식격차 이론을 주장하는 학자들은 지적한다. 한편으로 '지식격차' 이론이 변화하는 정보환경에서 여전히 적합한지 의문을 제기하는 연구자들도 있다. '지식격차' 이론은 사회가 작동하기 위해 우리 모두가 필요로 하는 기본적 지식이 있다는 점을 전제로 한다. 정보가 넘쳐나고 특화되는 현재 상황을 볼 때 이러한 전제에 의문을 제기할 수 있을 것 같다. 하지만 이러한 전제는 선거를 통해 정부를 선택하는 민주적 정치과정에서는 여전히 타당한 것으로 보인다.

7 사회적 학습이론

특별히 아동과 젊은 층에 미치는 미디어 효과와 관련하여 반두라(Bandura, 1986) 의 사회적 학습이론은 자주 인용된다. 이 이론의 기본적 아이디어는 우리가 모든 것을 배울 수는 없고 우리의 행동결정을 위해 직접적 관찰과 개인적 경험에 의존하는 것은 한계가 있다는 점이다. 우리는 많은 것을 매스미디어와 같은 간접적 정보원에 의존하여 배울 수밖에 없다. 반두라 모델은 연속적으로 발생하는 사회적 학습의 네 가지 기본 과정을 ① 주목, ② 기억, ③ 생산, ④ 동기로 가정한다. 우리는 우리의 삶, 개인적 필요와 관심에 적합한 미디어 콘텐츠에 주목한다. 이후 배운 것을 기억해 내고 이를 사전지식과 연결시켜 축적하게 된다. 세 단계인 생산은 배운 것을 실제로 행동에 적용시키는 것으로 여기에는 보상(또는 강화)과 처벌이 따른다. 이러한 단계를 거쳐 특정한 동기가 강화되거나 약화된다.

이 이론은 일반적으로 미디어의 사회화 효과나 다양한 행위모델을 채택하는 과정에 적용될 수 있다. 또한 일상에서 의상과 외모, 스타일, 식습관, 개인적 소비 등의 문제에도 이 이론을 적용해 볼 수 있다. 장기적 경향성을 알아보는 데도 적절하다. 반두라(Bandura, 1986) 는 사회적 학습이론이 단지 상징적 양식으로 직접적으로 표현되는 행동에 국한하여 적용될 수 있다고 보았다. 이 이론에서는 학습하는 사람들의 활발한 관여나 자기 성찰적 능력을 전제로 한다. 따라서 여기서의 학습이란 모방이나 흉내와는 다른 것이다. 학습과정에서 매스미디어가 유일한 정보원이 되는 경우는 드물고, 매스미디어의 영향력은 부모, 친구, 선생님 등의 역할에 의존하여 발생한다. 그렇다고 하더라도, 사회적 학습이론은 미디어가 사람들에게 직접적 효과를 미칠 수 있다고 보고 있으며, 개인적 영향력이나 사회적 네트워크에 의해 그 효과가 반드시 매개되어야 할 필요는 없다고 본다(Bandura, 2002).

🎱 사회화

어린이들의 초기 사회화와 장기간에 걸친 성인들의 사회화 과정에서 미디어의 역할은 인정되지만, 그 본질을 증명하기는 어렵다. 이는 사회화가 장기간의 과정을 거치는 것이고, 한편으로 미디어 효과는 다른 사회적 배경의 영향력과 가족 내 사회화의 여러 가지 방식(Hedinsson, 1981)과 상호작용하기 때문이다. 드물지만 일부 연구에서는 미디어에 의한 사회화 효과가 강력하다는 근거를 제시하기도 한다(예를 들어 Rosengren & Windahl, 1989). 하지만 대부분의 연구에서는 미디어의 잠재적 사회화 효과를 미디어 통제정책, 미디어 스스로의 결정, 부모역할 등을 고려하면서 평가해야 한다는 점을 전제로 한다. 미디어의 사회화 효과와 관련한 논제에는 두 가지 측면이 있다. 하나는 사회화를 담당하는 주체역할을 미디어가 보강하거나 지원할 수 있다는 것이고, 다른 하나는 미디어가 부모, 교육자 등에 의해 확립된 가치에 대해 잠재적 위협이 될 수 있다는 것이다.

　이러한 논제에서 강조되는 주요 논리는 다양한 유형의 행동에 대해서 상징적 보상과 처벌을 보여줌으로써 미디어가 규범과 가치를 가르칠 수 있다는 것이다. 또한 미디어가 우리 모두가 특정한 상황에서 어떻게 행동해야 하는지를 가르치고, 주어진 역할과 지위에 대한 사회의 기대를 학습하도록 한다는 것이다. 따라서 미디어는 지속적으로 다양한 삶의 모습과 행동모델을 제공한다고 본다.

　아동의 미디어 이용에 관한 초기 연구들은(Wolfe & Fiske, 1949; Himmelweit et al., 1958; Noble, 1975; Brown, 1976) 아이들이 미디어에서 삶의 교훈을 얻고, 그것을 자신의 경험과 연계하는 경향이 있다는 것을 보여주었다. 콘텐츠 연구 또한 아이들이 스스로의 기대와 희망을 강력하게 형상화할 수 있는 사회적 삶의 이미지를 분석하는 데 초점을 맞췄다. 사회화 이론은 아이들을 기존의 가치에 동조화시키는 미디어 역할을 강조하는 경향이 있다. 이러한 관점에서는 미디어가 친사회적이지도, 반사회적이지도 않으나, 사회에서 가장 지배적인 기존 가치를 선호하는 경향이 있다고 파악한다. 어떤 입장에서든, 미디어가 사회화의 효과를 가졌다는 전제를 하지만, 이와 관련하여 제시되는 경험적 증거는 명확하지 않다.

▌ 사회적 통제와 인식의 형성

매스미디어를 사회적 통제의 동인으로 여기면서 매스미디어의 목적성에 주목하는 이론적 논의가 지속되었다. 하지만 미디어가 개인과 기관의 선택을 모두 반영하고, 외부압력이나 광범위하고 이질적인 수용자들의 기대와 요구를 충족시키면서 한 사회나 국가의 지배적 가치를 지지하기 위하여 하는 행동은 의도적이지 않다고 보는 것이 일반적 견해이다. 이러한 입장을 토대로 발전한 비판적 관점은 시장(특히 대기업의 소유권을 통한) 압력 때문에 미디어가 본질적으로 보수적이라고 본다. 미디어의 사회통제를 논의하는 대부분의 이론들은 직접적으로 효과를 진단하기보다는 미디어가 제공하는 콘텐츠 분석에 기초한다는 공통점이 있다.

허만과 촘스키(Herman & Chomsky, 1988)는 '선전모델'을 기초로 계획적이고 장기적인 효과에 대한 비판적 이론을 발전시켰다. 이 모델은 자본주의 국가의 뉴스가 다른 경제분야와의 재정적 통합, 광고, 뉴스경영, 사회의 지배적 이데올로기 및 공식적 정보원에 의존 등과 같은 여과과정을 거치면서 왜곡될 수밖에 없다는 것을 보여준다. 리즈(Reese, 1994)와 만하임(Manhein, 1998) 같은 다른 연구자들처럼 이들은 여과과정이 작동한다는 근거를 발견하여 보고한다.

허만과 촘스키는 월터 리프만(Walter Lippmann)의 글에서 '합의조작'(Manufacturing consent)이라는 문구를 가져와 그들의 책 제목으로 하였다. 초기 연구자들이 강력한 미디어 영향력을 상정한 것과 유사한 주장을 리프만의 저작에서 발견할 수 있다. 하지만 허만과 촘스키는 후속적으로 실시된 미디어 효과연구의 근거를 제대로 설명하지 못한 한계가 있다(Klaehn, 2000).

대규모 수용자에게 전달되는 미디어 콘텐츠는 당대의 사회규범과 관습(사회화와 ***594**

문화계발의 측면에서 볼 때)을 전폭적으로 지지하는 것으로 보인다. 매스미디어의 콘텐츠 중에서 국가나 기존제도에 대해 근본적 도전을 하는 것을 발견하기는 어렵다. 매스미디어가 현상(status quo) 유지를 하려는 경향이 있다는 주장은 미디어 콘텐츠에 포함되고, 배제되는 것을 분석한 연구결과에 근거한다. 미디어에 제시되는 것에는 '체제 순응자'나 애국적 행위에 대한 보상, 기존의 엘리트들에게 주어진 특권적 접근권, 비관습적 혹은 일탈행위에 대한 부정적 혹은 불평등한 대우 등이 관련된다. 매스미디어는 반복적으로 국가나 사회의 여론을 지지하고, 사회, 문화의 기존 '규칙' 안에서 해결할 수 있는 문제를 보여주는 경향이 있다. '문화계발 효과' 연구에서도 텔레비전에 많이 의존하는 사람이 합의적이거나 정치적으로 중도적 견해를 채택한다는 것을 보여준다(Gerbner et al., 1984).

또한 미디어는 특정한 유형의 행동과 특정집단을 사회의 상식적 기준에서 벗어나고 사회에 위협적이라고 규정짓는 경향이 있다. 이 경우 명백한 범죄자들뿐만 아니라, 10대 폭력단, 마약복용자 및 축구의 훌리건과 성적으로 다른 취향을 가진 집단이 그 대상이다. 미디어가 이러한 집단과 이들의 행위(Cohen & Young, 1973)를 과장하여 보여주고, '도덕적 공황'을 조장하는 경향이 있다는 점은 지속적으로 논란이 되었다(Cohen, 1972). 최근에는 새로운 국가의 복지혜택에만 의존하는 사람들도 반사회적 집단으로 묘사되는 사례가 있다(Golding & Middleton, 1982; Sotirovic, 2001). 한편 이민자나 망명자, 여행객(Holsti, 2003), 심지어는 가난한 사람들도 (Clauson & Trice, 2001) 미디어에서 위와 비슷한 처우를 받는다는 연구결과가 보고되었다. 이러한 과정에서 '희생자 비난' 현상이라는 문제가 제기되었고, 특정집단에 대해 집합적 의견을 형성하는 데 미디어가 중요한 기여를 한다는 평가가 있었다. 미디어는 사회제도 속에 존재하는 진정한 악으로부터 사람들의 관심을 돌리고, 법을 집행하는 기관에 정당성을 부여하며, 사회에 분노의 대상과 희생양을 제공한다는 것이다.

미디어가 배제시킨 것이 과연 무엇인지, 이를 정리하기는 쉽지 않다. 하지만 많은 국가의 뉴스에 대한 비교분석 결과를 보면 특정 이슈나 특정 국가에 대한 보도가 체계적으로 생략되고 있음을 알 수 있다(Golding & Elliot, 1979). 글래스고우 미디어 그룹(Glasgow Media Group, 1976, 1980, 1985)이 수행한 뉴스분석 결과 역시 미디어가 특정한 내용을 배제한다는 점을 보여준다. 미디어의 이데올로기적 역할에 대한 설득력 있는 이론적 주장들을 다루는 가운데, 우리는 한편으로 미디어 제한효과와 관련한 이론적 논의와 근거들을 생각해 볼 필요가 있다. 이 부분에서 중요한 문제는 '차별적 해독'(Jensen 1986, 1998; Liebes & Riback, 1994)에 관한 이슈이다. 이데올로기, 헤게모니와 관련한 효과를 제안하는 대부분의 이론은 수용자나 수용자에 발생하는 '효과'에 대한 관찰이 아닌 미디어와 콘텐츠를 관찰한 근거에 의존한다. 같은 비판적 시각을 견지하지만 수용자에 관심을 둔 '수용연구'는 이와는 다른 접근으로 주목받았다.

이 절에서 다루는 문제와 관련하여 미디어 효과를 평가하기란 역시 어렵다. 그럼에도 불구하고, 가장 강력한 정치, 경제적 힘을 가진 정부나(간접적으로) 대기업이 미디어를 소유하고 지배하고 있는 것은 사실이다(Dreier, 1982). 정치적, 사회적 영향력을 행사하기 위해 미디어 소유주들은 미디어에 대해 위와 같은 통제를 하는 것이 필요하다고 본다. 하지만 이러한 통제를 통해 발생하는 효과는 결과적으로 늘 합의만을 추구하거나 현상유지만을 지지하는 방향으로 나타나는 것은 아니다. '뉴스는 보수적이나 진보적이라기보다는 개혁적 속성을 갖는다'고 갠스가 지적한 바 있다(Gans, 1979). 갠스의 판단은 아마도 광범위하게 적용될 수 있는 것 같다. 미디어는 변화의 자극이 될 수 있는 메시지(예를 들어 스캔들, 위기, 사회악, 혁신)의 전달자 역할을 수행하기 위해 스스로 정의한 과업과 그들의 이데올로기적 입장을 밝힌다. 미디어는 변화를 일으킬 수 있는 역량을 가진 시스템의 한계 안에서, 기존 질서유지에 방해가 되는 많은 활동, 선동과 불안을 전달한다.

10 문화계발 효과

장기적 미디어 효과를 다루는 이론 가운데 거브너(Gerbner, 1973)의 문화계발 효과 이론은 다양한 문헌에서 잘 정리되고, 실증적으로 많이 연구된 것 중 하나이다 (Signorielli & Morgan, 1990). 이 이론은 현대의 미디어 중 텔레비전이 개인적 경험과 세상에 대해 배우는 다른 수단을 대신하며, 일상생활에서 우리의 '상징적 환경'을 지배하는 중요한 위치를 차지했다고 주장한다. 텔레비전은 또한 '전통적 신념과 행동을 바꾸고 위협하거나 약화시키기보다는, 주로 그것들을 유지하고 안정시키며 강화하는 기존 산업질서의 문화적 무기(Gross, 1977)'로 묘사된다. 이러한 진술을 놓고 볼 때, 문화계발 효과는 프랑크푸르트학파에 속한 비판적 이론가들의 입장과 매우 비슷하며 후기 마르크스 분석과도 크게 다르지 않다는 것을 발견할 수 있다. 시뇨리에리와 모간(Signorielli & Morgan)은 다음과 같이 설명한다.

> 문화계발 효과 분석은 '문화지표'(Cultural Indicators)라 불리는 연구 패러다임의 세 번째 구성요소로서, ① 미디어 콘텐츠의 제작에 기초가 되는 제도적 과정, ② 미디어 콘텐츠에서 제공되는 이미지, ③ 텔레비전 메시지에의 노출과 수용자의 신념, 행동간의 관계를 연구한다.

이 론

문화계발 효과 이론의 핵심가설은 다음과 같다. 즉 텔레비전을 시청하면, 수용자들은 텔레비전 픽션과 뉴스에서 묘사된 바와 같이, 현실에 대해 획일적이며 왜곡되고 매우 선택적인 관점을 점차적으로 받아들이게 된다는 것이다. 문화계발 효과 이론은 점진적이고 누적적인 효과를 다루기 때문에 직접적인 자극반응 효과과정과는 다르다고 할 수 있다. 이 이론에서는 학습과정이 먼저 발생하고, 두 번째 단계로 개인적 환경 및 경험(가난, 인종이나 성과 관련한 경험)과 준거집단에의 소속 여부에 의거하여 사회적 현실에 대한 관점이 형성된다고 본다. 이러한 단계에는 메시지와 수용자 간 상호작용 과정이 포함된다.

또한 이 이론은 텔레비전이 많은 사람들에게 행동규범과 실제 삶의 상황에 대한 신념을 알려주는 일관된 상징적 환경을 제공한다고 전제한다. 텔레비전은 세계를 보는 창이나 세계의 모습을 반영하는 거울이 아니며, 그 자체가 하나의 세계이다. 이 이론을 검증한 연구들은 주로 두 가지 분석에 초점을 맞추었다. 하나는 텔레비전 '메시지 시스템'의 일관성(과 왜곡)에 대한 가정을 검증하는 것이고, 다른 하나는 경험적 지표와 서베이를 통해 측정한 사회현실에 대한 공중신념을 비교하는 것이다. 여기서 분석의 핵심은 텔레비전 노출정도에 따라 현실에 대한 신념과 실제 현실을 비교하여 차이가 있는지를 살펴보는 것이다. 이는 '의제설정' 가설의 기초개념과 기본적으로 유사하다.

이론의 검증

이 이론에 따르면, 텔레비전을 많이 시청하는 사람들은 이미 알려진 실제 사회세계와는 다른 현실에 대한 인식을 갖게 되며, 텔레비전이 그리는 것처럼 사회를 보게 될 것이라고 예측할 수 있다. 대부분의 문화계발 효과연구는 폭력과 범죄에 대한 텔레비전의 묘사, 실제 발생률과 다양한 위험요인의 발생 가능성을 다루면서, 다른 한편으로는 범죄에 대한 사람들의 인식과 태도에 초점을 맞추었다. 초기 문화계발 효과연구에서는 사람들이 텔레비전을 더 많이 시청할수록 현실에서의 범죄발생과 개인적으로 위험에 처할 가능성에 대해 과장된 인식을 할 수 있다는 것을 보여주었다(Gerbner & Gross, 1976). 또한 일부 연구는 미디어가 정치적 합의를 조장하는 문제 등 정치적, 사회적 이슈도 문화계발 효과와 연결시켰다(Gerbner et al., 1984).

텔레비전의 현실구성을 다룬 연구를 종합적으로 평가한 호킨스와 핀그리(Hawkins & Pingree, 1983)는 문화계발 효과의 단편적 근거는 있지만, 텔레비전 시청이 사회현실에 대한 인식에 영향을 미치는 '방향성'에 대해서는 단정할 수 없다는 결론을 내렸다. 이들은 '텔레비전이 사회적 현실을 가르쳐줄 수도 있고, 또한 텔레비전 시청과 사회현실의 관계는 상호적일 수도 있다'고 지적한다. 즉 텔레비전 시청이 사회현실에 대한 인식을 구성할 수도 있지만, 한편으로 이렇게 구성된 사회적 현실에 대한 인식이 시청행위에 영향을 미칠 수도 있다는 것이다. 문화계발 효과연구를 재평가한 모간과 샤나한(Morgan & Shanahan, 1997)은 문화계발 효과가 실제로 발생하지만 평균적으로 볼 때 그 정도는 매우 작다는 결론을 내렸다.

이 이론이 등장한 시점과 비교해 볼 때 현재의 수용자들이 텔레비전을 활용하는 경험은 다양한 콘텐츠가 공급되는 상황 속에서 차별화된다. 결혼에 대한 기대에 미치는 텔레비전의 문화계발 효과를 진단한 연구에서는 '로맨틱' 장르에 대한 시청이 비현실적 기대와 연결된다는 점을 보고한다(Segrin & Nabi, 2002). 하지만 이 연구에서는 일반적인 텔레비전 시청 자체는 이러한 효과를 발생시키지 않았다. 소티로

비치(Sotirovic, 2001)는 복지정책의 수혜자에 대한 사람들의 인식을 분석한 결과, 케이블 TV 뉴스나 오락물을 많이 보는 사람들의 인식이 다른 정보원을 이용하는 사람들의 인식과 달랐다는 점을 보고한 바 있다. 뢰슬러와 브로시우스(Rössler & Brosius, 2001) 역시 모든 장르나 텔레비전에서 다루는 내용 전체가 아닌 특정한 토크쇼 이용에서 문화계발 효과가 제한적으로 발생함을 보여주었다. 한편, 적극적인 수용자 역할을 상정하는 이론들은(제 15장 참조) 문화계발 효과이론에서 강력한 '메시지 시스템'의 장기적, 누적적 효과를 가정한 것에 대해 문제를 제기했다. 몇몇 연구자들은 텔레비전 이용과 수용자의 가치와 의견 간의 인과관계를 설정한 것에 대해 의문을 제기하기도 했다(Hirsch, 1980; Hughes, 1980). '문화계발' 효과는 주류 텔레비전 콘텐츠가 상업적이고 다양하지 않은 미국에서 더 잘 나타나는 것으로 보인다.

많은 연구들이 진행되었지만, 미국 외의 다른 나라에서 나타난 연구결과는 일관되지 않은 것으로 보인다. 폭력적인 사회 이미지와 관련해서 워버(Wober, 1978)가 영국을 배경으로 실시한 연구에서는 이 이론을 지지할 근거를 발견하지 못했고, 둡과 맥도널드(Doob & McDonald, 1979) 역시 비슷한 캐나다의 사례를 보고했다. 반면 스웨덴 어린이를 대상으로 장기간 진행된 연구(Hedinsson, 1981)에서는 거브너의 이론을 부분적으로 지지하는 결과가 나타났다. 로젠그린과 윈달(Rosengren & Wihdahl, 1989)은 젊은 층의 시청자가 장기적으로 보여준 변화를 기초로 문화계발 효과 가설을 지지하는 결과를 보고하기도 했다. 특히 텔레비전 시청량에 따라 아이들의 보는 세계는 큰 차이가 있었다.

문화계발 효과의 이론적 주장은 설득력이 있지만, 상징적 구성과 시청자 행동과 견해 사이의 관계에 영향을 미치는 많은 중재변인이 있기 때문에 이론에서 가정된 복잡한 관계를 명백하게 밝히는 것은 거의 불가능하다. 또한 '문화계발 효과'를 일반적 사회화 과정과 분리시키는 것도 어렵다. 이러한 제약에도 불구하고, 문화지표와 문화계발 효과를 살펴보는 연구는 더 구체적이고 미묘한 연구주제를 찾으면서 지속되고 있다(Signorielli & Morgan, 1990).

제 4장과 5장에서 다루었던 매스 커뮤니케이션 이론들은 모두 미디어가 야기하는 다양한 사회적, 문화적 효과의 발생을 전제로 한다. 제 10장에서 논의한 글로벌화의 효과 역시 유사한 가정을 하고 있다. 하지만 이러한 효과는 점진적이고 장기적으로 발생하는 성격이 있기 때문에 측정하기가 어렵다. 또한 효과의 유형 역시 다양할 수 있고 효과의 성격 자체가 일관되지 않을 가능성도 있다. 예를 들어, 미디어는 개인적 고립, 개인화, 파편화를 가져올 수도 있고 한편으로 사회적 다양성을 가져올 수 있다. 퍼트남(Putnam, 2000)은 텔레비전 이용으로 인해 사람들의 '사회적 자본'이 감소하고 결과적으로 시민사회 참여에 감소를 가져왔다고 텔레비전의 문제를 지적한 바 있다. 이러한 주장을 지지하는 조사결과를 모이와 동료들의(Moy et al., 1999) 연구에서 발견할 수 있다.

연구자들은 미디어가 동질성, 사회적 응집을 촉진시키고 한편으로 과도하게 사람들의 동조성을 조장할 수 있다는 점을 이야기했다. 미디어는 (다수가 선호하는 부분에만 초점을 맞춤으로써) 문화적 표준을 낮춘다는 비난을 받기도 했지만 동시에 전통문화와 최신문화를 많은 사람들에게 전달할 수 있다는 측면에서 긍정적 평가를 받기도 했다. 이러한 양면적 가능성이 존재하지만, 매스미디어가 문화와 사회에 미치는 영향력과 관련해서 일반적 효과를 말하기는 쉽지 않다.

미디어가 상황을 정의하는 능력을 가졌고, 준거틀을 제공하며, 사회집단의 이미지를 확산시킬 수 있다는 점이 미디어가 사회적, 문화적 변화에 기여하는 과정에서 중요한 부분이다. 미디어는 역사적 자료가 부재한 특정국가에서는 '집합적 기억' 차원에서 사람들에게 정보를 제공하기도 한다. 미디어는 역사를 만드는 가장 중요한 정보원은 아니지만, 다양한 정보를 일관성 있게 반복적 이야기로 전달함으로써 사람들이 그들의 사회에 대해 이해하도록 하는 2차 정보원이 된다. 미디어는 새로운 것과 지속되는 것 모두에 관심을 기울이고 있으며, 중요한 이슈에 대한 정보를 새롭게 포장하여 변화를 이끌기도 한다. 대다수의 수용자가 현재 진행 중인 상황에 대해 비슷한 선택과 지각을 할 수 있는 상황에서 미디어는 변화를 이끄는 효율적 게이트키퍼가 된다.

사회와 문화의 변화와 관련한 이슈를 다룰 때 많은 부분 연구자의 관점이나 이슈가 되는 문제를 다루는 기본 가정이 어떠한지가 중요하다. 우리는 또한 미디어와 사회는 지속적으로 상호작용한다는 사실을 명심해야 한다. 테크놀로지로서든 문화적 콘텐츠로서든, 미디어는 문화적, 사회적 변화와 일방향적 단순한 인과관계를 형성하지는 않는다. 미디어와 사회의 상호작용을 통해 발생하는 결과는 매우 다양하고 예측하기 어려우며 상황에 따라 다르다. 미디어가 발전함에 따라, 수용자들은 다른 활동을 하는 시간보다 많은 시간을 미디어에 주목하는 데 할애하게 되었다(대체효과). 또한 매스미디어 등장 이전 시점보다 더 많은 사람들에게 더 많은 정보가 도달될 수 있도록 매스미디어는 채널역할을 하게 되었으며, 정보와 아이디어가 유통되는 방식이 매스미디어의 등장으로 변화하게 되었다. 이러한 사실은 대중적 관심을 얻고, 사회적 커뮤니케이션을 필요로 하는 사회기관에도 변화를 가져왔다. 사회기관들은 매스미디어에 반응하거나 적응하면서, 매스미디어 채널을 이용할 수밖에 없게 된 것이다. 이러한 과정에서 사회기관들은 기존의 관행을 바꾸게 되었다.

　일반적으로 볼 때 미디어의 영향력은 간접적으로 발생하는 경우가 많다. 미디어는 사회의 다른 기관들에 대한 공중의 기대, 이들 기관들이 공중의 필요를 만족시킬 가능성 등에 변화를 가져왔다. 사회기관은 공중과 커뮤니케이션하기 위해 점점 더 미디어에 의존하게 되었고, 이들의 커뮤니케이션 방식은 '미디어 논리'에 적응하면서 변화했다. 알싸이드와 스노우(Altheide & Snow, 1991)는 '오늘날 모든 사회기관이 미디어 기관'이라고 지적했다. 정치적 기관과 정치제도가 미디어와 연결된 부분은 제 19장에서 다룰 것이다. 비슷한 경향성이 문화적, 사회적 기관에서도 발견된다.

12 오락적 효과

미디어 콘텐츠 중 가장 많은 부분을 '오락'으로 분류할 수 있는 내용이 차지하고 있다. 미디어가 대중적이 된 이유 중 가장 중요한 점이 바로 오락물을 다루기 때문이다. 질만과 브라이언트(Zillman & Bryant, 1994)는 일반적으로 이야기되는 비의도적 부정적 효과 외에 오락물이 그 자체로 제작자가 의도한 효과를 발생시킬 수 있다는 점을 지적한다. 비록 기분전환에 이용되고 특정한 이야기나 장면에 몰입하도록 하는 특성이 있다고 이야기할 수 있기는 하지만, 오락물을 정의하기란 쉽지 않다. 오락물은 이러한 내용이 야기하는 효과의 유형에 따라 이야기될 수 있다. 사람들을 즐겁게 하고, 감정적으로 흥분되게 하면서 슬픔, 기쁨, 분노, 위안, 두려움 등을 경험하게 하고, 걱정을 덜게 하는 것 등이 오락물의 효과라고 볼 수 있다. 특히 음악은 수용자의 기분과 성격, 감정적 흥분에 영향을 미친다는 연구결과가 보고되었다(Knobloch & Zillmann, 2002).

질만(Zillmann, 1980)은 드라마가 사람들에게 인기 있는 이유는 등장인물의 운명을 변화시키면서 수용자들에게 유쾌함과 불쾌함을 주기 때문이라고 보았다. 질만과 브라이언트(Zillmann & Bryant, 1994)는 서스펜스의 소구력, 비극적 사건보도의 영향력 등과 다양한 문제를 제기하기도 했는데, 아직까지 이와 관련한 경험적 근거는 별로 없다. '이용과 충족' 전통은 수용자가 추구하는 만족이 무엇인지를 파악하는 데 유용할 수 있지만, 오락물과 관련해서는 여전히 특정한 미디어 효과의 개념화가 부족한 것이 현실이다. '현실도피'라는 개념 역시 미디어 오락물 효과를 다루기에는 적절하지 않은 것 같다. 쾌감을 다루는 이론적 접근이 오락물 효과를 다루는 데 적용되기도 했지만(Bryant & Miron, 2002 참조) 이 역시 아직까지 명확한 개념정의와 검증이 부족하다.

18 소 결

매스 커뮤니케이션의 사회적, 문화적 효과를 평가하는 것은 위에서 살펴 본 다양한 이유로 인해 매우 어려운 작업이다. 개인에게 미치는 단기적 변화사례를 모은 후에 집합적으로 사회전반에서 모든 사람들에게 나타나는 것으로 일반화해 볼 수도 있다. 하지만 아직까지 우리는 이론과 주장에 의거하여 신뢰할 만한 분석을 통해 사회전반의 경향성을 측정할 수 있는 방법론을 구비하지 못하고 있다. 미디어가 다양한 효과를 발생시키고 사회의 일반적 경향성이 미디어로 인해 만들어진다는 주장에 대해서는 일반적으로 많은 사람들이 동의하는 것 같다. 그러나 이러한 효과는 때로 일관성이 없고 복잡한 사회 안에서 다른 요인을 배제하고 미디어 효과만을 이야기하기란 쉽지 않다. 미디어가 사회의 장기적 변화의 가장 중요한 동인이라고 단정하여 주장하기란 어려운 것 같다. 오히려 미디어는 채널로서 기능하며 변화와 관련한 토론수단을 제공함으로써 한 사회가 변화할 수 있도록 도움을 준다고 보는 것이 좋을 것 같다.

19 뉴스, 여론, 정치 커뮤니케이션

이 장에서는 미디어의 정보와 관련한 효과를 다루면서 특별히 뉴스와 다양한 유형의 정치 커뮤니케이션 효과에 초점을 맞춘다. 여기서는 단기적, 혹은 중기적 기간 동안 발생하는 공중의 '지식', 의견과 태도에 미치는 미디어 효과에 집중해서 살펴볼 것이다. 선거캠페인과 선전 등은 의도된 효과를 전제하지만 일반적 뉴스는 의도되지 않은 효과를 발생시킨다고 할 수 있다. 하지만 의도적 커뮤니케이션 역시 의도하지 않은 결과를 야기할 수 있으며, 한편으로 비의도적 커뮤니케이션 또한 체계적이고 예측가능한 효과를 발생시킬 수 있는 것이 사실이다(예를 들어 객관적 뉴스가 만들어 내는 의식하지 못하는 편향성 등). 더구나 선거 전략가와 같은 커뮤니케이터들은 '뉴스' 안에 자신들의 주장을 숨겨 전달하려고 하며, 뉴스미디어의 주목을 끌며 공짜로 홍보하기도 하기 때문에 이러한 구분은 쉽지 않은 문제이다.

현재 뉴스와 정치 커뮤니케이션 분야에서는 새로운 온라인 미디어, 특히 인터넷이 그동안 전통적 미디어가 담당해 온 역할에 새로운 경쟁자로 나서 도전하고 있다. 인터넷은 기존의 신문과 텔레비전과 비교할 때 매우 다양하고 많은 뉴스정보를 제공할 수 있으며, 수용자로 하여금 개인의 관심에 따라 뉴스를 선택하게 할 수 있다. 또한 인터넷은 뉴스정보원과 수용자가 상호작용할 수 있는 가능성이 있다. 하지만 동시에 이러한 가능성 역시 수용자의 이용과정에서의 제약으로 인해 제한되기도 한다. 제 17장에서 소개한 일부 효과모델은 이 장에서 다루는 뉴스와 정치 커뮤니케이선 효과를 살펴보는 데 적절할 수 있다. 이에 덧붙여 몇 가지 새로운 효과모델을 이 장에서 소개할 것이다.

1 뉴스를 통한 학습

일반적으로 볼 때 뉴스는 수용자의 학습을 목적으로 제작되지 않는다. 수용자의 관심사에 따라 다양한 정보를 이용할 수 있도록 서비스를 제공하는 것이 뉴스전달의 목적일 수 있다. 매스미디어로부터 제공되는 뉴스를 소비하는 상황은 수용자가 다른 정보를 추구하는 상황과 비교해 볼 때 몇 가지 차이가 있다. 주목의 자발성이 다를 수 있고, 뉴스이용에서 특정한 동기가 부족할 가능성이 있으며, 특히 방송뉴스의 경우 주목도가 낮은 것을 지적해 볼 수 있다. 뉴스 콘텐츠는 영속적이지 않으며 주변적 정보를 다루는 경우도 있다. 그렇지만 뉴스는 정보제공을 목적으로 하고 뉴스 콘텐츠는 대개 정보가치라는 기준에 의해 선정된다. 또한 사람들은 뉴스로부터 배우는 것이 확실히 있으며 뉴스를 이용함으로써 식견을 높일 수 있다. 뉴스가 수용자에게 효과를 발휘하기 위해서는 콘텐츠에 관심이 있고 이해할 수 있으며 후에 이것을 기억해 낼 수 있는 수용자에게 전달되어야 한다.

다른 미디어 효과와 마찬가지로, 뉴스에 대한 수용자의 이해와 기억은 메시지와 송신자 요인, 그리고 수용자 자신과 관련한 요인들과 관련 있다. 뉴스 메시지는 그 속성상 수용자에게 적합할 수 있고, 주목과 관심을 끌 수 있으며, 대체로 이해 가능하게 구성되는 특성이 있다. 뉴스 정보원으로서 미디어와 관련해서는 수용자가 그 미디어에 가지는 신뢰도가 중요한 요인이다. 수용자와 관련해 가장 중요한 요인들은 뉴스를 따라가려는 동기, 특정한 주제에 대한 친숙도, 일반적 교육수준 등을 들 수 있다. 하지만 대부분의 뉴스가 별로 주목되지 않는 가운데 수용자의 적극적인 정보 '처리' 없이 '수신'되는 것도 사실이다.

몇몇 중요한 연구가 있기는 하지만 뉴스를 통한 학습을 다룬 연구는 그렇게 많지 않다(Findahl & Hoijer, 1981; Robinson & Levy, 1986; Woodall, 1986; Gunter, 1987; 1999; Davis & Robinson, 1989; Robinson & Davis, 1990; Newhagen & Reeves, 1992 참조).

지금까지 뉴스학습에 대한 연구결과는 과거 수십 년간 커뮤니케이션 연구에서 밝혀진 것과 유사하다(Trenaman, 1976). 즉 교육수준뿐만 아니라 뉴스스토리 이해에 도움이 될 수 있는 흥미, 적합성, 구체성, 그리고 뉴스주제에 관한 사전지식과 그것을 다른 사람들과 토론하는 습관이 뉴스학습에 중요한 변인이라는 것이 지적되었다. 보편적으로 볼 때 텔레비전이 많은 사람들에게 중요한 뉴스 정보원이라고 이야기되지만, 로빈슨과 레비(Robinson & Levy, 1986)는 공적 사안에 대한 지식을 제공하는 텔레비전의 역할이 과대평가된다고 주장한 바 있다. 이들은 일반적인 뉴스제작과 보도양식이 수용자가 뉴스를 제대로 이해하는 데 도움을 주지 못한다는 점을 지적했다(Cohen, 2001 참조). 반면 그레이버(Graber, 1990)는 텔레비전에서 제공하는 영상이 뉴스콘텐츠를 기억하는 데 도움을 준다는 점을 주장하기도 했다. 하지만 텔레비전 뉴스 연구결과를 보면 이해수준이나 기억의 차원으로 측정했을 때 평균적 학습수준은 매우 낮고 학습한 내용 자체가 매우 파편적인 것이라는 것을 보여준다. 핀달(Findahl, 2001)은 사람들이 일상적 상황에서 기억할 수 있는 뉴스는 전달되는 전체 뉴스의 5%에 미치지 못하는 것으로 평가했다. 이렇게 학습하는 총량에 대해서는 부정적 측면의 결과가 보고되기는 하지만, 수용자가 학습하는 내용은 뉴스콘텐츠로 선택된 사안과 뉴스의 틀에 영향받는다는 점은 중요한 부분이다.

뉴스 스키마와 뉴스처리

그동안의 뉴스콘텐츠 연구는 뉴스가 수집되고 처리되는 방법에 따라 의미가 구성되며, 이 틀 안에서 뉴스보도가 행해진다는 것을 보여주었다(제 14장 참조). 뉴스는 쉽게 이해될 수 있도록 사안별, 주제별로 틀 지워지고, 수용자 역시 뉴스를 받아들이는 과정에서 비슷한 틀을 이용한다는 가정은 일리가 있다. 그레이버(Graber, 1984)는 위와 같은 논의를 수용자 처리과정에 적용시켜 살펴본 바 있다. 해석적 틀이나 스키마(제 14장 참조)는 선택, 적합성 판단, 인지에 도움을 주며, 이는 집합적으로 구성되어 수용자들에게 공유된다. 그레이버는 스키마를 '사전경험에 기초하여 상황과 개인에 대한 조직적 지식으로 구성된 인지구조'라고 정의했다. 이는 새로운 정보를 처리하고 기억 속에 저장된 정보를 검색하는 데 사용된다. 스키마는 새로운 정보를 평가하고, 정보가 누락되거나 모호할 경우 그 빈자리를 메워주는 데 도움을 준다. 또한 뉴스를 기억하는 데도 스키마는 도움을 준다.

가장 포괄적으로 활용되고 지속적으로 등장하는 뉴스 틀은 주로 국제 뉴스보도에서 발견할 수 있지만(예를 들어 '냉전'이나 '국제적 테러' 또는 '글로벌 환경에 대한 위협' 같은 경우) 국지적이고 지역적인 뉴스에서도 찾아 볼 수도 있다. 그레이버는 '사람들 마음속에 있는 실제적 스키마'가 매우 다양하고 단편적이며 불완전하게 조직화되어 있다는 것을 발견했다. 뉴스정보에 대한 반응으로 스키마를 사용하는 방법 역시 수용자에 따라 다양할 수 있다는 것이다. 그레이버의 뉴스처리 모델을 단순화해보면 〈그림 19. 1〉에서 제시되는 과정과 같다.

이 모델에서는 뉴스정보를 이미 존재하는 스키마에 통합시킴으로써 뉴스학습이 발생하는 것으로 본다. 이 모델은 사전지식이 학습능력을 높이는 데 중요하다는 점을 부분적으로 반영한다. 대부분의 뉴스정보는 수용자가 비판적으로 살펴보기보다는 쉽게 받아들일 수 있도록 이미 존재하는 스키마에 부합되게 제공되기는 하지만, 이 모델에서는 수용자의 적극적 정보처리를 전제한다.

예 시

뉴스효과를 진단하는 과정에서 다루어진 중요한 문제 중 하나는 뉴스구성에서의 '예시'의 활용이다. '예시'는 일반적 주제를 설명하고 결론을 도출하는 과정에서 구체적 특정사례를 인용하는 것이 어떤 효과를 야기하는가와 관련 있다. 이것은 틀 짓기 양식 중 하나이기도 하다. 하지만 특정사례가 대표성이 없는 경우 수용자에게 잘못된 정보나 편향된 정보를 제공할 수 있다는 문제점도 지적된다. 질만(Zillmann, 2002)은 뉴스가 수용자의 이슈에 대한 지각에 미치는 영향력은 다음과 같은 상황에서 더 클 수 있다는 점을 지적했다. ① 추상적 제시보다 구체적 사례를 보여줄 때, ② 사례가 감정적 반응을 유발할 때, ③ 비슷한 유형의 다수의 사례가 제시될 때, ④ 생생한 묘사로 제시되는 될 때, 이 네 가지가 중요하다고 보았다. 일반적으로 볼 때 지금까지의 연구는 이러한 주장과 합치하는 연구결과를 보여주었다(Zillmann & Brosius, 2000).

그림 19.1 스키마 이론 뉴스처리모델(McQuail & Windahl, 1993; Graber, 1984에서 인용)

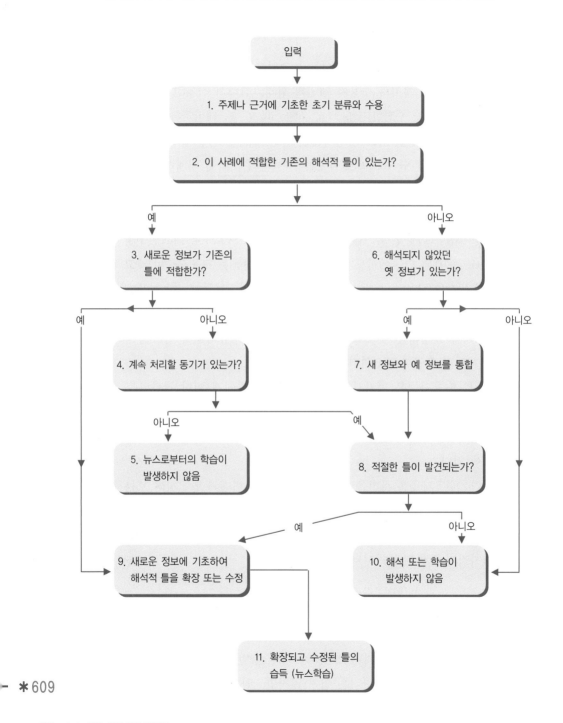

'수용분석'의 전통에 기초한 연구에서는 뉴스의 실제적 해석이 수용시점의 상황, 즉 가정이나 '일상생활'에서의 수용자 개인의 환경, 견해와 선입견 등에 의해 크게 영향을 받는다는 점을 주장한다(Jensen, 1986, 1998). 구레비치와 레비(Gurevitch & Levy, 1986)는 텔레비전 뉴스 시청자들이 가진 해석을 위한 틀을 '메타-메시지', 또는 이야기를 이해할 수 있도록 도와주는 '수용자의 해독에 내재하는 잠재적 의미'라는 개념으로 설명했다. 저널리스트와 마찬가지로 수용자 역시 사건을 이해하고 정보처리를 용이하게 하는 틀을 암묵적으로 공유한다고 이들은 가정한다.

이러한 관점은 다양한 국가를 대상으로 수용자의 뉴스수용 비교연구를 실시한 젠센(Jensen, 2001)의 연구에서도 발견할 수 있다. 젠센은 교육수준이 낮고 관심이 없는 뉴스수용자의 경우 뉴스를 설명하기 위해 저널리스트들이 이용한 틀과는 무관하게 뉴스주제를 이해한다는 것을 지적한 바 있다. 이러한 경향은 특히 국제뉴스의 이해과정에서 발생하는 것으로 나타났다. 젠센은 수용자들이 뉴스를 이해하는 데 네 가지 차원의 요인이 중요하다고 보았다.

① 공간: 수용자들은 멀리서 일어난 사건이 그들에게 어떤 영향력을 미치는지, 그리고 실제 영향력을 미칠 수 있는지를 판단한다.

② 영향력: 수용자들은 그들과 관련이 있는 뉴스가 더 영향력이 있다고 보는 경향이 있다.

③ 시간: 수용자들은 사건을 그들 자신의 과거, 미래와 연결시켜 보는 경향이 있다.

④ 정체감: 수용자들은 뉴스에서 나타나는 사건, 장소, 사람들을 그들 자신과 연결시키거나 혹은 분리시켜 보는 경향이 있다.

초기 뉴스수용연구(Alasuutari, 1999 참조)는 스튜어트 홀(Stuart Hall, 1974/1980)의 기호화/해독모델에 기반을 두는데, 여기서는 수용하는 사람들에 따라 뉴스가 '헤게모니적'이거나 '교섭되거나' 또는 '대항적' 방법으로 해석될 수 있다고 가정한다. 이에 대한 근거를 제시하기는 쉽지 않지만, 인티파다(*Intifada*: 유대인 점령지에 ✴610

서의 팔레스타인들의 민중봉기) 뉴스에 대한 팔레스타인 사람들과 유대인들의 반응에 대한 연구가 이를 뒷받침해준다(Liebes & Riback, 1994). 온건주의자들은 '교섭된' 해석방법으로 인티파다에 관한 기사를 읽는 반면, 극단주의자들은 '헤게모니적' 시각이나 '대항적' 방법으로 기사를 해석하는 경향이 있었다.

표 19. 1

뉴스 학습과 관련한 요인
* 수용자의 사전 지식과 관심도
* 뉴스주제의 적합성에 대한 지각
* 뉴스채널, 정보원에 대한 신뢰도
* 시각적 자료의 제시
* 뉴스주제의 구체성, '하드뉴스'의 성격
* 이용 가능한 해석적 틀에 뉴스가 적합한 정도
* 뉴스의 반복성

뉴스 신뢰도

〈표 19. 1〉에서 제시된 뉴스 학습조건 중 중요한 하나는 수용자가 뉴스를 얼마나 믿을 만하다고 보는가의 문제이다. 사람들은 그들이 신뢰하지 않는다고 평가하는 뉴스 미디어에도 습관적으로 주목하는 경향이 있기는 하지만, 기본적으로 뉴스가 효율적으로 전달되기 위해서는 미디어에 대한 신뢰가 요구되는 것이 사실이다(Kifati & Capella, 2003 참조). 가지아노와 맥그라스(Gaziano & McGrath, 1987)는 수용자의 뉴스신뢰도가 지각된 정보의 정확성이나 신빙성보다는 지각된 공정성, 편향성의 부재와 더 관련이 높다는 점을 발견한 바 있다. 대부분의 연구를 보면, 정보 자체보다는 정보원의 질적 수준이 수용자의 뉴스 신뢰도 평가에 더 중요한 것으로 나타났다. 또한 공중의 이익을 미디어가 대변하는가에 대한 수용자의 지각 또한 뉴스 신뢰도의 중요한 구성요소였다. 미국과 영국의 경우 1960년대 이후 가장 신뢰하는 뉴스 정보원으로서 텔레비전이 신문을 앞서기 시작했다. 문자보다 영상으로 전달되는 뉴스 메시지를 수용자들이 더 신뢰한다고 볼 수도 있지만, 텔레비전의 경우 뉴스전달에서 불편부당성을 규제받는 점도 이러한 공중의 신뢰와 연관이 있다. 몇몇 국가에서는 민영방송보다 공영방송의 뉴스를 수용자들이 더 신뢰한다는 연구결과가 보고되었다(예를 들어, 독일, 일본, 영국의 경우). 또한 고급신문과 '타블로이드' 신문에 대한 수용자의 신뢰도가 차이가 있다는 점도 서베이 연구결과에서 나타났다.

　이와 같은 뉴스 신뢰도는 국가별로도 차이가 발견된다. 유럽국가의 경우 다른 국가들과 비교해 볼 때, 영국의 언론에 대한 신뢰도는 상대적으로 낮았다. 신뢰도에 대한 수용자의 지각은 정보원의 차이를 반영하며, 또한 변화할 수 있다는 것을 보여주는 것 같다. 하지만 뉴스 신뢰도를 어떠한 방식으로 정확히 측정할 것인지는 여전히 문제로 남아 있다.

인터넷의 출현으로 뉴스 신뢰도와 관련한 이슈는 최근 다시 주목받고 있다. 인터넷상에서 언론사의 이름을 명시하지 않는 한 이용자들이 정보의 신뢰성을 평가하기란 쉽지 않은 문제이다. 한편으로 인터넷 이용자들은 인터넷이 정보제공 과정에서 발생하는 불확실성을 해결해 줄 수 있다고 기대하기 때문에 더욱 뉴스 신뢰도에 대한 평가는 쉽지 않다. 이용자들이 인터넷상에서 전달되는 뉴스에 대해 어떤 태도를 가지는지 명확히 평가하기란 아직까지 조금 이른 것 같다. 독일과 미국에서 뉴스 정보원으로서 인터넷과 기존의 신문과 텔레비전 방송을 비교한 연구결과를 보면 이용자가 지각한 인터넷 신뢰도는 상대적으로 낮은 것으로 나타났다. 하지만 젊은 층 이용자는 상대적으로 온라인상의 정보원을 다른 이용자층보다 조금 더 신뢰한다는 점이 발견되었다(Bucy, 2003). 현 정치체제에 대해 회의적인 사람들은 인터넷과 같은 비주류 정보원을 선호하는 경향이 있다는 점도 지적된다.

2 뉴스 확산

사람들이 무엇을 알고 있는가의 문제를 뉴스확산과 연결시키는 것은 주로 단기간에 걸쳐 발생하는 효과의 문제를 다루는 것처럼 보일 수 있다. 대부분의 초기 뉴스효과연구에서 살펴본 '전파'문제는 단순히 수용자가 사건명칭을 기억하는지를 측정하여 뉴스확산을 평가하는 데 초점을 맞추었다. 이러한 뉴스확산 연구에서는 네 가지 변인이 중요하게 고려된다. ① 사람들이 주어진 사건을 아는 정도, ② 대상 사건의 상대적 중요성이나 현저성에 대한 지각, ③ 전달되는 정보의 양, ④ 뉴스미디어나 개인적 접촉을 통해 처음으로 얻는 사건에 대한 지식수준에 관한 것이 그것이다. 이들 네 가지 변인 사이에서 발생할 수 있는 상호작용은 복잡하다. 이러한 상호작용을 다루는 모델 중 하나는 J곡선 형태로 나타나는데, 이는 사건을 아는 사람의 비율과 동일 사건을 대인적 접촉을 통해 들은 사람의 비율간의 관계를 보여준다 **612

(Greenberg, 1964).

J곡선 모델을 살펴본 연구에서는 다음과 같은 결과를 제시한다. 한 사건에 대해 실질적으로 거의 모든 사람이 아는 경우에는(1963년 케네디의 암살, 1997년 다이애나 비의 죽음, 2001년 9·11 테러 같은 경우), 많은(과반수가 넘는) 사람들이 개인적 접촉 (여기서 연관된 조건들은 사건의 현저성이 높고 신속한 확산이 이루어지는 것이다)을 통해 사건에 대해서 듣게 된다. 사건에 대해 아는 사람들이 상대적으로 많지 않을 때, 개인적 접촉을 이용하여 사건을 아는 비율은 감소하고 미디어가 정보원으로 자리하는 비율은 높아진다(이와 연관된 조건들은 사건의 현저성이 낮고 전파가 느리게 진행되는 것이다). 하지만 모든 사람들 중 궁극적으로 일부분에게만 알려지는 사건도 있다. 일부 사람들만이 알게 되는 사건의 경우, 다시 미디어 정보원보다 개인적 접촉으로부터 얻게 되는 비중이 높아지게 된다. 이런 상황에서는 개인적 네트워크가 활성화된다.

뉴스확산 유형은 일반적 확산모델의 S커브 형태(낮은 기울기로 출발 후에 가속되고, 최고 한계에 도달하였을 경우 다시 평평해지는 형태)에서 벗어나 다양한 모습을 보이는 것으로 나타났다. 위에서 언급한 J곡선은 중요한 변형형태의 하나이다. 채피 (Chaffee, 1975)는 다음과 같은 세 가지 확산유형을 구분했다. ① 불완전한 확산, ② 초기에 매우 가파른 가속을 보이는 확산, ③ 아주 늦은 속도의 확산이 바로 그것이다. 다양한 확산과정을 이해하기 위해서는 특정 콘텐츠와 관련한 요인, 정보원과 수신자와 관련된 변인을 함께 고려할 필요가 있다.

뉴스의 확산과 관련한 관한 이론은 특정한 사건, 특히 의외성이 높은 경성뉴스 (*hard news*)에 국한되기 때문에 한계가 있다(Rosengren, 1973, 1987). 뉴스확산 과정을 전반적으로 이해하기 위해서는 앞으로 연성뉴스(*soft news*)와 일상적이거나 예측 가능한 사건보도에 대한 연구가 필요하다. 또한 사회 각 분야에 대한 관심은 시시각각 변화할 수 있기 때문에, 미디어가 주목하는 사건의 중요성을 독립적으로 평가하는 데도 제약이 있다는 점을 상기해야 한다.

최근 뉴스채널이 늘어나고 중앙집중화된 매스미디어 뉴스채널이 상대적으로 쇠퇴하는 가운데 뉴스확산은 분석하기 매우 복잡한 현상이 되어가고 있다. 하지만 극적 사건에 대한 뉴스는 대인적 접촉을 통해 확산된다는 연구결과는 현대사회에서 사회적 접촉이 감소하는 가운데도 지속적으로 나타난다. 9·11 테러 사건의 경우 사건발생 하루 후에 실시된 조사에서는 50%의 시민들이 다른 사람들로부터 사건에 대해 처음 소식을 듣게 되었고, 33%가 텔레비전을 통해, 15%가 라디오를 통해 사건을 알게 되었다는 점을 보여준다. 이 사건과 관련한 뉴스가 전체 사회에 확산되는 데는 2시간이 걸렸다고 연구자들은 밝히고 있다(Greenberg, 2002).

3 틀 짓기 효과

제 14장에서 소개한 것처럼 틀 짓기는 아주 매력적인 개념이다. 틀 짓기 이론은 언론에서 제공하는 틀에 따라 수용자가 뉴스를 학습하게 된다고 주장한다. 또한 수용자는 언론에서 제공하는 틀 자체를 배우게 된다고 가정한다. 하지만 효과과정으로서 이러한 틀 짓기가 어떻게 작동하는지에 대한 설명은 분명하지 않다. 카펠라와 제이미슨(Cappella & Jamieson, 1997)은 '저널리스트가 뉴스를 틀 짓는 방식과 수용자가 뉴스를 틀 짓는 방식은 유사할 수도, 다를 수도 있다'는 점을 지적했다. 이들은 뉴스 틀이 이슈, 정책 및 정치가에 대한 추정, 아이디어, 판단 등을 활성화시킨다는 점에 기초하여 틀 짓기 효과모델을 제시했다. 특히 효과적 캠페인을 노리는 '전략적'이고, 객관적이지 않은 '갈등 지향적' 정치뉴스의 틀 짓기가(객관적으로 본질을 보도하는 것과 반대되는) 정책에 대한 국민들의 냉소주의를 가져 올 수 있다는 데 주목했다. 이들은 미디어 효과로서 냉소주의가 누적되는(나선형으로 쌓이는) 과정을 틀 짓기 효과와 연결하여 보여주었다.

쇼이펠레(Scheufele, 1999)는 이해관계를 가진 정보원과 미디어조직, 저널리스트(미디어), 수용자, 이 세 행위자들의 상호작용의 결과로써 나타나는 틀 짓기 효과 과정모델을 제안했다. 쇼이펠레가 지적하듯이, 우리는 미디어 틀과 수용자(개인적인)의 틀이라는 두 가지 종류의 틀을 다룬다. 이 두 가지 틀은 모두 독립변인(원인)과 종속변인(효과)이 동시에 될 수 있다. 쇼이펠레는 세 행위자들이 서로 밀접한 관계를 가진 세 단계 틀 짓기 과정을 모델에서 제시한다. 첫 번째는 기자나 편집자들처럼 지속적으로 자료를 다루고, 사건기사에 '뉴스가치'와 '뉴스시각'을 적용하는 이들에 의해 미디어 틀이 구성되고 사용되는 것이다. 두 번째는 '틀지어진' 뉴스보도가 수용자들에게 전달되는 것이다(예를 들어 정치인에 대한 냉소적 관점). 세 번째는 수용자들이 특정한 틀을 받아들여 결과적으로 태도, 관점(예를 들어 냉소주의), 행동 등에 변화를 보이는 것이다.

틀 짓기 연구의 기초는 엔트만(Entman, 1993)이 제공하였는데, 많은 연구자들은 틀 짓기 과정에 대한 하나의 일반적 패러다임을 만들려고 했던 그의 시도를 비판적으로 평가한다. 단젤로(D'Angelo, 2002)는 지금까지의 연구경향을 볼 때 최소한 세 가지 다른 틀 짓기 연구의 패러다임을 이야기할 수 있다고 주장한다. 첫 번째는 '인지적' 모델로 저널리스트의 설명이 담긴 텍스트가 수용자의 생각에 영향을 미치는 과정을 주로 다룬다. 두 번째는 '구성주의' 접근으로 저널리스트가 뉴스 제공자 입장을 해석할 수 있는 방식을 제공한다고 본다. 세 번째는 비판적 접근으로, 이 접근에서는 뉴스 틀이 뉴스수집 과정의 기계적 절차와 엘리트 가치를 반영하여 나타나는 것으로 파악한다. 또한 뉴스의 헤게모니적 영향력이 틀 짓기의 결과로 나타나는 것으로 본다.

비록 복잡한 과정이 포함되기는 하지만, 많은 정치 커뮤니케이션 연구는 뉴스 틀에 따라 수용자에 특정한 효과가 발생한다는 것을 보여준다. 아이엔가(Iyengar, 1991)는 사회문제를 다룬 뉴스 틀에 따라 수용자가 '희생자를 비난'하게 되는 효과를 발생시킬 수 있음을 보여주었다. 1991년 걸프전쟁과 관련한 뉴스보도의 틀 짓기 역시 외교적 해법보다는 군사적 조치를 수용자들이 인정하도록 만들었다는 연구결과도 발표된 바 있다(Iyengar & Simon, 1997). 제 14장에서 언급한 두 차례의 항공사고 관련 보도의 경우, 언론에서 제공한 뉴스 틀에 따라 여론이 형성되었음을 엔트만(Entman, 1991)은 지적한다. 맥클라우드와 디텐버(McLeod & Detenber, 1999) 역시 시위를 다룬 뉴스보도에서 뉴스 틀에 따라 수용자에게 차별적 효과가 발생하였음을 보여주었다. 제이미슨과 왈드만(Jamieson & Waldman, 2003)은 미디어가 이슈를 틀 지운 방식 때문에 미국 대선에서 고어가 부시에게 패배하게 되었다고 지적하기도 했다.

의제설정이란 선거캠페인을 배경으로 오랫동안 관심사가 되었던 현상을 기술하기 위해 맥콤스와 쇼(McCombs & Shaw, 1972; 1993)가 만들어 낸 용어이다. 뉴스미디어가 공중에게 하루의 가장 중요한 이슈가 무엇인지를 보여주고 공중은 이에 따라 무엇이 가장 중요한지 지각하게 된다는 것이 미디어 의제설정과 관련한 핵심적 아이디어이다. 트레나만과 맥퀘일(Trenaman & McQuail, 1961)은 '사람들은 들은 것에 대해서 생각하지만, 들은 것대로 생각하지는 않는다'고 지적했다. 지금까지의 연구결과를 보면 미디어가 중요하게 다룬 이슈의 순서와 정치인들과 공중이 중요하게 생각하는 이슈의 순서는 비슷하게 일치하는 경향을 보인다. 디어링과 로저스(Dearing & Rogers, 1996)는 의제설정 과정을 '미디어 전문가, 공중 및 정치적 엘리트들의 주목을 받기 위해 이슈를 제시하는 사람들 사이에 벌어지는 경쟁'이라고 정의한다. 라자스펠드와 동료들(Lazarsfeld et al., 1944)은 의제설정을 '이슈를 구조화하는 힘'으로써 묘사한 바 있다. 정치가들은 그들의 관점에서 볼 때 가장 중요한 문제가 무엇인가를 유권자에게 납득시키려 한다. 이러한 점은 정치과정에서 특정한 주장을 하고 여론에 영향을 미치려고 할 때 중요한 부분이다. 가설의 하나로서 제기된 의제설정은 설득적 캠페인의 효과가 미미하거나 아예 효과가 없다는 이 전까지의 일반적 결론을 다시 생각해 보게 한 듯하다.

하지만 미디어 의제와 수용자 의제 사이의 인관관계를 보여주기에는 위에서 살펴본 근거만으로는 불충분하다. 미디어의 의제설정 기능을 살펴보기 위해서는 정당과 관련한 텔레비전 프로그램 콘텐츠 조사, 공중의 여론변화의 증거(패널조사를 이용한), 그리고 관련 시점에 미디어가 주목하는 다양한 이슈에 대한 내용분석결과 등이 필요하다. 또한 수용자의 미디어 이용과 관련한 지표도 필요하다. 하지만 이러한 모든 자료에 기반하여 의제설정 이론의 가설을 검증하려 했던 시도는 거의 없다. 미디어가 수용자의 주목을 끌고, 수용자의 인식을 형성한다는 이론적 주장을 검증하면 할수록 과연 이러한 미디어 효과가 실제로 발생하는지에 대한 불확실성이 커졌던 것이 사실인 듯하다.

데이비스와 로빈슨(Davis & Robinson, 1986)은 사람들이 구체적으로 무엇에 관하 **＊616**

여 중요하다고 생각하는지를 살펴보는 것이 필요하다는 점을 지적하면서 기존 의제설정 연구를 비판했다. 즉 누가 중요하고, 중요한 일들이 어디서 일어났으며, 왜 그것들이 중요한지에 대해 생각하게 하는 잠재적 효과에 대해서도 의제설정 이론이 고려해야 한다는 것이다. 한편 로저스와 디어링(Rogers & Dearing, 1987)은 세 가지 다른 의제, 즉 미디어 의제, 공중 의제, 정치 엘리트들의 정책 의제를 구분하는 것이 필요하다고 지적했다. 이 세 가지 의제는 복잡한 방식으로 상호작용하며 각기 다른 방향으로 서로 영향력을 미칠 수 있다. 또한 이들 연구자들은 미디어의 신뢰도가 차이가 있다는 점, 개인적 경험과 미디어가 제시하는 자료는 다를 수 있다는 점, 수용자는 뉴스사건에 대해 미디어와 같은 가치를 공유하지 않을 수 있다는 점 등을 주장하기도 했다. 더욱이 '실제 세계의 사건'은 기존 의제를 갈아 치우며 예상치 못한 방식으로 개입할 수도 있다(Iyengar & Kinder, 1987). 리즈(Reese, 1991)는 의제설정과 관련한 많은 사항들이, 경우에 따라 크게 달라지는 미디어와 정보원 간의 상대적 힘의 균형에 의존한다고 보았다.

연구자들의 이러한 비평을 통해서 미디어의 의제설정이 생각보다 그리 간단하지 않고 고려해야 할 많은 요인이 있다는 것이 밝혀졌다. 하지만 이러한 변인들을 고려해야 하는 어려움에도 불구하고 의제설정 이론은 개인적 태도, 행동변화에 직접적 미디어 효과를 주장한 것에 대해 대안을 제시하기 때문에 매스 커뮤니케이션을 연구하는 사람들의 관심을 끌었다. 디어링과 로저스(Dearing & Rogers, 1996)는 의제설정이 승자편승 효과나 침묵의 나선이론, 뉴스확산 및 미디어 게이트키핑을 포함한 여러 가지 다른 종류의 효과들과 관계가 있다는 점을 지적한다. 아직까지 의제설정 연구에서 제시하는 대부분의 근거들은(Behr & Iyengar, 1985) 이 이론의 타당성을 이야기하기에 충분하지 않다. 또한 많은 연구자들은(Kraus & Davis, 1976; Becker, 1982; Reese, 1991; Rogers et al., 1993) 의제설정 효과라는 것이 그럴듯하기는 하지만 아직까지 확실히 검증되지 않은 것으로 평가하는 경향이 있다.

인과적 관계를 제시할 수 있는 엄격한 방법론상의 문제뿐만 아니라, 이론적 모호함의 문제도 제기되었다. 의제설정 이론의 가설은 다음과 같은 영향력의 과정을 전제로 한다. 즉 정치집단이나 이익집단이 중요하게 여기는 이슈가 뉴스미디어의 의제선택에 영향을 미치고, 나아가 공중의견에 영향을 미치게 된다는 것이다. 하지만 이러한 영향력의 흐름은 뒤바뀔 수도 있다. 공중의 관심사가 정치 엘리트들의 이슈

선택에 영향을 미치고 이를 미디어가 받아들일 수도 있는 것이다. 이와 같은 과정은 오히려 정치이론과 미디어 자유라는 논리를 두고 볼 때 자연스러운 것이다. 미디어가 위에서 언급한 세 가지 의제를 융합하는 데 일조한다고 볼 수도 있지만, 그 세 가지 중 어떤 특별한 하나를 설정하는 것은 별개의 문제이다.

디어링과 로저스(Dearing & Rogers, 1996)는 의제설정의 일반적 특성을 다음 몇 가지로 제시한다. 첫째, 미디어는 일련의 이슈의 상대적인 현저성을 판단하는 데 다른 미디어와 의견을 일치시키려는 경향이 있다. 둘째, 미디어의 의제는 현실세계를 알려주는 지표와는 잘 맞지 않는다. 셋째, 의제설정에서 중요한 점은 측정할 수 있는 한 이슈의 절대적 중요성이 아니라, 한 이슈를 정의하고 부각시키려는 세력이나 사람들의 상대적 힘이다. 마지막으로 '미디어 의제 중 특정이슈가 차지하는 위치는 공중의제 안에서 그 이슈의 현저성을 결정한다'. 여기서 흥미로운 부분은 의제설정 이론이 정치 커뮤니케이션 효과연구에서 차지하는 중심적 위치에도 불구하고 뒤에서 다룰 정교화-가능성 모델(ELM model)에서는 의제설정 효과를 뉴스의 중요성에 대한 우연한 단서를 통해 발생하는 '주변적' 효과로 설명한다는 점이다(Perse, 2001). 하지만 이러한 설명이 의제설정 효과가 중요하지 않다는 점을 이야기하는 것은 아니다. 왜냐하면 의제설정은 정치적, 사회적 현실에 대한 공중의 지각을 형성하는 데 기여하기 때문이다. 지금까지는 의제설정의 공통된 조건으로 서로 다른 매스미디어가 뉴스선정에서 비슷한 원칙을 유지하는 것을 의제설정 과정에서의 일반적 조건으로 상정했다. 그러나 온라인 뉴스 서비스가 확대되고 뉴스 이용자가 개인의 관심사에 따라 뉴스를 찾아 볼 수 있는 가능성이 높아지면서 이러한 조건은 변하고 있다.

점화효과

정치 커뮤니케이션 연구영역에서 의제설정 이론은 더 구체성을 띠고 '미디어 점화효과'로 발전한 것으로 평가된다. '점화'는 사회적 학습이론과 공격성을 다루는 미디어 효과연구에서 처음 사용되었던 개념이다. 또한 점화효과와 유사한 아이디어는 자신이 평판이 높은 이슈와 함께 유권자에게 연상되기를 원하는 정치인들의 시도를

표 19. 2	의제설정 가설
	• 공적 토론은 일련의 현저한 이슈를 중심으로 행해진다.
	• 의제는 여론과 정치 엘리트들의 제안에 의해 만들어진다.
	• 경쟁하고 있는 이해관계를 가진 집단은 '그들의' 이슈가 부각되도록 노력한다.
	• 매스미디어의 뉴스에서는 여러 가지 압력, 특히 관련된 엘리트, 여론 및 '실제 세계'의 사건의 압력에 따라 주목을 끌 이슈를 선택하여 보도한다.
	• 미디어 보도(쟁점의 상대적 부각을 통해)는 최근의 의제를 공중이 인지하게 하고, 정치상황을 평가하고 의견을 형성하는 데 영향을 미친다.
	• 의제설정은 주변적 효과이고 단기적 효과이다.

다룬 선거캠페인 연구에서도 발견할 수 있다. 점화효과를 주창한 아이엔가와 킨더 (Iyengar & Kinder, 1987)는 미디어에서 특별히 주목받는(의제에서 가장 우선적인) 정치적 이슈가 정치 행위자의 성과를 공중이 평가하는 데 가장 중요하게 고려된다는 점을 보여주었다. 정당이나 정치가에 대한 일반적 평가는 가장 현저한 이슈와 관련하여 그들이 어떻게 행동하는가에 의해 좌우된다는 것이다.

점화효과는 본질적으로 특정한 평가기준을 부각시키는 문제나 뉴스보도를 조종하려는 시도와 관련 있다. 예를 들어, 국가 지도자들이 국내에서의 실패를 묻어두고 군사적 모험을 통해서 대외정책의 성공문제로 국민들의 관심을 돌리고자 하는 것은 점화효과를 유발하려는 극단적 경우이다. 의제설정 효과와 마찬가지로 점화효과 역시 현재 발생하고 있는 사실처럼 보이지만, 실제로 그것을 증명하기는 어렵다. 팬과 코시키(Pan & Kosicki, 1997)는 미디어에 나타난 미국 대통령들에 관한 공중의 평가과정을 살펴보면서, 미디어 점화효과는 다른 영향요인과 비교해 볼 때 매우 미약하다고 주장했다.

매스 커뮤니케이션 연구는 매스미디어가 여론과 사람들의 태도에 중요한 영향을 미칠 수 있다는 기대 속에 시작되었다. 제 17장에서 언급했듯이 다양한 유형의 효과를 정보, 행동, 의견, 태도 측면에서 구분하는 것은 중요하고 이러한 구분과 관련하여 몇 가지 생각해 볼 부분이 있다. 정보와 행동은 이를 개념적으로 정의하거나 관찰하는 데 특별히 문제가 없다. 하지만 의견과 태도는 직접적으로 관찰할 수 없고, 모호하지 않은 측정을 할 수 있도록 명확히 개념정의하는 데 어려움이 있다. 태도란 특정대상에 대한 사람들의 기본적 의향이나 정신적 성향을 말하는 것으로 일반적으로 평가적인 진술문에 대한 언어적 반응으로 측정된다. 즉 이러한 반응은 특정 대상(정당이나 정치 지도자, 이슈 등)에 대한 한 개인의 경향을 방향성과 강도 측면으로 살펴 볼 수 있게 척도로 변환하는 것이다. 이러한 측정에서는 사람들이 일관된 태도구조를 가졌다는 점을 전제로 한다. 태도란 개인의 평가를 주로 의미하지만, 집합적 차원에서 '공중의 태도'를 다루는 것 역시 가능하다.

의견은 선택이 개입된 상황에서 특정한 입장의 주장을 선호한다는 진술이다. 의견에는 인지적 차원과 평가적 차원이 개입된다. 또한 의견은 구체성을 띠고 한편으로 잠정적으로 유지되는 성격이 있다. 한 개인은 다양한 주제에 대해 여러 가지 의견들을 가질 수 있으며 이러한 의견들이 꼭 일치해야 할 필요는 없다. 의견은 강도나 정확한 정보에 입각한 것인지의 정도에 따라 차이를 보인다. 의견 역시 개인에 의해 형성되지만, 집합적으로 합산되어 여론으로 보이기도 한다. 여론은 대개 전체 집단 구성원에서 지배적 관점, 관점들의 합산 등으로 파악된다. 하지만 여론은 여론에 기여하는 개개인들로부터 독립적 성격을 지니기도 한다. 사람들은 그것이 정확한지의 여부와 상관없이 여론이 지배적 관점이고, 다른 사람들의 관점을 모아 놓은 것이라는 것을 지각한다는 점에서 볼 때 특히 그렇다. 이러한 사람들의 지각을 통해 특정한 효과가 발생하기도 한다. 또한 '여론'은 미디어에 의해 다루어질 때 독립적 특성을 획득하기도 한다. 여론은 객관적 '사회적 사실'로 정치 행위자들이 고려해야 하는 대상이 된다.

여론현상에 미디어가 영향력을 행사한다는 주장은 다음과 같은 사항을 전제로 한

표 19. 3	의견과 태도에 미치는 효과를 발견하기 어려운 이유
	• 태도는 더 본질적이고 지속되는 개인적 상황에 의해 결정된다.
	• 미디어보다 사회적 환경과 개인적 영향력이 의견에 더 큰 영향을 미친다.
	• 사람들은 이미 동의하는 정보원과 메시지를 선별적으로 주목하고, 이는 변화보다는 보강효과를 발생시킨다.
	• 사람들이 미디어에 주목하는 동기가 다르기 때문에 이에 따라 미디어 효과도 다르다.
	• 미디어는 이슈를 둘러싼 다양한 관점을 보도하기 때문에 특정한 관점이 영향력을 발휘하기가 힘들다(예를 들어 선거캠페인의 경우).
	• 공중은 그들을 설득하려는 시도에 대해 저항한다.
	• 설득적 콘텐츠는 수용자에 의해 재해석된다.

다. 미디어는 쟁점이 되는 사안에 대한 정보나 대안을 제공함으로써 개인의 의견에 영향을 행사할 가능성이 있다고 기대된다. 특정 사안에 대한 여론조사 결과를 제시하거나 공중의 견해를 의견란을 통해 전달함으로써 사람들에게 영향력을 행사할 가능성이 있다. 하지만 새롭고 적합한 평가적 정보를 제공하는 경우에도 미디어가 사람들의 의견에 미치는 영향력보다 태도에 미치는 영향력은 상대적으로 작을 수 있다. 태도는 천천히 변화하며 변화를 거부하는 특성이 있다. 한 개인이 가진 태도들은 세계관에 기초하여 서로 연결된다.

태도와 의견과 관련하여 중요한 원칙 중 하나는 이 둘 모두가 한 개인의 사회집단에의 소속 여부나 개인이 처한 사회환경에 영향을 받는다는 점이다. 두 번째 중요한 원칙은 일관성과 균형을 가졌다는 점이다. 우리는 우리가 좋아하고 싫어하는 것과 이에 대한 의견이 일치할 때 편안함을 느낀다. 이러한 경향은 '인지 일관성'이라는 개념으로 설명될 수 있다. 인지 부조화 이론에서는 사람들이 일관성을 유지하기 위한 정보나 아이디어를 추구하고 불편함을 야기하는 의견을 회피한다는 점을 주장했다(Festinger, 1957). 새로운 정보는 기존의 태도를 동요하게 하고 태도의 재조정을 만들어 낸다는 점도 지적되었다. 이러한 점을 고려해 볼 때 매스미디어의 정보적 효과나 학습효과는 장기적으로 파악해 보는 것이 중요한 것 같다.

하지만 의견과 태도에 미치는 미디어 효과를 인과 관계의 선상에서 진단하는 것은 사실 쉽지 않다. 〈표 19. 3〉에서는 의견과 태도에 미치는 미디어 효과를 발견하기 어려운 이유를 정리했다.

이제 연구 관심사는 미디어가 발휘하는 간접적 영향력의 과정에 주목하는 것으로 옮아갔다. 또한 미디어가 조금 더 발전적 역할을 담당할 수 있는 상황에 초점 맞추고 있다.

정교화-가능성 모델

자극에 대한 조건화 모델 외에 설득과정의 정보처리 과정을 다루는 모델에는 몇 가지가 있다. 그중 페티와 캐치오포(Petty & Cacioppo, 1986)가 제안한 인지적 정보처리 모델인 정교화-가능성 모델(elaboration-likelihood model)은 가장 주목받았다. 정교화라는 것은 메시지에 담겨진 적절한 주장과 이슈에 대해 생각하는 정도를 말한다. 이 모델은 사람들이 그들이 가진 다른 관점과 비교하여 합리적이고, 일관된 '정확한 태도'를 견지하려는 동기가 있다는 점을 가정한다. 동시에 모든 사람들이 이러한 태도를 발전시키기 위한 시간과 능력이 없다는 점도 전제한다. 즉 우리는 매우 선별적으로 이슈와 주장에 주목한다는 것이다. 사실 우리는 개인적으로 관심이 있고 적절한 사안을 이해하고 평가하는 데 더 많은 노력을 기울인다. 이러한 점이 우리가 전달되는 정보를 '중심적'(정교화 수준이 높음)으로 처리하는지 '주변적'으로 처리하는지에 반영이 된다고 이 모델은 주장한다. 중심적 처리를 할 경우 사람들은 정보에 대해 생각하는 과정에서 기존의 지식과 경험을 이용한다고 본다. 반면 주변적 처리를 할 경우 사람들은 메시지 자체의 인지적 내용보다는 정보원의 신뢰도나 매력, 제시된 양식의 소구력 등 우연적인 단서에 더 의존한다는 것이다. 한편 '수용자' 변인과 '메시지' 변인이 '중심적' '주변적' 처리방식을 결정하는 데 영향을 미친다. 어떤 처리방식에 초점을 맞추어 설득전략을 구성할지는 커뮤니케이터에게 중요한 문제로, 합리적 주장을 선택할 것인지 아니면 긍정적 이미지를 만들 수 있는 단서를 제공함으로써 피상적 주목을 끌 것인지의 결정은 이러한 처리방식과 관련 있다고 할 수 있다. 정교화-가능성 모델을 정리하면 〈그림 19. 2〉와 같다.

이 모델은 예측을 하는 데는 제약이 있기는 하지만 다양한 분야에서 적용되었다. 특히 이 모델은 설득과정을 설명하는 데 도움을 준다. 또한 지속적 효과를 만들어

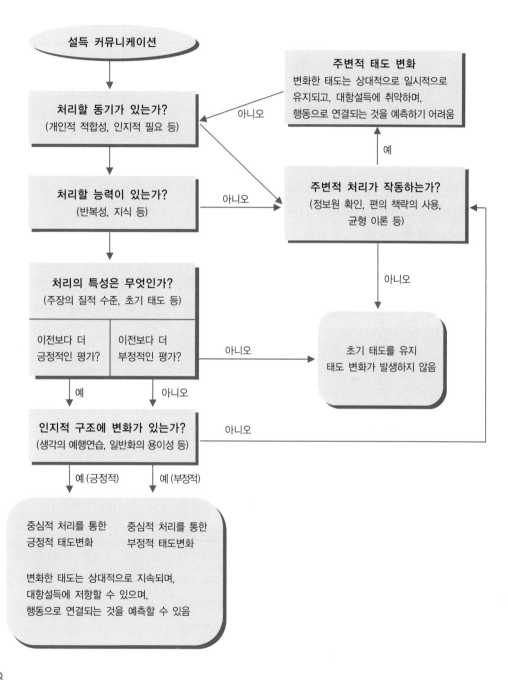

그림 19. 2 설득과 정보처리의 정교화—가능성 모델(Petty et al., 2002).

내기 위한 전략을 수립하는 데 유용할 수 있다. 이 모델은 정보원과 수용자의 적극적 상호작용이 없이도 '관여 없이 발생하는 학습'(Krugman, 1965)이 더 큰 효과를 발생시킬 수 있다는 점을 보여주기도 한다.

이 모델과 관련이 있지만 조금 차이가 있는 정보처리방식을 카펠라와 제이미슨(Cappella & Jamieson, 1997)이 제시하고 있는데, 여기서는 '온라인' 처리방식과 '기억에 기초한' 처리방식을 구분한다. 온라인 처리방식은 뉴스와 같은 주요 정보가 보여지거나 읽혀지는 것과 같이 메시지 자체에서 제공되는 경우에 발생하게 된다. 반면 기억에 기초한 처리방식은 설득적이거나 정보를 담은 어떤 메시지가 기존의 정보나 인상, 신념, 평가 등에 연결되어 발생하는 것을 의미한다. 이 경우 전적으로 새로운 것을 제공하기보다는 기존의 선유경향을 활성화시키게 된다는 것이다. 하지만 현실에서는 이러한 두 가지 처리가 동시에 발생할 수 있어 이를 구분하는 것은 복잡한 문제이다. 하지만 이러한 구분을 하는 것은 영향력을 행사하기 위해 전략을 세우는 데 도움을 줄 수 있다. 일반적으로 볼 때 '기억에 기초한' 처리방식이 작동할 때 '주변적' 경로를 따르게 되고 틀 짓기나 점화효과와 같은 미디어 효과가 발생할 가능성이 높아진다고 할 수 있다.

7 침묵의 나선 : 여론 분위기 형성

'침묵의 나선'(spiral of silence)은 노엘레노이만(Noelle-Neumann, 1974, 1981, 1991)이 수년에 걸쳐 검증하고 발전시킨 여론과정에 대한 이론에서 제시하는 개념이다. 침묵의 나선이론은 ① 매스미디어, ② 대인 커뮤니케이션 및 사회적 관계, ③ 개인의 의견표현, ④ '여론 분위기'에 대한 지각, 이 네 가지 요소들의 관계를 다룬다. 이 이론의 주요 가정은 다음과 같다(Noelle-Neumann, 1991).

- 사회는 일탈자에게 고립의 위협을 느끼게 한다.
- 개인은 고립의 두려움을 지속적으로 경험한다.
- 개인은 고립되지 않기 위해 사회의 여론분위기를 지속적으로 살핀다.
- 여론분위기에 대한 개인의 지각은 공개적 행동에 영향을 미치는데, 특히 특

정 의견에 대한 공개적 표현과 침묵에 영향을 미친다.

침묵의 나선이론은 중요한 사회적 문제(정당지지와 같은 문제)의 논의과정에서 고립되는 것을 피하기 위해, 많은 사람들이 자신이 생각하는 것이 우세한 의견인가 혹은 열세한 의견인가를 판단하고 그에 따라 행동하게 된다고 제안한다. 사람들은 자신의 의견이 소수에 속한다고 느끼면 자신의 의견을 숨기려는 경향이 있고, 자신의 의견이 다수에 속한다고 느끼면 적극적으로 공개적 의견표명을 하려 한다. 그 결과 우세하다고 지각되는 의견은 더 많은 지지를 얻게 되고 그렇지 못한 의견은 더욱 쇠퇴하게 된다. 소수의견으로 지각된 입장이 나선형을 그리면서 사라지는 현상이 바로 침묵의 나선 효과이다.

여기서 중요한 부분은 매스미디어가 여론분위기를 평가하기 위해 접근하기 가장 쉬운 정보원이라는 점과, 어떤 관점이 미디어에서 지배적이면 그것은 개인적 의견의 형성과 표현에 영향을 미친다는 점이다. 사실 이 이론은 여론조사 결과와 다른 선거에 대한 예측자료가 일치하지 않은 독일의 정치상황을 설명하기 위해 공식화되었다. 특히 노엘레노이만은 이와 같은 현상에는 합의된 여론을 미디어가 잘못 전달한 데 그 원인이 있다고 보았다. 즉 미디어는 침묵하는 다수의견에 반하여 좌파적 경향이 우세한 여론분위기를 전달했던 것을 지적했다.

로젠그린(Rosengren, 1981a)은 스웨덴 언론의 중동문제 보도를 배경으로 한 연구에서 침묵의 나선이론에서 주장하는 강력한 매스미디어 효과를 발견할 수 있었다는 점을 보고한 바 있다. 이론의 주창자인 노엘레노이만(Noelle-Neumann, 1991)은 핵에너지 문제에 대한 언론의 관심이 높아지면서 이에 대한 부정적 보도가 증가한다는 점을 발견하고 침묵의 나선 현상을 살펴보았다. 시간이 지나면서 핵에너지에 대한 공중의 지지는 현저하게 감소하였고, 변화의 시점을 놓고 볼 때 이러한 여론의 변화에는 나선형의 패턴이 나타났다고 보고한다.

사실 침묵의 나선이론은 대중사회이론과 유사한 점이 있으며, 사회적 관계의 질적 수준을 다루는 데 비관적 입장이다(Taylor, 1982). 카츠(Katz, 1983)는 침묵의 나선이론의 타당성은 대안적 준거집단이 사회 내에서 존재하는지, 또한 어떤 역할을 하는지에 따라 평가될 수 있다고 보았다. 준거집단이 활성화될수록 침묵의 나선 과정이 작동될 범위는 더욱 줄어드는데, 이는 소수의견과 일탈적 의견을 지지하는 사람들이 가시화되고 미디어를 대신해 영향력을 행사할 가능성이 있기 때문이다. 이와 관련하여 모스코비치(Moscovici, 1991)는 여론형성 과정에서 조용한 다수보다는 의견을 변화시키는 데 큰 역할을 하는, '큰 목소리를 내는 소수'에 더 주목해야 한다고 지적한다.

침묵의 나선이론은 미디어 효과뿐만 아니라 여론현상과 관련한 많은 것을 다루고 있기 때문에 다른 요인들을 고려하면서 연구될 필요가 있다. 하지만 아직까지 이론을 지지하는 근거가 미약하고 이론의 주장과 불일치하는 경우가 있다. 글린과 동료들(Glynn et al., 1997)은 미국과 서구의 연구결과를 분석한 결과, 여론에 대한 지각이 공개적 의견표명에 영향을 미치는 증거는 미약하다고 평가했다. 그렇다하더라도 미디어 보도가 시사적인 이슈와 관련한 공중정서에 대한 사람들의 지각을 형성한다는 근거는 있다(e.g. Mutz & Soss, 1997; Gunther, 1998).

한편 '고립에 대한 두려움'이 논쟁적 이슈에 대한 공개적 의견표명에 영향을 줄 수 있다는 연구결과는 지속적으로 발표되고 있다. 모이와 동료연구자들(Moy et al., 2001)은 미국 워싱턴 주에서 발의된 고용과 교육분야에서 특정계층에 대한 차별적 지원을 중지시키려는 법안을 대상으로 침묵의 나선이론을 검증했다. 연구결과 고립에 대한 두려움은 소수로 지각된 입장을 공개적으로 지지하는 데 부정적 영향력을 행사한 것으로 나타났다. 하지만 공중의 여론 분위기에 대한 지각보다는 주위의 가족과 친구들의 의견 분위기에 대한 지각이 한 개인의 공개적 의견표명을 결정하는 데 더 중요한 요인인 것으로 이 연구는 보고한다.

제 3자 효과

침묵의 나선이론과 관련한 또 다른 중요한 아이디어는 데이비슨(Davison, 1983)이 처음 주장한 여론에 미치는 미디어 영향력에 대한 제 3자 효과지각의 문제이다. 제 3자 효과가설에서는 사람들은 미디어 콘텐츠에 본인은 영향을 받지 않지만 제 3자인 다른 사람들은 영향을 받는다고 생각하는 경향이 있다는 점을 주장한다. 이러한 제 3자 효과지각을 하는 사람들은 검열에 대해 지지하는 경향이 있다는 점도 발견되었다(McLeod et al., 2001). 많은 실증연구에서 사람들은 미디어가 나는 아니지만 다른 사람들에게 영향력을 미친다고 지각한다는 점을 보여주었다. 미디어의 실제적 효과와는 관련 없이 많은 사람들이 미디어가 영향력이 있다고 믿는다는 사실과 제 3 자 효과 연구결과는 관련성이 있다(Hoffner et al., 2001). 또한 특정한 이슈에 대한 입장을 가진 사람들의 경우 뉴스미디어가 자신의 시각과 반대되는 편향성이 있다고 지각하는 것 역시 미디어 효과를 과장하여 인식하는 사례이기도 하다(Gunther & Christen, 2002). 하지만 사람들에게 미디어가 자신들에게 미치는 영향력이 어떠한 지를 직접 물어서 측정하는 것을 통해서는 미디어의 실제적 효과의 방향이나 규모를 밝힐 수는 없는 것이 제 3자 효과 연구의 한계이다.

█ 현실의 구성과 의식하지 못하는 편향성

이 분야의 여러 이론에서 일반적으로 볼 수 있는 부분은 장기간에 걸쳐 발생하는 미디어 효과가 미디어의 조직적 경향, 직업적 관행 및 기술적 한계, 특정 뉴스가치 및 구성과 형식의 체계적 적용의 결과로 비의도적으로 일어난다는 점이다. 팔레츠와 엔트만(Paletz & Entman, 1981)은 1970년대 미국의 미디어에 의한 '보수적 경향'의 선동은 주로 '팩 저널리즘'(*pack journalism*: 제도적 제한 및 안이한 취재와 편집태도로 취재방법이나 취재시간 등이 획일적이고 개성이 없는 저널리즘)을 통해, 함께 일하고, 합의하고, 같은 내용을 보도하며, 같은 뉴스정보원을 이용하는 저널리스트들의 경향 때문이라고 지적했다. 비록 최근 발생했던 걸프전쟁의 경우 보도태도가 극명하게 나뉘었지만(예를 들어 Tumber & Palmer, 2004), 발칸전쟁이나 1990~91년 걸프전쟁의 경우, 대부분의 서구미디어가 다국적군에 대해 합의하고 지지하는 방식으로 뉴스를 틀 지어 보도한 경향이 있었다.

전쟁이나 위급상황에 주류미디어가 정부의 편에 서는 경향은 종종 발견된다. 베넷(Bennett, 1990)은 이러한 현상과 관련하여 저널리스트들은 주류 정치토론의 범위 안에서 목소리와 관점을 찾아 이를 반영하여 보도하는 경향이 있다는 점을 지적했다. 이러한 경향으로 인해 소수의 목소리나 비판적 목소리는 주변부화되고 미디어는 정부가 주도하는 합의된 관점을 활성화시키게 되는 것이다. 알타우스

(Althaus, 2003)는 이라크 전쟁과 관련한 보도분석에서 이러한 경향이 나타난다는 점을 보여주었다.

스스로의 필요와 이해관계에 따라 미디어가 '현실을 구성'한다는 점은 여러 연구자들이 지적했다. 6·25전쟁 참전 후 맥아더 장군의 귀환에 대한 텔레비전 보도에 관한 랭과 랭(Lang & Lang, 1953)의 연구는 소규모 사건이 미디어에 의해서 어떻게 대중적 지지를 받는 큰 사건으로 변하는지를 보여주었다. 1968년 영국에서 일어난 대규모의 베트남 전쟁 반대시위에 대한 미디어 보도 역시 비슷한 결과를 가져왔다(Halloran et al., 1970). 미디어는 미리 이 사건을 폭력적이고 극적인 것으로 상정했고, 실제로 그러한 부분이 적었음에도 미디어의 보도는 미리 정의된 사건에 부합하도록 왜곡되었다. 이를 다룬 연구에서는 수용자가 실제로 일어난 것과는 달리 텔레비전에서 틀 지운 것과 일치하게 사건을 지각한다는 것을 보여주었다.

하지만 사람들이 현실을 정의하는 데 미디어가 미치는 실제적 효과가 무엇인지, 그 근거를 찾는 것은 쉽지 않은 문제이다. 어린이들이 인종과 이민 '문제'를 정의하게 되는 방식에 초점 맞춘 하트만과 허스밴드(Hartman & Husband, 1974)는 개인적 경험이 부재한 상황에서 지배적 미디어의 정의가 받아들여질 가능성이 높다는 것을 보여주었다. 1960년대 후반 미국의 급진적 학생운동에 대한 미디어 보도와 관련해 기틀린(Gitlin, 1980)은 미국 사람들이 이 운동에 대한 이미지를 형성하는 데 미디어가 중요한 역할을 했다는 점을 지적했다. 일반적으로 미디어는 그 자신이 원하는 바(극적 행동, 저명인사, 인물비평, 갈등)와 일치하도록 이 운동을 묘사했고, 학생운동 역시 이러한 미디어 이미지에 따라 전개되었다. 네덜란드의 여성운동에 대한 미디어 묘사를 다룬 연구(van Zoonen, 1992) 역시 유사한 사례를 제공한다. 린드와 살로(Lind & Salo, 2002)는 1990년대의 미국 텔레비전 뉴스와 시사 프로그램에서 페미니즘과 페미니스트를 어떻게 틀지었는지를 분석했는데, 이들은 페미니즘을 주변적인 것으로, 악마처럼 다루는 경향과 페미니스트를 '정상적 여성'과 다르다고 묘사하는 경향이 일관되게 나타남을 보여주었다.

여기서 제시한 대부분의 효과들은 아마도 미디어가 의식하지 못하는 편향성에서 비롯되었다고 보아야 할 것이다. 그러나 종종 의도적으로 현실을 정의하는 경우도 있다. '의사(擬似)사건'(*pseudo-events*)이란 용어는 주의를 끌거나 특별한 인상을 주기 위해 조작된 사건을 의미한다(Boorstin, 1961; McGinnis, 1969). 의사사건을 만드는 것은 현대의 선거캠페인에서 이제 친숙한 전략이지만, 더 중요한 것은 '사실' (실제 사건)에 대한 미디어 보도 중 많은 부분이 실제로 누군가의 이익에 유리한 (우호적) 인상을 형성하기 위해 계획된 사건으로 구성된다는 점이다. 사실 보도를 가장 잘 조작할 수 있는 주체는 강력한 힘을 가진 이들이다. 따라서 만약 편향성이라는 것이 존재한다면, 미디어 입장에서 볼 때 이는 의식하지 못하면서 발생하는 것이고, 오히려 그들의 '이미지'를 만들어 내려고 하는 사람들이 의식하면서 만들어 내는 것이라고 할 수 있다(Molotch & Lester, 1974).

위험을 알리는 커뮤니케이션

매스미디어의 중요한 기능 중 하나는 발생 가능한 위험을 공중에게 경고하는 것이다. 이러한 기능을 수행하는 과정에서 뉴스는 범죄와, 폭력, 재난, 죽음, 질병 등을 과잉 보도하게 된다. 특정한 순간에 위험을 알리는 미디어 보도는 단기적 공황상태를 유발하기도 한다. 위험을 알리는 미디어 효과와 관련해서는 다음과 같은 이슈가 제기되었다. 첫 번째는, 미디어는 현실에서 나타나는 것보다(통계적 차원에서 볼 때) 더 위험한 것으로 세상을 묘사하는 경향이 있다는 것이다. 미디어는 사망, 질병, 재난의 평범한 원인(자동차 사고, 가난, 기아)보다는 더 극적이고 희소성이 있는 재앙이나 참사(테러 사건, 비행기 사고, 지진 등)에 더 초점 맞추어 주목하는 경향이 있다. 이러한 경향은 공중이 위험의 진정한 성격을 오해하도록 만들 수 있다. 범죄보도 역시 유사한 패턴이 나타나는데, 실제로 발생하는 범죄사건과 비교해 볼 때 공중이 범죄의 피해자가 될 수 있다는 인식이 더 높다는 것을 일련의 연구들이 보여준다(예를 들어 Lowry et al., 2003; Romer et al., 2003).

두 번째는, 전문성 부족이나 사건의 불확실성으로 인해 언론이 과학적 혁신, 환경위협, 바이오 기술, 유전학 등과 관련한 위험을 공중에게 알리는 데 실패했다는 점이다(Priest, 2001). 세 번째는 경고를 하려는 모든 정보원의 정보와 주장을 전달하는 통로로만 미디어가 작동하고 이러한 위험에 대해서 미디어가 책임 지지 않는다는 점이다. 인터넷은 이러한 정보의 홍수를 이루고 있다. 하지만 미디어가 위험에 대한 책임을 지지 않기 때문에 공중 스스로 위험을 감수할 것인지 피할 것인지를 선택해야 하는 문제가 있다.

10 민주주의 과정에서 정치 커뮤니케이션 효과

한 사회의 정권이 어떤 성격을 가지고 있는지에 상관없이 매스 커뮤니케이션과 정치적 행위와는 밀접한 관계가 있었다. 전제적 혹은 권위적 사회에서는 통치 엘리트는 국민들이 순응하도록 만들고 반대자를 억압하기 위해 미디어를 통제했다. 민주주의 사회에서는 권력과 정치시스템과 관련하여 미디어가 복잡한 관계를 맺고 있다. 한편으로 미디어는 수용자에게 정보와 다양한 관점을 제공하는 것에서 그들의 존재이유를 찾고 있다. 이러한 서비스를 수행하기 위해서 미디어는 국가나 강력한 권력으로부터 독립적이어야 할 필요가 있다는 것이다. 또 한편으로 미디어는 국가나 권력기관이 국민들에게 접근할 수 있는 채널과 정당이나 이익집단의 견해를 제시할 수 있는 장을 제공한다. 또한 미디어는 정치적 관심도가 높은 공중들 가운데 뉴스와 의견의 유포를 활성화시킨다.

하지만 정치과정에서 이와 같은 미디어의 중립적 매개역할에 대한 관점은 정당을 대변하는 미디어나, 강력한 경제적 권력이나 이데올로기와 밀접하게 연계된 미디어의 출현으로 수정되어야만 한다. 국가의 이해관계를 위해 국가가 자유로워야 할 미디어에 영향력을 행사하는 가능성도 고려해야 한다. 이러한 상황은 러시아의 푸틴 정권, 이탈리아의 베를루스코니 정권에서의 정치와 언론 간의 관계에서 발견할 수 있다. 이러한 상황은 전 세계적으로 볼 때 독특한 것은 아니다.

이러한 상황을 배경으로 여기서 우리는 '효과'의 측면에서 정치 커뮤니케이션 양식의 특성을 간략히 정리해 볼 수 있다. 첫 번째로 경쟁하는 후보자와 정당이 미디어를 적극적으로 이용하는 정기적인 선거기간 중의 캠페인을 들 수 있다. 두 번째는 정치영역에서 정부와 정치 행위자들에 관련된 메시지를 전달하는 뉴스흐름에 대한 부분이다. 뉴스 관리나 PR이 개입하는 현상도 이 분야에서 다루어진다. 세 번째로는 정치 행위자들에 의해 만들어지는 정치광고분야가 있다. 특정한 이슈에 대한 *630

여론에 영향을 주기 위한 로비나 압력단체의 활동 역시 미디어를 활용하기도 한다.

　가장 많은 연구가 수행된 영역은 선거캠페인 분야로, 초기 연구는 미국의 경우 라자스펠드와 동료들(Lazarsfeld et al., 1944)이 1940년 대통령 선거를 배경으로 다양한 문제를 체계적으로 진단해 보려한 연구로 거슬러 올라갈 수 있다. 그 이후 수많은 민주적 선거가 연구대상이 되었고, 미디어 효과와 관련하여 몇몇 분야에서 일관된 결과를 전반적으로 보여주었다(Semetko, 2004). 선거캠페인은 집중적으로 단기간에 실시되기 때문에 유권자의 투표의향에는 큰 변화를 주지는 못하는 것으로 나타났다. 캠페인 전략가들은 미디어를 집중적으로 활용하지만 정치적으로 관심도가 낮은 유권자에게는 캠페인이 도달하지 못하는 제약이 있다는 것도 발견되었다. 선거결과를 좌지우지할 큰 영향력을 발휘하는 미디어 효과를 이야기할 만한 근거를 보여주는 사례는 드물었다. 미디어가 투표행동에 미치는 직접적 효과는 일반적으로 적었다. 비록 영향받을 가능성이 높아졌지만 사람들이 가진 기본적 정치적 태도를 변화시키기는 어렵다는 것도 일반적 연구결과이다. 한편 특정한 이슈에 대한 의견은 미디어에 의해 영향받을 가능성이 있고 상대적으로 무관심한 유권자들의 경우 미디어를 이용함으로써 이슈나 정책에 대한 입장을 학습할 수 있다는 연구결과도 보고되었다. 이러한 부분은 앞서 제시한 '의제설정' 과정을 반영하는 것이기도 하다. 학습효과는 의견변화로 연결되거나 현실에 대한 지각변화를 이끌기 위해 중요하다는 것도 지적되었다. 영국선거를 배경으로 한 노리스와 동료들(Norris et al., 1999)의 실험연구는 정당에 대한 입장이 담긴 방송뉴스가 유권자의 정당에 대한 태도를 단기간 동안 변화시키는 데 영향을 미칠 수 있다는 점을 보여주기도 했다.

　선거캠페인은 수용자의 동기에 따라 주목받을 수 있고 캠페인 효과는 기획자의 의도보다는 유권자 성향이나 동기에 따라 발생할 가능성이 높다. 블럼러와 맥퀘일(Blumler & McQuail, 1968)은 영국 선거를 배경으로 사전에 정보가 없고 특별한 정당 연계가 없는 유권자에게 선거캠페인이 전달될 수 있을 경우 효과를 발생할 수 있음을 보여주었다. 숀바흐와 라우프(Schoenbach & Lauf, 2002)는 이러한 효과를 마치 덫을 놓아 수용자를 잡는 것과 같은 효과(*trap effect*)라고 지적했다. 비록 다양한 미디어가 차별적인 영향력을 발휘할 가능성이 있기는 하지만, 연구결과를 보면 특정미디어에 내재된 속성이 더 큰 효과를 만들어 내는 것은 아닌 것으로 나타났다. 수용자의 성향이나 메시지 요인이 더 중요한 것으로 보인다(Norris & Sanders, 2003).

캠페인이 결정적인 효과를 발생시키지 못하는 데는 수용자의 선별적 주목이나 동기 차이 이외에도 많은 이유가 있다. 사실 유권자들에게 친숙한 이슈의 경우 변화를 야기할 여지가 별로 없기도 하고, 상대편의 공격 역시 특정후보를 위한 메시지가 가질 수 있는 효과를 감소시킨다. 또한 유권자간의 개인적 커뮤니케이션 역시 캠페인 효과의 상대적 중요성을 감소시키며, 캠페인에서 전달되는 내용에 본질적으로 새로운 것이 많지 않다는 것도 제약으로 작용한다. 미디어가 정당과 직접적으로 연계되지 않은 서구 민주주의 사회에서 미디어는 보도의 양과 질적 수준에서 서로 경쟁하는 후보자들에 균형을 맞추려는 경향이 있다(Norris et al., 1999; D'Alessio & Allen, 2000; Noin, 2001). 하지만 경쟁하는 한 편의 캠페인이 실패하거나 극적 사건이 캠페인의 균형을 깨뜨릴 경우 캠페인의 효과가 크게 발생할 수도 있다. 기득권을 가진 정당들은 현상을 유지하기 위한 방향으로 캠페인을 기획하는 경우가 많다.

선거환경과 재원 수준에 따라 각 정당과 후보자들은 다양한 커뮤니케이션 전략을 선택하는데, 이러한 선택과정에서 후보자가 현직에서 재선에 도전하는지의 여부 역시 중요한 변수이다. 후보자들은 그들에게 장점이 있는 특정이슈를 부각시키려 한다. 이 과정에 틀 짓기와 새로운 의제를 설정하는 문제가 개입되는 것이다. 후보자들은 이념적 측면을 부각시키려고 노력하기도 하는데 이 경우는 사실 선거의 승리를 담보하기에 위험요소가 따른다. 또한 후보자들은 정책이슈보다 자신에게 유리한 이미지, 스타일, 퍼스낼러티 등의 요인을 강조하기도 한다. 상대방의 약점을 공격하는 전략 역시 자주 이용되는데, 공격캠페인에 내재된 부정적 요인은 유권자의 참여동기를 감소시키기도 한다.

뉴스영역과 관련한 정치 커뮤니케이션의 문제는 특정한 사건과 이슈를 자신에게 유리하게 정의하도록 뉴스를 관리하는 데 있다. 모든 후보자들은 일상적 보도에서 그들 자신에게 긍정적 보도가 나올 수 있도록 스핀닥터라고 불리는 전문적 뉴스 관리자를 고용하고 있다. 스핀닥터의 역할이 얼마나 효율적인지를 측정하기란 사실 어렵다. 뉴스보도는 정보원으로부터의 독립성, 신뢰성, 정치선동으로부터의 분리 등을 전제로 하기 때문이다. 현실적으로 볼 때도 대부분의 민주사회에서는 주요 후보자들에게 동등한 미디어 접근권을 주며 특정집단이 뉴스를 지배하는 것을 방지하는 원칙이 있다.

반면 정치광고의 경우는 후보자의 경제적 재원에 의존하는데, 정치광고는 그 안 ✱632

에 담긴 선전의 속성 때문에 유권자에게 미칠 수 있는 효과가 제한적이다. 하지만 예측하지 못한 부수적 효과를 발생시킬 수도 있다. 반복적으로 제시되면서 나름대로 효과를 발생시킬 수도 있지만 아직까지 정치광고가 큰 영향력을 발휘할 수 있다는 명백한 근거는 제시되지 않았다(Goldstein & Freedman, 2002). 앞서 〈표 19. 3〉에서 정리한 것처럼 모든 정치적 목적을 가진 캠페인 역시 효과를 발생시키는 데 비슷한 장애요소가 있다. 텔레비전 정치광고는 상대방을 공격하는 부정적 요소가 많은데 이러한 메시지는 앞서 지적한 것처럼 유권자의 선별적 주목 등을 통해 효과가 발생할 가능성이 낮다.

1960년 케네디와 닉슨의 텔레비전 토론이 실시된 이후, 텔레비전 토론은 정치를 활성화시키고 지도자의 능력과 설득력을 평가할 수 있는 중요한 캠페인 이벤트로 주목받았다. 텔레비전 토론은 다양한 양식으로 발전되었다(Kraus & Davis, 1976). 텔레비전 토론에서의 후보자의 성공여부가 선거에서의 승패를 좌우할 수 있다는 주장이 제기되었지만, 실제 연구결과를 보면 텔레비전 토론이 선거결과에 극적 영향력을 행사하는 것은 아닌 것으로 나타났다. 유권자들은 텔레비전 토론을 통해 후보자에 대한 인식을 변화시키고 정책에 대해 학습하지만 대부분의 경우 유권자는 지지하는 후보에 대한 태도를 보강하는 측면으로 텔레비전 토론을 이용하는 것으로 연구자들은 지적한다. 재선을 추구하는 현직 후보자들은 텔레비전 토론에서 특별히 얻을 것이 없기 때문에 이를 피하는 경향이 있다.

지금까지 살펴 본 선거캠페인 과정에서의 매스 커뮤니케이션 효과와 현실에서 진행되는 캠페인의 중요성은 불일치하는 부분이 있다. 효과가 그렇게 크지 않다는 결과가 보고되는 가운데도 현실의 캠페인과 정치광고는 많은 비용을 들이면서 전문가들의 구체적 기획을 바탕으로 수행된다. 매스 커뮤니케이션이 선거의 결정적 승리를 이끌어 내는 데는 영향력이 제한적일 수 있지만, 캠페인을 하지 않거나 캠페인에 실패할 경우 이것이 선거의 승패에 미치는 영향력이 크기 때문이다. 훌륭한 캠페인을 하는 것보다 공중의 지지를 끌기 위해 화려하고 영리한 캠페인을 하는 것이 후보진영의 목적인 경우가 많다.

정치영역에서 볼 수 있듯이, 매스미디어가 여론형성의 주된 정보원이 되었기 때문에 사회제도가 매스미디어의 출현 이후 이에 적응하며 변화하였다. 매스미디어가 중심적 위치를 차지하면서 '미디어 논리'가 영향력을 발휘하는 새로운 현상이 발생하기 시작했다.

- 텔레비전 시청으로 인한 정치참여 시간의 감소
- 정치마케팅이 유권자의 신뢰와 선의에 미치는 부정적 효과
- 캠페인과 캠페인 보도에서의 부정적 내용의 증가
- 캠페인 비용의 증가, 관료화의 확대
- 다수 유권자에 도달할 수 있는 정당 자체가 가지고 있는 채널의 상실, 미디어 채널과 게이트키퍼에 대한 의존이 높아짐

정치제도에 '미디어 논리'가 영향력을 행사한 것은 다음과 같다(Mazzoleni, 1987). 유권자의 정치적 관심은 특정 지역이나 지방에서 국가 전체로 확장되었다. 정책보다 이미지나 후보자의 인성이 더 중요한 요인이 되었다. 면대면 정치캠페인은 감소하였다. 여론조사를 적극적으로 활용하며 이에 의존하게 되었다. 미디어의 게이트키퍼는 미디어에 접근할 수 있는 정치인을 선택함으로써 상대적 영향력이 커졌다. '의제를 설정'하는 주체는 언론인들이 되었다. 뿐만 아니라 스캔들에 휘말린 정치인에 대한 '미디어의 평가'는 대부분의 국가에서 이제 당연한 것으로 자리 잡게 되었다(Thompson, 2000; Rumber & Waisbord, 2004).

미디어 논리가 정치논리를 압도함으로써 선거과정에서 미디어는 유권자들이 이슈와 정책에 대해 학습할 기회를 제공하기보다는 흥미 위주의 '경마식 보도'에 더 초점을 맞추어 보도하기 시작했다(Graber, 1976b). 최근에는 정책제안이나 이와 관련된 주장보다는 캠페인전략에 집중하여 뉴스보도가 제공되는 경향도 발견되었다. 이러한 경향으로 인해 유권자의 정치적 냉소주의가 높아지고(Cappella & Jamieson, 1997) 유권자가 정보를 제공받지 못하는 결과가 발생한다고(Valentino et al., 2001) **634

연구자들은 지적한다. 선거캠페인 역시 전통적 정치과정을 벗어나 광고, 홍보, 마케팅과 유사하게 기술적이고 전문적으로 기획된 이벤트로 크게 변질되었다(Blumler & Gurevitch, 1995). 이러한 추세는 미국에서 시작되었는데 현재 전 세계적으로 확산되는 것으로 보인다(Swanson & Mancini, 1996; Bennett & Entman, 2001; Sussman & Galizio, 2003). '스핀닥터'의 출현은 정치 커뮤니케이션 발전과정에서 새로운 단계로의 전환을 의미하는데, 특히 매스미디어는 PR과 정치적 저널리즘 간의 상호작용을 반영하는 정보를 제공하는 변화를 보인다(Esser et al., 2000).

물론 항상 그렇듯이 미디어와 정치제도에 대한 연구를 하면서 사회의 광범위한 변화 가운데 미디어에 의해 야기된 변화를 구분하는 것은 쉽지 않다. 또한 어떠한 제도적 효과든 그 실질적 원인에 대해서는 논쟁의 여지가 많다. 카펠라(Cappella, 2002)는 미디어를 이러한 변화의 '원인'으로 취급하는 것에 대해 주의할 것을 지적한다. 미디어는 우월한 특정관점을 전파하고 반복하는 것으로 볼 수도 있다. 시각적 미디어가 가져 온 폐해와 정치 커뮤니케이션 과정의 쇠퇴에 대한 비판 역시 해석에 주의가 필요하다(Schulz, 1997). 민주적 과정을 지원하는 전통적 미디어는 여전히 잘 작동하기 때문이다(Norris, 2000).

'미디어화'라는 용어는 정치적 목적의 성공여부를 정치인이 미디어에서 어떻게 다루어지는지의 여부에 두는 현상과, 상징적 정치의 중요성이 커진 상황을 설명하기 위해 자주 인용된다(Kepplinger, 2002). 메이어(Meyer, 2002)는 이러한 과정을 정치 영역이 미디어에 종속된 상황으로 파악하기도 했다. 메이어는 다음과 같이 지적한다. "정치인은 미디어에 접근하여 미디어에 의해 그 자신이 다루어지는 것에 집착한다. 접근권을 얻을 수 있는 특정한 규칙을 숙지한다면 미디어를 통해 다루어지면서 공중에게 다가갈 기회를 얻게 된다고 생각한다." 정치인들은 미디어에 더 잘 노출되기 위해 그들 자신을 극화시키고 상징화시키면서 미디어 시스템의 논리에 굴복하게 되는 것이다. 비평가들은 이러한 과정 때문에 정치의 피상성이 높아지고 정치인들은 순수성을 상실하게 된다고 지적한다.

랭과 랭(Lang & Lang, 1981, 1983)은 중요한 사회적 사건의 결과를 야기하는 미디어 역할을 살펴보면서 워터게이트 사건과 닉슨 대통령의 하야 사례를 제시했다. 다른 연구자들(Kraus et al., 1975) 역시 '결정적 사건'이라 일컬어지는, 주로 선거와 사회의 중요한 다른 사건들과 미디어와의 관계를 살펴보았다. 매스미디어가 독립적으로 변화를 주도하는 경우는 매우 드물지만, 미디어는 서로 경쟁하는 이해관계가 있는 사건의 채널로 이용되며 경쟁의 장을 제공한다. 이 경우 영향을 미치는 주요 대상은 일반 수용자가 아니라 다른 조직적 이해집단, 엘리트, 영향력 있는 소수계층 등이다.

미디어는 수직적, 수평적 방향으로 커뮤니케이션 채널을 동시에 제공한다. 영향력은 주로 위에서 아래로 행사되지만, 정치인들은 종종 국가 전반의 분위기를 살피기 위해 미디어에 의존한다. 랭과 랭(Lang & Lang, 1983)은 미디어가 정치인들에게 '그들이 다른 유권자에게 어떻게 비춰지는지'를 보여준다고 지적했다. 방관자로서의 공중은 정치인들에게 중요한 준거집단이 되며, 이들 집단을 위하는 것처럼 정치인들이 행동한다는 것이다. 이는 정치적 제휴 구성과정의 한 부분이기도 하다.

미디어가 적극적이고 중요한 역할을 하는 사건의 경우, 미디어가 주요 행위자와 상호작용하고, 그 사건은 또한, 대중적이고 집합적 특징, 역사적 중요성을 갖는다. 주로 국제적 위기상황이 이러한 기준에 부합할 수 있으며, 베를린 장벽의 붕괴, 걸프와 구 유고슬라비아의 위기, 제 3세계 국가지원 등에서의 미디어의 역할은 우리가 이미 경험한 바 있다.

'CNN 효과'라는 용어는 국제적 개입과 관련하여 미디어가 외교정책에 영향을 주는 현상을 설명하기 위해 최근 많이 사용된다(Robinson, 2001). 비슷한 효과가 외국에 대한 원조 이슈에서도 발견된다(Van Belle, 2003). 이러한 용어는 새로운 글로벌 텔레비전 채널이 외국에서 발생한 사건을 자국정부와 직접적으로 연결시킬 수 있다는 생각에서 비롯되었다. 하지만 이와 같은 현상은 오래 전에도 전쟁참전을 결정하는 데 언론이 담당했던 역할에서도 발견할 수 있다(예를 들어 1899년 미국과 스페인 간의 갈등상황). 길보아(Gilboa, 2002)는 글로벌 커뮤니케이션은 다음과 같은 몇 가지 다른 역할을 수행할 수 있다고 보았다. 정책결정자의 역할을 대체하고, 실시간 행동을 제약하며, 미디어 개입을 활성화시키고, 외교정책의 수단으로 기능할 수 있다는 것이다. 글로벌 커뮤니케이션이 국제적 분쟁개입시 중요한 요인이 된다는 점은 의심의 여지가 없는 현실이다. 국내미디어와 비교해 볼 때 이와 같은 글로벌미디어는 통제하기가 어려운 것도 사실이다. 글로벌미디어가 국제적 분쟁을 야기했다는 결정적 근거는 지금까지 발견된 적이 없다(Robinson, 2001; Mermin, 1999). 리빙스턴과 베넷(Livingstone & Bennett, 2003)의 CNN 뉴스 내용분석 연구결과를 볼 때도 국제뉴스는 관리되기보다는 발생하는 사건 중심으로 보도된다는 점을 알 수 있다. 미디어는 속해 있는 자국의 정부 안에서 논의되는 사안을 반영하여 보도하는 경향이 있으며 또한 새롭게 문제를 제기하기보다는 의견균형을 맞추려는 경향이 있다(Bennett, 1990).

미디어는 특정 사건 결과에 영향을 미칠 수 있지만 그 방식은 다양하다. 2000년 박빙의 승부를 펼친 부시와 고어의 미국 대통령선거의 경우, 캠페인 과정에서 펼쳐진 논쟁의 틀을 미디어가 공화당의 부시가 유리한 방향으로 전개하면서 부시에 불리한 이슈에 대한 탐사보도에 소홀했던 것이 선거결과에 영향을 미쳤다는 연구결과가 보고된 바 있다(Jamieson & Waldman, 2003). 정치스캔들 역시 이와 관련하여 중요한 문제로 미디어가 스캔들 보도에 중요한 역할을 한다(Tumber & Waisbord, 2004). 톰슨(Thomson, 2000)은 정치스캔들을 '사적, 공적 영역을 함께 묶은 매개된 이벤트'라고 설명한다. 이러한 사건은 정치적 목적과 미디어의 목적에 부합되는 것으로 특정 스캔들이 어떻게 전개되는지는 종종 매스미디어에 의해 좌우되는 경향이 있다.

13 선전과 전쟁

조윗과 오도넬(Jowett & O'Donnell, 1999)은 선전을 '사람들의 지각을 형성하고, 인지를 조종하며, 기획자의 의향에 따른 행동을 이끌기 위한 의도적이고 체계적 시도'라고 정의한다. 선전이라는 용어는 일반적으로 부정적 의미를 함축한다. 주로 '우리 편'은 정보·근거·주장을 제공하는 반면, '적'들은 선전을 만들고 있다는 인식이 있다. 일반적으로 선전과 관련하여 떠오르는 상황은 국가간 대립이나 최근의 '테러와의 전쟁'과 같은 상황이다. 그러나 이 용어는 특정한 영향력을 달성하기 위해 계획된 모든 유형의 커뮤니케이션에 적용될 수 있다. 선전은 단순한 설득시도와 몇 가지 점에서 다르다. 선전은 사용하는 방법에서 위압적이고 공격적이다. 또한, 전적으로 거짓이 아닐지라도, 객관적이지 않으며 진실과의 관련성도 적다(하지만 때로 진실이 좋은 선전수단일 수도 있다). 선전은 흑백의 양축 선상에서, 즉 믿을 수 없고, 겁을 주고, 비도덕적인 '흑'과 부드럽고, 진실을 선택적으로 사용하는 '백' 사이에서 행해진다고 할 수 있다. 또한 선전은 목표로 하는 수용자들의 이익을 위한 것이 아니라 항상 선전자들의 이해관계를 위해 수행된다. 정보가 독점된 조건이나 인종적 갈등이 심각한 상황에서 사람들간의 적대감을 만들거나 사람들을 폭력적 행동에 동원하도록 미디어에 대한 통제가 가해진다. 20세기에도 이러한 사례를 쉽게 발견할 수 있는데 발칸전쟁이나(Price & Thomson, 2002) 르완다 사태에서(Des Gorges, 2002) 이러한 선전이 행해졌다.

매스미디어는 전시에 성공적 선전을 위해서 필수불가결한 것으로 여겨진다. 매스미디어는 개방사회에서 전체 공중에 접근 가능한 유일한 채널이고, 공중들로부터 신뢰받고 있다는 이점을 가지고 있기 때문이다. 전쟁은 그 자체로 뉴스가치가 있고 현재 진행되는 행위라는 뉴스속성을 지녔기 때문에 미디어가 주목하는 매우 중요한 사건이다. 또한 전쟁을 수행하는 측과 전쟁을 보도하려는 측의 협력 가능성도 있다. 하지만 이러한 전쟁보도 과정에서 미디어가 선전수단으로 이용되는 데 장애요소도 있다. 일반적으로 저널리스트들은, 선전의 목적으로 자신들이 이용되는 것에 대해 혐오감이 있다. 또한 성공적인 선전은 목표로 하는 수용자에게 의도한 메시지를 전달해야 하는데 매스미디어는 불특정 다수를 대상으로 한다는 점에서 매우 불확실한 선전수단일 수도 있다. 미국정부의 실패한 선전사례로 평가된 베트남 전쟁 이후, 서구의 영향권 아래에서 행해진 모든 군사행동은 효과적 선전을 중요하게 고려하였다. 포클랜드 전쟁, 1991년 페르시아 걸프 전쟁, 아랍과 이스라엘의 분쟁, 코소보, 아프가니스탄 사태, 이라크 전쟁과 수많은 소수민족 간의 전쟁에서, 정부당국자들은 군사정보의 흐름을 통제했다(Morrison & Tumber, 1988; Kenllner, 1992; Iyengar & Simon, 1997; Taylor, 1992; Smith, 1999; Thussu & Freedman, 2003; Tumber & Parler, 2004). 러시아도 1999년 체첸 전쟁에서 이와 같은 선전전략을 이용했다. 최근의 전쟁 이전에도 미국은 냉전 중 미국의 가치를 전파하기 위해 집중적 선전전략을 활용했다(Newman, 2003; Foestal, 2001).

위에서 제시한 전쟁사례의 경우, 자국과 주요 우방의 여론을 적어도 전쟁을 인정하는 방향으로 이끄는 데 유일하고 주요한 뉴스내용의 정보원으로서 정부당국자를 이용하는 선전전략은 성공적이었다. 이라크 전쟁 때는 언론사 통신원들의 취재를 통해 미국에 유리한 보도가 일방적으로 전달되기도 했다. 선전의 성공을 위해서는 언론을 말 잘 듣도록 유도하는 것(Dorman, 1997), 군사적 행동으로 생긴 애국심을 고조시키는 것(Zaller, 1997), 검열하는 것을 공중이 지지하도록 만드는 것, 반대되는 정보나, 사건에 대한 대안적 해석을 접할 수 없도록 물리적으로 분쟁지역과 자국 간의 거리를 두는 것 등이 중요하다고 지적되었다. 즉 성공적 선전을 위해서는 자국 국민들에게 정보와 이미지를 독점적으로 공급하여 전폭적 동의를 이끌어 내는 것이 필요하다고 할 수 있다. 대부분의 선전사례를 볼 때, 그동안 '적'으로 분류된 자들의 선전은 '자국'이나 국제사회에 도달하는 것이 어려웠다. 하지만 인터넷과 새로운 양식의 대안적 커뮤니케이션 채널이 등장함으로써 국제적 여론을 관리하는 것이 점점 더 어려워졌다. 이라크 전쟁의 경우, 전쟁이 진행되면서 정보흐름에 대한 통제가 어려워졌고 미국의 승리 이후 제기된 문제에 대한 점검요구에 선전효과가 감소되었다. 참전한 국가들의 내부여론이 전쟁초기와는 달리 전쟁을 반대하는 것으로 변화한 것을 볼 때 선전이 전쟁 후반부에는 성공적이지 못했음을 발견할 수 있다.

1999년 코소보 분쟁의 경우, 위에서 언급된 조건적 요소가 개입된 것을 볼 수 있다. 하지만, 유고슬라비아 시민들을 겨냥한 폭격의 도덕적, 법적 문제로 여론이 나누어진 가운데 나토 회원국은 그 어느 때보다 적극적 선전이 필요했다(Goff, 1999). 세르비아에 대한 공격 역시 이에 반대하는 집단의 선전에 미디어가 이용되면서 비슷한 경험을 보여주었다(Foestal, 2001). 매스미디어를 통해 선전을 하려 한 '서구' 사회의 어두운 측면이 밝혀졌다. 이라크 전쟁, 아프가니스탄 전쟁에서도 이를 정당화하려는 서구사회의 선전의 문제점이 지적되었다.

모든 것이 상황적 조건에 의존하기 때문에, 선전을 위한 유일무이한 공식은 존재하지 않는다는 교훈을 선전의 역사에서 얻을 수 있다. 독재국가의 통제 속에서 미디어가 기획된 선전수단으로 활용될 수 있다는 점도 역사 속에서 발견할 수 있다. 분명한 점은 선전이 성공하기 위해서는 대상 수용자에게 도달하고 또한 수용되어야 한다는 사실이다. 정보원의 명성, 대안적인 객관적 정보의 부재, 정보내용의 그럴듯함, 또한 당시 감정적·이데올로기적 분위기 등이 수용자가 선전을 받아들이는 데 개입하는 조건이 될 수 있다. 미디어를 이용하여 더욱더 공격적이고 목적이 불순한 선전을 수행하기란 어렵다. 선전의 특수한 성격을 고려해야 하지만, 커뮤니케이션의 효율성 차원에서 적용되는 일반적 원칙들은 선전에도 여전히 적용될 수 있다.

14 인터넷뉴스 효과

아직까지 새로운 인터넷의 잠재적 효과와 관련한 가설을 고민하는 단계이기는 하지만, 인터넷이 뉴스미디어로서 기능하기 시작하면서 집중적 주목을 받고 있다. 더욱 다양하고 개인적으로 적합한 뉴스를 제공받을 수 있다는 점, 글로벌 뉴스에 쉽게 접근할 수 있다는 점, 뉴스정보원에 우리가 직접 질문을 제기하고 상호작용을 통해 더 많은 정보를 학습할 수 있다는 점 등이 인터넷 뉴스 출현 이후 지적되었다. 간단히 말해 뉴스를 얻으려는 동기가 높은 사람들은 인터넷을 통해 더 좋은 정보를 더 빠르게 얻을 수 있다는 점을 많은 연구자들이 언급한다. 이러한 장점이 존재하고 인터넷을 적극적으로 활용하는 소수에게는 도움을 주는 측면이 있기도 하지만 지금까지의 연구결과를 보면 위와 같은 낙관적 전망이 실현되었다고 말하기 쉽지 않다. 아직까지 인터넷뉴스는 일부 시민들에 의해 제한적으로 이용되는 것이 현실이다. 그린버그(Greenberg, 2002)는 9·11 테러사태 이후 즉각적으로 인터넷을 통해 정보를 추구한 사람들은 많지 않았고, 한 달 후에 응답자의 22%만이 인터넷을 정보원으로 활용했다는 연구결과를 발표했다.

아직까지 수용자들이 인터넷을 통해 어떤 정보를 필요로 하는지 불확실하고(Tewkesbury, 2003), 인터넷 자체는 미디어로서 신뢰도가 그리 높지 않은 것으로 조사결과 나타났다(Schweiger, 2000; Metzger et al., 2003). 인터넷상에서 게시되는 뉴스는 신문이나 방송에서 순서대로 제공되는 뉴스와 비교해 볼 때 커뮤니케이션 차원에서는 효율성이 떨어질 수도 있다(Tewkesbury & Althaus, 2000).

쇼이펠레와 니스벳(Scheufele & Nisbet, 2002)은 현재단계에서 볼 때 인터넷이 시 *640

민의 식견 있는 참여를 활성화 시키는데 기여하는 역할은 아직까지 제한적이라고 결론내리고 있다. 일부 비평가들은 인터넷이 민주주의가 바탕으로 하는 공동의 지식기반과 공공영역을 파편화시킨다는 측면에서, 인터넷이 뉴스미디어로 부각되는 것에 대해 우려를 표명하기도 한다(Sunstein, 2001). 이러한 경향을 알타우스와 튜크스베리(Althaua & Tewkesbury, 2002)도 진단한 바 있다. 이들의 연구에서는 신문독자와 온라인 뉴스 이용자의 뉴스의제가 달랐는데, 신문독자는 더 폭 넓은 영역의 공적 사안에 대한 뉴스를 읽는 것으로 나타났다. 그럼에도 불구하고 인터넷은 새로운 목소리를 공적 영역에 등장시키는 데 활용되며(Stromer-Galley, 2002), 기존의 미디어는 공적 토론의 범위를 좁히는 역할을 하는 것으로 보인다.

15 소 결

제 17장부터 이어온 미디어 효과에 대한 논의에서 강조한 점은 미디어 효과의 성격이나 정도를 예측하고 인과관계를 설정하는 데는 많은 불확실성이 존재한다는 점이었다. 3개 장에 걸쳐 미디어 효과를 다양한 유형에 걸쳐 살펴보고 미디어 효과를 발생시키는 데 따르는 조건을 나누어 소개했다. 미디어 효과의 인과관계와 관련해서 단순한 설명을 하기 어렵다는 것을 이해하면 좋을 것 같다. 하지만 미디어 효과는 발생할 수 있고 사소한 사례에서도 몇 가지 중요한 규칙성을 발견할 수 있다는 점도 생각해 보면 좋겠다. 학습과 의견형성 분야의 경우, 과연 매스미디어 외에 어떤 다른 요인들이 영향력을 발휘할 수 있는지 그 요인을 집어내기 힘든 사례가 많이 발견된다. 이론을 발전시키고, 개념화와 모델구성을 정교화하는 가운데 이러한 미디어 효과의 근거를 찾아보는 노력은 지속될 것이다. 미디어 효과에 대한 우리의 관심은 사라지지 않을 것이다.

제 8 부

에필로그

20 매스 커뮤니케이션의 미래

20 매스 커뮤니케이션의 미래

　지난 100년 동안 공적 커뮤니케이션의 생산과 배포의 거의 모든 분야에서 엄청난 변화가 있었다. 어떤 사람은 우리가 경험한 변화는 인쇄술이 발명된 것과 맞먹을 정도로 혁명적인 것으로, 그 혁명적 변화의 대상은 우리가 매스 커뮤니케이션이라고 지칭한 것이라고 지적한다. 매스 커뮤니케이션은 마치 전제적인 비합리적 군주가 국가전체에 영향을 미치려고 하는 것처럼 사회전반에 영향력을 행사한다. 그리고 이러한 영향력은 자국뿐만 아니라 전 세계로 확산되었다.

　이와 같은 매스 커뮤니케이션의 본질적 속성에 대해서 사람들은 저항하게 되었다. 특히 독립성, 다양성, 개인성, 문화의 질적 수준, 진실 등의 가치를 중요하게 여기는 사람들과 전통적이고 지역적인 가치, 정체성 등을 존중하는 사람들은 매스 커뮤니케이션이 행사하는 권력에 도전하게 되었다. 20세기 동안 독재자의 권력을 공고히 하고 이견을 가진 사람들을 억압하며 선전을 이용해 진실을 대체한 것이 바로 매스 커뮤니케이션이었다. 수준 낮은 상업화된 문화의 침투를 가능하게 하여 사람들이 기존에 가진 문화와 정체성을 대체한 것 역시 매스 커뮤니케이션이었다. 또한 매스 커뮤니케이션은 글로벌 시장의 경제권력을 가진 집단이 우리의 사적 삶과 라이프스타일을 통제하도록 만들었다.

　하지만 이러한 주장은 한편으로 매우 과장된 측면이 있을 수 있다. 매스미디어는 우리의 삶에 기여한 부분도 있고 우리의 필요를 충족시킨 부분도 있다. 이와 관련해 오늘날 여전히 매스미디어가 건재한 이유에 대해서도 생각해 볼 필요가 있다. 매스미디어는 개인과 사회에 혜택을 주는 부분이 분명히 있다. 개인적 차원에서 볼 때, 매스미디어는 사람들이 저비용으로 오락과 여가를 즐기게 하며, 다양한 문제에 대한 적절하고 신뢰할 만한 기본적 정보를 이들에게 제공한다. 집합적 차원의 경우, 매스미디어는 사회구성원들이 그동안 집단이나 지역공동체의 연계과정에서 잃어버렸던 공통된 문화와 정보를 공유하게 한다. 문화와 지식의 전파과정에서 격차가 발생할 수 있지만, 일반적으로 볼 때 매스미디어는 상대적으로 평등한 접근을 보장하며 많은 사람들이 사회생활에 참여하는 데 도움을 주기도 한다. 물론 매스미디어를 통해 제공되는 정보와 문화의 질적 수준에는 일반적으로 문제가 있다고 이야기하지만, 그 수준은 높을 수도 있고 낮을 수도 있다. 무엇보다 중요한 점은, 그 장단점이 어떠한지의 여부와 관계없이, 정치와 경제 등 사회제도가 유지되는 데 이제 매스 커뮤니케이션은 없어서는 안 될 중요한 기관이 되었다는 사실이다.

1 다양한 관점

매스 커뮤니케이션의 미래는 독립적으로 작동하는 수많은 요인들을 고려하면서 논의되어야 할 것으로 보인다. 매스 커뮤니케이션은 그저 단순히 사라지거나 전적으로 새로운 무엇으로 대체될 수 없다. 이 장에서는 매스미디어의 생존과 변화에 영향을 미치는 중요한 요인들에 대해 간략히 설명하려 한다.

기술적 관점

우리는 새로운 혁명적인 커뮤니케이션 테크놀로지가 기존의 매스 커뮤니케이션이 가진 특성을 극복하기를 기대한다. 특히 중심으로부터 주변부로 전달되는 일방향적이고 위계적인 구조로, 수용자 반응을 고려하지 않은 채 제한된 범위에 전달되는 매스 커뮤니케이션의 한계를 극복하기를 기대한다. 거의 같은 내용을 대량으로 공급하는 방식으로는 더 이상 변화하는 수용자의 정보와 오락에 대한 욕구를 충족시키기 어렵다. 원칙적으로, 또는 실제적으로 이야기하더라도, 이제는 모든 사람이 스스로 콘텐츠를 생산해 낼 수 있는 환경으로 변화하게 되었다. 이제는 다양한 네트워크가 정보와 문화적 산물을 공급하고 교환하는 것이 가능해졌다. 또한 기존 언론의 편집통제나 공적 커뮤니케이션 흐름의 독점적 점유를 우회하여, 송신자인 동시에 수신자로서 커뮤니케이션에 참여할 수 있는 기회가 많아졌다.

커뮤니케이션 기술혁명의 역사를 생각해 볼 때, 우리는 기술적으로 무엇이 가능한지만을 놓고 미래를 예측하는 데 조심할 필요가 있다. 현재 발전하는 새로운 테크놀로지가 무엇을 할 수 있을지에 대해 이야기하기는 아직 이른 감이 있다. 하지만 공적 영역에 등장한 새로운 커뮤니케이션 테크놀로지를 활용하는 경험을 통해 잠정적으로 그 가능성을 이야기할 수는 있을 것 같다. 이러한 가능성에 대한 논의는 공적 커뮤니케이션의 이슈에 국한하여 제시하겠다.

무엇보다도 뉴미디어의 활용은 여전히 '올드미디어'의 경험을 토대로 형성되는 점은 분명한 것 같다. 특히 올드미디어의 이용과정에서 형성된 기대와 관습이 뉴미디어로 연결되는 것으로 보인다. 두 번째로, 뉴미디어는 '순수한 테크놀로지' 그 자체로서 사회에 제공되는 것이 아니라, 잠재적 수요가 있는 곳에서 특정한 목적을 위해 마련된 하드웨어나 소프트웨어 방식으로 상업적으로 활용되는 특징이 있다. 우리는 새로운 테크놀로지를 채택하고 기존의 것은 버리는 양자택일의 선택을 하고 있는 것이 아닌 것 같다. 새로운 테크놀로지는 전통적 미디어의 작동에 어느 순간 개입하고 기존의 커뮤니케이션 양식에 통합되는 경향이 있다. 새로운 테크놀로지의 확산은 초기에는 천천히 발생하다가 후에 가속이 붙고 최종적으로 다시 속도를 줄이는 정상적인 'S-커브'를 그리면서 진행되는 것 같다. 세계 각국은 새로운 테크놀로지의 확산단계를 놓고 볼 때 서로 다른 위치에 있는 것이 사실이지만, 이전 미디어 혁신의 확산단계와 비교하면 저개발 국가에서의 확산이 상대적으로 더딘 것으로 보인다.

이러한 현상은 새로운 커뮤니케이션 테크놀로지가 상대적으로 고비용과 전문적 기술을 필요로 하고 아직까지 이용자가 사용하면서 만족하기 어려운 측면이 있기 때문에 발생하는 것 같다. 지금까지의 경험을 토대로 볼 때, 새로운 테크놀로지가 가까운 미래에 기존의 매스 커뮤니케이션을 대체할 것 같지는 않다. 이와 같은 예측을 하는 데는 기술적 제약 외에 다른 이유도 있다. 기존의 미디어가 뉴미디어의 도전에 적극적으로 대응하고 효율적으로 적응한 것도 한 이유이다. 또한 한편으로 기존 매스미디어는 뉴미디어를 종속시켜 시너지 효과를 얻으면서 뉴미디어와의 경쟁을 비껴나가고 있다. 따라서 올드미디어와 뉴미디어와의 경계는 더 이상 명백하게 구분되기 어려운 측면이 있다.

수용자의 관점

'뉴미디어' 등장과는 별도로, 특히 텔레비전의 경우 채널수가 급증하고 콘텐츠 배포 수단이 많아지면서 대중수용자의 분화가 발생했다. 가족구성원의 변화와 함께 텔레비전 수신기를 다수 구입하기 시작하면서 혼자서 텔레비전을 시청하는 경우가 많아졌다. 이에 덧붙여 새로운 테크놀로지는 더 많은 시간 동안의 텔레비전 시청을 가능하게 만들었다. 음악과 라디오 방송은 언제 어디서든지 들을 수 있게 되었고 인터넷과 휴대전화를 통해서도 이러한 콘텐츠를 이용하게 되면서 수용자의 미디어 이용은 상황의 제약을 극복할 수 있게 되었다. 새로운 옥외전광판 등은 광고와 다양한 콘텐츠를 야외에서도 접할 수 있도록 만들었다.

이러한 환경에서 고정된 관람객이라는 의미로 많이 사용된 '수용자'라는 용어는 적절하지 않을 지도 모른다. 하지만 여전히 이러한 속성을 반영하는 미디어 이용은 계속된다. 가족구성원들이 모여 텔레비전을 시청하기도 하고 텔레비전 시청은 여전히 중요한 사회생활의 일부로 이를 통해 사회적 담론을 만들어 내기도 한다. 또한 신문, 시청각 미디어를 통해 많은 미디어생산물이 거대시장에서 다수의 수신자를 대상으로 유통된다. 미디어를 이용하여 스포츠, 문화, 정치와 관련한 대리경험을 공유하는 것도 지속되고 있다. 뉴미디어를 통해서 거의 무제한의 콘텐츠를 접할 수 있는 것이 현실이지만, 이러한 환경에서도 여전히 전통적 미디어가 수행해 온 논평과 게이트키핑 기능에 대한 요구는 늘어났다. 이러한 점을 볼 때 대규모 수용자는 강력한 일방향의 매스미디어가 만들어 냈다고 보기보다는 사회적 조건을 반영한 결과로 나타났다고 보는 것이 좋을 것 같다.

미디어 시장 관점

매스 커뮤니케이션 현상은 기술뿐만 아니라 경제산물이기도 하다. 왜냐하면 매스 커뮤니케이션은 새로운 시장을 만들어 냈고 광고판매를 통해 이윤창출 방식을 제공했기 때문이다. 경제성장과 소비의 다양화 과정 속에서 새로운 테크놀로지는 특화된 광고시장을 만들어냈다. 특히 뉴미디어는 기본적인 대중시장 가치를 보존하면서 새로운 가능성을 열었다. 인터넷은 광고산업이 이용할 수 있는 또 하나의 플랫폼으로 자리하면서 기존의 미디어시장 시스템에 통합되었다. 새로운 커뮤니케이션 테크놀로지가 기존의 테크놀로지를 쓸모없게 만들 것이라고 예측할 특별한 이유는 없는 것 같다. 다양화, 혁신, 경제성장, 사회변화에 기초하여 미디어영역의 경제적 가치가 지속적으로 높아지고 있다.

하지만 경제적 이윤추구가 중요하게 여겨지면서 특정한 새로운 커뮤니케이션 혁신은 실제로 잘 활용되지 못하는 것 같다. 상호작용적 커뮤니케이션 테크놀로지의 경우 경제적 이윤획득의 잠재성이 부족하기 때문에 적극적으로 활성화되지 않는 측면이 있다. 기존의 미디어산업이 그들의 '지적 소유권'을 보호하기 위해 적극적 방어를 하기 때문에 새로운 인터넷 서비스는 조만간 독립성을 잃고 수용자를 빼앗길 가능성도 있다.

정치적 관점

20세기는 매스 커뮤니케이션의 첫 번째 세기였을 뿐만 아니라 대중적 민주정치가 출현한 첫 번째 세기이기도 하다. 이 두 가지는 매우 밀접하게 연결되며 상호보완적 측면이 있다. 모든 정치체제에서 매스미디어의 발전은 중요하게 여겨졌고, 방송은 국가에 의해 만들어진 규정을 통해 정치적 역할을 수행하도록 조심스럽게 다루어졌다. 또한 기본적인 민주과정과 자유로운 선거가 진행되는데 매스미디어는 중요한 역할을 수행했다. 자유시장경제와 법률적으로 자유를 보장받는 조건 속에서 매스미디어는 공정한 방식으로 민주적 정치에 필요한 정보와 아이디어를 전달하는 역할을 한다. 유권자의 적극적인 정치참여와 정보적 목적의 매스미디어 이용은 밀접한 연관성이 있다.

최근 매스미디어가 정치를 하찮은 것으로 만들고 시민들이 그들의 의무를 다하지 않도록 만든다는 비판이 널리 제기되었다. 이는 미디어가 정치과정에 기여하는 것을 그들의 주요 임무로 보지 않는다는 점을 생각하게 한다. 또한 민주주의의 질적 수준을 높이기 위해서는 정치인뿐만 아니라 시민인 우리의 책임도 크다는 것을 상기하게 한다. 기대가 많음에도 불구하고 '뉴미디어'가 민주주의의 질적 수준을 향상시키는 데 기여하는 바가 아직까지 크지 않고 정치인과 시민들이 뉴미디어를 혁신적 방식으로 이용하지 않는다는 점도 생각해 볼 부분이다. 하지만 이러한 제약으로 인해 뉴미디어가 새로운 정치 커뮤니케이션 양식으로 중요하지 않다는 것은 아니다. 뉴미디어는 새로운 접근채널을 제공하기 시작했고 시민들이 다른 사람들과 접촉할 수 있는 새로운 길을 열었다. 하지만 시민들의 행동에 기초가 되는 중요한 정보를 전달하고 검증하며, 진정한 의미의 공적 속성을 가진 기존의 매스미디어를 뉴미디어가 대체할 수는 없다. 앞으로도 매스미디어가 존재하지 않는 민주적 정치과정은 기대하기 어려우며, 이러한 정치는 민주적이지 않다.

집합적, 사회적 관점

이제 매스미디어가 일상생활과 여가, 경제와 정치적 삶의 영역에서 기여하는 역할을 지적해 볼 수 있다. 공유하는 과거에 대한 집합적 기억, 예술, 오락, 스포츠, 관습, 언어 등 문화현상으로 나타나거나 표현되는 정체감으로 특정 사회는 특징될 수 있다. 한 사회에 광범위하게 퍼져 있는 구성원들이 한 사회 속에서 특정한 집단으로 구분되기도 한다. 다양한 위계체계와 네트워크 속에서 특정 개인은 유명하다고, 성공했다고, 부자라고 또는 존경받을 만하다고 인정받기도 한다. 복잡한 구조 속에서 개인 자신에 대한 정체감을 찾는 과정 등 위에서 제시한 모든 과정에서 우리는 매스미디어의 역할에 의존한다. 미래에 이러한 매스미디어의 역할이 변할 가능성도 있고 그대로 남을 수도 있을 것이다. 매스미디어 없이 위와 같은 과정이 어떻게 수행될지를 예측하기란 쉽지 않다. '뉴미디어'는 지금까지의 집합적인 사회적 삶의 본질을 대체하거나 훼손시키지는 않는 것 같다. 뉴미디어는 집합적인 사회적 삶을 더 다양하고 풍부하게 만들 것으로 보인다.

연속성과 변화에 대한 전망

현재 우리는 매스 커뮤니케이션의 진화와 함께 새롭게 변화하는 미래를 준비하고 있다. 미디어생산과 콘텐츠, 그 이용에서 '대중적' 속성은 지속될 것이고 뉴미디어와 올드미디어의 새로운 결합이 출현할 것으로 보인다. 또한 미디어 소비자가 선택할 수 있는 가능성은 확장되면서 새롭고 더 새로운 것이 등장할 것으로 예상된다. 매스미디어의 경제적 구조에 기본적 변화가 나타날 특별한 이유는 없는 것으로 보이기 때문에 소수가 미디어산업에 효율적인 권력을 행사하게 되고 이러한 권력은 민주적, 윤리적, 법적 측면에서 무책임하게 행사될 우려도 있다.

미디어와 정치권력 간의 관계도 역시 특별한 변화가 일어날 이유가 없는 것으로 보인다. 이 둘은 독립적이지만 국가가 특정한 문제를 결정하는 데는 의존적이 될 수 있다. 이러한 의존성은 정부의 강권에 의해 나타나는 것이 아니라 뉴스취재 과정 관행과 권력과 재력이 있는 정보원에 의존하는 관행에 의해 발생하게 된다. 특정 정치인은 매스미디어의 영향력을 두려워하여 매스미디어의 지나친 독립성을 문제삼기도 하지만, 전반적으로 볼 때 매스미디어는 사회적 통제를 받는다. 하지만 많은 소규모 미디어나 소수계층을 대변하는 미디어에 대해서는 이러한 우려를 하지 않는 경향이 있다.

매스 커뮤니케이션이 지속되기 때문에 미디어 제도의 기본적이고 규범적인 원칙에 맞지 않는 현상 역시 지속적으로 나타난다. 매스미디어가 의도적으로 문제를 만들지는 않는다고는 하지만 매스미디어와 관련한 다양한 문제가 발생한다. '현실'을 정의하고 진실을 전달하는 데 권력을 따라간다는 문제, 보다 넓은 세계에 관심을 갖지 못하는 민족주의에 기반한 무지, 소수자나 특정한 사회집단에 대해 부정적 고정관념을 전달하고 때로 이들을 다루지 않는 문제, 무책임하게 개인과 집단의 권리를 침해하는 공개적 보도를 남용하는 문제, '폭력적'이고 비교육적인 콘텐츠를 아동과 젊은 층에 끊임없이 확산시키는 문제 등은 여전히 지적된다. 이러한 문제는 물론 사회와 미디어를 이용하는 우리 자신들의 문제를 반영하는 것이기도 한다. 우리가 더 훌륭한 매스미디어를 만드는 것이 현실의 문제를 해결해 줄 수 있을지는 분명하지는 않다. 더 자유롭고 더 개인적인 커뮤니케이션 수단인 인터넷이 과연 이러한 문제를 해결할 수 있을지 확실하지 않은 가운데, 지금까지 우리가 발견한 점을 놓고 볼 때 그 미래는 아직까지 그렇게 긍정적인 것 같지 않다. 인터넷 콘텐츠의 많은 부분이 공격적이고, 외설적이며, 인종차별적이며 쓸모없는 것들이기 때문이다.

'매스 커뮤니케이션 시스템'이 매우 확고하고 역동적이며 영구히 발전하면서 변화한다는 점을 이 책 전반에서 소개했다. 새로운 콘텐츠 배포수단이 지속적으로 발전하고 새로운 콘텐츠 양식 역시 발전하고 있다. 신문과 전통적 의미의 텔레비전 이용이 줄어들면서 새로운 양식의 미디어 이용이 늘고 있다. 이동 중에도 이용할 수 있는 미디어가 발전하고 있으며 디지털화는 이전의 많은 기능을 변화시켰다. 글로벌화 역시 지속적으로 진행되며 영향력의 확산을 보여준다. 미디어산업에 의한 인터넷의 '식민지화'는 이제 막 시작되는 초기단계인 듯하다. 하지만 인터넷은 이미 중요한 광고 미디어로 자리 잡았다.

희망을 갖게 되는 배경

'뉴미디어'는 특별히 고정된 방식 없이 빠르게 진화하고 있다. 아직까지 뉴미디어의 정치적, 사회적 효과에 대한 낙관적, 비관적 전망이 실현되지는 않았다. 뉴미디어가 매스 커뮤니케이션이 행사하는 영향력을 대체하지도 않았다. 하지만 잠재성을 가진 중요한 혁신이 진행되고 있는 것은 사실이다. 뉴미디어는 매스미디어의 통제를 받지 않는 새로운 목소리에 채널을 제공하고 따라서 이 사회에 새로운 영향력을 발휘할 수 있다. 거대한 미디어의 게이트키핑 영향력을 감소시키면서 새로운 네트워크를 통해 공적 토론의 기초가 되는 사실과 의견을 제공함으로써 기존 매스미디어가 수행했던 역할과 비슷한 기능을 할 수 있다. 비록 아직까지 인터넷에 대한 일반적 신뢰도가 어느 정도인지는 의문의 여지가 있지만, 궁극적으로 인터넷 신뢰도는 이것을 이용하는 사람들에 의해 결정될 것이다.

기존미디어가 뉴미디어를 수용하는 데 성공적인 것으로 보이지만, 기존미디어는 새로운 커뮤니케이션 공간이 출현하는 것을 막을 수는 없다. 뉴미디어는 대안적 네트워크로 기능할 가능성이 높다. 뉴미디어는 그 본질상 체계성과 구조가 부족하고 기업적인 소유나 조직이 관여하는 데 저항하는 특징이 있다. 법적, 정치적, 상업적 차원에서의 통합과 통제를 위한 노력이 계속되지만 이와 같은 점은 뉴미디어의 기본적 특성이다. 뉴미디어가 제공하는 새로운 커뮤니케이션 공간은 매스미디어나 국가가 차지했던 공간과 겹치는 부분이 있다. 이러한 공간에서 커뮤니케이션 하는 사람들은 다양한 네트워크로 연결될 수 있다. 한편 소수집단 역시 이러한 새로운 네트워크를 통해 연결되어 적극적인 시민으로 참여할 수 있다. 사회의 커뮤니케이션 현상을 설명하기 위해 제 1장에서 소개한 피라미드 구조는 새롭게 출현하는 커뮤니케이션 네트워크를 설명하기에는 적합하지 않은 것 같다. 매스 커뮤니케이션에 의해 만들어지는 주류의 합의된 사회적 공간과 뉴미디어를 통해 즉각적으로 형성되는 대안적 공간 간에는 명백한 위계적 관계를 이야기할 수 없다.

이 책을 마치면서 비관적이지 않으면서 현실적 결론을 내리려고 한다. 진실성, 정당성, 인간에 도움을 주는 모든 것, 미를 추구하는 것 등의 기준으로 볼 때 우리는 올드미디어나 뉴미디어 모두에서 많은 장점을 찾을 수 있고 그러한 장점을 경험하고 있다. 이러한 장점은 다른 측면과 비교하여 양적으로 비교될 수 없고 비교될 필요도 없는 것 같다. 미디어 비평과 교육을 통해, 미디어의 윤리와 규범적 이슈와 관련한 논의를 통해, 미디어가 긍정적으로 변화해야 한다는 사회적 압력은 점차 늘고 있다. '뉴미디어'의 출현은 이러한 압력에 새로운 자극이 되고, 변화를 위한 동력을 제공하기도 한다. 실현되지 않은 뉴미디어의 잠재성에 대해서 다시 한번 생각해 보아야 할 것이다. 매스 커뮤니케이션이 지속되고 있다는 결론을 내리기는 했지만, 새로운 가능성 역시 점진적으로 확장되고 있다는 점을 상기해야 할 것이다.

Adorno, T. and Horkheimer, M. (1972), "The culture industry : enlightenment as mass deception", in *The Dialectic of Enlightenment*. New York : Herder and Herder.

Alali, A. O. and Eke, K. K. (eds.) (1991), *Media Coverage of Television*. Newbury Park, CA : Sage.

Alasluutari, R. (1992), "'I'm ashamed to admit it but I have watched Dallas' : the moral hierarchy of television programmes", *Media, Culture and Society*, 14(1) : 561~82.

_____(ed.) (1999a), *Rethinking the Media Audience*, London : Sage.

Alberoni, F. (1972), "The 'powerless elite' : theory and sociological research on the phenomenon of the stars", in D. McQuail (ed.), *Sociology of Mass Communication*, pp. 75~98. Harmondsworth : Penguin.

Allen, R. C. (ed.) (1987), *Channels of Discourse*, London : Allen and Unwin.

_____(1989), "'Soap opera', audiences and the limits of genre", in F. Seiter et al. (eds.), *Remote Control*, pp. 4~55, London : Routledge.

Allor, M. (1988), "Relocating the site of the audience", *Critical Studies in Mass Communication*, 5(3) : 217~33.

Althaus, S. (2003), "When news norms collide, follow the lead : new evidence for press independence", *Political Communication*, 20(4) : 381~414.

_____ and Tewsesbury (2000), "Patterns of Internet and traditional news media use in a networked community", *Political Communication*, 17(1) : 21~45.

_____(2002), "Agenda-setting and the 'New News' : patterns of issue importance among readers of the paper and online versions of the NYT", *Communication Research*, 29(2) : 180~207.

Altheide, D. L. (1974), *Creating Reality*, Beverly Hills, CA : Sage.

_____(1985), *Media Power*, Beverly Hills, CA : Sage.

_____ and Snow, R. P. (1991), *Media Worlds in the Postjournalism Era*, New York : Aldine/de Gruyter.

_____ and Snow, R. P. (1979), *Media Logic*. Beverly Hills, CA : London : Sage.

Althusser, L. (1971), "Ideology and ideological state apparatuses", in *Lenin and Philosophy and Other Essays*, London : New Left Books.

Altschull, J. H. (1984), *Agents of Power : the Role of the News Media in Human Affairs*, New York: Longman.

American Behavioral Scientist (2003), 46(12): Special issues on media bias.

Anderson, A. (2003), "Environmental activism and the news media" in S. Cottle(ed.), *News, Public Relations and Power*, pp. 117~132, London: Sage.

Anderson, B. (1983), *Imagined Communities*, London: Verso.

Anderson, J., Collins, P. A, Schmitt, R. S. and Jacobowitz, R. S. (1996), "Stressful life events and television viewing", *Communication Research*, 23(2): 243~260.

Andersson, M. and Jansson, A. (1998), "Media use and the progressive cultural lifestyle", *Nordicom Review*, 19(2): 63~77.

Andrew, D. (1984), *Concepts in Film Theory*, New York: Oxford University Press.

Ang, I. (1985), *Watching "Dallas" : Soap Opera and the Melodramatic Imagination*, London: Methuen.

_____(1991), *Desperately Seeking the Audience*, London: Routledge.

_____ and Hermes, J. (1991), "Gender and/in media consumption", in J. Curran and M. Gurevitch(eds.), *Media and Society*, pp. 307~328, London: Edward Arnold.

Asp, K. (1981), "Mass media as molders of opinion and suppliers of information", in C. G. Wilhoit and H. de Back(eds.), *Mass Communication Review Yearbook*, Vol. 2, pp. 332~354, Beverly Hills, CA: Sage.

Atkinson, D. and Raboy, M. (eds.) (1997), *Public Service Broadcasting : the Challenges of the Twenty-first Century*, Paris: UNESCO.

Austin, P. J. (1992), "Television that talks back : an experimental validation of a PSI scale", *Journal of Broadcasting and Electronic Media*, 36(1): 173~181.

Avery, R. (1979), "Adolescents use of the mass media", *American Behavioral Scientist*, 23: 53~70.

Babrow, A. S. (1988), "Theory and method in research on audience motives", *Journal of Broadcasting and Electronic Media*, 32(4): 471-87.

Baehr, H. (1996), *Women in Television*, London: University of Westminster Press.

Baerns, B. (1987), "Journalism versus public relations in the Federal Republic of Germany", in D. L. Paletz(ed.), *Political Communication Research*, pp. 88~107, Norwood, NJ: Ablex.

Bagdikian, B. (1988), *The Media Monopoly*, Boston, MA: Beacon.

Bailyn, L. (1959), "Mass media and children: a study of exposure habits and cognitive effects", *Psychological Monographs*, 73: 1~48.

Baker, C. E. (1994), *Advertising and a Democratic Press*, Princeton, NJ: Princeton University Press.

Baker, R. K. and Ball, S. (eds.) (1969), *Violence and the Media*, Washington DC: GPO.

Bakker, P. (2002), "Free daily newspapers-business models and strategies", *International journal on Media Management*, 4(3): 180~187.

Ball-Rokeach, S. J. (1985), "The origins of individual media-system dependency", *Communication Research*, 12(4): 485~510.

_____ (1998), "A theory of media power and a theory of media use: different stories, questions and ways of thinking", *Mass Communication and Society*, 1(2): 1~40.

_____ (2001), "The politics of studying media violence: reflections 30 years after the Violence Commission", *Mass Communication and Society*, 4(1): 3~18.

_____ and DeFleur, M. L. (1976), "A dependency model of mass media effects", *Communication Research*, 3: 3~21.

Bandura, A. (1986), *Social Foundations of Thought and Actions: A Social Cognitive Theory*, Englewood Cliffs, NJ: Prentice-Hall.

_____ (2002), "Social cognitive theory of mass communication", in J. Bryant and D. Zillman (eds), *Media Effects: Advances in Theory and Research*, 2nd ed., pp. 121~154. Hillsdale, NJ: Erlbaum.

Bantz, C. R. (1985), "News organizations: conflict as crafted cultural norm", *Communication*, 8: 225~244.

_____, McCorkle, S. and Baade, R. C. (1980), "The news factory", *Communication Research*, 7(1): 45~68.

Bardoel, J. (1996), "Beyond journalism: a profession between information society and civil society", *European Journal of Communication*, 11(3): 283~302.

_____ (2002), "The Internet, journalism and communication policies", *Gazette*, 65(1): 501~511.

Barker, M. (2003), "Assessing the 'quality' in qualitative research", *European Journal of Communication*, 18(3): 315~335.

Barnes, B. E. and Thomson, L. M. (1994), "Power to the people (meter): audience measurement technology and media specialization", in J. S. Ettema and D. C. Whitney (eds.), *Audience-making: How the Media Create the Audience*, pp. 75~94. Thousand Oaks, CA: Sage.

Barthes, R. (1967), *Elements of Semiology*, London: Jonathan Cape.

_____ (1972), *Mythologies*, London: Jonathan Cape.

_____ (1977), *Image, Music, Text: Essays*, selected and translated by Stephen Heath, London: Fontana.

Barwise, T. P. and Ehrenberg, A. S. C. (1988), *Television and its Audience*, Newbury Park, CA: Sage.

Bass, A. Z. (1969), "Refining the gatekeeper concept", *Journalism Quarterly*, 46: 69~72.

Baudrillard, J. (1983), *Simulations*. New York: Semiotext.

Bauer, R. A. (1958), "The communicator and the audience", *Journal of Conflict Resolution*, 2(1): 67~77. Also in L. A. Dexter and D. M. White (eds.),, *People, Society and Mass Communication*, pp. 125~39. New York: Free Press.

Bauer, R. A. (1964), "The obstinate audience", *American Psychologist*, 19: 319~28.

_____ and Bauer, A. (1960), "America, mass society and mass media", *Journal of Social Issues*, 10(3): 366.

Bauman, Z. (1972), "A note on mass culture: on infrastructure", in D. McQuail (ed.), *Sociology of Mass Communication*, pp. 61~74. Harmondsworth: Penguin.

Bayrn, N. K. (2002), "Interpersonal life online", in L. A. Lievrouw and S. Livingstone (eds.), *The Handbook of New Media*, pp. 62~76. London: Sage.

Becker, L. (1982), "The mass media and citizen assessment of issue importance", in D. C. Whitney et al. (eds.), *Mass Communication Review Yearbook*, Vol. 3, pp. 521~536. Beverly Hills, CA: Sage.

Behr, R. L. and Iyengar, S. (1985), "TV news, real world cues and changes in the public agenda", *Public Opinion Quarterly*, 49 (1): 38~57.

Bell, A. (1991), *The Language of News Media*, Oxford: Blackwell.

Bell, D. (1973), *The Coming of Post-Industrial Society*, New York: Basic Books.

Beniger, J. R. (1986), *The Control Revolution*, Cambridge, MA: Harvard University Press.

_____ (1987), "Personalization of mass media and the growth of pseudo-community", *Communication Research*, 14 (3): 352~371.

Benjamin, W. (1977), "The work of art in an age of mechanical reproduction", in J. Curran et al. (eds.), *Mass Communication and Society*, pp. 384~408, London: Edward Arnold.

Bennett, L. W. and Entman, R. M. (eds), (2000), *Mediated Politics*, Cambridge: Cambridge University Press.

Bennett, W. L. (1990), "Towards a theory of press-state relations in the US", *Journal of Communication*, 40 (2): 103~25.

Benthall, J. (1993), *Disasters, Relief and the Media*, London: I. B. Taurus.

Bentivegan, S. (2002), "Politics and the new media", in L. A. Lievrouw and S. Livingstone (eds.), *The Handbook of New Media*, pp. 50~61. London: Sage.

Berelson, B. (1949), "What missing the newspaper means", in P. F. Lazarsfeld and F. M. Stanton (eds.), *Communication Research 1948~9*, pp. 111~129, New York: Duell, Sloan and Pearce.

_____ (1952), *Content Analysis in Communication Research*, Glencoe, IL: Free Press.

_____ (1959), "The state of communication research", *Public Opinion Quarterly*, 23 (1): 16.

Berger, A. A. (1992), *Popular Genres*. Newbury Park, CA: Sage.

Berger, C. R. and Chaffee, S. H. (1987), "The study of communication as a science", in C. R. Berger and S. H. Chaffee (eds.), *Handbook of Communication Science*, pp. 15~19. Beverly Hills, CA: Sage.

Berger, P. and Luckmann, T. (1967), *The Social Construction of Reality*, Garden City, NJ: Anchor.

Berkowitz, D. (1990), "Refining the gatekeeping concept for local television news", *Journal of Broadcasting and Electronic Media*, 34 (1): 55~68.

_____ (1992), "Non-routine and news work", *Journal of Communication*, 42 (1): 82~94.

_____ (1984), "Some effects of thoughts on anti-and prosocial influence of media events: a cognitive neoassociationistic analysis", *Psychological Bulletin*, 95 (3): 410~427.

Biltereyst, D. (1991), "Resisting American hegemony: a comparative analysis of the reception of domestic and US fiction", *European Journal of Communication*, 6(4): 469~497.

_____(1992), "Language and culture as ultimate barriers?", *European Journal of Communication*, 7(4): 517~540.

_____(1995), "Qualitative audience research and transnational media effects: a new paradigm", *European Journal of Communication*, 10(2): 245~270.

Biocca, F. A. (1988a), "The breakdown of the canonical audience", in J. Anderson(ed.), *Communication Yearbook 11*, pp. 127~132. Newbury Park, CA: Sage.

_____(1988b), "Opposing conceptions of the audience", in J. Anderson(ed.), *Communication Yearbook 11*, pp. 51~80. Newbury Park, CA: Sage Publications.

Bird, S. E. (1998), "An audience perspective on the tabloidisation of news", *The Public*, 5(3): 33~50.

_____ and Dardenne, R. W. (1988), "Myth, chronicle and story", in J. W. Carey(ed.), *Media, Myths and Narratives: Television and the Press*, pp. 67~86, Beverly Hills, CA: Sage.

Blanchard, M. A. (1977), "The Hutchins Commission, the Press and the Responsibility Concept", *Journalism Monographs*, 49.

_____(1986), *Exporting the First Amendment: The Press-Government Crusade of 1945~1952*, New York: Longman.

Blau, P. and Scott, W. (1963), *Formal Organizations*, London: Routledge and Kegan Paul.

Blumer, H. (1933), *Movies and Conduct*, New York: Macmillan.

_____(1939), "The mass, the public and public opinion", in A. M. Lee(ed.), *New Outlines of the Principles of Sociology*, New York: Barnes and Noble.

Blumer, H. (1969), *Symbolic Interactionism*, New York: Prentice Hall.

_____ and Hauser, P. M. (1933), *Movies, Delinquency and Crime*, New York: Macmillan.

Blumler, J. G. (1985), "The social character of media gratifications, in K. E. Rosengren et al. (eds.), *Media Gratification Research: Current Perspectives*, pp. 41~59, Beverly Hills, CA: Sage Publications.

Blumler, J. G. (ed.) (1992), *Television and the Public Interest*, London: Sage.

_____(1998), "Wrestling with public interest in organized communications", in K. Brants, J. Hermes and L. van Zoonen(eds.), *The Media in Question*, pp. 51~63. London: Sage.

_____ and Gurevitch, M. (1995), *The Crisis of Public Communication*, London: Routledge.

Blumler, J. G. and Katz, E. (eds.) (1974), *The Uses of Mass Communications*, Beverly Hills, CA: Sage.

Blumler, J. G. and Kavanagh, D. (1999), "The third age of political communication: influences and fears", *Political Communication*, 16(3): 209~230.

Blumler, J. G. and McQuail, D. (1968), *Television in Politics: Its Uses and Influence*, London: Faber.

Boczkowski, P. J. (2002), "The development and use of online newspapers", in L. A. Lievrouw and S. Livingstone (eds.), *The Handbook of New Media*, pp. 270~286. London: Sage.

_____(2004), *Digitizing the News*, Cambridge, MA: MIT Press.

Bogart, L. (1979), *Press and Public*, Hillsdale, NJ: Erlbaum.

_____(1995), *Commercial Culture*, New York: Oxford University Press.

_____(2004), "Reflections on content quality in newspapers", *Newspaper Research Journal*, 25(1): 40~53.

Boorman, J. (1987), *Money into Light*, London: Faber.

Boorstin, D. (1961), *The Image: A Guide to Pseudo-Events in America*, New York: Atheneum.

Bordewijk, J.L and van Kaam, B. (1986), "Towards a new classification of tele-information services", *Intermedia* 14(1): 1621. Originally published in *Allocutie*, Baarn: Bosch and Keuning, 1982.

Bourdieu, P. (1986), *Distinction: A Social Critique of the Judgement of Taste*, London: Routledge.

Boyd-Barrett, O. (1980), *The International News Agencies*, London: Constable.

_____(2001), "National and international news agencies", *Gazette*, 62(1): 5-18.

_____ and Rantanen, T. (eds.) (1998), *The Globalization of News*, London: Sage.

Braman, S. (2004), "Technology", in J.D.H. Downing, D. McQuail, P. Schlesinger and E. Wartella (eds.), *The Sage Handbook of Media Studies*, pp. 123~144. Thousand Oaks, CA: Sage.

Braman, S. and Roberts, S. (2003), "Advantage ISP: terms of service as media law", *New Media and Society*, 5(4): 522~548.

Bramson, L. (1961), *The Political Context of Sociology*, Princeton, NJ: Princeton University Press.

Brants, K. (1998), "Who's afraid of infotainment?", *European Journal of Communication*, 13(3): 315 ~336.

_____ and Siune, K. (1998), "Politicisation in decline", in D. McQuail and K. Siune (eds.), *Media Policy*, pp. 128~143. London: Sage.

Breed, W. (1955), "Social control in the newsroom: a functional analysis", *Social Forces*, 33: 326~ 355.

_____(1956), "Analysing news: some questions for research", *Journalism Quarterly*, 33: 467~ 477.

Brodasson, T. (1994), "The sacred side of professional journalism", *European Journal of Communication*, 9(3): 227~248.

Brown, J.R. (ed.) (1976), *Children and Television*, London: Collier-Macmillan.

_____ and Linné, O. (1976), "The family as a mediator of televisions effects", in J.R. Brown (ed.), *Children and Television*, pp. 184~198. London: Collier-Macmillan.

Brunsdon, C. (2000), *The Feminist, the Housewife and the Soap Opera*, Oxford: Oxford University Press.

Bryant, J. and Miron, D. (2002), "Entertainment as media effect", in J. Bryant and D. Zillman (eds.), *Media Effects: Advances in Theory and Research*, 2nd ed., pp. 54~82. Hillsdale, NJ: Erlbaum.

_____(2003), "The appeal and impact of media sex and violence", in A.N. Valdivia (ed.), *A Companion to Media Studies*, pp. 437~460. Oxford: Blackwell.

Bryant, J. and Zillman, D. (eds.) (1986), *Perspectives on Media Effects*, Hillsdale, NJ: Laurence

Erlbaum.

_____(eds.) (2002), *Media Effects: Advances in Theory and Research*, 2nd ed., Hillsdale, NJ: Erlbaum.

Buckingham, D. (2002), "The electronic generation? Children and new media" in L. Lievrouw and S. Livingstone (eds.), *The Handbook of New Media*, pp. 77~89. London: Sage.

Bucy, E. P. (2003), "Media credibility between on-air and online news", *Journalism and Mass Communication Quarterly*, 80(2): 274~284.

Burgelin, O. (1972), "Structural analysis and mass communication", in D. McQuail (ed.), *Sociology of Mass Communications*, pp. 313~328. Hamondsworth: Penguin.

Burgelman, J. C. (2000), "Regulating access in the information society: the need for rethinking public and universal service", *New Media and Society*, 2(1): 51~66.

Burnett, R. (1990), *Concentration and Diversity in the International Phonogram Industry*, Gothenburg: University of Gothenburg.

_____(1996), *The Global Jukebox*, London: Routledge.

Burns, T. (1969), "Public service and private world", in P. Halmos (ed.), *The Sociology of Mass Media Communicators*, pp. 53~73. Keele: University of Keek.

Burns, T. (1977), *The BBC: Public Institution and Private World*, London: Macmillan.

Calvert, C. (1997), "Free speech and its harms: a communication theory perspective", *Journal of Communication*, 47(1): 1~19.

Canary, D. J. and Spitzberg, R. H. (1993), "Loneliness and media gratifications", *Communication Research*, 20(6): 800~821.

Cantor, M. (1971), *The Hollywood Television Producers*, New York: Basic Books.

_____(1994), "The role of the audience in the production of culture", in J. S. Ettema and D. C. Whitney (eds.), *Audiencemaking*, pp. 159~170. Thousand Oaks, CA: Sage.

Cantor, J. (2002), "Fright reactions to mass media" in J. Bryant and D. Zillmann (eds.), *Media Effects*, pp. 287~306, Mahwah, NJ: Erlbaum.

Cantril, H., Gaudet, H. and Hertzog, H. (1940), *The Invasion from Mars*, Princeton, NJ: Princeton University Press.

Cappella, J. N. (2002), "Cynicism and social trust in the new media environment", *Journal of Communication*, 52(1): 229~241.

_____ and Jamieson, K. H. (1997), *The Spiral of Cynicism: the Press and the Public Good*, New York: Oxford University Press.

Carey, J. (1969), "The communication revolution and the professional communicator", in P. Halmos (ed.), *The Sociology of Mass Media Communicators*, pp. 23~38, Keele: University of Keele.

_____(1975), "A cultural approach to communication", *Communication*, 2: 1~22.

_____(1988), *Communication as Culture*. Boston, MA: Unwin Hyman.

_____(1998), "Marshall McLuhan: Genealogy and Legacy", *Canadian Journal of Communication*, 23: 293-306.

_____ (1999), "Lawyers, voyeurs and vigilantes", *Media Studies Journal*, Spring/summer: 16~22.

_____ (2003), "New media and TV viewing behaviour", *NHK Broadcasting Studies*, 2: 45~63.

Carlsson, U. (2003), "The rise and fall of NWICO", *Nordicom Review*, 24(2): 31-67.

_____ and von Feilitzen, C. (eds.) (1998), *Children, Media and Violence*, Goteborg: Unesco.

Castells, M. (1996), *The Information Age*, Vol. I: *The Rise of the Network Society*, Oxford: Blackwell.

_____ (2001), *The Internet Galaxy*, Oxford: Oxford University Press.

Chaffee, S. H. (1975), "The diffusion of political information", in S. H. Chaffee(ed.), *Political Communication*, pp. 85~128. Beverly Hills, CA: Sage.

_____ (1981), "Mass media effects: new research perspectives", in C. G. Wilhoit and H. de Back(eds.), *Mass Communication Review Yearbook*, vol. 2, pp. 77~108. Beverly Hills CA: Sage.

Chaffee, S. H. and Hochheimer, J. L. (1982), "The beginnings of political communication research in the US: origins of the limited effects model", in E. M. Rogers and F. Balle(eds.), *The Media Revolution in America and Europe*, pp. 263~283. Norwood, NJ: Ablex.

_____ and Roser, C. (1986), "Involvement and the consistency of knowledge, attitudes and behavior", *Communication Research*, 3: 373~399.

Chalaby, J. (2001), "New media, new freedoms, new threats", *Gazette*, 62(1): 19~29.

_____ (2003), "Television for a new global order", *Gazette*, 65(6): 457~472.

Chan-Olmstead, P. and Chang, B.-H. (2003), "Diversification strategy of global media conglomerates", *Journal of Media Economics*, 16(4): 213~233.

Chibnall, S. (1977), *Law and Order News*, London: Tavistock.

Christians, C. (1993), *Good News: Social Ethics and the Press*, New York: Oxford University Press.

Clark, T. N. (ed.) (1969), *On Communication and Social Influence*, Collected essays of Gabriel Tarde. Chicago: Chicago University Press.

Clauson, R. A. and Trice, R. (2001), "Poverty as we know it: media 'portrayals' of the poor", *Public Opinion Quarterly*, 64: 53~64.

Clausse, R. (1968), "The mass public at grips with mass communication", *International Social Science Journal*, 20(4): 625~643.

Cohen, A. (2001), "Between content and cognition: on the impossibility of television news", in K. Renckstorf, D. McQuail and N. Jankowski(eds.), *Television News Research: Recent European Approaches and Findings*, pp. 185~198, Berlin: Quintessence.

Cohen, B. (1963), *The Press and Foreign Policy*, Princeton, NJ: Princeton University Press.

Cohen, E. L. (2002), "Online journalism as market-driven journalism", *Journal of Broadcasting and Electronic Media*, 46(4): 532~548.

Cohen, J. (2001), "Defining identification: a theoretical look at the identification of audiences with media characters", *Mass Communication and Society*, 4(3): 245~264.

Cohen, S. (1972), *Folk Devils and Moral Panics*, London: McGibban and Kee.

_____ and Young, J. (eds.) (1973), *The Manufacture of Network*, London: Constable.

Coleman, S. (1999), "The new media and democratic politics", *New Media and Society*, 1(1): 67~ 74.

_____ (ed.) (2000), *Televised Election Debates: International Perspectives*, New York: St Martin's.

_____ (2001), "The transformation of citizenship" in B. Axford and R. Huggins(eds.), *New Media and Politics*, pp. 109~126, London: Sage.

Comstock, G. (ed.) (1988), *Public Communication and Behaviour*, New York: Academic Press.

Comstock, G., Chaffee, S., Katzman, N., McCombs, M. and Roberts, D. (1978), *Television and Human Behaviour*, New York: Columbia University Press.

Connell, I. (1998), "Mistaken identities: tabloid and broadsheet news discourses", *The Public*, 5(3): 11~31.

Conway, J.C. and Rubin, A.M. (1991), "Psychological predictors of television viewing motivation", *Communication Research*, 18(4): 443~63.

Cooper, E. and Jahoda, M. (1947), "The evasion of propaganda", *Journal of Psychology*, 23: 15-25.

Cottle, S. (ed.) (2003), *News, Public Relations and Power*, London: Sage.

Curran, J. (1990), "The new revisionism in mass communication research: a reappraisal", *European Journal of Communication*, 5(2/3): 135~164.

_____ and Seaton, J. (1997), *Power without Responsibility*, 5th edn, London: Fontana.

Curran, J., Douglas, A. and Whamel, G. (1981), "The political economy of the human interest story", in A. Smith(ed.), *Newspapers and Democracy*, pp. 288~316, Cambridge, MA: MIT Press.

Curtis, L. (1984), *Ireland: the Propaganda war*, London: Pluto.

Dahlberg, L. (2001), "Democracy via cyberspace", *New Media and Society*, 3(2): 157~77.

Dahlgren, P. (1995), *Television and the Public Sphere*, London: Sage.

_____ (2001), "The transformation of democracy" in B. Axford and R. Huggins (eds), *New Media and Politics*, pp. 64~88. London: Sage.

_____ and Sparks, C.S. (eds.) (1992), *Journalism and Popular Culture*, London: Sage.

D'Alessio, D. (2003), "An experimental examination of readers" perceptions of media bias", *Journalism and Mass Communication Quarterly*, 80(2): 282~294.

_____ and Allen, M. (2000), "*Media bias in presidential elections: a meta-analysis*", Journal of Communication, 50(1): 133~156.

D'Alessio, P. (2002), "News framing as a multiparadigmatic research programmer: a response to Entman", *Journal of Communication*, 52(4): 870~888.

Darnton, R. (1975), "Writing news and telling stories", *Daedalus*, Spring: 175~194.

Davis, A. (2003), "Public relations and news sources", in S. Cottle (ed.), *News, Public Relations and Power*, pp. 27~42. London: Sage.

Davis, D.K. and Robinson, J.R. (1986), "News story attributes and comprehension", in J.R. Robinson and M. Levy(eds.), *The Main Source*, pp. 179~210. Beverly Hills, CA: Sage Publications.

_____ (1989), "Newsflow and democratic society", in G. Comstock(ed.), *Public Communication and Behavior* Vol. 2., Orlando, FL: Academic Press.

Davison, W. P. (1983), "The third person effect", *Public Opinion Quarterly*, 47(1): 1~15.

Dayan, D. and Katz, E. (1992), *Media Events*. Cambridge, MA: Harvard University Press.

Dearing, J. W. and Rogers, E. M. (1996), *Agenda-Setting*, Thousand Oaks, CA: Sage.

Dee, J. L. (1987), "Media accountability for real-life violence: a case of negligence or free speech?", *Journal of Communication*, 38(1): 106~132.

DeFleur, M. L. (1970), *Theories of Mass Communication*, 2nd edn., New York: David McKay.

_____ and Ball-Rokeach, S. (1989), *Theories of Mass Communication*, 5th edn., New York: Longman.

Delia, J. G. (1987), "Communication research : a history", in S. H. Chaffee and C. Berger(eds.), *Handbook of Communication Science*, pp. 22~98, Newbury Park, CA: Sage.

Deming, C. J. (1991), "Hill Street Blues as narrative", in R. Avery and D. Eason(eds.), *Critical Perspectives on Media and Society*, pp. 240~264, New York: Guilford.

de Mue, J. (1999), "The informatization of the world view", *Information, Communication and Society*, 2(1): 69-94.

Dennis, E., Gilmor, D. and Glasser, T. (eds.) (1989), *Media Freedom and Accountability*, New York: Greenwood.

de Ridder, J. (1984), *Persconcentratie in Nederland*, Amsterdam: Uitgeverij.

Dervin, B. (1987), "The potential contribution of feminist scholarship to the field of communication", *Journal of Communication*, 37(4): 107~114.

de Saussure, F. (1915), *Course in General Linguistics*, English trans. London: Owen, 1960.

de Smaele, H. (1999), "The application of Western models to the Russian media system", *European Journal of Communication*, 14(2): 173~189.

Des Forges, A. (2002), "Silencing the voices of hate in Rwanda" in M. Price and M. Thompson(eds.), *Forging Peace*, pp. 236~258, Edinburgh: Edinburgh University Press.

Deuze, M. (2002), "National news cultures", *Journalism and Mass Communication Quarterly*, 79(1): 134~149.

_____ (2003), "The web and its journalisms", *New Media and Society*, 5(4): 203~230.

Dimmick, J. and Coit, P. (1982), "Levels of analysis in mass media decision-making", *Communication Research*, 9(1): 3~32.

Dimmick, J. and Rothenbuhler, E. (1984), "The theory of the niche : quantifying competition among media industries", *Journal of Communication*, 34(3): 103~119.

Docherty, T. (ed.) (1993), *Postmodernism*, New York: Harvester/Wheatsheaf.

Dominick, J. R., Wurtzel, A. and Lometti, G. (1975), "TV journalism as show business : a content analysis of eyewitness news", *Journalism Quarterly*, 52: 213~218.

Donohue, G. A., Tichenor, P. and Olien, C. N. (1975), "Mass media and the knowledge gap", *Communication Research*, 2: 3~23.

Donohew, L., Palmgreen, P. and Rayburn, J. D. (1987), "Social and psychological origins of media use : a lifestyle analysis", *Journal of Broadcasting and Electronic Media*, 31(3): 255~

278.

Doob, A. and McDonald, G. E. (1979), "Television viewing and the tear of victimization : is the relationship causal", *Journal of Social Psychology and Personality*, 37: 170~179. Reprinted in G. C. Wilhoit and H. de Back (eds.), *Mass Communication Review Yearbook*, Vol. 1, 1980, pp. 479~488. Beverly Hills: Sage.

Dorfman, A. and Mattelart, A. (1975), *How to Read Donald Duck: Imperialist Ideology in the Disney Comic*, New York: International General.

Dorman, W. A. (1997), "Press theory and Journalistic practice : the case of the Gulf War", in S. Iyengar and R. Reeves (eds.), *Do the Media Govern?*, pp. 118~225. Thousand Oaks, CA: Sage.

Downes, F. J. and McMillan, S. J. (2000), "Defining interactivity: a qualitative identification of key dimensions", *New media and Society*, 2(2) : 157~179.

Downey, J. and Fenton, N. (2003), "New media, counter publicity and the public sphere", *New Media and Society*, 5(2) : 185~202.

Downing, J. (1984), *Radical Media*. Boston, MA: South End Press.

_____ (2000), *Radical Media: Rebellious Communication and Social Movements*, Thousand Oaks, CA: Sage.

Dreier, P. (1982), "The position of the press in the US power Structure", *Social Problems*, 29(3) : 298~310.

Drotner, K. (1992), "Modernity and media panics", in M. Skovmand and K. Schrgder (eds.), *Media Cultures*, pp. 42~62. London: Routledge.

_____ (2000), "Less is more: media ethnography and its limits", in I. Hagen and J. Wasko (eds.), *Consuming Audiences?*, pp. 165~188, Cresskill, NJ: Hampton.

Dupagne, M. and Waterman, D. (1998), "Determinants of US TV fiction imports in West Europe", *Journal of Broadcasting and Electronic Media*, 42(2) : 208~220.

Dutton, W. H., Blumler, J. G. and Kraemar, K. L. (eds.) (1986), *Wired Cities : Shaping the Future of Communication*, Boston, MA: G. K. Hall.

Eastman, S. T. (1979), "Uses of television and consumer lifestyles : a multivariate analysis", *Journal Broadcasting*, 23(3) : 491~500.

_____ (1998), "Programming theory under Strain : the active industry and the active audience", in M. E. Roloff and G. D. Paulson (eds.), *Communication Yearbook 21*, pp. 323~377. Thousand Oaks, CA: Sage.

Eco, U. (1977), *A theory of Semiotics*, London: Macmillan.

_____ (1979), *The Role of the Reader*, Bloomington, IN: University of Indiana Press.

Einsiedel, E. (1988), "The British, Canadian and US pornography commissions and their use of social research", *Journal of Communication*, 38(2) : 108~121.

Eisenstein, E. (1978), *The Printing Press as an Agent of Change*, 2 vols, New York: Cambridge University Press.

Elliott, P. (1972), *The Making of a Television Series a Case Study in the Production of Culture*,

London: Constable.

_____ (1974), "Uses and gratifications research : a critique and a sociological alternative", in J. G. Blumler and E. Katz (eds.), *The Uses of Mass Communications*, pp. 249~268. Beverly Hills, CA: Sage.

_____ (1982), "Intellectuals, the "information society" and the disappearance of the public sphere", *Media, Culture and Society*, 4: 243~253.

Ellis, J. (1982), *Visible Fictions*, London: Routledge and Kegan Paul.

Engwall, L. (1978), *Newspapers as Organizations*, Farnborough, Hants: Saxon House.

Ennis, P. H. (1961), "The social structure of communication systems", *Studies in Public Communication*, 3: 120~144.

Entman, R. M. (1989), *Democracy without Citizens: Media and the Decay of American Politics*, New York: Oxford University Press.

_____ (1991), "Framing US coverage of the international news: contrasts in narratives of the KAL and Iran air incidents", *Journal of Communication*, 41 (4) : 6~27.

_____ (1993), "Framing : towards clarification of a fractured paradigm", *Journal of Communication* 43 (4) : 51~58.

Enzensberger, H. M. (1970), "Constituents of a theory of the media", *New Left Review*, 64: 13~36. Also in D. McQuail (ed.), *Sociology of Mass Communications*, pp. 99~116, Harmondsworth: Penguin.

Ericson, R. V., Baranek, P. M. and Chan, J. B. L. (1987), *Visualizing Deviance*, Toronto: University of Toronto Press.

Esser, F., Reinemann, C. and Fan, D. (2000), "Spin doctoring in British and German election campaigns", *European Journal of Communication*, 15 (2) : 209~240.

Ettema, J. and Glasser, T. (1998), *Custodians of Conscience: Investigative Journalism and Public Virtue*, New York: Columbia.

Etzioni, A. (1961), *Complex Organizations*, Glencoe, IL: Free Press.

European Commission (1999), *Images of Women in the Media*, Luxembourg: European Commission.

Evans, J. (1999), "Cultures of the visual", in J. Evans and S. Hall (eds), *Visual culture: a Reader*, pp. 11~19, London: Sage.

Fallows, J. (1996), *Breaking the News*, New York: Pantheon.

Febvre, L. and Martin, H. J. (1984), *The Coming of the Book*, London: Verso.

Feintuck, M. (1999), *Media Regulation, Public Interest and the Law*, Edinburgh: University of Edinburgh Press.

Fengler, S. (2003), "Holding the news media accountable: a study of media reporters and media criticism in the US", *Journalism and Mass Communication Quarterly*, 80 (4) : 818~832.

Ferguson, M. (1983), *Forever Feminine: Women's Magazines and the Cult of Femininity*, London: Heinemann.

_____ (1986), "The challenge of neo-technological determinism for communication systems of industry and culture", in M. Ferguson (ed.), *New Communication Technologies and the Public*

Interest, pp. 52~70. London: Sage.

_____ (ed.) (1992), "The mythology about globalization", *European Journal of Communication*, 7: 69~93.

_____ and Golding, P. (1997), *Cultural Studies in Question*. London: Sage.

Ferguson, D. A. and Perse, E. M. (2000), "The WWW as a functional alternative to television", *Journal of Broadcasting and Electronic Media*, 44(2): 155~175.

Festinger, L. A. (1957), *A theory of Cognitive Dissonance*, New York: Row Peterson.

Findahl, O. (2001), "News in our minds" in K. Renckstorf, D. McQuail and N. Jankowski (eds), *Television News Research: Recent European Approaches and Findings*, pp. 111~128. Berlin: Quintessence.

_____ and Hoijer, B. (1981), "Studies of news from the perspective of human comprehension", in G. C. Wilhoit and H. de Back (eds.), *Mass Communication Review Yearbook*, Vol. 2, pp. 393~403, Beverly Hills, CA: Sage.

_____ (1985), "Some characteristics of news memory and comprehension", *Journal of Broadcasting and Electronic Media*, 29(4): 379~398.

Fink, E. J. and Gantz, W. (1996), "A content analysis of three mass communication research traditions: social science; interpretive studies; and critical analysis", *Journalism and Mass Communication Quarterly*, 73(1): 114~134.

Finn, S. (1997), "Origins of media exposure: linking personality traits to TV, radio, print and film use", *Communication Research*, 24(5): 507~529.

Finn, S. and Gomm, M. B. (1988), "Social isolation and social support as correlates of television viewing motivations", *Communication Research*, 15(2): 135~158.

Fishman, J. (1980), *Manufacturing News*, Austin, TX: University of Texas Press.

Fishman, M. (1982), "News and non-events: making the visible invisible", in J. S. Ettema and D. C. Whitney (eds.), *Individuals in Mass Media Organizations*, pp. 219~240, Beverly Hills, CA: Sage.

Fiske, J. (1982), *Introduction to Communication Studies*, London: Methuen.

_____ (1987), *Television Culture*, London: Methuen.

_____ (1989), *Reading the Popular*, Boston, MA: Unwin and Hyman.

_____ (1992), "The cultural economy of fandom", in L. Lewis (ed.), *The Adoring Audience*, pp. 30~49. London: Routledge.

Fitzsimon, M. and McGill, L. T. (1995), "The citizen as media critic", *Media Studies Journal*, Spring: 91~102.

Fjaestad, B. and Holmlov, P. G. (1976), "The Journalists view", *Journal of Communication*, 2: 108~114.

Flanagan, A. J. and Metzger, M. J. (2000), "Perceptions of Internet information credibility", *Journalism and Mass Communication Quarterly*, 77: 525~540.

Flegel, R. C. and Chaffee, S. H. (1971), "Influences of editors, readers and personal opinion on reporters", *Journalism Quarterly*, 48: 645~651.

Foerstal, H. N. (2001), *From Watergate to Monicagate: Ten Controversies in Modern Journalism and Media*, Westport, CT: Greenwood.

Frank, R. E. and Greenberg, B. (1980), *The Publics View of Television*, Beverly Hills, CA: Sage.

French, J. R. P. and Raven, B. H. (1953), "The bases of social power", in D. Cartwright and A. Zander (eds.), *Group Dynamics*, pp. 259~269, London: Tavistock.

Frick, F. C. (1959), "Information theory", in S. Koch (ed.), *Psychology: A Study of a Science*, pp. 611~636, New York: McGraw-Hill.

Friedson, E. (1953), "Communications research and the concept of the mass", *American Sociological Review*, 18(3): 313~317.

Frissen, V. (1992), "Trapped in electronic cages? Gender and new information technology", *Media, Culture and Society*, 14: 31~50.

Frith, S. (1981), *Sound Effects*, New York: Pantheon.

Gallagher, M. (1981), *Unequal Opportunities: the Case of Women and the Media*, Paris: UNESCO.

_____ (2003), "Feminist media perspectives", in A. N. Valdivia (ed.), *A Companion to Media Studies*, pp. 19~39. Oxford: Blackwell.

Galtung, J. and Ruge, M. (1965), "The structure of foreign news", *Journal of Peace Research*, 1: 64~90. Also in J. Tunstall (ed.), *Media Sociology*, pp. 259~298, London: Constable.

Gamson, W. and Modigliani, A. (1989), "Media discourse and public opinion on nuclear power: a constructivist approach", *American Journal of Sociology*, 95: 1~37.

Gandy, O. (1982), *Beyond Agenda Setting*, Norwood, NJ: Ablex.

Gans, H. J. (1957), "The creator-audience relationship in the mass media", in B. Rosenberg and D. M. White (eds.), *Mass Culture*, pp. 315~324, New York: Free Press.

_____ (1979), *Deciding What's News*, New York: Vintage Books.

Garnham, N. (1979), "Contribution to a political economy of mass communication", *Media, Culture and Society*, 1(2): 123~146.

_____ (1986), "The media and the public sphere", in P. Golding and G. Murdock (6ds), *Communicating Politics*, pp. 37~54, Leicester: Leicester University Press.

Gaziano, C. (1983), "The knowledge gap: an analytical review of media effects", *Communication Research*, 10(4): 447~486.

_____ (1989), "Chain newspaper homogeneity and presidential endorsements 1971~1988", *Journalism Quarterly*, 66(4): 836~845.

_____ (1997), Forecast 2000: widening knowledge gaps", *Journalism and Mass Communication Quarterly*, 74(2): 237~264.

_____ and McGrath, K. (1987), "Newspaper credibility and relationships of newspaper Journalists to communities", *Journalism Quarterly*, 64(2): 317~328.

Geiger, K. and Sokol, R. (1959), "Social norms in watching television", *American Journal of Sociology*, 65(3): 178~181.

Geraghty, C. (1991), *Women and Soap Operas*, Cambridge: Polity.

Gerbner, G. (1964), "Ideological perspectives and political tendencies in news reporting",

Journalism Quarterly, 41: 495~506.

_____(1967), "Mass media and human communication theory", in F. E. X. Dance(ed.), *Human Communication theory*, pp. 40~57, New York: Holt, Rinehart and Winston.

_____(1969), "Institutional pressures on mass communicators", in P. Halmos(ed.), *The Sociology of Mass Media Communicators*, pp. 205~248, Keele: University of Keele.

_____(1973), "Cultural indicators-the third voice", in G. Gerbner, L. Gross and W. Melody(eds.), *Communications Technology and Social Policy*, pp. 553~573. New York: Wiley.

_____(1995), "Marketing Global Mayhem", *The Public*, 2(2): 71~76.

_____ and Gross, L. (1976), "Living with television: the violence profile", *Journal of Communication*, 26(2): 173~199.

Gerbner, G. and Marvanyi, G. (1977), "The many worlds of the worlds press", *Journal of Communication*, 27(1): 52~66.

Gerbner, G., Gross, L., Morgan, M. and Signorielli, N. (1984), "The Political correlates of TV viewing", *Public Opinion Quarterly*, 48: 283~300.

_____(2002), "Growing up with television: cultivation processes" in J. Bryant and D. Zillmann(eds.), *Media Effects*, pp. 19~42. Mahwah, NJ: Erlbaum.

Giddens, A. (1991), *Modernity and Self-Identity*, Oxford: Polity.

Gieber, W. (1956), "Across the desk : a study of 16 Telegraph editors", *Journalism Quarterly*, 33: 423~433.

_____ and Johnson, W. (1961), "The City Hall beat: a study of reporter and source roles, *Journalism Quarterly*, 38: 289~297.

Giffard, C. A. (1989), *UNESCO and the Media*, White Plains, NY: Longman.

Gilboa, E. (2002), "Global communication and foreign policy", *Journal of Communication*, 52(4): 731~748.

Gitlin, T. (1978), "Media sociology : the dominant paradigm", *Theory and Society*, 6: 205~253. Reprinted in G. C. Wilhoit and H. de Back(eds.), *Mass Communication Review Yearbook*, Vol. 2, 1981, pp. 73~122, Beverly Hills, CA: Sage.

_____(1980), *The Whole World Is Watching-Mass Media in the Making and Unmaking of the New Left*, Berkeley, CA: University of California Press.

_____(1989), "Postmodernism : roots and politics", in I. Angus and S. Jhally(eds.), *Cultural Politics in Contemporary America*, pp. 347~360, New York: Routledge.

_____(1997), "The anti-political populism of cultural studies", in M. Ferguson and P. Golding(eds.), *Cultural Studies in Question*, pp. 25~38. London: Sage.

Glasgow Media Group(1976), *Bad News*, London: Routledge and Kegan Paul.

_____(1980), *More Bad News*, London: Routledge and Kegan Paul.

_____(1985), *War and Peace News*, Milton Keynes: Open University Press.

Glasser, T. (1984), "Competition among Radio Formats", *Journal of Broadcasting*, 28(2): 127~142.

_____(1986), "Press responsibility and First Amendment values", in D. Eliott(ed.), *Responsible Journalism*, pp. 81~89, Newbury Park, CA: Sage.

Glasser, T. L. (ed.) (1999), *The Idea of Public Journalism*, New York: Guilford Press.

Glasser, T. L. and Craft, S. (1997), "Public journalism and the search for democratic ideals", Stanford, CA: Stanford University Department of Communication.

Glenn, T. C., Sallot, L. M. and Curtin, P. A. (1997), "Public relations and the production of news". *In Communication Yearbook, 20,* pp. 111~115. Thousand Oaks, CA: Sage.

Glynn, C. J., Hayes, A. E and Shanahan, J. (1997), "Perceived support for one's opinion and willingness to speak out", *Public Opinion Quarterly,* 61(3): 452~463.

Goff, P. (1999), *The Kosovo Wars and Propaganda,* IPI.

Goffman, E. (1974), *Frame Analysis: an Essay on the Organization of Experience,* New York: Harper and Row.

_____(1976), *Gender Advertisements,* London: Macmillan.

Golding, P. (1977), "Media professionalism in the Third World : the transfer of an ideology", in J. Curran, M. Gurevitch and J. Woollacott (eds.), *Mass Communication and Society,* pp. 291 ~308. London: Arnold.

_____(1981), "The missing dimensions : news media and the management of change", in E. Katz and T. Szecskb (eds.), *Mass Media and Social Change,* London: Sage.

Golding, P. and Elliott, P. (1979), *Making the News,* London: Longman.

Golding, P. and Harris, P. (1998), *Beyond Cultural Imperialism.* London: Sage.

Golding, P and Middleton, S. (1982), *Images of Welfare-Press and Public Attitudes to Poverty,* Oxford: Blackwell and Martin Robertson.

Golding, P. and Murdock, G. (1978), "Theories of communication and theories of society", *Communication Research,* 5(3): 339~356.

_____(1996), "Culture, communications and political economy", in J. Curran and M. Gurevitch (eds.), *Mass Media and Society,* pp. 11~30, London: Edward Arnold.

Golding, P. and Snippenburg, L. van (1995), "Government communications and the media", in *Beliefs in Government,* Vol. 30, London: Oxford University Press.

Goldstein, K. and Freedman, P. (2002), "Lessons learned: campaign advertising in the 2000 elections", *Political Communication,* 19(1): 5~28.

Goodhart, G. J., Ehrenberg, A. S. C. and Collins, M. (1975), *The Television Audience: Patterns of Viewing,* Westmead: Saxon House.

Gouldner, A. (1976), *The Dialectic of Ideology and Technology,* London: Macmillan.

Grabe, M. E., Zhou, S., Lang, A. and Boll, P. D. (2000), "Packaging TV news: the effects of tabloids on information processing and evaluative response", *Journal of Broadcasting and Electronic Media,* 44(4): 581~598.

Grabe, M. E., Zhao, S. and Barnett, B. (2001), "Explicating sensationalism in TV news: content and the bells and whistles of form", *Journal of Broadcasting and Electronic Media,* 45(2): 635~655.

Graber, D. (1976a), "Press and television as opinion resources in presidential campaigns", *Public Opinion Quarterly,* 40(3): 285~303.

_____(1976b), *Verbal Behavior and Politics*, Urbana, IL: University of Illinois Press.

_____(1981), "Political language", in D. D. Nimmo and D. Sanders(eds.), *Handbook of Political Communication*, pp. 195~224, Beverly Hills, CA: Sage.

_____(1984), *Processing the News*, New York: Longman.

_____(1990), "Seeing is remembering: how visuals contribute to TV news", *Journal of Communication*, 40(3): 134~155.

Gramsci, A. (1971), *Selections from the Prison Notebooks*, London: Lawrence and Wishart.

Green, S. (1999), "A plague on the panopticon: surveillance and power in the global information society", *Information, Communication and Society*, 2(1): 26~44.

Greenberg, B. S. (1964), "Person-to-person communication in the diffusion of a news event", *Journalism Quarterly*, 41: 489~494.

_____(ed.) (2002), *Communication and Terrorism: Public and Media Responses to 9/11*, Cresskill, NJ: Hampton.

Greenberg, B. S., Hofschire, L. and Lachlan, K. (2002), "Diffusion, media use and interpersonal communication behavior", in B. Creenberg(ed.), *Communication and Terrorism: Public and Media Responses to 9/11*, pp. 3~16, Cresskill, NJ: Hampton.

Gringras, C. (1997), *The Laws of the Internet*, London: Butterworths.

Gripsrud, J. (1989), "High culture revisited", *Cultural Studies*, 3(2): 194~197.

Groebel, J. (1998), "The UNESCO global study on media violence", in U. Carlsson and C. von Feilitzen(eds.), *Children and Media Violence*, pp. 155~180. Göteborg: University of Göteborg.

Gross, L. P. (1977), "Television as a Trojan horse", *School Media Quarterly*, Spring: 175~180.

Grossberg, L. (1989), "MTV: swinging on the(postmodern) star", in I. Angus and S. Jhally (eds.), *Cultural Politics in Contemporary Politics*, pp. 254~268, New York: Routledge.

_____, Wartella, E. and Whitney, D. C. (1998), *MediaMaking: Mass Media in a Popular Culture*, Thousand Oaks, CA: Sage.

Grossman, M. B. and Kumar, M. J. (1981), *Portraying the President*, Baltimore, MD: Johns Hopkins University Press.

Gumucio-Dagron, A. (2004), "Alternative media", in J. D. H. Downing, D. McQuail, P. Schlesinger and E. Wartella(eds.), *The Sage Handbook of Media Studies*, pp. 41~64. Thousand Oaks, CA: Sage.

Gunaratne, S. A. (2001), "Paper, printing and the printing press", *Gazette*, 63(6): 459~479.

_____(2002), "Freedom of the press: a world system perspective", *Gazette*, 64(4): 342~369.

Gunter, B. (1987), *Poor Reception: Misunderstanding and Forgetting Broadcast News*, Hillsdale, NJ: Laurence Erlbaum.

_____(1999), "Television news and the audience in Europe", *The European Journal of Communication Research*, 24(1): 5~38.

_____ and Winstone, P. (1993), *Public Attitudes to Television*, London: John Libbey.

Gunther, A. C. (1998), "The persuasive press inference: effects of the media on perceived public opinion", *Communication Research*, 25(5): 486~504.

_____ and Christen, C.-T. (2002), "Projection or persuasive press? Contrary effects of personal opinion and perceived news coverage on estimates of public opinion", *Journal of Communication*, 52(1): 177~195.

Gunther, A. C. and Mugham, R. (2000), *Democracy and the Media*, Cambridge: Cambridge University Press.

Gurevitch, M. and Levy, M. (1986), "Information and meaning: audience explanations of social issues", in J. P. Robinson and M. Levy(eds.), *The Main Source*, pp. 159~175, Beverly Hills, CA: Sage.

Gurevitch, M., Bennet, T., Curran, J. and Woollacott, J. (1982)(eds.), *Culture, Society and the Media*, London: Methuen.

Habermas, J. (1989/1962), *The Structural Transformation of the Public Sphere*, Cambridge, MA: MIT Press.

Hachten, W. A. (1981), *The World News Prism : Changing Media, Changing Ideologies*, Ames, IA: Iowa State University Press.

Hackett, R. A. (1984), "Decline of a paradigm? Bias and objectivity in news media studies", *Critical Studies in Mass Communication*, 1: 229~259.

Hafez, K. (2002), "Journalism ethics revisited: a comparison of ethics codes in Europe, North Africa, the Middle East and Muslim Asia", *Political Communication*, 19(3): 225~250.

Hagen, I. (1999), "Slaves of the ratings tyranny? Media images of the audience", in Alaslunari, P. (ed.), *Rethinking the Media Audience*, pp. 130~150, London: Sage.

_____ (2000), "Modern dilemmas: TV audiences, time use and moral evaluation", in I. Hagen and J. Wasko(eds.), *Consuming Audiences? Production and Reception in Media Research*, pp. 231~247, Cresskill, NJ: Hampton.

Halavais, A. (2000), "National borders on the world wide web", *New Media and Society*, 2(1): 7~28.

Hall, A. (2003), "Reading realism: audiences' evaluations of the reality of media texts", *Journal Communication*, 53(4): 624~641.

Hall, S. (1973), "The determination of news photographs", in S. Cohen and J. Young(eds.), *The Manufacture of News*, pp. 176~190, London: Constable.

_____ (1974/1980), "Coding and encoding in the television discourse", in S. Hall et al. (eds), *Culture, Media, Language*, pp. 197~208, London: Hutchinson.

_____ (1977), "Culture, the media and the ideological effect", in J. Curran et al. (eds.), *Mass Communication and Society*, pp. 315~48, London: Edward Arnold.

Hallin, D. C. (1992), "Sound bite news: TV coverage of elections 1968~1988", *Journal of Communication*, 42(2): 5~24.

_____ and Mancini, P. (1984), "Political structure and representational form in US and Italian TV news, *Theory and Society*, 13(40): 829~850.

_____ (2004), *Comparing Media Systems*, Cambridge: Cambridge University Press.

Halloran, J. D., Elliott, P. and Murdock, G. (1970), *Communications and Demonstrations*, Harmondsworth: Penguin.

Hamelink, C. (1983), *Cultural Autonomy in Global Communications*, Norwood, NJ: Ablex.

_____ (1994), *The Politics of Global Communication*, London: Sage.

_____ (1998), "New realities in the politics of world communication", *The Public*, 5(4): 71~74.

_____ (2000), *The Ethics of Cyberspace*, London: Sage.

Handel, L. (1950), *Hollywood Looks at its Audience*, Urbana, IL: University of Illinois Press.

Harcup, T. and O'Neill, D. (2001), "What is news? Galtung and Ruge revisited", *Journalim Sutides*, 2(2): 261~279.

Hardt, H. (1979), *Social Theories of the Press: Early German and American Perspectives*, Beverly Hills, CA: Sage.

_____ (1991), *Critical Communication Studies*, London and New York: Routledge.

_____ (2003), *Social Theories of the Press*, 2nd ed., Lanham, MD: Rownham and Littlefield.

Hargittai, E. (2004), "Internet access and use in context", *New Media and Society*, 6(1): 115~121.

Hargrove, T. and Stempel, G. H. III (2002), "Exploring reader interest in news", *Newspaper Research Journal*, 23(4): 46~51.

Harris, N. G. E. (1992), "Codes of conduct for journalists", in A. Belsey and R. Chadwick (eds.), *Ethical Issues in Journalism*, pp. 62~76, London: Routledge.

Harrison, J. and Woods, L. M. (2001), "Defining European public broadcasting", *European Journal of Communication*, 16(4): 477~514.

Hartley, J. (1992), *The Politics of Pictures*, London: Routledge.

Hartman, P. and Husband, C. (1974), *Racism and Mass Media*, London: Davis Poynter.

Harvey, D. (1989), *The Condition of Postmodernity*, Oxford: Blackwell.

Hawkes, T. (1977), *Structuralism and Semiology*, London: Methuen.

Hawkins, R. P. and Pingree, S. (1983), "TV's influence on social reality", in E. Wartrella et al. (eds.), *Mass Communication Review Year Book*, Vol. 4, pp. 53~76, Beverly Hills, CA: Sage.

Hebdige, D. (1978), *Subculture: the Meaning of Style*, London: Methuen.

Hedinsson, E. (1981), *Television, Family and Society-the Social Origins and Effects of Adolescent TV Use*, Stockholm: Almqvist and Wiksell.

Heeter, C. (1988), "The choice process model", in C. Heeter and B. S. Greenberg (eds.), *Cable Viewing*, pp. 11~32, Norwood, NJ: Ablex.

Heinderyckx, F. (1993), "TV news programmes in West Europe: a comparative study", *European Journal of Communication*, 8(4): 425~450.

Held, V. (1970), *The Public Interest and Individual Interests*, New York: Basic Books.

Hellman, H. (2001), "Diversity: an end in itself?", *European Journal of Communication Research*, 16(2): 281~308.

Hemánus, P. (1976), "Objectivity in news transmission", *Journal of Communication*, 26: 102~107.

Herman, E. (2000), "The propaganda model: a retrospective", *Journalism Studies*, 1(1): 101~111.

_____ and Chomsky, N. (1988), *Manufacturing Consent: the Political Economy of Mass Media*, New York: Pantheon.

Hermes, J. (1995), *Reading Womens' Magazines*, Cambridge: Polity.

_____ (1997), "Gender and media studies: no woman, no cry", in J. Corner, P. Schlesinger and R. Silverstone (eds.), *International Media Research*, pp. 65~95. London: Routledge.

_____ (1999), "Media figures in identity construction", in P. Alaslunari (ed.), *Rethinking the Media Audience*, pp. 69~85. London: Sage.

Herning, S. C. (2004), "Slouching towards the ordinary", *New Media and Society*, 6 (1): 26~36.

Herrscher, R. A. (2002), "A universal code of journalism ethics: problems, limitations and purposes", *Journal of Mass Media Ethics*, 17 (4): 277~289.

Herzog, H. (1944), "What do we really know about daytime serial listeners?", in P. F Lazarsfeld (ed.), *Radio Research 1942~1943*, pp. 2~23, New York: Duell, Sloan and Pearce.

Hessler, R. C. and Stipp, H. (1985), "The impact of fictional suicide stories on US fatalities: a replication", *American Journal of Sociology*, 90 (1): 151~167.

Hetheringon, A. (1985), *News, Newspapers and Television*, London: Macmillan.

Hills, J. (2002), *The Struggle for the Control of Global Communication*, Urbana, IL: University of Illinois Press.

Himmelweit, H. T., Vince, P. and Oppenheim, A. N. (1958), *Television and the Child*, London: Oxford University Press.

Hirsch, P. M. (1977), "Occupational, organizational and institutional models in mass communication", in P. M. Hirsch et al. (eds.), *Strategies for Communication Research*, pp. 13~42, Beverly Hills, CA: Sage.

_____ (1980), "The scary 'world' of the non-viewer and Other anomalies-a reanalysis of Gerbner et al.'s findings in Cultivation Analysis, Part I", *Communication Research*, 7 (4): 403~456.

_____ (1981), "On not learning from one's mistakes, Part II", *Communication Research*, 8 (1): 3~38.

Hobson, D. (1982), *Crossroads: The Drama of Soap Opera*, London: Methuen.

_____ (1989), "Soap operas at work", in F. Seiter et al. (eds.), *Remote Control*, pp. 130~149. London: Routledge.

Hocking, W. E. (1947), *Freedom of the Press: a Framework of Principle*, Chicago: University of Chicago Press.

Hodges, L. W. (1986), "Defining press responsibility: a functional approach", in D. Elliot (ed.), *Responsible Journalism*, pp. 13~31, Beverly Hills, CA: Sage.

Hoffmann-Riem, W. (1996), *Regulating Media*, London: Guilford.

Hoffner, C. H., Plotkin, R. S. et al. (2001), "The third-person effects in perceptions of the influence of TV violence", *Journal of Communication*, 51 (2): 383~399.

Hoijer, B. (2000), "Audiences' expectations and interpretations of different TV genres", in I. Hagen and J. Wasko (eds.), *Consuming Audiences? Production and Reception in Media Research*, pp. 189~208, Cresskill, NJ: Hampton.

Holden, R. T. (1986), "The contagiousness of aircraft hijacking", *American Journal of Sociology*, 91(4): 876~904.

Holub, R. (1984), *Reception Theory*, London: Methuen.

Horsti, K. (2008), "Global mobility and the media: presenting asylum seekers as a threat", *Nordicom Review*, 24(1): 41~54.

Horton, D. and Wohl, R. R. (1956), "Mass communication and para-social interaction", *Psychiatry*, 19: 215~229.

Hoskins, C. and Mirus, R. (1988), "Reasons for the US dominance of the international trade in television programmes", *Media, Culture and Society*, 10: 499~515.

Hovland, C. I., Lumsdame, A. A. and Sheffeld, F. D. (1949), *Experiments in Mass Communication*. Princeton, NJ: Princeton University Press.

Huaco, G. A. (1963), *The Sociology of Film Art*, New York: Basic Books.

Huesca, R. (2003), "From modernization to participation: the past and future of development communication in media studies", in A. N. Valdivia (ed.), *A Companion to Media Studies*, pp. 50~71. Oxford: Blackwell.

Huesmann, L. R. (1986), "Psychological processes prompting the relation between exposure to media violence and aggressive behavior by the viewer", *Journal of Social Issues*, 42(3): 125~139.

Hughes, H. M. (1940), *News and the Human Interest Story*, Chicago: University of Chicago Press.

Hughes, M. (1980), "The fruits of cultivation analysis: a re-examination of some effects of TV viewing", *Public Opinion Quarterly*, 44(3): 287~302.

Hutchins, R. (1947), "Commission on freedom of the press", *A Free and Responsible Press*, Chicago: University of Chicago Press.

Hyman, H. and Sheatsley, P. (1947), "Some reasons why information campaigns fail", *Public Opinion Quarterly*, Ⅱ: 412~23.

Innis, H. (1950), *Empire and Communication*, Oxford: Clarendon Press.

_____ (1951), *The Bias of Communication*, Toronto: University of Toronto Press.

Iosifides, P. (2002), "Digital convergence: challenges for European regulation", *The Public*, 9(3): 27~48.

Isfati, Y. and Cappella, J. N. (2003), "Do people watch what they do not trust? Exploring the association between news media, skepticism and exposure", *Communication Research*, 30(5): 504~529.

Ishikawa, S. (ed.) (1996), *Quality Assessment of Television*, Luton: Luton University Press.

Ito, Y. (1981), "The 'Johoka Shakai' approach to the study of communication in Japan", in G. C. Wilhoit and H. de Bock (eds.), *Mass Communication Review Yearbook*, Vol. 2. Beverly Hills, CA: Sage.

Ito, Y. and Koshevar, I. J. (1983), "Factors accounting for the How of international communications", *Keio Communication Review*, 4: 13~38.

Iyengar, S. (1991), *Is Anyone Responsible?*, Chicago: University of Chicago Press.

_____ and Kinder, D. R. (1987), *News That Matters: Television and American Opinion*, Chicago: University of Chicago Press.

_____ and Simon, A. (1997), "News coverage of the Gulf crisis and public opinion", in S. Iyengar and R. Reeves(eds.), Do the Media Govern?, pp. 248~257, Thousand Oaks, CA: Sage.

Jameson, F. (1984), "Postmodernism : the cultural logic of late capitalism", *New Left Review*, 146 (July-August) : 53~92.

Jamieson, J. H. and Waldman, P. (2003), *The Press Effect*, New York: Basic.

Jamieson, P., Jamieson, K. H. and Romer, D. (2003), "The responsible reporting of suicide in print journalism", *American Behavioral Scientist*, 46 (112) : 1643~1660.

Jankowski, N., Prehn, O. and Stappers, J. (eds.) (1992), *The People's Voice*, London: John Libbey.

Janowitz, M. (1952), *The Community Press in an Urban Setting*, Glencoe, IL: Free Press.

_____ (1968), "The study of mass communication", in *International Encyclopedia of the Social Sciences*, Vol. 3, pp. 41~53, New York: Macmillan and Free Press.

_____ (1975), "Professional models in journalism: the gatekeeper and advocate", *Journalism Quarterly*, 52 (4) : 618~626.

Jankowski, N. (2002), "Creating Community with media" in L. Lievrouw and S. Livingstone (eds.), *The Handbook of New Media*, pp. 34~49. London: Sage.

Jansen, S. C. (1988), *Censorship*, New York: Oxford University Press.

Jay, M. (1973), *The Dialectical Imagination*, London: Heinemann.

Jensen, J. (1992), "Fandom as pathology: the consequences of characterization" in L. A. Lewis(ed.), *The Adoring Audience*, pp. 9~23, London: Routledge.

Jensen, K. B. (1986), *Making Sense of the News*, Aarhus: Aarhus University Press.

_____ (1991), "When is meaning? Communication theory, pragmatism and mass media reception", in J. Anderson(ed.), *Communication Yearbook 14*, pp. 3~32, Newbury Park, CA: Sage.

_____ (1998), "Local empiricism, global theory : problems and potentials of comparative research on news reception, *The European Journal of Communication Research*, 23 (4) : 427~445.

_____ (2001), "Local empiricism, global theory: problems and potentials of comparative research on news reception" in K. Renckstorf, D. McQuail and N. Jankowki(eds.), *Television News Research: Recent European Approaches and Findings*, pp. 129~147, Berlin: Quintessence.

_____ and Jankowski, N. (eds.) (1991), *A Handbook of Qualitative Methodologies*, London: Routledge.

Jensen, K. B. and Rosengren, K. E. (1990), "Five traditions in search of the audience", *European Journal of Communication*, 5 (2/3) : 207~238.

Jhally, S. and Livant, B. (1986), "Watching as working : the valorization of audience consciousness", *Journal of Communication*, 36 (2) : 124~163.

Johansson, T. and Miegel, F. (1992), *Do the Right Thing*, Stockholm: Almqvist and Wiksell International.

Johns, A. (1998), *The Nature of the Book*, Chicago: Chicago University Press.

Johnson, T. J. and Kaye, B. K. (2002), "I heard it through the Internet: examining factors that determine Inline credibility among politically motivated Internet users", in A. V. Stavros (ed.), *Advances in Communications and Media Research*, vol. 1, pp. 181~202. Hauphage, NY: Nova.

Johnstone, J. W. L., Slawski, E. J. and Bowman, W. W. (1976), *The News People*, Urbana, IL: University of Illinois Press.

Jones, S. G. (ed.) (1997), *Virtual Culture: Identity and Communication in Cybersociety*, London: Sage.

_____(ed.) (1998), *Cybersociety 2.0: Revisiting Computer-Mediated Communication and Community*, London: Sage.

Jowett, G. and Linton, J. M. (1980), *Movies as Mass Communication*. Beverly Hills, CA: Sage.

Jowett, G. and O'Donnell, V. (1986), *Propaganda and Persuasion*. 3rd edition. Beverly Hills. CA: Sage.

Kahn, R. and Kellner, D. (2004), "New media and Internet activism: from the battle of Seattle to Bloggery", *New Media and Society*, 7(1): 87~95.

Kaminsky, S. M. (1974), *American Film Genres*, Dayton, OH: Pflamn.

Kaplan, E. A. (1987), *Rocking Around the Clock: Music Television, Postmodernism and Consumer Culture*, London: Methuen.

_____(1992), "Feminist critiques and television", in R. C. Allen(ed.), *Channels of Discourse Reassembled*, pp. 247~283, London: Routledge.

Katz, D. (1960), "The functional approach to the study of attitudes", *Public Opinion Quarterly*, 24: 163~204.

Katz, E. (1977), *Social Research and Broadcasting: Proposals for Further Development*, London: BBC.

_____(1983), "Publicity and pluralistic ignorance : notes on the spiral of silence", in E. Wartella et al. (eds.), *Mass Communication Review Yearbook*, Vol. 4, pp. 89~99. Beverly Hills, CA: Sage.

Katz, E. and Lazarsfeld, P. F. (1955), *Personal Influence*, Glencoe, IL: Free Press.

Katz, E., Adoni, H. and Parness, P. (1977), "Remembering the news-what the picture adds to the sound", *Journalism Quarterly*, 54: 231~239.

Katz, E., Blumler, J. G. and Gurevitch, M. (1974), "Utilization of mass communication by the individual", in J. G. Blumler and E. Katz(eds.), *The Uses of Mass Communication*, pp. 19~32. Beverly Hills, CA: Sage.

Katz, E., Gurevitch, M. and Haas, H. (1973), "On the use of mass media for important things", *American Sociological Review*, 38: 164~181.

Katz, E., Lewin, M. L. and Hamilton, H. (1963), "Traditions of research on the diffusion of innovations", *American Sociological Review*, 28: 237~252.

Katz, J. E. and Rice, R. E. (2002), *Social Consequences of Internet Use: Access, Involvement and*

Interaction, Cambridge, MA: MIT Press.

Kaye, B. K. and Johnson, T. J. (2002), "Online and in the know: uses and gratifications of the web for political information", *Journal of Broadcasting and Electronic Media*, 46(1): 54~71.

Kellner, D. (1992), *The Persian Gulf War*, Boulder, CO: Westview.

Kelman, H. (1961), "Processes of opinion change", *Public Opinion Quarterly*, 25: 57~78.

Kepplinger, H. M. (1983), "Visual biases in TV Campaign coverage", in E. Wartella et al. (eds.), *Mass Communication Review Yearbook*, Vol. 4, pp. 391~405, Beverly Hills, CA: Sage.

_____ (1999), "Non-verbal communication", in H. -B, Brosius and C. Holtz-Bacha (eds.), *The German Communication Yearbook*, Cresskill, NJ: Hampton.

_____ (2002), "Mediatization of politics: theory and data", *Journal of Communication*, 52(4): 972~986.

Kepplinger, H. M. and Habermeier, J. (1995), "The impact of key events on the presentation of reality", *European Journal of Communication*, 10(3): 371~390.

Kepplinger, H. M. and Koecheer, R. (1990), "Professionalism in the media world?", *European Journal of Communication*, 5(2/3): 285~311.

Kerner, O. et al. (1968), *Report of the National Advisory Committee on Civil Disorders*, Washington, DC: GPO.

Key, V. O. (1961), *Public Opinion and American Democracy*, New York: Alfred Knopf.

Kingsbury, S. M. and Hart, M. (1937), *Newspapers and the News*, New York: Putnams.

Kiousis, S. (2001), "Public trust or mistrust? Perceptions of media credibility in the information age", *Mass Communication and Society*, 4(4): 381~403.

_____ (2002), "Interactivity: a concept explication", *New Media and Society*, 4(3): 329~354.

Klaehn, J. (2002), "A critical review and assessment of Herman and Chomsky's 'Propaganda Model'", *European Journal of Communication*, 17(2): 147~182.

Klapper, J. (1960), *The Effects of Mass Communication*, New York: Free Press.

Kleinsteuber, H. and Sonnenberg, U. (1990), "Beyond public service and private profit: international experience with non-commercial local radio", *European Journal of Communication*, 5(1): 87~106.

Knobloch, S. and Zillmann, D. (2002), "Mood management via the digital juke box", *Journal of Communication*, 52(2): 351~366.

Kracauer, S. (1949), "National types as Hollywood represents them", *Public Opinion Quarterly*, 13: 53~72.

Kraus, S. and Davis, D. K. (1976), *The Effects of Mass Communication on Political Behavior*, University Park, PA: Pennsylvania State University Press.

_____, Lang, G. E. and Lang, K. (1975), "Critical events analysis", in S. H. Chaffee(ed.), *Political Communication Research*, pp. 195~216, Beverly Hills, CA: Sage.

Kramar, M. (1996), "Family communication patterns, discourse behavior and child TV viewing", *Human Communication Research*, 23(2): 251~277.

Krippendorf, K. (1980), *Content Analysis*, 2nd edn. Beverly Hills, CA: Sage.

Krotz, F. and Hasebrink, U, von (1998), "The analysis of people-meter data: individual patterns of viewing behavior and viewers, cultural background", *The European journal of Communication Research*, 23(2): 151~174.

Krugman, H. E. (1965), "The impact of television advertising: learning without involvement", *Public Opinion Quarterly*, 29: 349~356.

Kubey, R. W. and Csikszentmihalyi, M. (1991), *Television and the Quality of Life*, Hillsdale, NJ: Lawrence Erlbaum.

Kumar, C. (1975), "Holding the middle ground", *Sociology*, 9(3): 67~88, Reprinted in J. Curran et al. (eds.), *Mass Communication and Society*, pp. 231~248, London: Edward Arnold.

Lacy, S. and Martin, H. J. (2004), "Competition, circulation and advertising", *Newspaper Research Journal*, 25(1): 18~39.

Laitila, T. (1995), "Journalistic codes of ethics in Europe", *European Journal of Communication*, 10(4): 513~526.

Lang, G. and Lang, K. (1981), "Mass communication and public opinion: Strategies for re-search", in M. Rosenberg and R. H. Turner (eds.), *Social Psychology: Sociological Perspectives*, pp. 653~682, New York: Basic Books.

_____ (1983), *The Battle for Public Opinion*, New York: Columbia University Press.

_____, G. E. (1953), "The unique perspective of television and its effect", *American Sociological Review*, 18(1): 103~112.

Langer, J. (2003), "Tabloid television and news culture", in S. Cottle (ed.), *News, Public Relations and Power*, pp. 135~152, London: Sage.

Lasswell, H. (1927), *Propaganda Techniques in the First World War*. New York: Alfred Knopf.

_____ (1948), "The structure and function of communication in society", in L. Bryson (ed.), *The Communication of Ideas*, pp. 32~51, New York: Harper.

Lazarsfeld, P. F. (1941), "Remarks on administrative and critical communication research studies", *Philosophy and Social Science*, Vol. IX, No. 2.

_____ and Stanton, F. (1944), *Radio Research 1942~1943*, New York: Duell, Sloan and Pearce.

_____ (1949), *Communication Research 1948~1949*, New York: Harper and Row.

Lazarsfeld, P. F., Berelson, B. and Gaudet, H. (1944), *The People's Choice*, New York: Duell, Sloan and Pearce.

Leiss, W. (1989), "The myth of the information society", in I. Angus and S. Jhally (eds.), *Cultural Politics in Contemporary America*, pp. 282~298, New York: Routledge.

Lemert, J. B. (1989), *Criticizing the Media*, Newbury Park, CA: Sage.

Lessig, L. (1999), *Code and Other Laws of Cyberspace*, New York: Basic.

Lerner, D. (1958), *The Passing of Traditional Society*, New York: Free Press.

Levy, M. R. (1977), "Experiencing television news", *Journal of Communication*, 27: 112~117.

_____ (1978), "The audience experience with television news", *Journalism Monograph*, 55.

Levy, M. and Windahl, S. (1985), "The concept of audience activity", in K. E. Rosengren et al. (eds.), *Media Gratification Research*, pp. 109~122, Beverly Hills, CA: Sage.

Lewis, G. H. (1981), "Taste cultures and their composition: towards a new theoretical perspective", in E. Katz and T. Szecskö(eds.), *Mass Media and Social Change*, pp. 201~217, Newbury Park, CA: Sage.

_____ (1992), "Who do you love? The dimensions of musical taste", in J. Lull(ed.), *Popular Music and Communication*, 2nd edn, pp. 134~151, Newbury Park, CA: Sage.

Lichtenberg, J. (1991), "In defense of objectivity", in J. Curran and M. Gurevitch(eds.), *Mass Media and Society*, pp. 216~231, London: Edward Arnold.

Lichter, S. R. and Rothman, S. (1986), *The Media Elite: America's New Power Brokers*, Bethesda, MD: Adler and Adler.

Liebes, T. and Katz, E. (1986), "Patterns of involvement in television fiction : a comparative analysis", *European Journal of Communication*, 1(2): 151~172.

_____ (1990), *The Export of Meaning: Cross-Cultural Readings of Dallas*, Oxford: Oxford University Press.

Liebes, T. and Livingstone, S. (1998), "European soap operas", *European Journal of Communication*, 13(2): 147~180.

Liebes, T. and Riback, R. (1994), "In defense of negotiated readings : how moderates on each Side of the conflict interpret Intifada news", *Journal of Communication*, 44(2): 108~124.

Lievrouw, L. A. (2004), "What's changed about new media?", *New Media and Society*, 6(1): 9~15.

_____ and Livingstone, S. (eds.) (2002), *The Handbook of New Media*, London: Sage.

Lind, R. A. and Salo, C. (2002), "The framing of feminists and feminism in news and public affairs programs in US electronic media", *Journal of Communication*, 52(1): 211~228.

Linden, A. (1998), *Communication Policies and Human Rights in Developing Countries*, Amsterdam: University of Amsterdam.

Lindlof, T. (1988), "Media audiences as interpretive communities", in J. Anderson(ed.), *Communication Yearbook 11*, pp. 81~107, Newbury Park, CA: Sage.

_____ and Shatzer, J. (1998), "Media ethnography in virtual space : strategies, limits and possibilities", *Journal of Broadcasting and Electronic Media*, 42(2): 170~189.

Linné, O. (1998), "What do we know about European research on violence in the media", in U. Carlsson and C. von Feilitzen(eds.), *Children and Media Violence*, pp. 139~154, Göteborg: University of Göteborg.

Lippmann, W. (1922), *Public Opinion*, New York: Harcourt Brace.

Livingstone, S. and Bennett, W. L. (2003), "Gatekeeping, indexing and live-event news: is technology altering the construction of news?", *Political Communication*, 20(4): 363~380.

Livingstone, S. (1988), "Why people watch soap opera : an analysis of the explanations of British viewers", *European Journal of Communication*, 31(1): 55~80.

_____ (1999), "New media, new audiences?", *New Media and Society*, 1(1): 59~66.

_____ (2002), *Young People and New Media*, London: Sage.

_____ (2003), "The changing nature of audiences: from the mass audience to the interactive media user", in A. N. Valdivia(ed.), *A Companion to Media Studies*, pp. 337~359, Oxford:

Blackwell.

Livingstone, S. and Lunt, P. (1994), *Talk on Television: Audience Participation and Public Debate*, London: Routledge.

Long, E. (1991), "Feminism and cultural studies", in R. Avery and D. Eason(eds.), *Cultural Perspectives on Media and Society*, pp. 114~125, New York: Guilford.

Lowery, S. A. and DeFleur, M. L. (1995), *Milestones in Mass Communication Research*, 3rd edn. New York: Longman.

Lowry, D. J., Nio. T. C. J. and Leitner, D. W. (2003), "Setting the public fear agenda", Journal of Communication, 53(1): 61~67.

Lubbers, M., Scheeper, P. and Wester, F. (1998), "Minorities in Dutch newspapers 1990~1995", *Gazette*, 60(5): 415~431.

Luhmann, N. (2000), *The Reality of the Mass Media*, Cambridge: Polity.

Lull, J. (1982), "The social uses of television", in D. C. Whitney et al. (eds.), *Mass Communication Review Yearbook*, Vol. 3, pp. 397~409. Beverly Hills, CA: Sage.

_____ (ed.) (1992), *Popular Music and Communication*, Newbury Park, CA: Sage.

Lull, J. and Wallis, R. (1992), "The beat of Vietnam", in J. Lull(ed.), *Popular Music and Communication*, pp. 207~236, Newbury Park, CA: Sage.

Lyotard, F. (1986), *The Postmodern Condition: a Report on Knowledge*, Manchester: ManChester University Press.

McBride, S. et al. (1980), *Many Voices, One World*, report by the International Commission for the Study of Communication Problems, Paris: UNESCO; London: Kogan Page.

McChesney, R. (2000), *Rich Media, Poor Democracy*, New York: New Press.

McCombs, M. E. and Shaw, D. L. (1972), "The agenda-setting function of the press", *Public Opinion Quarterly*, 36: 176~187.

_____ (1993), "The evolution of agenda-setting theory: 25 years in the marketplace of ideas", *Journal of Communication*, 43(2): 58~66.

McCormack, T. (1961), "Social theory and the mass media", *Canadian Journal of Economics and Political Science*, 4: 479~489.

McCoy, M. E. (2001), "Dark alliance: news repair and institutional authority in the age of the Internet", *Journal of Communication*, 1(1): 164~193.

McDevitt, M. (2003), "In defence of autonomy: a critique of the public journalist critique", *Journalism of Communication*, 53(1): 155~164.

McDonald, D. G. (1990), "Media orientation and television news viewing", *Journalism Quarterly*, 67(1): 11~20.

_____ and Dimmick, J. (2003), "The conceptualization and measurement of diversity", *Communication Research*, 30(1): 60~79.

McGinnis, J. (1969), *The Selling of the President*, New York: Trident Press.

McGranahan, D. V. and Wayne, L. (1948), "German and American traits reflected in popular drama", *Human Relations*, 1(4): 429~455.

McGuigan, J. (1992), *Cultural Populism*. London: Routledge.

McGuire, W. J. (1973), "Persuasion, resistance and attitude change", in I. de Sola Pool et al. (eds.), *Handbook of Communication*, pp. 216~252, Chicago: Rand McNally.

_____ (1974), "Psychological motives and communication gratifications, in J. G. Blumler and E. Katz (eds.), *The Uses of Mass Communications*, pp. 167~146, Beverly Hills, CA: Sage.

MacIntyre, J. S. (1981), *After Virtue*, Notre Dame, IN: Notre Dame University Press.

McLeod, D. M. and Detember, B. H. (1999), "Framing effects of television news coverage of social protest", *Journal of Communication*, 49 (3): 3~23.

_____ and Eveland, W. P. (2001), "Behind the third-person effect: differentiating perceptual process for self and other", *Journal of Communication*, 51 (4): 678~696.

McLeod, J. M. and McDonald, D. G. (1985), "Beyond simple exposure: media orientations and their impact on political processes", *Communication Research*, 12 (1): 3~32.

McLeod, J. M., Daily, K., Guo, Z., Eveland, W. R, Bayer, J., Yang, S. and Wang, H. (1996), "Community integration, local media use and democratic processes", *Communication Research*, 23 (2): 179~209.

McLeod, J. M., Kosicki, G. M. and Pan, Z. (1991), "On understanding and not understanding media effects", in I. Curran and M. Glnevitch (eds.), *Mass Media and Society*, pp. 235~266, London: Edward Arnold.

McLeod, J. M, Ward, L. S. and Tancill, K. (1965), "Alienation and uses of mass media", *Public Opinion Quarterly*, 29: 583~594.

McLuhan, M. (1962), *The Gutenberg Galaxy*, Toronto: Toronto University Press.

_____ (1964), *Understanding Media*, London: Routledge and Kegan Paul.

McManus, J. H. (1994), *Market-Driven Journalism: Let the Citizen Beware*, Thousand Oaks, CA: Sage.

McMasters, P. K. (2000), "Unease with excess", *Media Studies Journal*, Fall: 108~112.

McNair, B. (1988), *Images of the Enemy*, London: Routledge.

McQuail, D. (1977), *Analysis of Newspaper Content*, Royal Commission on the Press, Research Series 4. London: HMSO.

_____ (1983), *Mass Communication Theory: an Introduction*, London: Sage.

_____ (1984), "With the benefit of hindsight: reflections on uses and gratifications research", *Critical Studies in Mass Communication*, 1: 177~193.

_____ (1992), *Media Performance: Mass Communication and the Public Interest*, London: Sage.

_____ (1997), *Audience Analysis*, Thousand Oaks, CA: Sage.

_____ (2002), "The consequences of European media policies for cultural diversity" in T. Bennet (ed.), *Differing Diversities: cultural policy and cultural diversity*, Strasbourg: Council of Europe.

_____ (2003a), *Media Accountability and Freedom of Publication*, Oxford: Oxford University Press.

_____ (2003b), "Making progress in a trackless, weightless and intangible space: a response to Keith Roe", *Communications*, 27: 275~284.

_____ and Siune, K. (1998), *Media Policy : Convergence, Concentration and Commerce*, London: Sage.

McQuail, D. and Windahl, S. (1993), *Communication Models*, 2nd edn., London: Longman.

McQuail, D., Blumler, J.G. and Brown, J. (1972), "The television audience: a revised perspective", in D. McQuail (ed.), *Sociology of Mass Communication*, pp.135~165. Harmondsworth: Penguin.

McRobbie, A. (1996), "More, New sexualities in girls', and women's magazines", in J. Curran, D. Morley and V. Walkerdine (eds.), *Cultural Studies and Communications*, pp.172~194, London: Arnold.

Maccoby, E. (1954), "Why do children watch TV?", *Public Opinion Quarterly*, 18: 239~244.

Machlup, F. (1962), *The Production and Distribution of Knowledge in the United States*, Princeton, NJ: Princeton University Press.

Maisel, R. (1973), "The decline of mass media", *Public Opinion Quarterly*, 37: 159~170.

Mancini, P. (1996), "Do we need normative theories of journalism?, Paper, Joan Shorenstein Center on Press, Politics and Public Opinion, JFK School of Government, Harvard University.

Manheim, J.B. (1998), "The news shapers : strategic communication as third force in news-making, in D. Graber, D. McQuail and P. Norris (eds.), *The Politics of News: the News of Politics*, pp.94~109. Washington, DC: Congressional Quarterly Press.

Mansell, R. (2004), "Political economy, power and the new media", *New Media and Society*, 6(1): 96~105.

Marcuse, H. (1964), *One-Dimensional Man*. London: Routledge and Kegan Paul.

Martel, M.U. and McCall, G.J. (1964), "Reality-orientation and the pleasure principle", in L.A. Dexter and D.M. White (eds.), *People, Society and Mass Communication*, pp. 283~333. New York: Free Press.

Mattelart, A. (2003), *The Information Society*, London: Sage.

Massey, B.L. and Haas, T. (2002), "Does making journalism more public make a difference? A critical review of evaluative research on public journalism", *Journal and Mass Communication Quarterly*, 79(3): 559~586.

Mazzoleni, G. (1987b), "Media logic and party logic in campaign coverage: the Italian general election of 1983", *European Journal of Communication*, 2(1): 55~80.

Media Studies Journal (1993), "The media and women without apology", Special Issue, 7(1/2).

Media Watch (1995), *Women"s Participation in the News : Global Media Monitoring Project*, Toronto: Media Watch.

Melody, W.H. (1990), "Communications policy in the global information economy", in M.F. Ferguson (ed.), *Public Communication: The New Imperatives*, pp.16~39, London and Newbury Park, CA: Sage.

Mendelsohn, H. (1964), "Listening to radio", in L.A. Dexter and D.M. White (eds.), *People, Society and Mass Communication*, pp.239~248. New York: Free Press.

참고문헌

Mendelsohn, H. (1966), *Mass Entertainment*, New Haven, CT: College and University Press.

Mendelsohn, H. (1973), "Some reasons why information campaigns can succeed", *Public Opinion Quarterly*, 37: 50~61.

Mendelsohn, H. (1989), "Phenomenistic alternatives", *Communication Research*, 16(4): 82~87.

Mermin, J. (1999), *Debating War and Peace: Media Coverage of US Interventions in the Post-Vietnam Era*, New Haven, CT: Princeton University Press.

Merton, R. K. (1949), "Patterns of influence", in *Social Theory and Social Structure*, pp. 387~470. Glencoe, IL: Free Press.

_____(1957), *Social theory and Social Structure*, Glencoe, IL: Free Press.

Metzger, M. J. et al. (2003), "Credibility for the 21st century", in P. J. Kalbflesch(ed.), *Communication Yearbook 27*, pp. 292~335. Mahwah, NJ: Erlbaum.

Meyer, P. (1987), *Ethical Journalism*, New York: Longman.

Meyer, T. (2002), *Mediated Politics*, Cambridge: Polity.

Meyrowitz, J. (1985), *No Sense of Place*, New York: Oxford University Press.

Middleton, R. (ed.) (2000), *Reading Pop: Approaches to Textual Analysis in Popular Music*, Oxford: Oxford University Press.

Mills, C. W. (1951), *White Collar*, New York: Oxford University Press.

_____(1956), *The Power Elite*, New York: Oxford University Press.

Modleski, T. (1982), *Loving with a Vengeance: Mass-Produced Fantasies for Women*, London: Methuen.

Molotch, H. L. and Lester, M. J. (1974), "News as purposive behavior", *American Sociological Review*, 39: 101~112.

Monaco, J. (1981), *How to Read a Film*, New York: Oxford University Press.

Montgomery, K. C. (1989), *Target: Prime-Time*, New York: Oxford University Press.

Moores, S. (1993), *Interpreting Audiences*, London: Sage.

Moorti, S. (2003), "Out of India: Fashion culture and the marketing of ethnic style" in A. N. Valdivia(ed.), *A Companion to Media Studies*, pp. 293~310, Oxford: Blackwell.

Morgan, M. and Shanahan, J. (1997), "Two decades of cultivation research: an appraisal and meta-analysis, *Communication Yearbook 20*, pp. 1~46.

Morin, V. (1976), "Televised current events sequences or a rhetoric of ambiguity", in *News and Current Events on TV*, Rome: Edizioni RAI.

Morley, D. (1980), *The 'Nationwide' Audience: Structure and Decoding*, BFI TV Monographs No. 11, London: British Film Institute.

_____(1986), *Family Television*, London: Comedia.

_____(1992), *Television, Audiences and Cultural Studies*, London: Routledge.

_____(1996), "Postmodernism: the rough guide", in J. Curran, D. Morley and V. Walkerdine(eds.), *Cultural Studies and Communication*, pp. 50~65, London: Arnold.

_____(1997), "Theoretical orthodoxies: textualism, constructivism and the "new ethnography" in cultural studies", in M. Ferguson and P. Golding(eds.), *Cultural Studies in Question*, pp. 121~137, London: Sage.

Morris, M. and Ogan, C. (1996), "The Internet as mass medium", *Journal of Communication*, 46(1): 39~50.

Morrison, D. and Tumber, H. (1988), *Journalists at War*, London: Sage.

Moscovici, S. (1991), "Silent Majorities and loud minorities", in J. Anderson(ed.), *Communication Yearbook 14*, pp. 298~308, Newbury Park, CA: Sage.

Mowlana, H. (1985), *International Flows of Information*, Paris: UNESCO.

Moy, P., Scheufele, D. A. and Holbert, R. L. (1999), "TV use and social capital: testing Putnam's time displacement hypothesis", *Mass Communication and Society*, 2(1/2): 27~46.

Moy, P. Domke, D. and Stamm, K. (2001), "The spiral of silence and public opinion on affirmative action", *Journalism and Mass Communication Quarterly*, 78(1): 7~25.

Munson, W. (1993), *All Talk : the Talkshow in Media Culture*, Philadelphia: University of Temple Press.

Murdock, G. (1990), "Redrawing the map of the communication industries", in M. Ferguson(ed.), *Public Communication*, pp. 1~15, London: Sage.

_____ and Golding, P. (1977), "Capitalism, communication and class relations", in J. Curran et al. (eds.), *Mass Communication and Society*, pp. 12~43, London: Edward Arnold.

Murdock, G. and Phelps, P. (1973), *Mass Media and the Secondary School*, London: Macmillan.

Murphy, D. (1976), *The Silent Watchdog*, London: Constable.

Mutz, D. C. and Soss, J. (1997), "Reading public opinion: the influence of news coverage on perceptions of public sentiment", *Public Opinion Quarterly*, 61(3): 431~451.

Negus, K. (1992), *Producing Pop*. London: Edward Arnold.

Nerone, J. C. (ed.) (1995), *Last Rights: Revisiting Four Theories of the Press*, Urbana and; Chicago: University of Illinois Press.

Neunan, W. R. (1991), *The Future of the Mass Audience*, Cambridge: Cambridge University Press.

Neuman, W. R. and Pool, I. de Sola(1986), "The flow of communication into the home", in S. Ball-Rokeach and M. Cantor(eds.), *Media, Audience and Social Structure*, pp. 71~86. Newbury Park, CA: Sage.

Newbold, C. (2002), "The moving image", in C. Newbold, O. Boyd-Barrett and H. van den Bulk(eds.), *The Media Book*, pp. 101~162, London: Arnold.

Newcomb, H. (1991), "On the dialogic aspects of mass communication", in R. Avery and D. Easton(eds.), *Critical Perspectives on Media and Society*, pp. 69~87, New York: Guilford.

Newhagen, J. E. and Reeves, B. (1992), "The evening's bad news", *Journal of Communication*, 42(2): 25~41.

Newman, P. (2003), "If only they knew what nice people we are", *Political Communication*, 20(1): 79~85.

Nightingale, V. (2003), "The cultural revolution in audience research" in A. N. Valdivia(ed.), *A Companion to Media Studies*, pp. 360~381, Oxford: Blackwell.

Noam, E. (1991), *Television in Europe*, New York: Oxford University Press.

Noble, G. (1975), *Children in Front of the Small Screen*, London: Constable.

Noelle-Neumann, E. (1973), "Return to the concept of powerful mass media", *Studies of Broadcasting*, 9: 66~112.

_____ (1974), "The spiral of silence : a theory of public opinion", *Journal of Communication*, 24: 24~51.

_____ (1984), *The Spiral of Silence*, Chicago: University of Chicago Press.

_____ (1991), "The theory of public opinion: the concept of the spiral of silence", in J. Anderson (ed.), *Communication Yearbook 14*, pp. 256~287, Newbury Park, CA: Sage.

Noin, D. (2001), "Bias in the news: partisanship and negativity in media coverage of Presidents G. Bush and Bill Clinton", *Harvard Journal of Press/Politics*, 6(3): 31~46.

Nordenstreng, K. (1974), *Informational Mass Communication*, Helsinki: Tammi.

_____ (1997), "Beyond the four theories of the press", in J. Servaes and R. Lie (eds.), *Media and Politics in Transition*, Leuven: Acco.

_____ (1998), "Professional ethics: between fortress journalism and cosmopolitan democracy", in K. Brants, J. Hermes and L. van Zoonen (eds.), *The Media in Question*, pp. 124~134. London: Sage.

Norris, P. (2000), *A virtuous Circle*, New York: Cambridge University Press.

_____ (2002), *Digital Divide*, New York: Cambridge University Press.

_____ and Sanders, D. (2003), "Message or medium? Campaign learning during the 2000 British General Election", *Political Communication*, 20(3): 233~262.

Norris, P., Curtice, J., Sanders, D., Scammell, M. and Semetko, H. (1999), *On Message: Communicating the Campaign*, Thousand Oaks, CA: Sage.

Norstedt, S. A., Kaitatzi-Whitlock, S., Ottoson, R. and Riegert, K. (2000), "From the Persian Gulf to Kosovo-war journalism and propaganda", *European Journal of Communication*, 15(3): 383~404.

Ogden, C. K. and Richards, I. A. (1923), *The Meaning of Meaning*, reprinted 1985, London: Routledge and Kegan Paul.

Olen, J. (1988), *Ethics in Journalism*, Englewood Cliffs, NJ: Prentice-Hall.

Oliver, M. B. (2003), "Race and crime in the media: research from a media effects perspective" in A. N. Valdivia (ed.), *A Companion to Media Studies*, pp. 421~436, Oxford: Blackwell.

Olson, S. R. (1999), *Hollywood Planet. Global Media: the Competitive Advantage of Narrative Transparency*, Mahwah, NJ: Erlbaum.

Oltean, O. (1993), "Series and seriality in media culture", *European Journal of Communication*, 8(1): 5~31.

Osgood, K., Suci, S. and Tannenbaum, P. (1957), *The Measurement of Meaning*, Urbana, IL: University of Illinois Press.

ÓSiochrú, S. and Girard, B., with Mahan, A. (2002), *Global Media Governance: a Beginner's Guide*, Lanham, NJ: Rowman and Littlefield.

Ostini, J. and Fung, A. Y. (2002), "Beyond the four theories of the press: a new model of national media systems", *Mass Communication and Society*, 5(1): 41~56.

Padioleau, J. (1985), *Le Monde et le Washington Post*, Paris: PUF.

Paletz, D.L. and Dunn, R. (1969), "Press coverage of civil disorders: a case-study of Winston-Salem", *Public Opinion Quarterly*, 33: 328~345.

Paletz, D.L. and Entman, R. (1981), *Media, Power, Politics*, New York: Free Press.

Palmgreen, P. and Rayburn, J.D. (1985), "An expectancy-value approach to media gratifications, in K.E. Rosengren et al. (eds.), *Media Gratification Research*, pp. 61~72, Beverly Hills, CA: Sage.

Pan, Z. and Kosicki, G.M. (1997), "Priming and media impact on the evaluation of the Presidents media performance", *Communication Research*, 24(1): 3~30.

Papathanossopolous, S. (2002), *European Television in the Digital Age*, Cambridge: Polity.

Park, R. (1940), "News as a form of knowledge", in R.H. Turner (ed.), *On Social Control and Collective Behavior*, pp. 32~52. Chicago: Chicago University Press, 1967.

Pasti, S. (2005), "Two generations of Russian journalists", *European Journal of Communication*, 20(1) (forthcoming).

Paterson, C. (1998), "Global battlefields", in O. Boyd-Barrett and T. Rantanen (eds.), *The Globalization of News*, pp. 79~103.

Patterson, T. (1994), *Out of Order*, New York: Vintage.

_____ (1998), "Political roles of the journalist", in D. Graber, D. McQuail and P. Norris (eds.), *The Politics of News: the News of Politics*, pp. 17~32, Washington, DC: Congressional Quarterly Press.

Pauwels, C. and Loisen, J. (2003), "The WTO and the Audiovisial sector", *European Journal of Communication*, 18(3): 291~314.

Peacock, A. (1986), *Report of the Committee on Financing the BBC*, Cmnd 9824. London: HMSO.

Peirce, C.S. (1931-35), *Collected Papers*, edited by C. Harteshorne and P. Weiss, Vols II and V. Cambridge, MA: Harvard University Press.

Pekurny, R. (1982), "Coping with television production", in J.S. Ettema and D.C. Whitney (eds.), *Individuals in Mass Media Organizations*, pp. 131~143, Beverly Hills, CA: Sage.

Perkins, M. (2002), "International law and the search for universal principles of media ethics", *Journal of Mass Media Ethics*, 17(3): 193~208.

Perse, E.M. (1990), "Audience selectivity and involvement in the newer media environment", *Communication Research*, 17: 675~697.

_____ (1994), "Uses of erotica", *Communication Research*, 20(4): 488~515.

_____ (2001), *Media Effects and Society*, Mahwah, NJ: Erlbaum.

Perse, E.M. and Courtright, J.A. (1992), "Normative images of communication media: mass and interpersonal channels in the new media environment", *Human Communication Research*, 19: 485~503.

Perse, E.M. and Dunn, D.G. (1998), "The utility of home computers and media use: implications of multimedia and connectivity", *Journal of Broadcasting and Electronic Media*,

42(4)：435~456.

Perse, E. M. and Rubin, A. L. (1990), "Chronic loneliness and television", *Journal of Broadcasting and Electronic Media*, 34(1)：37~53.

Perse, E., Signorelli, N., Courtright, J., Samter, W., Caplan, P., Lamb, J. and Cai, X. (2002), "Public perceptions of media functions at the beginning of the war on terrorism", in B. Greenberg(ed.), *Communication and Terrorism*, pp. 39~52, Cresskill, NJ: Hampton.

Peters, A. K. and Cantoc M. G. (1982), "Screen acting as work", in J. S. Ettema and D. C. Whitney(eds.), *Individuals in Mass Media Organizations*, pp. 53~68, Beverly Hills, CA: Sage.

Peterson R. C. and Thurstone, L. L. (1933), *Motion Pictures and Social Attitudes*, New York: Macmillan.

Petty, R. E. and Cacioppo, J. T. (1986), "The elaboration likelihood model of persuasion", in L. Berkowitz(ed.), *Advances in Experimental Social Psychology*, pp. 132~205, San Diego: Academic.

Petty, R. E., Priester, J. R. and Brinol, P. (2002), "Mass media attitude change: implications of the elaboration likelihood model of persuasion" in J. Bryant and D. Zillmann(eds.), *Media Effects*, pp. 155~198, Mahwah, NJ: Erlbaum.

Phillips, D. P. (1980), "Airplane accidents, murder and the mass media", *Social Forces*, 58(4)：1001~1024.

_____(1982), "The impact of fictional TV stories in adult programming on adult fatalities", *American Journal of Sociology*, 87: 1346~1359.

Phillips, E. B. (1977), "Approaches to objectivity", in P. M. Hirsch et al. (eds.), *Strategies for Communication Research*, pp. 63~77, Beverly Hills, CA: Sage.

Picard, R. G. (1985), *The Press and the Decline of Democracy*, Westport, CT: Greenwood.

_____(1989), *Media Economics*, Newbury Park, CA: Sage.

_____(1991), "News coverage as the contagion of terrorism", in A. A. Alali and K. K. Ede(eds.), *Media Coverage of Terrorism*, pp. 49~62, London: Sage.

_____(2004), "Commercialism and newspaper quality", *Newspaper Research Journal*, 25(1)：54~65.

_____, McCombs, M., Winter, J. P. and Lacy, S. (eds.) (1988), *Press Concentration and Monopoly*, Norwood, NJ: Ablex.

Plaisance, P. L. and Skewes, E. A. (2003), "Personal and professional dimensions of news work: exploring links between journalists' values and roles", *Journalism and Mass Communication Quarterly*, 20(4)：833~848.

Pool, I. de Sola(1974), *Direct Broadcasting and the Integrity of National Cultures*, New York: Aspen Institute.

_____(1983), *Technologies of Freedom*, Cambridge, MA: Belknap Press of Harvard University Press.

_____ and Shulman, I. (1959), "Newsmen's fantasies, audiences and news writing", *Public*

Opinion Quarterly, 23(2)：145~158.

Porat, M. (1977), *The Information Economy: Definitions and Measurement*, Washington DC: Department of Commerce.

Poster, M. (1999), "Underdetermination", *New Media and Society*, 1(1)：12~17.

Postman, N. (1993), *Technopoly: the Surrender of Culture to Technology*, New York: Vintage Books.

Postmes, T., Spears, R. and Lea, M. (1998), "Breaching or building social boundaries? SIDE-effects of computer mediated communication", *Communication Research*, 25(6)：689~715.

Potter, W. J. Cooper, R. and Dupagne, M. (1993), "The three paradigms of mass media research in mass communication journals", *Communication Theory*, 3：317~335.

Price, M. and Thompson, M. (2002), *Forging Peace*, Edinburgh: Edinburgh University Press.

Priest, S. H. (2001), *A Grain of Truth*, Lanham, MD: Rowman and Littlefield.

Pritchard, D. (2000), *Holding the Media Accountable*, Bloomingdale IN: University of Indiana Press.

Propp, V. (1968), *The Morphology of Folk Tales*, Austin, TX: University of Texas Press.

Putnam, D. (2000), *Bowling Alone*, New York: Simon and Schuster.

Raymond, J. (ed.) (1999), *News, Newspapers and Society in Early Modern Britain*, London: Cass.

Radway, J. (1984), *Reading the Romance*. Chapel Hill, NC: University of North Carolina Press.

Rainie, L. and Bell, P. (2004), "The numbers that count", *New Media and Society*, 6(1)：44~54.

Rakow, L. (1986), "Rethinking gender research in communication", *Journal of Communication*, 36(1)：11~26.

Rantanen, T. (2001), "The old and the new: communications technology and globalization in Russia", *New Media and Society*, 3(1)：85~105.

Rasmussen, T. (2000), *Social Theory and Communication Technology*, Aldershot: Ashgate.

Ray, M. L. (1973), "Marketing communication and the hierarchy of effects", in P. Clarke(ed.), *New Models for Communication Research*, pp. 147~176, Beverly Hills, CA: Sage.

Real, M. (1989), *Supermedia*, Newbury Park, CA: Sage.

Reese, S. D. (1991), "Setting the medias agenda: a power balance perspective", in I. Anderson(ed.), *Communication Yearbook 14*, pp. 309~340, Newbury Park, CA: Sage.

_____ and Ballinger, J. (2001), "The roots of a sociology of news: remembering Mr. Gates and Social control in the newsroom", *Journalism and Mass Communication Quarterly*, 78(4)：641~658.

Reese, S. D., Grant, A. and Danielian, L. H. (1994), "The structure of news sources on television: a network analysis of 'CBS News', 'Nightline', 'McNeil/Lehrer' and 'This Week With David Brinkley'" *Journal of Communication*, 44(2)：64~83.

Renckstorf, K. (1996), "Media use as social action: a theoretical perspective" in K. Renckstorf, D. McQuail and N. Janknoweski(eds), *Media Use as Social Action*, pp. 18~31, London: Libbey.

Rheingold, H. (1994), *The Virtual Community*, London: Secker and Warburg.

Rice, R. E. (1993), "Media appropriateness : using social presence theory to compare traditional and new organizational media", *Human Communication Research*, 19: 451~84.

———(1999), "Artifacts and paradoxes in new media", *New Media and Society*, 1(1): 24~32.

——— and Associates(1983), *The New Media*, Beverly Hills, CA: Sage.

Rivers, W. L. and Nyhan, M. J. (1973), *Aspen Papers on Government and the Media*, New York: Praeger.

Robillard, S. (1995), *Television in Europe: Regulatory Bodies*, European Institute for the Media, London: John Libbey.

Robinson, J. P. (1972), "Mass communication and information diffusion", in F. G. Kline and P. J. Tichenor(eds.), *Current Perspectives in Mass Communication Research*, pp. 71~93, Beverly Hills, CA: Sage.

———(1976), "Interpersonal influence in election campaigns: 2-step How hypotheses", *Public Opinion Quarterly*, 40: 304~319.

Robinson, J. P. and Davis, D. K. (1990), "Television news and the informed public : an information processing approach", *Journal of Communication*, 40(3): 106~119.

Robinson, J. P. and Levy, M. (1986), *The Main Source*, Beverly Hills, CA: Sage.

Robinson, P. (2001), "Theorizing the influence of media on world politics", *European Journal of Communication*, 16(4): 523~544.

Roe, K. (1992), "Different destinies-different melodies: school achievement", anticipated status and adolescents, tastes in music", *European Journal of Communication*, 7(3): 335~358.

Roe, K. and de Meyer, G. (2000), "MTV : one music-many languages", in P. Dahlgren et al. (eds.), *Television Across Europe*, London: Sage.

Rogers, E. M. (1962), *The Diffusion of Innovations*, Glencoe, IL: Free Press.

———(1976), "Communication and development : the passing of a dominant paradigm", *Communication Research*, 3: 213~240.

———(1986), *Communication Technology*, New York: Free Press.

———(1993), "Looking back, looking forward : a century of communication research", in P. Gaunt(ed.), *Beyond Agendas: New Directions in Communication Research*, pp. 19~40. Newhaven, CT: Greenwood.

——— and Dearing, J. W. (1987), "Agenda-setting research: Where has it been? Where is it going?", in I. Anderson(ed.), *Communication Yearbook 11*, pp. 555~594, Newbury Park, CA: Sage.

Rogers, E. M. and Kilraid, D. L. (1981), *Communication Networks: Towards a New Paradigm for Research*, New York: Free Press.

Rogers, E. M. and Shoemaker, F. (1973), *Communication of Innovations*, New York: Free Press.

Rogers, E. M. and Storey, D. (1987), "Communication Campaigns", in C. R. Berger and S. H. Chaffee(eds.), *Handbook of Communication Science*, pp. 817~846, Beverly Hills, CA: Sage.

Rogers, E. M., Dearing, J. W. and Bregman, D. (1993), "The anatomy of agenda-setting research", *Journal of Communication*, 43(2): 68~84.

Romer, D., Jamieson, K. H. and Ady, S. (2003), "TV news and the cultivation of fear of crime", *Journal of Communication*, 53(1): 88~104.

Rorty, R. (1989), *Contingency, Irony and Solidarity*, Glencoe, IL: Free Press.

Rosenberg, B. and White, D. M. (eds.) (1957), *Mass Culture*, New York: Free Press.

Rosengren, K. E. (1973), "News diffusion: an overview", *Journalism Quarterly*, 50: 83~91.

_____(1974), "International news: methods, data, theory", *Journal of Peace Research*, Ⅱ: 45~56.

_____(1976), *The barseback panic*, Unpublished research report, Lund University.

_____(ed.) (1981a), *Advances in Content Analysis*, Beverly Hills, CA: Sage.

_____(1981b), "Mass media and social change: some current approaches", in E. Katz and T. Szecskö(eds.), *Mass Media and Social Change*, pp. 247~263, Beverly Hills, CA: Sage.

Rosengren, K. E. (1983), "Communication research: one paradigm or four?", *Journal of Communication*, 33(3): 185~207.

_____(1987), "The comparative study of news diffusion", *European Journal of Communication*, 2(2): 136~157.

_____(2000), *Communication: an Introduction*, London: Sage.

_____ and Windahl, S. (1972), "Mass media consumption as a functional alternative", in D. McQuail(ed.), *Sociology of Mass Communications*, pp. 166~194, Harmondsworth: Penguin.

_____(1989), *Media Matter*, Norwood, NJ: Ablex.

Roshco, B. (1975), *Newsmaking*, Chicago: University of Chicago Press.

Rositi, F. (1976), "The television news programme: fragmentation and recomposition of our image of society", in *News and Current Events on TV*, Rome: Edizioni RAI.

Rossler, P. (2001), "Between online heaven and cyberhell: the framing of 'the internet' by traditional media coverage in Germany", *New Media and Society*, 3(1): 49~66.

_____ and Brosius, H. -B. (2001), "Talk show viewing in Germany", *Journal of Communication*, 51(1): 143~163.

Rosten, L. C. (1937), *The Washington Correspondents*, New York: Harcourt Brace.

_____(1941), *Hollywood: the Movie Colony, the Movie Makers*, New York: Harcourt Brace.

Rothenbuhler, E. W. (1987), "The living room celebration of the Olympic Games", *Journal of Communication*, 38(4): 61~68.

_____, Mullen, L. J., Decarell, R. and Ryan, C. R. (1996), "Community, community attachment and involvement", *Journalism and Mass Communication Quarterly*, 73(2): 445~466.

Royal Commission on the Press(1977), *Report*, Cmnd 6810. London: HMSO.

Rubin, A. M. (1984), "Ritualized and instrumental television viewing", *Journal of Communication*, 34(3): 67~77.

_____, Perse, E. M. and Powell, E. (1990), "Loneliness, parasocial interaction and local TV news viewing", *Communication Research*, 14(2): 246~268.

Ryan, M. (2001), "Journalistic ethics, objectivity, existential journalism, standpoint epistemology, and public journalism", *Journal of Mass Media Ethics*, 16(1): 3~22.

Ryan, J. and Peterson, R. A. (1982), "The product image: the fate of creativity in country music song writing", in J. S. Ettema and D. C. Whitney (eds.), *Individuals in Mass Media Organizations*, pp. 11~32, Beverly Hills, CA: Sage.

Sabal, R. (1992), "Television executives speak about fan letters to the networks" in L. A. Lewis (ed.), *The Adoring Audience*, pp. 185~188, London: Routledge.

Saenz, M. K. (1994), "Television viewing and cultural practice", in H. Newcomb (ed.), *Television: the Critical View*, 5th edn, pp. 573~586, New York: Oxford University Press.

Sandel, M. (1982), *Free Speech and the Limits of Justice*, Cambridge: Cambridge University Press.

Schement, J. and Curtis, T. (1995), *Tendencies and Tension of the Information Age*, New Brunswick: Transaction Publishers.

Scheufele, D. A. (1999), "Framing as a theory of media effects", *Journal of Communication*, 49 (1): 103~122.

_____ and Nisbet, M. C. (2002), "Being a citizen online: new opportunities and dead ends", *Harvard Journal of Press/Politics*, 7 (3): 55~75.

Schiller, H. (1969), *Mass Communication and American Empire*, New York: Augustus M. Kelly.

Schlesinger, P. (1978), *Putting "Reality" Together : BBC News*. London: Constable.

_____ (1987), "On national identity", *Social Science Information*, 25 (2): 219~264.

_____, Murdock, G. and Elliott, P. (1983), *Televising Terrorism*, London: Comedia.

Schmid, A. P. and de Graaf, J. (1982), *Violence as Communication*, Beverly Hills, CA: Sage.

Schoenbach, K. and Lauf, E. (2002), "The 'trap' effect of television and its competitors", *Communication Research*, 29 (6): 564~583

Schramm, W. (1955), "Information theory and mass communication", *Journalism Quarterly*, 32: 131~146.

_____, Lyle, J. and Parker, E. (1961), *Television in the Lives of Our Children*, Stanford, CA: Stanford University Press.

Schrøder, K. C. (1987), "Convergence of antagonistic traditions?", *European Journal of Communication*, 2 (1): 7~31.

_____ (1992), "Cultural quality : search for a phantom?", in M. Skovmand and K. C. Schrøder (eds.), *Media Cultures: Reappraising Transnational Media*, pp. 161~180, London: Routledge.

_____ (1999), "The best of both worlds? Media audience research between rival paradigms", in P. Alaslunari (ed.), *Rethinking the Media Audience*, pp. 38~68, London: Sage.

Schroeder, T. (2001), "The origins of the German Press" in B. Dooley and S. Baran (eds), *The Politics of Information in Early Modern Europe*, London: Routledge.

Schudson, M. (1978), *Discovering the News*, New York: Basic Books.

_____ (1991), "The new validation of popular culture", in R. K. Avery and D. Eason (eds.), *Critical Perspectives on Media and Society*, pp. 49~68, New York: Guilford.

_____ (1998), "The public journalism movement and its problems", in D. Graber, D. McQuail and P. Norris (eds.), *The Politics of News; the News of Politics*, pp. 132~149, Washington, DC: Congressional Quarterly Press.

Schultz, J. (1998), *Reviving the Fourth Estate*, Cambridge: Cambridge University Press.

Schulz, W. (1988), "Media and reality", Unpublished paper for Sommatie Conference, Veldhoven, the Netherlands.

_____ (1997), "Changes of the mass media and the public sphere", *The Public*, 4(2): 57~70.

Schultz, A. (1972), *The Phenomenology of the Social world*, London: Heinemann.

Schweigher, W. (2000), "Media credibility: experience or image?", *European Journal of Communication*, 15(1): 37~60.

Schwichtenberg, C. (1992), "Music Video", in J. Lull(ed.), *Popular Music and Communication*, pp. 116~133, Newbury Park, CA: Sage.

Segrin, C. and Nabi, R. L. (2002), "Does TV viewing cultivate unrealistic expectations about marriage?", *Journal of Communication*, 52(2): 247~263.

Seiter, E. (2000), *Television and New Media Audiences*, New York: Oxford University Press.

Seiter, F., Borchers, H. and Warth, E. M. (eds.) (1989), *Remote Control*, London: Routledge.

Semetko, H. A. (2004), "Political communication", in J. D. H. Downing, D. McQuail, P. Schlesinger and E. Wartella(eds.), *The Sage Handbook of Media Studies*, pp. 351~374, Thousand Oaks, CA: Sage.

Sepstrup, P. (1989), "Research into international TV Hows", *European Journal of Communication*, 4(4): 393~408.

Servaes, J. (1999), *Communication for Development*, Cresskill, NJ: Hampton.

Shannon, C. and Weaver, W. (eds.) (1949), *The Mathematical Theory of Communication*, Urbana, IL: University of Illinois Press.

Shelton, P. and Gunaratne, S. A. (1998), "Old wine in a new bottle: public journalism, developmental journalism and social responsibility", in M. E. Roloff and G. D. Paulson(eds.), *Communication Yearbook 21*, pp. 277~321, Thousand Oaks, CA: Sage.

Shen, M. C. H. (1999), *Current-Affairs Talkshows: Public Communication Revitalized on Television*, Amsterdam: University of Amsterdam.

Shibutani, T. (1966), *Improvised News*, New York: Bobbs Merrill.

Shils, E. (1957), "Daydreams and nightmares: reflections on the criticism of mass culture", *Sewanee Review*, 65(4): 586~608.

Shoemaker, P. (1991), *Gatekeeping*, Thousand Oaks, CA: Sage.

_____ (1984), "Media treatment of deviant political groups", *Journalism Quarterly*, 61(1): 66~75, 82.

_____ and Reese, S. D. (1991), *Mediating the Message*, New York: Longman.

Shoemaker, P. J. et al. (2001), "Individual and routine forces in gatekeeping", *Journalism and Mass Communication Quarterly*, 78(2): 233~246.

Short, J., Williams, E. and Christie, B. (1976), *The Social Psychology of Telecommunications*, New York: Wiley.

Siebert, F., Peterson, T. and Schramm, W. (1956), *Four Theories of the Press*, Urbana, IL: University of Illinois Press.

Sigal, L. V (1973), *Reporters and Officials*, Lexington, MA: Lexington Books.

Sigelman, L. (1973), *Reporting the news: an organizational analysis*, American Journal of Sociology, 79: 132~151.

Signorielli, N. and Morgan, M. (eds.) (1990), *Cultivation Analysis*, Newbury Park, CA: Sage.

Silverstone, R. (1994), *Television and Everyday Life*, London: Routledge.

Singer, B. D. (1970), "Mass media and communications processes in the Detroit riots of 1967", *Public Opinion Quarterly*, 34: 236~245.

Singh, S. (2001), "Gender and the use of the Internet at home", *New Media and Society*, 3(4): 395~416.

Slack, J. D. and Wise, J. M. (2002), "Cultural studies and technology" in L. Lievrouw and S. Livingstone(eds.), *The Handbook of New Media*, pp. 485~501, London: Sage.

Slevin, J. (2000), *The Internet and Society*, Cambridge: Polity.

Smith, A. (1973), *The Shadow in the Cave*, London: Allen and Unwin.

Smith, A. D. (1990), "Towards a global culture", *Theory, Culture and Society*, 7(2/3): 171~191.

Smith, J. A. (1999), *War and Press Freedom*, New York: Oxford University Press.

Smith, S. L., Nathanson, A. I. and Wilson, B. J. (2002), "Prime-time television: assessing violence during the most popular viewing hours", *Journal of Communication*, 52(1): 84~111.

Smythe, D. W. (1977), "Communications : blindspot of Western Marxism", *Canadian Journal of Political and Social Theory*, I : 120~127.

Sonninen, P. and Laitila, T. (1995), "Press councils in Europe", in K. Nordenstreng(ed.), *Reports on Media Ethics*, pp. 3~22, Tampere: Department of Journalism and Mass Communication.

Sotirovic, M. (2001), "Media use and perceptions of welfare", *Journal of Communication*, 51(4): 750~774.

Sparks, C. and Campbell, M. (1987), "The inscribed reader of the British quality press", *European Journal of Communication*, 2(4): 455~472.

Spilerman, S. (1976), "Structural characteristics and severity of racial disorders", *American Sociological Review*, 41: 771-792.

Squires, J. D. (1992), "Plundering the newsroom", *Washington Journalism Review*, 14(10): 18~24.

Sreberny-Mohammadi, A. (1996), "The global and the local in international communication", in J. Curran and M. Gurevitch(eds.), *Mass Media and Society*, pp. 177~203.

Stamm, K. R. (1985), *Newspaper Use and Community Ties: Towards a Dynamic Theory*, Norwood, NJ: Ablex.

Stamm, K., Emig, A. G. and Heuse, M. B. (1997), "The contribution of local media to community involvement", *Journalism and Mass Communication Quarterly*, 74(1): 97~107.

Star, S. A. and Hughes, H. M. (1950), "Report on an education campaign: the Cincinnati plan for the UN", *American Sociological Review*, 41: 771~792.

Steemers, J. (2001), "In search of a third way: balancing public purpose and commerce in German and British public service broadcasting", *Canadian Journal of Communication*, 26(1): 69~87.

Steiner, G. (1963), *The People Look at Television*, New York: Alfred Knopf.

Stone, G. C. (1987), *Examining Newspapers*, Beverly Hills, CA: Sage.

Stromer-Galley, J. (2000), "On-line interaction and why candidates avoid it", *Journal of Communication*, 50(4): 111~132.

Stromer-Galley, J. (2002), "New voices in the public sphere: a comparative analysis of interpersonal and online political talk", *Javnost*, 9(2): 23~42.

Sundae, S. S. and Ness, C. (2001), "Conceptualizing sources in online news", *Journal of Communication*, 51(1): 52~72.

Sunsfein, C. (2001), *republic. com*, New Haven, CT: Princeton University Press.

Sussman, G. (1997), *Communication, Technology and Politics in the Information Age*, Thousand Oaks, CA: Sage.

Sussman, G. and Galizio, L. (2003), "The global reproduction of American politics", *Political Communication*, 20(3): 309~328.

Swanson, D. and Mancini, P. (eds.) (1996), *Politics, Media and Modern Democracy*, Westport, CT: Praeger.

Tai, Z. and Chang, T.-K. (2002), "The globalness and the pictures in their heads: a comparative analysis of audience interest, editor perceptions and newspaper coverage", *Gazette*, 64(3): 251~265.

Takahiro, S. (2004), "Lessons from the Great Hanshin Earthquake", in NHK, *Disaster Reporting and the Public Nature of Broadcasting*, pp. 25~157, Tokyo: NHK Broadcasting Culture Research Institute.

Tambini, D. (2003), "The passing of paternalism", in *NHK Broadcasting Studies*, 3: 25~40.

Tannenbaum, P. H. and Lynch, M. D. (1960), "Sensationalism: the concept and its measurement", *Journalism Quarterly*, 30: 381~393.

Taylor, C. (1989), *Sources of the Self: the Making of the Modern Identity*, Cambridge, MA: Harvard University Press.

Taylor D. G. (1982), "Pluralistic ignorance and the spiral of silence", *Public Opinion Quarterly*, 46: 311~355.

Taylor, P. (1992), *War and the Media*, Manchester: Manchester University Press.

Taylor, W. L. (1953), "Cloze procedure: a new tool for measuring readability", *Journalism Quarterly*, 30: 415~433.

Tewkebury, D. (2003), "What do Americans really want to know? Tracking the Behavior of news readers on the Internet", *Journal of Communication*, 53(4): 694~710.

Tewkesbury, D. and Althaus, S. L. (2000), "Differences in knowledge acquisition among readers of the paper and online versions of a national newspaper", *Journalism and Mass Communication Quarterly*, 77: 457~479.

Thompson, J. (2000), *Political Scandals*, Cambridge: Polity.

Thompson, J. B. (1993), "Social theory and the media", in D. Crowley and D. Mitchell (eds.), *Communication Theory Today*, pp. 27~49, Cambridge: Polity.

＿＿＿ (1995), *The Media and Modernity*. Cambridge: Polity.

Thompson, M. (1999), *Forging war: the media in Serbia, Croatia Bosnia and Hercegovina*, Luton: University of Luton Press and Article 19.

Thoveron, G. (1986), "European televised women", *European Journal of Communication*, 1 (3) : 289 ~300.

Thrift, R. R. (1977), "How chain ownership affects editorial vigor of newspapers", *Journalism Quarterly*, 54: 327~331.

Thussu, D. K. (2000), "Legitimizing "humanitarian intervention"? CNN, NATO And The Kosovo Crisis", *European Journal of Communication*, 15 (3) : 345~362.

Thussu, D. and Freedman, J. (eds.) (2003), *War and the Media*, London: Sage.

Tichenor, P. J., Donahue, G. A. and Olien, C. N. (1970), "Mass media and the differential growth in knowledge", *Public Opinion Quarterly*, 34: 158~170.

Tomlinson, J. (1991), *Cultural Imperialism*, London: Pinter.

Tomlinson, J. (1999), *The Globalisation of Culture*, Cambridge: Polity.

Traber, M. and Nordenstreng, K. (1993), *Few Voices, Many Worlds*, London: World Association for Christian Communication.

Trenaman, J. S. M. (1967), *Communication and Comprehension*, London: Longman.

_____ and McQuail, D. (1961), *Television and the Political Image*, London: Methuen.

Tuchman, G. (1978), *Making News: A Study in the Construction of Reality*, New York: Free Press.

_____, Daniels, A. K. and Benet, J. (eds.) (1978), *Hearth and Home: Images of Women in Mass Media*, New York: Oxford University Press.

Tumber, H. (1982), *Television and the Riots*, London: British Film Institute.

_____ and Palmer, J. (2004), *Media at War: the Irq Crisis*, London: Sage.

_____ and Wasbord, S. (2004), "Political scandals and media across democracies", *American Behavioral Scientist*, 47 (8) : 1031~1039.

Tunstall, J. (1970), *The Westminster Lobby Correspondents*, London: Routledge and Kegan Paul.

_____ (1971), *Journalists at Work*, London: Constable.

_____ (1977), *The Media Are American*, London: Constable.

_____ (1991), "A media industry perspective", in J. Anderson (ed.), *Communication Yearbook 14*, pp. 163~186, Newbury Park, CA: Sage.

Tunstall, J. (1992), "Europe as a world news leader", *Journal of Communication*, 42 (3) : 84~99.

_____ (1993), *Television Producers*, London: Routledge.

_____ and Machin, D. (1999), *The Anglo-American Media Collection*, Oxford: Oxford University Press.

Tunstall, J. and Palmer, M. (eds.) (1991), *Media Moguls*, London: Routledge.

Turkle, S. (1988), "Computational reticence: why women fear the intimate machine", in C. Kramarae (ed.), *Technology and Women's Voices: Keeping in Touch*, pp. 41~62, London: Routledge.

Turner, G. (2004), *Understanding Celebrity*, London: Sage.

Turner, J. W., Grube, J. A. and Myers, J. (2001), "Developing an optimal match within online communities. an exploration of CMC support communities and traditional support", *Journal of Communication*, 51(2): 231~251.

Turow, J. (1989), "PR and newswork: a neglected relationship", *American Behavioral Scientist*, 33: 206~12.

_____(1994), "Hidden conflicts and journalistic norms: the case of self-coverage", *Journal of Communication*, 44(2): 29~46.

Twyman, T. (1994), "Measuring audiences", in R. Kent(ed.), *Measuring Media Audiences*, pp. 88~104, London: Routledge.

Valentino, N. A., Buhr, T. A. and Beckmann, W. N. (2001), "When the frame is the game: revisiting the impact of 'strategic' campaign coverage in citizens' information retention", *Journalism and Mass Communication Quarterly*, 78(1): 93~112.

Valkenberg, P., Cantor, J. and Peeters, A. L. (2000), "Fright reactions to TV", *Communication Research*, 27(1): 82~94.

Van Belle, D. A. (2003), "Bureaucratic responsiveness to news media: comparing the influence of the NYT and network TV news coverage on US foreign and civil allocations", *Political Communication*, 20(3): 263~285.

Van Cuilenberg, J. J. (1987), "The information society: some trends and implications", *European Journal of Communication*, 2(1): 105~121.

_____ and McQuail, D. (2003), "Media policy paradigm shifts", *European Journal of Communication*, 18(2).

Van Cuilenberg, J. J. de Ridder, J. and Kleinnijenhuis, J. (1986), "A theory of evaluative discourse", *European Journal of Communication*, 1(1): 65~96.

van Dijk, J. A. G. M. (1996), "Models of democracy: behind the design and use of new media in politics", *The Public*, 3(1): 43~56.

_____(1999), *Network Society: Social Aspects of New Media*, London: Sage.

_____(2001), "Searching for the Holy Grail", *New Media and Society*, 3(4): 443~465.

_____(1983), "Discourse analysis: its development and application to the structure of news", *Journal of Communication*, 33(3): 20~43.

_____(1985), *Discourse and Communication*, Berlin: de Gruyter.

_____(1991), *Racism and the Press*, London: Routledge.

van Hemel, A. (ed.) (1996), *Trading Culture: Gatt, European Cultural Policies and the Transatlantic Market*, Amsterdam: Boekmansstichting.

van Zoonen, L. (1988), "Rethinking women and the news", *European Journal of Communication*, 3(1): 35~52.

_____(1991), "Feminist perspectives on the media", in J. Curran and M. Gurevitch(eds.), *Mass Media and Society*, pp. 33~51, London: Arnold.

_____(1992), "The women"s movement and the media: constructing a public identity", *European Journal of Communication*, 7(4): 453~476.

_____(1994), *Feminist Media Studies*, London: Sage.

_____ (2002), "Gendering the Internet: claims, controversies and cultures", *European Journal of Communication*, 17(1): 5~24.

_____ (2004), "Imagining the fan democracy", *European Journal of Communication*, 19(1): 39~52.

Vartanova, E. (2002), "The digital divide and the changing political/media environment of post-socialist Russia", *Gazette*, 64(5): 449~645.

Vasterman, P. (2004), *MediaHype*, Amsterdam: Aksant.

Verhulst, S. G. (2002), "About scarcities and intermediaries: the regulatory paradigm shift of digital content reviewed", in L. A. Lievrouw and S. Livingstone (eds.), *The Handbook of New Media*, pp. 432~447, London: Sage.

Vidmar N. and Rokeach, M. (1974), "Archie Bunkers bigotry: a study of selective perception and exposure", *Journal of Communication*, 24: 36~47.

Vincent, R. C. (2000), "A narrative analysis of the US press coverage of Slobodan Milosevic and the Serbs in Kosovo", *European Journal of Communication*, 15(3): 321~344.

Visvanath, K. and Finnegan, J. R. (1996), "The knowledge gap hypothesis 25 years later", in *Communication Yearbook 19*, pp. 187~227.

Voltmer, K. (2000), "Constructing political reality in Russia. Izvestya-between old and new journalistic practices", *European Journal of Communication*, 15(4): 469~500.

von Feilitzen, C. (1976), "The functions served by the mass media", in J. W. Brown (ed.), *Children and Television*, pp. 90~115, London: Collier-Macmillan.

von Hasebrink, U. (1997), "In search of patterns of individual media use", in U. Carlsson (ed.), *Beyond Media Uses and Effects*, pp. 99~112, Göteborg: University of Göteborg, Nordicom.

Vyncke, P. (2002), "Lifestyle segmentation", *European Journal of Communication*, 17(4): 445~464.

Wackwitz, L. (2002), "Burger on Miller: obscene effects and the filth of the nation", *Journal of Communication*, 52(1): 196~210.

Waisbord, S. (1998), "When the cart of media is put before the horse of identity-a critique of technology-centered views on globalization, *Communication Research*, 25(4): 377~398.

Waisbord, S. (2000), *Watchdog Journalism in South America*, New York: Columbia.

Wallis, R. and Baran, S. (1990), *The World of Broadcast News*, London: Routledge.

Walzer, M. (1992), "The civil society argument", in C. Mouffe, *Dimensions of Radical Democracy*, London: Verso.

Warner, W. L. and Henry, W. E. (1948), "The radio day-time serial: a symbolic analysis", *Psychological Monographs*, 37(1): 7~13, 55~64.

Wartella, E., Olivarez, A. and Jennings, N. (1998), "Children and television violence in the United States", in U. Carlsson and C. von Feilitzen (eds.), *Children and Media Violence*, pp. 55~62, Göteborg; University of Göteborg.

Wasko, J. (2004), "The political economy of communication", in J. D. H. Downing, D. McQuail, P. Schlesinger and E. Wartella (eds.), *The Sage Handbook of Media Studies*, pp. 309~330. Thousand Oaks, CA: Sage.

Watson, N. (1997), "Why we argue about virtual community : a case study of the Phish. Net fan community", in S. G. Jones(ed.), *Virtual Culture*, pp. 102~132, London: Sage.

Weaver, D. (1996), "Journalists in comparative perspective", *The Public* 3(4): 83~91.

_____(ed.) (1998), *The Global Journalist*, Cresskill, NJ: Hampton.

Weaver, D. and Wilhoit, C. G. (1986), *The American Journalist*, Bloomington, IN: University of Indiana Press.

_____(1992), "Journalists-who are they really?", *Media Studies Journal*, 6(4): 63~80.

_____(1996), *The American Journalist in the 1990s: US News People at the End often Era*, Mahwah, NJ: Lawrence Erlbaum.

Weber, M. (1948), "Politics as a vocation", in H. Germ and C. W. Mills(eds.), *Max Weber: Essays*, London: Routledge and Kegan Paul.

_____(1964), *Theory of Social and Economic Organization*, Ed. T. Parsons, New York: Free Press.

Webster, F. (1995), *Images of the Information Society*. London: Routledge.

_____(2002), "The information society revisited", in L. A. Lievrouw and S. Livingsotne(eds), *The Handbook of New Media*, pp. 22~33, London: Sage.

Webster, J. G. and Lin, S. -F. (2002), "The Internet audience: web use as mass behavior", *Journal of Broadcasting and Electronic Media*, 46(1): 1~12.

Webster, J. G. and Phalen, P. F. (1997), *The Mass Audience : Rediscovering the Dominant Model*, Mahwah, NJ: Lawrence Erlbaum.

Webster, J. G. and Wakshlag, J. J. (1983), "A theory of TV program choice", *Communication Research*, 10(4): 430~446.

Weibull, L. (1985), "Structural factors in gratifications research", in K. E. Rosengren, P. Palmgreen and L. Wenner(eds.), *Media Gratification Research: Current Perspectives*, pp. 123 ~147, Beverly Hills, CA: Sage.

Westerstahl, J. (1983), "Objective news reporting", *Communication Research*, 10(3): 403~424.

Westerstahl, J. and Johansson, F. (1994), "Foreign news: values and ideologies", *European Journal of Communication*, 9(1): 71~89.

Westley, B. and MaCLean, M. (1957), "A conceptual model for mass communication research", *Journalism Quarterly*, 34: 31~38.

Whale, J. (1969), *The Half-Shut Eye*, London: Macmillan.

White, D. M. (1950), "The gatekeeper: a case-study in the selection of news", *Journalism Quarterly*, 27: 383-390.

Wildman, S. S. (1991), "Explaining trade in films and programs", *Journal of Communication*, 41: 190~192.

Wilensky, H. (1964), "Mass society and mass culture: interdependence or independence?" *American Sociological Review*, 29(2): 173~197.

Wilke, J. (1995), "Agenda-setting in an historical perspective: the coverage of the American revolution in the German press(1773~1783), ", *European Journal of Communication*, 10(1): 63~86.

Williams, R. (1961), *Culture and Society*, Harmondsworth: Penguin.

_____(1975), *Television, Technology and Cultural Form*, London: Fontana.

Williamson, J. (1978), *Decoding Advertisements*, London: Marion Boyars.

Wilson, B. J. and Smith, S. (2002), "Violence in children's TV programming: assessing the risks", *Journal of Communication*, 52(1): 5~35.

Windahl, S., Signitzer, B. and Olson, J. (1992), *Using Communication Theory*, London and Newbury Park, CA: Sage.

Winseck, D. (2002), "Wired cities and transnational communications", in L. A. Lievrouw and S. Livingstone(eds),, *The Handbook of New Media*, pp. 393~409, London: Sage.

Winsor, P. (1989), "Gender in film directing", in M. Real, *Supermedia*, pp. 132~164, Newbury Park, CA: Sage.

Winston, B. (1986), *Misunderstanding Media*, Cambridge, MA: Harvard University Press.

Wober, J. M. (1978), "Televised violence and the paranoid perception : the view from Great Britain", *Public Opinion Quarterly*, 42: 315~321.

Wolfe, K. M. and Fiske, M. (1949), "Why they read comics", in P. F. Lazersfeld and F. M. Stanton(eds.), *Communication Research 1948~1949*, pp. 3~50, New York: Harper and Brothers.

Wolfenstein, M. and Leites, N. (1947), "An analysis of themes and plots in motion pictures", *Annals of the American Academy of Political and Social Sciences*, 254: 414.

Womack, B. (1981), "Attention maps of ten major newspapers", *Journalism Quarterly*, 58(2): 2605.

Woodall, G. (1986), "Information processing theory and television news", in J. P. Robinson and M. Levy, *The Main Source*, pp. 133~158, Beverly Hills, CA: Sage.

Wright, C. R. (1960), "Functional analysis and mass communication", *Public Opinion Quarterly*, 24: 606~620.

_____(1974), "Functional analysis and mass communication revisited", in J. G. Blumler and E. Katz(eds.), *The Uses of Mass Communications*, pp. 197~212, Beverly Hills, CA: Sage.

Wu, H. D. (2003), "Homogeneity around the world? Comparing the systemic determinants of international news flow between developed and developing countries", *Gazette*, 65(1): 9~24.

_____, Sylvester, J. and Hamilton, J. M. (2002), "Newspaper provides balance in Palestinian/Israeli reports", *Newspaper Research Journal*, 23(2): 6~17.

Wu, W., Weaver, D., Owen, D. and Johnstone, J. W. L. (1996), "Professional rules of Russian and US journalists : a comparative study", *Journalism and Mass Communication Quarterly*, 73(3): 534~548.

Yang, J. (2003), "Framing the Nato airstrikes on Kosovo across countries: comparison of Chinese and US newspaper coverage", *Gazette*, 63(3): 231~249.

Zaller, J. R. (1997), "A model of communication effects at the outbreak of the Gulf War", in S. Iyengar and R. Reeves(eds.), *Do the Media Govern?* pp. 296~311. Thousand Oaks, CA: Sage.

Zillmann, D. (2002), "Exemplification theory of media influence", in J. Bryant and D. Zillmann(eds), *Media Effects*, 2nd ed., pp. 19~42, Hillsdale, NJ: Erlbaum.

_____ and Brosius, H. B. (2000), *Exemplification in Communication*, Mahwah, NJ: Erlbaum.

Zillmann, D. and Bryant, J. (1994), "Entertainment as media effect", in J. Bryant and D. Zillmann (eds.), *Media Effects*, 1st ed., pp. 447~459, Hillsdale, NJ: Erlbaum.

Zoch, L. M. and Slyke Turk, J. van (1998), "Women making news: gender as a variable in source selection and use", 75(4): 776~688.

참고문헌

ㄱ

찾아보기